민법강의 II

채 권 법

김봉수 저

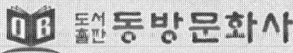

백양동

머리말

 2019년 「민법총칙·물권법」을 출간한데 이어 채권법을 정리하여 출간하게 되었다. 채권법도 「민법총칙·물권법」과 마찬가지로 처음 민법을 배우는 초학자들이 알기 쉽도록 쓰는데 노력하였다. 구성에 있어서도 조문·사례·이론·판례의 순서로 서술하여 해당 부분의 조문을 먼저 익히고, 관련한 이론을 사례와 판례를 통해서 익힐 수 있도록 하였다. 이 책을 통해서 민법의 기초를 잘 다지고, 이를 토대로 심화학습을 한다면 민법을 체계적으로 이해할 수 있을 것으로 기대한다. 이 책을 가지고 공부를 하는 모든 이들이 원하는 목표를 달성할 수 있기를 진심으로 기원한다.

 지금까지 많은 도움과 가르침을 베풀어 주신 세분의 은사님, 하경효 교수님(고려대학교 명예교수), 이동수 교수님(대구가톨릭대학교 명예교수), 송강직 교수님(동아대학교 법학전문대학원 교수)께 진심으로 감사드린다. 은사님들께서 지금처럼 왕성한 교육·연구활동을 하시고, 앞으로도 건강하시기를 기원한다. 그리고 헌신적으로 뒷바라지를 하신 어머니, 사랑하는 아내 정현, 인생의 큰 기쁨인 두 아들 수현, 지수와 딸 효원에게 고맙고 사랑한다는 말을 전한다.

 끝으로 어려운 여건에도 불구하고 이 책이 출간될 수 있도록 도와주신 동방문화사 조형근 대표님께 감사드린다.

2020년 4월 1일

글쓴이 김봉수

목차

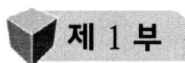 제1부   채권총론

제1강 채권(채무)과 채권관계

Ⅰ. 채권법의 의의 ·· 19
   1. 채권·채권관계·채권법 / 19　　2. 채권관계의 발생원인 / 19
   3. 채권법의 발전과 특성 / 20　　4. 채권법과 채권총론 / 21

Ⅱ. 채권과 채무 ·· 22
   1. 채권관계와 채권의 목적 / 22　　2. 채권과 물권의 구별 / 24
   3. 채무의 내용 / 26

제2강 특정물채권과 종류채권

Ⅰ. 채권의 목적과 종류 ·· 33
   1. 채권의 목적 / 33　　2. 급부의 종류 / 33

Ⅱ. 특정물채권 ·· 35
   1. 개념 / 36
   2. 특정물채무자의 선관주의의무 / 36
   3. 특정물의 멸실·훼손 / 37
   4. 특정물의 인도장소와 과실의 귀속 / 38

Ⅱ. 종류채권 ·· 39
   1. 개념 / 39　　2. 종류물의 품질 / 40
   3. 종류물의 특정 / 41　　4. 특정의 효과 / 43

제3강 금전채권·이자채권·선택채권·임의채권

Ⅰ. 금전채권 ·· 45
   1. 개념 / 45　　2. 금전채권의 종류 / 46

    3. 외화채권 / 47　　　　　　　4. 금전채권의 특칙 / 49

Ⅱ. 이자채권 ·· 51
    1. 개념 / 51　　　　　　　　　2. 이율 / 52
    3. 기본적·지분적 이자채권 / 52　4. 이자의 제한 / 54

Ⅲ. 선택채권 ·· 55
    1. 개념 / 56　　　　　　　　　2. 선택채권의 특정 / 56

Ⅳ. 임의채권 ·· 60
    1. 개념 / 60　　　　　　　　　2. 임의채권의 발생과 성질 / 60
    3. 대용권행사와 특정 / 61

제4강 채권의 효력

Ⅰ. 채권의 효력 ·· 62
    1. 채권의 일반적 효력 / 62　　 2. 제3자에 의한 채권침해 / 62
    3. 자연채무 / 66　　　　　　　4. 채무와 책임 / 67

Ⅱ. 강제이행 ·· 67
    1. 개념 / 69　　　　　　　　　2. 강제이행의 방법 / 69
    3. 강제이행과 손해배상 / 70

제5강 채무불이행

Ⅰ. 채무불이행의 개념과 체계 ··· 71
    1. 급부장애와 채무불이행 / 71　2. 채무불이행의 3유형론 / 72

Ⅱ. 채무불이행의 요건 ··· 73
    1. 의의 / 73
    2. 채무자의 귀책사유 / 74
    3. 채무내용에 좇은 이행이 없을 것 / 76
    4. 채무자에게 책임능력이 있을 것 / 76
    5. 불이행이 위법할 것(위법성) / 77

Ⅲ. 이행지체 ·· 77
    1. 개념 / 78   2. 요건 / 79
    3. 채무의 이행기와 지체 / 79   4. 기한이익의 상실 / 81
    5. 효과 / 82

Ⅳ. 이행불능 ·· 84
    1. 개념 / 84   2. 민법상 불능 / 85
    3. 요건 / 86   4. 효과 / 87
    5. 대상청구권 / 88

Ⅴ. 불완전이행 ·· 91
    1. 의의 / 92   2. 유형 / 93
    3. 효과 / 93

제6강 손해배상

Ⅰ. 손해배상의 의의 ·· 95
    1. 과실책임주의 / 95   2. 손해의 개념과 종류 / 95
    3. 손해배상의 원칙과 당사자 / 100

Ⅱ. 손해배상의 범위와 산정 ·· 100
    1. 손해배상의 범위 / 101   2. 손해배상의 산정 / 104
    3. 과실상계와 손해배상자의 대위 / 106

Ⅲ. 손해배상의 예정 ··· 106
    1. 의의 / 107   2. 손해배상의 합의와 구별 / 108
    3. 손해배상예정의 효과 / 109   4. 위약금약정 / 110
    5. 계약금약정과 손해배상예정 / 112

Ⅳ. 채권자지체 ·· 113
    1. 의의 / 113   2. 요건 / 115
    3. 효과 / 115

제7강 책임재산보전제도

Ⅰ. 책임재산보전제도 ·· 117
 1. 의의 / 117　　　　　　　　2. 종류 / 118

Ⅱ. 채권자대위권 ·· 118
 1. 의의 / 119　　　　　　　　2. 성립요건 / 121
 3. 행사방법과 범위 / 124　　　4. 행사효과 / 126

Ⅲ. 채권자취소권 ·· 126
 1. 의의 / 127　　　　　　　　2. 성립요건 / 129
 3. 행사방법과 범위 / 136　　　4. 행사효과 / 137

제8강 채권양도와 채무인수

Ⅰ. 채권양도 ·· 139
 1. 의의 / 139　　　　　　　　2. 지명채권의 양도 / 140
 3. 증권적 채권의 양도 / 145

Ⅱ. 면책적 채무인수 ·· 145
 1. 채무인수의 개념 / 146　　　2. 채무의 이전성 / 146
 3. 채무인수의 유형과 요건 / 147　4. 채무인수의 효과 / 148

Ⅲ. 병존적 채무인수 ·· 149
 1. 개념 및 법적 성질 / 149　　2. 면책적 채무인수와의 구별 / 150
 3. 병존적 채무인수의 효과 / 150

제9강 변제·대물변제

Ⅰ. 채권의 소멸 ·· 152
 1. 채권소멸의 원인 / 152　　　2. 목적도달과 목적부도달 / 153

Ⅱ. 변제 ··· 153
 1. 변제의 의의 / 15　　　　　2. 변제의 제공 / 155
 3. 변제자 / 160　　　　　　　4. 변제수령자 / 162

5. 변제의 목적물 / 166　　　　6. 변제의 장소와 시기 / 167
　　7. 변제의 비용과 증거 / 168　　8. 변제충당 / 169
　　9. 변제자대위 / 172
Ⅲ. 대물변제 ·· 178
　　1. 의의 / 178　　　　　　　　2. 요건 / 179
　　3. 효과 / 179　　　　　　　　4. 대물변제의 예약 / 179

제10강 공탁·상계·경개·면제·혼동

Ⅰ. 공　탁 ··· 182
Ⅱ. 상　계 ··· 186
Ⅲ. 경개·면제·혼동 ·· 189
　　1. 경개 / 189　　　　　　　　2. 면제 / 190
　　3. 혼동 / 191

제11강 다수당사자의 채권관계

Ⅰ. 다수당사자의 채권관계 ·· 192
　　1. 개념 / 192　　　　　　　　2. 법률적 쟁점 / 192
Ⅱ. 분할채권관계 ·· 193
　　1. 개념 / 193　　　　　　　　2. 유형 / 193
　　3. 효력 / 194
Ⅲ. 불가분채권관계 ·· 194
　　1. 불가분채권관계 / 195　　　2. 불가분채무관계 / 195
Ⅳ. 연대채무 ·· 196
　　1. 개념 / 197　　　　　　　　2. 성립 / 197
　　3. 효과 / 197
Ⅴ. 보증채무 ·· 198

제 2 부   채권각론

제1강 채권관계와 계약

Ⅰ. 채권관계의 성립 ·· 203
    1. 채권과 채권관계 / 203　　2. 채권관계의 발생 / 203
    3. 채권각론의 규율대상 / 204

Ⅱ. 계약의 의의와 근거 ·· 205
    1. 계약의 의의 / 206　　2. 계약의 근거 / 206
    3. 계약자유의 원칙과 제한 / 207　　4. 계약의 공정성 / 207

Ⅲ. 계약의 종류 ·· 208
    1. 전형계약·비전형계약·혼합계약 / 208　　2. 낙성계약(원칙)과 요물계약 / 209
    3. 쌍무계약과 편무계약 / 210　　4. 유상계약과 무상계약 / 210
    5. 일시적 계약과 계속적 계약 / 211

제2강 계약의 성립

Ⅰ. 계약성립 일반 ·· 212
Ⅱ. 청약 ·· 215
    1. 청약 / 216
    2. 승낙 / 219
    3. 교차청약과 의사실현에 의한 계약성립 / 222
    4. 사실적 계약관계론 / 223

제3강 약관을 통한 계약성립과 계약체결상의 과실책임

Ⅰ. 약관을 통한 계약성립 ·· 224
    1. 약관의 의의 / 224　　2. 약관의 규제 / 225
Ⅱ. 계약체결상의 과실책임 ·· 231
    1. 의의 / 232　　2. 유형 / 233

  3. 학설 / 233   4. 해결 / 234

Ⅲ. 원시적 불능 ··· 235
  1. 원시적 불능 / 235   2. 요건 / 236
  3. 효과 / 236

제4강 동시이행항변권·위험부담·제3자를 위한 계약

Ⅰ. 계약의 효력 ··· 240
  1. 계약의 성립요건과 효력요건 / 240   2. 쌍무계약과 견련관계 / 240

Ⅱ. 동시이행의 항변권 ·· 241
  1. 의의 / 242   2. 성립요건 / 243
  3. 효력 / 251

Ⅲ. 위험부담 ·· 251
  1. 의의 / 251   2. 채무자위험부담주의 / 253
  3. 채권자의 귀책사유로 인한 급부불능 / 255

Ⅳ. 제3자를 위한 계약 ··· 258
  1. 의의 / 258   2. 삼면관계와 성립요건 / 260
  3. 효과 / 260

제5강 계약의 해제·해지

Ⅰ. 계약의 종료와 해제·해지 ·· 263
  1. 의의 / 263   2. 다른 제도와의 구별 / 264
  3. 약정해제와 법정해제 / 265

Ⅱ. 계약의 해제 ··· 267
  1. 이행지체로 인한 계약해제 / 267   2. 정기행위와 계약해제 / 270
  3. 이행불능으로 인한 계약해제 / 271   4. 계약해제권이 행사 / 272
  5. 해제의 효과 / 274   6. 계약해제와 제3자의 보호 / 278
  7. 해제권의 소멸 / 281

Ⅲ. 그 밖의 계약해제 ·· 282
 1. 불완전이행에 기한 계약해제 / 282 2. 채권자지체에 기한 계약해제 / 282
 3. 사정변경에 따른 계약해제·해지 / 282

Ⅳ. 계약의 해지 ··· 284
 1. 의의 / 284 2. 종류 / 284
 3. 행사와 그 효과 / 285

제6강 증여·매매

Ⅰ. 증여 ·· 286
 1. 계약의 성립 / 286 2. 증여자와 수증자의 관계 / 286
 3. 증여계약의 해제 / 287 4. 부담부 증여 / 290
 5. 정기증여와 사인증여 / 291

Ⅱ. 매매 ·· 292
 1. 계약의 성립 / 292 2. 매매계약의 예약 / 292
 3. 계약금계약 / 294 4. 매매계약의 비용부담 / 299
 5. 매매계약의 효력 / 300

Ⅲ. 매도인의 하자담보책임 ·· 302
 1. 채무불이행과 하자담보책임 / 302
 2. 매도인의 하자담보책임의 의의 / 303
 2. 하자의 개념과 종류 / 304
 3. 권리하자에 대한 매도인의 담보책임 / 306
 4. 물건하자에 대한 매도인의 담보책임 / 314
 5. 관련 문제 / 319
 6. 환매와 재매매예약 / 320

Ⅳ. 교환계약 ·· 324
 1. 의의 / 325 2. 성립과 법률효과 / 325

제7강 소비대차·사용대차·임대차

Ⅰ. 소비대차 ··· 326
    1. 의의 / 326　　　　　　　　　2. 성립 / 326
    3. 소비대주의 의무 / 327　　　　4. 소비차주의 의무 / 328
    5. 대물반환의 예약 / 329　　　　6. 준소비대차 / 331

Ⅱ. 사용대차 ··· 332
    1. 의의와 성립 / 332　　　　　　2. 사용대주의 의무 / 333
    3. 사용차주의 권리와 의무 / 333　4. 사용대차의 종료 / 335

Ⅲ. 임대차계약 ··· 336
    1. 의의 및 성립 / 336　　　　　　2. 임대인의 의무 / 338
    3. 임차인의 의무 / 341　　　　　4. 임차인의 권리 / 344
    5. 임차권의 양도 및 임차물의 전대 / 348　6. 임대차의 종료 / 352
    7. 주택임대차·상가임대차 / 354

제8강 고용·도급·여행·현상광고

Ⅰ. 고용 ··· 362
    1. 의의 및 성립 / 362　　　　　　2. 노무자의 의무 / 363
    3. 사용자의 의무 / 364　　　　　4. 고용계약의 종료 / 365

Ⅱ. 도급계약 ··· 366
    1. 의의 및 성립 / 367　　　　　　2. 수급인의 의무 / 369
    3. 도급인의 의무 / 375　　　　　4. 도급에서 위험분산 / 377
    5. 도급의 종료 / 378

Ⅲ. 여행계약 ··· 379
    1. 의의 및 성립 / 380　　　　　　2. 당사자의 권리·의무 / 380
    3. 여행계약의 종료 / 381

Ⅳ. 현상광고 ··· 381
    1. 개념 및 법적 성질 / 382　　　　2. 현상광고의 성립 / 382
    3. 현상광고의 효과 / 383　　　　4. 우수현상광고 / 384

제9강 위임·임치·조합·종신정기금·화해

Ⅰ. 위임계약 ··· 386
    1. 의의 및 성립 / 386　　　　　2. 수임인의 의무 / 387
    3. 위임인의 의무 / 389　　　　　4. 위임의 종료 / 391

Ⅱ. 임치계약 ··· 392
    1. 의의 및 성립 / 392　　　　　2. 수치인의 의무 / 393
    3. 임치인의 의무 / 394　　　　　4. 임치의 종료 / 395

Ⅲ. 조합계약 ··· 395
    1. 의의 / 396　　　　　　　　　2. 조합재산 / 397
    3. 조합채무에 대한 책임 / 399　　4. 조합의 업무집행 / 400
    5. 손익분배 / 401　　　　　　　6. 조합관계의 변동 / 402
    7. 조합의 해산과 청산 / 403

Ⅳ. 종신정기금계약 ·· 405
Ⅴ. 화해계약 ··· 406
    1. 의의 및 성립 / 406　　　　　2. 화해의 효력 / 407
    3. 화해와 착오취소 / 407

제10강 사무관리·부당이득

Ⅰ. 사무관리 ··· 409
    1. 의의 / 409　　　　　　　　　2. 성립요건 / 411
    3. 사무관리의 효과 / 413　　　　4. 준사무관리 / 415

Ⅱ. 부당이득 ··· 417
    1. 의의 / 417　　　　　　　　　2. 부당이득의 요건 / 419
    3. 부당이득의 효과 / 421　　　　4. 제741조의 예외 / 429

제11강 불법행위의 의의와 성립요건

Ⅰ. 불법행위의 의의 ·· 435
    1. 개념 / 435

2. 민법상 불법행위법 규정의 체계 / 435

3. 불법행위책임과 다른 책임과의 구별 / 436

Ⅱ. 불법행위의 성립요건 ··· 437

1. 성립요건의 의의 / 438
2. 고의·과실 / 438
2. 책임능력 / 440
3. 위법성 / 442
4. 인과관계 / 444

Ⅲ. 공동불법행위 ··· 446

1. 의의 / 446

2. 협의의 공동불법행위(제760조 1항) / 448

3. 가해자불명과 교사·방조에 의한 공동불법행위 / 450

4. 공동불법행위에 따른 법률효과 / 452

제12강 특수한 불법행위

Ⅰ. 특수불법행위의 유형 ··· 457

1. 특수한 불법행위 / 457

2. 책임무능력자의 감독자책임 / 457

3. 사용자책임 / 462

4. 도급인의 불법행위책임(제757조) / 467

5. 공작물점유자 및 소유자의 책임 / 468

6. 동물점유자의 책임(제759조) / 470

제13강 불법행위로 인한 손해배상

Ⅰ. 손해배상 ·· 471

1. 의의 / 471
2. 손해배상의 청구권자와 의무자 / 471
3. 손해배상청구권의 양도와 상속 / 472
4. 손해배상청구권의 소멸시효 / 474

Ⅱ. 손해배상의 내용 ·· 474

1. 손해의 개념 / 475
2. 손해배상의 범위와 산정 / 476
3. 손해의 유형 / 477
4. 금전배상주의 / 479
5. 배상액의 조정 / 480

제 1 부
채권총론

제1강 채권(채무)과 채권관계

Ⅰ. 채권법의 의의

1. 채권·채권관계·채권법

채권(債權)이란 채권자가 채무자에게 일정한 행위인 급부를 요구할 권리를 말하는데, 이러한 채권과 채무로 얽혀진 법률관계를 채권관계(債權關係)라 한다. 예를 들어 돈을 빌려준 사람(대주)의 빌려간 사람(차주)에 대한 대여금반환에 대한 권리, 주택건축을 의뢰한 자(도급인)의 건축업자(수급인)에 대한 공사완료 후 주택인도에 대한 권리, 노무제공으로 인한 근로자의 사용자에 대한 임금에 대한 권리, 주택임대인의 임차인에 대한 차임지급에 대한 권리 등이 채권에 해당하고, 이러한 대여금반환, 주택인도, 임금지급, 차임지급으로 얽혀진 관계를 채권관계라고 한다. 이와 같이 채권관계는 채권자의 채무자에 대한 급부청구권과 채무자의 채권자에 대한 급부의무로 결합된 법률관계를 말한다. 이러한 채권과 채무로 얽힌 채권관계를 규율하고 있는 것이 채권법이다.

2. 채권관계의 발생원인

채권관계는 당사자 간의 계약 또는 법률규정에 따라서 발생하게 된다. 이 중 당사자 간의 계약, 즉 일정한 급부에 대한 양 당사자의 의사표시의 합치(계약)로 발생하는 채권관계를 약정채권관계(約定債權關係)라고 하며, 법률규정에 따라서 발생하는 채권관계를 법정채권관계(法定債權關係)라고 한다. 사적자치원칙 및 계약자유의 원칙에 따라서 당사자들은 자신의 의사에 따라서 원하는 내용의 계약을 자유롭게 체결할 수 있다. 따라서 약정채권관계는 민법에서 정해진 15가지의 전형계약 이외에도 다양한 계약(비전형계약)들이 존재할 수 있다. 반면 법정채권관계는 민법의 규정이 있는 경우로서, 사무관리(제734조 이하), 부당이득(제741조 이하), 불법행위(제750조 이하)가 있다.

3. 채권법의 발전과 특성

자본주의 이전 시대에는 상대적으로 물권이 중요시 되었지만, 자본주의가 발전하면서 상품이 대량 생산되고, 사람의 노동력(용역)이 거래됨에 따라 채권이 보다 중요한 지위를 점하게 되었다. 따라서 재화의 소유관계를 정하는 물권과 더불어서 재화나 용역의 거래관계에서 당사자의 권리와 의무를 규율하는 채권(채무)법은 자본주의사회에서 필수적인 요소가 되었다.

강행규정이 원칙인 물권법과 달리 채권법은 임의규정이 원칙인데, 이를 채권법의 임의규정성이라고 한다. 다시 말해 채권관계 당사자는 민법 중 채권에 관련한 규정을 반드시 지킬 필요가 없고, 그 규정을 배제하고 다른 합의를 할 수 있는 것이 원칙이다.[1] 이러한 채권법의 임의규정성은 채권관계는 당사자의 의사에 따라서 정해진다는 계약자유의 원칙에 따른 결과이다. 다만 채권법의 임의규정성에도 불구하고 민법에서 채권규정을 두는 이유는 당사자 사이에 합의를 하지 않은 경우 임의규정인 채권규정이 당사자의 합의 내지 의사를 보충하는 기능을 하기 때문이다.

아울러 물권법과 친족상속법은 각 국가나 민족의 특성을 반영한 고유성을 가지지만, 채권법은 거래관계의 유사성으로 인해 국제성과 보편성을 그 특성으로 한다. 이에 따라 세계 각 국의 거래법(계약법)을 통일하고자 하는 많은 노력들이 있어 왔고, 그에 따른 성과도 적지 않다(예: 유엔국제물품매매협약(CISG), 국제상사계약원칙(PICC), 유럽계약법원칙(PECL) 등).

민법상 신의성실의 원칙은 채권법과 채권관계에서 특히 중요하게 작용한다. 채권관계는 장래의 시점에 당사자들이 약속한 급부를 이행할 의무와 그에 대한 권리를 내용으로 하는 것이므로, 채권자의 입장에서 자신의 채권이 실현될지, 즉 채무자가 채무를 이행할지는 오로지 당사자 간의 신의와 성실에 의존할 수밖에 없다. 이런 점에서 채권관계에서 신의성실원칙(신의칙)이 폭넓게 적용될 수 있으며, 그 적용범위는 계약의 이행에 국한되지 않고 계약의 체결부터 계약의 종료까지가 된다.

---

[1] 예외적으로 사회적 약자를 보호하기 위한 일부규정들은 강행규정에 해당한다.

4. 채권법과 채권총론

민법상 채권법은 그 내용에 따라서 총론과 각론으로 구분되어 규정되어 있는데, 채권관계 모두에 적용되는 공통적인 내용을 묶어서 채권총론(債權總論)으로, 개별적인 채권관계에 적용되는 내용들을 채권각론(債權各論)으로 규정하고 있다. 예를 들어 금전채권은 약정채권관계인 계약(예: 금전소비대차, 임대차에서 차임)에서도 발생할 수도 있고, 법정채권관계인 불법행위(예: 교통사로 인한 손해배상관계)로 인해 발생할 수 있다. 그리고 이때 채무자가 금전지급채무를 이행하지 않는 것은 계약과 불법행위 모두에서 발생할 수 있다. 따라서 계약과 불법행위에 따른 금전채무의 불이행은 채권총론에서 다룬다. 반면 금전채무의 발생원인이 되는 계약과 불법행의 성립은 그 내용이 다르므로 채권각론에서 규정하고 있다. 이러한 규정체계는 채권관계의 발생·효력(변경)·소멸이라는 시간적인 순서에 따른 것이 아니기 때문에 채권법 전체를 개괄적으로 이해하는데 어려움을 준다.2) 그럼에도 불구하고 이러한 체계를 취하고 있는 이유는 무엇보다도 채권관계의 중요한 구분인 약정채권관계와 법정채권관계가 그 발생원인에서 다르기 때문이다.

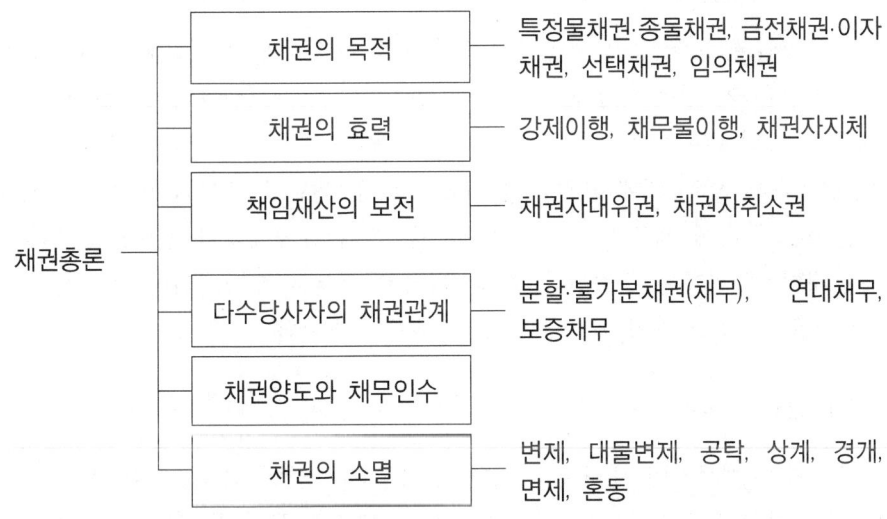

---

2) 판덱텐체계를 취한 우리 민법의 구조에 대해서는 「민법총칙·물권법」 제1편 민법총칙 제1강 Ⅳ. 1. 민법전의 체계 참조.

II. 채권과 채무

1. 채권관계와 채권의 목적

[사례 1] (1) 甲은 건축업자 乙에게 6월 15일까지 주택을 완공하는 대가로 공사대금 2억 원을 지급하기로 하였다.
(2) 대학생 丙은 丁이 운영하는 카페에서 한 달간 아르바이트를 하였다.
위 사례에서 당사자 간의 채권관계, 급부, 급부의 목적물은 무엇인가?
☞ 해 설 : (1) 甲과 乙 사이에는 乙은 甲에게 주택의 완공이라는 일을 주고, 甲은 乙에 대해서 공사대금이라는 보수를 받기로 하는 계약이 체결되었다. 이때 甲과 乙 사이는 주택의 완공에 대한 채무와 공사대금지급에 대한 채무를 내용으로 하는 채권관계(도급계약)가 성립하였다. 이때 급부는 乙의 주택의 완공을 위한 행위와 甲의 공사대금지급행위가 되고, 채무이행의 구체적인 목적물인 주택과 금전은 급부의 목적물이 된다.
(2) 丙과 丁 사이에는 丙은 丁에게 노무를 제공하고, 丁은 丙에게 임금을 지급하기로 하는 채권관계(고용계약 내지 근로계약)가 성립하였으며, 이때 丙의 노무제공행위와 丁의 임금지급행위가 급부가 되고, 구체적인 노무(일)나 금전은 급무의 목적물이 된다.

(1) 채권관계의 개념

채권관계(債權關係)란 채권자가 채무자에게 일정한 행위(급부)를 요구할 수 있는 권리인 채권과 그에 상응하여 채무자가 채권자에게 일정한 행위(급부)를 해야 할 의무인 채무로 얽힌 관계를 말한다. 다만 채권관계는 그 발생원인과 구별될 수 있는데, 예를 들어 자동차의 매매계약에 있어서 매도인의 청약과 매수인의 승낙으로 매매계약이 성립하고, 이에 채권과 채무가 발생하여 매도인과 매수인 간에 채권관계가 발생하지만, 이때 매매계약의 성립과 채권관계로서 매매계약관계는 구별된다. 특히 이러한 구분은 불법행위나 계속적 채권관계(고용, 위임, 임대차)에 있어서 분명하게 드러난다.

(2) 채권의 목적

채권자가 채무자에 대하여 일정한 행위를 요구할 권리를 채권이라고 하는데, 이때 채무자가 부담하는 일정한 행위가 채권의 목적이 되고, 이러한 채권의 목적을 급부(給付)라고 한다. 채권의 목적인 급부는 계약자유의 원칙에 따라서 다양하게 존재할 수 있다. 예를 들어 주택매매계약에서 매수인이 매도인에게 주택의 소유권이전을 요구할 것(작위)을 내용으로 할 수도 있고, 근로계약에서 사용자가 근로자에게 일정한 시기와 장소에서 근로를 제공할 것(작위)을 내용으로 할 수도 있고, 소송위임계약에서 변호사로 하여금 소송사무를 처리할 것을 요구할 것(작위)을 목적으로 할 수도 있다. 반면 인근 토지소유자에 대하여 건물을 짓지 않을 것(부작위)이나 회사 퇴직자에 대하여 업무상 취득한 비밀을 누설하지 않거나 경쟁사업을 하지 않을 것(부작위)을 내용으로 할 수도 있다.

채권의 목적인 급부는 채무자가 해야 하는 일정한 행위를 말하는 것이므로, 그러한 행위의 구체적인 내용이 되는 급부의 목적물(대상)과는 구별된다. 예를 들어 자동차매매계약의 매수인이 매도인에 대해 가지는 채권의 급부는 매수인의 자동차의 소유권의 이전행위가 되고, 그가 구체적으로 인도하게 되는 자동차는 그러한 급부의 목적물에 지나지 않는다.

(3) 채권과 청구권

청구권이란 특정인이 특정인에 대하여 일정한 행위를 요구할 수 있는 권능을 의미하는 것으로 물권적 청구권, 가족법상 청구권 등이 있으며, 채권은 채권법상 청구권에 해당한다. 즉, 상대방에게 청구할 수 있는 권능이 청구권이지만, 청구권은 그 근거가 되는 권리에 따라서 다양하게 구분될 수 있다. 다만 재산권이전청구권, 불법행위에 기한 손해배상청구권 등과 같이 청구권이 채권과 동일한 의미로 사용되기도 한다.

(4) 채권의 특성

채권은 물권과 달리 특정인인 채무자에 대해서만 행사할 수 있다는 점에서 상대권이다. 그리고 채권자는 자신의 채무자에 대하여 급부를 요구할 청구권을 가지고 있음에 지나지 않으므로, 채권자는 채무자의 일반재산(책임재산)에 대한 추상적 집행가능성만을 가질 뿐이고, 채무자의 재산에 대하여 배타적이거나 우선적인 지위를 가질 수는 없다. 또한 채권은 대인권으로서 대세적 효력을 가지지 않기 때문에 채무자에게만 청구할 수 있고, 권리의 침해 역시 채무자에 의해서만 일어나고 제3자에 의한 채권의 침해는 인정되지 않는 것이 원칙이다.

채권의 상대성에 기초하여 동일한 채무자에 대하여 동일한 내용의 채무가 복수로 발생할 수 있다. 예컨대 주택에 대한 이중매매계약이나 동일한 채무자에 대한 여럿의 금전채권자들이 존재하는 경우가 이에 해당한다. 이때 복수의 채권자들은 채권의 발생순위, 발생원인, 급부의 액수 등과 상관없이 지위에 있어서 평등하다. 다만 여러 채권자들 중 1인에 대하여 채무자가 채무를 이행한 경우에 이행을 받은 그 채권자는 결과적으로 우선적으로 변제를 받게 될 수 있다(이행우선의 원칙).

채권은 다른 재산권과 마찬가지로 양도성을 가진다. 즉, 채권은 원칙적으로 그 동일성을 유지한 상태로 다른 사람에게 양도될 수 있다. 이에 대해서는 채권총론에서 채권양도와 채무인수를 별도로 규정하고 있다.[3]

2. 채권과 물권의 구별

(1) 채권과 물권

물건에 대한 권리인 물권과 채무자의 일정한 행위(급부)에 대한 권리인의 채권은 우리 민법의 편제상 별개로 다루어진다. 그러나 실제 거래관계에서는 양자가 거의 하나의 행위, 즉 일체로서의 행위로 이루어진다. 즉 부동산매매계약을 생각해보면, 매매계약을 통해서 매도인은 '매수인에게 대금의 지급을 요구할 권리'(채권)를 가지게 되고, 반면 매수인은 '매도인에게 목적물의 소유권을 이전해줄 것을 요구할 권리'(채권)를 가지게 된다. 그리고 이러한 매매계약이 정상적으로 이행이 되면, 매도인은 금전의 소유권(물권)을 취득하게 되고, 매수인은 매매목적물인 부동산의 소유권(물권)을 취득하게 된다. 이와 같이 부동산매매계약에서 당사자들이 가지는 권리는 채권과 물권으로 구분되나, 물권의 변동(예: 소유권의 변동)은 대체로 매매계약이라는 채권관계(채권·채무관계)를 원인으로 이루어지므로 물권과 채권은 서로 밀접하게 관련되어 있다. 그러므로 일반인은 매매계약상 당사자의 채권·채무와 물권의 변동(소유권의 변동)을 거의 구분하지 않는다. 그러나 우리 민법 체계상 양자는 엄격하게 구분되는 것이고, 경우에 따라서는 물권행위만 존재하는 경우(예: 물권의 포기)

---

[3] 이에 대해서는 「채권법」 제8강 채권양도와 채무인수 참조.

도 있고, 채권행위만 존재하고 물권변동과 직접적으로 관련이 없는 경우(예: 고용계약에서 사용자가 가지는 노무급부청구권)가 있어 양자를 구별해서 이해해야 할 것이다.[4]

(2) 채권과 물권의 구별

채권법은 사람(人)과 사람(人) 간의 법률관계에 대한 것이다. 가령, A가 B에게 돈을 빌리는 경우(소비대차)를 생각해보면, 대주 B와 차주 A 사이에 돈을 빌리는 것을 내용(목적)으로 하는 소비대차의 채권·채무관계가 발생한다. 반면 물권(법)이란 사람(人)과 물건(物件) 간의 관계에 대한 것으로서 물권이란 사람이 일정한 재화로서의 물건을 지배하는 권리를 말하는 것이고, 이를 규율하고 있는 법체계가 물권법이다. 예를 들어 A가 휴대전화를 구입한 경우를 생각해보면, 이때 A가 자신의 소유물인 휴대전화를 배타적으로 사용하게 되는데 이로써 A와 물건인 휴대전화 간에 소유(사용·수익·처분)를 내용으로 하는 물권관계가 발생하게 된다.

(3) 채권관계와 물권관계의 혼재

실제 거래관계에서 물권관계와 채권관계를 엄격하게 구분하기는 쉽지 않은데, 그 이유는 통상 계약에서 물권관계와 채권관계가 뒤섞여 있기 때문이다. 예를 들어 A가 B에게 천만 원을 빌려주고, B 소유의 토지에 A명의의 저당권을 설정한 경우가 이에 해당한다. 이 경우 A는 저당권설정계약을 체결하였으므로 B 소유의 토지에 저당권을 가진 물권자이며, 또한 A는 소비대차계약을 체결하였으므로 B에게 천만 원을 빌려준 채권자이기도 하다. 이때 토지의 저당권을 가진 물권자 A와 토지(정확하게는 토지의 교환가치) 사이에는 사람·물건의 물권관계가 성립한다. 따라서 A는 토지의 저당권을 B 뿐만 아니라 다른 누구(예: B의 토지에 대한 후순위 물권자, B의 일반채권자)에게도 주

---

[4] 물권의 변동(발생·변경·소멸)을 가져오는 행위를 물권행위, 채권의 변동을 가져오는 행위를 채권행위라고 한다. 매매계약을 예로 들면 매매계약의 체결이 바로 채권행위이고, 계약에 따라서 소유권을 이전하는 것을 물권행위라고 볼 수 있다. 채권행위는 채권 또는 채무의 취득을 목적으로 하는 행위로서 '의무부담행위'이지만, 물권행위는 권리(물권)의 변동을 직접적으로 초래하는 '처분행위'로서의 성질을 가지고 있다는 점에서 양자는 차이가 있다. 이에 대한 상세는 「민법총칙·물권법」 제2편 물권법 제2강 Ⅲ. 물권행위 참조.

장할 수 있다(물권의 절대적·우선적 효력). 또한 A는 B에게 빌려 준 금전에 대한 채권을 가지게 되어 사람·사람의 채권관계가 성립한다. 따라서 A는 아무에게나 천만 원을 받을 수는 없고, 오직 채무자인 B에게서만 천만 원을 돌려받을 수 있다(채권의 상대적 효력).

3. 채무의 내용

[사례 2] (1) 甲은 乙에게 공업용 기계를 판매하면서, 기계의 조작 및 운영에 필요한 설명서를 교부하지 않았다. 이때 乙은 甲에 대하여 채무가 불이행되었다고 주장할 수 있는가?
(2) 丙은 이사를 하면서 丁이 운영하는 X이사업체와 이삿짐운반계약을 체결하였다. 이사 당일 짐을 나르던 중 X이사업체 직원인 A는 가구를 나르다가 넘어뜨리는 바람에 가구가 크게 훼손되었고, 직원 B는 그릇을 나르다가 이를 떨어뜨려 깨뜨렸고 깨어진 유리조각에 丙의 아들이 상해를 입었다. 이때 丙과 X이사업체 사장 丁의 법률관계는?
☞ 해 설 : (1) 甲은 매매계약에 따라 계약의 목적물인 기계를 인도하였으므로, 주된 급부의무를 이행하였다. 다만 공업용 기계에 대한 설명서가 없이 기계운영이 어렵거나 불가능하다면, 이때 甲은 부수적 의무를 위반한 것이 된다. 이때 乙은 甲에 채무불이행으로 이유로 대해 손해배상청구를 할 수 있을 것이다.
(2) 丁이 정해진 시기에 이사를 완료하였다 하더라도 이사과정에서 丙의 재산과 생명을 보호할 의무를 위반하였다. 보호의무를 긍정하는 견해에 따르면 이 경우 丁은 보호의무를 위반한 것이 된다. 하지만 보호의무를 인정하지 않는 입장에서는 급부의무의 위반이나 불법행위 사안으로 보게 될 것이다.

(1) 채무의 내용과 그 종류

채무(債務)는 채권에 대응하여 채무자가 채권자에 대하여 부담하는 급부의무를 것을 뜻하는데, 이러한 채무는 여러 기준에 따라서 다양하게 분류할 수 있다. 예컨대 채무의 내용인 급부는 계약관계에 따라 여러 가지의 내용을 가질 수 있다. 급부의 내용이 적극적 행위(작위)인가 아니면 소극적인 행위(부작위)인지, 급부가 물건을 주는 것인지 아니면 일을 하는 것인지, 주는 급부에 있어서의 목적물의 특정성, 급부의 분할여부 등에 따라서 작위급부와 부작위급부, 주는 급부와 하는 급부, 특정물급부와 불특정물급부, 가분급부와 불가분급부로 나누어 질 수 있다. 이러한 분류와 달리 채무의 내용을 채무자가 부담하는 급부와의 거리 내지 근접성을 가지고, 주된 급부의무, 부수적 급부의무,

보호의무로 구분할 수 있다.5) 이러한 구분은 그 위반의 효과가 다르다는 점에서 실익이 있다. 즉, 급부의무의 위반의 경우에는 우리 민법이 예상하고 있는 모든 구제수단이 가능하지만, 부수적 급부의무와 보호의무의 위반의 경우에는 계약해제가 제한된다. 그리고 주된 급부의무와 부수적 급부의무의 위반에 대해서는 이행의 소나 부작위의 소의 제기가 가능하지만, 보호의무위반에 대해서는 손해배상청구소송만 가능하다.

(2) 주된 급부의무

주된 급부의무(主된 給付義務)란 채권관계에 따라 채무자가 부담하는 의무 중에서 채무의 본질적이고 핵심적인 부분에 해당하는 의무를 말한다. 예를 들어 부동산매매계약에서 부동산소유권이전의무와 대금지급의무, 도급계약에서 일의 완성과 보수지급의무, 근로계약에서 근로제공의무와 임금지급의무 등이 이에 해당한다. 급부의무가 주된 것인지는 일차적으로 계약(합의)에 따라서, 계약내용이나 합의가 불명확한 경우에는 사실인 관습이나 임의법규, 조리 등에 따라 결정된다.6)

주된 급부의무는 계약유형을 구분 짓는 역할을 한다. 그리고 주된 급부의무는 쌍무계약에 있어서 대가적 견련관계에 서게 되는 의무가 된다. 예를 들어 매매계약에서 매도인의 소유권이전의무와 매수인의 대금지급의무는 특약이 없는 이상 서로 대가적 관계에 서게 된다. 그리고 채무자가 주된 급부의무를 위반하게 되면, 그 효과로서 손해배상청구권과 계약해제권이 발생하게 된다.

(3) 부수적 급부의무

채권관계에서 주된 급부의무처럼 본질적·핵심적인 부분은 아니지만, 채권관계 내지 계약의 이행을 위해서 부가적으로 이행해야 하는 의무를 부수적 급부의무(附隨的 給付義務)라고 한다. 부수적 급부의무는 계약 성립 당시에 당사자들의 합의로 정해질 수 있고, 계약의 이행과정에서 정해질 수도 있으

---

5) 이밖에도 채무구조(의무구조)에 대해서는 분류와 달리 우리나라와 독일에서 다양한 학설이 존재한다.
6) 약정채권관계가 아닌 법정채권관계에서는 법률의 규정에 의하여 결정될 것이다.

며, 당사자의 합의가 없더라도 신의성실의 원칙에 따라서 인정될 수도 있다. 이 의무는 특히 고용계약이나 근로계약, 임대차계약, 조합계약처럼 당사자 간의 신뢰관계가 중요한 계속적 채권관계에서 폭넓게 인정된다.

부수적 급부의무의 근거는 신의성실의 원칙(신의칙)이라는 것이 다수의 견해이다. 그러나 신의칙은 당사자사이의 합의가 없는 경우에 적용되는 것이 원칙이다. 그리고 당사자 사이에 부수적 급부의무에 관한 명시적인 합의가 없더라도 계약에 대해 합의를 하였다는 것은 채무자가 계약의 이행을 위한 일체의 의무를 다하기로 한 것으로 새기는 것이 마땅하다. 이런 관점에서 부수적 급부의무의 근거는 신의칙이 아닌 계약상 합의, 즉 당사자의 의사가 그 근거가 되어야 할 것이다.

부수적 급부의무는 급부의무의 발생·이행·소멸의 전과정에 걸쳐 존재하고, 급부에 의해 실현될 계약이익의 유지·보호를 목적으로 한다. 부수적 급무의무는 그 내용에 따라서 보호의무,[7] 배려의무, 성실의무 등으로 구분될 수 있다. 채무자가 부수적 급부의무를 위반한 경우, 주된 급부의무와는 달리 채권자는 이행청구와 계약해제를 할 수 없고, 손해배상만이 가능하다고 보는 것이 일반적이다.

[판례 1] 부수적 채무위반과 계약해제(대결 1997. 4. 7, 97마575)
[1] 채무불이행을 이유로 매매계약을 해제하려면, 당해 채무가 매매계약의 목적 달성에 있어 필요불가결하고 이를 이행하지 아니하면 매매계약의 목적이 달성되지 아니하여 매도인이 매매계약을 체결하지 아니하였을 것이라고 여겨질 정도의 주된 채무이어야 하고 그렇지 아니한 부수적 채무를 불이행한 데에 지나지 아니한 경우에는 매매계약 전부를 해제할 수 없다.
[2] 계약상의 의무 가운데 주된 채무와 부수적 채무를 구별함에 있어서는 급부의 독립된 가치와는 관계없이 계약을 체결할 때 표명되었거나 그 당시 상황으로 보아 분명하게 객관적으로 나타난 당사자의 합리적 의사에 의하여 결정하되, 계약의 내용·목적·불이행의 결과 등의 여러 사정을 고려하여야 한다.
<해 설> 상가의 일부 층을 먼저 분양하면서 그 수분양자에게 장차 나머지 상가의 분양에 있어 상가 내 기존 업종과 중복되지 않는 업종을 지정하여 기존 수분양자의 영업권을 보호하겠다고 약정한 경우, 그 약정에 기한 영업권"보호채무"를 분양계약의 "주된 채무"로 보아 해제권을 인정하였다.

[판례 2] 주된 채무와 부수적 채무의 구별(대판 2012. 3. 29, 2011다102301)

---

[7] 이때 보호의무는 채무의 독자적인 유형으로서 보호의무가 아니라 부수적 급부의무의 일종을 말하는 것이다.

[1] 계약으로부터 발생하는 부수적 채무의 불이행을 원인으로 하여 계약을 해제할 수 있는 것은 그 불이행으로 인하여 채권자가 계약의 목적을 달성할 수 없는 경우 또는 특별한 약정이 있는 경우에 한정된다고 볼 것이다. 또한 계약으로부터 발생하는 의무 가운데 주된 채무와 부수적 채무를 구별함에 있어서는 급부의 독립된 가치와는 관계없이 계약을 체결할 때 표명되었거나 그 당시 상황으로 보아 분명하게 객관적으로 나타난 당사자의 합리적 의사에 의하여 결정하되, 계약의 내용·목적·불이행의 결과 등의 여러 사정을 고려하여야 할 것이다.

[2] 갑이 을의 노력과 주선으로 토지를 매수하면서 을에게 그 토지 중 일부가 을의 지분이라는 확인서를 작성해 주었고, 그에 따라 갑의 아들 병과 을이 체결한 약정서에는 앞부분에 '위 토지 중 일부가 을의 지분임을 인증하며 다음과 같이 조건을 부여한다'는 내용의 약정이 기재되고, 그 아래에 '을이 위 토지에 인접한 다른 토지에 관하여 병 명의로 소유권이전등기가 경료될 수 있도록 하는 것'이라는 조항이 위치한 사안에서, 제반 사정에 비추어 위 조항에서 정한 채무는 약정의 부수적 채무에 불과할 뿐이고 주된 채무에 해당한다고 볼 수 없는데도, 위 조항에서 정한 채무는 주된 채무에 해당하는데 사실상 이행불능 상태에 이르렀으므로, 병이 약정을 해제할 수 있다.

(4) 보호의무

보호의무(保護義務)는 채무의 이행과정에서 채권자의 재산·생명·신체 등을 보호할 의무를 말한다. 즉, 채무자는 급부의무를 성실하게 이행해야할 뿐만 아니라 채무이행과정에서 부가적 침해행위를 하지 않아야 할 보호의무를 부담하게 된다. 예를 들어 이사업체가 이삿짐 운반시 고객의 주택을 파손하거나 그 가족을 다치지 않게 할 의무, 가구판매자가 가구 설치시 그 집 마루바닥을 훼손하지 않을 의무 등이 이에 해당한다. 보호의무는 계약관계가 아닌 특수한 사회적 접촉에 의해서 발생하는 것이라는 점에서 계약관계 내지 급부관계를 전제로 해서 인정되는 부수적 급부의무와는 구별된다. 보호의무의 근거에 대해서는 제535조를 확대적용하자는 견해, 법정책임으로 보는 견해, 신의칙으로 보는 견해 등이 있다. 보호의무를 위반한 경우 불법행위에서와 같이 채무자에게 손해배상책임만 인정되고, 이를 이유로 채권자가 계약을 해제할 수는 없다는 것이 다수 견해이다.

이와 달리 보호의무를 부정하는 견해가 있다. 이 견해는 타인의 법익을 해하여서는 안 될 의무는 사회일반인 모두에게 인정되는 것으로서 이를 위법하게 위반하게 되면 불법행위에 의한 손해배상의무를 지게 된다고 본다. 그리고 이러한 사회일반인에게 요구되는 의무와 보호의무를 구별하기도 어려울 뿐만 아니라 구별의 실익도 크지 않다고 한다. 계약관계에서 생긴 손해라고 해서 모두 계약책임으로 구성할 필요는 없고, 우리 민법은 독일민법의 불법행위와는 다르게 포괄적 규정을 두고 있어서 독일의 입법상 흠결을 보완하기 위한 개념으로서 형성된 보호의무를 긍정하기는 어렵다고 한다. 그리고 보호의무는 독일민법의 특수적인 계약법 우위의 태도를 반영한 것으로서 포괄적 사고방식의 우리의 정서와 조화되지 않을 뿐 아니라, 계약관계의 존부에도 불구하고 모두 불법행위로 구제하는 청구권의 무제한 경합을 인정하는 우리 대법원의 태도를 고려할 때에도 인정되기 어렵다고 한다.

결론적으로 채무의 이행과정에서 채권자의 재산·생명·신체 등에 관한 권리를 침해한 것이 계약상 급부와 관련된 것이라면, 이는 보호의무가 아닌 급부의무 내지 부수적 급부의무를 위반한 것으로 볼 것이다. 반면 그러한 권리침해가 계약상 급부와 관련성이 없거나 거리가 먼 것이라면 이는 우리 민법상 불법행위로 다루는 것이 타당할 것이다. 판례도 보호의무라는 용어를 사용하지만, 이는 보호의무를 채무의 독자적인 유형으로 인정하는 것이 아니라 부수적 급부의무의 일종으로 파악하는 것으로 보인다.

[판례 3] 여관화재사건에서 여관주인의 채무불이행책임(대판 1994. 1. 28, 93다43590)
공중접객업인 숙박업을 경영하는 자가 투숙객과 체결하는 숙박계약은 숙박업자가 고객에게 숙박을 할 수 있는 객실을 제공하여 고객으로 하여금 이를 사용할 수 있도록 하고 고객으로부터 그 대가를 받는 일종의 일시사용을 위한 임대차계약으로서, 여관의 객실 및 관련시설, 공간은 오로지 숙박업자의 지배 아래 놓여 있는 것이므로 숙박업자는 통상의 임대차와 같이 단순히 여관의 객실 및 관련시설을 제공하여 고객으로 하여금 이를 사용수익하게 할 의무를 부담하는 것에서 한 걸음 더 나아가 고객에게 위험이 없는 안전하고 편안한 객실 및 관련시설을 제공함으로써 고객의 안전을 배려하여야 할 보호의무를 부담하며 이러한 의무는 숙박계약의 특수성을 고려하여 신의칙상 인정되는 부수적인 의무로서 숙박업자가 이를 위반하여 고객의 생명, 신체를 침해하여 손해를 입힌 경우 불완전이행으로 인한 채무불이행책임을 부담한다.

[판례 4] 숙박업자의 보호의무(대판 2000. 11. 24, 2000다38718, 38725)
공중접객업인 숙박업을 경영하는 자가 투숙객과 체결하는 숙박계약은 숙박업자가 고객에게 숙박을 할 수 있는 객실을 제공하여 고객으로 하여금 이를 사용할 수 있도록 하고 고객으로부터 그 대가를 받는 일종의 일시 사용을 위한 임대차계약으로서 객실 및 관련 시설은 오로지 숙박업자의 지배 아래 놓여 있는 것이므로 숙박업자는 통상의 임대차와 같이 단순히 여관 등의 객실 및 관련 시설을 제공하여 고객으로 하여금 이를 사용·수익하게 할 의무를 부담하는 것에서 한 걸음 더 나아가 고객에게 위험이 없는 안전하고 편안한 객실 및 관련 시설을 제공함으로써 고객의 안전을 배려하여야 할 보호의무를 부담하며 이러한 의무는 숙박계약의 특수성을 고려하

여 신의칙상 인정되는 부수적인 의무로서 숙박업자가 이를 위반하여 고객의 생명·신체를 침해하여 투숙객에게 손해를 입힌 경우 불완전이행으로 인한 채무불이행책임을 부담하고, 이 경우 피해자로서는 구체적 보호의무의 존재와 그 위반 사실을 주장·입증하여야 하며 숙박업자로서는 통상의 채무불이행에 있어서와 마찬가지로 그 채무불이행에 관하여 자기에게 과실이 없음을 주장·입증하지 못하는 한 그 책임을 면할 수는 없다.

[판례 5] 여행업자의 보호의무(대판 1998. 11. 24, 98다25061)
여행업자는 통상 여행 일반은 물론 목적지의 자연적·사회적 조건에 관하여 전문적 지식을 가진 자로서 우월적 지위에서 행선지나 여행시설의 이용 등에 관한 계약 내용을 일방적으로 결정하는 반면 여행자는 그 안전성을 신뢰하고 여행업자가 제시하는 조건에 따라 여행계약을 체결하게 되는 점을 감안할 때, 여행업자는 기획여행계약의 상대방인 여행자에 대하여 기획여행계약상의 부수의무로서, 여행자의 생명·신체·재산 등의 안전을 확보하기 위하여, 여행목적지·여행일정·여행행정·여행서비스기관의 선택 등에 관하여 미리 충분히 조사·검토하여 전문업자로서의 합리적인 판단을 하고, 또한 그 계약 내용의 실시에 관하여 조우할지 모르는 위험을 미리 제거할 수단을 강구하거나 또는 여행자에게 그 뜻을 고지하여 여행자 스스로 그 위험을 수용할지 여부에 관하여 선택의 기회를 주는 등의 합리적 조치를 취할 신의칙상의 주의의무를 진다.

[판례 6] 입원계약과 보호의무(대판 2003. 4. 11, 2002다63275)
[1] 환자가 병원에 입원하여 치료를 받는 경우에 있어서, 병원은 진료뿐만 아니라 환자에 대한 숙식의 제공을 비롯하여 간호, 보호 등 입원에 따른 포괄적 채무를 지는 것인 만큼 병원은 병실에의 출입자를 통제·감독하든가 그것이 불가능하다면 최소한 입원환자에게 휴대품을 안전하게 보관할 수 있는 시정장치가 있는 사물함을 제공하는 등으로 입원환자의 휴대품 등의 도난을 방지함에 필요한 적절한 조치를 강구하여 줄 신의칙상의 보호의무가 있다고 할 것이고, 이를 소홀히 하여 입원환자와는 아무런 관련이 없는 자가 입원환자의 병실에 무단출입하여 입원환자의 휴대품 등을 절취하였다면 병원은 그로 인한 손해배상책임을 면하지 못한다.
[2] 입원환자에게 귀중품 등 물건보관에 관한 주의를 촉구하면서 도난시에는 병원이 책임질 수 없다는 설명을 한 것만으로는 병원의 과실에 의한 손해배상책임까지 면제되는 것이라고 할 수 없다.

[판례 7] 근로관계상 사용자의 보호의무(대판 1999. 2. 23, 97다12082)
사용자는 근로계약에 수반되는 신의칙상의 부수적 의무로서 피용자가 노무를 제공하는 과정에서 생명, 신체, 건강을 해치는 일이 없도록 물적 환경을 정비하는 등 필요한 조치를 강구하여야 할 보호의무를 부담하고, 이러한 보호의무를 위반함으로써 피용자가 손해를 입은 경우 이를 배상할 책임이 있다.

[판례 8] 근로관계에서 성희롱과 사용자의 보호의무(대판 1998. 2. 10, 95다39533)
고용관계 또는 근로관계는 이른바 계속적 채권관계로시 인적 신뢰관계를 기초로 하는 것이므로, 고용계약에 있어 피용자가 신의칙상 성실하게 노무를 제공할 의무를 부담함에 대하여, 사용자로서는 피용자에 대한 보수지급의무 외에도 피용자의 인격을 존중하고 보호하며 피용자가 그 의무를 이행하는 데 있어서 손해를 받지 아니하도록 필요한 조치를 강구하고 피용자의 생명,

건강, 풍기 등에 관한 보호시설을 하는 등 쾌적한 근로환경을 제공함으로써 피용자를 보호하고 부조할 의무를 부담하는 것은 당연한 것이지만, 어느 피용자의 다른 피용자에 대한 성희롱 행위가 그의 사무집행과는 아무런 관련이 없을 뿐만 아니라, 가해자의 성희롱 행위가 은밀하고 개인적으로 이루어지고 피해자로서도 이를 공개하지 아니하여 사용자로서는 이를 알거나 알 수 있었다고 보여지지도 아니하다면, 이러한 경우에서까지 사용자가 피해자에 대하여 고용계약상의 보호의무를 다하지 아니하였다고 할 수는 없다.

제2강 특정물채권과 종류채권

Ⅰ. 채권의 목적과 종류

1. 채권의 목적

제373조 (채권의 목적) 금전으로 가액을 산정할 수 없는 것이라도 채권의 목적으로 할 수 있다.

채권의 목적이란 채권자가 채무자에게 요구할 수 있는 일정한 행위인 급부(給付)를 말한다. 매수인이 매도인에게 매매대금을 지급하는 행위, 매도인이 매수인에게 소유권을 이전하는 행위, 사용자가 근로자에게 임금을 지급하는 행위, 가해자가 피해자에 대하여 손해배상액을 지불하는 행위 등이 이에 해당한다. 이러한 채권의 목적은 채권관계의 종류마다 다양하게 존재할 수 있는데, 매매대금채권, 소유권이전채권, 임금채권, 손해배상청구권 등과 같이 금전으로 가치를 가지는 것이 일반적이다. 하지만 비밀유지의무에 대한 권리, 부양에 대한 권리, 지적재산권 등과 같이 금전으로 가액을 산정할 수 없는 것도 채권의 목적이 될 수 있다(제373조). 그리고 채권관계의 발생원인인 채권행위도 법률행위의 일종이므로, 채권의 목적이 효력을 가지기 위해서는 민법총칙편에 있는 법률행위의 목적에 관한 요건을 갖추어야 한다. 다시 말해 채권이 유효하게 성립하기 위해서는 채권의 목적인 급부가 확정될 수 있어야 하고(확정성), 실현가능해야 하며(가능성), 적법하고 사회적으로 타당해야 한다(적법성·사회적 타당성).

2. 급부의 종류

급부는 여러 가지 기준에 따라 구분할 수 있다. 우선 급부의 내용이 채무자의 적극적인 행위인 경우(예: 소유권이전, 근로의 제공 등) 이를 작위급부, 반면 채무자가 일정한 행위를 하지 않을 소극적인 의무를 내용으로 하는 것(예: 건축금지의무, 겸업금지의무 등)을 부작위급부라고 한다. 그리고 급부의 내용이 물건의 인도를 내용으로 하는 급부를 주는 급부(예: 매매계약에 따른 목적물인도의무, 임대차계약에 따른 임차인의 목적물반환의무 등), 노무 또는 용역의 제공을 내용으로 하는 급부(예: 위임계약에 따라 세무업무를 대리할 의무, 근로계약에 따른 근로제공의무 등)를 하는 급부라고 한다. 이러한 구분은 특히 강제이행의 방법에서 의미가 있는데, 주는 급부의 불이행에 대해서는 직접강제가 가능하지만, 하는 급부의 불이행시에는 주로 대체집행이나 간접강제가 적용될 수 있다. 그리고 주는 급부 중에서 목적물이 당사자의 의사에 따라 구체적으로 정해진 급부를 특정물급부(예: 토지매매, 중고물품이나 동물의 거래 등)라고 하고, 급부의 내용이 구체적으로 특정되지 않고 일정한 종류나 품질 등으로 정해진 것을 불특정물급부(예: 공산품매매 등)라고 한다. 이러한 구분은 이행의 방법이나 시기, 위험부담 등에서 차이가 있다.

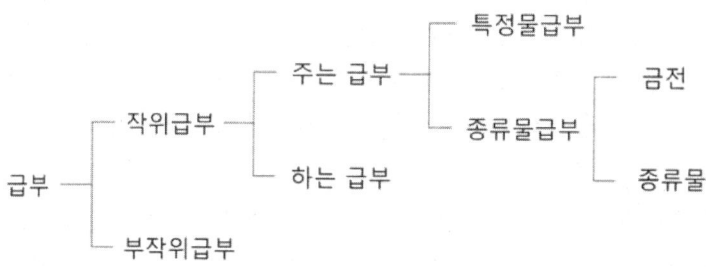

이 밖에도 물건의 인도, 물건의 완성과 같이 일정한 결과를 목적으로 하는 채무(예: 자전거의 소유권을 이전할 의무, 건물이나 인터넷홈페이지를 완성할 의무 등)를 결과채무, 결과의 달성이 아닌 결과를 위해 최선을 다할 의무를 지는 것(예: 변호사의 소송업무처리의무, 의사의 환자치료의무 등)을 수단채무라고 한다. 그리고 급부의 내용이 채무자의 한 번의 이행으로 실현되는 급부를 일회적 급부(예: 증여나 매매계약상 당사자의 의무), 급부가 여러 번의 이행으로 계속적으로 실현되어야 하는 것을 계속적 급부(예: 위임계약에서 수임인의 의무, 임대인과 임차인의 의무 등)라고 한다. 이 중 계속적 급부에는 신의칙이나 사정변경의 원칙이 폭넓게 적용되며, 계약의 해지가 인정된다는 점에서 일회적 급부와 차이가 있다.

Ⅱ. 특정물채권

[사례 3] 甲은 진도개를 사육하는 乙로부터 진도개를 사기 위해 사육장에서 마음에 드는 X·Y·Z를 고른 뒤, 마리당 100만 원 총 300만 원으로 계약을 하였으며(5월 1일), 한 달 뒤에 매매대금을 지급하면서 동시에 진도개를 인도받기로 하였다.
(1) 甲과 乙은 계약을 하면서, 진도개를 어디에서 인도할지를 정하지 않았다. 이때 乙은 진도개를 어디에서 인도해야 하는가?
(2) 乙이 진도개를 인도하기로 한 6월 1일이 지났음에도 진도개를 인도하지 않고 있었는데, X가 새끼를 낳았다면, 이때 새끼의 소유권은 누가 취득하는가?
(3) 5월 15일에 乙이 사는 마을에 전염병인 급성간염이 돌아 3마리 모두 이에 감염이 되어 죽고 말았다. 이때 甲과 乙의 관계는?
(4) 만약 (3)의 경우에 진도개 중에서 Y만 감염되어 죽었고, 나머지는 살았다면?
(5) 만약 (3)의 경우에 급성간염이 치료가 되기는 했으나, 후유증으로 진도개들(X·Y·Z)이 잘 뛰지 못하는 상태가 되었고, 이에 대하여 乙의 귀책사유가 없는 경우 당사자의 관계는?
☞ 해 설 : 甲은 乙이 사육하는 진도개 중 일부를 구체적인 거래대상으로 정하고 계약을 한 것이므로, 甲과 乙 사이의 진도개 매매계약은 특정물매매계약에 해당한다.
(1) 특정물채권의 경우 다른 약정이 없다면, 채권성립 당시 그 물건이 있던 장소가 인도장소(변제장소)가 되므로(제467조 1항), 乙은 자신의 사육장에서 진도개를 인도하면 된다.
(2) 이행기 이후의 과실은 원물과 함께 채권자인 甲에게 인도되어야 한다(제102조 1항). 다만 매수인(채권자)인 甲이 잔금지급을 하지 않아 지체가 된 경우라면, X의 새끼는 매도인 乙에게 속하게 된다(제587조).
(3) 급성간염에 감염된 것에 채무자인 乙에게 귀책사유가 있는지, 즉 乙이 선량한 관리자의 주의의무를 다 하였는지에 따라서 결론이 달라진다. 우선 乙이 선량한 관리자의 주의를 다하였음에도 급성간염에 감염되어 진도개가 모두 죽었다면(후발적 전부불능), 甲은 乙에게 진도개를 인도할 것을 요구할 수 없으며, 乙은 甲에게 매매대금을 요구할 수 없다(제537조). 반면 급성간염에 감염된 것에 乙에게 귀책사유가 있는 경우라면, 乙은 채무불이행책임을 지게 된다(이행불능). 따라서 甲은 乙에게 계약해제를 하거나(제546조), 손해배상(제390조)을 요구할 수 있다.
(4) 이 경우는 양적 일부불능의 경우이므로, 감염되지 않은 건강한 X·Z 부분의 계약은 여전히 유효하다. 다만 감염되어 죽은 Y에 대해서는 다음과 같이 해결된다. 우선 乙에게 귀책사유가 없다면, 甲은 乙에게 Y를 인도할 것을 요구할 수 없고, 乙 역시 甲에게 Y에 대한 매매대금을 요구할 수 없다. 반면 乙에게 귀책사유가 있다면, 甲은 乙에게 (일부)채무불이행책임으로서 계약해제나 손해배상을 요구할 수 있다.
(5) 이 경우는 질적 훼손(질적 일부불능)의 경우로서, 학설마다 결론이 달라진다. 우선 완전이행설은 계약체결 이후 훼손이 있더라도 이행기의 현상대로 인도하면 되고(제462조), 乙은 채무불이행책임을 지지 않고, 또한 하자담보책임(제580조)도 지지 않는다고 본다. 반면 변제제공설은 乙은 이행기 현상대로 인도하면 되지만(제462조), 계약에서 합의한 바대로 이행을 한 것이 아니므로, 하자담보책임(제580조)을 지게 된다고 한다.

1. 개념

채권 중에서 특정물의 인도를 목적으로 하는 채권을 특정물채권(特定物債權)이라고 한다. 즉, 계약당사자들이 의사표시로써 거래의 목적인 물건을 구체화하고 지정한 채권을 특정물채권이라고 한다. 특정물에 대한 인도채무를 특정물채무라고 한다. 예를 들어 토지매매, 가축매매, 중고물품이나 예술품의 매매 등에서 매수인의 인도채무가 이에 해당한다. 이러한 거래에서 거래목적물인 토지, 가축, 물건은 당사자가 직접 지정하고 선택한 그 물건만이 거래의 목적물이 되는 것이고, 종류나 성질이 유사하다 하더라도 특정한 물건이 아닌 다른 물건(예: 인접한 비슷한 면적의 토지, 같이 사육하던 다른 가축, 비슷한 연식의 다른 물건 등)은 거래의 목적물이 되지 못한다. 이런 점이 종류채권과 다르다.

거래의 목적인 물건을 사회관념에 따른 대체가능성에 따라 대체물과 부체대체물로 구분할 수 있는데, 실제 거래에서 특정물은 부대체물(예: 토지매매, 애완견의 매매, 중고물품의 매매 등)이 되고, 종류물은 대체물(예: 마트에 진열된 음료수, 신품 전자제품)인 것이 일반적이다. 하지만 부대체물이라고 하더라도 종류물이 될 수 있고(예: 일정 지역의 토지 중 일부의 거래, 자동차판매상이 보유한 여러 대의 2000년식 X자동차에 대한 매매), 반대로 대체물이라고 하더라도 특정물이 될 수 있다는 점(예: 신품 자동차 중 어느 하나를 고객이 지정한 경우, 여러 과일 중에서 고객이 일부를 선별한 경우)에 주의해야 한다.

2. 특정물채무자의 선관주의의무

제374조 (특정물인도채무자의 선관의무) 특정물의 인도가 채권의 목적인 때에는 채무자는 그 물건을 인도하기까지 선량한 관리자의 주의로 보존하여야 한다.

특정물채무를 부담하는 채무자는 그 물건을 채권자에게 인도할 때까지 선량한 관리자의 주의로 보존하여야 한다(제374조). 이때 선량한 관리자의 주의의무(선관주의의무)란 계약의 종류, 채무자의 직업, 사회적 지위, 물건의 종류, 거래관행 등에 비추어 일반적으로 갖추어야 되는 정도의 주의의무를 말한다. 다만 제374조는 임의규정이므로 당사자의 특약이나 특별규정이 있는 경우 적용이 배제될 수 있다.

채무자는 인도하기까지 선량한 관리자로서 물건을 보존할 의무를 진다(제374조). 통상 인도시점은 계약당사자들이 정한 이행기 내지 변제기가 될 것이므로, 이때까지 선관주의의무를 부담하게 될 것이다. 따라서 채무자가 변제기를 도과한 이후에도 물건을 인도하지 않고 있다면, 그는 여전히 그 물건에 관해 실제 인도할 때까지 선관주의의무를 부담하게 되는 것이다. 하지만 변제기의 도과가 채무자의 이행지체에 해당하는 경우라면, 이때 변제기 이후에도 목적물의 보관의무가 연장될 뿐만 아니라 그에 관한 책임도 가중되며(제392조), 반대로 채권자가 변제기에 채무자의 수령을 받지 않는 경우(채권자의 수령지체)라면 채무자의 책임이 경감된다(제401조). 따라서 이행기 이후 실제 인도 시까지 채무자가 선관주의의무를 부담하는 경우는 이행지체나 채권자의 수령지체가 아닌 경우, 즉 이행기에 이행하지 않은 것이 불가항력에 의한 것인 경우나 채무자에게 이행지연을 정당화할 만한 사유(예: 유치권, 동시이행항변권 등)가 있는 경우에 한정된다.

3. 특정물의 멸실·훼손

제462조 (특정물의 현상인도) 특정물의 인도가 채권의 목적인 때에는 채무자는 이행기의 현상대로 그 물건을 인도하여야 한다.
제537조 (채무자위험부담주의) 쌍무계약의 당사자일방의 채무가 당사자쌍방의 책임없는 사유로 이행할 수 없게 된 때에는 채무자는 상대방의 이행을 청구하지 못한다.
제580조 (매도인의 하자담보책임) ① 매매의 목적물에 하자가 있는 때에는 제575조제1항의 규정을 준용한다. 그러나 매수인이 하자있는 것을 알았거나 과실로 인하여 이를 알지 못한 때에는 그러하지 아니하다.
② 전항의 규정은 경매의 경우에 적용하지 아니한다.

(1) 계약체결 이후 특정물의 멸실(불능)

채무자가 선관주의의무를 위반하여 특정물의 멸실·훼손이 발생했다면, 채무자는 채무불이행책임(제390조)을 부담한다. 반면 채무자가 선관주의의무를 다하였음에도 목적물의 멸실·훼손이 발생하였다면, 채무자는 채무불이행책임을 지지 않고 위험부담(제537조)으로 해결된다. 즉, 채무자는 급부를 이행할 필요가 없고, 급부의 대가도 요구할 수 없다(채무자위험부담주의).

(2) 계약체결 이후 특정물의 양적 훼손

특정물이 양적으로 훼손된 경우(양적 일부불능)에는 훼손된 부분은 전체 멸실과 동일한 관점에서 처리되며, 잔존부분은 채무이행으로 처리될 것이다. 즉, 특정물 중 양적으로 훼손된 경우(예: 인도하려던 토지 중 30평이 국가에 수용된 경우)에는 일부 멸실된 부분은 채무자의 귀책사유 여부에 따라서 채무불이행책임이나 위험부담으로 처리되며, 나머지 잔존부분은 채무자가 이행하면 된다.

(3) 계약체결 이후 특정물의 질적 훼손

특정물이 질적으로 훼손된 경우, 채무자는 제462조에 따라서 훼손된 상태 그대로를 채권자에게 인도하면 되고, 이때 채권자는 이를 거절할 수 없다. 다만 훼손된 상태로 인도를 한 것을 완전한 채무의 이행으로 볼 것인지에 대해서는 견해가 나뉜다. 완전이행설은 하자여부를 계약체결 시로 판단하고, 계약체결 이후에 특정물에 하자가 발생하더라도 특정물채무자는 이행기의 현상대로 인도함으로써 채무를 이행한 것이 된다고 보며, 이 경우 채무자는 하자담보책임(제580조)도 지지 않는다고 본다. 반면 변제제공설은 이행기현상인도는 목적물이 동일성을 잃지 않은 경우에만 유효한 변제가 된다고 본다. 설령 목적물이 동일성을 잃지 않아 채무자가 이를 인도한 경우라고 하더라도 특정물채무자는 하자 없는 물건의 소유권을 이전하지 못한 것이므로 하자담보책임(제580조)을 진다고 본다.

4. 특정물의 인도장소와 과실의 귀속

제467조 (변제의 장소) ① 채무의 성질 또는 당사자의 의사표시로 변제장소를 정하지 아니한 때에는 특정물의 인도는 채권성립당시에 그 물건이 있던 장소에서 하여야 한다.
② 전항의 경우에 특정물인도이외의 채무변제는 채권자의 현주소에서 하여야 한다. 그러나 영업에 관한 채무의 변제는 채권자의 현영업소에서 하여야 한다.

특정물은 다른 특약이 없으면 채권 성립 당시 그 물건이 있었던 장소에서 해야 한다. 다만 채무의 성질에 비추어 다른 변제장소가 적당한 경우에는 그

장소에서 인도할 수 있다. 그리고 특정물로부터 발생한 과실은 원물인 특정물과 분리될 당시의 수취권자에게 귀속되므로(제102조 1항), 이행기 이전에 특정물로부터 분리된 과실은 소유자인 특정물채무자에게 귀속되고, 이행기 이후 분리된 과실은 목적물과 함께 채권자에게 인도해야 한다.[8] 그러나 매매계약에서 매수인이 이행기 이후 목적물의 대금을 지급하지 않고 있다면, 매도인은 과실을 취득한다(제587조).

Ⅲ. 종류채권

[사례 4] 배추도매상을 하는 甲은 강원도 대관령에서 배추를 재배하는 乙로부터 배추 10,000포기를 구입하기로 하였고, 이에 乙은 배추 10,000포기를 트럭에 실어서 甲의 주소지로 보냈다. 그런데 운송도중 배추 중 3,000포기가 판매할 수 없을 정도로 손상이 되었다. 이때 甲은 乙에게 손상된 3,000포기 대신에 다른 배추를 보내줄 것을 요구할 수 있는가?
☞ 해 설 : 甲과 乙 간의 배추매매계약은 계약성질을 고려하건대, 종류물매매라고 볼 수 있고, 이때 甲의 채권은 종류채권, 乙의 채무는 종류채무에 해당한다. 따라서 사안에서 乙이 배추를 트럭에 실어 甲의 주소지로 보낸 것만으로는 특정이 되지 않으며, 甲의 주소지에 도달하여 甲이 수령할 수 있는 상태가 되었을 때 비로소 특정이 이루어진다. 그러므로 甲은 손상된 배추가 있음을 이유로 배추의 수령을 거절할 수도 있고, 또한 乙에게 손상되지 않은 3,000포기를 다시 보내줄 것을 요구할 수도 있다. 만약 甲이 손상된 배추가 있음에도 불구하고 배추 전체를 수령한 경우라면, 甲은 乙에게 하자담보책임을 물을 수 있는데, 甲은 3,000포기를 다시 요구하거나(완전물급부청구) 손해배상을 청구할 수 있다(제581조).

1. 개념

종류채권(種類債權)이란 계약상 목적물이 일정한 종류와 수량의 물건으로 정해진 채권을 말하며, 종류물채권 내지 불특정물채권이라고도 한다. 종류채권은 거래당사자가 구체적인 물건을 지정한 것이 아니라 그 수량과 종류만 정한 것이라는 점에서 특정물채권과 차이가 있다. 종류채권은 대량으로 생산되는 공산품(예: 신품자동차, 신품전지제품, 신품도서, 소매점의 물품 등), 농산물(예: 중등품 쌀 20kg, 사과 중등품 한 박스 등) 등의 거래에서 발생한다.

---

[8] 이와 달리 소유권이전을 기준으로 과실수취권을 인정하는 견해도 있다. 이 견해에 따르면, 이행기 이후라도 목적물의 소유권이 이전되기 전이라면 채무자(매도인)가 과실을 취득하게 된다.

종류물을 거래한 경우에는 해당 종류와 수량의 물건이 존재하는 이상 채무자는 그러한 물건을 조달하여 인도할 의무, 즉 조달의무를 진다는 점에서 목적물이 멸실되면 조달의무를 지지 않는 특정물과 다르다. 왜냐하면 특정물거래에서 당사자가 정한 물건이 멸실된 경우(예: 거래목적물인 강아지가 죽은 경우)에는 어느 누구도 그 물건을 요구하거나 이행할 수 없지만, 종류물거래의 경우는 물건의 수량과 종류만 정해진 것이므로, 물건이 멸실된 경우(예: 마트에 보관하던 음료수가 상한 경우, 인도받기로 한 신품자동차에 운송 중에 멸실된 경우)에도 그러한 물건이 존재하는 이상 채무자는 그 물건을 구해서 채권자에게 인도할 의무를 지는 것이 당연하기 때문이다.

목적물이 종류와 수량으로 지정되고, 더불어 당사자들의 특약으로써 그 범위가 한정된 것을 제한종류채권(한정종류채권)이라고 한다. 예를 들어 특정창고에 있는 쌀 10가마니, 특정창고에 있는 ○○맥주 10박스 등이 이에 해당한다. 제한종류채권은 채무자의 조달의무가 특약으로 정해진 범위로 한정된다는 점에 특징이 있다. 따라서 위의 경우에 창고의 쌀이나 맥주가 모두 못쓰게 된 경우, 채무자는 다른 출처로부터 쌀이나 맥주를 구해 인도할 의무를 지지 않으며, 이때 채무자의 인도의무는 소멸한다.[9]

2. 종류물의 품질

> 제375조 (종류채권) ① 채권의 목적을 종류로만 지정한 경우에 법률행위의 성질이나 당사자의 의사에 의하여 품질을 정할 수 없는 때에는 채무자는 중등품질의 물건으로 이행하여야 한다.

종류물거래를 하면서 당사자들이 거래목적인 물건의 종류만 지정하고, 그 품질을 정하지 않은 경우, 채무자가 이를 인도할 때 어떤 품질로 인도해야할 지가 문제된다. 이 경우 품질은 법률행위의 성질과 당사자의 의사에 의해서 정해지고, 이를 통해서 정할 수 없는 경우에는 중등품질이 된다(제375조). 먼저

---

[9] 이때 쌀과 맥주의 멸실에 대해 채무자에게 책임이 있으면 채무자는 채무불이행책임(계약해제, 손해배상)을 지게 된다. 그리고 채무자에게 책임이 없는 경우에도 채무자는 물건인도채무를 면하지만 채권자로부터 매매대금을 받을 수 없게 된다(위험부담: 채무자위험부담주의). 다만 예외적으로 물건멸실이 채권자의 수령지체로 인한 것이거나 물건멸실에 대해 채권자에게 책임이 있는 경우라면, 채무자는 물건인도채무를 면하면서도 채권자에게 그 대금을 청구할 수 있게 된다.

법률행위의 성질상 품질이 정해지는 경우가 있는데, 소비대차, 소비임치, 임대차의 경우에는 계약의 성질상 채무자(소비차주, 소비수치인, 임차인)는 계약종료 후에 빌린 물건과 같은 품질의 물건을 반환해야 한다. 다음으로 종류물 거래계약 체결 당시 또는 그 이후 시점에 당사자들이 인도할 물건의 품질을 합의하였다면, 채무자는 그 합의(의사)에 맞는 물건을 인도하여야 한다. 마지막으로 법률행위의 성질과 당사자의 의사에 따라 품질을 정할 수 없는 경우 채무자는 중등품질의 물건을 채권자에게 인도하면 된다. 이때 중등품질인지 여부는 일반적인 거래관념에 따라서 정해진다.

3. 종류물의 특정

제375조 (종류채권) ② 전항의 경우에 채무자가 이행에 필요한 행위를 완료하거나 채권자의 동의를 얻어 이행할 물건을 지정한 때에는 그때로부터 그 물건을 채권의 목적물로 한다.
제467조 (변제의 장소) ① 채무의 성질 또는 당사자의 의사표시로 변제장소를 정하지 아니한 때에는 특정물의 인도는 채권성립당시에 그 물건이 있던 장소에서 하여야 한다.
② 전항의 경우에 특정물인도이외의 채무변제는 채권자의 현주소에서 하여야 한다. 그러나 영업에 관한 채무의 변제는 채권자의 현영업소에서 하여야 한다.
제581조 (종류매매와 매도인의 담보책임) ① 매매의 목적물을 종류로 지정한 경우에도 그 후 특정된 목적물에 하자가 있는 때에는 전조의 규정을 준용한다.
② 전항의 경우에 매수인은 계약의 해제 또는 손해배상의 청구를 하지 아니하고 하자없는 물건을 청구할 수 있다.

(1) 개념

종류채권으로서 인도할 목적물이 종류나 수량으로만 정해졌다고 하더라도, 계약에 따라 구체적으로 이행하기 위해서는 그 종류에 해당하는 물건을 구체화 내지 지정하는 과정이 필요한데, 이를 종류물의 특정(特定)이라고 한다. 특정은 1차적으로 당사자 간에 계약(합의)이 있으면 그에 따르고, 계약이 없으면 2차적으로 법률의 규정(제375조 2항)에 따라서 정해진다. 그리고 특정이 있게 되면, 이때부터 특정물채권으로 다루어지게 된다.

(2) 계약에 의한 특정(지정권자에 의한 특정)

당사자의 약정(합의)에 의해 당사자 일방 또는 제3자가 지정권을 행사하여 종류물 중 어느 물건을 인도할지를 특정할 수 있다. "채권자의 동의를 얻어 이행할 물건을 지정한"(제375조 2항 후단) 경우가 이에 해당한다. 지정권자에 의한 지정이 없는 경우에는, 채무자의 이행행위(제375조 2항 전단)에 따라서 정해진다. 이때 선택권 이전에 관한 제381조와 제384조는 유추적용되지 않는다(판례).

(3) 채무자의 이행행위를 통한 특정

특정에 대한 별도의 계약이 없는 경우에는 채무자가 이행에 필요한 행위를 완료하는 때에 특정이 된다(제375조 2항 전단). 이때 "이행에 필요한 행위"란 채무의 내용에 좇은 변제의 제공을 한 때를 말하는 것으로서 개별 채권관계에 따라 요구되는 채무의 이행에 필요한 모든 행위를 마친 것을 의미한다. 다만 특정의 시기는 채무의 종류마다 차이가 있다.

① **지참채무** : 채무자가 목적물을 채권자의 주소지에 가지고 가서 이행을 해야 하는 채무로서, 종류채무는 지참채무가 원칙이다(제467조 2항). 지참채무의 경우 채무자가 목적물을 채권자의 주소지로 가지고 가서 채권자가 언제라도 수령할 수 있는 상태로 두면(현실제공) 특정이 되고, 이때 채무자는 자신의 채무를 이행한 것이 된다.[10] 예를 들어 甲이 乙이 운영하는 할인마트에 전화를 걸어 ○○맥주 2박스를 주문하였다면, 乙이 ○○맥주 2박스를 甲의 집으로 가져가서 甲이 수령할 수 있는 상태에 이르러야 특정이 된다. 따라서 乙이 맥주 2박스를 甲의 집으로 배달하던 중 사고가 나서 맥주 2박스가 모두 못 쓰게 된 경우, 이때 乙의 채무는 특정 이전이므로, 목적물의 멸실에도 불구하고, 乙은 다른 맥주를 조달하여 甲에게 인도할 의무(조달의무)를 부담한다.

② **추심채무** : 채권자가 채무자의 주소로 와서 급부를 수령해야 하는 채무를 말하는데, 추심채무의 경우 채무자의 주소지가 목적물의 인도장소이므로, 채무자가 급부목적물을 분리하여 채권자가 수령할 수 있는 상태로 놓아둔 다음 채권자에게 이를 통지하여 수령을 최고한 때(구두제공) 특정된다. 예를 들

---

[10] 다만 채권자가 미리 수령받기를 거절한 경우라면, 이때 채무는 현실의 제공을 할 필요가 없고, 구두제공만으로 특정이 이루어진다.

어 甲이 乙이 운영하는 과일가게에서 캠벨포도 10박스를 구입하기로 하면서 대금을 지급하였고, 포도는 나중에 가져가기로 하였다면, 이때 乙의 채무는 종류채무지만, 당사자의 특약에 의하여 추심채무가 된다. 이때 乙이 甲에게 인도할 포도 10박스를 다른 포도와 분리하고 난 뒤, 이 사실을 甲에게 통지하고 수령을 최고한 때 특정이 된다.

③ **송부채무**[11]) : 채권자나 채무자의 주소가 아닌 다른 장소로 목적물을 송부하는 채무를 말하는데, 송부채무에는 본래 이행장소가 다른 장소인 경우와 채무자가 호의로 다른 장소로 송부하는 경우가 있다. 본래 이행장소가 다른 장소인 경우는 채무자가 다른 장소에서 현실제공을 한 때 특정이 된다. 예를 들어 甲이 친구 乙에게 책을 선물하기 위해, Y인터넷서점에서 책을 주문하면서 친구의 집을 배송지로 정한 경우, Y인터넷서점은 다른 장소인 乙의 주소지에서 乙이 책을 수령할 수 있는 상태로 이행을 해야만 특정이 된다. 따라서 배달사고로 책이 멸실·훼손이 되면, Y는 새 책을 乙에게 인도해야 한다. 반면 채무자가 호의로 다른 장소로 송부하는 경우에는 목적물을 발송한 때 특정된다. 예를 들어 甲이 乙이 운영하는 과일가게에서 딸기 20박스를 구입하였는데, 甲은 차가 없어 과일상인 乙에게 택배로 딸기를 회사로 보내줄 것을 부탁하였고, 이에 乙이 동의를 한 경우가 이에 해당한다. 이때 운송도중 택배사의 실수로 딸기가 훼손되어 모두 팔 수 없게 되었더라도 乙의 종류채무는 딸기를 발송한 때 이미 특정이 된 것이므로, 乙은 다른 딸기를 인도하지 않아도 된다.

4. 특정의 효과

종류채무의 경우에도 물건이 특정이 되면, 이때부터는 특정물채권으로 다루어진다. 따라서 특정된 이후부터 채무자는 선관주의의무를 부담하고, 이를 위반하여 목적물이 멸실 내지 훼손되면, 채무불이행책임을 지게 된다. 그리고 특정된 이후 목적물이 멸실된 경우에는 당사자의 귀책사유와 상관없이 채무자는 다

---

[11]) 통설은 제3지로 목적물을 송부하기로 한 경우만을 송부채무로 본다. 반면 소수설은 장소여부가 아닌 송부합의가 있는지에 따라 송부채무가 결정된다고 보며, 송부채무의 경우 운송기관에 위탁 시에 특정이 된다고 본다.

른 물건을 인도할 필요가 없고(조달의무의 소멸), 채권자는 목적물을 요구할 수 없다(급부위험의 채권자로의 이전). 만약 지정된 목적물에 하자가 있다면, 이때에는 특정의 효과가 발생하지 않는다. 왜냐하면 하자있는 물건을 지정한 것만으로 채무내용에 좇은 이행으로 볼 수 없기 때문이다(반대견해 있음). 다만 이에 대해서는 매도인의 하자담보책임(제581조)이 적용될 수 있다.

제3강 금전채권·이자채권·선택채권·임의채권

Ⅰ. 금전채권

[사례 5] 원양어업을 하던 甲은 자신이 어선에 대하여 1984년 10월 29일 보험회사 乙과 보험평가 및 보험금액 385,000달러, 보험료 14,000달러 45센트, 보험기간은 1984년 10월 29일부터 1985년 10월 29일까지로 하는 보험계약을 체결하였다. 甲의 선박은 1985년 2월 27일 남태평양 캐롤라인 군도 남서방 해역에서 조업을 하다가 레이더장치의 고장으로 수중산호초에 좌초되었고, 복구작업이 여의치 않자 선원들은 인근 섬으로 대피하였다. 이후 원주민들이 선박에 침입하여 물건을 약탈하고 선박을 파괴하였으며, 선박에는 바닷물이 흘러 들어왔다. 이에 1985년 3월 26일에 甲은 乙에 대하여 보험사고를 통지하고, 선박의 좌초와 원주민의 약탈로 인해 선박이 전손(全損)되었다며 당시 환율(1달러 864.89원)로 환산한 금액인 332,982,650원을 청구하였다. 그러나 乙은 동일한 사고로 인한 손해인지 불명확하다며 보험금의 지급을 거절하였다. 이에 甲은 乙에 대해 보험료지급청구소송을 제기하였고, 최종적으로 甲이 승소하였다. 그런데 乙은 사실심변론종결일 당시의 환율(1달러 695.90원)로 환산한 금액인 267,921,500원을 지급하겠다고 주장한다. 甲·乙의 관계를 검토하시오.
☞ 해 설 : 사안의 쟁점은 외화채권을 국내 통화로 환산하는 시기를 이행기로 볼 것인지, 채무자의 이외에 채권자의 대용권이 인정되는지이다. 판례는 채무자의 대용권행사시 외화채권의 환산시기에 대한 제387조의 "지급할 때"를 채권의 이행기(변제기)가 아닌 채무자가 "현실로 이행하는 때"로 본다. 특히 채권자가 외화채권을 소송상 청구한 경우에는 사실심변론종결시를 현실로 이행하는 때로 보아 그때를 기준으로 우리나라 통화로 환산해야 한다고 본다. 그리고 채권자도 원래 약정한 외화채권이 아닌 우리나라의 통화로 변제할 것을 요구하는 권리인 대용권을 행사할 수 있다고 본다(대판 1991. 3. 12, 90다2147[전합]). 이 경우 외화채권의 환산시기는 채무자의 대용권행사의 경우와 동일하다. 결론적으로 채권자인 甲은 보험금을 약정한 외화채권이 아닌 국내 통화로 지급할 것을 요구할 수 있다. 그리고 甲이 乙에 대해 보험금지급청구소송을 제기하였으므로, 보험금을 국내 통화로 환산하는 시기는 소송의 사실심변론종결시가 된다. 따라서 乙은 甲에게 사실심변론종결 당시의 환율로 환산한 금액(267,921,500원)을 지급해야 한다.

1. 개념

금전의 인도를 목적으로 하는 채권을 금전채권(金錢債權)이라고 한다. 매매계약에서 매도인의 매매대금채권, 임대인의 차임지급채권, 근로자의 임금채권, 변호사의 의뢰인에 대한 수임료채권, 교통사고와 같은 불법행위로 인한 손해배상채권 등이 이에 해당한다. 금전채권은 물건이나 일(용역) 그 자체보다는 금전이 나타내는 일정한 가치의 이전을 목적으로 한다는 점에서 다른 채권과 구별된다.

2. 금전채권의 종류

제376조 (금전채권) 채권의 목적이 어느 종류의 통화로 지급할 것인 경우에 그 통화가 변제기에 강제통용력을 잃은 때에는 채무자는 다른 통화로 변제하여야 한다.

(1) 금액채권

금전채권 중에서 일정액의 금액에 해당하는 금전의 인도를 내용으로 하는 채권을 금액채권(金額債權)이라고 하며, 금전채권의 대표적인 유형이다. 금액채권은 금전이 나타내는 일정 가치를 그 목적으로 하는 가치채권으로서 화폐가 강제통용력을 가지는 이상 채무자가 이행할 수 없는 상태인 이행불능이 발생하지 않으며, 위험부담의 문제도 발생하지 않는다. 왜냐하면 돈이 없어 금전채무를 이행하지 못하는 것은 채무자의 주관적 사정에 지나지 않는 것으로서 그런 상황에서도 채무자는 돈을 다른 사람에게서 빌리는 등의 방법으로 이행할 가능성이 있기 때문이다.

(2) 금종채권

금액채권과 달리 당사자 사이의 약정으로 일정한 종류의 화폐의 인도를 내용으로 하는 채권을 금종채권(金種債權)이라고 하는데, 채권자와 채무자 사이의 합의로 채무자가 5만 원권으로 채무 3천만 원을 갚기로 하는 경우가 이에 해당한다. 금종채권에는 지급하기로 하는 화폐 종류의 한정성에 따라서 상대적 금종채권과 절대적 금종채권으로 구분된다. 상대적 금종채권의 경우는 해당 종류의 화폐가 강제통용력을 잃은 경우[12] 다른 종류의 화폐로 변제할 수 있지만(제376조), 절대적 금종채권의 경우는 그러한 경우에도 지정된 화폐만으로 변제를 할 수 있고 다른 화폐로 변제할 수가 없다.

---

[12] 국가나 국책중앙은행이 부도가 나는 상황과 같은 비상적인 상황이 아니면 이러한 경우는 발생하지 않는다.

(3) 특정금전채권

진열, 장식, 수집 등의 목적으로 물건으로서 특정금전을 인도하는 것을 내용으로 하는 채권을 특정금전채권이라고 한다. 동전수집가가 현재 발행되지 않는 동전을 수집목적으로 거래하는 경우가 이에 해당하는데, 이러한 특정금전채권은 화폐의 가치보다는 그 물건성에 주안점을 둔 것으로서 앞서 다룬 금전채권과 그 성격을 달리한다.

3. 외화채권

제377조 (외화채권) ① 채권의 목적이 다른 나라 통화로 지급할 것인 경우에는 채무자는 자기가 선택한 그 나라의 각 종류의 통화로 변제할 수 있다.
② 채권의 목적이 어느 종류의 다른 나라 통화로 지급할 것인 경우에 그 통화가 변제기에 강제통용력을 잃은 때에는 그 나라의 다른 통화로 변제하여야 한다.
제378조 (동전) 채권액이 다른 나라 통화로 지정된 때에는 채무자는 지급할 때에 있어서의 이행지의 환금시가에 의하여 우리나라 통화로 변제할 수 있다.

(1) 개념

외화채권(外貨債權)이란 외국의 금전의 인도를 목적으로 하는 채권을 말한다. 외화채권은 다른 약정이 없는 이상 채무자는 자신의 선택에 따라서 그 나라의 각종 통화로 변제할 수 있는 것이 원칙이다(제377조 1항). 그러나 당사자 간의 특약으로 특정 통화로 지급하기로 한 경우(상대적 금종채권)에는 채무자는 그 통화로 변제해야 한다. 이 경우에도 그 통화가 변제기에 강제통용력을 잃은 때에는 그 나라의 다른 통화로 변제하여야 한다(제377조 2항).

(2) 대용권

외화채권에 있어서 당사자 간의 약정 없이도 상대방에 대하여 국내통화로 지급하거나 그 지급을 청구할 대용권이 인정되는지가 문제되고, 대용권을 인정할 경우 국내통화로의 환산시기를 어느 시로 할시가 문제된다. 특히 외화채권의 환산시기는 외환시세의 변동에 따른 환차액과 관련하여 문제되는데, 민법 제378조는 채무자에 대하여 우리나라의 통화로 변제할 수 있는 대용지급권능을 인정하면서, "지급할 때에 있어서의 이행지의 환금시가"에 의하도록 하고 있다. 통설과 판례는 제378조의 "지급할 때"를 계약상 '이행기'가 아니라 채무자가 채무를 '현실적으로 이행하는 때'라고 본다. 그리고 채권자의 대용권에 대해서는 민법에 규정은 없으나 채권자에게도 대용권을 인정하면서 채무자가 현실적으로 이행하는 때에 가까운 사실심변론종결시점을 환산시기로 보는 것이 다수설과 판례의 입장이다.

[판례 9] 금전손해배상에 있어서 금전의 의미(대판 1997. 5. 9, 96다48688 판결)
채무불이행으로 인한 손해배상을 규정하고 있는 민법 제394조는 다른 의사표시가 없는 한 손해는 금전으로 배상하여야 한다고 규정하고 있는바, 위 법조 소정의 금전이라 함은 우리 나라의 통화를 가리키는 것이어서 채무불이행으로 인한 손해배상을 구하는 채권은 당사자가 외국통화로 지급하기로 약정하였다는 등의 특별한 사정이 없는 한 채권액이 외국통화로 지정된 외화채권이라고 할 수 없다.

[판례 10] 외화채권에 있어서의 대용권(대판 1991. 3. 12, 90다2147[전합])
채권액이 외국통화로 지정된 금전채권인 외화채권을 채무자가 우리나라 통화로 변제함에 있어서는 민법 제378조가 그 환산시기에 관하여 외화채권에 관한 같은 법 제376조, 제377조 제2항의 "변제기"라는 표현과는 다르게 "지급할 때"라고 규정한 취지에서 새겨 볼 때 그 환산시기는 이행기가 아니라 현실로 이행하는 때 즉 현실이행시의 외국환시세에 의하여 환산한 우리나라 통화로 변제하여야 한다고 풀이함이 상당하므로 채권자가 위와 같은 외화채권을 대용급부의 권리를 행사하여 우리나라 통화로 환산하여 청구하는 경우에도 법원이 채무자에게 그 이행을 명함에 있어서는 채무자가 현실로 이행할 때에 가장 가까운 사실심 변론종결 당시의 외국환시세를 우리나라 통화로 환산하는 기준시로 삼아야 한다.

[판례 11] 채권자의 국내 통화로 환산청구(대판 2007. 4. 12, 2006다72765 판결)
채권액이 외국통화로 지정된 금전채권인 외화채권을 채권자가 대용급부의 권리를 행사하여 우리나라 통화로 환산하여 청구하는 경우 법원이 채무자에게 그 이행을 명함에 있어서는 채무자가 현실로 이행할 때에 가장 가까운 사실심 변론종결 당시의 외국환시세를 우리나라 통화로 환산하는 기준시로 삼아야 하고, 그와 같은 제1심 이행판결에 대하여 채무자만이 불복·항소한 경우, 항소심은 속심이므로 채무자가 항소이유로 삼거나 심리 과정에서 내세운 주장이 이유 없다고 하더라도 법원으로서는 항소심 변론종결 당시의 외국환시세를 기준으로 채권액을 다시 환산해 본 후 불이익변경금지 원칙에 반하지 않는 한 채무자의 항소를 일부 인용하여야 한다.

4. 금전채권의 특칙

제397조 (금전채무불이행에 대한 특칙) ① 금전채무불이행의 손해배상액은 법정이율에 의한다. 그러나 법령의 제한에 위반하지 아니한 약정이율이 있으면 그 이율에 의한다.
② 전항의 손해배상에 관하여는 채권자는 손해의 증명을 요하지 아니하고 채무자는 과실없음을 항변하지 못한다.

앞서 언급한 바와 같이 금전채권은 가치채권으로서 국가의 통화체계가 유지되는 이상 그에 관한 이행불능은 발생하지 않고, 금전채무자가 변제를 지연하고 있는 이행지체만이 문제될 뿐이다. 그리고 금전채무불이행으로 인한 손해배상액(지연이자·지연배상)에 대해서 당사자의 약정이 있으면 그에 따르고(약정이율), 당사자의 약정이 없으면 법률의 규정에 따른 이율(법정이율: 민사 연 5푼, 상사 연 6푼)이 적용된다(제397조 1항·제379조). 예를 들어 무이자금전소비대차의 차주가 약정한 시기에 대여금 1천만 원을 변제하지 않고 1년이 지나서 변제를 하는 경우, 그에 대하여 당사자 약정이 있으면 그에 따른 이율이, 합의가 없는 경우에는 연 5%의 이자가 더해진 금액(대여금 1천만 원과 손해배상 50만 원)을 대주에게 변제해야 한다.

채권자가 금전채무의 불이행으로 인한 손해배상을 청구하는 경우 그는 손해를 증명할 필요가 없고, 채무자는 불이행에 대해 자신에게 과실 없음을 항변할 수 없다(제397조 2항). 원래 채권자가 채무자에게 손해배상을 청구할 때에는 채무불이행으로 인해 자신에게 손해가 발생했다는 사실을 증명해야 하고, 채무자는 불이행에 대해 자신에게 과실이 없음을 주장해서 책임을 면할 수 있는 것이 원칙이다. 제397조 2항은 이러한 원칙에 대한 예외로서 금전채권자는 손해에 대한 증명책임을 면하고, 금전채무자에 대해서는 책임면제에 관한 주장을 할 수 없도록 특칙을 정한 것이다. 왜냐하면 금전채권자의 입장에서 금전채무의 불이행으로 인한 손해, 즉 변제받았어야 했던 금전을 제때 받지 못해 자신에게 발생한 손해를 증명하기란 어려울 수 있기 때문이다. 다만 이때 채권자는 손해의 '범위'를 증명할 필요가 없는 것이지, 금전채무의 지체로 인한 손해의 '발생'은 주장해야 한다(판례). 예를 들어 차주가 빌려간 1천만 원을 약속한 시기에 갚지 않아 채권자가 원금 1천만 원과 그에 대한 손해배상(지연배상)을 청구하는 경우, 대주는 원금 1천만 원을 돌려받기 위해서 차주에게 1천만 원을 빌려준 사실을 증명해야 하고, 아울러 차주의 이행지체로 손해가 발생하였고 이를 청구한다는 주장을 해야 한다. 따라서 대여금반환 소송과정에서 채권자인 대주가 금전채무의 이행지체로 인한 손해배상(지연배상) 발생사실을 주장하지 않으면, 대여원금 이외에 손해배상(지연배상)을 받을 수 없게 된다.

[판례 12] 민법 제397조의 의미(대판 2000. 2. 11, 99다49644)
[1] 채무불이행으로 인한 손해배상 예정액의 청구와 채무불이행으로 인한 손해배상액의 청구는 그 청구원인을 달리 하는 별개의 청구이므로 손해배상 예정액의 청구 가운데 채무불이행으로 인한 손해배상액의 청구가 포함되어 있다고 볼 수 없고, 채무불이행으로 인한 손해배상액의 청구에 있어서 손해의 발생 사실과 그 손해를 금전적으로 평가한 배상액에 관하여는 손해배상을 구하는 채권자가 주장·입증하여야 하는 것이므로, 채권자가 손해배상책임의 발생 원인 사실에 관하여는 주장·입증을 하였더라도 손해의 발생 사실에 관한 주장·입증을 하지 아니하였다면 변론주의의 원칙상 법원은 당사자가 주장하지 아니한 손해의 발생 사실을 기초로 하여 손해액을 산정할 수는 없다.
[2] 금전채무 불이행에 관한 특칙을 규정한 민법 제397조는 그 이행지체가 있으면 지연이자 부분만큼의 손해가 있는 것으로 의제하려는 데에 그 취지가 있는 것이므로 지연이자를 청구하는 채권자는 그 만큼의 손해가 있었다는 것을 증명할 필요가 없는 것이나, 그렇다고 하더라도 채권자가 금전채무의 불이행을 원인으로 손해배상을 구할 때에 지연이자 상당의 손해가 발생하였다는 취지의 주장은 하여야 하는 것이지 주장조차 하지 아니하여 그 손해를 청구하고 있다고 볼 수 없는 경우까지 지연이자 부분만큼의 손해를 인용해 줄 수는 없는 것이다.

[판례 13] 지연손해금의 성질(대판 1998. 11. 10, 98다42141)
금전채무의 이행지체로 인하여 발생하는 지연손해금은 그 성질이 손해배상금이지 이자가 아니며, 민법 제163조 제1호가 규정한 '1년 이내의 기간으로 정한 채권'도 아니므로 3년간의 단기소멸시효의 대상이 되지 아니한다.

[판례 14] 금전채무의 이행으로 계좌이체(대판 2002. 12. 26, 2002다54479)
은행이 특정 금원을 수취인의 예금계좌를 지정계좌로 하여 입금하도록 위임받은 경우 이로 인한 법률관계는 입금의뢰인과 은행 사이의 위임관계이고, 수취인은 그 직접 당사자가 아니라 다만 수취은행에 대한 예금자로서의 지위를 갖는 데 불과하여, 수취은행이 수취인의 그 예금계좌에 그 금원을 입금시키는 절차 없이 바로 수취인에게 그 금원을 지급할 의무를 부담한다고 볼 수 없으므로, 그 입금 전까지는 그 금원에 대한 수취인의 예금채권이 성립한다고 할 수 없어, 그 수취인의 은행에 대한 예금채권을 가압류한 경우에 그 입금 의뢰에 반하여 은행직원이 그 금원을 수취인의 예금계좌에 입금하지 아니하였다고 할지라도, 그것이 곧바로 위 가압류를 침해하는 불법행위가 될 수는 없다 할 것이고, 다만 채권자가 가압류 등 강제집행을 개시한 사실을 알면서 채무자나 제3자가 그 강제집행의 목적물을 손괴·은닉하는 등의 방법으로 그 강제집행의 실행을 방해하였다면 그 행위는 그 집행채권자에 대하여 불법행위를 구성하게

되는 것이므로, 채무초과 상태에 빠진 채무자나 제3자가 그 가압류 사실을 알고서 가압류의 대상이 된 장래의 예금채권의 예금계좌로 입금될 금원을 그 예금계좌에 입금하지 아니하고 타인에게 입금하거나 현금으로 인출하여 달라고 요구하여 인출받아 갔다면 이는 그 예금계좌로의 입금이라는 조건의 성취를 방해하는 행위로서 불법행위를 구성할 수 있고, 이 때 은행 직원이 위 예금자 등의 강제집행 실행 방해 사실을 알면서 이에 공모 내지 방조한 경우에 한하여 그 은행 직원도 불법행위 책임을 진다.

II. 이자채권

[사례 6] 甲은 乙과 자신 소유 토지에 대한 매매계약을 체결하고 소유권이전등기를 경료해주면서, 乙이 지급해야 할 매매대금 1억 5천만 원에 대해서는 매매계약 당시 甲이 乙에게 부담하고 있던 대여원금반환채무 1억 원 및 이자채무의 합계액(5천만 원)과 상계하기로 합의하였다. 그런데 이후 甲은 상계합의 하였던 이자채무의 약정이율이 이자제한법상 제한이율을 초과하였다는 사실을 알게 되었고, 이에 甲은 제한이율의 초과지급부분은 무효라고 주장하면서, 그 반환을 청구하고 있다. 甲의 이러한 청구는 타당한가?
☞ 해 설 : 이자제한법상 최고제한이율을 초과하는 부분에 대한 약정은 무효가 되므로, 이러한 무효효과에 따라서 甲이 乙에게 부담하는 대여이자채무는 5천만 원이 아닌 2천 4백만 원이 된다. 그러므로 甲과 乙이 상계합의를 하였더라도 매매대금은 1억 5천만 원이고, 반면 대여금반환채무는 1억 2천 4백만 원(원본 1억 원 + 이자 2천 4백만 원)에 지나지 않으므로 나머지 부분에 대해서는 상계합의의 대상이 존재하지 않는다. 따라서 甲은 乙에게 2천 6백만 원을 부당이득반환으로 청구할 수 있게 된다(반대입장의 판례 있음).

1. 개념

이자(利子)란 금전 기타 대체물의 사용대가로서 원본액의 사용기간에 비례하여 지급되는 금전 기타 대체물을 말한다. 이러한 이자를 목적으로 하는 채권을 이차채권(利子債權)이라고 한다. 주로 소비대차계약, 소비임치계약 등을 통해서 발생한다. 먼저 이자는 금전 기타 대체물과 같은 유동자본의 사용대가를 말하는 것이므로, 부대체물인 토지나 건물, 기계 등과 같은 고정자본의 사용대가인 지료나 차임 등은 이자가 아니다. 쌀을 빌려주고 쌀을 갚는 경우와 같이 금전이 아닌 대체물의 사용대가도 이자가 될 수 있고, 3백만 원에 대해 이자로 쌀 한가마니를 지급하는 경우와 같이 원본과 이자는 동종의 대체물일 필요는 없다. 다음으로 이자는 원본채권의 이행기까지의 사용대가로서 법정과실(제101조 2항)을 말하는 것이므로, 사용의 대가가 아닌 주식의 배당금, 할부매매에 따른 할부금, 이행지체에 따른 지연이자(지연손해) 등은 이자가 아니다. 그리고 이자는 원본액의 사용시간에 비례하여 지급되는 것이므로, 원본채권을 전제로 하지 않는 것(예: 건설이자)은 이자가 아니다. 그리고 원본채권이 유효하여야만 이자채권도 효력을 가지므로, 원본채권이 무효이면 이자채권도 발생하지 않는다.

제379조 (법정이율) 이자있는 채권의 이율은 다른 법률의 규정이나 당사자의 약정이 없으면 연 5분으로 한다.

2. 이율

이율(利率)이란 원본액에 대하여 지급되는 이자의 비율, 즉 원본액과 이자의 비율을 말한다. 이율에는 당사자가 합의로서 정한 약정이율과 법률상 정해진 법정이율이 있는데, 사적자치의 원칙에 따라 약정이율이 우선적으로 적용된다. 약정이율이 없는 경우 법정이율이 적용되는데, 민사상 법정이율은 연 5푼(제379조)이고, 상행위로 인한 법정이율은 연 6푼이다(상법 제54조). 관련하여 민사채무와 상사채무의 법정이율이 낮아 금전채무자가 고의로 채무이행을 지연하거나 소송을 지연시킬 우려가 있다. 이를 막기 위해서「소송촉진 등에 관한 특례법」은 금전채무이행소송에서 금전채무의 불이행으로 인한 손해배상액의 산정이 기준이 되는 법정이율을 연 12%(2020년 3월 현재)로 규정하고 있다(제3조 1항).

3. 기본적·지분적 이자채권

원본에 대해 일정기간 동안 발생하는 이자에 대한 채권을 기본적 이자채권이라고 한다. 예를 들어 X가 Y에게 1,000만 원을 빌려 주면서 이율을 연 1할 2푼이라고 정한 경우, 1,000만 원에 대한 반환채권이 원본채권이고, 이 원본채권을 전제로 하여 발생하는 연 120만 원의 이자를 내용으로 하는 채권이 기본적 이자채권이 된다. 기본적 이자채권은 원본채권에 대한 종속성이 강하여 원본채권과 법률상 운명을 같이 한다. 따라서 원본채권이 발생하지 않으면 기본적 이자채권도 발생하지 않으며, 원본채권이 소멸하면 기본적 이자채권도 소멸하게 된다(제183조: 부종성). 또한 다른 의사표시가 없는 이상 원본채권이 처분되면, 기본적 이자채권도 같이 이전하게 된다(수반성).

이와 달리 지분적 이자채권은 기본적 이자채권에 따라 각각의 변제기에 지급되는 이자채권을 말한다. 예를 들어 X가 Y에게 1,000만 원을 빌려주고, 연 이율 1할 2푼으로, 이자지급시기를 매월로 정하여 빌려 주었다면, 매월 100만 원에 대한 채권이 지분적 이자채권이다. 지분적 이자채권은 변제기 도과 여부에 따라서 그 성질이 달라지는데, 변제기를 도과한 지분적 이자채권은 원본채권에 대한 독립성이 강해서 원본채권과 분리하여 양도할 수 있고,13) 원본채권과 별도로 변제할 수 있으며, 1년 이내의 기간으로 정한 이자채권은 따로 3년의 소멸시효(제163조 1호)에 걸린다. 그러나 아직 변제기가 도래하지 않은 장래의 지분적 이자채권도 기본적 이자채권에 대한 종속성이 약화되어 별도의 양도가 인정되지만, 변제기에 도달한 지분적 이자채권과는 달리 원본채권 등이 변제 등에 의해 소멸하면 기본적 이자채권과 함께 소멸하게 된다(존속상의 종속성).

[판례 15] 이자채권의 소멸시효
[1] 이자 또는 지연손해금은 주된 채권인 원본의 존재를 전제로 그에 대응하여 일정한 비율로 발생하는 종된 권리인데, 하나의 **금전채권의 원금** 중 일부가 변제된 후 나머지 원금에 대하여 소멸시효가 완성된 경우, 가분채권인 금전채권의 성질상 변제로 소멸한 원금 부분과 소멸시효 완성으로 소멸한 원금 부분을 구분하는 것이 가능하고, 이 경우 원금에 종속된 권리인 이자 또는 지연손해금 역시 변제로 소멸한 원금 부분에서 발생한 것과 시효완성으로 소멸된 원금 부분에서 발생한 것으로 구분하는 것이 가능하므로, 소멸시효 완성의 효력은 소멸시효가 완성된 원금 부분으로부터 그 완성 전에 발생한 이자 또는 지연손해금에는 미치나, 변제로 소멸한 원금 부분으로부터 그 변제 전에 발생한 이자 또는 지연손해금에는 미치지 않는다.
[2] 은행이 영업행위로서 한 대출금에 대한 변제기 이후의 지연손해금은 그 원본채권과 마찬가지로 상행위로 인한 채권으로서 5년의 소멸시효를 규정한 상법 제64조가 적용된다.

---

13) 따라서 원본채권이 양도된 경우에도, 이미 변제기에 도달한 지분적 이자채권이 당연히 양도되는 것은 아니고, 그에 관한 별도의 합의(특약)가 있어야 한다(대판 1989. 3. 28, 88다카12803).

4. 이자의 제한

금전소비대차계약에 있어서 이자는 당사자의 약정에 따라서 정해지는 것이 원칙이다. 그러나 사적자치와 계약자유원칙에 입각한 이러한 원칙은 금전거래당사자의 지위의 불균형으로 인해 일방당사자가 과도한 이자를 취득하는 것을 가능하게 할 수 있는 문제가 있다. 따라서 계약 정의의 관점에서 이자를 제한할 필요가 있다. 이러한 취지에서 각 국은 이자제한에 관한 규율을 두고 있는데, 우리나라에서도 「이자제한법」에서 이자를 제한하고 있다. 이자제한법은 1962년에 제정되어 시행되었다가 1997년 외환위기 때 국제통화기금(IMF)의 요구에 의하여 폐지되었고, 이후 2007년 3월 29일에 다시 제정되어 현재까지 시행되고 있다.

이자제한법은 10만 원 이상의 금전소비대차에 대해서 적용된다(제2조 5항). 동법상 최고제한이율은 연 25%가 초과되지 않는 범위 내에서 대통령령으로 정하도록 하고 있는데(동법 제2조 1항), 동 시행령은 최고이자율을 연 24%로 정하고 있다(2020년 3월 현재). 이때 이자에는 예금, 할인금, 수수료, 공제금, 체당금, 그 밖의 명칭에도 불구하고 금전의 대차와 관련하여 채권자가 받은 것이 모두 포함된다(간주이자). 동법상 최고제한이율을 초과한 이자약정은 무효이다(동법 제2조 3항). 따라서 차주는 초과부분을 변제할 필요가 없고,14) 대주 역시 그 초과부분에 대해서는 (재판상 청구를 포함한) 청구를 할 수 없다. 그리고 대주는 초과이자부분을 타인에게 양도할 수도 없고, 초과이자를 자동채권으로 하는 상계의 의사표시를 하더라도 효력이 없으며(대판 1963. 11. 21, 63다429), 초과이자 부분에 대하여 준소비대차계약이나 경개계약을 체결하더라도 효력이 발생하지 않는다.

[판례 16] 이자제한의 법리(대판 2007. 2. 15, 2004다50426[전합])
[1] 금전 소비대차계약과 함께 이자의 약정을 하는 경우, 양쪽 당사자 사이의 경제력의 차이로 인하여 그 이율이 당시의 경제적·사회적 여건에 비추어 사회통념상 허용되는 한도를 초과하여 현저하게 고율로 정하여졌다면, 그와 같이 허용할 수 있는 한도를 초과하는 부분의 이자 약정은

---

14) 차주가 초과이자부분을 임의로 지급한 경우에도 초과 지급된 부분은 우선 원본에 충당하게 되고, 원본이 이미 소멸한 경우라면 그 부분의 반환을 청구할 수 있다(동법 제2조 4항). 이때 반환청구는 그 성질상 부당이득반환(제741조)에 해당한다.

대주가 그의 우월한 지위를 이용하여 부당한 이득을 얻고 차주에게는 과도한 반대급부 또는 기타의 부당한 부담을 지우는 것이므로 선량한 풍속 기타 사회질서에 위반한 사항을 내용으로 하는 법률행위로서 무효이다.
[2] 선량한 풍속 기타 사회질서에 위반하여 무효인 부분의 이자 약정을 원인으로 차주가 대주에게 임의로 이자를 지급하는 것은 통상 불법의 원인으로 인한 재산 급여라고 볼 수 있을 것이나, 불법원인급여에 있어서도 그 불법원인이 수익자에게만 있는 경우이거나 수익자의 불법성이 급여자의 그것보다 현저히 커서 급여자의 반환청구를 허용하지 않는 것이 오히려 공평과 신의칙에 반하게 되는 경우에는 급여자의 반환청구가 허용되므로, 대주가 사회통념상 허용되는 한도를 초과하는 이율의 이자를 약정하여 지급받은 것은 그의 우월한 지위를 이용하여 부당한 이득을 얻고 차주에게는 과도한 반대급부 또는 기타의 부당한 부담을 지우는 것으로서 그 불법의 원인이 수익자인 대주에게만 있거나 또는 적어도 대주의 불법성이 차주의 불법성에 비하여 현저히 크다고 할 것이어서 차주는 그 이자의 반환을 청구할 수 있다.

III. 선택채권

[사례 7] 甲은 乙이 소유한 삽살개를 150만 원에 구입하기로 하면서, 삽살개 X·Y·Z 중 하나를 잔금지급시기인 한 달 뒤에 甲이 선택하기로 하였다.
(1) 만약 乙이 甲과 계약을 하고 난 뒤 자신이 보유하고 있던 삽살개 중에서 Y와 Z를 丙에게 처분하였다면?
(2) 만약 甲이 잔금을 지급하면서 삽살개를 고르려고 乙의 농장으로 차를 몰고 들어오다가 운전미숙으로 X를 치어 죽게 만들었다면?
☞ 해 설 : 甲과 乙은 삽살개 X·Y·Z 중 어느 하나를 인도하기로 하는 계약을 체결하였고, 이에 따라서 甲은 선택채권을, 乙은 선택채무를 가지게 되었다. 그리고 당사자의 약정에 따라서 선택권은 채권자인 甲에게 있다.
(1) 이 경우는 선택권 없는 乙의 귀책사유로 인한 불능이므로, 甲은 자신의 선택에 따라서 잔존한 X를 선택하거나 또는 Y나 Z를 선택할 수 있다(제385조 2항). 다만 Y나 Z를 선택하는 경우, 이미 이에 대한 소유권이 丙에게 이전되었으므로, 乙에게 채무불이행(이행불능)의 책임을 묻는 것이 될 것이다.
(2) 이 경우는 선택권 있는 甲의 과실로 인한 것이므로, 乙의 X인도채무는 소멸하고, 급부는 잔존한 Y·Z로 한정된다(제385조 1항). 따라서 甲은 나머지 Y와 Z 중에서 선택권을 행사할 수 있다. 선택권의 문제와 별개로 甲은 X의 손실에 대한 책임을 지게 된다.

1. 개념

선택채권(選擇債權)은 수개의 급부 중에서 선택권자의 선택에 따라 급부가 확정되는 채권을 말한다. 예를 들어 강아지 매매계약을 하면서 매도인이 소유한 자동차 중에서 어느 하나를 그가 선택하여 이행하기로 약정한 경우, 매도인이 소유한 토지 중 일부를 매수인이 선택하여 취득하기로 합의한 경우 등이 이에 해당한다. 이러한 선택채권은 당사자의 법률행위(계약) 또는 법률규정에 의하여 발생한다. 법률규정에 의한 선택채권의 발생으로는 무권대리인의 책임(제135조 1항),[15] 점유자의 유익비상환청구권(제203조 2항),[16] 보증인의 사전구상에 대한 주채무자의 보호(제443조)[17] 등이 있다.

선택채권은 여러 개의 목적물 중 어느 하나가 급부로 특정된다는 점에서는 종류(물)채권과 유사하다. 하지만 종류채권은 일정 종류에 속하는 물건이 급부의 내용이 되지만, 선택채권은 이미 확정된 여러 개의 목적물 중 어느 하나를 선택한다는 점에서 구별된다. 그리고 선택채권에 있어서 선택 이전에 각 급부는 대등한 지위를 가진다는 점에서 급부 간에 우열이 있는 임의채권과는 차이가 있다.

2. 선택채권의 특정

선택채권에 있어서는 채권의 목적이 여러 개의 목적물로 정해져 있으므로, 채권(채무)이 실현되기 위해서는 선택권자의 선택을 통하여 급무가 어느 하나로 구체화되어야 하는데, 이를 선택채권의 특정 내지 집중이라고 한다. 특정의 방법으로는 선택권자의 선택에 의한 특정(제381조 내지 제384조)과 급부불능에

---

15) 제135조 (무권대리인의 상대방에 대한 책임) ① 타인의 대리인으로 계약을 한 자가 그 대리권을 증명하지 못하고 또 본인의 추인을 얻지 못한 때에는 상대방의 선택에 좇아 계약의 이행 또는 손해배상의 책임이 있다.
16) 제203조 (점유자의 상환청구권) ② 점유자가 점유물을 개량하기 위하여 지출한 금액 기타 유익비에 관하여는 그 가액의 증가가 현존한 경우에 한하여 회복자의 선택에 좇아 그 지출금액이나 증가액의 상환을 청구할 수 있다.
17) 제443조 (주채무자의 면책청구) 전조의 규정에 의하여 주채무자가 보증인에게 배상하는 경우에 주채무자는 자기를 면책하게 하거나 자기에게 담보를 제공할 것을 보증인에게 청구할 수 있고 또는 배상할 금액을 공탁하거나 담보를 제공하거나 보증인을 면책하게 함으로써 그 배상의무를 면할 수 있다.

의한 특정(제385조)이 있다. 그리고 선택채권의 채권자는 선택권자의 선택권의 행사로 인한 특정 이전에는 이행청구나 강제이행을 할 수가 없다.

(1) 선택에 의한 특정

제380조 (선택채권) 채권의 목적이 수개의 행위 중에서 선택에 좇아 확정될 경우에 다른 법률의 규정이나 당사자의 약정이 없으면 선택권은 채무자에게 있다.
제381조 (선택권의 이전) ① 선택권행사의 기간이 있는 경우에 선택권자가 그 기간 내에 선택권을 행사하지 아니하는 때에는 상대방은 상당한 기간을 정하여 그 선택을 최고할 수 있고 선택권자가 그 기간 내에 선택하지 아니하면 선택권은 상대방에게 있다.
② 선택권행사의 기간이 없는 경우에 채권의 기한이 도래한 후 상대방이 상당한 기간을 정하여 그 선택을 최고하여도 선택권자가 그 기간 내에 선택하지 아니할 때에도 전항과 같다.
제382조 (당사자의 선택권의 행사) ① 채권자나 채무자가 선택하는 경우에는 그 선택은 상대방에 대한 의사표시로 한다.
② 전항의 의사표시는 상대방의 동의가 없으면 철회하지 못한다.
제383조 (제3자의 선택권의 행사) ① 제3자가 선택하는 경우에는 그 선택은 채무자 및 채권자에 대한 의사표시로 한다.
② 전항의 의사표시는 채권자 및 채무자의 동의가 없으면 철회하지 못한다.
제384조 (제3자의 선택권의 이전) ① 선택할 제3자가 선택할 수 없는 경우에는 선택권은 채무자에게 있다.
② 제3자가 선택하지 아니하는 경우에는 채권자나 채무자는 상당한 기간을 정하여 그 선택을 최고할 수 있고 제3자가 그 기간 내에 선택하지 아니하면 선택권은 채무자에게 있다.
제386조 (선택의 소급효) 선택의 효력은 그 채권이 발생한 때에 소급한다. 그러나 제3자의 권리를 해하지 못한다.

선택권은 일방적인 의사표시로 수개의 급부 중에서 어느 하나의 목적물을 급부로 지정할 법적인 지위로서 형성권이다. 따라서 선택을 함에 있어서 조건과 기한을 붙일 수 없다. 그리고 선택권자가 누가 될 것인지는 당사자의 약정이나 법률의 규정에 따라서 정해지며, 선택권자는 양 당사자 이외의 제3자가 될 수도 있다. 그러나 약정이나 법규정에 따라서 선택권자가 정해지지 않는 경우에 선택권은 채무자에게 있다(제380조). 그리고 선택이 이루어지면 선택채권은 단순채권으로 변하게 되고, 이때 채무자는 특정된 급부에 대한 채무(특정물·종류채무, 금전채무 등)만을 부담하게 된다. 그리고 선택으로 인한 특정은 채권발생 시점으로 소급한다(제386조 본문). 그러나 선택의 소급효로 인해 제3자의 이익을 해하지 못한다(동조 단서).

① 당사자의 선택권 : 채권자나 채무자가 선택권을 가지는 경우라면, 선택권을 가진 자가 선택을 함으로써 급부가 특정이 되는데, 이때 선택권의 행사는 상대방에 대한 의사표시로 하며(제382조 1항), 이때 선택의 의사표시는 상대방에 도달한 때로부터 효력이 발생한다(제111조 1항). 만약 선택의 의사표시가 효력을 발생한 이후라면, 선택권자는 상대방의 동의가 없는 이상 이를 철회할 수 없다(제382조 2항). 선택권 있는 당사자가 행사기간 내에 선택을 하지 않는 경우, 상대방은 상당기간을 정하여 그 선택을 최고할 수 있고, 그 최고기간 내에도 선택을 하지 않으면 선택권은 상대방에게 이전한다(제381조 1항). 반면 선택권의 행사기간이 없는 경우, 채권의 기한이 도래한 후 상대방이 상당기간을 최고하여도 그 기간 내에 선택을 하지 않으면, 선택권은 상대방에게 이전한다(제381조 2항).

② 제3자의 선택권 : 제3자는 선택권의 행사를 채무자와 채권자 모두에 대한 의사표시로 한다(제383조 1항). 제3자가 선택권을 행사한 경우 채무자·채권자의 모두의 동의가 없는 이상 이를 철회할 수 없다(동조 2항). 제3자가 선택을 할 수 없는 경우(선택불능), 선택권은 채무자에게 이전한다(제384조 1항: 변제기도래나 최고 불필요). 제3자가 선택할 수 있음에도 선택을 하고 있지 않은 경우(선택지체), 채권자나 채무자는 상당한 기간을 정하여 선택할 것을 최고할 수 있고, 그 기간 내에 선택이 없으면, 선택권은 채무자에게 이전한다(동조 2항).

(2) 급부불능에 의한 특정

제385조 (불능으로 인한 선택채권의 특정) ① 채권의 목적으로 선택할 수개의 행위 중에 처음부터 불능한 것이나 또는 후에 이행불능하게 된 것이 있으면 채권의 목적은 잔존한 것에 존재한다.
② 선택권 없는 당사자의 과실로 인하여 이행불능이 된 때에는 전항의 규정을 적용하지 아니한다.

선택채권의 특정은 선택대상이 되는 급부가 이행할 수 없게 된 경우, 즉 불능의 경우에도 일어나는데, 이는 불능이 법률행위 이전부터 존재하는지(원시적 불능), 법률행위 이후에 발생한 것인지(후발적 불능)에 따라서 다음과 같이 구분해 볼 수 있다. 단, 주의할 것은 급부불능으로 인한 특정의 경우에는 선택에 의한 특정과 달리 소급효가 없다는 점이다.

채권의 목적이 될 여러 개의 급부 중 어느 일부가 채권관계 성립 이전부터 원시적으로 불능한 것이었다면, 채권은 잔존한 급부에 대해서만 성립한다. 예를 들어 甲이 소유한 전원주택 2채 중에 어느 하나를 乙이 매수하기로 약정하였으나, 계약 이전에 이미 주택 한 채가 화재로 소실되었다면, 甲과 乙 간의 주택매매계약의 급부는 잔존한 집으로 한정된다.

① 채무자가 선택권자인 경우 : 채무자의 귀책사유나 불가항력으로 인한 후발적 불능의 경우, 채무자는 잔존급부 중 선택할 수 있다(제385조 1항). 예를 들어 甲이 자동차 X와 Y를 乙에게 팔기로 하면서 자신이 선택을 하기로 하였는데, 이후 甲이 X를 丙에게 처분하여 버린 경우, 이때 급부(乙의 채권)는 잔존한 Y에 한정된다. 반면 채권자의 귀책사유로 인한 불능의 경우, 채무자는 불능급부와 잔존급부 중 선택할 수 있다(동조 2항). 예를 들어 甲이 자동차 X와 Y를 乙에게 팔기로 하면서 자신이 선택을 하기로 하였는데, 乙이 제때 자동차를 수령하고 있지 않았다가 태풍이 불어 X가 못쓰게 된 경우, 이때 甲은 X를 선택하여 이행책임을 면할 수도 있고 또는 잔존한 Y를 인도할 수도 있다.

② 채권자가 선택자인 경우 : 채권자의 귀책사유나 불가항력으로 인한 후발적으로 불능이 된 경우, 선택권은 잔존한 급부로 한정된다(제385조 1항). 예를 들어 甲이 자동차 X와 Y를 乙에게 팔기로 하면서 乙이 선택을 하기로 하였는데, 乙이 제때 자동차를 수령하고 있지 않았다가 태풍이 불어 X가 못쓰게 된 경우, 이때 급부는 잔존한 Y로 한정된다. 반면 채무자의 귀책사유로 인한 불능의 경우, 채권자는 불능이 된 급부와 잔존한 급부 중 선택할 수 있다(동조 2항). 따라서 甲이 자동차 X와 Y를 乙에게 팔기로 하면서 乙이 선택을 하기로 하였는데, 甲이 X를 丙에게 처분하여 버린 경우, 乙은 X를 선택하여 채무불이행책임을 묻거나 잔존한 Y를 선택할 수도 있다.

IV. 임의채권

[사례 8] 2019년 9월 5일 치즈수입상인 甲은 프랑스산 치즈 100킬로그램을 乙에게 500만 원을 받고 팔기로 하고, 한 달 뒤인 10월 5일에 乙이 운영하는 식당에서 인도하기로 하였다. 계약 당시 甲과 乙은 프랑스산 치즈의 품귀현상이 일어나 가격이 오르는 경우를 대비하여, 그러한 경우 甲이 임의로 국내산 치즈로 인도할 수 있다고 약정하였다. 10월 4일이 되어서 프랑스산 치즈 품귀현상으로 가격이 많이 올랐고, 이에 甲은 乙에게 국내산 치즈를 인도하겠다고 통보하였다. 다음 날인 10월 5일에 甲이 국내산 치즈를 자신의 트럭으로 운송하여 가던 중 제3자에 의한 사고로 치즈가 모두 못쓰게 되었다. 이에 乙은 甲에게 프랑스산 치즈를 인도할 것을 요구한다. 乙의 이러한 주장은 타당한가?
☞ 해 설 : 甲과 乙의 계약에 따라서 채무자인 甲은 본래 급부(프랑스산 치즈)에 갈음하여 대용급부(국내산 치즈)를 할 대용권을 가지고 있었다. 다만 채무자의 대용권행사를 통한 급부의 확정은 채무자의 의사표시만으로는 부족하고, 현실적으로 이행을 할 때 확정되는 것인데, 사례에서 채무자인 甲은 현실적으로 자신의 급부를 이행한 것이 아니므로, 계약상 급부가 대용급부인 국내산 치즈로 확정된 것이 아니다. 따라서 乙은 甲에게 프랑스산 치즈의 인도를 요구할 수 있다.

1. 개념

임의채권(任意債權)은 미리 정해진 급부를 채권자 또는 채무자가 다른 급부로 변경할 수 있는 대용권(보충권)을 가지고 있는 것을 말한다. 예를 들어 甲과 乙이 X토지에 대한 매매계약을 하면서, X토지의 인도가 여의치 않은 경우 甲으로 하여금 X토지가 아닌 Y토지를 인도할 수 있도록 약정한 경우, 丙이 丁에게 일정 모델의 자재를 공급하기로 약정하면서 그 자재의 공급에 차질이 생기는 경우 丙이 다른 모델의 자재를 공급하기로 하는 경우가 이에 해당한다. 이때 甲은 본래 급부인 X토지를 Y토지로 대신 제공할 대용권을, 丙은 다른 모델의 자재를 제공할 대용권을 가지게 된다.

2. 임의채권의 발생과 성질

임의채권은 법률행위에 의하여 성립하는 것이 일반적이지만, 법률의 규정에 의하여 발생하는 경우도 있다(제378조·제443조·제764조). 그리고 임의채권의 경우는 선택채권과 같이 여러 개의 급부가 채권의 목적이 되는 것이 아니라, 본래의 급부가 이미 특정되어 있으며 본래의 급부에 갈음하는 급부는 보충적 지위를 가질 뿐이다. 따라서 본래의 급부가 감축되는 경우에는 대용급부도 감축된다. 또한 본래의 급부가 원시적 불능으로 소멸하거나 채무자에게 귀책사유 없는 사유로 급부불능이 된 경우 채권은 성립하지 않거나 소멸하게 된다.

3. 대용권행사와 특정

채권자가 대용권을 가지는 경우에는 채권자가 대용청구의 의사표시를 함으로써 급부의 목적물은 대용급부로 확정된다. 반면 채무자가 대용권을 가지는 경우에는 채무자가 현실적으로 대용급부를 이행하는 때 확정된다. 따라서 이 경우 대용급부가 현실로 행해지지 않는 한 채무자의 대용급부의 의사표시만으로는 대용급부가 급부의 목적물로 확정되지 않는다.

제4강 채권의 효력

Ⅰ. 채권의 효력

1. 채권의 일반적 효력

채권자가 채무자에 대하여 급부를 요구할 수 있는 권리인 채권은 다음과 같은 효력을 가진다. 우선 채권자는 채무자와의 관계에서 급부를 청구할 수 있고(청구력), 채무자가 제공한 급부를 적법하게 보유할 수 있으며(급부보유력), 청구에도 불구하고 채무자가 채무를 이행하지 않는 경우, 채권자는 채무이행을 강제하거나(제389조), 채무불이행을 이유로 손해배상을 청구할 수 있다(제389조 4항·제395조). 그리고 채권의 실현여부는 궁극적으로 채무에 이바지하는 채무자의 일반재산(책임재산)의 유무에 좌우된다. 이런 관점에서 채권자는 채무자의 일반재산을 보전할 권리들을 가진다. 채권자는 채무자가 일반재산에 이바지할 수 있는 권리를 행사하지 않는 경우 채권자대위권(제404조·제405조)을 행사할 수 있고, 반대로 채무자가 일반재산을 감소시키는 행위를 하는 경우는 채권자취소권(제406조·제407조)을 행사할 수 있다.

2. 제3자에 의한 채권침해

[사례 9] 甲은 乙에 대해 사업관계로 1억 원을 외상대금을 가지고 있었다. 그런데 乙은 甲의 외상대금을 갚지 않을 목적으로 자신의 유일한 재산인 아파트를 자신의 친구인 丙에게 매매한 것처럼 꾸며 丙 앞으로 등기를 이전하였다. 당시 丙은 乙이 甲에 대해 상당한 채무가 있고, 이러한 채무에 따른 강제집행을 회피하기 위해 乙이 자신 앞으로 아파트의 등기를 넘겨주는 것을 알고 있었다. 이로 인해 甲이 乙로부터 변제를 받지 못했다면, 이때 甲은 丙에 대해여 책임을 물을 수 있는가?

☞ 해 설 : 甲의 乙에 대한 채권은 乙의 책임재산을 통해서 실현하게 된다. 그런데 乙이 자신의 아파트를 丙 앞으로 명의를 이전함으로써(명의신탁) 甲의 채권실현이 곤란하게 되었다. 이 과정에서 丙이 乙과 공모하여 甲의 채권을 침해한 것으로 볼 수 있다. 다만 이때 甲이 丙에 대하여 채권침해를 이유로 손해배상을 청구할 수 있기 위해서는 甲과 乙의 행위로부터 甲의 채권이 실현이 되지 않아야 하고,[18] 丙이 甲의 채권의 존재를 알고 乙과 공모하였어야 한다. 사례에서 丙은 甲의 乙에 대한 채권의 존재를 인식하고 있었고, 乙과의 아파트의 명의신탁약정

을 통해 甲의 채권실현을 곤란하게 하였다. 따라서 甲은 丙에 대하여 불법행위를 근거로 손해배상을 청구할 수 있다.

(1) 의의

원래 채권이란 상대권으로서 채권자와 채무자 사이에만 효력을 가지는 것으로 이해되어 왔고, 이런 점에서 채권의 당사자가 아닌 제3자가 채권을 침해한다는 것은 고려되지 않았다. 그러나 이에 대해 채무자가 아닌 제3자에 의한 채권의 침해도 존재한다는 주장이 제기되었고, 현재는 제3자에 의한 채권침해를 인정하고 있다.

(2) 불법행위책임의 인정여부

제3자의 채권침해가 불법행위가 될 수 있는지에 대하여 채권도 물권과 마찬가지로 절대적 효력을 가지므로 불법행위에 해당한다는 견해(권리불가침성설)와 채권은 상대권이지만 침해행위의 행태에 따라서 제750조의 위법성을 충족하게 되어 불법행위가 된다는 견해(위법성설)가 있다. 판례도 제3자에 의한 채권침해가 불법행위가 될 수 있다고 보지만, 채권침해의 모습에 따라서 구체적으로 검토해야 한다는 입장이다.

(3) 채권침해의 유형

먼저 채권의 귀속을 침해하는 경우가 있는데, 예를 들어 타인의 무기명채권증서를 훼손하거나 횡령한 경우, 채권이중양도에 있어서 제2양수인이 먼저 변제를 받은 경우, 권한 없는 자가 타인의 영수증으로 유효한 변제를 받은 경우 등이 이에 해당한다. 이때 증서의 권리자는 그 침해자에게, 제1양수인은 채권양도인에 대해, 진정한 권리자는 무권리자에게 불법행위에 기하여 손해배상을 청구할 수 있다. 다음으로 제3자가 채무자와 공모하여 목적물인 특정물을 훼손한 경우나 채무자가 급부제공을 못하게 한 경우와 같이 제3자가 급부를 침해한 경우에도 채권자는 제3자에게 불법행위를 근거로 손해배상을 청구할 수

---

18) 甲이 명의신탁약정을 채권자취소권을 통해 취소하는 등의 방법으로 乙의 재산으로부터 변제를 받게 되면 손해가 없는 것이므로, 이때 丙에 대하여 손해배상을 청구할 수는 없을 것이다.

있다. 다만 이때 제3자가 채권자의 채권을 인식하거나 혹은 채권을 침해할 의사가 있어야 한다. 마지막으로 제3자가 채무자의 일반재산을 감소시키는 행위(예: 채무자 소유 주택의 방화범)를 하는 경우 그러한 행위만으로 불법행위가 되기는 어렵다. 왜냐하면 이 경우 채권의 실질적 가치가 훼손될지 몰라도 채권 자체의 존속에는 아무런 영향이 없기 때문이다. 따라서 채무자의 일반재산을 감소시키는 행위가 불법행위가 되기 위해서는 그 밖의 특별한 사정이 필요하다.

[판례 17] 제3자의 채권침해와 불법행위(대판 2001. 5. 8, 99다38699)
[1] 제3자에 의한 채권침해가 불법행위를 구성할 수는 있으나 제3자의 채권침해가 반드시 언제나 불법행위가 되는 것은 아니고 채권침해의 태양에 따라 그 성립 여부를 구체적으로 검토하여 정하여야 하는바, 독립한 경제주체간의 경쟁적 계약관계에 있어서는 단순히 제3자가 채무자와 채권자간의 계약내용을 알면서 채무자와 채권자간에 체결된 계약에 위반되는 내용의 계약을 체결한 것만으로는 제3자의 고의·과실 및 위법성을 인정하기에 부족하고, 제3자가 채무자와 적극 공모하였다거나 또는 제3자가 기망·협박 등 사회상규에 반하는 수단을 사용하거나 채권자를 해할 의사로 채무자와 계약을 체결하였다는 등의 특별한 사정이 있는 경우에 한하여 제3자의 고의·과실 및 위법성을 인정하여야 한다.
[2] 한국도로공사와 정유업체 甲사이에 고속도로상의 특정 주유소에 대한 甲의 석유제품공급권을 부여하는 계약이 체결되었으나, 한국도로공사로부터 위 주유소의 운영권을 임차한 자가 甲과의 관계가 악화되자 다른 정유업체로부터 석유제품을 공급받아 판매하고 다른 정유업체의 상호와 상표를 사용하여 주유소를 운영하면서, 한국도로공사의 고속도로 주유소에 대한 석유제품 공급업체 지정행위가 불공정거래행위라는 공정거래위원회의 시정권고에 따라 한국도로공사와 석유제품 공급업체 지정조항을 삭제하는 주유소운영계약을 체결한 경우, 주유소 운영자의 위와 같은 주유소 운영행위 및 계약체결행위가 甲의 석유제품공급권을 침해하기 위해 한국도로공사와 적극적인 공모에 의해 이루어진 것도 아니고 그 수단이나 목적이 사회상규에 반하는 것도 아니어서 위법하지 않다.

[판례 18] 채무자의 책임재산감소와 제3자의 채권침해(대판 2007. 9. 6, 2005다25021)
[1] 일반적으로 제3자에 의한 채권의 침해가 불법행위를 구성할 수는 있으나, 제3자의 채권침해가 언제나 불법행위로 되는 것은 아니고 채권침해의 태양에 따라 그 성립 여부를 구체적으로 검토하여 정하여야 하는바, 제3자가 채무자의 책임재산을 감소시키는 행위를 함으로써 채권자로 하여금 채권의 실행과 만족을 불가능 내지 곤란하게 한 경우 채권의 침해에 해당한다고 할 수는 있겠지만, 그 제3자의 행위가 채권자에 대하여 불법행위를 구성한다고 하기 위하여는 단순히 채무자 재산의 감소행위에 관여하였다는 것만으로는 부족하고 제3자가 채무자에 대한 채권자의 존재 및 그 채권의 침해사실을 알면서 채무자와 적극 공모하였다거나 채권행사를 방해할 의도로 사회상규에 반하는 부정한 수단을 사용하였다는 등 채권침해의 고의·과실 및 위법성이 인정되는 경우라야만 할 것이며, 여기서 채권침해의 위법성은 침해되는 채권의 내용, 침해행위의 태양, 침해자의 고의 내지 해의의 유무 등을 참작하여 구체적, 개별적으로 판단하되,

거래의 자유 보장의 필요성, 경제·사회정책적 요인을 포함한 공공의 이익, 당사자 사이의 이익균형 등을 종합적으로 고려하여 신중히 판단하여야 한다.
[2] 강제집행면탈 목적을 가진 채무자가 제3자와 명의신탁약정을 맺고 채무자 소유의 부동산에 관하여 제3자 앞으로 소유권이전등기를 경료한 경우에, 제3자가 채권자에 대한 관계에서 직접 불법행위책임을 지기 위하여는 단지 그가 채무자와의 약정으로 당해 명의수탁등기를 마쳤다는 것만으로는 부족하고, 그 명의신탁으로써 채권자의 채권의 실현을 곤란하게 한다는 점을 알면서 채무자의 강제집행면탈행위에 공모 가담하였다는 등의 사정이 입증되어 그 채권침해에 대한 고의·과실 및 위법성이 인정되어야 한다.

[판례 19] 독점판매권의 침해와 제3자의 채권침해(대판 2003. 3. 14, 2000다32437)
[1] 일반적으로 채권에 대하여는 배타적 효력이 부인되고 채권자 상호간 및 채권자와 제3자 사이에 자유경쟁이 허용되는 것이어서 제3자에 의하여 채권이 침해되었다는 사실만으로 바로 불법행위로 되지는 않는 것이지만, 거래에 있어서의 자유경쟁의 원칙은 법질서가 허용하는 범위 내에서의 공정하고 건전한 경쟁을 전제로 하는 것이므로, 제3자가 채권자를 해한다는 사정을 알면서도 법규에 위반하거나 선량한 풍속 또는 사회질서에 위반하는 등 위법한 행위를 함으로써 채권자의 이익을 침해하였다면 이로써 불법행위가 성립한다고 하지 않을 수 없고, 여기에서 채권침해의 위법성은 침해되는 채권의 내용, 침해행위의 태양, 침해자의 고의 내지 해의의 유무 등을 참작하여 구체적, 개별적으로 판단하되, 거래자유 보장의 필요성, 경제·사회정책적 요인을 포함한 공공의 이익, 당사자 사이의 이익균형 등을 종합적으로 고려하여야 한다.
[2] 특정기업으로부터 특정물품의 제작을 주문받아 그 특정물품을 그 특정기업에게만 공급하기로 약정한 자가 그 특정기업이 공급받은 물품에 대하여 제3자에게 독점판매권을 부여함으로써 제3자가 그 물품에 대한 독점판매자의 지위에 있음을 알면서도 위 약정에 위반하여 그 물품을 다른 곳에 유출하여 제3자의 독점판매권을 침해하였다면, 이러한 행위는 특정기업에 대한 계약상의 의무를 위반하는 것임과 동시에 제3자가 특정기업으로부터 부여받은 독점판매인으로서의 지위 내지 이익을 직접 침해하는 결과가 되어, 그 행위가 위법한 것으로 인정되는 한, 그 행위는 그 특정기업에 대하여 채무불이행 또는 불법행위가 됨과는 별도로 그 제3자에 대한 관계에서 불법행위로 된다.

[판례 20] 변제와 제3자의 채권침해(대판 2006. 6. 15, 2006다13117)
채무자로 하여금 채권자 甲에게 지급하여야 할 물품대금을 자금사정이 어려운 군소협력업체인 다른 채권자들에게 우선 결제하도록 지시하고 채무자가 이에 따라 그 물품대금을 채권자 甲이 아닌 다른 채권자들에게 지급함으로써 결과적으로 채무자가 채권자 甲에게 물품대금을 지급하지 못하게 된 사안에서, 채무자가 다른 채권자들에게 채무를 변제한 행위가 정당한 법률행위인 이상 이를 요청한 행위 또한 위법성이 없어서 제3자의 채권침해에 의한 불법행위가 될 수 없다.

[판례 21] 제3자의 침해판단(대판 2007. 5. 11, 2004다11162)
[1] 일반적으로 채권에 대하여는 배타적 효력이 부인되고 채권자 상호간 및 채권자와 제3자 사이에 자유경쟁이 허용되는 것이어서 제3자에 의하여 채권이 침해되었다는 사실만으로 바로 불법행위로 되지는 않는 것이지만, 거래에 있어서의 자유경쟁의 원칙은 법질서가 허용하는

범위 내에서의 공정하고 건전한 경쟁을 전제로 하는 것이므로, 제3자가 채권자를 해한다는 사정을 알면서도 법규를 위반하거나 선량한 풍속 또는 사회질서를 위반하는 등 위법한 행위를 함으로써 채권자의 이익을 침해하였다면 이로써 불법행위가 성립하고, 여기에서 채권침해의 위법성은 침해되는 채권의 내용, 침해행위의 태양, 침해자의 고의 내지 해의의 유무 등을 참작하여 구체적, 개별적으로 판단하되, 거래자유 보장의 필요성, 경제·사회정책적 요인을 포함한 공공의 이익, 당사자 사이의 이익균형 등을 종합적으로 고려하여야 하는바, 이러한 법리는 제3자가 위법한 행위를 함으로써 다른 사람 사이의 계약체결을 방해하거나 유효하게 존속하던 계약의 갱신을 하지 못하게 하여 그 다른 사람의 정당한 법률상 이익이 침해되기에 이른 경우에도 적용된다.
[2] 방송법에 의한 중계유선방송사업 허가를 받지 아니한 甲이 적법한 중계유선방송사업자인 乙과 아파트 입주자대표회의 사이의 계약갱신을 방해하고, 적법한 방송사업자인 것처럼 가장하여 위 아파트 입주자와 계약을 체결함으로써 乙의 재계약 체결이 무산된 사안에서, 乙의 법률상 이익이 침해된 이상 갑은 불법행위로 인한 손해배상책임이 있고, 甲의 위 재계약 방해행위와 乙의 수신료 수입상실로 인한 손해 사이에 상당인과관계가 있다.

3. 자연채무

채무자가 임의로 이행하면 채권자가 이를 유효한 변제로서 수령하고 보유할 수 있지만, 채무자가 이행하지 않는 경우에 법원에 소(訴)를 제기할 수 없는 채무를 자연채무(自然債務)라고 한다. 즉, 소송법상 소구력이 없어 강제집행을 할 수 없는 채무를 자연채무라고 한다. 로마시대 시민법상 채권(obligationes civiles)과 소권(actio)은 동의어였으나, 그 중에서 소권 없는 채무를 자연채무라고 일컬었다. 대표적으로 노예나 가남(家男)이 법률행위로 자유인에 대하여 채무를 부담한 경우, 노예나 가남의 주인인 가장(家長)이 부담하는 채무가 자연채무가 되었다.[19] 따라서 노예나 가남과 거래한 상대방은 가장이 임의로 채무를 이행하면 이를 수령할 수 있으나, 이를 소송으로서 구할 수는 없었다.

자연채무가 되기 위해서는 채무가 법률상 채무여야 한다는 학설(협의설)과 법률상 채무는 물론이고 도의상 의무나 사회규범위반으로 인한 채무도 법적으로 반환청구가 인정되지 않는 것이면 모두 자연채무가 될 수 있다는 학설(광의설)이 있다. 자연채무에 해당하는 것으로는 채권자가 소구(訴求)하지 않겠다

---

[19] 단, 노예나 가남이 자신의 특유재산에 대한 법률행위를 한 경우에는 자신들이 상대방에 대하여 책임을 지므로, 가장이 이에 대하여 (자연)채무를 부담하지 않는았다.

고 약속한 채무(부제소합의한 채무), 불법원인급여(제746조),[20] 채권자의 패소판결이 확정된 채무, 승소 종국절차 후 채권자가 소를 취하한 경우, 파산절차·개인회생절차에서 면책된 채무 등이 있다.

4. 채무와 책임

> [사례 10] X은행은 甲에게 1억 원을 사업운영자금으로 대출하여 주었고, 이에 甲의 친구인 乙은 甲의 채무를 담보하기 위하여 자신 소유의 주택에 X은행 명의의 저당권을 설정해주었다. 이후 甲이 사망하고 그의 아들인 丙이 상속을 하였는데, 丙은 甲의 상속재산으로 2천만 원의 적금 밖에 없어 한정승인을 하였다. 이때 X은행과 甲과 乙의 관계는?
> ☞ 해 설: 피상속인 甲에게 별다른 재산이 없고 대출금 1억 원 채무만 있어, 丙은 이에 한정승인(제1028조)을 하였다. 상속인 丙이 한정승인을 하게 되면, 丙은 상속재산의 한도에서 채무를 변제할 책임만을 질뿐이다. 즉, 丙은 상속으로 인해 X은행에 대하여 1억 원의 채무를 부담하게 되지만, 책임은 상속재산의 한도(2천만 원)로 한정된다(물적 유한책임). 반면 물상보증인 乙은 주채무자인 甲(丙)이 대출금 1억 원을 갚지 않는 경우, X은행에 대하여 채무는 없지만 자신의 주택으로 책임을 지게 된다(채무 없는 책임).

채무란 채권자의 채권에 상응하여 채무자가 부담하는 일정한 행위(급부)를 말하는 것이며, 책임(責任)이란 일정한 재산이 채무의 담보가 되어 있는 것으로서 채무자가 채권자의 강제적인 공취력에 복종하는 것을 의미한다. 통상 채무자가 채무를 이행하지 않는 경우, 채권자는 채무자의 일반재산에 강제집행을 할 수 있으므로, 채무와 책임은 같이 수반된다. 하지만 예외적으로 채무와 책임이 분리될 수 있는데, 책임 없는 채무(예: 부집행계약), 유한책임(예: 한정상속인의 책임, 자동차손해배상보장법상 운행자책임, 유한회사의 사원의 책임), 채무 없는 책임(예: 물상보증인, 저당목적물의 제3취득자)이 이에 해당한다.

II. 강제이행

> [사례 11] 다음의 사례에서 채권자 乙이 취할 수 있는 강제이행의 방법은 무엇인가?
> (1) 乙은 甲으로부터 자동차를 구입하는 매매계약을 체결하였는데, 甲은 약속한 날이 지나도록 자동차를 인도하지 않고 있다

---

[20] 광의설에 따를 경우 자연채무에 해당한다.

(2) 甲은 乙 소유의 토지에 무단으로 주차장을 운영하면서 불법시설물을 설치하였다. 이에 乙이 甲에게 토지를 인도하고 시설물을 철거할 것을 요구하였으나 甲은 이에 응하지 않고 있다.
(3) 임대인 乙의 건물의 임차인 甲은 임차기간이 만료하였음에도 퇴거를 하지 않고 있다.
(4) 甲과 乙은 토지에 대한 매매예약을 하였고, 이후 乙이 청약의 의사표시를 하였으나 甲은 이에 대하여 승낙을 하지 않고 있다.
(5) 甲 유업회사는 자신들이 제조하는 분유에는 산양유 성분이 5%이지만, 乙 유업회사가 제조하는 분유에는 자사보다 훨씬 적은 극미량이라서 산양유라고 부를 수 없을 정도라는 취지의 신문광고를 하였다. 이에 乙 유업회사의 분유제품의 매출이 크게 하락하였다. 그러나 이후 乙 유업회사의 분유에도 약 5%에 가까운 산양유 성분이 함유되어 있음이 밝혀졌고, 이에 乙이 항의하였으나 甲은 여전히 신문광고를 하고 있다.

☞ 해 설 : (1) 乙은 직접강제의 방법을 통하여 甲으로부터 자동차의 점유를 넘겨받을 수 있다(제389조 1항·민사집행법 제187조). 그리고 손해가 있다면 甲에게 이행지체로 인한 손해배상을 요구할 수 있다(제389조 4항·제390조·제393조).
(2) 乙은 대체집행을 통해서 甲이 설치한 불법시설물을 철거한 뒤, 그 비용을 甲에게 청구할 수 있다(제389조 3항·민사집행법 제260조).
(3) 임차인 甲이 건물의 인도의무를 불이행하고 있는 것이므로, 乙은 직접강제를 할 수 있다(제389조 1항 본문). 이때 집행관이 甲로부터 점유를 넘겨 받아 乙에게 건물을 인도하게 된다(민사집행법 제258조 1항).
(4) 乙은 甲의 승낙의 의사표시에 갈음한 판결을 구할 수 있고(제389조 2항 전단), 그 의사진술을 명하는 판결이 확정되면, 이때 甲이 승낙한 것으로 보게 된다(민사집행법 제263조 1항). 이에 따라 甲과 乙 사이에는 매매계약이 성립된다.
(5) 乙 회사는 甲 회사에 대하여 회사의 명예훼손과 신용훼손 등을 이유로 불법행위에 기한 손해배상을 청구할 수 있고(제750조), 아울러 甲 회사에 대하여 명예회복에 적당한 처분을 명할 것을 법원에 청구할 수 있다(제764조). 다만 그 처분의 내용으로서 사죄광고는 허용되지 않으며(헌재 1991. 4. 1, 89헌마160), 비방사실의 취소광고나 甲 회사의 패소판결문의 게재 등과 같은 방법을 청구할 수 있다. 그리고 앞으로도 甲 회사가 비방광고를 계속할 우려가 있다고 판단되면, 甲 회사의 침해행위의 정지 및 방지를 위한 금지청구권을 행사할 수 있고, 또한 간접강제의 방법으로 甲 회사가 비방광고를 하지 않도록 압박할 수 있다(민사집행법 261조).

제389조 (강제이행) ① 채무자가 임의로 채무를 이행하지 아니한 때에는 채권자는 그 강제이행을 법원에 청구할 수 있다. 그러나 채무의 성질이 강제이행을 하지 못할 것인 때에는 그러하지 아니하다.
② 전항의 채무가 법률행위를 목적으로 한 때에는 채무자의 의사표시에 갈음할 재판을 청구할 수 있고, 채무자의 일신에 전속하지 아니한 작위를 목적으로 한 때에는 채무자의 비용으로 제3자에게 이를 하게 할 것을 법원에 청구할 수 있다.
③ 그 채무가 부작위를 목적으로 한 경우에 채무자가 이에 위반한 때에는 채무자의 비용으로써 그 위반한 것을 제거하고 장래에 대한 적당한 처분을 법원에 청구할 수 있다.
④ 전3항의 규정은 손해배상의 청구에 영향을 미치지 아니한다.

1. 개념

강제이행(強制履行)은 채무자가 채무를 이행하지 않는 경우 채권자가 사법기관(법원)을 통해서 채권을 실현하는 것을 말한다. 채권의 실효성을 뒷받침하기 위해서 채무자의 불이행에 대한 강제이행에 관한 방법을 법률에서 정하고 있다. 다만 강제이행의 과정에서 채무자의 자유로운 의사나 인격을 침해해서는 안 되므로, 강제이행의 방법은 채무의 내용에 따라 여러 가지 방법으로 나뉜다.

2. 강제이행의 방법

(1) 직접강제(제389조 1항)

채무자의 의사를 불문하고 채무의 내용을 그대로 실현하는 강제이행의 방법으로서, 대표적으로 주는 채무(예: 동산과 부동산의 인도채무, 금전채무 등)에 있어서 적절한 방법이다. 예를 들어 매도인이 계약에도 불구하고 토지소유권을 이전하지 않아서 매수인이 법원을 통해 토지소유권을 취득하는 경우, 채무자가 빌린 금원을 제때 갚지 않아서 채권자가 채무자의 재산을 압류하고 이를 처분(경매)하여 자신의 채권에 만족을 얻는 경우를 들 수 있다. 반면 하는 채무에 있어서는 채무자의 인격존중 등의 관점에서 직접강제가 허용되지 않는 경우가 많다.

(2) 대체집행(제389조 2항 후단·3항)

채무자가 해야 할 급부를 채권자가 대신 실현하고, 그에 소요된 비용을 채무자에게 요구하는 방법이다. 예를 들어 토지에 위치한 불법건물을 토지소유자가 자신의 비용으로 철거하고, 철거비용 등을 불법건물의 소유자에게 추심하는 것이 이에 해당한다. 대체집행은 주로 채무의 내용이 일정한 결과실현에 초점이 맞추어진 경우 적절한 강제이행방법이다.

(3) 간접강제(민사집행법 제261조)

채무자가 임의로 채무를 이행하지 않는 경우, 그에 대하여 손해배상의 지급·벌금·압류 등의 수단을 통하여 채무자에게 심리적 압박을 가하는 것으로서, 특히 부대체적 급부의 경우에 대해 적절한 방법이다. 그러나 간접강제는 일정한 경우 제한될 수 있는데, 부부간 동거의무나 약혼에 따른 의무에 대해서는 채무자의 인격존중이라는 관점에서 간접강제를 할 수 없고, 예술가의 작품제작이나 가수의 공연출연 등은 채무의 성질상 간접강제가 허용될 수 없는 경우에 해당한다. 이 경우 결국 채권자는 채무자에 대한 손해배상으로 만족할 수밖에 없을 것이다.

3. 강제이행과 손해배상

강제이행은 손해배상의 청구에 영향을 미치지 않는다(제389조 4항). 즉, 강제이행과 손해배상청구는 별개의 것으로서 강제이행여부와 상관없이 채무불이행으로 인해 손해가 발생했다면 채권자는 별도로 손해배상을 청구할 수 있다.

제5강 채무불이행

Ⅰ. 채무불이행의 개념과 체계

[사례 12] (1) A는 B에게 노트북을 팔기로 하고, 매매대금 30만 원을 이미 받았다. 그러나 A는 노트북이 필요하다는 핑계로 약속한 날짜에 노트북을 인도하지 않고 있다. 이때 B가 취할 수 있는 조치는?
(2) C는 D에게 자신이 소유한 토지를 매도하기로 하고 계약금을 수령하였다. 그러나 이후 잔금일 이전에 C는 토지를 다른 사람에게 팔고 소유권이전등기를 해주었다. 이때 D가 취할 수 있는 조치는?
(3) 반려견가게를 운영하던 E는 손님 F에게 말티즈 강아지 한 마리를 판매하였다. 그러나 집으로 데려간 이틀 뒤부터 강아지가 아프기 시작했고, 이에 F가 동물병원에 가서 진단한 결과 강아지가 판매 이전부터 코로나바이러스에 감염된 것임이 밝혀졌다. 이때 F가 취할 수 있는 조치는?
☞ 해 설 : (1) A는 노트북 매도인으로서 약속한 시기에 노트북을 인도해야 하고, 노트북 인도가 가능함에도 이를 이행하고 있지 않다. 이는 채무불이행 중 이행지체에 해당하므로, 채권자인 B는 A에 대하여 이행청구, 손해배상청구, 계약해제권을 주장할 수 있다.
(2) C는 토지의 매도인으로서 토지인도채무를 지는데, 매매목적물인 토지를 다른 사람에게 팔아버려 자신의 의무를 이행할 수 없게 되었고, 이러한 사정에 귀책사유도 존재한다. 이는 채무불이행 중 이행불능에 해당하므로, D는 C에 대하여 손해배상청구와 계약해제를 주장할 수 있다.
(3) 강아지 매도인인 E는 매수인인 F에게 강아지를 인도하기는 했으나 하자가 있는 강아지를 인도하였다. 이는 채무불이행 중 불완전이행에 해당하므로, F는 E에 대하여 이행청구(하자보수로서 치료)와 손해배상청구를 할 수 있고, 예외적으로 계약해제도 주장할 수 있다.

1. 급부장애와 채무불이행

채권관계서 채권자의 청구에 응하여 채무자가 급부를 제공하게 되면, 채권자의 채권은 만족을 얻게 되고 이로써 채권과 채무는 소멸하게 된다. 이와 달리 채무자가 채무의 내용에 좇은 이행을 하지 않는 것을 채무불이행(債務不履行)이라고 하며, 채무불이행이 있는 경우 채권자에게 일정한 구제수단이 주어지고, 채무자에게는 일정한 불이익이 뒤따르게 된다. 통상적으로 불이행에 대하여 채무자의 귀책사유[21]가 있는 경우를 협의의 채무불이행이라 하고, 불이행에 대해

---

[21] 이에 대해서는 아래 Ⅱ. 2. (1) 부분 참조.

채무자의 귀책사유가 없는 경우를 포괄하여 광의의 채무불이행 내지 급부장애라고 한다.

2. 채무불이행의 3유형론

제390조 (채무불이행과 손해배상) 채무자가 채무의 내용 좇은 이행을 하지 아니한 때에는 채권손해배상을 청구할 수 있다. 그러나 채무자의 고의나 과실없이 이행할 수 없게 된 때에는 그러하지 아니하다.

통설은 채무불이행을 3가지의 형태로 구분하는데(3유형론), ① 채무자가 채무의 이행이 가능함에도 채무자의 책임 있는 사유로 이를 지체하고 있는 이행지체, ② 채무자의 귀책사유로 채무를 이행할 수 없는 이행불능, ③ 채무자가 이행을 하였으나 그 이행한 부분에 하자(결함)가 있는 불완전이행이 이에 해당한다. 민법 역시 채무불이행의 3유형론에 입각하여 규정되었고(제387조·제392조·제394조·제544조·제546조 등), 통설은 민법 제390조의 "채무의 내용 좇은 이행을 하지 아니한 때"에 채무불이행의 3가지 유형이 모두 포함된다고 이해하고 있다.

채무자가 채무를 불이행하고 그에게 귀책사유가 있는 경우, 즉 채무불이행을 하게 되면 그 효과로서 채권자는 일정한 구제수단을 가지게 된다. 채권자는 채무자의 이행지체 시에 이행청구·손해배상·계약해제, 이행불능 시에는 손해배상과 계약해제, 불완전이행 시에는 이행청구(추완청구)·손해배상·계약해제에 대한 권리를 행사할 수 있다.

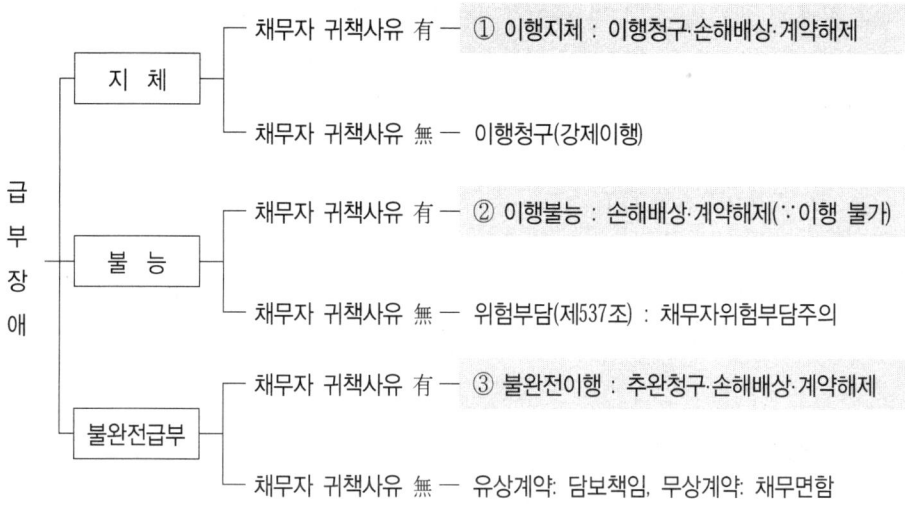

II. 채무불이행의 요건

[사례 13] X 버스회사 소속 운전사인 甲은 버스를 운행하다가 적색신호를 위반하여 다른 차량과 추돌함으로써 승객 乙에게 상해를 입혔다. 이때 피해자인 乙은 X회사에 대하여 채무불이행으로 인한 손해배상을 요구할 수 있는가?
☞ 해 설 : 사안에서 X버스회사와 승객 乙 간에는 운송계약이 체결되었고, 이에 따라 X버스회사는 승객을 목적지까지 안전하게 운송할 채무를 부담하게 된다. 그럼에도 불구하고 운송 도중 사고가 발생한 것이므로 X버스회사가 책임을 지는지가 문제되는데, 비록 채무자(X버스회사)에게는 고의나 과실이 없지만, 그의 이행보조자인 운전기사 甲의 과실로 사고가 발생한 것이므로, 甲의 과실은 곧 채무자인 X버스회사의 과실이 된다(제391조). 따라서 승객 乙은 X버스회사를 상대로 운송계약위반을 근거로 손해배상을 요구할 수 있다.

1. 의의

통설에 따르면 채무불이행에 해당하기 위해서는 채무자의 책임 있는 사유(귀책사유)로, 채무내용에 좇은 이행이 이루어지지 않고, 채무자에게 책임능력이 있으며, 불이행이 위법해야 한다. 이러한 요건은 채무불이행의 3가지 유형 모두에 적용되는 공통적인 요건이다. 요건에 대한 증명책임에 대하여 다수견해와 판례는 계약의 존재 및 불이행 사실에 대해서는 채권자가, 반면 이행이 있었는지와 귀책사유가 존재하지 않는다는 사실에 대해서는 채무자가 증명책임을 부담한다고 본다.

2. 채무자의 귀책사유

제391조 (이행보조자의 고의, 과실) 채무자의 법정대리인이 채무자를 위하여 이행하거나 채무자가 타인을 사용하여 이행하는 경우에는 법정대리인 또는 피용자의 고의나 과실은 채무자의 고의나 과실로 본다.

(1) 개념

채무불이행이 되기 위해서는 불이행이 채무자의 책임으로 돌릴 수 있는 사유, 즉 귀책사유(歸責事由)로 인하여 발생한 것이어야 한다. 이때 귀책사유란 급부장애로 인해 발생된 손해를 채무자의 책임으로 귀속시키는 사유로서, 채권자에게 손해배상의 권리를 발생시킬 수 있는 사유를 말한다. 이러한 귀책사유에는 채무자의 고의나 과실은 물론이고, 이행보조자의 고의·과실(제391조)도 포함된다. 그리고 우연한 사정에 의한 급부불능이라고 하더라도 그것이 채무자의 지체 중에 발생한 경우에는 채무자에게 귀책사유가 인정된다. 따라서 귀책사유는 채무자에게 고의·과실이 있는 경우뿐만 아니라 이행보조자의 고의·과실 및 이행지체 중의 불능의 경우를 모두 포함한다는 점에서 채무자의 고의·과실보다는 더 넓은 개념이다.

(2) 고의

고의(故意)란 위법한 결과발생을 예견하면서 일정한 행위를 하는 심리상태를 말하는데, 채무불이행에 있어서 고의란 채무자가 자신의 의무를 위반하는 것을 알면서도 그와 같은 행위를 하는 것을 뜻한다.

(3) 과실

과실(過失)이란 주의의무를 게을리하는 것을 말하는데, 채무불이행에 있어서는 채무자가 그의 사회·경제적 지위 등에 비추어 거래상 요구되는 주의를 다하지 못한 것을 말한다. 과실은 그 경중에 따라서 중과실·경과실로 구분되며, 경과실은 추상적 경과실·구체적 경과실로 구분될 수 있다.

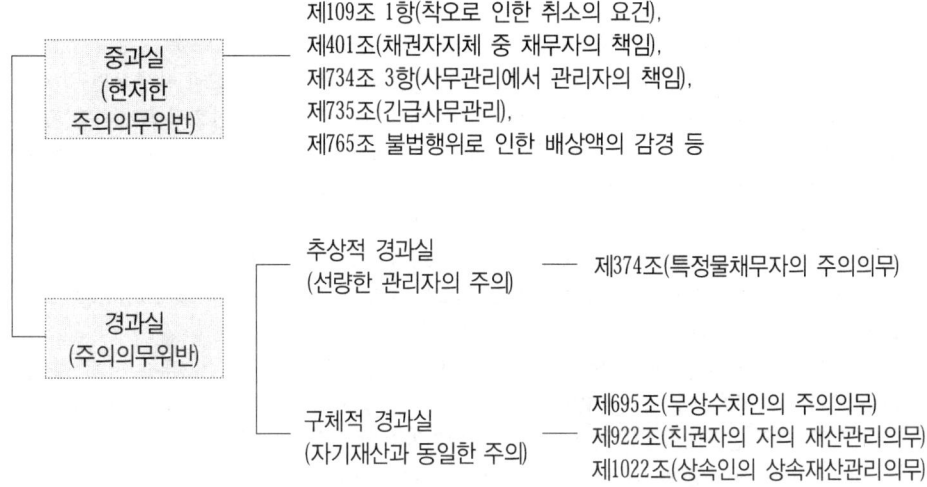

(4) 이행보조자의 고의·과실

채무자의 법정대리인이 채무자를 위하여 이행하거나 채무자가 채무이행에 타인을 사용하는 경우, 법정대리인이나 피용자의 고의·과실은 채무자의 고의·과실로 인정된다(제391조). 즉, 채무자는 자신에게 고의나 과실이 없더라도 자신의 법정대리인이나 피용자의 고의·과실이 있는 경우에 이에 따라 채무불이행 책임을 지게 된다. 이와 같이 이행보조자에 대한 채무자의 책임을 규정한 제391조는 채무자가 채무이행에 있어서 타인을 사용하여 이익을 얻는 것이므로 이로 인해 발생하는 불이익도 그가 감수해야 한다는 사고에 입각한 것이다. 이때 법정대리인에는 친권자, 후견인, 선임된 부재자재산관리인, 일상가사대리권을 가지는 부부(제827조), 유언집행자(제1093조) 등이 해당한다.[22] 그리고 이행보조자에는 협의의 이행보조자와 이행대행자가 있다. 협의의 이행보조자는 채무자가 채무이행에 있어서 자신의 수족과 같이 사용하는 자를 말한다. 그리고

---

[22] 반면 이사와 같은 법인의 대표기관의 행위에 대한 법인의 책임은 법인 자체의 채무불이행으로 보아야 하므로, 제391조가 적용되지 않음에 주의하여야 한다.

이행대행자는 채무자에 갈음하여 채무의 전부 또는 일부를 이행하는 자로서 임치관계에서 수치인으로부터 물품보관을 의뢰받은 제3수치인이 이에 해당한다.

[판례 22] 이행보조자로서 피용자의 개념(대판 2008. 2. 15, 2005다69458)
<판결요지> [1] 민법 제391조의 이행보조자로서의 피용자라 함은 일반적으로 채무자의 의사관여 아래 그 채무의 이행행위에 속하는 활동을 하는 사람이면 족하고, 반드시 채무자의 지시 또는 감독을 받는 관계에 있어야 하는 것은 아니므로 채무자에 대하여 종속적인가 또는 독립적인 지위에 있는가는 문제되지 않는다(대판 2002. 7. 12, 2001다44338 등). 다만, 이행보조자의 행위가 채무자에 의하여 그에게 맡겨진 이행업무와 객관적, 외형적으로 관련을 가지는 경우에는 채무자는 그 행위에 대하여 책임을 져야 하고, 채무의 이행에 관련된 행위이면 가사 이행보조자의 행위가 채권자에 대한 불법행위가 된다고 하더라도 채무자가 면책될 수는 없다(대판 1990. 8. 28, 90다카10343 등).
[2] 클럽하우스 내 식당 등 영업장의 임대차에서 임대인의 직원들이 클럽하우스 등을 한 달 이상 무단 점거함에 따라 정상적인 영업이 어렵게 된 임차인이 위 임대차계약을 해지하고 임대인을 상대로 손해배상을 구한 사안에서, 임대인의 이행보조자인 직원들의 위 불법점거행위를 채무의 이행에 관련된 행위로 보아 임대인의 채무불이행책임을 인정하고, 임차인이 위 해지에 따라 영업장에서 근무하던 직원들을 해고하고 그들에게 지급한 휴업수당과 해고예고수당도 상당인과관계가 있는 손해에 해당한다.
<판례해설> 이행보조자로서 피용자의 개념과 관련하여 다수설은 이행보조자의 행위에 대한 채무자의 간섭가능성으로서 보조자에 대하여 선임·감독·지휘 할 수 있는 지위에 있어야 할 것을 요구하나 판례는 간섭가능성까지는 필요 없고 의사관여만으로 충분하다고 보고 있다.

3. 채무내용에 좇은 이행이 없을 것

채무자가 채무내용에 좇은 이행을 하지 않아야 하는데, 이때 불이행의 유형은 앞서 살펴 본바와 같이 이행지체, 이행불능, 불완전이행으로 나눌 수 있다. 이에 대해서는 아래에서 다시 설명한다.

4. 채무자에게 책임능력이 있을 것

책임능력이란 행위의 책임을 변식할 지능(능력)을 말하는데, 통설은 채무불이행으로 인한 손해배상의 요건으로서 채무자에게 책임능력이 있어야 한다고 본다. 과실책임주의의 관점에서 채무자에게 책임능력이 요구됨은 당연하다고 할 것이다. 다만 계약으로 인한 채무불이행의 경우에는 계약당사자가 책임능력이 있는 경우가 일반적일 것이므로, 이러한 요건이 문제되는 것은 예외적인 경우라고 할 것이다.

5. 불이행이 위법할 것(위법성)

통설적인 입장은 채무불이행이 성립하기 위해서는 불이행이 위법할 것을 요구한다. 그러나 이에 대하여 채무불이행책임에 있어서 위법성요건을 별도로 설정할 필요가 없다는 반대견해가 있다. 이 견해는 채무의 불이행에 대하여 채무자에게 귀책사유가 있다면, 이로써 이미 그 행위가 위법하다고 볼 수 있기 때문에, 즉 불이행이 곧 의무위반이자 위법성을 나타내는 것이므로 별도로 위법성을 판단할 필요가 없다고 보는 것이다. 불법행위와 달리 채권관계에서는 채무자가 채무를 이행하지 않는 것 자체가 채권자의 채권의 침해라는 결과를 초래하는 것으로서 언제나 위법하다는 평가를 내릴 수 있는 것이므로, 채무불이행에 있어서 위법성을 별도로 판단할 실익은 크지 않다고 본다.

III. 이행지체

[사례 14] (1) 甲은 3월 1일 乙 소유의 토지 1천 평을 1억 원에 매수하는 계약을 체결하면서 계약 당일 계약금 1천만 원을 乙에게 지급하였으며, 잔금과 토지소유권이전은 한 달 뒤인 4월 1일에 하기로 하였다. 甲은 4월 1일 잔금 9천만 원을 준비해서 약속장소에 나갔으나 乙은 약속장소에 나오지 않았다. 집으로 돌아온 뒤 甲이 乙에게 전화연락을 해보니, 乙은 "아무래도 너무 싼 가격에 판 것 같다. 후회한다."며 조금만 더 생각해보겠다고 한다. 이때 甲이 취할 수 있는 조치는?
(2) 丙은 공장기계에 대한 영문설명서의 번역을 丁에게 맡기면서 10월 15일까지 마쳐줄 것을 요구하였다. 그러나 丁은 10월 15일이 되어서도 다른 작업 등의 핑계를 대며, 번역을 마치지 못하였다. 이에 丙은 공장기계를 가동하지 못하고 있다. 이때 丙이 취할 수 있는 조치는?
☞ 해 설 : (1) 乙이 이행지체를 하였는지를 살펴보면, 乙의 토지소유권이전의무는 이행이 가능하며, 乙의 채무이행기한이 4월 1일이므로 이를 도과하였으며, 이에 乙의 귀책사유가 있다. 따라서 甲은 乙에 대하여 이행청구, 계약해제, 손해배상을 요구할 수 있다. 특히 손해배상의 경우 甲은 乙에게 토지소유권이전청구를 하면서 그에 따른 지연배상을 요구할 수도 있고, 토지소유권이전을 전제하지 않은 전보배상을 요구할 수도 있다. 다만 이때 계약해제(제544조)나 전보배상(제395조)은 상당기간 최고를 한 후에도 乙이 토지소유권을 이전하지 않는 경우에

행사할 수 있다.
(2) 丁은 약속한 시기에 번역작업을 마치지 못하였으므로, 이행지체를 한 것이 된다(확정기한부 채무). 이때 丙은 丁에 대하여 이행청구, 계약해제, 전보배상을 청구할 수 있다.

[사례 15] 2019년 9월 15일 甲은 야간에 길을 걷던 중에 乙이 운전하던 차가 보도로 돌진하는 바람에 전치 5주의 상해를 입었다. 이에 甲은 乙에게 10월 15일에 700만 원을 손해배상으로 요구하였고, 乙은 너무 많은 액수라며 지급하지 않겠다고 하였다. 그러나 이후 乙이 교통사고로 검찰수사를 받게 되자 2020년 1월 7일에 甲에게 700만 원을 지급하겠다고 통보하였다. 이때 甲이 乙로부터 받을 수 있는 손해배상액은?
☞ 해 설 : 불법행위로 인한 손해배상채무는 불법행위 시부터 지체가 되므로, 사안에서 乙이 甲을 가해한 시점인 2019년 9월 15일부터 乙은 甲에 대하여 손해배상채무를 지체한 것이 된다. 따라서 乙은 甲에 대하여 현실로 손해배상을 지급하는 시기에 손해배상액 원본 700만 원에 더하여 그동안의 이자를 같이 지급하여야 한다.

[사례 16] 甲은 乙의 상가를 보증금 없이 월세 200만 원, 임차기간을 2년으로 정하여 임차하여 영업을 하였다. 이후 임차기간이 만료되어 乙이 甲에게 상가를 비워줄 것을 요구하였음에도 불구하고, 甲은 이전할 마땅한 상가를 구하지 못해 상가를 반환하지 못하고 있던 중 옆 상가의 화재로 상가건물이 전소되어 멸실되는 사고가 발생하였다. 이때 乙은 甲에 대하여 상가멸실에 대한 손해배상을 받을 수 있는가?
☞ 해 설 : 사안에서 임차기간이 종료하였으므로 甲은 乙에 대하여 상가를 반환할 의무를 지는데, 이를 정당한 이유없이 지체하였고, 상가반환의무의 이행지체 중에 목적물의 화재로 반환이 불가능하게 되었다. 비록 화재에 대하여 채무자인 甲에게 아무런 귀책사유가 없더라도, 甲은 제392조에 따라서 이행지체 중에 발생한 손해에 대하여 배상책임이 있다. 다만 채무자가 이행기에 이행을 하였어도 면할 수 없는 손해라면 甲의 책임이 면제될 수 있는데(제392조 단서), 사안의 화재는 甲이 제때 상가를 반환하였더라도 발생하였을 것이므로, 甲은 상가멸실에 대한 손해를 배상할 책임이 없다. 다만 甲은 상가반환의무의 지체로 인한 지연배상은 해야 한다.

1. 개념

이행지체(履行遲滯)란 채무의 이행이 가능함에도 불구하고 채무자가 고의 또는 과실로 이행을 지연하고 있는 것을 말한다. 즉, 채무자가 자신의 책임이 있는 사유로 인해 이행기가 도래하였음에도 이행을 하지 않고 있는 경우를 말한다. 이행을 지체하던 중 급부가 불능이 된 경우 이행불능으로 본다(통설).

2. 요건

이행지체가 되기 위해서는 채무자의 채무의 이행이 가능하여야 하고, 그럼에도 불구하고 채무자가 이행기에 이행을 게을리하여야 하며, 이에 대하여 채무자에게 귀책사유가 존재해야 한다. 이에 대한 증명책임과 관련해서는 이행기에 이행되지 않았다는 사실은 채권자가 증명해야 하고, 귀책사유에 대해서는 채무자가 증명해야 한다.

3. 채무의 이행기와 지체

제387조 (이행기와 이행지체) ① 채무이행의 확정한 기한이 있는 경우에는 채무자는 기한이 도래한 때로부터 지체책임이 있다. 채무이행의 불확정한 기한이 있는 경우에는 채무자는 기한이 도래함을 안 때로부터 지체책임이 있다.
② 채무이행의 기한이 없는 경우에는 채무자는 이행청구를 받은 때로부터 지체책임이 있다.

(1) 확정기한부 채무

확정기한부 채무는 기한이 도래한 다음 날로부터 지체가 된다(제387조 1항 1문). 예를 들어 10월 15일에 매매대금을 지급하기로 한 경우에는 10월 16일 0:00부터 지체가 되며, 9월 6일 자동차를 인도하는 채무는 9월 7일 0:00부터 지체가 되고, 11월 말까지 주택을 인도하기로 한 채무는 12월 1일 0:00부터 지체가 된다. 다만 이에 대한 예외로서 지시채권 또는 무기명채권은 소지인의 증서제시 및 이행청구시부터, 추심채무 또는 채무이행에 채권자의 협력이 필요한 채무는 채권자가 필요한 협력을 제공하여 이행을 최고한 때(통설), 쌍무계약상 동시이행관계 있는 채무는 일방의 이행제공에도 불구하고 상대방이 불이행하는 경우[23]에 지체가 된다.

(2) 불확정기한부 채무

불확정기한부 채무는 채무자가 그 기한이 도래한 것을 안 다음 날로부터 지체책임이 발생한다(제387조 1항 2문). 예를 들어 매수인 소유의 다른 부동산이

---

23) 이때 채무자가 동시이행항변권을 행사할 필요 없이 당연히 인정된다(판례).

처분되는 때에 잔금을 지급하기로 한 경우에는 매수인이 부동산을 처분한 것을 안 다음 날부터 지체가 되고, 매도인이 지방으로 전근명령을 받은 때 자동차를 인도하기로 정한 경우에는 매도인이 전근사실을 안 다음 날부터 지체가 된다. 그러나 불확정한 사실을 기한으로 정하였으나 그 기한이 불가능하게 된 경우에는 기한이 불가능하게 된 때, 이행기를 매도인과 협의하기로 하였으나 협의가 이루어질 수 없는 경우에는 협의가 불가능하게 된 때, 기한의 도래를 채무자가 알지 못한 경우에는 채권자의 최고 시부터 지체가 된다(판례).

(3) 기한의 정함 없는 채무

기한의 정함이 없는 채무는 채무자가 채권자로부터 이행청구(최고)를 받은 다음 날로부터 지체책임이 있다(제387조 2항). 예를 들어 당사자 간에 매매계약이나 소비대차계약 등을 체결하면서 기한을 정하지 않은 경우, 부당이득반환채무, 금전채무에 대한 지연배상 등의 경우는 기한이 없는 채무로서 채권자에 의해 이행청구를 받은 때로부터 채무자가 지체책임을 지게 된다(판례). 다만 기한의 정함이 없는 소비대차에서 대주는 상당한 기간을 정하여 최고하여야 하는데(제603조 2항), 대주가 상당한 기간을 정하지 않고 최고한 경우 상당한 기간이 경과한 후부터 지체가 되고, 불법행위의 경우는 채권자의 최고 없이 불법행위 시부터 지체가 된다(판례).

[판례 23] 상가건물의 소유권이전등기의무의 이행기(대판 2008. 12. 24, 2006다25745)
상가건물의 점포를 분양하면서 분양대금을 완납하고 건물 준공 후 공부정리가 완료되는 즉시 소유권을 이전하기로 약정한 경우, 그 점포에 관한 소유권이전등기에 관하여 확정기한이 아니라 불확정기한을 이행기로 정하는 합의가 이루어진 것으로 보아야 할 것이며, 건설공사의 진척상황 및 사회경제적 상황에 비추어 분양대금이 완납되고 분양자가 건물을 준공한 날로부터 사용승인검사 및 소유권보존등기를 하는 데 소요될 것으로 예상할 수 있는 합리적이고 상당한 기간이 경과한 때 그 이행기가 도래한다고 보아야 한다.

[판례 24] 불확정기한의 도래가 불가능한 경우(대판 2002. 3. 29, 2001다41766)
<판결요지> 당사자가 불확정한 사실이 발생한 때를 이행기한으로 정한 경우에 있어서 그 사실이 발생한 때는 물론 그 사실의 발생이 불가능하게 된 때에도 이행기한은 도래한 것으로 보아야한다.
<판결해설> 원고와 피고 간에 점포임대차계약에 기하여 원고가 금원을 제공하였으나, 이후 임대차계약이 해지되어 피고가 원고에게 금원의 반환의무를 부담하면서, "이후 점포가 임대되면" 지급하기로 약정하였는데, 당해 점포를 피고가 다른 사람(옆 점포주)에게 사용하게 하였다면, 이때 당해 점포를 다른 사람에게 임대하는 것이 불가능해진 것이므로 피고의 금원반환채무

의 이행기가 도래했다고 본 사례이다.

[판례 25] 채권양도와 지체시기(대판 2014. 4. 10, 2012다29557)
채무에 이행기의 정함이 없는 경우에는 채무자가 이행의 청구를 받은 다음 날부터 이행지체의 책임을 지는 것이나, 한편 지명채권이 양도된 경우 채무자에 대한 대항요건이 갖추어질 때까지 채권양수인은 채무자에게 대항할 수 없으므로, 이행기의 정함이 없는 채권을 양수한 채권양수인이 채무자를 상대로 그 이행을 구하는 소를 제기하고 소송 계속 중 채무자에 대한 채권양도통지가 이루어진 경우에는 특별한 사정이 없는 한 채무자는 채권양도통지가 도달된 다음 날부터 이행지체의 책임을 진다.

[판례 26] 부동산매매계약상 자동해제조항과 이행지체(대판 1992. 7. 24, 91다15614)
부동산 매매계약에 잔대금지급기일까지 잔대금을 지급하지 아니할 때에는 위 매매계약은 자동적으로 해제된다고 하는 약정이 있더라도 매도인이 그 대금지급기일에 자기 채무의 이행제공을 하여 매수인으로 하여금 이행지체에 빠지게 하여야 비로소 자동적으로 매매계약이 해제되는 것이고 매수인이 그 약정기한을 도과하였다고 하더라도 이행지체에 빠진 것이 아니라면 대금미지급으로 계약이 자동해제되는 것은 아니다.

4. 기한이익의 상실

제388조 (기한의 이익의 상실) 채무자는 다음 각 호의 경우에는 기한의 이익을 주장하지 못한다.
1. 채무자가 담보를 손상, 감소 또는 멸실하게 한 때
2. 채무자가 담보제공의 의무를 이행하지 아니한 때

채무자가 담보를 손상·감소 또는 멸실하게 한 때(제388조 1호), 채무자가 담보제공의 의무를 이행하지 아니한 때(동조 2호), 기한부채권의 채무자가 파산선고를 받은 때(채무자회생법 제425조)에는 기한의 이익이 상실된다. 예를 들어 차주가 담보를 제공하면서 무이자로 금전을 1년간 빌렸다가 이후 2개월이 지나서 담보를 손상·감소·멸실시키는 행위를 한 경우에는 아직 변제기가 10개월이 남았지만, 제388조 1호에 따라 그의 기한의 이익이 상실되어 대주는 그때부터 금전의 반환을 청구할 수 있게 된다.24) 다만 채무자의 기한이익상실은 위와 같은 행위의 존재만으로 효과가 발생하는 것이 아니고, 이를 위해서는 채권자의 청구가 있어야 한다.

---

24) 물론 이때 채권자인 차주는 본래의 이행기(변제기), 즉 나머지 10개월을 기다렸다가 반환을 청구할 수도 있다.

[판례 27] 정지조건부 기한상실특약와 이행지체(대판 1999. 7. 9, 99다15184)
채권자의 별도의 의사표시가 없더라도 바로 이행기가 도래한 것과 같은 효과를 발생케 하는 이른바 정지조건부 기한이익 상실의 특약을 하였을 경우에는 그 특약에 정한 기한의 이익 상실사유가 발생함과 동시에 기한의 이익을 상실케 하는 채권자의 의사표시가 없더라도 이행기 도래의 효과가 발생하고, 채무자는 특별한 사정이 없는 한 그 때부터 이행지체의 상태에 놓이게 된다.

[판례 28] 기한상실특약의 판단(대판 2002. 9. 4, 2002다28340)
[1] 기한이익 상실의 특약은 그 내용에 의하여 일정한 사유가 발생하면 채권자의 청구 등을 요함이 없이 당연히 기한의 이익이 상실되어 이행기가 도래하는 것으로 하는 정지조건부 기한이익 상실의 특약과 일정한 사유가 발생한 후 채권자의 통지나 청구 등 채권자의 의사행위를 기다려 비로소 이행기가 도래하는 것으로 하는 형성권적 기한이익 상실의 특약의 두 가지로 대별할 수 있고, 기한이익 상실의 특약이 위의 양자 중 어느 것에 해당하느냐는 당사자의 의사해석의 문제이지만 일반적으로 기한이익 상실의 특약이 채권자를 위하여 둔 것인 점에 비추어(필자 주: 정지조건부 기한상실특약으로 보면 소멸시효와 관련해서 채권자에게 불리하기 때문) 명백히 정지조건부 기한이익 상실의 특약이라고 볼 만한 특별한 사정이 없는 이상 형성권적 기한이익 상실의 특약으로 추정하는 것이 타당하다.
[2] 형성권적 기한이익 상실의 특약이 있는 경우에는 그 특약은 채권자의 이익을 위한 것으로서 기한이익의 상실 사유가 발생하였다고 하더라도 채권자가 나머지 전액을 일시에 청구할 것인가 또는 종래대로 할부변제를 청구할 것인가를 자유로이 선택할 수 있으므로, 이와 같은 기한이익 상실의 특약이 있는 할부채무에 있어서는 1회의 불이행이 있더라도 각 할부금에 대해 그 각 변제기의 도래시마다 그 때부터 순차로 소멸시효가 진행하고 채권자가 특히 잔존 채무 전액의 변제를 구하는 취지의 의사를 표시한 경우에 한하여 전액에 대하여 그 때부터 소멸시효가 진행한다.

5. 효과

제390조 (채무불이행과 손해배상) 채무자가 채무의 내용에 좇은 이행을 하지 아니한 때에는 채권자는 손해배상을 청구할 수 있다. 그러나 채무자의 고의나 과실 없이 이행할 수 없게 된 때에는 그러하지 아니하다.

제392조 (이행지체중의 손해배상) 채무자는 자기에게 과실이 없는 경우에도 그 이행지체 중에 생긴 손해를 배상하여야 한다. 그러나 채무자가 이행기에 이행하여도 손해를 면할 수 없는 경우에는 그러하지 아니하다.

제395조 (이행지체와 전보배상) 채무자가 채무의 이행을 지체한 경우에 채권자가 상당한 기간을 정하여 이행을 최고하여도 그 기간 내에 이행하지 아니하거나 지체후의 이행이 채권자에게 이익이 없는 때에는 채권자는 수령을 거절하고 이행에 갈음한 손해배상을 청구할 수 있다.

제544조 (이행지체와 해제) 당사자일방이 그 채무를 이행하지 아니하는 때에는 상대방은 상당한 기간을 정하여 그 이행을 최고하고 그 기간내에 이행하지 아니한 때에는 계약을 해제할 수 있다. 그러나 채무자가 미리 이행하지 아니할 의사를 표시한 경우에는 최고를 요하지 아니한다.

제545조 (정기행위와 해제) 계약의 성질 또는 당사자의 의사표시에 의하여 일정한 시일 또는 일정한 기간내에 이행하지 아니하면 계약의 목적을 달성할 수 없을 경우에 당사자일방이 그 시기에 이행하지 아니한 때에는 상대방은 전조의 최고를 하지 아니하고 계약을 해제할 수 있다.

채무자가 이행을 지체한 경우 채권자는 채무자에게 이행을 청구를 할 수 있고, 이행을 강제할 수도 있다(제389조). 이때 강제이행는 채무자의 귀책사유의 유무와 무관하다. 다음으로 채권자는 채무자에게 손해배상을 청구할 수 있는데, 이때 손해배상은 이행청구와 함께하는 손해배상(지연배상: 제390조)과 본래급부에 갈음한 손해배상(전보배상: 제395조)이 있다. 지연배상(遲延賠償)은 이행이 지체되어 발생한 손해의 배상을 말한다. 반면 전보배상(塡補賠償)은 본래의 급부를 대신하는 의미의 손해배상을 일컫는 것으로서, 채무자가 채무의 이행을 지체한 경우에 채권자가 상당한 기간을 정하여 이행을 최고하여도 그 기간 내에 이행하지 아니하거나 지체 후의 이행이 채권자에게 이익이 없는 때에 채권자는 수령을 거절하고 전보배상을 청구할 수 있다(제395조).[25] 그리고 채권자는 채무자에게 이행을 최고한 후 그 기간 내에도 채무자가 이행을 하지 않는 경우 계약을 해제할 수 있다(제544조).

이행지체로 인해 채무자의 책임이 가중되는데, 채무자는 자기에게 과실이 없는 경우에도 그 이행지체 중에 생긴 손해, 즉 이행지체와 인과관계 있는 손해에 대해서 배상할 책임을 진다(제392조 본문). 다만 채무자가 이행기에 이행하여도 손해를 면할 수 없는 경우, 즉 이행지체 중에 생긴 손해이더라도 채무자가 그 손해가 이행지체와 인과관계 없는 손해임을 증명하면 책임을 지지 않게 된다.

이행지체를 하였더라도 이후 채무자가 채무내용에 좇은 이행의 제공을 하게 되면, 이때 이행지체는 종료된다. 즉, 이행지체를 한 채무자라고 하더라도

---

[25] 채권자가 전보배상을 청구한 경우, 이때 전보배상에는 지연배상이 포함되어 있으므로 별도로 지연배상을 요구할 수 없다.

본래 급부와 더불어 지연배상을 제공하게 되면 이로써 채무이행을 한 것이 되므로, 이행지체상태는 끝나게 된다. 예를 들어 매매대금을 이행지체한 매수인이 나중에 원래의 매매대금과 지체한 동안의 지연배상을 같이 매도인에게 제공하게 되면, 이로써 매수인은 채무를 이행한 것이 되고 동시에 이행지체는 끝나게 된다.

Ⅳ. 이행불능

[사례 17] 甲은 자신 소유의 토지를 1억 원에 乙에게 매도하기로 하고 계약을 체결하면서, 乙로부터 계약금과 중도금 5천만 원을 지급받았다. 그러나 이후 주변 토지 가격이 상승하자 甲은 丙에게 1억 5천만 원에 토지를 매도하는 계약을 체결한 뒤, 丙에게 소유권이전등기를 마쳐 주었다. 그리고 거래 당시 丙은 甲·乙 간의 매매계약 사실을 알지 못하였다. 이때 甲과 乙의 법률관계는?

☞ 해 설: 甲은 乙과 매매계약을 한 뒤, 다시금 丙과 매매계약을 체결하였는데(이중매매), 이때 甲과 丙 간의 제2매매가 반사회적 법률행위(제103조)에 해당하지 않는 이상, 甲이 丙에게 토지소유권을 이전해준 시점부터 甲의 乙에 대한 소유권이전의무는 이행불능이 된 것이다(판례). 이때 乙은 甲의 이행불능을 이유로 계약을 해제할 수도 있고(제546조), 손해배상(제390·제395조)을 요구할 수도 있는데, 乙이 계약을 해제하게 되면 甲은 乙로부터 받은 5천만 원을 반환하여야 하며, 이때 乙은 甲에 대하여 토지가격상승분에 해당하는 5천만 원을 손해배상으로 요구할 수 있다. 반면 乙이 계약을 해제하지 않는 경우라면, 乙은 나머지 잔금(5천만 원)을 甲에게 지급하여야 하고, 반면 甲은 乙에게 당시 토지시가인 1억 5천만 원을 전보배상으로 지급하여야 하는데, 이를 서로 정산하여 甲은 乙에게 1억 원을 지급하여야 할 것이다.

1. 개념

이행불능(履行不能)은 채권이 성립한 이후 채무자의 귀책사유로 인해 이행이 불가능하게 된 것을 말한다. 이행불능은 채무자의 이행, 즉 급부실현이 불가능하다는 점에서 이행이 가능한 이행지체와 구별된다. 그리고 이행불능은 채무자가 전혀 이행을 하지 않았다는 점에서 채무자가 이행을 하였으나 그 이행에 하자가 있는 불완전이행과 다르다. 특히 이행불능에 있어서는 과연 어떤 경우를 이행이 불가능한 경우로 볼 것인지가 중요한 문제이다.

2. 민법상 불능

(1) 원시적 불능과 후발적 불능

계약체결 이전에 급부이행이 이미 불가능한 경우를 원시적 불능이라고 하는데, 예를 들어 건물매매계약을 체결하였는데 해당 건물이 계약체결 전에 이미 화재로 소실된 경우가 이에 해당한다. 급부가 원시적으로 불능인 경우에 계약은 무효가 되고, 이때 불능을 알았거나 알 수 있었던 자는 상대방이 그 계약이 유효함을 믿었음으로 인해 받은 손해를 배상해야 한다(제535조). 반면 급부의 불능이 계약체결 이후에 발생한 경우를 후발적 불능이라고 하는데, 매매계약의 목적물인 건물이 계약체결 이후 화재로 소실된 경우가 이에 해당한다. 후발적 불능은 당사자의 귀책사유 여부에 따라서 채무불이행(제390조·제546조)이나 위험부담(제537조·제538조)에 따라 해결된다.

(2) 전부불능과 일부불능

급부가 가분인 경우 그 전부가 불능인 것을 전부불능, 반면 일부가 불능인 것을 일부불능이라고 한다. 특히 원시적 일부불능의 경우 계약이 무효로 되지 않고 하자담보책임의 문제가 된다는 점에서 양자의 구별실익이 있다.

(3) 법률적 불능과 사실적 불능

불능의 이유가 법률상 허용되지 않는 것 또는 금지된 것으로 인한 것을 법률적 불능이라고 하는데, 예를 들어 민법상 허용되지 않는 부동산질권의 설정계약에 관한 계약을 한 경우(제329조)가 이에 해당한다. 이와 달리 자연적·물리적으로 이행이 불가능하게 된 경우를 사실적 불능이라고 하는데, 거래목적물인 가축이 죽거나 건물이 화재로 멸실되는 경우 등이 이에 해당한다.

(4) 객관적 불능과 주관적 불능

어느 누구도 급부를 이행할 수 없는 불능을 객관적 불능이라고 하고, 채무자는 급부이행을 할 수 없으나 다른 사람은 이행이 가능한 경우를 주관적 불능이라고 한다. 예를 들어 골동품도자기매매계약에서 도자기가 멸실된 경우, 건물매매계약에서 건물이 화재로 소실된 경우 등과 같이 특정물매매에서 목적물이 멸실된 것은 객관적 불능에 해당한다. 반면 골동품도자기매매계약에서 매도인이 물건을 도난당한 경우, 타인소유 부동산을 매도하였으나 이를 이행할 수 없게 된 경우(예: B가 A소유의 주택을 매수한 다음 이를 C에게 매도하기로 계약하였으나 A가 주택을 B에게 팔기를 거부한 경우) 등은 주관적 불능에 해당한다. 이 경우 매도인은 도난당한 물건이나 타인 소유 부동산을 이행할 수 없지만, 다른 사람(예: 절도범이나 그로부터 물건을 취득한 자, 부동산의 소유자)에게까지 불가능한 것은 아니다. 주관적 불능은 원칙적으로 불능으로 이해되지 않으므로, 주관적 불능으로 급부를 이행할 수 없는 경우 그에 따라 채무불이행책임이나 하자담보책임을 지는 것이 원칙이다.

3. 요건

이행불능에 해당하기 위해서는 채무자의 이행이 불가능해야 한다. 이때 불능은 계약체결 이후에 발생한 후발적 불능이고 객관적 불능이여야 한다. 이때 불능이란 채무자의 이행을 기대할 수 없는 것을 말하는 것으로서, 판례에 따르면 단순히 절대적·물리적 불능에 한정하지 않고, 사회생활상 경험칙 또는 거래관념에 비추어 채권자가 채무자의 이행을 더 이상 기대할 수 없는 경우에도 불능으로 인정이 된다. 그리고 불능은 원칙적으로 이행기를 기준으로 판단하게 되나 이행기 이전이라도 급부불능이 확정적이면 이행불능에 해당할 수 있다. 특히 정지조건부 법률행위에 있어서 불능의 판단시기에 대해서는 법률행위시로 보는 견해와 조건성취시로 보는 견해가 있으나, 통설은 법률행위시를 기준으로 불능여부를 판단한다. 예를 들어 계약체결 이후 조건 성취 전 목적물이 멸실된 경우, 통설에 따르면 후발적 불능이 된다.

다음으로 이러한 이행의 불능에 대해 채무자에게 귀책사유가 존재해야 한다. 만약 이행이 불가능하지만, 그 불능에 채무자의 귀책사유가 없다면 위험부담의 문제로 다루어지게 된다. 그리고 이행불능과 관련한 증명책임에 있어 급부의 이행 및 불능여부, 귀책사유에 대해서는 채무자가 증명책임을 진다는 것이 다수 견해이다(반대 견해 있음). 따라서 채무자는 급부가 불능이 아니라 점 또는 불능이지만 자신에게 귀책사유가 없음을 증명해야 한다.

[판례 29] 이행불능의 개념(대판 2003. 1. 24, 2000다22850)
<판결요지> 채무의 이행이 불능이라는 것은 단순히 절대적·물리적으로 불능인 경우가 아니라 사회생활에 있어서의 경험법칙 또는 거래상의 관념에 비추어 볼 때 채권자가 채무자의 이행의 실현을 기대할 수 없는 경우를 말한다.
<판례해설> 본 사안은 분양계약에 따라 건물소유권이전의무를 부담하는 채무자가 해당 건물에 설정된 채권최고액 70억 원의 근저당권설정등기와 수개의 압류 및 가압류등기를 모두 말소하여 소유권이전등기를 이행해줄 수 없는 무자력상태에 있는 경우, 채무자의 소유권이전의무는 이행불능으로 볼 수 있다는 취지의 판결이다.

[판례 30] 이중매매와 불능 1 (대판 1996. 7. 26, 96다14616)
매매목적물에 관하여 이중으로 제3자와 매매계약을 체결하였다는 사실만 가지고는 매매계약이 법률상 이행불능이라고 할 수 없고, 채무의 이행이 불능이라는 것은 단순히 절대적, 물리적으로 불능인 경우가 아니라 사회생활에 있어서의 경험법칙 또는 거래상의 관념에 비추어 볼 때 채권자가 채무자의 이행의 실현을 기대할 수 없는 경우를 말한다.

[판례 31] 이중매매와 불능판단 2 (대판 1983. 3. 22, 80다1416)
부동산매매에 있어서 매도인이 목적물을 타인에게 이미 매도하여 그 타인에게 소유권이전등기를 하여줄 의무가 있음에도 불구하고 제3자에게 다시 양도하여 소유권이전등기를 경유한 때에는 특별한 사정이 없는 한 매도인이 그 타인에게 부담하고 있는 소유권이전등기의무는 이행불능의 상태에 있다고 봄이 상당하다.

[판례 32] 가등기와 불능판단(대판 1991. 7. 26, 91다8104)
부동산소유권이전등기 의무자가 그 부동산상에 가등기를 경료한 경우 가등기는 본등기의 순위보전의 효력을 가지는 것에 불과하고 또한 그 소유권이전등기 의무자의 처분권한이 상실되지도 아니하므로 그 가등기만으로는 소유권이전등기의무가 이행불능이 된다고 할 수 없다.

[판례 33] 임대인의 소유권상실로 불능이 되는지 여부(대판 1994. 5. 10, 93다37977)
계약의 이행불능 여부는 사회통념에 의하여 이를 판정하여야 할 것인바, 임대차계약상의 임대인의 의무는 목적물을 사용수익케 할 의무로서, 목적물에 대한 소유권 있음을 성립요건으로 하고 있지 아니하여 임대인이 소유권을 상실하였다는 이유만으로 그 의무가 불능하게 된 것이라고 단정할 수 없다.

4. 효과

제390조 (채무불이행과 손해배상) 채무자가 채무의 내용에 좇은 이행을 하지 아니한 때에는 채권자는 손해배상을 청구할 수 있다. 그러나 채무자의 고의나 과실 없이 이행할 수 없게 된 때에는 그러하지 아니하다.

제546조 (이행불능과 해제) 채무자의 책임있는 사유로 이행이 불능하게 된 때에는 채권자는 계약을 해제할 수 있다.

이행불능이 채무자의 귀책사유로 인한 것인 때에, 채권자는 채무자에 대하여 손해에 대한 배상을 청구할 수 있으며(제390조), 이때 손해배상은 급부에 갈음한 손해배상으로서 전보배상이 된다. 이때 손해배상청구권은 본래의 급부청구권과 동일성을 유지하므로, 본래 채권에 붙어 있던 보증채무나 질권 등의 담보권은 소멸하지 않고 손해배상청구권에 잔존한다. 그리고 일부불능의 경우에 채권자는 잔존한 급부의 청구와 더불어 불능이 된 부분에 대한 전보배상을 청구할 수도 있을 것이다. 다만 이때 잔존부분의 이행이 채권자에게 아무런 이익이 되지 못하고 그것을 제공하는 것이 신의칙에 위반되는 경우에는 채권자는 그 이행을 거절하고 급부 전부에 대한 전보배상을 청구할 수 있다고 할 것이다. 다음으로 이행불능의 경우 채권자는 최고 없이 계약을 해제할 수 있다(제546조). 왜냐하면 이행불능은 이행의 가능성이 없는 경우이므로, 최고를 통해 채무자의 이행을 기대한다는 것은 생각하기 어렵기 때문이다.

[판례 34] 물권적 청구권의 이행불능과 전보배상(대판[전합] 2012. 5. 17, 2010다28604) 소유자가 자신의 소유권에 기하여 실체관계에 부합하지 아니하는 등기의 명의인을 상대로 그 등기말소나 진정명의회복 등을 청구하는 경우에, 그 권리는 물권적 청구권으로서의 방해배제청구권(민법 제214조)의 성질을 가진다. 그러므로 소유자가 그 후에 소유권을 상실함으로써 이제 등기말소 등을 청구할 수 없게 되었다면, 이를 위와 같은 청구권의 실현이 객관적으로 불능이 되었다고 파악하여 등기말소 등 의무자에 대하여 그 권리의 이행불능을 이유로 민법 제390조상의 손해배상청구권을 가진다고 말할 수 없다. 위 법규정에서 정하는 채무불이행을 이유로 하는 손해배상청구권은 계약 또는 법률에 기하여 이미 성립하여 있는 채권관계에서 본래의 채권이 동일성을 유지하면서 그 내용이 확장되거나 변경된 것으로서 발생한다. 그러나 위와 같은 등기말소청구권 등의 물권적 청구권은 그 권리자인 소유자가 소유권을 상실하면 이제 그 발생의 기반이 아예 없게 되어 더 이상 그 존재 자체가 인정되지 아니하는 것이다. 이러한 법리는 선행소송에서 소유권보존등기의 말소등기청구가 확정되었다고 하더라도 그 청구권의 법적 성질이 채권적 청구권으로 바뀌지 아니하므로 마찬가지이다.

5. 대상청구권

[사례 18] 甲은 乙소유의 상가를 5억 원에 구입하기로 매매계약을 체결한 뒤, 소유권이전등기는 6개월 뒤에 하기로 합의하였다. 그런데 계약체결일로부터 한 달 여가 지난 시점에 乙소유의 상가에 화재가 발생하여 상가가 전소되었고, 화재원인은 전기관리 소홀로 인한 누전이었다. 그리고 화재발생 당시 乙은 X보험회사의 화재보험에 가입한 상태였다. 이때 甲과 乙의 법률관

계는?

☞ 해 설 : 甲과 乙 간의 매매계약의 목적물인 상가가 화재로 전소되어 급부가 후발적으로 불능이 되었고, 불능에 대하여 채무자인 乙에게 과실이 있다. 이 경우 甲은 乙에 대해 이행불능을 이유로 한 권리(해제·손해배상)를 행사할 수 있다. 또한 甲은 채무자인 乙이 가지는 보험금청구권을 자신에게 인도해 줄 것을 요구할 수 있는지, 즉, 대상청구권을 행사할 수 있는지가 문제된다. 이를 검토하여 보면, ① 후발적 불능이 있고(채무자 귀책사유 무관), ② 채무자 乙이 본래의 급부인 상가에 갈음하여 X보험회사에 보험금청구권을 취득하였으며, ③ 상가멸실(불능)과 보험금청구권의 발생 간에 인과관계가 있고, ④ 채권자 甲이 자신의 반대급부의 이행이 가능하므로, 甲은 乙에게 상가매매대금을 지급하면서 乙이 X보험회사에 가지는 보험금청구권을 자신에게 양도할 것을 청구할 수 있다.

(1) 의의

급부가 불능하게 된 경우 채무자가 불능과 동일한 원인으로 취득하게 된 대상(代償), 즉 채무자가 급부불능의 배상으로 수취한 물건이나 취득한 배상청구권을 양도할 것을 요구할 수 있는 채권자의 권리를 대상청구권(代償請求權)이라고 한다. 우리 민법은 이에 대한 명문의 규정을 두고 있지 않으나 학설과 판례는 이를 인정하고 있다.

(2) 요건

첫째, 후발적 불능이 존재해야 한다. 다만 이때 불능에 대한 채무자의 귀책사유 여부는 상관 없다. 둘째, 채무자가 불능으로 인해 본래의 급부에 갈음한 대상을 취득해야 한다. 즉, 채무자가 급부에 갈음하는 이익(예: 제3자에 대한 손해배상청구권, 수용보상금, 수용보상금청구권, 보험금청구권 등)이나 거래행위로 인한 이익(예: 이중매매로 수령한 매각대금)을 취득해야 한다. 셋째, 급부불능의 원인과 대상의 취득 사이에 인과관계가 있어야 한다. 즉, 급부불능이 원인이 되어 그 결과로서 대상이 취득된 것이어야 한다. 넷째, 채권자의 반대급부의 이행이 가능해야 한다. 왜냐하면 채권자는 자신의 의무이행을 전제로(대가로) 채무자에게 대상청구를 하는 것이기 때문이다.

(3) 효과

채권자는 채무자가 대상으로 취득한 물건이나 배상청구권의 양도를 청구할 수 있다. 즉, 채무자가 취득한 대상이 곧바로 채권자에게 귀속되는 것이 아니고, 채권자가 이를 청구하여야만 대상을 취득할 수 있는 것이다. 다만 대상이 불능이 된 본래급부의 범위를 초과하는 경우, 채권자의 대상청구권이 어느 범위까지 미치는지에 대해서는 무제한설·손해한도제한설 등의 견해대립이 있으나 이행불능의 경우 채권자가 가지게 되는 손해배상의 한도를 넘어서서 대상청구권을 행사하는 것은 부당하다는 점에서 손해한도제한설이 타당하다고 본다.

[판례 35] 대상청구권의 요건으로서 인과관계(대판 2003. 11. 14, 2003다35482)
대상청구권이 인정되기 위하여는 급부가 후발적으로 불능하게 되어야 하고, 급부를 불능하게 하는 사정의 결과로 채무자가 채권의 목적물에 관하여 '대신하는 이익'을 취득하여야 한다.

[판례 36] 채권자의 반대급부의 이행가능성(대판 1996. 6. 25, 95다6601)
쌍무계약의 당사자 일방이 상대방의 급부가 이행불능이 된 사정의 결과로 상대방이 취득한 대상에 대하여 급부청구권을 행사할 수 있다고 하더라도, 그 당사자 일방이 대상청구권을 행사하려면 상대방에 대하여 반대급부를 이행할 의무가 있는바, 이 경우 당사자 일방의 반대급부도 그 전부가 이행불능이 되거나 그 일부가 이행불능이 되고 나머지 잔부의 이행만으로는 상대방의 계약목적을 달성할 수 없는 등 상대방에게 아무런 이익이 되지 않는다고 인정되는 때에는, 상대방이 당사자 일방의 대상청구를 거부하는 것이 신의칙에 반한다고 볼 만한 특별한 사정이 없는 한, 당사자 일방은 상대방에 대하여 대상청구권을 행사할 수 없다.

[판례 37] 대상청구권의 효과(대판 1996. 10. 29, 95다56910)
소유권이전등기의무의 목적 부동산이 수용되어 그 소유권이전등기의무가 이행불능이 된 경우, 등기청구권자는 등기의무자에게 대상청구권의 행사로써 등기의무자가 지급받은 수용보상금의 반환을 구하거나 또는 등기의무자가 취득한 수용보상금청구권의 양도를 구할 수 있을 뿐 그 수용보상금청구권 자체가 등기청구권자에게 귀속되는 것은 아니다.

[판례 38] 대상청구권의 소멸시효(대판 2018. 11. 15. 선고 2018다248244)
매매 목적물의 수용 또는 국유화로 매도인의 소유권이전등기의무가 이행불능이 된 경우에 인정되는 매수인의 대상청구권은 매도인의 소유권이전등기의무가 이행불능이 된 때부터 소멸시효가 진행하는지 여부(원칙적 적극) 및 이러한 법리는 대상청구권이 채무자의 귀책사유로 발생한 경우에도 마찬가지로 적용된다.

V. 불완전이행

[사례 19] 다음의 사례에서 甲은 乙에 대하여 어떤 책임을 물을 수 있는가?
(1) 甲은 乙과 중고자동차매매계약을 체결하였고, 이에 乙이 자동차를 약속한 날짜에 인도하였다. 그러나 乙이 인도한 자동차는 고속주행 시에 가끔씩 시동이 꺼지는 결함이 있었고, 그 결함은 원인을 찾기 어려워 수리가 불가능한 것이었다.
(2) 甲은 도매상인 乙로부터 베트남산 쥐포 1,000킬로그램을 구입하였다. 그러나 이후 쥐포 중에 일부에 벌레 등과 같은 이물질이 있었고, 이러한 이물질은 제조과정에서 생긴 것임이 밝혀졌다.
(3) 甲은 농업용난방기 판매업자인 乙로부터 난방기 3대를 구입하여, 자신이 재배하던 딸기하우스에 설치하였다. 그런데 이 중 1대가 제품결함으로 고장이 났고, 이로 인해 비닐하우스 1동에 있던 딸기가 동해를 입었다.
(4) 甲은 乙로부터 가구를 구입하였고, 가구는 乙이 직접 甲의 집으로 배달하여 주기로 하였다. 그런데 乙이 甲의 집으로 가구를 들여 놓다가 부주의로 甲소유의 TV를 부수었으며, 甲의 아들에게 상해를 가하였다.
(5) 甲은 乙이 경영하는 여관에 투숙하였다가 여관에서 발생한 원인불명의 화재로 인해 상해를 입었다. 그리고 乙에게는 화재발생에 있어서 적절한 대처를 하지 못한 과실이 있었다.
☞ 해설 : (1) 乙은 甲과 특정물매매계약을 체결한 것인데, 하자 있는 자동차를 인도한 것으로서 채무내용에 좇은 이행을 하지 않아 일응 채무불이행, 즉 불완전이행을 한 것이다. 그러나 이에 대해서는 특정물매도인의 하자담보책임에 관한 제580조가 우선 적용된다. 따라서 乙은 甲에 대하여 하자로 인해 계약의 목적을 달성할 수 없는 경우에는 계약해제와 손해배상을, 그렇지 않은 경우에는 손해배상을 요구할 수 있는데, 사안에서 자동차의 결함은 甲의 입장에서 계약의 목적을 달성할 수 없을 정도로 중대한 하자이므로, 甲은 계약을 해제할 수 있고, 또한 손해배상을 요구할 수 있다.
(2) 乙은 甲과 종류물매매계약을 체결하였음에도, 하자 있는 물건을 인도하여 불완전이행을 한 것이다. 다만 이때에도 종류물매매에 관한 제581조가 우선 적용될 수 있다. 하자로 인해 甲이 계약의 목적을 달성할 수 없는 경우라면 계약해제와 손해배상, 그리고 하자 없는 다른 물건의 인도(완전물급부청구)를 요구할 수 있고, 반면 하자가 경미한 경우에는 손해배상과 하자 있는 물건의 교환(완전물급부청구)만을 할 수 있다.
(3) 乙의 하자 있는 채무이행으로 인해 甲에게 손해가 발생하였는데, 이때 甲에게 발생한 손해는 하자 있는 난방기 자체 손해와 난방기결함으로 확대된 손해(확대손해)가 있다. 난방기 자체의 하자로 인한 손해는 매도인에게 하자담보책임(제580조·제581조)에 따라 손해를 배상받을 수 있다. 그러나 하자로 인해 확대된 손해에 대해서는 불완전이행으로 인한 손해배상으로서 제390조에 따라서 배상을 받을 수 있다(판례).
(4) 乙은 급부의무를 이행하였으나 그에 수반되는 부수적 의무 내지 보호의무를 위반한 것이다. 이에 대해서는 乙의 채무불이행(불완전이행)을 이유로 손해배상을 요구할 수 있다(제390조). 또한 이 경우 乙은 甲에 대하여 불법행위(제750조)을 근거로 손해배상을 요구할 수도 있을

것이다(청구권경합: 판례).
(5) 甲은 乙에 대하여 숙박계약의 불이행으로 인한 채무불이행(불완전이행)책임으로서 손해배상을 요구할 수도 있는데(390조), 이때 乙은 숙박계약상 요구되는 고객의 보호의무를 위반한 것이다. 또한 甲은 乙에 대하여 불법행위(제750조)를 이유로 손해배상을 물을 수 있도 있다.

1. 의의

채무자가 이행을 하기는 하였으나 이행이 불완전한 것, 즉 급부에 하자가 있어 채무내용에 좇은 이행이 되지 못하는 것을 불완전이행(不完全履行)이라고 한다. 예를 들어 홈쇼핑에서 주문한 옷이 불량품인 경우, 매도인이 인도한 자동차의 오디오장치에 문제가 있는 경우, 매도인이 주택의 소유권을 이전하였으나 그 주택에 대항력 있는 임차인이 존재하는 경우, 건축업자가 완공한 건물에 누수가 발생한 경우 등이 이에 해당한다. 채무자에 의한 채권침해의 관점에서 이행지체나 이행불능을 채무자의 이행이 전혀 없는 소극적인 형태의 채권침해라고 보게 되면, 불완전이행은 채무자가 급부이행이라는 적극적인 행위를 통해 채권을 침해한 것으로 볼 수 있어 이를 적극적 채권침해라고도 한다. 우리 민법은 불완전이행에 대한 규정을 두고 있지 않으나 채무불이행에 관한 제390조가 모든 형태의 채무불이행을 포괄하는 규정이라는 점에서 불완전이행의 법적 근거 역시 제390조가 된다(통설).

채무불이행의 한 유형으로서 불완전이행이 이론적으로 인정되고, 그에 따른 효과로서 채권자에게 일정한 구제수단이 주어진다. 하지만 실제 법적용에 있어서 불완전이행이 문제되는 경우가 많지 않는데, 그 이유는 채무자가 하자 있는 이행을 한 경우 그에 대하여 불완전이행의 특칙에 해당하는 하자담보책임이 우선하여 적용되기 때문이다. 특히 우리 민법은 증여, 매매, 도급에서 별도의 하자담보책임을 정하고 있고, 매매계약상 하자담보책임은 다른 유상계약에도 준용되어 그 적용범위가 매우 넓다. 따라서 주문한 상품에 하자가 있거나 매수한 부동산에 하자가 있는 경우, 그에 대해 하자담보책임이 우선해서 적용되고, 불완전이행책임은 하자담보책임이 적용되지 않는 경우에 보충적으로 적용될 뿐이다(다수설·판례).

2. 유형

불완전이행의 유형으로 우선 채무이행이 불완전한 경우를 들 수 있다. 채무이행에 수량부족이 있거나 하자 내지 결함이 있는 경우가 이에 해당한다. 예를 들어 매도인이 100상자의 사과를 인도하기로 하였는데, 90상자만 인도한 경우라면, 이때 나머지 10상자의 인도가 가능하다면 일부이행지체로, 인도가 불가능하다면 일부이행불능으로 처리가 된다. 그리고 매도인이 인도한 100상자의 사과 일부가 손상되어 판매가 곤란한 경우라면, 채권자인 매수인은 매도인에 대하여 하자담보책임(제580조·제581조)을 물을 수 있게 된다.

다음으로 불완전한 이행으로 채권자에게 부가적 손해가 발생한 경우가 있다. 예를 들어 매도인이 독성이 있는 사료를 인도함으로써 매수인 소유의 가축에 손해가 발생한 경우 또는 약정한 품질에 미달하는 전자제품을 인도하여 매수인 소유 건물에 화재가 발생한 경우가 이에 해당한다. 이런 경우 채권자(매수인)는 채무자(매도인)에 대하여 채무불이행으로 인한 손해배상(제390조)을 요구할 수 있다.

3. 효과

제575조 (제한물권있는 경우와 매도인의 담보책임) ① 매매의 목적물이 지상권, 지역권, 전세권, 질권 또는 유치권의 목적이 된 경우에 매수인이 이를 알지 못한 때에는 이로 인하여 계약의 목적을 달성할 수 없는 경우에 한하여 매수인은 계약을 해제할 수 있다. 기타의 경우에는 손해배상만을 청구할 수 있다.

제580조 (매도인의 하자담보책임) ① 매매의 목적물에 하자가 있는 때에는 제575조 제1항의 규정을 준용한다. 그러나 매수인이 하자있는 것을 알았거나 과실로 인하여 이를 알지 못한 때에는 그러하지 아니하다.
② 전항의 규정은 경매의 경우에 적용하지 아니한다.

제581조 (종류매매와 매도인의 담보책임) ① 매매의 목적물을 종류로 지정한 경우에도 그 후 특정된 목적물에 하자가 있는 때에는 전조의 규정을 준용한다.
② 전항의 경우에 매수인은 계약의 해제 또는 손해배상의 청구를 하지 아니하고 하자없는 물건을 청구할 수 있다.

제582조 (전2조의 권리행사기간) 전2조에 의한 권리는 매수인이 그 사실을 안 날로부터 6월내에 행사하여야 한다.

채무자가 불완전이행을 한 경우, 그 효과로서 채권자는 우선 채무자에 대해 이행청구를 할 수 있다. 다만 이행지체와 달리 불완전이행은 채무자의 이행이 존재하는 경우이므로, 이때 이행청구는 추완청구(하자보수청구 또는 완전물급부청구)를 의미하는 것이다. 그리고 불완전이행의 경우 채권자는 채무자에 대하여 그로 인한 손해배상을 청구하거나 하자로 인해 계약의 목적을 달성할 수 없는 경우에는 계약을 해제할 수도 있다.

민법은 매매계약과 도급계약에서 각각 매도인과 수급인의 하자담보책임을 규정하고 있다. 이러한 하자담보책임규정은 그 본질에 있어서는 채무불이행(불완전이행)으로 볼 수 있으나 신속한 분쟁해결을 도모하고 계약의 특수성을 고려하여 별도로 규정한 것이다(반대견해 있음). 예를 들어 자동차매도인이 약속한 대로 자동차를 인도하였으나 자동차에 결함이 있는 경우, 이는 채무자인 매도인이 자신의 의무를 제대로 이행하지 못한 것으로서 불완전이행에 해당하는 것이지만, 이에 대한 특별한 규정인 매도인의 하자담보책임(제580조)이 우선 적용된다. 불완전이행에 대하여 채무불이행책임이 아닌 하자담보책임을 적용하더라도 그 구제수단(추완청구·계약해제·손해배상)에서는 큰 차이는 없고, 다만 권리의 행사기간에서 차이가 있을 뿐이다. 즉, 채무불이행으로 인한 구제수단인 계약해제권이나 손해배상청구권은 10년 동안 행사할 수 있지만, 물건의 하자로 인한 매도인의 하자담보책임은 매수인이 하자가 있음을 안 날로부터 6월 이내에 행사해야 한다(제582조).

제6강 손해배상

Ⅰ. 손해배상의 의의

1. 과실책임주의

사회생활에서 발생하는 위험이나 손해는 스스로 책임을 지는 것이 원칙이다("우연은 주인의 몫으로"). 이러한 자기책임의 원칙에 따라서 자신에게 발생한 손해를 스스로 부담하지 않고, 타인에게 전가시키기 위해서는 그 타인에게 손해에 관한 고의나 과실이 있어야만 한다. 다시 말해 타인에게 손해배상을 요구하기 위해서는 타인에게 책임을 질만한 근거로서 그에게 고의 또는 과실이 존재해야 하는데, 이를 과실책임주의(귀책사유요건주의·유책주의)라고 한다. 손해배상의 중요한 원칙인 과실책임주의에 대해서 채무불이행에서는 제390조가, 불법행위에 있어서는 제750조가 이를 규정하고 있다.

2. 손해의 개념과 종류

(1) 손해의 개념

손해(損害)의 개념에 대해서는 다양한 학설이 존재하지만, 우리 통설과 판례는 채무불이행에 있어서 제대로 된 채무이행이 있었을 경우의 상태와 채무자가 채무의 내용에 좇은 이행을 하지 않아 발생한 상태와의 차이를 손해로 본다(차액설).26)

---

26) 자발성에 따라서 비자발적 손실을 손해로, 자발적 희생을 비용으로 구분하기도 한다.

매도인 甲과 매수인 乙이 X토지를 1억 원에 사고 파는 계약을 체결하였고, 매수인 乙은 매매대금을 지급하였으나 매도인 甲은 X토지를 다른 사람에게 팔아 버렸다. 그리고 매수인 乙은 X토지를 2억 원에 丙에게 되팔 생각이었고, 乙이 전매하리라는 것을 甲도 알고 있었다. 이때 매수인 乙의 손해는 매도인 甲이 약속한 대로 토지를 인도하였을 상태와 매도인 甲이 토지를 인도하지 않은 상태의 차이(차액)가 된다. 따라서 매도인 甲의 채무불이행으로 인해 발생한 매수인 乙의 손해는 총 2억 원(합의한 토지가치인 1억 원과 전매차익 1억 원)이 된다.

　매도인 甲은 매수인 乙에게 Y주택을 1억 원에 사고파는 계약을 체결하였으나, 매수인 乙이 이행기(7월 1일)에 매매대금을 지급하지 않아 매도인 甲은 乙과의 매매계약을 해제하고, 10월 1일에 Y주택을 丙에게 7천만 원에 처분하였다. 이때 매도인 甲의 손해는 매수인 乙이 이행기에 매매대금을 약속한 대로 지급하여 계약이 해제되지 않고 이행된 경우 매도인이 얻게 되는 경제적 이익과 乙의 채무불이행으로 인하여 계약이 해제된 후 매도인에게 남은 경제적 이익과의 차이가 된다. 따라서 매도인 甲은 계약이 제대로 이행되었을 경우, 7월 1일에 1억 원의 경제적 이익을 얻을 수 있었고, 10월 1일의 시점이라면 1억 원에 더하여 (법정)이자도 얻을 수 있었다. 즉, 이 경우 매도인 甲의 손해는 1억 원과 1억 원의 3개월 동안의 법정이자가 될 것이다. 다만 매도인 甲이 Y주택을 丙에게 처분하여 7천만 원을 취득하였으므로, 甲에게 발생한 구체적인 손해는 매도인 甲이 Y주택을 丙에게 처분한 경우 발생한 손해(3천만 원)[27]와 종래 매매대금(1억 원)의 취득예정시기로부터 丙에게 처분하는 시점까지의 법정이율에 따른 이자가 손해가 된다.

(2) 1차손해와 후속손해

　1차손해란 채무불이행 그 자체로부터 발생한 손해를 말하며, 후속손해란 1차손해를 기점으로 하여 연속적으로 발생한 손해를 말한다. 1차손해와 후속손해는 손해배상의 범위에 관한 위험성관련성설에서 중요한 의미를 가진다. 통

---

[27] 매도인 甲이 제3자에게 처분한 매매가격(7천만 원)이 시가에 비추어 적정한 가격임을 전제한다. 만약 丙에게 처분한 가격이 시가에 비해 터무니없이 저렴한 가격이라면 종래 매매가격(1억 원)과의 차액인 3천만 원을 손해로 볼 수 없다(대판 2001. 11. 30, 2001다16432).

설인 상당인과관계설에서도 1차손해는 통상손해로서 언제든지 배상이 된다는 점에서 배상될 수 있는지를 검토해야하는 후속손해와 구별될 수 있다.

<계약위반 : 매도인 甲과 매수인 乙이 중고화물차를 1000만 원에 사고파는 계약을 체결하였으나, 매도인 甲의 과실로 화물차가 멸실되었다>

① 자동차의 교환가격 ·· 1차손해
② 乙이 다른 출처로부터 자동차를 구입하면서 추가로 든 비용 ············ 후속손해
③ 乙이 다른 화물차를 1개월 동안 빌려 사용하여 든 임대비용 ············ 후속손해
④ 乙이 화물차를 1500만 원에 되팔아 얻을 수 있었던 전매차익 ············ 후속손해
⑤ 乙이 중고화물차를 이용해서 벌수 있었던 화물운임비 ················· 후속손해
⑥ 乙이 화물차에 특수시설을 하기 위하여 체결한 계약의 위약금 ·········· 후속손해

<불법행위 : 운전자 甲이 졸음운전을 하여 乙의 가게를 들이받아 乙이 다치고 가게의 물품들이 파손되었다>

① 乙의 치료비와 재활비용 ·· 1차손해
② 乙 소유의 상점의 물품손상에 따른 비용과 복구비용 ···················· 1차손해
③ 乙의 영업손실에 따른 수입상실(일실수익) ······························ 후속손해
④ 예약손님을 받지 못하게 되어 배상하게 된 위약금 ······················ 후속손해

(3) 재산적 손해와 비재산적 손해

채무불이행으로 인해 침해된 이익이 재산적 법익인 경우 이를 재산적 손해, 재산 이외의 법익의 침해를 비재산적 손해라고 한다. 비재산적 손해의 대표적인 경우가 정신적 고통에 따른 손해배상인 위자료(慰藉料)이다. 특히 불법행위에서는 위자료에 관한 규정을 별도로 두고 있다(제751조·제752조). 재산상 침해에 있어서 위자료는 특별손해로 보는 것이 판례의 입장이다. 반면 생명·신체·인격권 등의 침해시 위자료는 통상손해가 된다.

<계약위반 : 도급인 甲은 전원주택을 짓기 위해서 수급인 乙에게 2억 원을 지급하였다. 수급인 乙이 약속한 날짜에 건물을 완공하였으나 건물옥상에 방수처리가 제대로 되지 않아서 비가 새며, 부실한 창호를 설치하여 베란다에 곰팡이가 생기는 하자가 있었다>

① 하자로 인한 손해(하자보수비용) ······················ 재산적 손해 : 배상 ○

② 하자로 인한 甲의 정신적 고통에 따른 위자료 ········ 비재산적 손해 : 배상 불가[28]

<불법행위 : 행인 甲은 길거리를 가다가 술김에 돌맹이를 던져 乙의 가게 유리창을 부셨다>

① 乙 가게의 유리창 수선비용 ·································· 재산적 손해 : 배상 가능
② 乙의 정신적 고통에 따른 위자료 ·························· 비재산적 손해 : 배상 불가

<불법행위 : 운전자 甲은 음주운전으로 행인 乙을 치여 보행이 곤란한 중상해를 입게 하였다>

① 乙의 치료비와 일실수익 등 ···································· 재산적 손해 : 배상 가능
② 乙의 정신적 고통에 따른 위자료 ·························· 비재산적 손해 : 배상 가능

(4) 적극적 손해와 소극적 손해

적극적 손해란 채무불이행으로 인해 채권자의 기존 이익이 적극적으로 멸실 내지 감소한 것을 말하고, 소극적 손해란 장래에 취득하게 될 이익을 취득하지 못하게 된 손해를 말한다.

<계약위반 : 매도인 甲과 매수인 乙이 중고화물차를 1,000만 원에 사고 파는 계약을 체결하였으나, 매도인 甲의 과실로 화물차가 멸실되었다>

① 乙이 다른 출처로부터 자동차를 구입하면서 추가로 든 비용 ············ 적극적 손해
② 乙이 다른 화물차를 1개월 동안 빌려 사용하여 든 임대비용 ············ 적극적 손해
③ 乙이 화물차를 1,500만 원에 丙에게 되팔아 얻을 수 있었던 전매차익 ·· 소극적 손해
④ 乙이 중고화물차를 이용해서 벌수 있었던 화물운임비 ····················· 소극적 손해

<불법행위 : 운전자 甲은 음주운전으로 행인 乙을 치여 보행이 곤란한 중상해를 입게 하였다>

① 乙의 치료비와 재활비용 ·· 적극적 손해
② 乙의 직장수입에 대한 일실수익 ···································· 소극적 손해

---

[28] 채무불이행에 있어서 위자료는 특별손해로서 채무자에게 예견가능성이 있는 경우에 한하여 인정된다. 따라서 甲의 위자료는 채무불이행시에 하자보수나 손해배상만으로 회복될 수 없는 정신적 고통을 입었다는 특별한 사정이 있고, 수급인 乙이 이와 같은 사정을 알았거나 알 수 있었을 경우에 한하여 인정될 수 있다(대판 1993. 11. 9, 93다19115 등). 즉,

(5) 이행이익과 신뢰이익의 손해배상

신뢰이익(信賴利益)은 계약의 유효함을 신뢰한 당사자가 가지는 이익을 의미하고(제535조 1항 본문 후단), 이행이익(履行利益)은 계약이 제대로 이행되었을 때 당사자가 가질 수 있는 이익을 뜻한다(제535조 1항 단서). 양자는 그 적용영역에 있어서 차이가 있는데, 신뢰이익은 계약이 무효나 취소된 경우에 적용되며, 이행이익은 계약이 유효한 경우에 적용된다. 채무불이행에 있어서 손해배상은 이행이익배상이 원칙이다.

우선 계약당사자가 계약을 신뢰함으로써 얻었을 이익을 배상해주는 것을 신뢰이익배상이라고 하는데, 신뢰이익은 당사자가 계약을 신뢰하기 이전 상태로의 회복을 지향하는 개념이다. 다시 말해서 당사자가 계약을 신뢰하지 않았더라면 입지 않았을 손해를 배상해주는 것이 바로 신뢰이익배상이다. 반면 이행이익배상이란 계약이 제대로 이행되었더라면 당사자가 가질 수 있었던 이익의 배상, 즉 계약이 제대로 이행되지 못해서 입은 손해를 배상하는 것을 말한다.

<甲은 자신 소유의 전원주택에 대한 매매계약을 乙과 체결하였다. 그리고 매수인 乙은 주택구입을 예상하여 인테리어업자와 인테리어공사계약을 체결하였고, 마당에 심으려고 조경업자로부터 3천만 원에 상당하는 정원수를 미리 구입해놓았다. 그리고 계약을 체결하는 동안 매수인 乙은 교통비와 통신비를 합하여 총 50만 원을 지출하였다. 또한 매수인 乙은 이 전원주택을 구입하여 1억 원의 웃돈을 받고 되팔 생각이었고, 이를 甲 역시 알고 있었다>

만약 위 사례에서 甲과 乙이 계약을 체결하기 전에 이미 주택이 화재로 소실되었을 경우라면, 乙은 원시적 불능으로 인해 甲에게 신뢰이익배상을 요구할 수 있다. 반면 계약체결 이후 甲이 전원주택을 제3자에게 팔아버린 경우와 같이 후발적 불능인 경우, 乙은 甲에 대해 이행이익배상을 요구할 수 있다.

① 乙의 인테리어공사계약에 따른 위약금 ……………………………… 신뢰이익
② 乙의 정원수 구입대금 ………………………………………………… 신뢰이익
③ 계약체결을 위해 지출한 乙의 교통비와 통신비 …………………… 신뢰이익
④ 乙의 전매차익 1억 원 ………………………………………………… 이행이익

3. 손해배상의 원칙과 당사자

제394조 (손해배상의 방법) 다른 의사표시가 없으면 손해는 금전으로 배상한다.

이미 발생할 손해를 물리적으로 회복한다는 것은 불가능하므로, 손해배상은 발생한 손해를 제거하는 것을 목적으로 하지 않고, 다른 방식으로 보상하는 방식을 취하게 된다. 우리 민법은 채무불이행으로 인한 손해배상의 방법으로 손해를 금전으로 환산하여 배상하는 금전배상원칙을 취하고 있다(제394조). 이러한 금전배상원칙은 불법행위에도 준용된다(제763조).

손해배상을 청구할 수 있는 자는 원칙적으로 채권자, 즉 계약위반에 있어서 위반의 상대방, 불법행위에 있어서 피해자가 된다. 반면 손해배상의무를 부담하는 자는 계약위반을 한 자와 불법행위의 가해자와 같은 채무자가 되는 것이 원칙이다.

II. 손해배상의 범위와 산정

[사례 20] 乙은 전원주택을 짓기 위해서 甲 소유의 토지를 1억 원에 구입하기로 하는 계약을 체결하고, 매매대금을 지급한 뒤 토지의 소유권이전등기를 경료하였다. 매매계약 당시 甲은 乙이 토지를 매수하는 즉시 전원주택공사를 시작하리라는 사실을 들어 알고 있었다. 乙이 토지를 인도받아 전원주택공사가 거의 끝나갈 무렵, 토지의 진정한 소유자임을 주장하는 丙이 나타나 乙을 상대로, 乙 명의의 소유권이전등기를 말소해줄 것을 요구함과 아울러 현재 건축 중인 건물의 철거를 요구하는 소송을 제기하였다. 이에 乙이 사실을 확인해본 결과 해당 토지는 원래 甲의 사촌 형인 丙 소유였는데, 甲이 등기서류를 위조하여 자신 앞으로 경료하고, 이를 乙에게 매도한 것임이 밝혀졌다. 이후 乙은 甲에 대하여 소유권이전불능과 건물철거에 대한 손해배상을 요구하였는데, 이러한 손해배상청구는 인정될 수 있겠는가?
☞ 해 설: 사안에서 甲의 乙에 대한 토지인도채무는 이행불능이 되었고, 이에 乙은 甲에 대하여 계약해제나 손해배상을 청구할 수 있다(권리하자담보책임도 적용가능). 이때 乙이 甲에 대하여 청구하는 손해배상의 내용 중 토지의 소유권이전불능으로 인한 손해는 통상손해로서 배상된다(제393조 1항). 반면 건물철거에 따른 손해는 특별손해로서, 채무자 甲에게 예견가능성이 있는 경우에만 배상이 된다(제393조 2항). 다만 특별한 사정에 대한 예견가능성의 판단시점에 대해서 판례(책임원인시설)와 학설이 대립하나, 사안에서 甲은 乙이 전원주택을 지을 것을 계약체결 전부터 알고 있었으므로, 예견가능성이 있어 특별손해인 건물철거에 따른 손해도 배상해야 한다.

1. 손해배상의 범위

제393조 (손해배상의 범위) ① 채무불이행으로 인한 손해배상은 통상의 손해를 그 한도로 한다.
② 특별한 사정으로 인한 손해는 채무자가 그 사정을 알았거나 알 수 있었을 때에 한하여 배상의 책임이 있다.

(1) 손해배상범위의 확정

손해란 그 특성상 무한히 연속되는 특성이 있으므로, 채무불이행과 관련 있는 손해로서 배상되어야할 손해와 채무불이행과 법적으로 관련이 없어 배상되지 않는 손해를 구분하여 손해배상의 범위를 확정해야 한다. 이러한 손해배상의 범위에 대해서 통설과 판례는 손해 중에서 사고(채무불이행이나 불법행위)와 법적으로 유의미한 인과관계 있는 손해만이 배상된다고 보고 있다. 따라서 우리 통설과 판례는 손해의 발생은 물론이고 손해배상의 범위도 인과관계를 가지고 판단하고 있다(반대 견해 있음).

(2) 민법 제393조와 상당인과관계설

민법은 손해배상의 범위와 관련한 제393조에서 손해를 통상손해(제1항)와 특별손해(제2항)로 구분하여, 통상손해("통상의 손해")는 언제든지 배상을 하며, 특별손해("특별한 사정으로 인한 손해")는 채무자에게 예견가능성("그 사정을 알았거나 알 수 있었을 때")이 있는 경우에 배상하도록 하고 있다. 그리고 통설과 판례는 채무불이행과 손해 간의 인과관계의 판단에 있어서 상당인과관계설[29]을 취하고 있는데, 이는 채무불이행이라는 원인사실이 통상 그러한 손

---

29) 이외에도 위험성관련설과 규범목적설이 있다. 위험성관련설은 손해를 1차손해와 후속손해로 구분하여, 양 손해 사이의 위험성을 평가함으로써 손해배상의 범위를 확정하고자 하는 학설이다. 이에 따르면 채무불이행으로 인해 직접 야기된 1차손해는 제390조에 따라서 배상되며(책임설정적 인과관계), 1차손해를 기점으로 연속되는 후속손해 중에서 1차손해와 위험성관련이 있는 손해는 제393조 1항에 따라서 배상되며(책임충족적 인과관계), 1차손해와 위험성관련이 없는 손해 중에서 채무자에게 예견가능성이 있는 손해는 제393조 2항에 따라서 배상된다. 결과적으로 이 견해에 따르게 되면, 제393조는 후속손해에 대한 손해배상의 범위를 정한 것으로 그 적용범위가 제한된다. 다음으로 규범목적설은 손해배상의 범위를 획정함에 있어서 규범의 보호목적을 고려하는 것으로서, 이 학설은 불법행위에 있어서 손해배상책임의 귀속범위를 제한하기 위하여 고안된 것으로서 발생한 법익침해가 규범의 보호목적 안에 포함되느냐에 따라서 배상여부를 결정하려는 이론이다.

해를 발생시키는 것이라면, 즉 채무불이행과 손해가 상당(相當)한 관계에 있으면 인과관계가 있는 것으로 본다. 이러한 상당인과관계설을 손해배상의 범위에 관한 제393조와 연결시켜 보면, 제393조 1항의 통상손해는 원인(계약위반 내지 가해행위)과 상당한 관계 있는 손해로서 언제나 배상되는 것이지만, 제393조 2항의 특별손해는 원인과 상당한 관계가 없는 것으로서 배상되지 않은 손해지만 예외적으로 채무자의 특별한 사정에 대한 예견가능성이 있는 경우에만 배상하게 된다(통설·판례). 이러한 사정은 채권자가 증명해야 하고, 판단시점은 채권성립시가 아니라 채무불이행시점이 된다(다수설·판례).

<계약위반 : 매도인 甲과 매수인 乙이 중고화물차를 1000만 원에 사고파는 계약을 체결하였으나, 매도인 甲의 과실로 화물차가 멸실되었다>

① 자동차의 교환가격 ··· 통상손해
② 乙이 다른 출처로부터 자동차를 구입하면서 추가로 든 비용 ············· 통상손해
③ 乙이 다른 화물차를 1개월 동안 빌려 사용하여 든 임대비용 ············ 통상손해
④ 乙이 1500만 원에 丙에게 되팔기로 하였던 경우 전매차익 ············ 특별손해
⑤ 乙이 중고화물차를 이용해서 벌수 있었던 화물운임비 ················· 특별손해[30]
⑥ 乙이 화물차에 특수시설을 하기 위하여 체결한 계약의 위약금 ········· 특별손해

<불법행위 : 운전자 甲이 졸음운전을 하여 행인 乙(직장인)을 치여 사망하게 하였다>

① 乙의 치료비와 장래비용 ··· 통상손해
② 乙의 직장수입의 상실(일실수익) ··· 통상손해
③ 乙의 위자료[31] ··· 통상손해
④ 乙의 사망으로 회사업무 결손으로 인한 손해 ······························ 특별손해

[판례 39] 토지매매계약에서 건물철거로 인한 손해(대판 1992. 8. 14, 92다2028)
[1] 토지 매도인의 소유권이전등기의무가 이행불능상태에 이른 경우, 매도인이 매수인에게 배상하여야 할 통상의 손해배상액은 그 토지의 채무불이행 당시의 교환가격이나, 만약 그 매도인이 매매 당시 매수인이 이를 매수하여 그 위에 건물을 신축할 것이라는 사정을 이미 알고 있었고 매도인의 채무불이행으로 인하여 매수인이 신축한 건물이 철거될 운명에 이르렀다면, 그 손해는 적어도 특별한 사정으로 인한 것이고, 나아가 매도인은 이러한 사정을 알고

---

30) 중고화물차가 영업용으로 이용거래된될 경우에는 통상손해가 될 수 있다.
31) 재산상 손해가 발생한 경우에는 위자료를 특별손해로 본다(판례).

있었으므로 위 손해를 배상할 의무가 있다.
[2] 위 '[1]'항의 경우에 있어 매수인이 신축한 건물의 철거를 명한 판결이 확정된 이상 가사 위 건물의 철거로 인한 손해배상청구소송의 사실심변론종결일까지 건물이 철거되지 아니하였다 하여도 그 손해는 이미 확정되어 있다고 보아야 한다.
[3] 위 '[1]'항의 경우에 있어 매수인이 위 건물의 철거를 면하기 위하여 같은 토지를 재차 매수하였다면, 건물의 철거를 명한 판결이 확정됨으로써 확정적으로 입은 이 부분 손해는, 위 판결이 확정된 당시 건물의 교환가격 상당액을 초과하지 아니하는 금액으로서, 토지의 재차 매수대금과 그 시가의 차액으로 봄이 상당하다.

[판례 40] 소유권이전등기의 지체에 따른 손해(대판 2008. 12. 24, 2006다25745)
분양자의 수분양자에 대한 소유권이전등기절차의 이행이 장기간 지연된 경우, 수분양자에게는 그 재산권을 완전히 행사하지 못하는 손해가 발생하였다고 할 것이고, 주위 부동산들의 거래상황 등에 비추어 볼 때 등기절차가 이행되지 않음으로써 수분양자 등이 활용기회의 상실 등의 손해를 입었을 개연성이 인정된다면, 등기절차 지연으로 인한 통상손해가 발생하였다고 할 것이며, 이 손해가 특별한 사정으로 인한 손해라고 하더라도 예견가능성이 있다고 할 것이다.

[판례 41] 영업이익상실에 따른 손해(대판 1992. 4. 28, 91다29972)
[1] 캐나다 회사가 면제품을 캐나다에서 판매하기 위하여 이를 수입한 점과, 그 밖에 당사자 사이의 매매계약의 체결과정, 계약의 내용 및 목적물 등에 비추어 보면 매도인도 위 회사가 그와 같은 목적으로 면제품을 수입한다는 사정을 알고 있었다고 보기에 어렵지 아니하므로 특별한 사정이 없는 한 매도인은 자기의 채무불이행이 있으면 위 회사가 면제품 판매로 인하여 얻을 수 있었을 이익을 얻지 못하게 된다는 사정도 알았거나 알 수 있었다.
[2] 위 "[1]"항의 경우 매도인이 판매이익 상당의 손해배상책임을 지기 위하여 매수인이 매매목적물을 판매하면 확실히 이익을 얻을 수 있을 것이라고 믿거나 또는 매수인이 얻었을 이익의 액수까지 알았어야 하는 것은 아니며, 다만 매수인이 얻을 수 있었을 이익이 통상적인 방법으로 얻을 수 없는 과다한 것인 경우에는 매도인의 손해배상책임이 통상적인 이익의 범위로 한정될 뿐이다.
[3] 계약의 일방 당사자가 상대방의 이행을 믿고 지출한 비용도 그러한 지출사실을 상대방이 알았거나 알 수 있었고 또 그것이 통상적인 지출비용의 범위 내에 속한다면 그에 대하여 이행이익의 한도 내에서는 배상을 청구할 수 있으며 다만 이러한 비용 상당의 손해를 일실이익 상당의 손해와 같이 청구하는 경우에는 중복배상을 방지하기 위하여 일실이익은 제반 비용을 공제한 순이익에 한정된다고 보아야 한다.

[판례 42] 임대차에서 이행불능의 경우 손해배상(대판 2006. 1. 27, 2005다16591,16607)
임대인의 방해행위로 임차인의 임대차 목적물에 대한 임차권에 기한 사용·수익이 사회통념상 불가능하게 됨으로써 임대인의 귀책사유에 의하여 임대인으로서의 의무가 이행불능되어 임대차계약이 종료되었다고 하는 경우에도, 임대인이나 제3자의 귀책사유로 그 임대차계약의 목적물이 멸실되어 임대인의 이행불능 등으로 임대차계약이 종료되는 경우와 마찬가지로, 임차인으로서는 임대인에 대하여 그 임대차보증금 반환청구권을 행사할 수 있고 그 이후의 차임 지급의무를 면하는 한편 다른 특별한 사정이 없는 한 그 임대차 목적물을 대신할 다른 목적물을 마련하기

위하여 합리적으로 필요한 기간 동안 그 목적물을 이용하여 영업을 계속하였더라면 얻을 수 있었던 이익, 즉 휴업손해를 그에 대한 증명이 가능한 한 통상의 손해로서 배상을 받을 수 있을 뿐이며(그 밖에 다른 대체 건물로 이전하는 데에 필요한 부동산중개료, 이사비용 등은 별론으로 한다.), 더 나아가 장래 그 목적물의 임대차기간 만료시까지 계속해서 그 목적물을 사용·수익할 수 없음으로 인한 일실수입 손해는 이를 별도의 손해로서 그 배상을 청구할 수 없다.

[판례 43] 수리불능의 경우 손해배상(대판 1994. 10. 14, 94다3964)
임대차목적물인 건물이 훼손된 경우에 그 수리가 불가능하다면 훼손 당시의 건물의 교환가치가 통상의 손해일 것이고<물리적 수리불능>, 수리가 가능한 경우에는 그 수리비가 통상의 손해일 것이나 그것이 건물의 교환가치를 넘는 경우에는 형평의 원칙상 그 손해액은 그 건물의 교환가치 범위 내로 제한되어야 한다<경제적 수리불능>.

2. 손해배상의 산정

[사례 21] 2018년 5월 10일에 매도인 甲은 자신의 아파트를 乙과 2억 원에 매매하기로 계약을 체결하였음에도 아직 등기를 넘겨주지 않은 것을 이용하여, 2018년 8월 15일에 丙에게 매도한 뒤 소유권이전등기를 경료하여 주었다(당시 아파트의 시가 : 2억 3천만 원). 이 사실을 알게 된 乙이 2018년 11월 2일에 甲에 대하여 손해배상을 요구하였으나 甲은 이에 응하지 않았다. 이후 乙이 甲에 대하여 손해배상을 내용으로 하는 소송을 제기하였고, 1심에서 원고 乙의 승소판결이 났으며 이에 甲은 항소하지 않았다(사실심변론종결시점 : 2019년 9월 27일). 그런데 그 동안 아파트의 가격이 상승하여 2019년 9월 27일에는 3억 원에 이르렀다. 이때 乙의 손해배상액은 언제를 기준으로 하여 정해지는가?
☞ 해 설 : 매도인 甲은 乙과의 계약 이후에 아파트를 丙에게 매도함으로써 甲의 채무는 이행불능이 되었고, 이에 따라 甲은 乙에 대하여 손해배상책임을 지게 된다. 이때 甲이 乙에 대해 부담하는 손해배상액은 이행불능 당시를 기준으로 하게 되면 2억 3천만 원(2018년 8월 15일)이 되지만, 실제 손해배상을 하는 시기인 사실심변론종결시점에는 3억 원(2091년 9월 27일)이 된다. 다수의 학설은 甲이 乙에게 사실심변론종결시 아파트의 시가인 3억 원을 배상해야 한다고 보지만, 판례는 손해배상책임이 발생한 시기, 즉 이행불능 당시의 아파트의 시가인 2억 3천만 원을 배상해야 한다고 본다.

(1) 손해배상액의 산정

금전적인 손해가 아닌 경우에 당해 손해를 금전적으로 평가할 필요가 있는데, 통상 이행지체의 경우 지체된 기간동안의 목적물의 사용료 내지 임차료가 손해가 되며, 이행불능의 경우에도 불능 당시 목적물의 시가(市價)가 손해배상액이 된다. 반면 불완전이행의 경우로서 하자 있는 물건이 인도된 경우라면, 하자 없는 물건과 하자 있는 물건 간의 가치차이가 손해배상액(통상 수리비)이 된다.

(2) 손해배상액의 산정시기

채무자의 불이행으로 인한 채권자의 손해는 시간의 경과에 따라 달라질 수 있다. 즉, 계약체결 이후 채무불이행시부터 실제 채무자가 손해를 배상하는 시점 사이에 어느 시점을 기준으로 배상액을 산정할지에 따라서 손해배상액이 달라질 수 있다. 이에 대해서 사실심변론종결시설과 책임원인발생시설이 대립한다. 이 중 다수설인 사실심변론종결시설은 책임원인발생시점과 변론종결시점 간의 가격변동을 통상손해로 보는 반면, 책임원인발생시설은 그러한 가격변동을 특별손해로 보게 된다. 판례는 책임원인발생시설을 취하고 있는데, 이행불능의 경우에는 '이행불능 시점'을, 이행지체 시에는 '최고 후 상당기간의 경과시점'을 손해배상액의 산정시기로 본다.

[판례 44] 이행불능과 손해배상액산정시기(대판 1993. 5. 27, 92다20163)
매매계약의 이행불능으로 인한 전보배상책임의 범위는 이행불능 당시의 매매목적물의 시가에 의하여야 하고 그와 같은 시가 상당액이 곧 통상의 손해라 할 것이고, 그 후 시가의 등귀는 채무자가 알거나 알 수 있었을 경우에 한하여 이를 특별사정으로 인한 손해로 보아 그 배상을 청구할 수 있는 것이므로 이행불능 당시의 시가가 계약 당시의 그것보다 현저하게 앙등되었다 할지라도 그 가격을 이른바 특별사정으로 인한 손해라고 볼 수 없다.

[판례 45] 이행지체의 경우 손해배상산정시기(대판 1997. 12. 26, 97다24542)
이행지체에 의한 전보배상 청구에 있어서는 다른 특별한 사정이 없는 한, 채권자는 채무자에게 상당한 기간을 정하여 그 본래의 의무 이행을 최고하고 그 이행이 없는 경우에 그 본래 의무의 이행에 대신하는 전보배상을 청구할 수 있고, 그 전보배상에 있어서의 손해액 산정의 표준시기는 원칙적으로 최고하였던 '상당한 기간'이 경과한 당시의 시가에 의하여야 한다.

[판례 46] 이행거절시 손해배상액의 산정시기(대판 2007. 9. 20, 2005다63337)
이행지체에 의한 전보배상에 있어서의 손해액 산정은 본래의 의무이행을 최고한 후 상당한 기간이 경과한 당시의 시가를 표준으로 하고, 이행불능으로 인한 전보배상액은 이행불능 당시의 시가 상당액을 표준으로 할 것인바, 채무자의 이행거절로 인한 채무불이행에서의 손해액 산정은, 채무자가 이행거절의 의사를 명백히 표시하여 최고 없이 계약의 해제나 손해배상을 청구할 수 있는 경우에는 이행거절 당시의 급부목적물의 시가를 표준으로 해야 한다.

3. 과실상계와 손해배상자의 대위

제396조 (과실상계) 채무불이행에 관하여 채권자에게 과실이 있는 때에는 법원은 손해배상의 책임 및 그 금액을 정함에 이를 참작하여야 한다.

제399조 (손해배상자의 대위) 채권자가 그 채권의 목적인 물건 또는 권리의 가액전부를 손해배상으로 받은 때에는 채무자는 그 물건 또는 권리에 관하여 당연히 채권자를 대위한다.

채무불이행이 오로지 채무자의 귀책사유로 인한 것이라면, 그에 따른 손해 전부를 채권자가 배상받을 수 있게 된다. 하지만 일정한 경우 채무불이행에 채무자의 귀책사유에 더해 채권자의 고의·과실이 원인이 된 경우가 있다. 따라서 이와 같이 채무불이행에 채권자의 고의·과실이 기여한 경우 이를 손해배상에서 고려할 필요가 있는데, 이를 과실상계(過失相計)라고 한다. 채무불이행으로 인한 손해배상청구소송에 있어서 법원은 채권자의 고의·과실을 손해배상을 인정함에 있어서 고려해야 한다(제396조). 그리고 채무불이행으로 인해 채권자가 채권의 목적이나 권리의 가액 전부를 손해배상으로 받은 경우, 채무자는 그 물건이나 권리에 관하여 채권자를 대위하게 되는데, 이를 손해배상자의 대위라고 한다(제399조). 예를 들어 화물운송업자가 운송 중 화물이 파손되어 그 화물의 가액 전부를 고객에게 배상한 경우, 이때 화물운송업자는 손해배상자로서 파손된 화물의 소유권을 취득하게 된다.

III. 손해배상의 예정

[사례 22] 매도인 甲과 매수인 乙은 3억 원에 아파트매매계약을 체결하면서 계약금 3천만 원은 계약 당일인 3월 1일에 지급하고, 중도금은 1억 7천만 원으로 5월 1일에, 잔금 1억 원은 6월 15일에 지급하기로 합의하였다. 이후 乙이 중도금까지는 약속한 시기에 지급하였으나 잔금기일을 어겼다. 이에 매수인 乙이 甲에게 잔금지급기일을 7월 15일로 연기해줄 것을 요청하면서, 만약 7월 15일까지 잔금을 지급하지 못하는 경우 매매계약은 해제됨과 아울러 이미 乙이 지급한 계약금과 중도금은 甲이 반환하지 않는다고 약정하였다. 이후 7월 15일에도 乙이 잔금을 지급하지 못하자 甲은 자신이 이미 수령한 2억 원을 반환하지 않겠다고 하였다. 이때 乙이 취할 수 있는 조치는?
☞ 해 설 : 甲과 乙 간에 손해발생 이전에 합의로서 손해배상예정이 존재한다. 즉, 乙이 이미 지급한 2억 원(계약금과 중도금)은 당사자 간의 합의에 의한 손해배상예정에 따라 乙의 채무불

이행(7월 15일에 잔금 미지급)으로 인해 甲에게 귀속된다. 다만 위 금액은 계약관계에 비추어 손해배상예정으로서 과다한 액수라고 볼 수 있다. 따라서 이때 매수인 乙은 법원에 그에 대한 감액을 청구할 수 있다(제398조 2항). 또한 법원은 乙의 청구가 없더라도 직권으로 감액할 수도 있다.

[사례 23] 甲은 물류창고를 짓고 영업을 하고자 하는 乙에게 경기도 용인시에 소재한 자신 소유의 토지를 10억 원에 파는 계약을 체결하고, 계약금으로 1억 원을 지급받았으며, 甲이 계약을 위반할 때에는 계약금의 배액을 乙에게 배상하고, 乙이 계약을 위반할 경우 계약금 1억 원을 위약금으로 甲이 취득하며 반환하지 않는다고 약정하였다. 이후 乙은 물류창고의 공사를 시작하였으나 약속한 시기에 잔금을 지급하지 않았다. 이에 甲은 토지매매계약을 해제하고 물류창고건물철거 및 대지인도소송을 제기하여 승소하였으며, 이미 지급받은 1억 원을 위약금으로 자신이 취득하며, 추가로 물류창고건물이 철거되는 동안(3개월)의 토지차임액인 1,500만 원을 乙에게 청구하였다. 이러한 甲의 청구에 대하여 乙은 토지차임인 1,500만 원은 1억 원의 위약금에 포함된 것이므로, 이를 지급할 수 없다고 한다. 누구의 주장이 타당한가?

☞ 해 설 : 甲과 乙 간의 계약금 1억 원은 해약금으로 추정되지만, 당사자 간의 합의로서 손해배상예정으로서의 성격을 가진다. 따라서 1억 원은 甲과 乙사이의 채무불이행에 대한 손해배상예정으로 볼 수 있으므로, 위 사안에서 乙의 채무불이행으로 인한 손해는 1억 원으로 한정된다. 그러나 1억 원을 위약금으로 볼 수 있다고 하더라도, 이때 손해배상예정은 채무불이행을 대상으로 한 것이지 그 밖의 근거에 기한 배상(불법행위나 부당이득반환)에 대한 예정으로는 볼 수 없다. 위 사안에서 甲이 1억 원 이외에 요구하는 토지차임상당액 1,500만 원은 乙의 채무불이행으로 인한 것이 아니라 乙의 불법행위(내지 부당이득)로 인한 것으로서, 위약금 1억 원으로 전보되는 것이 아니므로, 추가로 乙이 甲에게 배상해야 한다(대판 1999. 1. 15, 98다48033). 결과적으로 甲의 주장이 타당하다.

제398조 (배상액의 예정) ① 당사자는 채무불이행에 관한 손해배상액을 예정할 수 있다.
② 손해배상의 예정액이 부당히 과다한 경우에는 법원은 적당히 감액할 수 있다.
③ 손해배상액의 예정은 이행의 청구나 계약의 해제에 영향을 미치지 아니한다.
④ 위약금의 약정은 손해배상액의 예정으로 추정한다.
⑤ 당사자가 금전이 아닌 것으로써 손해의 배상에 충당할 것을 예정한 경우에도 전4항의 규정을 준용한다.

1. 의의

(1) 개념

손해배상예정(損害賠償豫定)이란 계약당사자들이 추후에 발생하게 될지 모를 채무불이행을 대비하여 배상액을 미리 합의하는 것을 말한다(제398조 1항). 예를 들어 甲과 乙이 물건납품계약을 체결하면서 물건의 인도가 약속된 시기보다 늦어지는 경우 매도인 甲이 판매대금의 1/2을 乙에게 지급하기로 약정한 경우, 도급인 甲이 수급인 乙과 건축도급계약을 체결하면서 수급인 乙이 약속한 완공시기를 어기는 경우 1주일마다 1천만 원을 甲에게 배상하기로 약정한 경우가 이에 해당한다.

(2) 목적과 기능

계약당사자들이 손해배상예정에 관한 합의를 하는 것은 손해 발생 이후 소송과정에서 손해배상액의 증명에 따른 어려움을 미리 대비하기 위한 목적으로 흔히 행해진다. 아울러 손해배상예정을 통해서 장래 손해배상과 관련한 분쟁의 가능성을 줄일 수 있을 뿐만 아니라, 채무자에게 심리적인 부담을 주어 그의 성실한 채무이행을 촉구하는 기능을 한다.

(3) 법적 성질과 법률상 제한

손해배상예정은 본계약과 더불어 체결되는 종된(부수적) 계약이며, 채무불이행을 조건으로 하는 조건부계약에 해당한다. 그리고 손해배상예정은 계약당사자들이 자유롭게 체결할 수 있는 것이 원칙이지만, 법률의 규정에 따라 제한될 수도 있다. 대표적으로 근로기준법은 위약예정을 금지하고 있고(동법 제20조), 약관규제법은 고객에게 부당하게 과중한 손해배상예정을 무효로 하고 있으며(동법 제8조), 손해배상이 당사자 일방에게 지나치게 부당한 경우라면 민법상 반사회적 법률행위(제103조)나 불공정한 법률행위(제104조)로서 무효가 될 수도 있다.

2. 손해배상의 합의와 구별

손해배상예정은 당사자들이 실제 손해가 발생하기 전에 (사전)합의를 한다는 점에서 손해가 발생한 후에 당사자들이 손해배상에 대하여 합의를 하는 손해배상의 합의와는 구분된다. 특히 사후적인 손해배상의 합의의 대표적인 경우가 바로 화해계약인데, 매도인 甲이 자동차를 인도할 수 없게 되자 매수인

乙과 손해배상과 관련하여 다툼이 있었고, 이에 甲과 乙이 손해배상액을 300만원으로 합의한 경우, 술집에서 시비 끝에 甲이 乙에게 폭행을 가하여 乙의 치아 2개가 탈락하는 손상을 입었고, 이에 대하여 甲과 乙이 손해배상액을 300만원으로 합의한 경우가 이에 해당한다.

3. 손해배상예정의 효과

채무자의 채무불이행이 있는 경우 예정된 금액이 당사자 간에 손해배상액이 된다. 실제 손해발생액이 예정액보다 적거나 많더라도 원칙적으로 예정배상액이 손해배상액이 된다. 그리고 채권자는 채무자의 채무불이행 사실을 증명함으로써 예정배상액을 청구할 수 있다. 다만 손해배상예정의 경우에도 채무불이행을 전제로 하는 것이므로, 채무자는 자신에게 귀책사유가 없다는 점(예: 불가항력으로 인한 손해발생)을 들어 책임(예정배상액)을 면할 수 있다(대판 2007. 12. 27, 2006다9408).

예정배상액이 부당하게 과다한 경우 채무자의 청구 없이도 법원은 감액을 할 수 있다(직권감액: 제398조 2항). 반면 예정배상액이 부당하게 과소하더라도 법원이 이를 직권으로 증액할 수 없다(다수설). 그리고 손해배상예정은 이행청구나 계약해제에는 영향을 미치지 않는다(제398조 3항).

[판례 47] 손해배상예정과 불법행위(대판 1999. 1. 15, 98다48033)
[1] 계약 당시 당사자 사이에 손해배상액을 예정하는 내용의 약정이 있는 경우에는 그것은 계약상의 채무불이행으로 인한 손해액에 관한 것이고 이를 그 계약과 관련된 불법행위상의 손해까지 예정한 것이라고는 볼 수 없다.
[2] 토지매매계약이 매수인의 잔대금지급채무의 불이행을 이유로 해제된 다음 매도인이 매수인 등을 상대로 위 토지 상의 건물철거 및 대지인도의 소를 제기하여 승소판결을 받고 그 판결이 확정되었음에도 매수인 등이 이를 이행하지 아니하여 매도인이 위 토지를 사용·수익하지 못하게 됨으로써 입은 차임 상당의 손해는 위 매매계약이 해제된 후의 별도의 불법행위를 원인으로 하는 것으로서 계약 당시 수수된 손해배상예정액으로 전보되는 것이 아니다.

[판례 48] 하자보수보증금의 법적성질(대판 2002. 7. 12, 2000다17810)
공사도급계약서 또는 그 계약내용에 편입된 약관에 수급인이 하자담보책임 기간 중 도급인으로부터 하자보수요구를 받고 이에 불응한 경우 하자보수보증금은 도급인에게 귀속한다는 조항이 있을 때, 이 하자보수보증금은 특별한 사정이 없는 한 손해배상액의 예정으로 볼 것이지만, 하자보수보증금의 특성상 실손해가 하자보수보증금을 초과하는 경우에는 그 초과액의 손해배

상을 구할 수 있다는 명시규정이 없다고 하더라도 도급인은 수급인의 하자보수의무 불이행을 이유로 하자보수보증금의 몰취 외에 그 실손해액을 입증하여 수급인으로부터 그 초과액 상당의 손해배상을 받을 수도 있는 특수한 손해배상액의 예정으로 봄이 상당하다.

4. 위약금약정

계약당사자 간에 채무불이행에 대비해서 일정한 금원을 지급하기로 하는 것이 위약금(違約金)의 약정인데, 위약금약정은 당사자의 의사에 따라서 채무불이행에 따른 벌칙으로서 위약벌일수도 있고, 채무불이행으로 인한 손해배상의 사전합의인 손해배상예정일수도 있다. 다만 위약금약정은 손해배상예정으로 추정되므로(제398조 4항), 위약벌임은 이를 주장하는 자(주로 채권자)가 증명해야 한다. 그리고 위약벌에 대해서는 법원이 직권으로 감액할 수도 없으며, 다만 공서양속위반으로 무효가 될 수 있다고 보는 것이 판례의 입장이다.

위약금이 어떤 성격을 가지는지는 당사자가 어떤 의도에서 배상합의를 하였는지에 따라서 결정되는 것으로서 종국적으로 당사자의 의사해석의 문제이다. 위약금이 위약벌인 경우에는 채무자의 채무불이행시에 채권자의 손해유무와 상관없이 지급해야 하는 것으로서 이와 더불어 별도의 손해배상을 청구할 수 있다는 점에서 손해배상예정과 다르다. 따라서 당사자의 합의를 고려할 때, 약정한 금액을 지급하고 별도로 손해배상도 청구가 가능한 것으로 의도한 것으로 볼 수 있다면 그러한 합의는 위약벌약정이 될 것이고, 반대로 약정한 금액만으로 당사자의 관계를 정리하는 것으로 볼 수 있다면 그러한 합의는 손해배상예정으로 보아야 할 것이다. 예를 들어 실제 계약금액과 손해배상액에 비하여 극히 적은 금액을 지급하기로 한 경우라면, 다른 특별한 사정이 없는 이상 위약벌로 볼 가능성이 높다.

[판례 49] 토지분양계약에서의 위약금약정의 성격(대판 1999. 3. 26, 98다33260)
토지분양계약이 해제되었을 때에는 수분양자가 지급한 계약보증금이 분양자에게 귀속될 뿐만 아니라, 수분양자는 계약 해제로 인하여 분양자가 입은 손해에 대하여도 배상의무를 면하지 못하는 것으로 약정한 경우, 위 계약보증금의 몰취는 계약 해제로 인한 손해배상과는 별도의 성격을 가지는 것이라 할 것이고, 따라서 위 계약보증금 몰취 규정을 단순히 통상 매매계약에 있어서의 손해배상의 예정으로 보기는 어려우며, 수분양자가 계약 위반시 분양자에게 손해배상책임을 지는 것과는 별도로 이를 분양자에게 귀속시킴으로써 수분양자에게 제재를 가함과

동시에 수분양자의 계약이행을 간접적으로 강제하는 작용을 하는 이른바 위약벌의 성질을 가진 것이라고 봄이 상당하다.

[판례 50] 위약금과 위약벌의 구분(대판 2016. 7. 14. 선고 2012다65973)
[1] 위약금은 민법 제398조 제4항에 의하여 손해배상액의 예정으로 추정되므로, 위약금이 위약벌로 해석되기 위해서는 특별한 사정이 주장·증명되어야 하며, 계약을 체결할 당시 위약금과 관련하여 사용하고 있는 명칭이나 문구뿐만 아니라 계약 당사자의 경제적 지위, 계약 체결의 경위와 내용, 위약금 약정을 하게 된 경위와 교섭과정, 당사자가 위약금을 약정한 주된 목적, 위약금을 통해 이행을 담보하려는 의무의 성격, 채무불이행이 발생한 경우에 위약금 이외에 별도로 손해배상을 청구할 수 있는지 여부, 위약금액의 규모나 전체 채무액에 대한 위약금액의 비율, 채무불이행으로 인하여 발생할 것으로 예상되는 손해액의 크기, 당시의 거래관행 등 여러 사정을 종합적으로 고려하여 위약금의 법적 성질을 합리적으로 판단하여야 한다.
[2] 기업인수를 위한 주식 매매와 관련하여 매수인들을 대리한 갑 주식회사와 매도인들을 대리한 을 은행이 양해각서를 체결하면서 '매수인들의 책임 있는 사유로 양해각서가 해제되는 경우 매수인들이 기납부한 이행보증금 및 그 발생이자는 위약벌로 매도인들에게 귀속된다'는 조항을 둔 사안에서, 위 조항을 양해각서의 다른 조항들과 함께 살펴보면 매수인들의 귀책사유로 양해각서가 해제됨으로써 발생하게 될 모든 금전적인 문제를 오로지 이행보증금의 몰취로 해결하고 기타의 손해배상이나 원상회복청구는 명시적으로 배제하여 매도인들에게 손해가 발생하더라도 매도인들은 이에 대한 손해배상청구를 할 수 없도록 한 것인 점, 당사자들이 진정으로 의도하였던 바는 이행보증금을 통하여 최종계약 체결을 강제하는 한편 향후 발생할 수 있는 손해배상의 문제도 함께 해결하고자 하였던 것으로 보이는 점 등을 종합하면, 이행보증금은 손해배상액의 예정으로서의 성질을 가진다.

[판례 51] 도급계약에서 위약금(대판 1996. 4. 26, 95다11436)
도급계약에서 계약이행 보증금과 지체상금의 약정이 있는 경우, 특별한 사정이 없는 한 계약이행 보증금은 위약벌 또는 제재금의 성질을 가지고, 지체상금은 손해배상의 예정으로 봄이 상당하다.

[판례 52] 하도급계약에서 계약보증금의 법적 성격(대판 2001. 1. 19, 2000다42632)
<판결요지> [1] 도급계약서 및 그 계약내용에 편입된 약관에 수급인의 귀책사유로 인하여 계약이 해제된 경우에는 계약보증금이 도급인에게 귀속한다는 조항이 있을 때 이 계약보증금이 손해배상액의 예정인지 위약벌인지는 도급계약서 및 위 약관 등을 종합하여 구체적 사건에서 개별적으로 결정할 의사해석의 문제이고, 위약금은 민법 제398조 제4항에 의하여 손해배상액의 예정으로 추정되므로, 위약금이 위약벌로 해석되기 위하여는 특별한 사정이 주장·입증되어야 한다.
[2] 하도급계약에서 하수급인의 귀책사유로 계약이 해제 또는 해지될 경우 그로 인하여 하도급인이 입은 손해 중 계약보증금 범위 내의 손해는 계약보증금의 몰취로써 그 배상에 갈음하고 이를 초과하는 손해가 있으면 그에 대하여 하수급인이 손해배상책임을 진다는 약정이 있는 경우, 계약보증금은 손해배상액의 예정으로서의 성질을 가지되, 다만 하수급인이 배상할 손해액이 이를 초과하는 경우에는 단순한 손해담보로서의 성질을 갖는다고 보아야 할 것이므로,

하도급계약서에 계약보증금 외에 지체상금이 규정되어 있다고 하더라도 그 계약보증금을 위약벌로 보기는 어렵다.

<판례해설> 하도급계약에서 계약보증금몰취약정이 있고, 초과손해에 대한 배상(지체상금)에 대한 별도의 약정이 있는 경우, 계약보증금은 위약벌로, 지체상금은 손해배상예정으로 해석되는 것이 일반적이라고 할 수 있다. 이렇게 이해되면 하도급인은 계약보증금을 위약벌로 취득하고, 그 밖의 손해에 대해서는 별도의 손해배상을 청구하거나 손해배상예정액을 청구할 수 있을 것이다. 그러나 이렇게 이해하는 경우 경제적인 약자인 하수급인의 지위가 부당하게 불리할 수 있다는 점에 착안하여, 본 판결은 계약보증금과 지체상금이 별도로 존재하더라도 계약보증금을 위약벌로 보지 않고 손해담보로서 이해하여, 하도급인의 손해가 계약보증금을 초과하는 경우 초과분만의 청구를 인정한 판결이다.

5. 계약금약정과 손해배상예정

계약을 체결할 때에 당사자 사이에서 수수되는 금전 기타 유가물을 계약금이라고 하는데, 계약금은 통상 해약금(解約金)으로 추정된다(제565조 1항). 즉, 계약금을 수수한 경우 계약금을 교부한 자는 이를 포기하고, 수령한 자는 배액을 상환함으로써 상대방이 이행에 착수할 때까지 계약을 해제할 수 있다. 계약금약정과 더불어 당사자들 간에 일방이 계약을 위반하였을 때에 계약금을 위약금으로 한다는 약정이 있는 경우, 계약금은 해약금은 물론이고 손해배상예정으로서의 성격을 가질 수 있다.

[판례 53] 계약금몰취약정(대판 1996. 10. 25, 95다33726)
"대금불입 불이행시 계약은 자동 무효가 되고 이미 불입된 금액은 일체 반환하지 않는다."고 되어 있는 매매계약에 기하여 계약금이 지급되었으나, 매수인이 중도금을 지급기일에 지급하지 아니한 채 이미 지급한 계약금 중 과다한 손해배상의 예정으로 감액되어야 할 부분을 제외한 나머지 금액을 포기하고 해약금으로서의 성질에 기하여 계약을 해제한다는 의사표시를 하면서 감액되어야 할 금액에 해당하는 금원의 반환을 구한 경우, 그 계약금은 해약금으로서의 성질과 손해배상 예정으로서의 성질을 겸하고 있고, 매수인의 주장취지에는 매수인의 채무불이행을 이유로 매도인이 몰취한 계약금은 손해배상 예정액으로서는 부당히 과다하므로 감액되어야 하고 그 감액 부분은 부당이득으로서 반환하여야 한다는 취지도 포함되어 있다고 해석함이 상당하며 계약금이 손해배상 예정액으로서 과다하다면 감액 부분은 반환되어야 한다.

Ⅳ. 채권자지체

[사례 24] 乙은 제과점을 운영하는 甲에게 딸기케이크를 주문하였고, 주문한 당일 저녁에 甲이 乙의 집으로 케이크를 직접 배달해주기로 하였다. 甲이 저녁에 케이크를 가지고 乙의 집에 도착하였으나 乙은 부재중이었다. 이에 제과점으로 돌아오던 중에 甲의 경미한 과실로 교통사고가 발생하여 케이크가 못쓰게 되었다. 乙이 집을 비우게 된 것은 아들이 갑자기 아파서 병원 응급실에 가게 되었기 때문이었다. 이때 甲과 乙의 법률관계는?
☞ 해 설 : <법정책임설과 절충설> 채무자 甲은 乙의 집으로 케이크를 배달하였으나 乙이 이를 수령하지 않은 것이다. 이로 인해 케이크가 못쓰게 된 것은 乙의 수령지체로 인한 것이다. 이때 甲이 乙의 주문에 따라 케이크를 완성하였을 때 계약의 목적물은 특정된 것으로 볼 수 있다. 수령지체가 비록 乙의 귀책사유 없이 발생한 것이지만 법정책임설의 경우 이때 乙의 채권자지체를 인정하는데 아무런 문제가 없다(절충설에 따르더라도 결과적으로 같다). 아울러 케이크가 못쓰게 된 것은 채권자지체 중에 발생한 것이고, 이때 甲에게 고의나 중과실이 없으므로 甲은 그에 대한 책임을 지지 않는다(제401조). 결론적으로 甲은 케이크를 다시 제작하여 인도할 필요가 없고, 채권자지체 중의 불능에 관한 제538조 1항 후단이 적용되어 乙에 대해서 케이크의 대금을 청구할 수 있다. <채무불이행설> 사안에서 수령지체에 채권자 乙의 귀책사유가 없는 것으로 본다면, 乙의 채권자지체가 성립하지 않는다. 따라서 甲은 채권자지체에 따른 주의의무경감(제401조)에 해당하지 않아 목적물멸실에 따른 책임(채무불이행책임)을 지게 된다.

1. 의의

제400조 (채권자지체) 채권자가 이행을 받을 수 없거나 받지 아니한 때에는 이행의 제공있는 때로부터 지체책임이 있다.

(1) 개념

채무자가 이행기에 채무내용에 좇은 이행을 하였으나 채권자가 이를 수령하지 않거나 이행에 필요한 협력을 하지 않는 경우를 채권자지체(債權者遲滯)라고 한다. 채무자로서는 자신의 이행을 채권자가 수령해야 이행이 완료가 되고, 그로써 채권관계와 의무로부터 벗어날 수 있다. 따라서 채무자가 성실하게 이행함에도 채권자가 수령을 거절하거나 수령이 불가능한 경우에 공평의 관념에 따라 채무자의 책임은 줄이고, 채권자의 책임은 무겁게 할 필요가 있다. 이런 관점에서 민법은 채권자지체에 관한 제400조 이하 규정을 두고 있다.

(2) 학설대립

채권자지체의 본질에 대해서 학설이 대립한다. 법정책임설은 채권관계상 채권자는 권리만을 가질 뿐 의무를 부담하지 않으므로, 채권자가 급부를 수령하지 않는다고 하여도 이를 채무불이행으로 볼 수 없고, 다만 채권자지체가 있는 경우 공평의 관념에 따라서 제400조 이하에서 채무자의 부담경감을 규정한 것이라고 한다. 이 견해는 채권자의 귀책사유를 채권자지체의 요건으로 보지 않으며, 채권자지체에 관한 제400조 이하 이외에 손해배상이나 계약해제를 인정하지 않는다. 반면 채무불이행설은 채권관계의 협력성에 기해 채권자가 채무자의 급부를 수령할 의무를 진다고 보고, 이를 위반한 것을 채권자지체라고 본다. 따라서 채권자지체에 채권자의 귀책사유가 존재한다면, 채권자지체에 관한 제400조 이하 이외에 채무자에게 손해배상과 계약해제에 관한 권리가 인정될 수 있다고 한다. 그리고 절충설은 원칙적으로 법정책임설을 취하면서도 채권자의 수취의무가 인정되는 경우(예: 매매, 도급, 임치 등)에 한하여 채권자의 귀책사유를 전제로 채무자에게 손해배상이나 계약해제의 권리가 인정된다고 한다.32)

(3) 채권자지체와 급부불능

채권자지체는 채무자의 이행이 가능한 것을 전제로 하는데, 채권자지체(수령불능)인지 아니면 채무자의 이행이 불가능한 급부불능인지 구별하기 어려운 경우들이 존재한다. 이 경우 채권자지체라면 제400조 이하가 적용될 것이고, 급부불능이라면 위험부담으로 해결이 된다는 점에서 양자를 구별할 필요가 있다. 채권자의 일신상·행태상 사유로 급부수령불능이 일시적이라면 채권자지체로, 영구적인 경우라면 급부불능으로 볼 수 있다. 예를 들어 채권자인 피아노교습생이 사고로 손가락을 다치게 된 경우, 사고로 인해 영구적으로 피아노를 칠 수 없는 경우라면 급부불능이 되고, 일시적인 상해로서 치료가능한 것이라면 채권자지체로 해결될 것이다. 다음으로 원료공급의 중단, 수출입금지조치 등의 사유로 사

---

32) 즉, 수취의무가 인정되고, 채권자에게 귀책사유가 있는 경우에는 제401조 이하에 따른 책임과 더불어 손해배상청구권이나 계약해제권이 추가적으로 인정된다. 반면 수취의무가 인정되지만 채권자에게 귀책사유가 없는 경우라면 법정책임설의 경우와 같이 제401조 이하만 적용될 수 있다.

용자가 근로자를 사용할 수 없는 경우와 같이 당사자 이외의 사정으로 인한 경우에 대해서는 당사자 중 어느 측의 지배영역에서 비롯된 것인지에 따라 판단할 수 있다(영역설). 이에 따르면 원료공급중단이나 수출입금지조치은 사용자 측의 지배영역에 해당하여 채권자지체로 해결된다(휴업수당의 지급).33)

2. 요건

채권자지체에 해당하기 위해서는 채무자의 채무내용에 좇은 이행이 있어야 한다. 그리고 채권자가 채무자의 이행의 제공을 수령하지 않거나(수령거절) 또는 채권자가 이행의 제공을 수령할 수 없는 경우(수령불능)여야 한다(제400조)

3. 효과

> 제401조 (채권자지체와 채무자의 책임) 채권자지체 중에는 채무자는 고의 또는 중대한 과실이 없으면 불이행으로 인한 모든 책임이 없다.
> 제402조 (동전) 채권자지체 중에는 이자있는 채권이라도 채무자는 이자를 지급할 의무가 없다.
> 제403조 (채권자지체와 채권자의 책임) 채권자지체로 인하여 그 목적물의 보관 또는 변제의 비용이 증가된 때에는 그 증가액은 채권자의 부담으로 한다.

채권자지체의 경우 채무자의 주의의무가 경감되어 경과실로 인한 불이행에 대해서는 책임을 지지 않는다(제401조). 즉, 채권관계에 기해 채무자는 고의·중과실이 있는 경우는 물론이고 경과실에 대해서도 책임을 지는 것이 원칙이지만, 채권자지체 중에 채무자는 고의 또는 중대한 과실이 있는 경우에만 책임을 지고 경과실로 인한 불이행에 대해서는 책임을 지지 않는다. 그리고 당사자 쌍방의 귀책사유 없이 목적물이 멸실된 경우 채무자는 반대급부를 청구할 수 없는 것이 원칙이지만(채무자위험부담주의), 채권자지체 중에 당사자 쌍방의 귀책사유 없이 목적물이 멸실된 경우에 채무자는 반대급부청구권을 상실하지 않는다(제538조 1항 후단).34)

---

33) 반면 이를 급부불능으로 보게 되면 위험부담이 되어 근로자는 임금을 청구할 수 없게 된다(제536조).

원래 이자를 약정한 금전채무는 변제기를 도과한 경우 채무자는 본래 채무와 더불어 변제기 이후의 이자도 지급해야 한다. 하지만 채권자지체로 인해 금전채무를 다하지 못한 채무자는 채권자지체 중의 이자를 지급할 필요가 없다(제402조). 그리고 채권자지체로 인해 채무자에게 목적물의 보관비용이나 변제비용이 증가한 경우, 그 증가액에 대해서는 채권자가 부담한다(제403조).

---

34) 채권자지체 중에 채무자의 경과실로 목적물이 멸실된 경우에도 채무자가 여전히 반대급부청구권을 가지는지가 문제되나 이 경우 채권자의 수령지체와 불능 사이에 인과관계가 있으므로 제538조 1항 후단이 적용되어 채무자가 반대급부청구권을 가진다고 보는 것이 타당하다.

제7강 책임재산보전제도

Ⅰ. 책임재산보전제도

1. 의의

　채권자의 채권이 실현될지 여부는 채권 실현 당시 채무자의 일반재산, 즉 책임재산의 유무에 달려 있다. 이때 일반재산(一般財産)이란 담보물권 등에 의해서 우선적 권리가 성립하지 않는 채무자의 재산을 말하고, 책임재산(責任財産)은 일반재산 중에서 강제집행을 통해서 채권의 실현에 이바지하는 재산을 말한다. 아무리 다액의 채권을 가지고 있더라도 채무자의 책임재산이 없다면, 청구나 소송을 통해서도 변제되지 못하게 될 것이므로 그러한 채권은 실제적으로 의미가 없는 것이 된다. 그리고 채무자의 책임재산은 그의 재산활동에 따라서 변동될 수 있으므로, 채권의 변제가능성도 시기마다 달라질 수 있다. 따라서 채권의 실현이라는 관점에서 채무자의 책임재산의 증감변동은 채권자에게 매우 중요한 의미가 있다. 하지만 이러한 이유만으로 채권자가 채무자의 재산에 관한 행위에 대해서 간섭하는 것은 원칙적으로 허용되지 않는다. 예를 들어 돈을 빌려준 대주라고 하더라도 나중에 대여금변제를 확보할 목적으로 차주의 소비생활이나 거래행위를 간섭할 수는 없다.

　채권자가 채권을 빌미로 채무자의 재산과 관련한 행위에 부당하게 간섭할 수 없는 것이 원칙이지만, 채무자가 채권의 담보가 되는 책임재산을 유지하기 위한 노력을 게을리하거나 책임재산을 적극적으로 또한 악의적으로 감소시키는 경우까지 그러한 원칙을 적용할 수는 없다. 이런 관점에서 채권자가 일정한 경우 책임재산을 보전하기 위해 채무자의 재산활동에 예외적으로 관여하는 제도가 바로 책임재산보전제도(責任財産保全制度)이다. 채권자를 통한 채무자의 책임재산보전은 예외적인 경우, 즉 채권의 보전이 필요한 경우로서 채무자의 무자력상태를 전제하는 것이나. 왜냐하면 채권자의 보전행위를 통하지 않고서도 채권변제를 위한 채무자의 재산이 충분하다면, 그러한 경우까지 채권자의 채무자에 대한 간섭을 허용해서는 안 되기 때문이다.

2. 종류

책임재산보전제도에는 채권자대위권(제404조)과 채권자취소권(제406조) 두 가지가 있다. 채권자대위권이란 채무자가 자신의 책임재산의 유지 내지 확보를 위하여 권리실현을 게을리하는 경우 채권자가 채무자를 대위(代位)하여 채무자의 권리를 대신 행사함으로써 책임재산을 유지하는 권리를 말한다(제404조). 그리고 채권자취소권이란 채무자가 적극적으로 책임재산을 감소시키는 행위, 즉 사해행위를 하는 경우 채권자가 그 사해행위를 취소시킴으로서 책임재산을 회복하는 권리를 말한다(제406조).

책임재산보전제도는 특정의 채권자를 위한 제도가 아니며, 채권자평등의 원칙에 따라서 모든 채권자에게 이바지하는 제도임에 유의하여야 한다. 따라서 대위권이나 취소권을 행사한 채권자라고 하더라도 회복된 재산에 대한 우선변제가 허용되는 것은 아니다. 다만 특정채권에 대한 채권자대위권 또는 채권자취소권에서 채권자의 대위수령을 통한 상계의 경우와 같이 사실상 대위·취소 채권자가 우선변제 받는 예외가 존재할 수 있다.

II. 채권자대위권

[사례 25] (1) 甲은 乙에 대하여 2천만 원의 금전채권이 있고, 乙은 丙에 대하여 3천만 원의 채권을 가지고 있다. 그런데 乙이 甲에 대한 채무를 변제하고 있지 않다. 이때 甲은 어떤 조치를 취할 수 있는가?
(2) 乙은 甲로부터 토지를 1억 원을 지급하고 매수하였으나, 자신 앞으로 등기를 이전하지 않은 상태에서 토지를 丙에게 매도하고 매매대금 1억 2천만 원을 수령하였다. 이에 丙은 乙에게 토지의 소유권이전등기를 해줄 것을 요구하였으나, 乙은 아무런 조치를 취하지 않고 있다. 이때 丙이 취할 수 있는 조치는?
☞ 해 설 : (1) 甲은 乙에 대하여 금전채권을 가지고 있으므로, 乙이 丙에 대해 가지는 채권 이외에 재산이 없는 무자력상태이고, 각각의 채권이 이행기에 도래한 경우, 甲은 乙이 丙에 대해서 가지는 채권(3천만 원 중 2천만 원)을 대위행사할 수 있다. 즉, 甲은 丙에 대하여 2천만 원을 乙에게 또는 자신에게 지급할 것을 청구할 수 있다. 후자의 경우 甲은 자신의 채권 2천만 원에 대하여 丙이 지급하는 금액과 상계할 수 있다. 대위권행사와 별도로 민사집행법에 따라서 甲은 집행권원을 얻어 乙이 가지는 丙에 대한 채권에 대한 추심명령이나 전부명령을 받아 丙으로부터 채권의 변제를 받을 수도 있다.
(2) 사안에서 丙은 乙의 채무불이행을 이유로 계약해제와 더불어 손해배상을 요구할 수 있으나

> 금전배상을 받는데 그치는 것이므로 토지를 취득할 수 없다는 점에서 한계가 있다. 그리고 丙은 甲에 대하여 소유권이전등기를 청구할 권한이 없다. 다만 이때 丙은 乙에 대한 소유권이전등기청구권을 피보전권리로서 乙이 甲에 대하여 가지는 소유권이전청구권을 피대위권리로 하여 대위행사할 수 있다. 즉, 乙의 甲에 대한 소유권이전등기청구권을 대위행사하여 乙 명의의 등기를 마친 뒤, 丙은 乙에 대하여 소유권이전등기청구를 할 수 있다(소유권이전등기청구권과 같은 특정채권의 경우 乙의 무자력 요건은 필요없음).

1. 의의

제404조 (채권자대위권) ① 채권자는 자기의 채권을 보전하기 위하여 채무자의 권리를 행사할 수 있다. 그러나 일신에 전속한 권리는 그러하지 아니하다.
② 채권자는 그 채권의 기한이 도래하기 전에는 법원의 허가 없이 전항의 권리를 행사하지 못한다. 그러나 보전행위는 그러하지 아니하다.

(1) 개념

채권자가 채무자에 대한 채권(피보전채권)을 보전하기 위해 제3채무자에 대한 채무자의 채권(피대위채권)을 대신 행사하는 것을 채권자대위권이라고 한다. 예를 들어 채권자 甲이 乙에게 1천만 원 금전채권(피보전채권)을 가지고 있고, 채무자 乙은 제3채무자 丙에게 2천만 원의 외상대금채권(피대위채권)을 가지고 있는데, 채무자 乙이 제3채무자인 丙에게 채권을 행사하지 않고 있는 경우, 채권자 甲은 채무자 乙의 丙에 대한 2천만 원의 외상대금채권을 대위행사함으로써 채무자 乙의 책임재산을 보전할 수 있다.

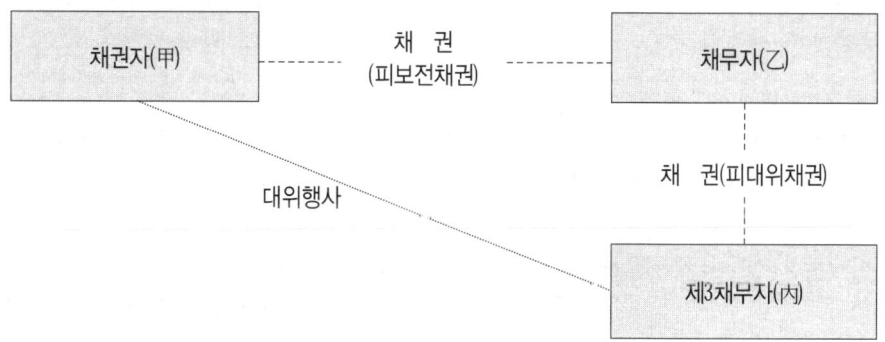

(2) 기능

채권자대위권은 채무자의 책임재산을 보전하여 강제집행을 대비하기 위한 제도이다. 채권자대위권제도는 강제집행제도가 불완전한 프랑스민법의 영향을 받은 것으로서 강제집행제도가 완비된 우리 법제 하에서는 그 역할이 한정적이다. 우리나라에서는 채권자대위권을 행사하지 않더라도 채권자는 민사집행법상 부동산에 대한 청구권의 압류 또는 제3채무자에 대한 추심의 소(민사집행법 제244조·제238조), 금전채권의 압류 및 추심명령 또는 전부명령(동법 제229조)을 얻음으로써 채권의 변제를 받을 수 있다. 그럼에도 불구하도 채권자대위권은 집행권원이 없이도 행사가 가능하고, 청구권 이외의 권리(취소권·환매권·해제권 등)에도 적용되며, 민사소송법의 절차보다 간편하기 때문에 널리 활용되고 있다.

원래 채권자대위권은 책임재산을 보전하는 제도이지만, 부동산매수인이 소유권이전등기청구권을 확보하기 위하여 매도인의 전 매도인에 대한 소유권이전등기청구권을 대위행사하거나 아직 법률상 소유권이 없는 미등기매수인이 해당 부동산의 불법점유자에 대하여 매도인의 소유물방해배제청구권(제214조)을 대위행사하는 것과 같이 전용되어 활용되기도 한다.

(3) 법적 성질

채권자대위권은 채무자의 책임재산의 감소를 방지하고 전체 채권자의 공동담보로서의 책임재산의 부족이 생긴 경우, 즉 채무자가 무자력의 경우 채권자가 채무자의 재산관리 내지 거래관계에 간섭할 수 있는 법정재산관리권의 성질을 갖는다(재산권리권설: 통설).[35] 따라서 채권자대위권은 금전채권의 경우에 채무자가 무자력일 것을 요한다. 왜냐하면 채무자가 자신의 권리를 행사하고 있지 않더라도 채권자들의 채권을 만족시킬 수 있는 자력이 있다면, 이때 채권자들이 대위권을 행사할 수 있다는 것은 채무자의 재산관리에 부당하게 간섭하는 것이기 때문이다. 다만 통설과 판례는 예외적으로 특정채권의 경우에는 채무자

---

35) 이와 달리 채권자대위권을 모든 채권자를 위한 책임재산의 보전기능에 한정하지 않고 채권자가 자신의 채권을 보전하기 위한 제도로서 이해하는 포괄적 담보권설이 있다. 이 견해는 채권자대위권을 제3채무자에 대한 채무자의 채권을 널리 대위행사하여 채권자가 장래에 그의 채권을 실현할 수 있도록 하는 포괄적 담보권으로 이해한다. 이에 따르면 금전채권·특정물채권인지, 채무자가 무자력인지도 문제되지 않는다.

의 무자력을 요건으로 하지 않는다고 보고 있다.

2. 성립요건

(1) 채권자가 자기의 채권을 보전하기 위하여 행사할 것

① **채권자의 채권이 존재할 것** : 채권자가 채무자에 대하여 가지는 (피보전)채권이 유효하게 성립해 있어야 한다.[36] 다만 채권성립시기가 피대위채권보다 우선할 필요는 없고, 채권뿐만 아니라 청구권이나 형성권도 피보전채권이 될 수 있다. 그리고 피보전채권은 금전채권인 것이 원칙이다. 그리고 통설과 판례는 특정채권도 채권자대위권의 객체가 될 수 있다고 한다. 판례가 특정채권에 대해서 피보전성을 인정한 경우는 다음과 같다. 먼저 채권자가 채무자에 대하여 등기청구권을 가지고 있는 경우, 이 등기청구권을 피보전채권으로 하여 채무자의 제3채무자에 대한 등기청구권을 대위행사할 수 있다. 예를 들어 토지의 매매계약이 甲·乙·丙으로 순차로 매도되었으나, 소유권등기가 최초매도인인 甲에게 있는 경우, 최후매수인인 丙은 자신의 乙에 대한 소유권이전등기청구권을 피보전채권으로 하여 채무자인 乙의 제3채무자인 甲에 대한 소유권이전등기청구권을 대위행사할 수 있다. 다음으로 임차인이 소유권자의 물권적 청구권을 대위행사하는 경우이다. 예를 들어 임대인 甲은 토지를 임차인 乙에게 임차하였는데, 丙이 해당 토지를 불법적으로 점거하고 건물을 축조한 경우, 이때 임차인 乙은 자신의 임차권에 기해서 토지소유자인 甲의 丙에 대한 소유물반환과 방해배제청구권을 대위행사할 수 있다.

[판례 54] 피보전채권의 의미(대판 1995. 2. 10, 94다39369)
민법 제404조에서 규정하고 있는 채권자대위권은 채권자가 채무자에 대한 자기의 채권을 보전하기 위하여 필요한 경우에 채무자의 제3자에 대한 권리를 대위행사할 수 있는 권리를 말하는 것으로서, 이때 보전되는 채권은 보전의 필요성이 인정되고 이행기가 도래한 것이면 족하고, 그 채권의 발생원인이 어떠하든 대위권을 행사함에는 아무런 방해가 되지 아니하며, 또한 채무자에 대한 채권이 제3채무자에게까지 대항할 수 있는 것임을 요하는 것도 아니라 할 것이므로, 채권자대위권을 재판상 행사하는 경우에 있어서도 채권자는 그 채권의 존재사실 및 보전의 필요성, 기한의 도래 등을 입증하면 족한 것이며, 채권의 발생원인사실 또는 그 채권이 제3

---

[36] 이는 당사자적격의 문제로서 법원의 직권조사사항이다(판례).

채무자에게 대항할 수 있는 채권이라는 사실까지 입증할 필요가 없다.

[판례 55] 토지거래허가구역내의 협력의무이행청구(대판 1995. 9. 5, 95다22917)
국토이용관리법상의 토지거래규제구역 내의 토지에 관하여 관할 관청의 허가 없이 체결된 매매계약이라고 하더라도, 거래 당사자 사이에는 그 계약이 효력이 있는 것으로 완성될 수 있도록 서로 협력할 의무가 있어, 그 매매계약의 쌍방 당사자는 공동으로 관할 관청의 허가를 신청할 의무가 있고, 이러한 의무에 위배하여 허가신청에 협력하지 아니하는 당사자에 대하여 상대방은 협력의무의 이행을 청구할 수 있는 것이므로, 이와 같은 매수인이 매도인에 대하여 가지는 토지거래허가신청 절차의 협력의무의 이행청구권도 채권자대위권의 행사에 의하여 보전될 수 있는 채권에 해당한다.

[판례 56] 소유권이전등기청구권의 대위(대판 1976. 10. 12, 76다1591,1592)
<판결요지> "甲"이 "乙"로부터 부동산을 매수한 경우에는 매매의 효력으로서 乙에게 위 부동산에 대한 소유권이전등기 절차이행청구권이 있고, "乙"은 "甲"으로부터 대금지급이 있을 때까지 그 의무이행을 거절할 수 있을 뿐이니 "甲"은 "乙"에 대한 소유권이전등기 청구권을 보전하기 위하여 채권대위권을 행사할 수 있다.
<판례해설> 부동산이 丙·乙·甲 순으로 순차로 등기 없이 매도된 경우 최종매수인인 甲이 乙에 대해서 가지는 소유권이전등기청구권을 보전하기 위하여 乙이 丙에 대해서 가지는 소유권이전등기청구권을 대위할 수 있다는 취지이다.

[판례 57] 미등기건물매수인의 물권적청구권의 대위행사(대판 1980. 7. 8, 79다1928)
원고가 미등기 건물을 매수하였으나 소유권이전등기를 하지 못한 경우에는 위 건물의 소유권을 원시취득한 매도인을 대위하여 불법점유자에 대하여 명도청구를 할 수 있고, 이때 원고는 불법점유자에 대하여 직접 자기에게 명도할 것을 청구할 수도 있다.

② 채권자의 채권보전의 필요성 : 금전채권에 있어서 채권보전의 필요성은 채무자의 책임재산이 부족하게 되어 채권자들의 채권실현에 염려가 있는 상태, 즉 채무자의 무자력(無資力)을 말한다(통설·판례). 이때 채무자의 무자력은 채무자의 변제자력이 전혀 없는 상태를 의미하는 것이 아니라 전체 채권자의 채권변제를 하기에 부족한 상태, 즉 채무초과상태에 있는 것을 뜻한다. 이와 같은 요건은 채무자가 무자력이 아님에도 대위권행사를 허용하는 것은 채무자의 재산관리의 자유를 침해하는 것이 되기 때문에 요구되는 것이다.[37] 판례에

---

[37] 다만 예외적으로 치료비청구권을 보전하기 위해 환자의 국가배상청구권을 대위행사하는 경우(대판 1981. 6. 23, 80다1351), 금전채권자가 채무자의 국가에 대한 상속등기청구권을 대위행사하는 경우(대결 1964. 4. 3, 63마54), 임차인의 주택명도가 선이행되어야할 필요가 있는 임대차보증금반환청구권의 양수인이 임차인에 대한 임대인의 임차가옥명도청구권을 대위하는 경우(대판 1989. 4. 25, 88다카4253), 수임인이 위임에 대하여 갖는 대변제청구권(제688조 2항)의 보전을 위하여 채무자인 위임인의 채권을 대위행사하는 경우(대판 2002. 2. 25, 2001다52506) 등이 있다.

따르면 채무자의 무자력은 채권자가 증명해야 하고, 무자력여부는 사실심변론종결시를 기준으로 판단하게 된다. 반면 특정채권의 경우에는 그 성질상 채무자의 무자력을 요건으로 하지 않는다(판례).

[판례 58] 채권보전의 필요성(대판 2007. 5. 10, 2006다82700, 82717)
채권자는 채무자에 대한 채권을 보전하기 위하여 채무자를 대위해서 채무자의 권리를 행사할 수 있는바, 채권자가 보전하려는 권리와 대위하여 행사하려는 채무자의 권리가 밀접하게 관련되어 있고 채권자가 채무자의 권리를 대위하여 행사하지 않으면 자기 채권의 완전한 만족을 얻을 수 없게 될 위험이 있어 채무자의 권리를 대위하여 행사하는 것이 자기 채권의 현실적 이행을 유효·적절하게 확보하기 위하여 필요한 경우에는 채권자대위권의 행사가 채무자의 자유로운 재산관리행위에 대한 부당한 간섭이 된다는 등의 특별한 사정이 없는 한 채권자는 채무자의 권리를 대위하여 행사할 수 있어야 하고, 피보전채권이 특정채권이라 하여 반드시 순차매도 또는 임대차에 있어 소유권이전등기청구권이나 인도청구권 등의 보전을 위한 경우에만 한하여 채권자대위권이 인정되는 것은 아니며, 물권적 청구권에 대하여도 채권자대위권에 관한 민법 제404조의 규정과 위와 같은 법리가 적용될 수 있다.

[판례 59] 채권자대위권의 최후수단성(대판 2007. 5. 10, 2006다82700, 82717)
토지 소유권에 근거하여 그 토지상 건물의 임차인들을 상대로 건물에서의 퇴거를 청구할 수 있었더라도 퇴거청구와 건물의 임대인을 대위하여 임차인들에게 임대차계약의 해지를 통고하고 건물의 인도를 구하는 청구는 그 요건과 효과를 달리하는 것이므로, 위와 같은 퇴거청구를 할 수 있었다는 사정이 채권자대위권의 행사요건인 채권보전의 필요성을 부정할 사유가 될 수 없다.

[판례 60] 특정채권에 있어서 채무자의 무자력요건(대판 1992. 10. 27, 91다483)
채권자는 자기의 채무자에 대한 부동산의 소유권이전등기청구권 등 특정채권을 보전하기 위하여 채무자가 방치하고 있는 그 부동산에 관한 특정권리를 대위하여 행사할 수 있고 그 경우에는 채무자의 무자력을 요건으로 하지 아니하는 것이다.

③ **채권자의 채권이 이행기에 있을 것** : 채권자는 이행기 이후에 자신의 채권을 행사할 수 있는 것이므로 이행기 이후에 채권자대위권을 행사할 수 있다(제404조 2항). 다만 법원의 허가를 얻거나(제404조 2항 본문) 채권자가 채무자의 재산감소를 방지하기 위하여 보전행위[38]를 행하는 경우(제404조 2항 단서)에는 예외적으로 기한이 도래하기 전이라도 대위권을 행사할 수 있다.

---

38) 예: 피대위채권의 시효중단을 위한 이행청구, 미등기부동산에 대한 보존등기의 신청 등.

(2) 피대위채권이 채무자의 일신에 전속한 권리가 아닐 것

친족상속법상 권리인 친생부인권(제846조)나 인지청구권(제863조), 혼인취소권(제816조), 친족 간의 부양청구권(제974조)은 피대위권리가 될 수 없다. 반면 상속재산분할청구권(제1011조·제1013조)과 유류분청구권(제1115조 2항)은 채권자대위권의 객체가 될 수 있다. 그리고 인격권침해로 인한 위자료청구권도 피대위채권이 되지 못하는 것이 원칙이지만, 위자료청구권이 채무자에 의해 청구되어 금전채권으로 구체화되면 대위권의 목적이 될 수 있다. 아울러 당사자의 자유의사에 맡겨진 청약이나 승낙의 의사표시나 해제권 등도 대위행사할 수 없다. 또한 압류가 금지되는 채권(예: 근로기준법상 재해보상청구권, 공무원연금법상 연금수급권 등)도 대위의 객체가 되지 못한다.

(3) 채무자가 스스로 그의 권리를 행사하지 않고 있을 것

채무자가 권리를 행사할 수 있음에도 이를 행사하고 있지 않는 것을 뜻하며, 이때 "권리를 행사할 수 있는 때"는 권리행사에 법률적 장애가 없는 상태를 말한다. 그리고 권리불행사에 대한 채무자의 귀책사유는 문제되지 않는다.

3. 행사방법과 범위

제405조 (채권자대위권행사의 통지) ① 채권자가 전조 제1항의 규정에 의하여 보존행위 이외의 권리를 행사한 때에는 채무자에게 통지하여야 한다.
② 채무자가 전항의 통지를 받은 후에는 그 권리를 처분하여도 이로써 채권자에게 대항하지 못한다.

(1) 행사방법

채권자는 채무자의 이름이 아니라 자신의 이름으로 채권자대위권을 행사한다. 그리고 채권자취소권과 달리 재판상 행사하여야만 하는 것이 아니므로, 재판외 행사도 가능하다. 재판상 행사하는 경우 원고는 채권자가, 피고는 제3채무자가 된다.

(2) 행사범위

채권자는 채권의 보전범위 내에서 채무자의 권리를 대신 행사하는 것이다. 따라서 채권자는 관리행위가 아닌 처분행위(예: 채무면제, 권리포기, 기한의 유예 등)를 대위 할 수 없다.39) 그리고 채권의 공동담보의 보전을 위하여 대위채권자의 채권액을 넘는 채무자의 권리를 대위행사 할 수 있는가 하는 것이 문제되지만, 이는 채무자의 제3채무자에 대한 채권이 불가분인 경우에 한하여 인정되어야 한다. 금전채권의 경우 피보전채권액의 범위 내에서만 대위권을 행사하는 것이 원칙이다.

(3) 행사의 통지

채권자가 보전행위 이외의 권리를 대위행사한 때에는 채무자에게 그 사실을 통지하여야 한다(제405조 1항). 대위권행사의 통지 또는 고지가 있기 전에 제3채무자는 채무자에 대하여 가지고 있는 항변을 가지고 채권자에게 대항할 수 있다. 그러나 통지 이후에 채무자는 자신의 권리에 대한 처분권한을 상실하므로, 제3채무자는 채무자가 그 권리를 소멸시키는 행위를 하더라도 이를 가지고 채권자에게 대항할 수 없다(제405조 2항). 예를 들어 채권자 甲이 채무자 乙에게 2천만 원의 채권이 있고, 채무자 乙이 제3채무자인 丙에게 1천만 원의 채권이 있다. 채무자 乙이 丙에 대하여 권리를 행사하지 않아 채권자 甲이 乙에게 통보하고 대위권을 행사하였는데, 甲의 통보 이후 乙이 丙에게 채무면제를 하였다. 이 경우 乙의 丙에 대한 채무면제는 甲의 통보 이후에 이루어진 것으로서 甲이 대위권을 행사한 경우 乙이나 丙은 甲에 대하여 채무면제로써 대항할 수 없다(제405조 2항).

채권자는 제3채무자에 대하여 채무자의 권리를 대위행사하는 것이므로 제3채무자는 이에 대하여 채무자가 채권자에 대하여 가지는 항변으로 대항할 수 없다(판례). 따라서 채권자가 대위행사하는 채권(피보전채권)의 소멸시효가 완성된 경우, 채권자대위소송의 제3채무자는 시효이익을 받는 자가 아니므로 그 원용권을 행사할 수 없다(대판 1997. 7. 22, 97다5749; 대판 2004. 2. 12, 2001다10151 등).

---

39) 다만 책임재산의 유지·보전을 위해서 예외적으로 취소권이나 상계와 같은 처분행위의 대위가 가능하다는 견해가 있다.

4. 행사효과

(1) 효과의 귀속

채권자대위권을 통해 채권자가 채무자의 권리를 대신 행사하지만, 대위행사의 효과는 채권자가 아닌 채무자에게 귀속된다. 따라서 설령 제3채무자로부터 채권자가 급부를 수령하더라도 이로써 우선변제받을 수 없고, 채무자에게 인도한 후에 임의변제받거나 강제집행을 해야만 한다. 왜냐하면 대위제도는 모든 채권자들의 공동담보를 확보하는 제도이기 때문이다. 그러나 판례는 채권자의 대위수령을 인정한다.[40] 이때 채권자가 대위수령을 하고 자신의 채권의 목적물과 인도받은 목적물이 동종이고 상계적상에 있다면, 그 목적물과 자신의 채권을 상계할 수 있다(통설·판례). 이로써 채권자는 사실상 우선변제 받는 결과가 된다. 그리고 채권자는 채권자대위권을 통해 발생한 비용을 채무자에게 청구할 수 있다(제688조 유추적용).

(2) 대위소송의 판결의 효력

채무자가 소송고지를 받거나 소송당사자로 참가하지 않는 경우 채권자와 제3채무자 간의 판결은 소외의 채무자에게 효력이 미치지 않으므로, 채무자는 제3채무자를 상대로 별도의 소송을 제기할 수 있어 중복소송의 가능성이 존재한다. 다만 판례는 중복소송의 가능성을 줄이기 위해서 채무자가 채권자와 제3채무자 사이에 대위소송이 제기된 사실을 어떠한 사정에서든 알게 된 경우에는 채무자에게도 판결의 효력이 미친다고 보고 있다.

III. 채권자취소권

[사례 26] 甲은 자신의 乙에 대하여 1억 원의 외상대금채권이 있었다. 그러나 乙은 변제기인 2019년 12월이 되어 외상대금을 갚아야 함에도, 자신의 유일한 재산인 주택(시가 9천만 원)을 丙에게 매도하였다. 乙이 丙에게 주택을 매도할 당시 丙은 乙이 甲에 대하여 상당한 빚이 있는 것을 알고 있었다.
(1) 이때 甲은 乙과 丙 간의 매매계약을 취소할 수 있는가?

---

[40] 그러나 이전등기의 대위행사 시에는 대위수령이 불가능하다.

> (2) 위 사안에서 丙이 주택을 사정을 전혀 모르는 丁에게 매도한 뒤, 소유권이전등기를 경료하여 주었다. 이때 甲이 채권자취소권을 행사하는 경우, 소송의 상대방과 회복의 내용은 무엇인가?
> (3) 위 사안에서 X도 2019년 5월에 이미 乙에게 5천만 원의 채권을 가지고 있었다면 어떠한가?
> ☞ 해 설 : (1) 위 사안에서 甲은 채권자취소권의 요건인 ① 채권자의 채권을 해하는 채무자의 사해행위, ② 채무자와 수익자의 악의가 있어야만 乙과 丙 간의 매매계약을 취소할 수 있다. 사안에서 채권자의 채권이 사해행위보다 먼저 존재하였고, 乙이 무자력상태를 야기한 것으로서 사해행위로 볼 수 있다. 다음으로 乙이 자신의 유일한 재산을 처분한 것으로서 사해의사가 있다고 추정되며(판례), 수익자인 丙도 악의이다. 따라서 甲은 乙과 丙 간의 매매계약을 취소함으로써 주택의 반환(丙 명의 등기말소)을 요구할 수 있다.
> (2) 甲은 선의인 전득자 丁에게는 취소권을 행사할 수 없다. 따라서 악의인 丙을 상대로 가액반환을 요구할 수 있다.
> (3) 甲이 乙과 丙 간의 매매계약을 취소하더라도 회복되는 재산은 甲은 물론이고 다른 채권자인 X를 위한 것이므로, 회복된 주택에 대한 강제집행절차에서 X가 배당에 참가하게 되면, 甲과 X는 각자의 채권비율인 1억 원:5천만 원에 따라서 배당을 받을 수 있다.

1. 의의

제406조 (채권자취소권) ① 채무자가 채권자를 해함을 알고 재산권을 목적으로 한 법률행위를 한 때에는 채권자는 그 취소 및 원상회복을 법원에 청구할 수 있다. 그러나 그 행위로 인하여 이익을 받은 자나 전득한 자가 그 행위 또는 전득 당시에 채권자를 해함을 알지 못한 경우에는 그러하지 아니하다.
② 전항의 소는 채권자가 취소원인을 안 날로부터 1년, 법률행위 있는 날로부터 5년 내에 제기하여야 한다.

(1) 개념

채무자가 책임재산을 감소시키는 행위(사해행위)를 하여 채권자의 채권을 변제할 수 없게 만든 경우, 채권자가 채무자의 그러한 행위를 취소하여 책임재산을 회복하는 권리를 채권자취소권(債權者取消權)이라고 한다. 예를 들어 채권자 甲이 乙에게 5천만 원 금전채권(피보전채권)을 가지고 있었는데, 채무자 乙은 甲의 채권변제를 회피하고자 자신의 유일한 재산인 주택을 이러한 사정을 아는 丙에게 증여한 뒤 소유권이전등기를 해준 경우(사해행위), 이때 채권자 甲은 채무자 乙의 丙에 대한 증여계약을 채권자취소권을 행사하여 취소할 수 있다.

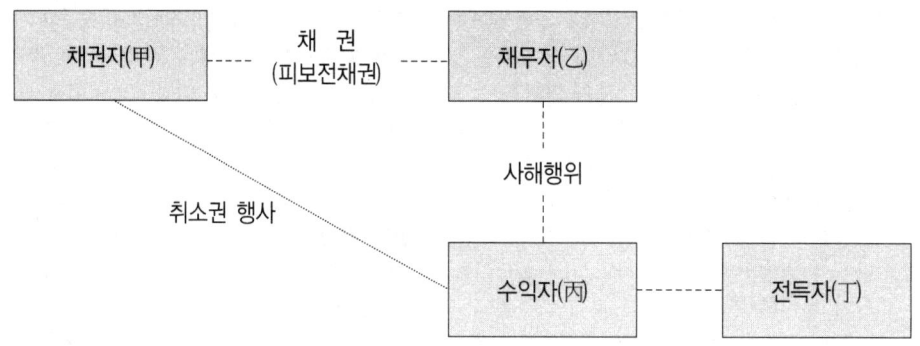

(2) 기능

채무이행의 확보를 위해서 강제집행이나 집행보전절차로서 압류나 가압류, 처분금지가처분제도가 있으나, 이러한 제도는 채무자 재산의 현상태의 유지를 목적으로 하는 것이어서 채무자의 행위로 인하여 일탈된 재산을 회복하는 것은 아니다. 반면 채권자취소권은 채무자의 사해행위를 취소함으로써 이미 일탈된 재산을 회복하여 책임재산을 보전하는 제도이다.

(3) 법적 성질

채권자취소권에 의한 취소의 효과는 상대적인 것이라는 점에서 채권자취소권은 사해행위의 취소와 일탈된 재산의 반환을 청구하는 권리이다(상대적 무효설).41) 따라서 채권자는 그 권리를 실현하기 위하여 사해행위의 효력을 취소하는 형성소송 또는 목적물의 반환을 내용으로 하는 반환소송만을 제기할 수 있으나, 원칙적으로 형성소송에 이행소송을 부가하는 소송형식을 취한다. 또한 채권자취소권의 상대방(취소소송의 피고)은 이득반환청구의 상대방

---

41) 이와 달리 채권자취소제도를 사해행위에 의하여 일탈된 책임재산의 귀속이 아닌 일탈재산의 책임법상 지위회복, 즉 당해 목적물을 채권자에 대하여 책임재산의 지위에 머물러 있게 하여 그에 대한 강제집행을 준비하기 위한 제도로 이해하는 책임설이 있다. 이에 따르면 채권자취소소송은 사해행위의 무효라는 효과를 발생시키는 실체법상 형성권이라는 점에서 형성의 소가 된다. 또한 소송의 상대방은 수익자나 전득자가 되나 이들은 채무자로부터 취득한 재산을 가지고 채권자에 대하여 책임을 부담하는 지위를 가지게 됨으로써 마치 물상보증인과 유사한 책임을 부담하게 된다. 다만 이 견해에 따를 경우 채권자가 수익자나 전득자 소유의 목적물에 강제집행을 하기 위해서는 채권자취소판결 확정 이후(또는 형성의 소)에 부가하여 집행수인의 소(책임소송)에 기해야하는데, 우리 민사소송법은 이를 규정하고 있지 않다는 점에서 문제가 있다.

인 수익자 또는 전득자이며, 채무자는 피고적격을 가지지 못한다(대판 1988. 2. 23, 87다카1586; 대판 1991. 9. 13, 91다13717). 그리고 채권자취소권의 행사로 인한 취소의 효과는 소송의 당사자인 채권자와 수익자(내지 전득자) 사이에서만 발생하므로, 채무자와의 사이에 원래의 법률행위는 여전히 효력을 가진다.

[판례 61] 사해행위취소의 효과(대판 2001. 5. 29, 99다901)
채권자가 사해행위의 취소와 함께 수익자 또는 전득자로부터 책임재산의 회복을 구하는 사해행위취소의 소를 제기한 경우 그 취소의 효과는 채권자와 수익자 또는 전득자 사이의 관계에서만 생기는 것이므로, 수익자 또는 전득자가 사해행위의 취소로 인한 원상회복 또는 이에 갈음하는 가액배상을 하여야 할 의무를 부담한다고 하더라도 이는 채권자에 대한 관계에서 생기는 법률효과에 불과하고 채무자와 사이에서 그 취소로 인한 법률관계가 형성되는 것은 아니고, 그 취소의 효력이 소급하여 채무자의 책임재산으로 회복되는 것도 아니라 할 것이다.

2. 성립요건

(1) 피보전채권이 존재할 것

첫째, 피보전채권은 사해행위 이전에 발생한 것이어야 한다. 왜냐하면 사해행위 이후에 성립한 채권은 사해행위로 인해 침해받았다고 볼 수 없기 때문이다. 다만 사해행위 당시에 이미 채권 성립의 기초가 되는 법률관계가 발생되어 있고, 가까운 장래에 그 법률관계에 터잡아 채권이 성립되리라는 점에 대한 고도의 개연성이 있으며, 실제로 가까운 장래에 그 개연성이 현실화되어 채권이 성립된 경우에는 예외적으로 피보전채권이 될 수 있다(판례). 둘째, 피보전채권은 이행기가 도래해야 한다. 다만 이행기가 도래하기 이전이라도 사해행위로부터 보호필요성이 있다면 피보전채권이 될 수 있다(통설·판례). 셋째, 조건부 내지 기한부 채권의 경우에도 피보전채권이 될 수 있다. 넷째, 피보전채권은 금전채권이어야 한다(판례). 채권자취소제도는 채무자의 책임재산의 회복을 목적으로 하는 제도이므로, 취소채권자만이 만족을 얻을 수 있는 특정채권은 피보전채권이 될 수 없다. 다섯째, 물적담보(예: 질권·저당권)가 설정된 채권이라도 담보물의 가액이 채권만족에 부족한 경우라면 피보전채권이 될 수 있다.

[판례 62] 원인행위가 피보전채권보다 먼저 발생한 경우(대판 2002. 4. 12, 2000다43352)
법률행위의 이행으로서 가등기를 경료하는 경우에 그 채무의 원인되는 법률행위가 취소권을 행사하려는 채권자의 채권보다 앞서 발생한 경우에는 특별한 사정이 없는 한 그 가등기는 채권자취소권의 대상이 될 수 없다.

[판례 63] 피보전채권의 발생시기의 예외(대판 2000. 2. 25, 99다53704)
<판결요지> [1] 채권자취소권에 의하여 보호될 수 있는 채권은 원칙적으로 사해행위라고 볼 수 있는 행위가 행하여지기 전에 발생된 것임을 요하나, 그 사해행위 당시에 이미 채권 성립의 기초가 되는 법률관계가 발생되어 있고, 가까운 장래에 그 법률관계에 기하여 채권이 성립되리라는 점에 대한 고도의 개연성이 있으며, 실제로 가까운 장래에 그 개연성이 현실화되어 채권이 성립된 경우에는 그 채권도 채권자취소권의 피보전채권이 될 수 있다.
[2] 채권자의 보증채무 이행으로 인한 구상금채권이 채무자의 사해행위 당시 아직 발생하지는 않았으나 그 기초가 되는 신용보증약정은 이미 체결되어 있었고 사해행위 시점이 주채무자의 부도일 불과 한 달 전으로서 이미 주채무자의 재정상태가 악화되어 있었던 경우, 위 구상금채권은 채권자취소권의 피보전채권이 된다.
<판례해설> A가 B은행으로부터 대출을 받으면서 A의 채무를 C(신용보증기금)가 보증하고, 이후 C가 A의 채무를 대신 이행하는 경우에 발생하는 구상금채권에 대하여 D가 보증을 하였는데, 주채무자인 A가 부도위기에 처할 것이 예상되자 D가 자신 소유의 부동산을 자신의 아내 E에게 증여한 경우이다. 이때 취소채권자인 C의 구상금채권은 아직 발생하지 않았지만(아직 A가 부도 이전이어서 A의 채무를 대신 갚기 전이므로), 발생할 높은 개연성이 있는 경우이므로, 이때 D의 사해행위(증여)가 C의 자신의 구상금채권보다 먼저 행하여졌지만, 채권자취소권을 인정할 수 있다는 취지의 판결이다.

[판례 64] 피보전채권의 성립의 기초가 되는 법률관계의 의미(대판 2002. 11. 8, 2002다42957)
채권자취소권에 의하여 보호될 수 있는 채권은 원칙적으로 사해행위라고 볼 수 있는 행위가 행하여지기 전에 발생된 것임을 요하지만, 그 사해행위 당시에 이미 채권 성립의 기초가 되는 법률관계가 발생되어 있고, 가까운 장래에 그 법률관계에 터잡아 채권이 성립되리라는 점에 대한 고도의 개연성이 있으며, 실제로 가까운 장래에 그 개연성이 현실화되어 채권이 성립된 경우에는, 그 채권도 채권자취소권의 피보전채권이 될 수 있는바, 이는 채무자가 채권자를 해한다는 사해의사로써 채권의 공동담보를 감소시키는 것은 형평과 도덕적 관점에서 허용할 수 없다는 채권자취소권 제도의 취지에 근거한 것으로서, 이렇게 볼 때 여기에서의 '채권성립의 기초가 되는 법률관계'는 당사자 사이의 약정에 의한 법률관계에 한정되는 것이 아니고, 채권성립의 개연성이 있는 준법률관계나 사실관계 등을 널리 포함하는 것으로 보아야 할 것이며, 따라서 당사자 사이에 채권 발생을 목적으로 하는 계약의 교섭이 상당히 진행되어 그 계약체결의 개연성이 고도로 높아진 단계도 여기에 포함되는 것으로 보아야 한다.
<판례해설> A가 B은행으로부터 대출을 받는데 C가 연대보증하기로 약속하고 연대보증관련서류를 6월 20일에 은행에 제출하였고, 6월 25일에 B은행은 C로부터 연대보증에 대한 자필서명을 받았다. 그런데 C는 자신의 유일한 재산인 토지를 6월 23일에 아들에게 증여하고 같은 날 소유권이전등기를 마쳐주었다. 이때 C의 사해행위(증여)가 B은행의 (연대보증)채권이 성립하

기 전이지만, 이 경우에도 채권자취소권의 피보전성이 인정된다고 보았다.

[판례 65] 특정채권이 피보전채권이 될 수 있는지 여부(대판 1999. 4. 27, 98다56690)
[1] 부동산을 양도받아 소유권이전등기청구권을 가지고 있는 자가 양도인이 제3자에게 이를 이중으로 양도하여 소유권이전등기를 경료하여 줌으로써 취득하는 부동산 가액 상당의 손해배상채권은 이중양도행위에 대한 사해행위취소권을 행사할 수 있는 피보전채권에 해당한다고 할 수 없다.
[2] 채권자취소권을 특정물에 대한 소유권이전등기청구권을 보전하기 위하여 행사하는 것은 허용되지 않으므로, 부동산의 제1양수인은 자신의 소유권이전등기청구권 보전을 위하여 양도인과 제3자 사이에서 이루어진 이중양도행위에 대하여 채권자취소권을 행사할 수 없다.

(2) 채무자가 사해행위를 하였을 것

사해행위(詐害行爲)는 채권자의 채권을 해할 목적으로 한 채무자의 행위를 말하는데, 재산권을 목적으로 법률행위는 물론이고, 채무자의 재산을 감소시키는 준법률행위(예: 채권양도의 통지, 시효중단을 위한 채무승인 등)도 이에 해당할 수 있다. 그러나 채무자의 단순한 부작위나 사실행위는 사해행위가 되지 않는다. 그리고 허위표시에 기한 재산처분행위(제108조 1항)도 채권자취소의 대상이 될 수 있다(통설·판례). 반면 채무자의 자유의사에 맡겨진 행위들, 가령 증여나 유증에 대한 거절이나 혼인, 상속의 승인·포기 등과 같은 신분행위는 취소의 대상이 되지 않는다.

채권자취소권을 행사하기 위해서는 채무자가 채권자를 해하는 사해행위를 해야 한다. 채권자를 사해(詐害)한다는 것은 채무자가 채권의 공동담보(변제자력)의 부족상태를 야기하는 것을 의미한다. 즉, 채무자가 책임재산을 감소시킴으로써 채권자들에게 변제를 할 수 없는 무자력상태를 만드는 것이 사해행위가 된다. 사해성의 판단은 여러 가지 사정을 고려하여 구체적으로 판단할 수 있지만, 행위 당시를 기준으로 소극재산이 적극재산을 초과하는 경우라면 통상 채무자의 사해성이 인정될 수 있다. 만약 채무자가 사해행위 이후 변제자력을 회복하거나 채무가 감소하는 경우라도 사실심변론종결시까지 채무자의 무자력이 유지되었을 때 사해성이 인정될 수 있다(대판 2009. 3. 26, 2007다63102). 사해행위에 대한 판례의 입장을 정리하면 아래와 같다.

① 부동산 등의 처분 : 부동산 기타 재산을 무상으로 증여하는 것은 사해행위에 해당할 수 있다. 유일한 재산을 상당한 대가를 받고 매각하는 행위도 사

해행위가 될 수 있다.42) 왜냐하면 부동산을 소비하기 쉬운 금전으로 바꾸는 행위이기 때문이다.43) 그리고 (근)저당권이 설정된 재산을 양도하는 것도 시가에서 (근)저당권의 피담보채권액을 공제한 잔액의 범위에서 사해행위가 될 수 있다. 그러나 채무자 소유의 부동산에 채권자명의의 근저당권이 설정되어 있고, 그 부동산가액 및 채권최고액이 채권액을 초과하는 경우, 이때 채무자가 그 부동산을 제3자에게 매각하더라도 이는 사해행위가 되지 못한다. 왜냐하면 채권자의 채권에는 이미 우선변제권이 확보되어 있기 때문이다. 그리고 부동산에 대한 가압류등기가 있은 후에 행해진 근저당권설정행위는 사해행위가 되지 않는데, 가압류채권자에 대하여 근저당권자가 우선변제권이 없으므로, 가압류채권자는 이후 근저당권이 설정되더라도 아무런 불이익을 입지 않기 때문이다.44) 그리고 도급인이 수급인의 저당권설정청구권(제666조)에 따라 건물에 저당권을 설정하는 행위도 사해행위가 되지 않는데, 그 이유는 수급인의 지위가 유치권행사의 경우보다 강화되는 것이 아니어서 도급인의 채권자들이 부당하게 불리해지는 것이 아니기 때문이다.

② **변제와 대물변제** : 채무자의 특정채권자에 대한 변제 내지 대물변제는 사해행위가 되지 않는 것이 원칙이다. 왜냐하면 채권자가 채무의 변제를 구하는 것은 당연한 권리이며, 채무자도 다른 채권자들이 있음을 들어 채무이행을 거절할 수 없고, 채무자의 총재산에 변동이 있는 것이 아니기 때문이다(채권자평등의 예외로서 이행우선의 원칙). 그러나 채무자가 유일한 부동산으로 특정채권자에게 대물변제한 경우는 사해행위가 된다.45) 그리고 채무초과상태의 채무자가 일부 채권자와 통모하여 다른 채권자를 해할 의사를 가지고 변제한 경우도 사해행위가 된다.

③ **물적 담보제공** : 채무초과상태의 채무자가 특정채권자에 대하여 물적담

---

42) 이때 채무자의 악의는 추정되고, 특별한 사정이 없는 이상 수익자나 전득자가 자신의 악의 없음을 증명해야 한다(판례).
43) 반면 통설은 이 경우에 채무자의 재산감소가 없고, 거래안전보호관점에서 사해행위를 인정하지 않는다.
44) 단, 채권자의 실제 채권액이 가압류채권금액보다 많은 경우에서는 채무자의 근저당권설정행위가 채권자들의 공동담보를 감소시키는 사해행위가 될 수 있다(대판 2008. 2. 28, 2007다77446).
45) 상당한 가격으로 평가하여 대물변제를 한 경우 사해행위가 되지 않는 것이 원칙임에도, 판례는 특정채권자에 대한 변제가 다른 채권자들에게 있어서 공동담보의 감소를 가져온다는 점에서 사해행위가 될 수 있다고 본다(대판 1996. 10. 29, 96다23207; 대판 2005. 11. 10, 2004다7873 등).

보를 제공한 행위는 만약 채무자가 채무초과상태에서 여러 채권자 중 특정채권자에게만 우선변제받을 수 있도록 하였다면 사해행위가 될 수 있다.46) 그리고 채무자가 유일한 재산인 채권을 담보로 제공한 경우도 사해행위가 된다. 그러나 자금난으로 사업을 계속 추진하기 어려운 상황에 처한 채무자가 자금을 융통하여 사업을 계속 추진하는 것이 채무 변제력을 갖게 되는 최선의 방법이라고 생각하고 자금을 융통하기 위하여 부득이 부동산을 특정채권자에게 담보로 제공하고 그로부터 신규자금을 추가로 융통받았다면, 특별한 사정이 없는 한 그러한 채무자의 담보권 설정행위는 사해행위에 해당하지 않는다. 그리고 무효인 명의수탁재산에 대해서 수탁자(채무자)가 제3자에게 근저당권을 설정해준 행위도 사해행위가 되지 않는데, 부동산실명법상 무효인 명의신탁재산은 명의수탁자 소유가 아니기 때문이다. 다만 명의신탁자와 명의수탁자가 명의신탁약정에 의해 이를 알지 못하는 소유자로부터 부동산을 매수하였다가 이후 이를 명의신탁자에게 이전하거나 명의신탁자 명의의 저당권을 설정해주는 것(계약형 명의신탁)은 사해행위가 된다. 왜냐하면 계약형 명의신탁에서 제3자가 선의인 경우 해당 부동산은 명의수탁자의 소유가 되기 때문이다(부동산실명법 제4조 2항 단서).47)

④ 그 밖의 경우 : 채무자가 인적담보를 부담하는 것은 사해행위가 될 수 있다.48) 그러나 채무자가 기존 채무의 지급을 위하여 약속어음을 발행한 것은 사해행위가 되지 않는다. 그리고 이혼에 따른 재산분할과 상속재산의 협의분할은 채무초과상태의 채무자의 경우에도 원칙적으로 사해행위가 되지 않지만, 재산분할의 취지에 비추어 과대한 것이라고 인정될 만한 특별한 사정이 있는 경우에는 사해행위가 될 수도 있다.

---

46) 이에 대하여 다수설일부 학설은 채권자취소제도가 채권자의 평등변제를 보장하려는 것이 아닐 뿐더러, 생활비조달을 위한 담보제공까지 취소할 수 있게 되어 채무자에게 부당하다는 점에서 특정채권자에 대한 물적담보제공이 사해행위가 될 수 없다고 본다.
47) 이때 명의신탁자는 자신이 지급한 매매대금을 부당이득으로서 청구할 수 있는 금전채권자에 지나지 않는다.
48) 다만 단순보증의 경우에는 보증인의 최고·검색의 항변권이 인정되므로, 주채무자의 자력이 있는 이상 사해행위가 되지 않는다.

[판례 66] 사해성의 판단(대판 2009. 4. 23, 2008다95663)
채무초과 상태인 채무자가 제3자로부터 돈을 빌려 주택을 매수하고 그 주택을 그 차용금채무의 담보로 제공한 사안에서, 단기간에 이루어진 일련의 행위 전후를 통하여 기존 채권자들의 공동담보가 감소되었다고 할 수 없고 이러한 담보제공행위만을 분리하여 그것이 사해행위에 해당한다고 보아서는 안 된다.

[판례 67] 공동저당물의 양도시 그 중 일부가 물상보증인의 소유인 경우(대판[전합]2013. 7. 18, 2012다5643) 수 개의 부동산에 공동저당권이 설정되어 있는 경우 책임재산을 산정함에 있어 각 부동산이 부담하는 피담보채권액은 특별한 사정이 없는 한 민법 제368조의 규정 취지에 비추어 공동저당권의 목적으로 된 각 부동산의 가액에 비례하여 공동저당권의 피담보채권액을 안분한 금액이라고 보아야 한다. 그러나 그 수 개의 부동산 중 일부는 채무자의 소유이고 다른 일부는 물상보증인의 소유인 경우에는, 물상보증인이 민법 제481조, 제482조의 규정에 따른 변제자대위에 의하여 채무자 소유의 부동산에 대하여 저당권을 행사할 수 있는 지위에 있는 점 등을 고려할 때, 그 물상보증인이 채무자에 대하여 구상권을 행사할 수 없는 특별한 사정이 없는 한 채무자 소유의 부동산에 관한 피담보채권액은 공동저당권의 피담보채권액 전액으로 봄이 상당하다. 이러한 법리는 하나의 공유부동산 중 일부 지분이 채무자의 소유이고, 다른 일부 지분이 물상보증인의 소유인 경우에도 마찬가지로 적용된다.

[판례 68] 매매예약에 따른 가등기의 사해성(대판[전합] 2015. 5. 21, 2012다952)
사해행위인 매매예약에 기하여 수익자 앞으로 가등기를 마친 후 전득자 앞으로 가등기 이전의 부기등기를 마치고 나아가 가등기에 기한 본등기까지 마쳤다 하더라도, 위 부기등기는 사해행위인 매매예약에 기초한 수익자의 권리의 이전을 나타내는 것으로서 부기등기에 의하여 수익자로서의 지위가 소멸하지는 아니하며, 채권자는 수익자를 상대로 사해행위인 매매예약의 취소를 청구할 수 있다. 그리고 설령 부기등기의 결과 가등기 및 본등기에 대한 말소청구소송에서 수익자의 피고적격이 부정되는 등의 사유로 인하여 수익자의 원물반환의무인 가등기말소의무의 이행이 불가능하게 된다 하더라도 달리 볼 수 없으며, 특별한 사정이 없는 한 수익자는 가등기 및 본등기에 의하여 발생된 채권자들의 공동담보 부족에 관하여 원상회복의무로서 가액을 배상할 의무를 진다.

[판례 69] 사해성판단과 무자력여부의 기준시기(대판 2001. 4. 27, 2000다69026)
[1] 채무자의 재산처분행위가 사해행위가 되기 위해서는 그 행위로 말미암아 채무자의 총재산의 감소가 초래되어 채권의 공동담보에 부족이 생기게 되어야 하는 것, 즉 채무자의 소극재산이 적극재산보다 많아져야 하는 것인바, 채무자가 연속하여 수 개의 재산처분행위를 한 경우에는, 그 행위들을 하나의 행위로 보아야 할 특별한 사정이 없는 한, 일련의 행위를 일괄하여 그 전체의 사해성 여부를 판단할 것이 아니라 각 행위마다 그로 인하여 무자력이 초래되었는지 여부에 따라 사해성 여부를 판단하여야 한다.
[2] 채무자의 무자력 여부는 사해행위 당시를 기준으로 판단하여야 하는 것이므로 채무자의 적극재산에 포함되는 부동산이 사해행위가 있은 후에 경매절차에서 경락된 경우에 그 부동산의 평가는 경락된 가액을 기준으로 할 것이 아니라 사해행위 당시의 시가를 기준으로 하여야 할 것이며, 부동산에 대하여 정당한 절차에 따라 산출된 감정평가액은 특별한 사정이 없는

한 그 시가를 반영하는 것으로 보아도 좋을 것이다.

[판례 70] 채권이 적극재산에 포함되는지 여부(대판 2006. 2. 10, 2004다2564)
[1] 사해행위취소의 요건으로서의 무자력이란 채무자의 변제자력이 없음을 뜻하는 것이고 특히 임의 변제를 기대할 수 없는 경우에는 강제집행을 통한 변제가 고려되어야 하므로, 소극재산이든 적극재산이든 위와 같은 목적에 부합할 수 있는 재산인지 여부가 변제자력 유무 판단의 중요한 고려요소가 되어야 하는데, 채무자의 소극재산은 실질적으로 변제의무를 지는 채무를 기준으로 하여야 할 것이므로 처분행위 당시에 가집행선고 있는 판결상의 채무가 존재하고 있었다고 하더라도 그것이 나중에 상급심의 판결에 의하여 감액된 경우에는 그 감액된 판결상의 채무만이 소극재산이라 할 것이고, 한편 채무자의 적극재산을 산정함에 있어서는 다른 특별한 사정이 없는 한 실질적으로 재산적 가치가 없어 채권의 공동담보로서의 역할을 할 수 없는 재산은 제외하여야 할 것이고, 특히 그 재산이 채권인 경우에는 그것이 용이하게 변제를 받을 수 있는 것인지 여부를 합리적으로 판정하여 그것이 긍정되는 경우에 한하여 적극재산에 포함시켜야 한다.
[2] 채무자 명의의 정기예금에 관하여 무기명 양도성예금증서가 발행되었고, 그 양도성예금증서를 채무자가 아닌 제3자가 소지하다가 다른 사람에게 처분한 경우, 그 정기예금은 양도성예금증서의 소지인에게 지급될 것이므로 채무자의 적극재산으로 보기 어렵고, 그 양도성예금증서도 채권자들이 그 존재를 쉽게 파악하고 이를 집행의 대상으로 삼을 수 있었다는 특별한 사정이 있는 경우라야만 그 양도성예금증서가 표창하는 예금채권 상당액을 위 채무자의 적극재산으로 볼 수 있다.

[판례 71] 우선변제권있는 채권과 연대보증인의 법률행위(대판 2000. 12. 8, 2000다21017)
주채무자 또는 제3자 소유의 부동산에 대하여 채권자 앞으로 근저당권이 설정되어 있고, 그 부동산의 가액 및 채권최고액이 당해 채무액을 초과하여 채무 전액에 대하여 채권자에게 우선변제권이 확보되어 있다면, 연대보증인이 비록 유일한 재산을 처분하는 법률행위를 하더라도 채권자에 대하여 사해행위가 성립되지 않는다고 보아야 한다.

[판례 72] 상속재산분할협의와 사해행위(대판 2001. 2. 9, 2000다51797)
[1] 상속재산의 분할협의는 상속이 개시되어 공동상속인 사이에 잠정적 공유가 된 상속재산에 대하여 그 전부 또는 일부를 각 상속인의 단독소유로 하거나 새로운 공유관계로 이행시킴으로써 상속재산의 귀속을 확정시키는 것으로 그 성질상 재산권을 목적으로 하는 법률행위이므로 사해행위취소권 행사의 대상이 될 수 있다.
[2] 채무초과 상태에 있는 채무자가 상속재산의 분할협의를 하면서 상속재산에 관한 권리를 포기함으로써 결과적으로 일반 채권자에 대한 공동담보가 감소되었다 하더라도, 그 재산분할결과가 채무자의 구체적 상속분에 상당하는 정도에 미달하는 과소한 것이라고 인정되지 않는 한 사해행위로서 취소되어야 할 것은 아니고, 구체적 상속분에 상당하는 정도에 미달하는 과소한 경우에도 사해행위로서 취소되는 범위는 그 미달하는 부분에 한정하여야 한다.

(3) 채무자·수익자·전득자의 악의

채권자취소권을 행사하기 위해서는 사해행위에 대한 채무자의 악의가 필요하다. 이때 악의는 채무자의 적극적인 의욕이 아니라 책임재산의 감소가 발생한다는 단순한(소극적) 인식만으로 족하다(통설). 이에 대한 증명책임은 채권자가 부담한다. 그리고 인식을 하지 못한 데에 과실이 없어도 상관없다. 판례는 채무자가 자신의 유일한 재산을 매각하여 소비하기 쉬운 금전으로 바꾸거나 타인에게 무상으로 재산을 이전하는 경우 채무자의 악의는 추정된다고 본다(대판 2001. 4. 24, 2000다41875; 대판 2007. 7. 26, 2007다291119).

사해행위에 해당하는 수익행위나 전득행위를 통해서 채권자를 해한다는 사실을 수익자나 전득자가 알아야 한다. 수익자와 전득자가 모두 있는 경우 이들이 모두 악의여야 하는 것은 아니고, 어느 한사람만이 악의이면 족하다. 특히 전득자의 악의를 판단함에 있어서는 전득행위 당시 전득자가 채무자와 수익자 간의 법률행위의 사해성을 아는 것만으로 족하고, 자신과 수익자와의 전득행위가 다시 사해행위가 됨을 알아야 하는 것은 아니다(대판 2006. 7. 13, 2004다61280). 이에 대한 증명책임과 관련하여 채무자의 사해의사가 인정되는 이상 수익자와 전득자가 자신에게 악의가 없음을 증명해야 한다(판례).

3. 행사방법과 범위

(1) 행사방법

채권자취소권은 채권자가 자신의 이름으로 재판상 행사할 수 있다(제406조). 이와 같이 채권자취소권을 재판상 행사하도록 한 것은 이를 통하여 제3자에게 미치는 영향이 크므로 법원으로 하여금 판단하도록 하고, 판결을 통해서 다른 채권자들에게 공시할 필요가 있기 때문이다. 그리고 채권자는 취소원인을 안 날로부터 1년, 법률행위가 있은 날로부터 5년 내에 취소소송을 제기해야 한다(제406조 2항). 이때 "취소원인을 안 날"이란 채무자가 채권자를 해함을 알면서 사해행위를 하였다는 사실을 안 날(사해행위와 사해의사를 안 날)을 의미한다(대판 2002. 9. 24, 2002다23857). 이 기간은 제척기간이므로 기간준수여부는 법원이 직권으로 판단해야 한다(판례).

(2) 채권자취소소송의 상대방

원고는 채권자가 되고, 피고는 수익자 또는 전득자가 되며, 채무자는 피고가 될 수 없다. 왜냐하면 채권자취소권제도는 채무자의 법률행위를 취소하여 책임재산을 원래 상태로 회복하는 것이 목적이므로 회복의 상대방이 되는 수익자나 전득자를 상대로 하면 족하고, 굳이 채무자를 공동피고로 하여 채무자와 수익자(또는 전득자) 간의 법률행위를 무효로 할 필요는 없기 때문이다(판례).

수익자와 전득자 모두 악의인 경우, 채권자는 자신의 선택에 따라서 전득자에게 재산반환을 청구하거나 수익자에게 가액반환을 요구할 수 있다. 반면 수익자는 악의이나 전득자는 선의인 경우, 원칙적으로 채권자는 악의인 수익자를 상대로 가액반환을 요구할 수 있고, 전득자를 상대로 재산반환을 요구할 수는 없다. 다만 이 경우에도 전득자에게 손해가 없는 경우(예: 전득자가 수익자로부터 저당권을 설정받은 경우)라면 채권자가 재산반환을 요구할 수도 있다. 그리고 수익자가 선의이고 전득자가 악의인 경우라면, 채권자는 악의인 전득자에 대해서 재산반환을 청구할 수 있다. 아울러 전득자로부터 전득한 자가 악의인 경우, 최종전득자가 악의인 이상 그를 상대로 재산반환을 청구할 수 있다.

(3) 행사범위

채권자는 자신의 채권액을 한도로 취소할 수 있는 것이 원칙이다. 이때 채권액에는 사해행위 이후 사실심변론종결시점까지의 이자나 지연손해금이 포함된다(판례). 만약 다른 채권자가 배당요구를 할 것이 명백한 경우이거나 목적물이 불가분인 경우에 채권자는 자신의 채권액을 초과하여 취소권을 행사할 수도 있다(대판 1997. 9. 9, 97다10864).

4. 행사효과

제407조 (채권자취소의 효력) 전조의 규정에 의한 취소와 원상회복은 모든 채권자의 이익을 위하여 그 효력이 있다.

통설과 판례는 사해행위 취소판결의 효력은 소송당사자인 채권자와 상대방인 수익자(내지 전득자)에게 있어서만 효력이 있고, 소송에 참가하지 않은 채무자와 수익자 간의 법률관계에는 효력이 없다고 보고 있다(상대적 효력설).49) 따라서 취소가 되더라도 반환된 재산을 채무자가 취득하는 것은 아니다. 이러한 입장은 책임재산보전이라는 채권자취소권제도의 목적은 채권자와 수익자(내지 전득자) 간의 취소로서 충분히 달성되며, 또한 일정한 경우(예: 수익자는 악의이나 전득자가 선의인 경우)에 채무자와 수익자 간의 법률관계를 유효한 것으로 하여 제3자(예: 선의의 전득자)를 보호함으로써 거래안전을 고려한 것이다.

채권자취소권이 행사되면, 취소에 따라서 회복되는 재산은 취소채권자 뿐만 아니라 다른 모든 채권자의 이익을 위해서 효력이 있다(제407조). 따라서 반환된 재산으로부터 취소채권자가 우선변제를 받는 것이 아니므로, 반환된 재산의 강제집행시에 다른 채권자들도 배당에 참가할 수 있다. 다만 그 예외로서 취소채권자가 금전인 재산의 반환이나 가액배상을 직접 수령하는 경우, 상계요건을 갖추고 있다면 자신의 채권과 상계(제492조 이하)를 하여 사실상 우선변제를 받는 결과를 얻을 수도 있다.

---

49) 채권자취소의 효력이 채권자와 수익자 간에만 있다고 보게 되면, 수익자가 재산을 반환하더라도 이 재산은 채무자의 것이 아니므로, 채권자가 그에 대하여 강제집행을 할 수 없다는 이론적 문제가 생긴다. 다만 채권자가 반환된 재산에 강제집행을 하더라도 수익자 역시 자기 재산이라고 주장할 수 없으므로, 강제집행의 실무에서는 문제가 되지 않을 것이다. 그럼에도 불구하고 상대적 효력설의 이런 문제는 입법적으로 시정되어야 할 것이다.

제8강 채권양도와 채무인수

Ⅰ. 채권양도

1. 의의

(1) 개념

채권양도(債權讓渡)란 채권자(양도인)에 의해 채권이 그 동일성을 유지하면서 법률행위에 의해 새로운 채권자(양수인)에게 이전하는 것을 말한다. 채권양도를 통해서 채권에 확보된 재산적 가치가 처분되는 것으로서 채권의 행사주체의 당사자의 변경을 가져 오게 된다. 채권양도는 변제기 이전에 채권을 매도함으로써 자금을 조기에 회수할 목적으로 주로 활용된다. 변제기가 아직 1년이 남은 1억 원의 채권을 가진 채권자가 채권을 제3자(양수인)에게 양도하고 그로부터 양수대금을 수령함으로써 조기에 채권액을 확보하는 경우가 이에 해당한다. 이 밖에도 채권의 추심을 목적으로 채권을 양도하는 경우도 있고, 담보목적으로 채권양도가 활용되기도 한다.

(2) 경개와 구별

채권양도는 채권자의 변경을 가져온다는 점에서 경개와 유사하지만, 양도에도 불구하고 채권의 동일성이 유지된다는 점에서 경개와 구별된다. 채권양도인지 경개계약인지는 당사자의 의사에 따라 구분되나 그 구별이 불분명한 경우, 채권자가 담보를 잃고 채무자가 항변권을 잃게 되는 경개가 아닌 채권양도로 보아야 할 것이다(판례).

(3) 채권양도의 방식

채권양도의 방식이나 요건은 채권의 종류마다 다르다. 민사상 대표적인 채권인 지명채권의 경우에는 채무자에 대한 통지나 채무의 승낙이 그 요건이 된다. 반면 증권적 채권(지시채권·무기명채권)의 양도는 배서나 증권의 교부 등의 요건을 필요로 한다.

2. 지명채권의 양도

[사례 27] 甲은 乙에 대한 1,000만 원의 외상대금채권을 가지고 있다. 이에 대한 물음에 대하여 답하시오.
(1) 甲이 외상대금채권을 丙에게 양도하였으나, 채무자 乙에게 통지하거나 그의 승낙을 얻지 않았다. 이때 丙은 乙에 대하여 변제를 요구할 수 있는가?
(2) 甲이 외상대금채권을 丙에게 양도하면서 통지나 승낙의 요건을 갖추지 않았으나, 丁에게 이중으로 채권을 양도하면서 乙에게 그 사실을 통지한 경우라면, 채권을 행사할 수 있는 자는 누구인가?
(3) 甲이 외상대금채권을 丙에게 양도하면서 乙에게 통지를 하였고, 이를 다시 丁에게 이중으로 양도하면서 확정일자부 증서로 乙에게 통지한 경우라면, 채권을 행사할 수 있는 자는 누구인가?
(4) 甲이 외상대금채권을 丙에게 양도하면서 확정일자부 증서로 乙에게 통지를 하였고, 이를 다시 丁에게 이중으로 양도하면서 확정일자부 증서로 乙에게 통지한 경우라면, 채권을 행사할 수 있는 자는 누구인가?
☞ 해 설 : (1) 甲과 丙 간에 채권양도가 있더라도 채무자인 乙에게 통지나 그의 승낙을 얻지 못하였으므로, 丙은 乙에게 채권양도를 주장할 수도 없고, 그에 따른 변제를 요구할 수도 없다. 이때 乙은 甲에게 변제할 수 있다.
(2) 丙은 통지·승낙의 요건을 갖추지 못한 양수인으로서 채권양도로써 乙에게 대항할 수 없지만, 丁은 통지·승낙요건을 갖춘 양수인으로서 乙에게 채권양도를 주장할 수 있다. 따라서 乙에 대해서 丁만이 채권을 행사할 수 있다.
(3) 丙은 단순 통지만 있는 양수인이고, 丁은 확정일자부 증서로 통지된 양수인인데, 이때 丙과 丁 간에는 丁이 우선한다(제450조 2항). 따라서 乙에 대해서 丁이 채권을 행사할 수 있다.
(4) 丙과 丁 모두 확정일자부 증서로 통지된 양수인인데, 이에 대해서는 확정일자설과 통지도달시설이 대립한다. 판례는 이 경우 丙과 丁 중에 채무자인 乙에게 통지가 먼저 도달한 자가 채권을 행사할 수 있다고 본다.

[사례 28] 甲은 乙에 대한 임차보증금반환채권을 丙에게 양도하고 이를 확정일자 있는 내용증명우편으로 乙에게 통지하였다. 甲의 채권자 丁 역시 위 채권에 대하여 법원의 가압류결정을 받았고, 이에 乙에게 가압류결정정본이 송달되었다. 그런데 위 확정일자와 가압류일자가 같고, 위 양도통지와 가압류결정 정본은 乙에게 같은 날 동시에 도달하였다. 이때 채무자 乙은 누구에게 변제를 하여야 하는가?
☞ 해 설 : 우선 丙은 채무자 乙에 대하여 통지를 통하여 대항요건을 갖추었다. 그리고 丁은 가압류채권자로서 가압류결정정본이 도달한 시점에 통지요건을 갖추었다(대판 1994. 4. 26, 93다24223). 그리고 양수인 丙과 丁 모두 확정일자부 통지를 갖추었고, 확정일자와 통지도달시점이 동일하다. 이에 대해서 확정일자설이나 도달시설 중 어느 견해에 따르더라도 결론이 나지 않는다. 이 경우 판례에 따르면 채무자 乙은 丙과 丁 중에 누구에게라도 유효한 변제를 할 수 있고(단, 이때 변제 받은 자는 다른 양수인에 대하여 채권액에 비례하여 배분의무가 있음),

또한 이중변제의 위험을 피하기 위하여 채권자를 알 수 없다는 이유로 변제공탁을 할 수도 있다(대판 2004. 9. 3, 2003다22561).

제449조 (채권의 양도성) ① 채권은 양도할 수 있다. 그러나 채권의 성질이 양도를 허용하지 아니하는 때에는 그러하지 아니하다.
② 채권은 당사자가 반대의 의사를 표시한 경우에는 양도하지 못한다. 그러나 그 의사표시로써 선의의 제3자에게 대항하지 못한다.

제450조 (지명채권양도의 대항요건) ① 지명채권의 양도는 양도인이 채무자에게 통지하거나 채무자가 승낙하지 아니하면 채무자 기타 제3자에게 대항하지 못한다.
② 전항의 통지나 승낙은 확정일자 있는 증서에 의하지 아니하면 채무자 이외의 제3자에게 대항하지 못한다.

제451조 (승낙, 통지의 효과) ① 채무자가 이의를 보류하지 아니하고 전조의 승낙을 한 때에는 양도인에게 대항할 수 있는 사유로써 양수인에게 대항하지 못한다. 그러나 채무자가 채무를 소멸하게 하기 위하여 양도인에게 급여한 것이 있으면 이를 회수할 수 있고 양도인에 대하여 부담한 채무가 있으면 그 성립되지 아니함을 주장할 수 있다.
② 양도인이 양도통지만을 한 때에는 채무자는 그 통지를 받은 때까지 양도인에 대하여 생긴 사유로써 양수인에게 대항할 수 있다.

제452조 (양도통지와 금반언) ① 양도인이 채무자에게 채권양도를 통지한 때에는 아직 양도하지 아니하였거나 그 양도가 무효인 경우에도 선의인 채무자는 양수인에게 대항할 수 있는 사유로 양도인에게 대항할 수 있다.
② 전항의 통지는 양수인의 동의가 없으면 철회하지 못한다.

(1) 지명채권과 양도성

채권자가 특정되어 있고, 그 채권의 성립과 양도를 위해서 증서의 작성이나 교부를 필요로 하지 않는 채권을 지명채권(指名債權)이라고 한다. 대여금반환채권, 공사대금채권, 임금채권 등과 같은 민법상 채권이 주로 이에 해당한다.

지명채권은 원칙적으로 양도성이 인정되나 일정한 경우 양도가 제한될 수 있다. 첫째, 채권의 성질에 의해 양도가 제한될 수 있는데, 채권의 성질상 채권자가 변경되면 그 동일성을 유지할 수 없거나 채권의 목적을 달성할 수 없는 경우가 이에 해당한다. 그리고 채무자의 이익보호를 위하여 양도기 제한될 수도 있다. 예를 들어 교습채권이나 부양청구권, 위임계약상 위임인의 채권, 조합계약상 채권의 경우에는 계약의 성질과 채권의 목적에 비추어 그 양도가 제한된다.50) 임차권이나 사용자의 노무제공청구권, 사용차주의 채권 등은 채무자의 승낙이 있는 경우에는 그 양도가 가능하다(상대적 양도제한). 둘째, 당사자의 의사표시, 즉 양도금지특약이 있는 경우 그에 따라 채권의 양도가 금지될 수 있다(제449조 2항 본문). 다만 양도금지특약으로써 선의의 제3자에 대하여 대항할 수 없다(동조 2항 단서).51) 또한 양도금지특약에 의해서 압류나 전부명령이 방해받지 않는다(대판 2002. 8. 27. 2001다71699). 셋째, 법률에 의하여 양도가 금지된 채권은 당사자의 합의에 의해서도 양도할 수 없고, 압류할 수도 없다.52) 부양청구권(제979조), 근로기준법상 재해보상청구권(동법 제86조), 산업재해보상보험급여청구권(산업재해보상보험법 제88조), 선원법상 실업수당·퇴직금·송환수당·질병수당 등(동법 제152조), 국민연금법상 급여청구권(동법 제58조), 각종의 연금법상 연금청구권 등이 이에 해당한다.

(2) 지명채권양도의 채무자에 대한 대항요건(제450조 1항)

채권양도는 양도인(채권자)과 양수인 간의 합의만으로 성립하나 이로써 채무자에게 대항하기 위해서는 채무자에게 양도사실을 통지하거나 승낙을 얻어야 한다. 채무자에의 이러한 대항요건은 채권양도사실을 모르는 경우에 발생할지 모르는 이중변제의 위험으로부터 채무자를 보호하는데 있다.

채무자에 대한 통지(通知)란 채권양도가 있었다는 사실을 알리는 행위로서 관념의 통지에 해당하고, 양도인(채권자)이 채무자에게 해야 한다. 따라서 양수인이 채무자에게 통지하더라도 이로서 대항력이 발생하지 않는다.53) 그리고 채권양도의 통지는 채권양도와 동시에 또는 사후에 할 수도 있다.54) 그리고 채권양도에도 불구하고 채권은 그 동일성이 유지되므로, 채권에 부착된 항변

---

50) 판례는 전세금반환청구권이나 임차보증금채권을 전세권이나 임차권과 분리하여 양도하는 것을 허용한다.
51) 판례에 따르면 제449조 2항 단서의 "선의의 제3자"는 중과실이 없으면 족하고, 무과실일 것까지 요구하지 않는다(대판 1996. 6. 28. 96다18281; 대판 2000. 4. 7. 99다52817).
52) 그러나 압류금지채권이 반드시 양도할 수 없는 것은 아니다.
53) 다만 양수인은 양도인에게 통지할 것을 청구할 수 있고, 양수인이 양도인의 사자(使者)나 대리인으로서 양도사실을 통지할 수도 있다.
54) 사후통지의 경우 통지된 때로부터 대항력이 발생한다. 그리고 사전통지의 경우 채무자로 하여금 양도시기를 확정할 수 없는 불안한 상태를 만들기 때문에 원칙적으로 허용되지 않는다(대판 2000. 4. 11. 2000다2627).

사유도 채권과 함께 양수인에게 이전한다. 따라서 채무자의 승낙 없이 양도통지만이 있는 경우 채무자는 그 통지 전에 양도인에 대하여 생긴 사유로서 양수인에게 대항할 수 있다(제451조 1항). 예를 들어 통지 이전에 양도인(채권자)이 채무자에게 일부면제를 한 경우, 채무자는 일부면제를 양수인에게도 주장할 수 있다.

채무자가 채권양도의 사실을 인식하고 있음을 알리는 승낙(承諾)을 한 경우에도 채권양도에 대한 대항력이 발생한다. 승낙의 통지는 채무자가 양도인 또는 양수인에게 할 수 있다. 승낙의 시기는 통지와 달리 사전승낙도 유효하다. 그리고 채무자가 채권양도에 대하여 양도인에게 주장할 수 있는 항변을 유보하고 승낙한 경우, 즉 "이의를 유보한 승낙"을 한 경우 그 효과는 통지와 동일하다. 반면 "이의를 유보하지 않은 승낙"을 한 경우, 이때 채무자는 양도인에게 대항할 수 있는 사유로써 양수인에게 대항하지 못한다(제451조 1항).

통지나 승낙이 있는 경우 양수인은 채권자에 갈음하여 채무자에 대하여 채권의 변제를 청구할 수 있다. 통지나 승낙 이후에 양도인과 채무자 사이에 행해진 변제·면제 등의 면책행위는 무효가 된다. 그리고 양도인이 채무자에게 채권양도를 통지한 때에는 아직 양도하지 아니하였거나 그 양도가 무효인 경우에도 선의인 채무자는 양수인에게 대항할 수 있는 사유로 양도인에게 대항할 수 있다(제452조 1항). 그러나 통지나 승낙이 없는 이상 채무자가 양도사실을 안 경우에도 양수인은 채무자에 대하여 채권양도를 주장할 수 없다. 다만 채무자가 양도를 인정하여 양수인에게 변제를 하는 경우 이는 유효한 변제가 된다(비채변제 아님).

(3) 채무자 이외의 제3자에 대한 대항요건(제450조 2항)

채무자 이외의 제3자에 대한 대항요건은 채권의 이중양도(이중매도)나 채권에 대한 질권설정·압류·전부 등이 경합한 경우에 어느 권리변동을 우선할지를 정하는 기준, 즉 채권에 대한 제3자 간 우열의 확정에 대한 것이다. 지명채권의 경우 채권양도의 공시방법은 제3자에 대한 대항요건도 채무자에 대한 요건과 마찬가지로 채무자에 대한 통지나 승낙이지만(제450조 1항), 공시시기는 그 통지나 승낙의 확정일자를 기준으로 정하게 된다(제450조 2항).

채무자 이외의 제3자에게 채권양도를 주장하기 위하여 양수인은 채권양도가 확정일자 있는 증서로 통지나 승낙이 있었음을 증명해야 한다. 이때 확정일자란 당사자가 이후에 변경하지 못한다는 의미에서의 확정된 일자로서 법률상 인정되는 일자를 말한다. 따라서 공증인이나 법원서기에 의한 확정일자인이 있는 경우, 내용증명우편의 일자와 같이 공무소에서 사문서에 일정한 사항을 기입하고 이에 일자를 기재한 경우가 이에 해당한다. 그리고 채무자 이외의 제3자란 채권에 대해서 법률상 이익을 가지는 자 또는 그 채권에 대해 양수인의 지위와 병립할 수 없는 법률상 지위를 취득한 자를 말한다. 채권의 이중양수인, 채권질권자, 채권을 압류한 양도인의 채권자 등이 이에 해당한다.

(4) 채권양도의 유형과 대항요건

① 대항요건 없이 채권양도만 있는 경우 : 채무자에 대한 통지나 채무자의 승낙을 갖추지 않은 이상 채무자에게 채권양도를 주장할 수 없다. 채무자는 종래 채권자(양도인)에게 변제하여도 무방하다. 그리고 이때 이중양수인 간에는 우열이 없다.

② 통지·승낙이 없는 경우와 통지·승낙이 있는 경우 : 1인의 양수인에게만 양도가 행해지고 통지나 승낙의 요건이 갖추어진 경우나 이중양도에서 어느 한 양도인에 관해서만 통지나 승낙이 행해진 경우 그 양수인은 채무자에게 대항할 수 있다. 즉, 이 경우 채무자와의 관계에서 통지나 승낙을 갖춘 양수인만이 진정한 권리자가 된다.

③ 이중양도시 모두 통지가 있는 경우 : 이중양도가 행해지고 각 양도에 대해 모두 통지가 행해진 경우 각 양수인은 상호 간에 대항할 수 없는 결과 채무자에 대해서도 대항할 수 없다. 다만 이때 채무자는 임의로 1인의 양수인을 선택하여 유효하게 변제할 수 있다.55)

④ 단순한 통지와 확정일자 있는 증서에 의해 통지가 행해진 경우 : 이중양수인 중에서 1인은 확정일자부 증서에 의한 통지를, 다른 1인은 단순한 통지만 있는 경우 확정일자부 증서에 의해 통지된 양수인만이 진정한 권리자가 된다.56)

---

55) 다만 이에 대하여 통지의 도달 선후에 따라서 그 우열을 정해야 한다는 견해가 있다.

⑤ 각 양도에 모두 확정일자부 증서에 의한 통지가 있는 경우 : 확정일자에 따라 우열을 정한다는 확정일자설(다수설)과 확정일자가 아닌 채무자에게 통지가 도달한 시점을 가지고 우열을 정한다는 통지도달시설(판례)이 있다.

⑥ 각 양도에 모두 확정일자부 증서에 의한 통지가 있고, 통지가 동시에 도달한 경우 : 확정일자설에 따르면 확정일자에 따라서 우열이 정해진다. 반면 판례와 같이 도달시설을 따르게 되면 각 양수인이 모두 요건을 갖춘 것이 된다. 이때 각 양수인은 다른 양수인에 대하여 자기만이 유일한 우선적 양수채권자라는 주장을 할 수 없으나, 채무자는 양수인 중 1인의 청구를 동 순위의 다른 양수인이 있음을 이유로 거절할 수 없다. 채무자로부터 변제를 받은 양수인은 내부적으로 각자의 양수채권액에 따라 양도채권액을 안분하여 다른 동순위양수인에게 정산·분배해야 한다.

3. 증권적 채권의 양도

증권적 채권이란 채권의 성립, 양도 및 행사 등에 그 채권의 존재를 표상하는 증권을 필요로 하는 채권을 말한다. 지시채권·무기명채권·지명소지인출급채권이 이에 해당한다. 증권적 채권은 양도성을 그 본질로 하기 때문에 유통성과 안정성이 특히 고려되어야 한다. 증권적 채권 중 어음, 수표, 화물상환증, 창고증권, 선하증권과 같은 지시채권을 양도하기 위해서는 증서에 배서하고, 증권을 양수인에게 교부해야 한다(제508조). 반면 무기명사채, 무기명수표, 상품권, 승차권, 극장입장권 등과 같은 무기명채권의 양도는 양수인에게 그 증서를 교부함으로써 효력이 발생한다(제523조). 그리고 지명소지인출급채권은 무기명채권과 동일하다(제525조).

II. 면책적 채무인수

[사례 29] 甲과 乙은 동업을 하다가 乙이 다른 사업을 하게 되어 2018년 3월에 상호 간에 동업관계를 청산하기로 하였다. 동업관계의 청산 명목으로 甲이 乙에게 5억 원을 지급하기로

---

56) 확정일자부 증서에 의한 통지가 단순한 통지보다 늦게 도달한 경우에도 마찬가지이다. 또한 단순한 통지가 아닌 이의 없는 승낙보다도 확정일자부 증서에 의한 통지가 우선한다.

하였는데, 이 중 3억 원은 2018년 4월에 甲이 乙에게 지급하였으나 나머지 2억 원은 향후 준비 되는대로 지급하기로 하였다. 그러다가 2019년 1월에 甲은 사업체와 관련 시설 일체를 丙에게 매도하기로 하면서, 매매대금을 총 8억 원으로 정하고 이 중 6억 원은 丙이 즉시 甲에게 지급하고, 나머지 2억 원은 甲의 乙에 대한 채무를 丙이 인수하기로 하였다. 이때 乙은 누구를 상대로 동업청산금 중 미지급금액을 청구할 수 있는가?

☞ 해 설 : 사안에서 丙이 甲의 乙에 대한 채무를 인수하기로 한 것이 채무인수가 되기 위해서는 채권자 乙의 승낙이 있어야 한다. 그러나 사안에서 乙의 승낙이 없으므로 이를 면책적 채무인수로 볼 수 없다. 따라서 이런 경우 甲·丙 간의 합의만으로 甲이 乙에 대한 채무를 면하지 못한다. 위 사안에서 특별한 사정이 없는 이상 甲·丙 간의 약정은 이행인수로 볼 수 있다. 이행인수의 효과는 甲·丙사이에서만 존재하는 것이므로, 乙은 본래의 채무자인 甲에 대해서 채무이행을 청구할 수 있고, 丙에 대해서는 채무이행을 청구할 수 없다.

1. 채무인수의 개념

채무인수(債務引受)란 채무를 동일성을 유지하면서 인수인에게 이전시키는 계약을 말한다. 채무의 동일성이 유지된다는 점에서 경개와 구별된다. 채무인수는 채무자의 변경을 가져오는 것이므로, 채권자는 이에 대해 밀접한 이해관계를 가질 수밖에 없다. 따라서 채무인수는 항상 채권자의 동의(승낙)가 전제되는 경우에만 효력을 가진다. 채무인수에는 종전의 채무자가 채무로부터 벗어나는 면책적 채무인수와 새로운 채무자가 종전의 채무자와 더불어 채무를 부담하게 되는 병존적 채무인수가 있다. 채무인수의 전형적인 유형은 면책적 채무인수라고 할 수 있다.

2. 채무의 이전성

채무는 그 급부가 부대체적인 경우를 제외하고는 원칙적으로 이전성이 인정된다. 다만 노무급부의무나 수임인의 의무, 수치인의 보관의무 등은 급부의 성질상 이전이 제한될 수 있다. 그리고 당사자는 (채무인수금지)특약으로서 이전을 제한 내지 금지할 수 있다.

3. 채무인수의 유형과 요건

제453조 (채권자와의 계약에 의한 채무인수) ① 제3자는 채권자와의 계약으로 채무를 인수하여 채무자의 채무를 면하게 할 수 있다. 그러나 채무의 성질이 인수를 허용하지 아니하는 때에는 그러하지 아니하다.
② 이해관계 없는 제3자는 채무자의 의사에 반하여 채무를 인수하지 못한다.

제454조 (채무자와의 계약에 의한 채무인수) ① 제3자가 채무자와의 계약으로 채무를 인수한 경우에는 채권자의 승낙에 의하여 그 효력이 생긴다.
② 채권자의 승낙 또는 거절의 상대방은 채무자나 제3자이다.

제455조 (승낙여부의 최고) ① 전조의 경우에 제3자나 채무자는 상당한 기간을 정하여 승낙여부의 확답을 채권자에게 최고할 수 있다.
② 채권자가 그 기간 내에 확답을 발송하지 아니한 때에는 거절한 것으로 본다.

제456조 (채무인수의 철회, 변경) 제3자와 채무자 간의 계약에 의한 채무인수는 채권자의 승낙이 있을 때까지 당사자는 이를 철회하거나 변경할 수 있다.

제457조 (채무인수의 소급효) 채권자의 채무인수에 대한 승낙은 다른 의사표시가 없으면 채무를 인수한 때에 소급하여 그 효력이 생긴다. 그러나 제3자의 권리를 침해하지 못한다.

제458조 (전채무자의 항변사유) 인수인은 전채무자의 항변할 수 있는 사유로 채권자에게 대항할 수 있다.

제459조 (채무인수와 보증, 담보의 소멸) 전채무자의 채무에 대한 보증이나 제3자가 제공한 담보는 채무인수로 인하여 소멸한다. 그러나 보증인이나 제3자가 채무인수에 동의한 경우에는 그러하지 아니하다.

(1) 채권자·채무자·인수인의 삼면계약에 의한 채무인수

별도의 요건을 요하지 않으며, 이러한 채무인수계약은 3자간 계약을 통하여 채무의 귀속주체를 변경시키는 준물권행위라고 볼 수 있다. 이에 반해 인수인의 관점에서는 채무를 부담하는 채권행위가 존재하고, 동시에 채권자의 입장에서는 채권을 처분하는 준물권행위가 존재한다는 견해도 있다.

(2) 채권자와 인수인 사이의 계약에 의한 채무인수(제453조 1항)

이때 채무자의 동의나 수익의 의사표시를 요하지 않는다. 다만 이해관계 없는 제3자는 채무자의 의사에 반하여 채무를 인수하지 못한다(제453조 2항).

(3) 채무자와 인수인 간의 계약에 의한 채무인수(제454조 1항)

채권자의 승낙이 있어야 효력이 발생한다. 이때 승낙(또는 거절)의 의사표시는 채무자 또는 인수인에게 하여도 무방하다(제454조 2항). 채권자의 승낙이 있는 경우 채무인수의 효력은 원칙적으로 채무를 인수한 시점으로 소급하여 효력이 발생한다(제457조). 이 경우 채무자와 인수인은 채권자에게 상당한 기간을 정하여 승낙여부의 확답을 최고할 수 있고, 그 기간 내에 확답을 발하지 않는 경우 거절한 것이 된다(제455조). 그리고 채무자와 인수인은 채권자의 승낙이 있을 때까지 채무인수를 철회하거나 변경할 수 있다(제456조).

4. 채무인수의 효과

채무인수를 통해서 전(前) 채무자는 채무를 면하고 인수인이 채무를 부담하게 된다. 이전의 효과는 우선 채권자·채무자·인수인 또는 채권자·인수인 간의 채무인수의 경우에는 계약성립 시에, 반면 채무자·인수인 간의 채무인수약정의 효력은 채권자의 승낙이 있는 때에 발생하나(제454조 1항), 이때 승낙은 다른 의사표시가 없으면 채무인수 시(채무자·인수인 간 인수계약성립시)에 소급한다(제457조 본문).

채무인수에 따라 인수인은 전 채무자가 가지고 있던 항변사유(예: 계약불성립, 취소, 채무면제, 동시이행의 항변권 등)로써 채무의 성립·존속·이행을 저지 내지 배척하는 모든 사유를 주장할 수 있다. 그리고 채무의 이전에 따라 그에 수반한 종된 채무(예: 이자채무, 위약금채무 등)도 같이 이전한다. 전 채무자가 설정한 담보(예: 질권, 저당권)도 원칙적으로 소멸하지 않고 이전하게 되지만, 채권자와 채무자 간의 계약에 의한 채무인수의 경우 전 채무자가 설정한 담보는 소멸한다. 그리고 제3자가 전 채무자의 채무에 대하여 보증하거나 물상보증인이 된 경우, 채무인수에 이들이 동의하지 않는 이상 채무인수로 인하여 보증이나 물상보증은 소멸한다(제459조). 왜냐하면 보증인이나 물상보증인의 경우 채무인수를 통해 장래 발생할 수 있는 구상채무자의 자력에 변동이 생길 수 있기 때문이다.

[판례 73] 채무인수와 이행인수의 구별(대판 1990. 1. 25, 88다카29467)
근저당권이 설정된 부동산에 관하여 그 매수인이 소유자 겸 채무자와의 계약으로 그 피담보채무를 인수하는 경우 그 채무인수에 관하여 채권자의 묵시의 승낙이 있는 것으로 보아야 할 경험칙이 있다고 할 수 없고, 또 그러한 거래의 관행이 있다고 인정할 증거도 없다면 채권자의 승낙이 없는 이상 채무자를 면책시키는 채무인수로 볼 수 없고 이행인수로 보아야 한다.

[판례 74] 면책적 채무인수와 저당권의 소멸여부(대판 1996. 10. 11, 96다27476)
면책적 채무인수라 함은 채무의 동일성을 유지하면서 이를 종래의 채무자로부터 제3자인 인수인에게 이전하는 것을 목적으로 하는 계약을 말하는바, 채무인수로 인하여 인수인은 종래의 채무자와 지위를 교체하여 새로이 당사자로서 채무관계에 들어서서 종래의 채무자와 동일한 채무를 부담하고 동시에 종래의 채무자는 채무관계에서 탈퇴하여 면책되는 것일 뿐 종래의 채무가 소멸하는 것이 아니므로, 채무인수로 종래의 채무가 소멸하였으니 저당권의 부종성으로 인하여 당연히 소멸한 채무를 담보하는 저당권도 소멸한다는 법리는 성립하지 않는다.

Ⅲ. 병존적 채무인수

[사례 30] 甲은 고속도로를 운행하던 중 졸음운전으로 중앙선을 침범하였고, 마주오던 반대편 차선의 乙의 차량과 충돌하였다. 이에 乙의 차량이 손상되고, 乙은 전치 5주의 상해를 입었다. 사고 당시 甲은 H보험사의 자동차책임보험에 가입된 상태였다. 이때 H보험사의 법적 지위는?
☞ 해 설 : 피해자 乙에 대하여 채무를 부담하는 자는 가해자인 甲이지만, 상법 제724조 2항에 따라서 乙은 甲의 보험회사인 H사에 대하여 직접 보험금을 청구할 수 있고, H사 역시 乙에게 직접 보험금을 지급할 수 있다. 이것은 보험자가 피보험자인 甲과 병존적으로 乙에 대한 채무를 인수한 것이라고 볼 수 있다. 판례 역시 H사가 乙에게 보험금을 직접 지급한 것은 자신의 손해배상채무로서 변제한 것이며, 타인의 채무인 甲의 채무를 대신 변제한 것이 아니라고 본다 (대판 2000. 12. 8, 99다37856).

1. 개념 및 법적 성질

채무자의 채무는 면제시키지 않고 새로운 채무자(인수인)가 종전 채무자와 병존적으로 채무를 부담하는 계약을 병존적 채무인수 내지 중첩적 채무인수라고 한다. 병존적 채무인수는 채권자와 채무자 간의 관계에는 아무런 변화가 없이 인수인이 부가적으로 채무를 부담하는 것으로서, 채권사의 입징에서 보면 채권의 담보적 기능을 한다. 이러한 병존적 채무는 면책적 채무인수와 달리 처분행위가 아닌 인수인만이 의무를 부담하게 되는 의무부담행위, 즉 채권행위로서의 성질을 가진다.

2. 면책적 채무인수와의 구별

채무인수가 면책적인 것인지 병존적인 것인지는 당사자의 의사에 따라 결정되므로, 양자의 구분은 결국 의사해석의 문제에 해당한다. 다만 양자 중 어느 것인지 불분명할 경우, 병존적 채무인수로 보아야 한다. 왜냐하면 책임재산의 변동을 가져오는 면책적 채무인수는 채권자에게 불리한 것이기 때문이다(대판 2002. 9. 24, 2002다36228).

3. 병존적 채무인수의 효과

병존적 채무인수의 경우에는 종전의 채무자가 채무를 그대로 부담한 상태에서, 인수인이 채무자와 동일한 내용의 채무를 부담하게 된다. 다만 채무자와 인수인 간의 관계에 대해서는 부진정연대채무라는 견해와 연대채무라는 견해가 대립한다. 판례는 이들 간의 주관적 공동관계가 있으면 연대채무로, 그렇지 않으면 부진정연대채무로 판단한다(대판 2009. 8. 20, 2009다32409).

[판례 75] 병존적 채무인수와 이행인수의 구별 1(대판 1997. 10. 24, 97다28698)
[1] 제3자를 위한 계약이라 함은 통상의 계약이 그 효력을 당사자 사이에서만 발생시킬 의사로 체결되는 것과는 달리 계약 당사자가 자기들 명의로 체결한 계약에 의하여 제3자로 하여금 직접 계약 당사자의 일방에 대하여 권리를 취득하게 하는 것을 목적으로 하는 계약인바, 어떤 계약이 제3자를 위한 계약에 해당하는지 여부는 당사자의 의사가 그 계약에 의하여 제3자에게 직접 권리를 취득하게 하려는 것인지에 관한 의사해석의 문제로서 이는 계약 체결의 목적, 계약에 있어서의 당사자의 행위의 성질, 계약으로 인하여 당사자 사이 또는 당사자와 제3자 사이에 생기는 이해득실, 거래 관행, 제3자를 위한 계약제도가 갖는 사회적 기능 등 제반 사정을 종합하여 계약 당사자의 합리적 의사를 해석함으로써 판별할 수 있다.
[2] 채무자와 인수인의 계약으로 체결되는 병존적 채무인수는 채권자로 하여금 인수인에 대하여 새로운 권리를 취득하게 하는 것으로 제3자를 위한 계약의 하나로 볼 수 있고, 이와 비교하여 이행인수는 채무자와 인수인 사이의 계약으로 인수인이 변제 등에 의하여 채무를 소멸케 하여 채무자의 책임을 면하게 할 것을 약정하는 것으로 인수인이 채무자에 대한 관계에서 채무자를 면책케 하는 채무를 부담하게 될 뿐 채권자로 하여금 직접 인수인에 대한 채권을 취득케 하는 것이 아니므로 결국 제3자를 위한 계약과 이행인수의 판별 기준은 계약 당사자에게 제3자 또는 채권자가 계약 당사자 일방 또는 인수인에 대하여 직접 채권을 취득케 할 의사가 있는지

여부에 달려 있다 할 것이고, 구체적으로는 계약 체결의 동기, 경위 및 목적, 계약에 있어서의 당사자의 지위, 당사자 사이 및 당사자와 제3자 사이의 이해관계, 거래 관행 등을 종합적으로 고려하여 그 의사를 해석하여야 한다.
[3] 부동산을 매매하면서 매도인과 매수인 사이에 중도금 및 잔금은 매도인의 채권자에게 직접 지급하기로 약정한 경우, 그 약정은 매도인의 채권자로 하여금 매수인에 대하여 그 중도금 및 잔금에 대한 직접청구권을 행사할 권리를 취득케 하는 제3자를 위한 계약에 해당하고 동시에 매수인이 매도인의 그 제3자에 대한 채무를 인수하는 병존적 채무인수에도 해당한다.

[판례 76] 병존적 채무인수와 이행인수의 구별 2(대판 2008. 3. 13, 2007다54627)
사업이나 부동산을 매수하는 사람이 근저당채무 등 그 부동산에 결부된 부담을 인수하고 그 채무액만큼 매매대금을 공제하기로 약정하는 경우에, 매수인의 그러한 채무부담의 약정이 이행인수에 불과한지 아니면 병존적 채무인수 즉 제3자를 위한 계약인지를 구별하는 판별 기준은, 계약 당사자에게 제3자 또는 채권자가 계약 당사자 일방 또는 채무인수인에 대하여 직접 채권을 취득케 할 의사가 있는지 여부에 달려 있다. 구체적으로는 계약 체결의 동기, 경위 및 목적, 계약에 있어서의 당사자의 지위, 당사자 사이 및 당사자와 제3자 사이의 이해관계, 거래 관행 등을 종합적으로 고려하여 그 의사를 해석하여야 하는 것인데, 인수의 대상으로 된 채무의 책임을 구성하는 권리관계도 함께 양도한 경우이거나 채무인수인이 그 채무부담에 상응하는 대가를 얻을 때에는 특별한 사정이 없는 한 원칙적으로 이행인수가 아닌 병존적 채무인수로 보아야 한다.

제9강 변제·대물변제

Ⅰ. 채권의 소멸

1. 채권소멸의 원인

당사자의 약정(계약)이나 법률규정에 따라 발생한 채권관계는 채무자의 이행행위로 인해 그 목적이 달성되어 소멸하거나 또는 채무자의 채무이행으로 채권자가 계약을 해제함으로써 종료된다. 예를 들어 부동산매매계약에서 매도인이 약속한 날짜에 부동산의 소유권을 이전해주고, 매수인이 약속한 날짜에 매매대금을 지급하게 되면, 이때 매도인과 매수인이 가지고 있던 채권이 모두 만족을 얻게 되어 매매계약은 종료하게 된다. 또한 교통사고로 인한 불법행위에서 가해자(채무자)가 피해자(채권자)에게 치료비 등의 손해를 배상하게 되면, 이때 채권자인 피해자의 채권이 만족을 얻게 되고 이로써 손해배상채권관계가 종료하게 된다. 이와 달리 부동산매매계약에서 매도인이 부동산의 소유권을 이전하지 않거나 매수인이 매매대금을 지급하지 않으면, 불이행의 상대방은 일정한 절차에 따라 계약을 해제할 수 있고, 이때에도 계약관계는 종료하게 된다.[57]

채권관계 및 채권이 소멸하게 되는 원인은 채무자의 이행을 통한 경우, 대표적으로 변제를 통한 경우가 일반적이다. 변제란 채무자의 채무내용에 좇은 급부의 실현 내지 이행을 말하는 것인데, 민법은 채권소멸원인으로서 변제 이외에도 다양한 원인을 규정하고 있다.

---

[57] 반면 교통사고로 인한 손해배상 등 불법행위에 있어서는 계약관계와 달리 (당사자 간에 계약관계가 처음부터 존재하지 않으므로) 채무불이행으로 인한 계약해제는 인정되지 않는다. 위 예에서 가해자가 피해자에게 손해배상채무를 이행하지 않게 되면, 피해자는 이를 소송을 통해서 실현하게 될 것이다.

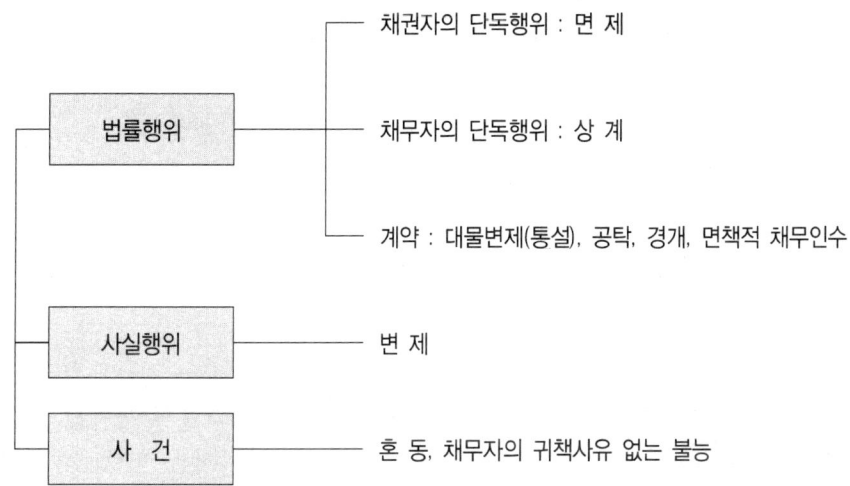

2. 목적도달과 목적부도달

채권관계가 채무자의 급부행위와 상관없이 소멸하는 경우로써 목적도달과 부도달의 경우가 있다. 예를 들어 의사가 환자를 치료하기 위해서 가던 도중에 환자가 병에서 회복하거나, 선박을 인양하기 위하여 예인선이 연락을 받고 가던 도중에 선박이 저절로 요구조상태에서 벗어난 경우가 바로 목적도달의 경우이고, 반면 의사가 도착하기 전에 환자가 사망하거나 예인선이 도착하기 전에 선박이 침몰한 경우가 목적부도달에 해당한다. 이때에 채무자(의사, 예인선박주)가 이행을 위해서 소요한 비용상환의 문제가 발생한다. 하지만 민법은 이러한 목적의 도달·부도달에 대해서 규율하고 있지 않다.

II. 변제

1. 변제의 의의

(1) 개념

변제(辨濟)란 채무자 또는 제3자의 급부행위에 의하여 채권이 만족을 얻어 채권의 소멸이라는 법률효과를 가져오는 법률요건을 말한다. 다시 말해 채무자가 채권관계에 따른 급부를 실현하는 것을 변제라고 한다. 예를 들어 매도인이 매수인에게 물건을 인도하는 것, 매수인이 매도인에게 매매대금을 지급하는 것, 건축업자가 의뢰자에게 약속한 건물을 완공하여 인도하는 것, 소비대차의 차주가 변제기에 차용금을 갚는 것, 사용자가 정해진 날짜에 근로자에게 임금을 지급하는 것, 변호사가 의뢰인에게 약속한 대로 소송대리에 관한 업무를 수행하고 의뢰인이 수임료를 지급하는 것 등이 모두 변제에 해당한다.

(2) 법적 성질

변제의 법적 성질에 대해서 견해가 대립하는데, 법률행위설은 채권의 소멸을 의욕하는 채무자의 의사표시의 효과로서 채권이 소멸한다고 이해하는 반면, 사실행위설(통설)은 급부행위가 채권의 목적을 달성한다는 객관적 사실에 따라서 소멸한다고 본다. 이러한 학설대립은 법률행위에 대한 규정(행위능력, 의사표시의 하자 등)을 변제에 준용할 것인지에 대해서 차이가 있다. 채무자의 급부행위는 사실행위(예: 노무제공, 물건의 인도 등)일수도 있고, 법률행위(예: 제3자에 대한 채무의 면제)일수도 있지만, 변제로 인한 채권의 소멸은 채무자의 급부행위로 인한 채권목적의 달성이라는 사실로부터 인정되는 것이라는 점에서 사실행위설이 타당하다.

(3) (채무)이행·변제·급부행위

채무의 내용인 급부가 실현되는 것을 채무자의 입장에서 보면 이행을 하는 것이 되고, 그로 인하여 채권이 소멸된다는 점에서 보면 변제가 되므로 이행과 변제는 동일한 개념이다. 반면 변제와 급부행위(이행행위)는 개념적으로 구분될 수 있다. 왜냐하면 변제를 위하여 채권자의 수령이 필요한 채무의 경우에는 채무자의 급부행위만으로는 채권소멸이라는 결과가 발생하지 않기 때문이다. 예를 들어 건축도급계약에서 수급인이 건물을 완성하거나 주택매매계약에서 매수인이 매도인에게 매매대금을 지급하더라도 채권자인 도급인이나 매도인이 이를 수령하지 않으면 변제가 이루어지지 않는다. 이때 수급인과 매수인의 급부행위는 존재하지만, 이로써 변제가 되지는 않는다.

2. 변제의 제공

[사례 31] 3월 5일 甲과 乙은 진도개 한 마리를 1,500만 원에 매매하기로 하고, 甲의 진도개 인도의무와 乙의 대금지급의무는 4월 1일에 이행하기로 하였다. 그런데 계약체결 다음 날인 3월 6일 乙은 착오취소(제109조)를 주장하면서 계약을 취소하겠다고 연락을 해왔다(그러나 乙은 착오취소를 할 만한 정당한 이유가 없었다). 이때 甲·乙 간의 법률관계는?
☞ 해 설 : 사안에서 매도인 甲은 진도개 인도채무를, 매수인 乙은 대금지급의무를 부담하며, 양 채무는 동시이행관계에 있다. 우선 甲이 乙에게 손해배상을 요구하기 위해서는 乙의 이행지체가 전제되어야 한다. 그러기 위해서는 甲은 4월 1일 자신의 채무를 변제제공을 하면서, 乙에게 대금지급을 청구하여야 한다. 이때 변제제공은 현실의 제공이 원칙이나 乙이 정당한 이유 없이 계약을 취소하겠다고 통지하였으므로, "변제받기를 거부한 경우"에 해당하므로 구두제공만으로 족하다. 따라서 4월 1일 甲은 진도개의 인도를 위한 준비를 마치고 그 수령을 乙에게 최고함으로서 변제제공을 한 것이 되고, 이때 乙은 동시이행항변권을 행사할 수 없고 지체에 따른 책임을 부담하게 될 것이다. 반면 이와 달리 乙에게 변제수령의 의사가 전혀 없는 것으로 보게 되면, 이때에는 구두의 제공도 필요가 없는 경우에 해당한다.

제460조 (변제제공의 방법) 변제는 채무내용에 좇은 현실제공으로 이를 하여야 한다. 그러나 채권자가 미리 변제 받기를 거절하거나 채무의 이행에 채권자의 행위를 요하는 경우에는 변제준비의 완료를 통지하고 그 수령을 최고하면 된다.
제461조 (변제제공의 효과) 변제의 제공은 그 때로부터 채무불이행의 책임을 면하게 한다.

(1) 개념

채권의 소멸원인으로서 변제가 되기 위해서 채무자의 급부행위만으로 충분한 경우도 있지만, 채무자의 급부행위를 채권자가 수령함으로써 변제가 이루어지는 경우도 있다. 이와 같이 채무자가 자신의 급부행위(이행행위)를 완료하고 채권자에게 수령을 요구하는 것을 변제의 제공(辨濟의 提供)이라고 한다. 변제제공으로 인해 채무자는 채무불이행책임을 지지 않게 되고(제460조 이하), 채권자는 수령지체책임(제400조 이하)을 진다는 점에서 의미가 있다.

(2) 현실제공

변제는 채권자에 의한 수령으로서 변제가 완료될 수 있을 정도의 급부행위를 하는 것, 즉 현실제공(現實提供)이 원칙이다(제460조 본문). 다만 예외적인 경우 현실제공이 아닌 변제준비를 완료하고 이를 채권자에게 통지하여 수령을 최고하는 구두제공이 가능하다(제460조 단서). 금전채무의 경우 채무자는 채무 전액을 이행기에 통화나 이와 동일시 할 수 있는 지급수단(예: 우편환, 은행발행 자기앞 수표, 지급보증수표 등)으로 제공하여야 한다. 채무전액이 아닌 제공은 채무내용에 좇은 이행이 되지 않는 것이 원칙이나 근소한 부족액의 경우 변제제공으로 효력을 가질 수 있다(판례). 그리고 이행기 이후라도 계약해제 이전이라면 채무자는 지연이자와 함께 원본을 제공함으로써 유효하게 변제할 수 있다.

금전 이외에 물건의 인도를 목적으로 하는 채무의 현실제공은 채무의 종류마다 차이가 있다. 예를 들어 물건인도채무의 경우는 채무자가 해당 물건을 인도하여 채권자가 수령하기만 하면 되는 상태로 두면 현실의 제공이 되고, 이행의 장소가 제3의 장소인 송부채무의 경우는 상품의 매수인이 자유로이 처분할 수 있는 형식의 화물상환증을 송부하는 것으로 현실제공이 된다. 그리고 일정한 기일과 장소에서 채권자가 물건을 수령해야 하는 채무의 경우 채권자가 그 기간 중에 그 장소에서 물건을 찾아갈 수 있는 상태로 보관하는 것만으로 현실제공이 된다. 그리고 부동산매매계약의 매도인의 등기이전채무는 등기의 공동신청주의에 따라서 채무자(예: 매도인)는 등기에 필요한 제반 서류를 준비하여 등기소 등과 같은 이행장소에 나가는 것으로 현실제공이 된다.

(3) 구두제공

채권자가 미리 변제받기를 거절한 경우나 채무이행에 채권자의 행위가 필요한 경우에는 구두제공(口頭提供), 즉 변제준비의 완료를 통지하고 그 수령을 최고함으로써 변제제공을 한 것이 된다(제460조 단서). 채권자가 이유 없이 수령기일의 연기를 일방적으로 요구하는 경우, 채권자가 자신이 부담하는 채무이행을 거절하는 경우, 정당한 이유 없이 계약의 취소나 무효를 주장하는 경우도 "변제받기를 거절한 경우"에 해당할 수 있다. 그리고 채권자가 채무자의 주소나 영업소 등으로 가서 이행을 받기로 한 추심채무나 채권자가 자재나 재료를 제공하기로 한 경우 등이 "채권자의 행위가 필요한 경우"에 해당한다. 이러한 경우 채무자는 현실제공을 할 필요가 없고, 이행의 준비를 완료하고 그 사실을 채권자에게 통지함으로써 변제제공을 한 것이 된다. 따라서 부동산 매매계약에서 매수인이 이행을 거절한 경우, 매도인은 등기에 필요한 제반서류를 준비하고 그 뜻을 매수인에게 통지하여 수령할 것을 최고해야 하고, 단순히 등기이전을 위한 준비를 하였다는 사정만으로 이행제공이 되지는 않는다(대판 1994. 10. 11, 94다24565).

[판례 77] 매매계약에서 매도인의 이행제공의 정도(대판 1992. 11. 10, 92다36373)
[1] 쌍무계약인 부동산 매매계약에 있어서 특별한 사정이 없는 한 매수인의 잔대금지급의무와 매도인의 소유권이전등기서류 교부의무는 동시이행관계에 있다 할 것이고, 이러한 경우 매도인이 매수인에게 지체책임을 지워 매매계약을 해제하려면 매수인이 이행기일에 잔대금을 지급하지 아니한 사실만으로는 부족하고 매도인이 소유권이전등기신청에 필요한 일체의 서류를 수리할 수 있을 정도로 준비하여 그 뜻을 상대방에게 통지하여 수령을 최고함으로써 이를 제공하여야 하는 것이 원칙이고, 또 상당한 기간을 정하여 상대방의 잔대금채무이행을 최고한 후 매수인이 이에 응하지 아니한 사실이 있어야 하며, 매도인이 제공하여야 할 소유권이전등기신청에 필요한 일체의 서류라 함은 등기권리증, 위임장 및 부동산매도용 인감증명서 등 등기신청행위에 필요한 모든 구비서류를 말한다.
[2] 매수인이 계약의 이행에 비협조적인 태도를 취하면서 잔대금의 지급을 미루는 등 소유권이전등기서류를 수령할 준비를 아니한 경우에는 매도인으로서도 그에 상응한 이행의 준비를 하면 족하다 할 것이며, 이 경우 매도인이 부동산매도용 인감증명서를 발급받아 놓고 인감도장과 등기권리증 등을 준비하여 잔대금수령과 동시에 법무사 등에게 위임하여 소유권이전등기신청행위에 필요한 서류를 작성할 수 있도록 준비하였다면 이행의 제공은 이로써 충분하다.

[판례 78] 등기절차이행의무와 이행제공(대판 2001. 5. 8, 2001다6053,6060,6077)
쌍무계약에 있어서 당사자의 채무에 관하여 이행의 제공을 엄격하게 요구하면 불성실한 상대당사자에게 구실을 주게 될 수도 있으므로 당사자가 하여야 할 제공의 정도는 그의 시기와 구체적인 상황에 따라 신의 성실의 원칙에 어긋나지 않게 합리적으로 정하여야 하는 것이며, 부동산매매계약에서 매도인의 소유권이전등기절차이행채무와 매수인의 매매잔대금 지급채무가 동시이행관계에 있는 한 쌍방이 이행을 제공하지 않는 상태에서는 이행지체로 되는 일이 없을 것인바, 매도인이 매수인을 이행지체로 되게 하기 위하여는 소유권이전등기에 필요한 서류 등을 현실적으로 제공하거나 그렇지 않더라도 이행장소에 그 서류 등을 준비하여 두고 매수인에게 그 뜻을 통지하고 수령하여 갈 것을 최고하면 되는 것이어서, 특별한 사정이 없으면 이행장소로 정한 법무사 사무실에 그 서류 등을 계속 보관시키면서 언제든지 잔대금과 상환으로 그 서류들을 수령할 수 있음을 통지하고 신의칙상 요구되는 상당한 시간 간격을 두고 거듭 수령을 최고하면 이행의 제공을 다한 것이 되고 그러한 상태가 계속된 기간 동안은 매수인이 이행지체로 된다 할 것이다.

[판례 79] 부동산매매계약에 매도인의 현실제공(대판 1992. 7. 24, 91다15614)
매도인이 대금지급기일에 매도인의 부동산 매도용 인감증명서와 위 부동산에 대한 가등기말소

용 인감증명서 및 그 외 각 등기권리증, 인감도장 등을 준비하였다면 비록 매도인이 준비한 위 각 인감증명서에 기재된 매도인 및 가등기명의자의 주소가 각자의 등기부상 주소와 일치하지 않더라도 매수인이 요구하는 매도증서, 매매예약해제증서나 위임장 등은 매도인이 준비해 간 인감도장과 법무사 사무실에 비치된 용지를 이용하여 그 자리에서 쉽게 마련할 수 있는 것들이고, 위와 같은 등기부상 주소와 인감증명서상 주소의 불일치는 매수인이 매도인 및 가등기명의자의 주민등록표등본을 발급받아 표시변경등기를 함께 신청하는 방법으로 쉽게 해결할 수 있으니, 신의칙에 비추어 볼 때 매도인은 자신과 가등기명의자의 각 인감증명서와 등기권리증 및 인감도장을 준비함으로써 비록 완전하다고는 할 수 없지만 일응 자기 채무의 이행제공을 하였다고 봄이 상당하다.

[판례 80] 동시이행관계에 있는 쌍무계약에서 계약해제를 위한 이행제공의 정도(대판 1994. 10. 11, 94다24565) 동시이행의 관계에 있는 쌍무계약에 있어서 상대방의 채무불이행을 이유로 계약을 해제하려고 하는 자는 동시이행관계에 있는 자기 채무의 이행을 제공하여야 하고, 그 채무를 이행함에 있어 상대방의 행위를 필요로 할 때에는 언제든지 현실로 이행을 할 수 있는 준비를 완료하고, 그 뜻을 상대방에게 통지하여 그 수령을 최고하여야만 상대방으로 하여금 이행지체에 빠지게 할 수 있는 것이며, 단순히 이행의 준비태세를 갖추고 있는 것만으로는 안 된다.

[판례 81] 임차인의 이행제공(대판 2002. 2. 26, 2001다77697)
임차인의 임차목적물 명도의무와 임대인의 보증금 반환의무는 동시이행의 관계에 있다 하겠으므로, 임대인의 동시이행의 항변권을 소멸시키고 임대보증금 반환 지체책임을 인정하기 위해서는 임차인이 임대인에게 임차목적물의 명도의 이행제공을 하여야만 한다 할 것이고, 임차인이 임차목적물에서 퇴거하면서 그 사실을 임대인에게 알리지 아니한 경우에는 임차목적물의 명도의 이행제공이 있었다고 볼 수는 없다.

(4) 구두제공도 필요 없는 경우

채권자의 수령거절의 의사가 명확한 경우와 회귀적 분할급부에서 채권자지체의 경우에는 채무자의 구두제공조차 필요가 없다. 채권자가 계약 자체를 전적으로 부정하는 경우가 전자에 해당하고, 월 차임을 임차인이 지급하였으나 임대인이 이를 수령하지 않은 경우가 후자에 해당한다. 이것은 당사자 간의 관계를 고려하여 신의칙상 쓸모없는 현실제공·구두제공을 채무자가 하지 않도록 하는 것이다. 다만 실제 거래관계에서 채권자의 수령거절의사를 분명하게 확정하기 어려우므로, 채무자의 입장에서 구두제공을 하는 것이 장래 분쟁을 막을 수 있는 방법일 것이다.

[판례 82] 상대방의 이행거절의사에 따른 이행제공의 방법(대판 1995. 4. 28, 94다16083)
[1] 당초의 매매계약을 무효로 하는 대신 갱신계약이 체결된 후에 매수인이 그 갱신계약의 효력 자체를 강력하게 부정하면서 매도인에 대하여 갱신계약의 내용에 따른 의무가 아닌 당초의 매매계약의 내용인 부동산의 전체에 관한 소유권이전의무를 이행하여 줄 것을 계속 요구하였을 뿐 계약 체결 후로 무려 3년여가 넘도록 자신의 대금지급관계에 대하여는 일체 침묵하여 온 사정에 비추어 볼 때, 매수인은 그 갱신계약에 기한 대금지급의무의 이행을 거절할 의사를 표명하였다고 봄이 상당하다.
[2] 매수인이 잔대금 지급의무를 이행하고 소유권이전등기를 넘겨받을 의사가 없음을 미리 표시한 것으로 볼 수 있는 객관적인 명백한 사정이 있는 경우에는 당사자 일방이 자기의 채무의 이행을 제공을 하지 않더라도 상대방의 이행지체를 이유로 계약을 해제할 수 있는 것으로, 매수인이 이를 번복할 가능성이 있다고 볼 만한 다른 특별한 사정이 없는 한, 이러한 경우까지 매도인에게 매수인을 이행지체에 빠뜨리기 위하여 구두제공의 방법으로라도 자기의 반대채무를 이행제공할 것을 요구할 것은 아니라고 볼 것이다.

(5) 변제제공의 효과

채무자가 변제제공을 하게 되면, 그는 채무불이행책임을 면하게 된다. 즉, 채무자는 변제제공을 함으로써 이행기를 도과한 경우에도 채무불이행에 따른 손해배상책임, 지연이자, 위약금책임을 지지 않으며, 또한 채권자로부터 계약해제를 당하거나 담보권을 실행당하지 않게 된다. 그리고 기존 채무는 그대로 존속하게 되고, 이자 있는 채무는 그때로부터 이자발생이 정지된다. 만약 3월 2일에 부동산매매계약을 체결하고 소유권이전 및 대금지급일이 모두 7월 15일이었는데, 매도인이 7월 15일에 소유권이전을 위한 등기서류 등을 준비하여 등기소에 나갔으나 매수인이 이를 수령하지 않은 경우, 이때 매도인은 7월 15일이 지나더라도 이행지체에 대한 책임을 지지 않고, 나중에 소유권을 이전하게 되는 경우에도 별도의 지연배상을 할 필요가 없다.

채무자의 변제제공으로 인해 채권자는 수령지체에 대한 책임을 지게 된다(제400조 내지 제403조). 또한 쌍무계약에서 변제제공이 있게 되면, 그로 인해 채권자는 동시이행항변권(제536조)을 상실하게 된다. 예를 들어 부동산매매계약을 3월 2일에 체결하고 소유권이전 및 대금지급일이 모두 7월 15일인 경우, 매수인은 7월 15일에 매도인이 소유권이전의무를 이행하지 않는 이상 자신의 채무의 이행도 거절할 수 있는 동시이행항변권을 가진다. 즉, 7월 15일에 매도인이 소유권이전의무를 이행하지 않으면서 매수인에게 매매대금을 지급할 것을 요구하면 매수인은 동시이행항변권을 행사하여 매매대금지급을 거절할 수 있다. 하지만 7월 15일에 매도인이 등기이전 등의 의무를 이행하였음에도 매수인이 이를 수령하지 않은 경우라면, 이때부터 매수인은 동시이행항변권을 행사할 수 없게 되고, 부동산소유권이전과 관련하여 채권자지체에 대한 책임을 지게 되고, 매매대금지급에 대해 이행지체책임을 지게 된다.

3. 변제자

[사례 32] 甲은 건물을 신축한 뒤 소유권보존등기를 하지 않은 상태에서 乙에게 건물을 매도하였고, 소유권이전등기시까지는 매수인 乙이 임차인으로서 건물을 이용하기로 하였다. 그런데 甲이 공사대금의 잔금 5천만 원을 지급하지 않자 공사수급인 丙은 건물에 대한 유치권을 주장하면서 매수인 乙의 입주를 저지하였다. 이때 乙은 甲의 공사대금채무를 대신 변제할 수 있는가?
☞ 해 설 : 乙은 건물의 매수인 겸 임차인으로서 丙의 건물유치권의 소멸에 법률상 이해관계 있는 자로서 변제할 정당한 이익이 있는 자이다. 따라서 매도인 甲의 의사에 반해서도 공사대금채무를 대신 변제할 수 있다(대판 1993. 10. 12, 93다9903).

제469조 (제3자의 변제) ① 채무의 변제는 제3자도 할 수 있다. 그러나 채무의 성질 또는 당사자의 의사표시로 제3자의 변제를 허용하지 아니하는 때에는 그러하지 아니하다.
② 이해관계 없는 제3자는 채무자의 의사에 반하여 변제하지 못한다.

(1) 원칙

채무자는 변제할 의무를 지고 있으면서 동시에 변제할 권한을 가지고 있다. 채무자가 그 보조자를 통해서 이행하는 것 역시 채무자가 이행한 것과 동일하게 볼 수 있다. 채무자 이외에도 그의 의사나 법률규정에 의해서 변제권한이 주어진 대리인이나 관리인(예: 미성년자의 친권자, 피성년후견인) 등은 채무자를 대신하여 변제할 수 있다.

(2) 제3자의 변제

제3자의 변제란 제3자가 타인의 채무를 자기의 이름으로 변제하는 것을 말한다. 급부의 성질상 제3자의 변제가 인정되는 경우 제3자는 채무자의 채무의 변제·대물변제·공탁을 할 수 있다.[58] 그리고 제3자가 채무자의 채무를 변제하는 경우 채무자에 대하여 구상권을 취득하며, 이러한 구상권의 보장을 위하여 그에게 변제자대위가 인정된다.

제3자의 변제가 유효한 경우 채권은 소멸한다. 그리고 이때 제3자는 채무자에 대한 구상권을 가지므로 채권은 원채권자에 대한 관계에서만 상대적으로 소멸할 뿐이다. 또한 제3자의 정당한 변제를 채권자가 정당한 이유 없이 수령하지 않는 경우 채권자지체가 될 수 있다.

(3) 제3자 변제의 제한

일정한 경우 제3자에 의한 변제가 제한될 수 있다. 첫째, 채무의 성질이 제3자의 변제를 허용하지 않는 경우인데, 예를 들어 학자의 강의, 연주가의 연주와 같은 경우 제3자의 변제는 허용되지 않는다(제469조 1항 단서). 다만 노무자(제657조 2항), 수임인(제682조), 수치인(제701조·제682조)의 급부는 법률상 타인에 의한 이행이 제한되어 있으나 채권자의 승낙이나 부득이한 사유가 있는 경우에는 제3자의 변제가 가능하다. 둘째, 당사자의 의사표시로 제3자의 변제를 허용하지 않는 경우, 즉 제3자변제금지특약이 있는 경우에는 이해관계 있는 제3자라도 변제를 할 수 없다. 이와 관련하여 연대채무자, 보증인, 물상보증인, 담보부동산의 제3취득자 등은 변제와 이해관계가 있는 자이므로 채무자의 의사에 반해서도 이행을 할 수 있다. 셋째, 이해관계 없는 제3자의 변제가 채무자의 의사에 반하여 변제를 할 수 없다. 다만 이 경우 변제를 통하여 채무자의 부담이 증가하는 경우는 예외적이므로 통상 제3자의 변제는 채무자를 위한 것으로 추정된다.

[판례 83] 법률상 이해관계 있는 제3자(대판 1993. 10. 12, 93다9903,93다9910)
건물을 신축한 자가 건물을 매도함과 동시에 소유권이전등기 전까지 그 건물을 매수인에게 임대하기로 하였는데 그 건물의 건축공사수급인이 공사금 일부를 지급받지 못하였다는 이유로 건물의 매수인 겸 임차인의 입주를 저지하자 건물의 매수인 겸 임차인이 매도인에게 지급할 매매대금의 일부를 건축공사수급인에게 공사금채무 변제조로 지급한 경우, 건물의 매수인 겸 임차인은 그 권리실현에 장애가 되는 위 수급인의 건물에 대한 유치권 등의 권리를 소멸시키기 위하여 매도인의 공사금채무를 대신 변제할 법률상 이해관계 있는 제3자이자 변제할 정당한

---

58) 다만 제3자가 채무자의 채무를 착오로 또는 자신의 채무로 오인하여 변제하는 경우에는 제742조, 와 제745조 1항이 적용됨에 주의하여야 한다.

이익이 있는 자라고 볼 것이므로 위 변제는 공사금채무의 범위 내에서는 매도인의 의사에 반하여도 효력이 있다.

[판례 84] 법률상 이해관계 있는 제3자(대판 1991. 7. 12, 90다17774,90다17781)
[1] 이해관계 있는 제3자는 채무자의 의사에 반하여 변제할 수 있고, 여기서의 이해관계 있는 제3자란 법률상 이해관계 있는 제3자를 말한다.
[2] 채무담보 목적의 가등기가 경료되어 있는 부동산을 시효취득하여 소유권이전등기청구권을 취득한 자가 그 등기를 경료하지 못하던 중에 채권자가 청산절차를 거치지 아니하고 위 가등기에 기하여 본등기를 경료하였다면 그는 부동산 소유자에 대한 소유권이전등기청구권을 보전하기 위하여 위 소유자를 대위하여 그의 채권자에게 위 채무를 변제할 법률상의 권한이 있어 이해관계 있는 제3자에 해당한다.

[판례 85] 공동저당목적인 물상보증인 소유의 부동산의 가등기권리자의 지위(대결 2009. 5. 28. 자 2008마109) 공동저당의 목적인 물상보증인 소유의 부동산에 후순위로 소유권이전청구권 가등기가 설정되어 있는데 그 부동산에 대하여 먼저 경매가 실행되어 공동저당권자가 매각대금 전액을 배당받고 채무의 일부가 남은 사안에서, 위 가등기권리자는 그 채무 잔액의 변제에 관하여 '이해관계 있는 제3자' 또는 '변제할 정당한 이익이 있는 자'에 해당하지 않는다.

4. 변제수령자

[사례 33] 乙은 사업자금이 부족해지자 아버지 甲에게 도움을 요청하였으나 거절당하였다. 이에 乙은 甲의 집에 몰래 들어가 甲의 예금통장과 도장을 가지고 丙 은행에 갔다. 乙은 丙 은행에서 예금지급청구서를 작성하여 제출하였고, 이에 丙 은행의 담당직원은 이를 확인하고 乙에게 예금을 지급하였다. 그러나 당시 乙이 제출한 예금지급청구서에 찍힌 날인된 도장은 통장확인란의 인장(한자)이 아니라 한글로 된 다른 도장이었다. 이 사실을 안 甲이 丙 은행에 예금지급을 청구하는 경우 甲·丙 간의 법률관계는?
☞ 해 설 : 예금계약상 채권자는 甲이며, 채무자는 丙 은행이므로, 변제수령권한은 甲이 가지므로 甲이 아닌 다른 사람에게 예금을 지급하는 것은 원칙적으로 효력이 없다. 다만 乙이 채권의 준점유자(제470조)에 해당하는 경우 丙 은행의 예금지급행위가 유효할 수 있는데, 乙은 예금증서를 소지하고 있었으므로 채권의 준점유자로 볼 수 있다. 그리고 채권자의 준점유자에 대한 변제는 변제자(丙 은행)의 선의·무과실로 행해진 경우에만 효력이 있는데, 사안에서 예금청구서에 다른 도장이 날인이 되어 있었는데 이를 丙 은행(담당직원)이 과실로 확인을 못한 것이므로, 乙에 대한 예금지급은 변제로서 효력이 없다. 따라서 甲은 丙 은행에 대하여 자신의 예금채권을 주장할 수 있다.

(1) 개념

변제수령자란 유효하게 변제를 수령할 수 있는 자를 말하는데, 채권자가 변제수령자인 것이 원칙이다. 하지만 채권자가 변제수령권한을 상실한 경우(예: 채권이 압류된 경우나 채권이 질권의 목적이 된 경우 등) 또는 채권자 이외의 자가 변제수령권을 갖는 경우(예: 채권자의 대리인 또는 채권자대위권을 행사하는 제3채권자)에는 채권자 이외의 자가 변제수령권한을 가질 수 있다. 따라서 제3자에게 변제하더라도 그 제3자에게 정당한 변제수령권이 있는 경우에 그 변제는 효력을 가질 수 있다. 그리고 민법은 선의변제자의 보호를 위하여 예외적으로 채권의 준점유자에 대한 변제(제470조), 영수증소지자(제471조) 및 증권적 채권증서의 소지자(제518조·제524조·제525조) 등 무권한자 또는 표현수령권자에 대한 변제를 유효한 것으로 정하고 있다.

(2) 채권자에게 변제수령권한이 없는 경우

채권이 압류된 경우 (제3)채무자는 채권자에게 변제할 수 없고, 채권자 역시 채권의 처분이나 변제권한이 없다. 따라서 채권이 압류된 이후에 (제3)채무자가 채권자에게 변제를 하더라도 그 사실을 가지고 압류채권자에게 대항할 수 없고, 압류채권자는 법원의 추심명령이나 전부명령을 얻어 (제3)채무자에게 변제청구를 할 수 있다(민사집행법 제229조). 다음으로 채권이 질권의 목적이 된 경우로서 채권자가 채권을 입질하여 대항요건을 갖춘 경우(제349조·제351조) 그 후 변제수령의 권한은 질권자가 가지므로(제352조 내지 제354조), 제3채무자가 그의 채권자에게 변제하여도 그 변제로서 질권자에게 대항하지 못한다. 마지막으로 채권자가 파산선고를 받은 경우 그는 자신의 채권에 대한 변제수령권한을 상실하게 된다(채무자회생법 제313조 1항 4호·제384조). 다만 선의로 변제한 채무자는 변제로써 파산채권자에게 대항할 수 있다(동법 제332조).

(3) 채권자 이외에 변제수령권한을 가지는 사

채권자로부터 추심위임을 받은 대리인, 의사무능력자 내지 제한능력지의 법정대리인, 부재자의 재산관리인(제25조), 채권자대위권을 행사하는 채권자(제404조) 등이 이에 해당한다.

(4) 표현수령권자에 대한 변제

제470조 (채권의 준점유자에 대한 변제) 채권의 준점유자에 대한 변제는 변제자가 선의이며 과실없는 때에 한하여 효력이 있다.

제471조 (영수증소지자에 대한 변제) 영수증을 소지한 자에 대한 변제는 그 소지자가 변제를 받을 권한이 없는 경우에도 효력이 있다. 그러나 변제자가 그 권한없음을 알았거나 알 수 있었을 경우에는 그러하지 아니하다.

① 의의 : 변제수령권한이 없는 자에 대한 변제는 그 효력이 없는 것이 원칙이다. 그러나 채무자가 과실 없이 변제수령권한이 없는 자에게 변제하였거나 채권자 아닌 수령자가 채권자로 보이는 외관을 가진 경우 이러한 선의의 변제자를 보호하기 위하여 민법에서 일정한 예외를 인정하고 있다.

② 채권의 준점유자에 대한 변제 : 채권자는 아니지만 거래관념상 진정한 채권자라고 믿게 할 외관을 가진 채권의 준점유자에 대한 변제는 변제자가 선의·무과실일 때 변제로서 효력이 있다(제470조). 예를 들어 무효 내지 취소된 채권양수인, 채권의 표현상속인, 예금증서 기타 채권증서와 그 변제를 받는데 필요한 인장을 소지한 자, 무효인 전부명령 또는 추심명령을 얻은 자, 위조된 영수증소지자(통설) 등이 채권의 준점유자에 해당한다. 이러한 자들은 진정한 채권자가 아니지만, 이들에게 채무자가 선의로 과실 없이 한 변제는 효력을 가진다. 이때 변제자의 선의는 준점유자에게 변제수령권한이 있다고 믿는 적극적인 의미를 가지며(통설), 선의·무과실의 증명책임은 변제자(채무자)가 부담한다(판례). 이때 진정한 채권자는 채권의 준점유자에 대하여 부당이득반환이나 불법행위에 기한 손해배상청구를 할 수 있을 것이다.

③ 영수증소지자에 대한 변제 : 영수증소지자는 대체로 수령권한을 부여받은 자라고 생각되는 것이 보통이므로, 영수증소지자가 무권한자인 경우에도 채무자가 선의이며 과실 없이 변제한 때에 유효한 변제가 된다(제471조). 당연히 이때 영수증은 수령증의 작성권한이 있는 자가 작성한 진정한 것이어야 한다.

④ 증권적 채권증서의 소지인에 대한 변제 : 증권적 채권의 특성상 변제자가 증권적 채권증서를 가진 자에게 변제를 하게 되면, 변제자에게 악의나 중과실이 없는 한 유효한 변제가 된다(제518조·제524조·제525조).

[판례 86] 차명예금주가 예금채권의 준점유자인지 여부(대판 1996. 4. 23, 95다55986)
금융실명거래및비밀보장에관한긴급재정경제명령 제3조 제1항은 "금융기관은 거래자의 실지명의에 의한 금융거래를 하여야 한다."고 규정하고 있으므로, 금융기관에 예금을 하고자 하는 자는 원칙적으로 직접 주민등록증과 인감을 지참하고 금융기관에 나가 자기 이름으로 예금을 하여야 하나, 대리인이 본인의 주민등록증과 인감을 가지고 가서 본인의 이름으로 예금하는 것이 허용된다고 하더라도, 이 경우 금융기관으로서는 자기가 주민등록증을 통하여 실명확인을 한 예금명의자를 위 재정명령 제3조에서 규정한 거래자로 보아 그와 예금계약을 체결할 의도를 가지고 있었다고 보아야 하므로, 예금명의자가 아니고 예금통장도 소지하지 않은 예금행위자에 불과한 자는 금융실명제가 시행된 후에는 극히 예외적인 특별한 사정이 인정되지 않는 한 예금채권을 준점유하는 자에 해당될 수가 없다는 이유로, 예금행위자에게 예금을 지급한 은행의 과실을 부인한 원심판결을 파기한 사례.

[판례 87] 표현상속인에 대한 변제(대판 1995. 1. 24, 93다32200)
혼인외의 자의 생부가 사망한 경우, 혼인외의 출생자는 그가 인지청구의 소를 제기하였다고 하더라도 그 인지판결이 확정되기 전에는 상속인으로서의 권리를 행사할 수 없고, 그러한 인지판결이 확정되기 전의 정당한 상속인이 채무자에 대하여 소를 제기하고, 나아가 승소판결까지 받았다면, 채무자로서는 그 상속인이 장래 혼인외의 자에 대한 인지판결이 확정됨으로 인하여 소급하여 상속인으로서의 지위를 상실하게 될 수 있음을 들어 그 권리행사를 거부할수 없으므로, 그러한 표현상속인에 대한 채무자의 변제는, 특별한 사정이 없는 한, 채무자가 표현상속인이 정당한 권리자라고 믿은 데에 과실이 있다 할수 없으므로, 채권의 준점유자에 대한 변제로서 적법하다.

[판례 88] 예금채권의 준점유자에 대한 변제시 주의의무(대판 2001. 6. 12, 2000다70989)
금융기관은 예금청구자에게 예금수령의 권한이 있는지 없는지를 판별하는 방편의 하나로 예금청구서에 압날한 인영과 금융기관에 신고하여 예금통장에 찍힌 인감을 대조 확인하는 것이 통상의 예인바, 이 때에는 인감대조에 숙련된 직원으로 하여금 그 직무수행상 필요로 하는 충분한 주의를 다하여 인감을 대조하도록 하여야 할 것이고, 그러한 주의의무를 다하지 못하여 예금수령의 권한이 없는 자에게 예금을 지급하였다면 금융기관으로서는 그 예금 지급으로서 채권의 준점유자에 대한 변제로서의 면책을 주장할 수 없다.

[판례 89] 채권의 준점유과 준점유자에 대한 변제시 주의의무(대판 2004. 4. 23, 2004다5389)
[1] 민법 제470조에 정하여진 채권의 준점유자라 함은, 변제자의 입장에서 볼 때 일반의 거래관념상 채권을 행사할 정당한 권한을 가진 것으로 믿을 만한 외관을 가지는 사람을 말하므로 준점유자가 스스로 채권자라고 하여 채권을 행사하는 경우뿐만 아니라 채권자의 대리인이라고 하면서 채권을 행사하는 때에도 채권의 준점유자에 해당한다.
[2] 예금주의 대리인이라고 주장하는 자가 예금주의 통장과 인감을 소지하고 예금반환청구를 한 경우, 은행이 예금청구서에 니디난 인영과 비밀번호를 신고된 것과 대조 확인하는 외에 주민등록증을 통하여 예금주와 청구인의 호주가 동일인이라는 점까지 확인하여 예금을 지급하였다면 이는 채권의 준점유자에 대한 변제로서 유효하다.

(5) 권한 없는 자에 대한 변제

제472조 (권한없는 자에 대한 변제) 전2조의 경우 외에 변제받을 권한 없는 자에 대한 변제는 채권자가 이익을 받은 한도에서 효력이 있다.

권한 없는 자에 대한 변제는 원칙적으로 변제로서 효력이 없다. 즉, 진정한 채권자와 표현수령권자 이외에 자는 변제수령권한이 없으므로, 그러한 권한 없는 자에게 한 변제는 무효가 된다. 채권자의 입장에서 자신에게 변제한 것이 아니므로 이는 당연한 결과이다. 하지만 무효인 변제를 통해 채권자가 사실상 이익을 볼 수도 있는데(예: 변제수령자가 받은 급부를 채권자에게 전달하는 경우 등), 이때 채권자가 이익을 받은 한도에서 변제는 유효하게 되어 채권은 그만큼 소멸하게 된다(제472조).

5. 변제의 목적물

제462조 (특정물의 현상인도) 특정물의 인도가 채권의 목적인 때에는 채무자는 이행기의 현상대로 그 물건을 인도하여야 한다.

제463조 (변제로서의 타인의 물건의 인도) 채무의 변제로 타인의 물건을 인도한 채무자는 다시 유효한 변제를 하지 아니하면 그 물건의 반환을 청구하지 못한다.

제464조 (양도능력없는 소유자의 물건인도) 양도할 능력없는 소유자가 채무의 변제로 물건을 인도한 경우에는 그 변제가 취소된 때에도 다시 유효한 변제를 하지 아니하면 그 물건의 반환을 청구하지 못한다.

제465조 (채권자의 선의소비, 양도와 구상권) ① 전2조의 경우에 채권자가 변제로 받은 물건을 선의로 소비하거나 타인에게 양도한 때에는 그 변제는 효력이 있다.
② 전항의 경우에 채권자가 제3자로부터 배상의 청구를 받은 때에는 채무자에 대하여 구상권을 행사할 수 있다.

채무자는 채권관계에 따른 급부를 이행하게 되는데, 이때 구체적인 급무의 목적물은 채권관계의 내용에 따라서 달라진다. 우리 민법은 이 중 물건인도에 관한 규정만을 두고 있다. 먼저 채권관계에 기해 채무자가 특정물인도채무를 부담하는 경우, 채권 성립 이후 특정물에 하자가 발생하는 등 일정한 변경이 있을 수 있다. 특정물인도채무자는 이러한 변경에도 불구하고 이행기의 현상대로 인도하면 변제를 한 것이 되고, 채무자로서는 자신의 의무를 다 한 것이 된다(제462조: 통설).59) 다만 특정물의 하자 등 변경이 채무자의 귀책사유로 인한 것이라면, 채무자는 그에 대해 채무불이행책임을 지게 될 것이다. 반면 채무자의 귀책사유가 없이 발생한 변경이라면, 이때는 채무자의 담보책임이 문제될 것이다.

채무자가 자신의 물건이 아닌 다른 사람의 물건으로 변제를 하여 채권자가 이를 수령한 경우, 이때 채무자가 타인물건임을 들어 물건의 반환을 요구하는 경우에도 채권자는 채무자가 다시 유효한 변제를 하지 않는 이상 그 물건을 돌려주지 않아도 된다(제463조). 그러나 이때 그 물건의 진정한 권리자가 반환을 요구하는 경우에 채권자는 권리자에게 물건을 반환해야 한다. 다음으로 제한능력자 등과 같이 물건을 양도할 능력 없는 소유자가 채무의 변제로 물건을 인도한 경우, 제한능력을 이유로 그것을 취소하더라도 그는 채권자에게 물건의 반환을 청구할 수 없다(제464조). 마지막으로 채무자가 타인 물건으로 변제를 하고 이를 채권자가 선의로 소비한 경우, 그러한 변제는 유효하다(제465조 1항). 다만 이때 채권자가 그 물건의 진정한 권리자로부터 배상청구를 받아 이를 배상한 경우, 채권자는 채무자에 대해 구상권을 행사할 수 있다(제465조 2항).

6. 변제의 장소와 시기

제467조 (변제의 장소) ① 채무의 성질 또는 당사자의 의사표시로 변제장소를 정하지 아니한 때에는 특정물의 인도는 채권성립당시에 그 물건이 있던 장소에서 하여야 한다.
② 전항의 경우에 특정물인도 이외의 채무변제는 채권자의 현주소에서 하여야 한다. 그러나 영업에 관한 채무의 변제는 채권자의 현영업소에서 하여야 한다.
제468조 (변제기전의 변제) 당사자의 특별한 의사표시가 없으면 변제기전이라도 채무자는 변제할 수 있다. 그러나 상대방의 손해는 배상하여야 한다.

변제의 장소는 당사자의 합의로 정하거나 채무의 성질에 따라서 정해지는 것이 일반적이다. 하지만 당사자의 합의로 변제장소를 정하지 않는 경우, 채무자가 변제를 어디에서 할지가 문제되는데, 이에 대해서는 법률에 특별한 규

---

59) 이에 대해 목적물의 동일성이 상실될 정도의 변경이 있는 경우라면 유효한 변제가 될 수 없다고 보는 반대견해가 있다.

정이 있으면 그에 따르고(제586조, 제700조 등), 그러한 규정이 없으면 민법 제467조에 따라서 정해진다. 즉, 당사자의 합의·채무의 성질이나 법률규정에 따라서 변제장소를 정할 수 없는 경우에 특정물의 인도는 채권 성립 당시 그 물건이 있던 장소가 변제장소가 되고, 특정물인도 이외의 채무변제(예: 종류채무)는 채권자의 현주소에서 해야 한다.

변제의 시기, 즉 변제기(이행기)도 당사자의 합의 또는 채무의 성질에 따라서 우선적으로 정해진다. 그렇지 않은 경우에는 법률의 규정에 따라서 정해지고, 법률규정이 없는 경우에는 채무자의 이행청구시가 변제기가 된다. 그리고 채무자는 원칙적으로 변제기에 변제하여야 한다. 그러나 채무자가 기한의 이익을 상실한 경우(제388조)에 채권자는 변제기 도래 이전에도 변제를 청구할 수 있다. 그리고 채무자는 기한의 이익을 포기하면서(제153조 2항) 변제기 전이라도 변제할 수 있으나, 이때 채권자의 손해가 있는 경우 이를 배상해야 한다(제468조).

7. 변제의 비용과 증거

제473조 (변제비용의 부담) 변제비용은 다른 의사표시가 없으면 채무자의 부담으로 한다. 그러나 채권자의 주소이전 기타의 행위로 인하여 변제비용이 증가된 때에는 그 증가액은 채권자의 부담으로 한다.
제474조 (영수증청구권) 변제자는 변제를 받는 자에게 영수증을 청구할 수 있다.
제475조 (채권증서반환청구권) 채권증서가 있는 경우에 변제자가 채무전부를 변제한 때에는 채권증서의 반환을 청구할 수 있다. 채권이 변제 이외의 사유로 전부 소멸한 때에도 같다.

변제에 소요되는 비용은 당사자의 특약이 없는 이상 채무자가 부담한다(제473조 본문). 계약비용은 제566조에 따라서 특약이 없는 이상 당자사 쌍방이 균분하여 부담하는 것과 구별해야 한다. 그리고 변제를 한 채무자는 변제의 증거를 보관할 필요가 있는데, 변제자는 채권자에게 영수증을 청구할 수 있고(제474조), 채권증서(예: 차용증)가 있는 채무 전부를 변제한 경우 채권증서의 반환을 청구할 수 있다(제475조). 이때 변제와 영수증교부는 동시이행관계에 있지만, 채권증서의 반환은 변제와 동시이행관계에 있지 않다는 점에서 차이가 있다.

8. 변제충당

[사례 34] 甲은 乙에 대하여 변제기 3월 5일자 5천만 원 채무(매월 이자 100만 원), 변제기 5월 30일자 2천 5백만 원(매월 이자 20만 원), 변제기 6월 15일자 3천만 원의 채무를 부담하고 있다.
(1) 위 경우에 甲이 3월 7일에 6천만 원을 제공한 경우에 변제충당의 순서는?
(2) 위 경우에 甲이 3월 7일에 6천만 원을 제공하자, 이때 乙이 3월 5일자 채무에 충당하고 남은 금액은 5월 30일자 채무의 원본에 충당한다고 의사를 표시하였는데, 이에 甲이 아무런 이의를 제기하지 않은 경우 변제충당의 순서는?
☞ 해 설 : (1) 사안에서 변제충당에 대한 당사자 간의 합의나 지정행위가 없으므로, 법정충당의 방법에 의하게 되는데, 지급된 6천만 원을 우선 이미 변제기에 달한 3월 5일자 채무(5천만 원과 발생된 이자)에 충당하고(제477조 1호), 이에 남은 것이 있는 경우 나머지 채무에 충당하면 된다. 이때 나머지 채무 중에서 변제기 도래가 빠른 5월 30일자 채무가 甲에게 이익이 더 크므로 5월 30일자 채무의 비용·이자·원본 순(제477조 2호·제479조)으로 변제에 충당하여야 한다.
(2) 사안에서 채권자인 乙이 변제충당에 대한 지정을 하였으므로, 乙의 지정행위에 따라서 변제충당되는 것이 원칙이다. 그러나 乙은 5월 30일자 채무 중 원본에 우선하여 충당한다고 하였는데, 당사자 일방의 의사표시로써 제479조의 비용·이자·원본의 순서와 달리 충당할 수 없다. 그러나 사안에서 乙이 충당에 대한 지정의 의사표시를 하였고 甲이 이에 대한 이의를 제기하지 않은 사정으로 보아 별도의 묵시적 합의가 있다고 볼 수 있으므로(대판 2002. 5. 10, 200다12871, 12888 등), 3월 5일자 채무에 충당하고 남은 것이 있으면 5월 30일자 원본에 우선하여 충당할 수 있다.

제476조 (지정변제충당) ① 채무자가 동일한 채권자에 대하여 같은 종류를 목적으로 한 수개의 채무를 부담한 경우에 변제의 제공이 그 채무전부를 소멸하게 하지 못하는 때에는 변제자는 그 당시 어느 채무를 지정하여 그 변제에 충당할 수 있다.
② 변제자가 전항의 지정을 하지 아니할 때에는 변제받는 자는 그 당시 어느 채무를 지정하여 변제에 충당할 수 있다. 그러나 변제자가 그 충당에 대하여 즉시이의를 한 때에는 그러하지 아니하다.
③ 전2항의 변제충당은 상대방에 대한 의사표시로써 한다.
제477조 (법정변제충당) 당사자가 변제에 충당할 채무를 지정하지 아니한 때에는 다음 각 호의 규정에 의한다.
 1. 채무 중에 이행기가 도래한 것과 도래하지 아니한 것이 있으면 이행기가 도래한 채무의 변제에 충당한다.
 2. 채무전부의 이행기가 도래하였거나 도래하지 아니한 때에는 채무자에게 변제이익이 많은 채무의 변제에 충당한다.
 3. 채무자에게 변제이익이 같으면 이행기가 먼저 도래한 채무나 먼저 도래할 채무의 변제

에 충당한다.
 4. 전2호의 사항이 같은 때에는 그 채무액에 비례하여 각 채무의 변제에 충당한다.

제478조 (부족변제의 충당) 1개의 채무에 수개의 급여를 요할 경우에 변제자가 그 채무전부를 소멸하게 하지 못한 급여를 한 때에는 전2조의 규정을 준용한다.

제479조 (비용, 이자, 원본에 대한 변제충당의 순서) ① 채무자가 1개 또는 수개의 채무의 비용 및 이자를 지급할 경우에 변제자가 그 전부를 소멸하게 하지 못한 급여를 한 때에는 비용, 이자, 원본의 순서로 변제에 충당하여야 한다.
② 전항의 경우에 제477조의 규정을 준용한다.

(1) 개념

변제충당(辨濟充當)이란 채무자가 동일한 채권자에 대하여 동종의 내용의 수개의 채무를 부담하는 경우(제476조 1항)나 한 개의 채무의 변제로 수개의 급부를 해야 하는 경우(제478조), 채무자의 변제로 채무 전액이 소멸하지 않는 경우 그것을 가지고 어느 채무에 먼저 충당할 것인가를 정하는 것을 말한다. 따라서 여러 개의 채무 모두를 만족시키는 변제가 있는 경우에는 변제충당의 문제가 발생하지 않는다. 또한 여러 개의 채무 중 어느 하나도 만족시키지 못하는 변제제공의 경우, 즉 예를 들어 2천만 원, 3천만 원 채무가 있는데, 채무자가 1천만 원을 제공한 경우에 채권자는 그 수령을 거절할 수 있으므로 수령거절 시에는 변제충당의 문제가 발생하지 않는다.

(2) 변제충당의 순서

변제충당은 당사자의 합의로 정한 바가 있으면 그에 따르고(합의충당 내지 약정충당), 그렇지 않은 경우 당사자 일방의 지정에 의하여 정하고(지정변제충당), 당사자의 지정행위도 없는 경우 법률의 규정(법정충당)에 의한다.

 ① **합의변제충당** : 변제자와 수령자 간의 계약에 의하여 충당방법을 정한 경우 우선적으로 그에 따라서 충당하게 된다(예외: 경락대금배상시 변제충당 합의의 배제).

 ② **지정변제충당** : 변제자는 변제를 할 경우에 변제수령자에 대한 의사표시로 변제충당할 채무나 급부를 지정할 수 있다(제476조 1항3항, 제478조). 변제자가 변제제공시 변제충당을 하지 않은 경우 변제수령자가 그 당시(변제제공 수령 후

지체 없이) 변제자에 대한 의사표시로 변제충당을 할 수 있다(제476조 2항 본문3항, 제478조). 그러나 지정변제충당의 경우 비용, 이자, 원본(제479조 1항)의 순서는 일방의 의사로 변경할 수 없다. 다만 제479조와 다른 별도의 합의를 하거나 묵시적 합의[60]가 있는 경우는 제479조의 순서와 달리 충당할 수도 있다.

③ **법정변제충당** : 채무 중에 이행기[61]가 도래한 것과 도래하지 아니한 것이 있으면 이행기가 도래한 채무의 변제에 충당한다. 그리고 채무전부의 이행기가 도래하였거나 도래하지 아니한 때에는 채무자에게 변제이익[62]이 많은 채무의 변제에 충당한다. 다음으로 채무자에게 변제이익이 같으면 이행기가 먼저 도래한 채무나 먼저 도래할 채무의 변제에 충당한다. 이러한 조건들이 같은 때에는 채무액에 비례하여 각 채무의 변제에 충당한다.

[판례 90] 합의충당의 우선성(대판 1991. 7. 23, 90다18678)
변제충당 지정은 상대방에 대한 의사표시로서 하여야 하는 것이기는 하나, 변제충당에 관한 민법 제476조 내지 제479조의 규정은 임의규정이므로 변제자(채무자)와 변제수령자(채권자)는 약정에 의하여 위 각 규정을 배제하고 제공된 급부를 어느 채무에 어떤 방법으로 충당할 것인가를 결정할 수 있고, 이와 같이 채권자와 채무자 사이에 미리 변제충당에 관한 약정이 있으며, 그 약정 내용이, 변제가 채권자에 대한 모든 채무를 소멸시키기에 부족한 경우 채권자가 적당하다고 인정하는 순서와 방법에 의하여 충당하기로 한 것이라면, 채권자가 위 약정에 터잡아 스스로 적당하다고 인정하는 순서와 방법에 좇아 변제충당을 한 이상 채무자에 대한 의사표시와 관계없이 그 충당의 효력이 있고, 위와 같이 미리 변제충당에 관한 별도의 약정이 있는 경우에는 채무자가 변제를 하면서 위 약정과 달리 특정 채무의 변제에 우선적으로 충당한다고 지정하더라도 그에 대하여 채권자가 명시적 또는 묵시적으로 동의하지 않는 한 그 지정은 효력이 없어 채무자가 지정한 채무가 변제되어 소멸하는 것은 아니다.

[판례 91] 담보권실행경매에 있어서 합의충당의 배제(대판 2000. 12. 8, 2000다51339)
<판결요지> 담보권 실행을 위한 경매에서 배당된 배당금이 담보권자가 가지는 수개의 피담보채권 전부를 소멸시키기에 부족한 경우에는 민법 제476조에 의한 지정변제충당은 허용될 수 없고, 채권자와 채무자 사이에 변제충당에 관한 합의가 있었다고 하여 그 합의에 따른 변제충당

---

[60] 당사자 일방이 제479조와 다른 순서의 지정에 대한 의사표시를 하였으나 상대방이 지체 없이 이의를 제기하지 않은 경우라면 제479조와 달리 충당하기로 하는 묵시적 합의가 있었다고 볼 수 있다(대판 2002. 5. 10, 2002다12871,12888 등).
[61] 확정기한부 채무의 경우에는 그 기한에, 불확정기한부 채무의 경우에는 채무자의 기한도래의 인식여부와 상관없이 기한이 객관적으로 도래한 때에, 기한의 정함이 없는 채무의 경우에는 채무가 성립한 때에 각각 이행기가 도래한 것이 된다.
[62] 예를 들어 이자부채무가 무이자채무보다, 고이율채무가 저이율채무보다, 단순채무가 연대채무보다, 주채무가 보증채무보다 채무자에게 변제이익이 많다.

도 허용될 수 없으며, 획일적으로 가장 공평타당한 충당방법인 민법 제477조 및 제479조의 규정에 의한 법정변제충당의 방법에 따라 충당하여야 하는 것이고, 이러한 법정변제충당은 이자 혹은 지연손해금과 원본 간에는 이자 혹은 지연손해금과 원본의 순으로 이루어지고, 원본 상호간에는 그 이행기의 도래 여부와 도래 시기, 그리고 이율의 고저와 같은 변제이익의 다과에 따라 순차적으로 이루어지나, 다만 그 이행기나 변제이익의 다과에 있어 아무런 차등이 없을 경우에는 각 원본 채무액에 비례하여 안분하게 되는 것이다.

<판례해설> 위 판결은 각 피담보채무에 보증인들이 있는 경우였는데, 이와 같은 경우 합의충당에 의해야 하다는 반대견해도 있으나 판결은 각 이해관계자들 간의 형평성을 고려하여 합의충당을 배제하였다. 즉, 여러 개의 채권에 각기 다른 보증인이 존재하는 경우 채권자 또는 채무자의 의사에 의하여 충당관계를 결정할 수 있도록 허용하게 되면 보증인들 사이의 이해관계가 첨예하게 대립되는 결과를 초래하게 된다. 따라서 당사자나 이해관계인들에게 충당방법에 관한 예측가능성을 제공할 수 있다는 측면과 집행절차의 획일성 등의 특성을 고려하여 사적 자치의 원칙보다는 이해관계인들 사이의 형평이라는 점에 더 큰 무게를 두어 법정충당에 따라야 한다고 판단한 것으로 생각된다.

[판례 92] 채권자에 의한 변제충당(대판 1995. 3. 14, 94다57244)
연대보증인이 분할채무 중 일부에만 연대보증을 한 경우, 주채무자가 그 채무의 일부변제로 수차례에 걸쳐 금원을 지급함에 있어 채권자가 주채무자에게 그 일부변제금이 연대보증되지 아니한 채무의 변제조임을 명시하였다면, 주채무자가 행사하지 아니한 변제충당의 지정권을 채권자가 행사하였다고 보여지고, 채권자의 변제충당의 지정이 적법한 것인 이상 적어도 그 일부변제금은 연대보증인이 연대보증하지 아니한 나머지 채무 부분의 변제에 충당되었다고 한 사례.

9. 변제자대위

제480조 (변제자의 임의대위) ① 채무자를 위하여 변제한 자는 변제와 동시에 채권자의 승낙을 얻어 채권자를 대위할 수 있다.
② 전항의 경우에 제450조 내지 제452조의 규정을 준용한다.

제481조 (변제자의 법정대위) 변제할 정당한 이익이 있는 자는 변제로 당연히 채권자를 대위한다.

제486조 (변제이외의 방법에 의한 채무소멸과 대위) 제3자가 공탁 기타 자기의 출재로 채무자의 채무를 면하게 한 경우에도 전6조의 규정을 준용한다.

(1) 의의

변제자대위(辨濟者代位)란 채무자 아닌 자가 채무자를 위하여 변제를 한 경우에 채무자에 대하여 구상할 수 있는 범위에서 채권자의 채권이나 그 담보권을 대위해서 행사할 수 있는 권리를 말한다. 즉, 채무자가 아닌 자가 채무를 변제한 경우 그가 가지는 채무자에 대한 구상권 확보를 위하여 종래 채권자가 채무자에 대하여 가지는 권리를 대위할 권한을 부여하는 것이다.

변제자대위는 채무자 아닌 자가 채무를 변제할 정당한 이익이 있는지 여부에 따라서 구분되는데, 변제할 정당한 이익이 없는 자가 변제한 경우에는 임의대위(제480조), 변제할 정당한 이익이 있는 자의 경우에는 법정대위(제481조)를 하게 된다. 임의대위는 채권자의 승낙을 얻어서 대위를 하게 되나, 법정대위는 법률상 당연히 대위한다는 점에서 구별된다.

(2) 임의대위의 요건(제480조)

임의대위를 하기 위해서는 변제 기타 원인(예: 대물변제, 공탁, 상계 등)으로 채권자에게 만족을 주었어야 하고, 채권자의 승낙을 얻어야 하며, 대항요건으로서 채무자에 대한 통지나 승낙(제450조 내지 제452조·제480조 2항)의 요건을 갖추어야 하고, 이로써 제3자(변제자)가 채무자에 대하여 구상권을 가져야한다.

(3) 법정대위의 요건(제481조)

변제할 정당한 이익이 있는 자로서 변제 기타 원인으로 채권자에게 만족을 주었어야 한다. 이때 변제할 정당한 이익이 있는 자란 변제를 하지 않는 경우 집행을 받게 될 지위에 있는 자(예: 불가분채무자, 연대채무자, 연대보증인, 물상보증인, 보증인, 담보물의 제3취득자), 변제하지 않으면 채무자에 대한 자기의 권리를 상실하게 되는 자(예: 후순위담보권자,[63] 채무자에 대한 일반채권자) 등을 말한다. 그리고 이로 인해 제3자가 채무자에 대하여 구상권을 가져야 한다.

(4) 효과

제482조 (변제자대위의 효과, 대위자긴의 관계) ① 전2조의 규정에 의하여 채권자를 대위한

---

63) 담보목적물의 가격이 폭락한 경우, 저당권의 실행으로 경매가 되면, 이때 후순위저당권자는 자신의 피담보채권에 기한 배당을 받을 수 없으므로 변제할 정당한 이익을 가질 수 있게 된다.

자는 자기의 권리에 의하여 구상할 수 있는 범위에서 채권 및 그 담보에 관한 권리를 행사할 수 있다.
② 전항의 권리행사는 다음 각 호의 규정에 의하여야 한다.
 1. 보증인은 미리 전세권이나 저당권의 등기에 그 대위를 부기하지 아니하면 전세물이나 저당물에 권리를 취득한 제3자에 대하여 채권자를 대위하지 못한다.
 2. 제3취득자는 보증인에 대하여 채권자를 대위하지 못한다.
 3. 제3취득자 중의 1인은 각 부동산의 가액에 비례하여 다른 제3취득자에 대하여 채권자를 대위한다.
 4. 자기의 재산을 타인의 채무의 담보로 제공한 자가 수인인 경우에는 전호의 규정을 준용한다.
 5. 자기의 재산을 타인의 채무의 담보로 제공한 자와 보증인 간에는 그 인원수에 비례하여 채권자를 대위한다. 그러나 자기의 재산을 타인의 채무의 담보로 제공한 자가 수인인 때에는 보증인의 부담부분을 제외하고 그 잔액에 대하여 각 재산의 가액에 비례하여 대위한다. 이 경우에 그 재산이 부동산인 때에는 제1호의 규정을 준용한다.

제483조 (일부의 대위) ① 채권의 일부에 대하여 대위변제가 있는 때에는 대위자는 그 변제한 가액에 비례하여 채권자와 함께 그 권리를 행사한다.
② 전항의 경우에 채무불이행을 원인으로 하는 계약의 해지 또는 해제는 채권자만이 할 수 있고 채권자는 대위자에게 그 변제한 가액과 이자를 상환하여야 한다.

대위변제자가 자기의 구상권의 범위에서 채권자의 원채권과 그 담보로서 채권자가 가지고 있던 일체의 권리를 행사할 수 있다(제482조 1항). 단, 이때 대위변제자는 채권자의 계약상 지위를 이전받는 것이 아님에 주의하여야 한다. 먼저 대위자와 채무자 간의 법률관계를 살펴보면 다음과 같다. 변제대위자는 원채권에 기한 이행청구권, 손해배상청구권 이외에 채권자대위권과 채권자취소권 및 인적·물적 담보권을 대위할 수 있다. 그러나 계약해제권이나 해지권은 대위대상이 되지 않는다(제483조 2항 전단). 그리고 채권의 일부에 대한 대위변제가 있는 경우 변제대위자는 그 변제한 가액에 비례하여 채권자와 함께 그 권리를 행사한다(제483조 1항). 채권자는 채권증서에 일부대위를 기재하고 자기가 점유하는 담보물에 관해서 대위자의 감독을 받아야 한다.

다음으로 법정대위자 간의 법률관계에 대해서는 제482조 2항이 정하고 있다.

① 보증인은 미리 전세권이나 저당권의 등기에 그 대위를 부기하지 아니하면 전세물이나 저당물에 권리를 취득한 제3자에 대하여 채권자를 대위하지 못한다<보증인과 제3취득자>. 예를 들어 甲이 乙에 대한 3,000만 원의 채무를

담보하기 위하여 자신 소유의 토지에 乙 명의의 저당권을 설정하였고, 이때 丙이 甲의 채무에 대하여 보증인이 된 경우, 이때 보증인 丙이 3,000만 원의 채무를 채권자 乙에게 변제하였다면, 그는 자신의 구상권을 위하여 乙의 甲에 대한 저당권을 대위해서 행사할 수 있다. 이때 대위를 위해서는 저당권에 대위사실을 부기등기하여야 한다. 왜냐하면 丙의 변제로 저당권이 말소되는 경우 이를 신뢰하고 저당목적물(토지)을 취득하는 자가 있을 수 있기 때문이다.

② 제3취득자는 보증인에 대하여 채권자를 대위하지 못한다<보증인과 제3취득자>. 예를 들어 甲이 乙에 대하여 3,000만 원의 채무를 부담하면서 자신 소유의 토지에 저당권을 설정하고, 丙이 보증인이 되었으며, 이후 저당목적물인 토지를 丁이 취득하였다. 이후 토지의 제3취득자인 丁이 채권자 甲에게 3,000만 원의 채무를 변제한 경우에도, 丁이 甲을 대위하여 보증인에게 책임을 물을 수 없다. 왜냐하면 丁은 토지의 취득 당시 등기부를 통해서 저당권의 부담이 있다는 사실을 알고 이를 부담하면서 취득한 자이기 때문이다.

③ 제3취득자 중의 1인은 각 부동산의 가액에 비례하여 다른 제3취득자에 대하여 채권자를 대위한다<제3취득자 상호간>. 예를 들어 채무자 甲이 채권자 乙에 대한 3,000만 원의 채무를 담보하기 위하여 甲 소유의 부동산 X, Y, Z(부동산의 가액은 각각 500만 원, 1000만 원, 1,500만 원)에 대해서 공동저당을 설정하였고, 이후 X는 A에게, Y는 B에게, Z는 C에게 각각 양도되었다. 이후 A가 3,000만 원을 변제한 경우, A는 채무자 甲에 대하여 3,000만 원의 구상권을 획득하고 이를 위하여 채권자 乙이 甲에 대해서 가지는 채권을 대위할 수 있는데, 다만 이때 A는 각 부동산의 가액에 비례해서, 즉 Y부동산에서는 3,000×1,000/3000=1,000만 원을, Z부동산에 대해서는 3,000×1,500/3,000=1500만 원만큼 대위할 수 있다. 왜냐하면 제3취득자의 법정대위를 부동산 가액에 비례하도록 한 것은 이러한 제한이 없다면 먼저 변제한 제3취득자가 우선적으로 변제자대위를 하게 되어 제3취득자 간의 불공평이 발생하기 때문이다.

④ 자기의 재산을 타인의 채무의 담보로 제공한 자가 수인인 경우에는 전호의 규정을 준용한다<물상보증인 상호간>. 예를 들어 채무자 甲이 채권자 乙에 대한 3,000만 원 채무를 담보하기 위하여 A 소유의 토지 X(가액 2,000만 원), B 소유의 토지 Y(가액 3,000만 원)에 乙 명의의 저당권이 설정되었다. 이때 A가 3000만 원을 채권자 乙에게 변제한 경우라면, A는 B소유의 Y토지에 대하여

3,000×3,000/5,000=1800만 원 한도에서 채권자 乙의 저당권을 대위하게 된다.

⑤ 자기의 재산을 타인의 채무의 담보로 제공한 자와 보증인 간에는 그 인원수에 비례하여 채권자를 대위한다<물상보증인과 보증인의 관계>. 그러나 자기의 재산을 타인의 채무의 담보로 제공한 자가 수인인 때에는 보증인의 부담부분을 제외하고 그 잔액에 대하여 각 재산의 가액에 비례하여 대위한다. 이 경우에 그 재산이 부동산인 때에는 제1호의 규정을 준용한다. 예를 들어 채무자 甲이 乙에 대해서 3,000만 원의 채무를 부담하는데, 이 채무에 대하여 A, B는 보증인이 되고, C는 X토지(가액 2,000만 원)를, D는 Y토지(가액 3,000만 원)를 공동저당의 목적물로 제공하였다. 이후 C가 3,000만 원을 채권자 乙에게 변제한 경우에 乙의 권리를 대위할 수 있는데, 우선 보증인 A와 B에 대해서는 인원수에 비례해서 각각 750만 원씩(총 1,500만 원)의 한도에서 채권자 乙의 보증채권을 대위할 수 있고, 나머지 금액(1,500만 원)에 대해서는 다른 물상보증인에 대해서 부동산 가액에 비례해서, 즉 D에 대해서는 1,500×3,000/5,000=900만 원의 한도에서 乙의 저당권을 대위할 수 있다. 결과적으로 2,400만 원을 변제자대위를 통해서 받을 수 있을 것이다.64)

[판례 93] 변제자대위의 범위(2015. 11. 27. 선고 2013다41097,41103 판결)
[1] 공동저당의 목적인 물상보증인 소유의 부동산에 후순위저당권이 설정되어 있는 경우에 물상보증인 소유의 부동산이 먼저 경매되어 경매대금에서 선순위공동저당권자가 변제를 받은 때에는 특별한 사정이 없는 한 물상보증인은 채무자에 대하여 구상권을 취득함과 동시에 변제자대위에 관한 민법 제481조, 제482조에 따라 채무자 소유의 부동산에 대한 선순위공동저당권자의 저당권을 대위취득하고, 물상보증인 소유의 부동산에 대한 후순위저당권자는 물상보증인이 대위취득한 채무자 소유의 부동산에 대한 선순위공동저당권자의 저당권에 대하여 물상대위를 할 수 있다.
[2] 변제자대위에 관한 민법 제481조, 제482조에 의하면 물상보증인은 자기의 권리에 의하여 구상할 수 있는 범위에서 채권 및 담보에 관한 권리를 행사할 수 있으므로, 물상보증인이 채무를 변제하거나 저당권의 실행으로 저당물의 소유권을 잃었더라도 다른 사정에 의하여 채무자에 대하여 구상권이 없는 경우에는 채권자를 대위하여 채권자의 채권 및 담보에 관한 권리를 행사할 수 없다. 따라서 실질적인 채무자와 실질적인 물상보증인이 공동으로 담보를 제공하여 대출을 받으면서 실질적인 물상보증인이 저당권설정등기에 자신을 채무자로 등기하도록 한 경우, 실질

---

64) 반대로 보증인 A가 3,000만 원 전액을 변제한 경우라면, 우선 다른 보증인에 대해서는 750만 원을 대위할 수 있다. 그리고 나머지 잔액 1,500만 원(A자기의 부분 750만 원 제외한)을 C와 D의 부동산가액에 비례에서 X부동산에서는 1,500×2,000/5,000=600만 원, Y부동산에서는 1,500×3,000/5,000 = 900만 원을 받을 대위할 수 있게 된다.

적 물상보증인인 채무자는 채권자에 대하여 채무자로서의 책임을 지는지와 관계없이 내부관계에서는 실질적 채무자인 물상보증인이 변제를 하였더라도 그에 대하여 구상의무가 없으므로, 실질적 채무자인 물상보증인이 채권자를 대위하여 실질적 물상보증인인 채무자에 대한 담보권을 취득한다고 할 수 없다. 그리고 이러한 법리는 실질적 물상보증인인 채무자와 실질적 채무자인 물상보증인 소유의 각 부동산에 공동저당이 설정된 후에 실질적 채무자인 물상보증인 소유의 부동산에 후순위저당권이 설정되었다고 하더라도 다르지 아니하다.

[판례 94] 물상보증인이 제3취득자에 대해 채권자를 대위하기 위한 요건(대판 1990. 11. 9, 90다카10305) 타인의 채무를 변제하고 채권자를 대위하는 대위자 상호간의 관계를 규정한 민법 제482조 제2항 제5호 단서에서 대위의 부기등기에 관한 제1호의 규정을 준용하도록 규정한 취지는 자기의 재산을 타인의 채무의 담보로 제공한 물상보증인이 수인일 때 그 중 일부의 물상보증인이 채무의 변제로 다른 물상보증인에 대하여 채권자를 대위하게 될 경우에 미리 대위의 부기등기를 하여 두지 아니하면 채무를 변제한 뒤에 그 저당물을 취득한 제3취득자에 대하여 채권자를 대위할 수 없도록 하려는 것이라고 해석되므로 자신들 소유의 부동산을 채무자의 채무의 담보로 제공한 물상보증인들이 채무를 변제한 뒤 다른 물상보증인 소유부동산에 설정된 근저당권설정등기에 관하여 대위의 부기등기를 하여 두지 아니하고 있는 동안에 제3취득자가 위 부동산을 취득하였다면, 대위변제한 물상보증인들은 제3취득자에 대하여 채권자를 대위할 수 없다.

[판례 95] 채권자의 행위로 인한 보증인의 면책(대판 1996. 12. 6, 96다35774)
[1] 변제할 정당한 이익이 있는 자가 채무자를 위하여 채권의 일부를 대위변제할 경우에 대위변제자는 변제한 가액의 범위 내에서 종래의 채권자가 가지고 있던 채권 및 담보에 관한 권리를 취득하게 되고 따라서 채권자가 부동산에 대하여 저당권을 가지고 있는 경우에는 채권자는 대위변제자에게 일부 대위변제에 따른 저당권의 일부 이전의 부기등기를 해 주어야 할 의무가 있다.
[2] 보증인은 피보증인의 채무를 변제할 정당한 이익이 있는 자로서 그 변제로 인하여 당연히 채권자를 대위할 법정대위권이 있는 것이므로 다른 특단의 사정이 없는 한 채권자가 고의나 과실로 담보를 상실하게 하거나 감소되게 한 때에는 보증인의 대위권을 침해한 것이 되어 보증인은 민법 제485조에 의하여 그 상실 또는 감소로 인하여 상환을 받을 수 없는 한도에서 그 면책주장을 할 수 있다.
[3] 채권자가 일부 대위변제자에게 그가 대위변제한 비율을 넘어 근저당권 전부를 이전하여 준 경우, 결국 채권자는 근저당권의 피담보채무 중 일부를 대위변제한 다른 보증인이 법정대위권을 행사할 수 있는 채권의 담보를 고의로 상실되게 한 것이므로, 다른 보증인은 그의 보증채무를 이행함으로써 채권자에 대한 법정대위권자로서 근저당권을 실행하여 배당받을 수 있었던 금액의 한도에서 보증의 책임을 면한다.
[4] 신용보증약관상 "신용보증사고 발생 후 기금의 동의 없이 보증부 대출에 관련된 물적, 인적 담보를 해지하였을 때"를 보증인 면책사유의 하나로 규정하고 있는 경우, 그 때의 담보의 해지란 담보계약의 해지뿐만 아니라 보증인이 보증채무를 이행하였더라면 취득할 수 있었던 담보를 감소, 상실시키는 모든 행위를 포함한다고 봄이 상당하다.

(5) 채권자와 대위자의 법률관계

제484조 (대위변제와 채권증서, 담보물) ① 채권전부의 대위변제를 받은 채권자는 그 채권에 관한 증서 및 점유한 담보물을 대위자에게 교부하여야 한다.
② 채권의 일부에 대한 대위변제가 있는 때에는 채권자는 채권증서에 그 대위를 기입하고 자기가 점유한 담보물의 보존에 관하여 대위자의 감독을 받아야 한다.

제485조 (채권자의 담보상실, 감소행위와 법정대위자의 면책) 제481조의 규정에 의하여 대위할 자가 있는 경우에 채권자의 고의나 과실로 담보가 상실되거나 감소된 때에는 대위할 자는 그 상실 또는 감소로 인하여 상환을 받을 수 없는 한도에서 그 책임을 면한다.

채권 전부의 대위변제를 받은 채권자는 그 채권에 관한 증서 및 점유한 담보물을 대위자에게 교부하여야 한다(제484조 1항). 그리고 채권의 일부에 대한 대위변제가 있는 때에는 채권자는 채권증서에 그 대위를 기입하고 자기가 점유한 담보물의 보존에 관하여 대위자의 감독을 받아야 한다(동조 2항). 다음으로 제481조의 규정에 의하여 대위할 자가 있는 경우에 채권자의 고의나 과실로 담보가 상실되거나 감소된 때에는 대위할 자는 그 상실 또는 감소로 인하여 상환을 받을 수 없는 한도에서 그 책임을 면한다(제485조).

III. 대물변제

제466조 (대물변제) 채무자가 채권자의 승낙을 얻어 본래의 채무이행에 갈음하여 다른 급여를 한 때에는 변제와 같은 효력이 있다.

1. 의의

채무자가 계약에 의하여 정해진 급부 이외에 다른 급부를 이행하는 것은 유효한 변제가 되지 못한다. 그러나 채무자가 다른 내용의 급부(대물)를 제공하고(청약), 채권자가 약정과 다른 급부제공을 채권자가 승낙하여 수령하게 되면 변제와 같은 효력을 가지게 되는데, 이를 대물변제(代物辨濟)라고 한다(제466조). 예를 들어 토지매도인이 매수인과 합의하에 약정한 토지가 아닌 다른 토지를 제공하는 경우, 금전채무자가 금전 대신에 자동차를 제공하기로 하고 채권자가 이에 동의하는 경우 등이 이에 해당한다. 대물변제는 계약이라는 것이 다수설이며, 대물계약은 계약성립에 물건을 요하는 요물계약이자 유상계약에 해당한다.

2. 요건

대물변제가 되기 위해서는 채무자가 본래 급부와 다른 급부를 현실적으로 제공해야 한다. 따라서 대물이 등기나 등록을 요하는 경우 그 등기나 등록까지 경료되어야 한다(판례). 이와 달리 현실적인 대물의 제공이 없는 것은 채무변경계약이나 대물변제의 예약에 지나지 않는다. 다음으로 본래의 급부에 갈음하여 다른 급부를 제공해야 하는데, 이는 본래의 채무의 소멸을 위해서 다른 급부가 행해진다는 것을 의미한다. 따라서 본래의 채무를 존속시킨 채 다른 급부를 행할 새로운 채무를 추가하는 '변제를 위하여' 행하는 경우(예: 어음이나 수표의 교부, 채권양도 등)와 구별하여야 한다. 주의할 것은 통상적인 어음이나 수표의 경우 '변제를 위하여' 교부된 것으로 추정되지만, 은행발행의 자기앞수표나 은행보증수표의 경우 '변제에 갈음하여' 교부된 것으로 볼 수 있고, 이는 유효한 대물변제가 된다는 점이다. 마지막으로 대물변제에 대한 채권자의 승낙이 있어야 한다. 왜냐하면 채권관계에 기한 본래의 급부가 아니므로, 채권자의 의사에 반해 이를 변제로 볼 수는 없기 때문이다.

3. 효과

대물변제는 변제로서의 효력이 있다(제466조). 따라서 본래 채권에 수반하는 담보권 등은 소멸하게 된다. 다만 대물변제로 제공된 목적물에 하자가 있는 경우에는 제567조에 의해서 매도인의 하자담보책임이 준용될 수 있다.

4. 대물변제의 예약

[사례 35] 甲은 乙로부터 5천만 원을 차용하면서 변제기에 변제를 하지 못하는 경우, 甲 소유의 토지(시가 1억 원)를 대신 제공하기로 약정하였다. 이후 변제기에 甲이 5천만 원을 변제하지 못하자 乙은 甲에게 토지의 소유권을 이전해줄 것을 요구한다. 이때 甲·乙의 법률관계는?
☞ 해 설 : 甲과 乙 간에는 본래 채무에 갈음하여 토지를 제공하기로 하는 대물변제약정이

있는 경우이므로, 甲이 채무를 변제하지 않는 경우, 乙은 甲에게 대물변제로서 토지를 넘겨줄 것을 청구할 수 있다. 다만 이때 채무액 5천만 원을 초과하는 금액에 대해서는 반환을 해야 할 의무를 진다(제607조, 제608조).

[사례 36] 甲은 乙로부터 3,000만 원을 빌리면서 변제기까지 변제를 하지 못하는 경우 자신 소유의 토지(시가 1억 원)를 대물변제할 것을 합의하였다. 이후 변제기에 이르러 甲이 채무를 변제하지 못하자 甲은 종전의 대물변제약정에 따라서 토지에 대한 소유권이전등기를 乙에게 해주었다. 그리고 乙은 이러한 사정을 모르는 丙에게 토지를 매도하였다. 그러나 이후 甲은 대물변제예약은 채무액을 크게 초과하는 것으로서 효력이 없으므로 무효라면서 丙에 대하여 소유권을 이전할 것을 요구하였다. 이러한 甲의 주장은 타당한가?
☞ 해 설 : 甲·乙 간의 대물변제예약(약정)은 토지의 가치가 채무액을 상회하므로, 제607조에 따라서 무효이다. 그러나 이 경우 판례는 甲·乙 간의 약정은 甲의 3,000만 원 채무에 대한 양도담보의 범위 내에서는 유효하다고 본다(대판 1991. 12. 24, 91다11223 등). 따라서 乙은 양도담보권자로서 가등기담보등에 관한 법률에 따라서 채무액을 초과한 범위에서 청산금을 지급하여야만 토지의 소유권을 취득할 수 있다. 그럼에도 불구하고 乙이 청산절차 없이 소유권을 丙에게 양도한 경우, - 양도담보에 대한 학설과 상관없이 - 丙이 선의인 경우 토지의 소유권을 취득한다(가등기담보법 제11조 단서). 따라서 甲의 주장은 타당하지 않다.

제607조 (대물반환의 예약) 차용물의 반환에 관하여 차주가 차용물에 갈음하여 다른 재산권을 이전할 것을 예약한 경우에는 그 재산의 예약당시의 가액이 차용액 및 이에 붙인 이자의 합산액을 넘지 못한다.

제608조 (차주에 불이익한 약정의 금지) 전2조의 규정에 위반한 당사자의 약정으로서 차주에 불리한 것은 환매 기타 여하한 명목이라도 그 효력이 없다.

대물변제의 예약이란 채권자와 채무자가 본래의 급부에 갈음하여 다른 급부를 할 것을 '미리' 약속하는 것을 말한다. 실제 거래에 있어서 변제의 실효성을 담보하기 위하여 많이 행해진다. 대물변제예약은 채권자의 예약완결권이 인정되는 일방예약이라는 것이 다수설이다.

대물변제예약은 채권자가 계약상 우월한 지위를 이용하여 남용할 우려가 있기 때문에 제607조·제608조가 이를 규율하고 있다. 이에 따라 대물변제예약으로써 채권자가 대물에 대한 소유권은 취득하게 되지만, 채무액을 넘는 부분에 대해서는 채무자에 대하여 반환할 의무를 지게 된다. 반면 대물변제예약과 달리 대물변제의 경우에는 제607조·제608조의 제한을 받지 않는다(판례). 왜냐하면 대물변제는 변제기에 대물의 가치가 채무액을 초과하더라도 변제 당시 채무자의 의사에 기한 것이므로 채권자의 폭리가 문제될 소지가 없기 때문이다.

[판례 96] 대물변제·대물변제예약·양도담보(대상판결 : 대판 1991. 12. 24, 91다11223)
<사실관계> 원고는 1980년 피고로부터 4000만 원을 차용하였고, 1985년 차용금원본과 이자를 4200만 원으로 확정하고, 그 변제를 위하여 원고 소유의 토지를 피고에게 이전하기로 약정함과 아울러 3년 이내에 원고가 4200만 원을 지급하면 피고가 위 토지를 다시 원고에게 반환하기로 하는 환매특약을 하였다. 그러나 원고는 3년이 지난 시점에 환매의 의사표시를 하였고, 이에 피고는 불응하였다. 이에 원고는 4200만 원을 변제공탁하면서, 위 토지에 대한 소유권이전청구소송을 제기하였다.
<판결요지> [1] 기존의 채무를 정리하는 방법으로 다른 재산권을 이전하기로 하면서 일정기간 내에 채무원리금을 변제할 때에는 그 재산을 반환받기로 하는 약정이 이루어졌다면 다른 특단의 사정이 없는 한 당사자 간에는 그 재산을 담보의 목적으로 이전하고 변제기 내에 변제가 이루어지지 않으면 담보권행사에 의한 정산절차를 거쳐 원리금을 변제받기로 하는 약정이 이루어진 것으로 해석하여야 할 것이다.
[2] 재산권을 이전하기로 한 당사자 간의 약정이 담보목적이 아니라 대물변제의 의사로 한 것이라 하더라도 위 약정을 함에 있어 약정 후 3년 이내에 채무자가 그간의 원리금을 지급하면 채권자는 목적물을 채무자에게 되돌려 주기로 하는 약정도 함께 하였다면, 이는 결국 대물변제의 예약이라고 봄이 상당하며 그 약정 당시의 가액이 원리금을 초과하므로 대물변제의 예약 자체는 무효이고 다만 양도담보로서의 효력만 인정하여야 한다.
<판례해설> 원래 금전소비대차에서 차주는 약정된 기한에 빌린 금액을 변제하는 것이 원칙이나, 차주가 변제의 방법으로 다른 물건(代物)을 급부하고 이에 대주가 승낙을 하면 이는 '대물변제'로서 변제의 효력이 발생한다(제466조). 위 사안에서는 원고와 피고 간의 금전소비대차계약에서 차주인 원고가 차용금액을 변제하지 않고 그 대신 원고 소유의 부동산을 제공하였는데, 이것이 대물변제인지 아니면 대물변제의 예약인지가 문제된 사안이다. 대물변제와 대물변제의 예약인지는 그 법적인 규율로서 제607조·제608조, 그리고 「가등기담보 등에 관한 법률」의 적용을 받는지에 따라 달라진다. 즉, 대물변제라고 이해되면 위 사안에서 토지의 가액이 원리금과 이자 등을 포함한 금액보다 많더라도 대주인 피고는 이를 반환하지 않아도 되지만, 만약 대물변제의 예약이라고 보게 되면 제607조·제608조, 그리고 「가등기담보 등에 관한 법률」에 따라서 대주인 피고는 원리금과 이자 등을 제외한 나머지 금액(청산금)을 차주인 원고에게 지급해야만 한다. 결론적으로 위 사안에서 판례는 당사자 간의 거래관계 등을 고려하여 형식적으로는 대물변제이나 이에 대하여 환매특약을 한 사실 등을 고려하여, 그 실질은 대물변제의 예약이라고 보았다. 다만 이때 토지가액이 원고가 빌린 차용금액을 상회하므로 대물변제예약 역시 무효가 되고, 차주가 대주에게 토지를 양도한 것은 담보목적을 위한 것으로서 양도담보로서의 효력을 가진다고 보았다. 따라서 판례의 입장에 따르게 되면 대주(피고)는 차용금(원본+이자 등)을 넘는 금액을 원고(차주)에게 정산금으로 지급하여야 하고, 차주(원고)는 대주의 정산절차가 있기 전까지는 차용금액을 상환하고 위 토지를 반환받을 수 있을 것이다.

제10강 공탁·상계·경개·면제·혼동

I. 공 탁

[사례 37] 甲은 5년 전에 사업상 거래관계에 있던 乙에게 1억 원을 빌려주고 대여기간을 5년으로 하고, 매년 이자로 1천만 원을 받기로 하였다. 변제기가 되어 甲이 乙에게 변제를 요구하자 乙은 원금 1억 원과 이자 2천 5백만 원을 지급하겠다고 하였다. 이에 甲은 이자가 약속과 다르다며 이를 수령하지 않았다. 그러자 乙은 1억 2천 5백만 원을 차용금 전액임을 밝히면서 공탁소에 공탁하였다. 공탁소의 통지를 받은 甲은 아무런 이의를 제기하지 않은 채 공탁금 1억 2천 5백만 원을 수령하였다. 이후 甲은 乙에 대하여 나머지 이자 2천 5백만 원을 청구할 수 있는가?

☞ 해 설 : 사안에서 이자에 대한 다툼이 있는 상태에서 乙은 1억 2천 5백만 원을 채무 전액임을 밝히면서 공탁하였다. 비록 乙이 공탁한 것이 채무의 전액이 아니라고 하더라도 甲이 채무액의 일부라는 이의를 유보하지 않은 채 공탁금을 수령하게 되면, 그로써 乙의 채무 전액은 소멸한다. 따라서 甲은 나머지 이자지급을 乙에게 요구할 수 없다.

제487조 (변제공탁의 요건, 효과) 채권자가 변제를 받지 아니하거나 받을 수 없는 때에는 변제자는 채권자를 위하여 변제의 목적물을 공탁하여 그 채무를 면할 수 있다. 변제자가 과실없이 채권자를 알 수 없는 경우에도 같다.

제488조 (공탁의 방법) ① 공탁은 채무이행지의 공탁소에 하여야 한다.
② 공탁소에 관하여 법률에 특별한 규정이 없으면 법원은 변제자의 청구에 의하여 공탁소를 지정하고 공탁물보관자를 선임하여야 한다.
③ 공탁자는 지체없이 채권자에게 공탁통지를 하여야 한다.

제489조 (공탁물의 회수) ① 채권자가 공탁을 승인하거나 공탁소에 대하여 공탁물을 받기를 통고하거나 공탁유효의 판결이 확정되기까지는 변제자는 공탁물을 회수할 수 있다. 이 경우에는 공탁하지 아니한 것으로 본다.
② 전항의 규정은 질권 또는 저당권이 공탁으로 인하여 소멸한 때에는 적용하지 아니한다.

제490조 (자조매각금의 공탁) 변제의 목적물이 공탁에 적당하지 아니하거나 멸실 또는 훼손될 염려가 있거나 공탁에 과다한 비용을 요하는 경우에는 변제자는 법원의 허가를 얻어 그 물건을 경매하거나 시가로 방매하여 대금을 공탁할 수 있다.

제491조 (공탁물수령과 상대의무이행) 채무자가 채권자의 상대의무이행과 동시에 변제할 경우에는 채권자는 그 의무이행을 하지 아니하면 공탁물을 수령하지 못한다.

(1) 개념

채무자가 변제를 하고자 하나 채권자가 변제의 수령을 거절하거나 변제를 받을 수 없는 경우, 채무자는 여전히 채무를 부담하게 된다. 채권자의 수령거절시 채무자는 채무불이행책임을 면하고(제461조), 채권자는 채권자지체책임(제400조 이하)을 지게 되지만, 변제가 되지 않는 이상 채무자는 여전히 채무를 이행해야만 한다. 따라서 이러한 경우 변제자가 채권자를 위하여 변제의 목적물을 공탁소에 맡김으로써 자신의 채무를 면하는 것을 공탁(供託)이라고 한다. 공탁에 대해서는 민법 제487조 이하에서 규정하고 있는데 이는 변제공탁에 대한 것이고, 이외에도 담보공탁(제353조 3항, 민사집행법 제280조, 민사소송법 제213조)이나 보관공탁(제340조, 제589조, 상법 제70조 등) 등이 있다.

(2) 법적 성질

변제제공의 성질에 대해서는 국가기관인 공탁소를 중심으로 공탁법의 규정에 따라서 실현되는 것이므로 공탁을 공법관계로 이해하는 공법관계설(판례)[65]과 공탁법의 규율을 받는 공법적인 관계이자 동시에 제3자를 위한 임치계약으로서의 사법적 관계로서의 측면이 있다는 양면관계설이 대립한다.

(3) 요건

공탁의 요건은 제487조에서 정하고 있는데, 우선 채무자가 변제를 받지 않거나 받을 수 없을 경우에 채무자는 공탁을 할 수 있다. 채권자의 수령지체, 수령거절, 수령불능 등이 이에 해당한다. 다음으로 변제자가 과실 없이 채권자를 알 수 없는 경우 공탁을 할 수 있는데, 채권양도와 전부명령이 경합되는 경우, 매매대금의 수령자인 매도인의 사망시 상속인을 알 수 없는 경우 등이 이에 해당한다.

[판례 97] 채권의 가압류와 변제공탁(대판[전합] 1994. 12. 13, 93다951)
채권의 가압류에 불구하고 제3채무자가 채무자에게 변제를 한 때에는 나중에 채권자에게 이중으로 변제하여야 할 위험을 부담하게 되므로 제3채무자로서는 민법 제487조의 규정에 의하여

---

[65] 판례에 따르면 공탁공무원의 수탁처분과 공탁물보관자의 공탁물수령으로 변제의 효력이 발생한다(대결 1972. 5. 15, 72마401).

공탁을 함으로써 이중변제의 위험에서 벗어나고 이행지체의 책임도 면할 수 있다고 보아야 할 것이다. 왜냐하면 민법상의 변제공탁은 채무를 변제할 의사와 능력이 있는 채무자로 하여금 채권자의 사정으로 채무관계에서 벗어나지 못하는 경우를 대비할 수 있도록 마련된 제도로서 그 제487조 소정의 변제공탁의 요건인 "채권자가 변제를 받을 수 없는 때"의 변제라 함은 채무자로 하여금 종국적으로 채무를 면하게 하는 효과를 가져다 주는 변제를 의미하는 것이므로 채권이 가압류된 경우와 같이 형식적으로는 채권자가 변제를 받을 수 있다고 하더라도 채무자에게 여전히 이중변제의 위험부담이 남는 경우에는 마찬가지로 "채권자가 변제를 받을 수 없는 때"에 해당한다고 보아야 할 것이기 때문이다. 그리고 제3채무자가 이와 같이 채권의 가압류를 이유로 변제공탁을 한 때에는 그 가압류의 효력은 채무자의 공탁금출급청구권에 대하여 존속한다고 할 것이므로 그로 인하여 가압류 채권자에게 어떤 불이익이 있다고도 할 수 없다.

[판례 98] 채권자를 알 수 없는 경우의 의미 1(대판 2005. 5. 26, 2003다12311)
민법 제487조 후단의 "변제자가 과실 없이 채권자를 알 수 없는 경우"라 함은 객관적으로 채권자 또는 변제수령권자가 존재하고 있으나 채무자가 선량한 관리자의 주의를 다하여도 채권자가 누구인지 알 수 없는 경우를 말하므로, 채권이 양도되었다는 등의 사유로 제3채무자가 종전의 채권자와 새로운 채권자 중 누구에게 변제하여야 하는지 과실 없이 알 수 없는 경우 제3채무자로서는 민법 제487조 후단의 채권자 불확지를 원인으로 한 변제공탁사유가 생긴다고 할 것이고, 또한 종전의 채권자를 가압류채무자 또는 집행채무자로 한 다수의 채권가압류 또는 압류결정이 순차 내려짐으로써 그 채권이 종전 채권자에게 변제되어야 한다면 압류경합으로 인하여 구 민사소송법(2002. 1. 26. 법률 제6626호로 전문 개정되기 전의 것) 제581조 제1항 소정의 집행공탁의 사유가 생기는 경우에, 채무자는 민법 제487조 후단 및 구 민사소송법 제581조 제1항을 근거로 채권자 불확지를 원인으로 하는 변제공탁과 압류경합 등을 이유로 하는 집행공탁을 하는 이른바 혼합공탁을 할 수 있고, 이러한 공탁은 변제공탁에 관련된 새로운 채권자에 대하여는 변제공탁으로서의 효력이 있고 집행공탁에 관련된 압류채권자 등에 대하여는 집행공탁으로서의 효력이 있다고 할 것이나, 채권양도 등과 종전 채권자에 대한 압류가 경합되었다고 하여 항상 채권이 누구에게 변제되어야 하는지 과실 없이 알 수 없는 경우에 해당하는 것은 아니고, 설령 그렇게 볼 사정이 있다고 하더라도 공탁은 공탁자가 자기의 책임과 판단하에 하는 것으로서, 채권양도 등과 압류가 경합된 경우에 공탁자는 나름대로 누구에게 변제를 하여야 할 것인지를 판단하여 그에 따라 변제공탁이나 집행공탁 또는 혼합공탁을 선택하여 할 수 있다.

[판례 99] 채권자를 알 수 없는 경우의 의미 2(대판 1991. 5. 28, 91다3055)
매매계약의 중도금 지급기일을 앞두고 사망한 매도인에게 상속인들이 여러 명이 있고 그 중에는 출가한 딸들도 있을 뿐아니라 출가하였다가 자식들 남기고 사망한 딸도 있는 등 매수인으로서는 매도인의 공동상속인들이나 그 상속인들의 상속지분을 구체적으로 알기 어렵다면 중도금 지급기일에 사망한 매도인을 피공탁자로 하여 중도금의 변제공탁을 한 것은 민법 제487조 후단에 해당하여 유효하다.

[판례 100] 채권자를 알 수 없는 경우의 의미 3(대판 2004. 11. 11, 2004다37737)
예금계약의 출연자와 예금명의자가 서로 다르고 양자 모두 예금채권에 관한 권리를 적극 주장하

고 있는 경우로서 금융기관이 그 예금의 지급시는 물론 예금계약 성립시의 사정까지 모두 고려하여 선량한 관리자로서의 주의의무를 다하여도 어느 쪽이 진정한 예금주인지에 관하여 사실상 혹은 법률상 의문이 제기될 여지가 충분히 있다고 인정되는 때에는 채무자인 금융기관으로서는 민법 제487조 후단의 채권자 불확지를 원인으로 하여 변제공탁을 할 수 있다고 보아야 한다.

(4) 공탁의 당사자·목적물·절차

공탁소와 공탁자가 공탁의 당사자가 된다. 채무자 이외의 제3자도 공탁할 수 있고 채무이행지의 공탁소에 공탁하면 된다(제488조 1항). 그리고 변제의 목적물이 공탁목적물이 된다. 다만 변제의 목적물이 공탁에 적당하지 아니하거나 멸실 또는 훼손될 염려가 있거나 공탁에 과다한 비용을 요하는 경우에는 변제자는 법원의 허가를 얻어 그 물건을 경매하거나 시가로 방매하여 대금을 공탁할 수 있다(제490조). 부동산의 공탁도 인정하는 것이 통설적 입장이다. 그리고 공탁은 채무내용에 좇은 것이어야 하므로, 일부공탁과 조건부 공탁은 원칙적으로 허용되지 않는다.

공탁을 하기 위해서 우선 공탁자는 공탁통지서를 첨부하여 공탁서를 공탁공원에게 제출하여야 한다(공탁규칙 제20조, 제23조). 공탁이 인정될 경우 공탁공무원은 공탁서를 채무자에게 교부하고 공탁자는 공탁물보관자에게 공탁물을 납입한다(동 규칙 제26조). 그리고 공탁물납입이 있으면 공탁공무원은 공탁통지서를 채권자(피공탁자)에게 발송한다(동 규칙 제29조).

(5) 효과

공탁이 유효한 경우 채권이 소멸하게 된다(제487조). 채권소멸시점은 공탁공무원의 수탁처분이 있고 공탁물보관자가 공탁물을 수령하는 시점이 된다. 그리고 채권자가 공탁을 승인하거나 공탁소에 대하여 공탁물을 받기를 통고하기나 공탁유효의 판결이 확정되기까지는 변제자는 공탁물을 회수할 수 있다(제489조 1항). 이 경우에는 공탁하지 아니한 것으로 본다. 그러나 공탁으로 인하여 질권 또는 저당권이 공탁으로 인하여 소멸한 때에는 회수할 수 없다(제489조 2항). 그리고 공탁이 있는 경우 채권자는 공탁소에 공탁물출급청구권(공탁물인도청구권)을 가지게 된다. 그리고 공탁물이 채무 전부의 변제에 부족한 경우 채권자는 일부변제에 충당할 것임을 유보하면서 공탁물을 수령할 수 있고, 이 때에는 일부변제의 효과가 발생한다. 그러나 이의를 유보하지 않고 공탁물을 수령하게 되면, 공탁물수령으로써 채무는 소멸하게 된다.

Ⅱ. 상 계

[사례 38] 건설업체를 운영하던 甲은 2019년 2월 12일에 거래처인 乙로부터 건설자재를 5천만 원에 구입하고 그 대금은 2019년 11월29일까지 지급하기로 하였다. 그러다가 乙이 자재창고를 짓게 되어 2019년 3월 5일에 甲에게 공사를 의뢰하였고, 창고공사는 다음 달인 4월 4일에 완공되었다. 그리고 창고공사대금 5천만 원은 2019년 8월 31일까지 乙이 甲에게 지급하기로 하였다. 2019년 7월 3일 甲은 자신의 자재대금채무와 乙에 대한 채권을 상계하겠다고 乙에게 통보하였다. 이때 甲의 상계의 의사표시의 효력은?
☞ 해 설 : 상계자는 자신의 기한의 이익을 포기할 수 있고 변제기 전이라도 변제할 수 있으므로(제153조 2항·제468조 본문), 수동채권이 변제기 전이라도 상계할 수 있다. 그러나 자동채권은 변제기에 이르러야 한다. 상계의사표시를 한 2019년 7월 3일 시점에 甲의 (자동)채권과 乙의 (수동)채권 모두 변제기가 도래하지 않았다. 그러므로 甲이 한 상계의 의사표시는 효력이 없다. 왜냐하면 이를 인정하게 되면 자동채권의 채무자인 乙이 원래 변제기보다 먼저 변제하는 것을 인정하여 그의 기한의 이익을 침해하기 때문이다(원래 乙은 자신의 공사대금채무를 한 달 뒤인 8월 31일에 이행하기로 되어 있었음).

제492조 (상계의 요건) ① 쌍방이 서로 같은 종류를 목적으로 한 채무를 부담한 경우에 그 쌍방의 채무의 이행기가 도래한 때에는 각 채무자는 대등액에 관하여 상계할 수 있다. 그러나 채무의 성질이 상계를 허용하지 아니할 때에는 그러하지 아니하다.
② 전항의 규정은 당사자가 다른 의사를 표시한 경우에는 적용하지 아니한다. 그러나 그 의사표시로써 선의의 제3자에게 대항하지 못한다.

제493조 (상계의 방법, 효과) ① 상계는 상대방에 대한 의사표시로 한다. 이 의사표시에는 조건 또는 기한을 붙이지 못한다.
② 상계의 의사표시는 각 채무가 상계할 수 있는 때에 대등액에 관하여 소멸한 것으로 본다.

제494조 (이행지를 달리하는 채무의 상계) 각 채무의 이행지가 다른 경우에도 상계할 수 있다. 그러나 상계하는 당사자는 상대방에게 상계로 인한 손해를 배상하여야 한다.

제495조 (소멸시효완성된 채권에 의한 상계) 소멸시효가 완성된 채권이 그 완성 전에 상계할 수 있었던 것이면 그 채권자는 상계할 수 있다.

제499조 (준용규정) 제476조 내지 제479조의 규정은 상계에 준용한다.

제496조 (불법행위채권을 수동채권으로 하는 상계의 금지) 채무가 고의의 불법행위로 인한 것인 때에는 그 채무자는 상계로 채권자에게 대항하지 못한다.

제497조 (압류금지채권을 수동채권으로 하는 상계의 금지) 채권이 압류하지 못할 것인 때에는 그 채무자는 상계로 채권자에게 대항하지 못한다.

제498조 (지급금지채권을 수동채권으로 하는 상계의 금지) 지급을 금지하는 명령을 받은 제3채무자는 그 후에 취득한 채권에 의한 상계로 그 명령을 신청한 채권자에게 대항하지 못한다.

(1) 의의

상계(相計)란 채권자와 채무자가 서로 동종의 채권·채무를 가지는 경우에 일방 당사자의 의사표시로 그 채권과 채무를 대등액에서 소멸시킴으로서 서로간의 결제의 편의를 돕는 제도를 말한다. 이때 상계를 하는 당사자의 채권을 자동채권, 상계의 대상이 되는 상대방의 채권을 수동채권이라고 한다. 그리고 민법상 상계는 당사자의 일방적인 의사표시로써 행해지는 것이므로, 당사자 간의 계약에 의해서 상계를 하는 상계계약과는 구별된다. 상법상 상호계산(상법 제72조)이 대표적인 상계계약이다.

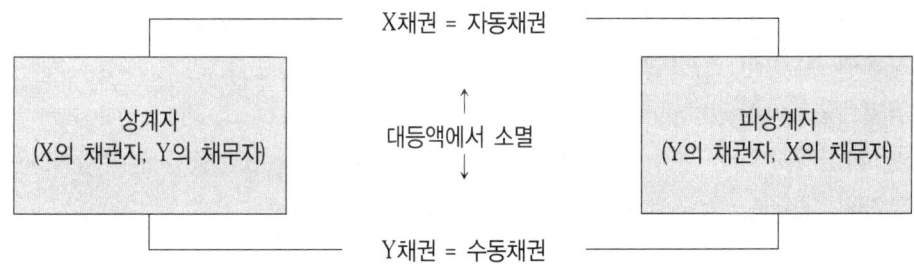

(2) 요건

상계를 하기 위해서는 상계적상(相計適狀)이 존재해야 한다.

① 상계자의 자동채권과 피상계자의 수동채권이 대립하여 존재해야 한다. 자동채권은 채무자의 채권임이 원칙이나 연대채무나 보증채무에서 타인의 피상계자에 대한 채권으로도 상계할 수 있고(제418조 2항, 제434조), 연대채무와 보증채무, 채권양도에서 제3자에 대한 상계자 자신의 채권으로써 상계할 수도 있

다(제426조 1항, 제445조 1항, 제451조 2항).

② 쌍방의 채권이 동종의 목적을 가지고 변제기에 있어야 한다. 이때 상계자는 자신의 기한의 이익을 포기할 수 있고 변제기 전이라도 변제할 수 있으므로(제153조 2항·제468조 본문), 수동채권이 변제기 전이라도 상계할 수 있다.66) 그러나 자동채권의 기한의 이익은 자동채권의 채무자인 피상계자에게 있는 것으로 추정되므로, 자동채권의 변제기는 도래해야만 한다.

③ 상계가 허용되는 채권이어야 한다. 예를 들어 하는 채무는 채권의 성질상, 항변권이 붙은 자동채권은 채무자의 항변이익을 박탈시키기 때문에 상계가 허용되지 않는다.

④ 상계적상이 상계시점에 유지되어야 한다. 다만 예외로서 소멸시효가 완성된 채권이 그 완성 전에 상계할 수 있었던 것이면 그 채권자는 상계할 수 있다(제495조).

(3) 상계의 금지

당사자의 의사표시에 따라 상계가 금지될 수 있다(제492조 2항 본문). 그러나 이 경우에도 그 의사표시로써 선의의 제3자에게 대항하지 못한다(동조 2항 단서). 그리고 법률에 의해 상계가 금지될 수 있는데, 고의의 불법행위로 인한 손해배상채권(제496조),67) 압류금지채권(제497조: 임금, 부양료, 연금, 상여금, 퇴직금 등의 1/2 68)), 지급금지채권(제498조: 압류나 가압류를 받은 경우), 질권설정통지(제349조 1항: 이후 질권이 설정된 채권), 특별법상 상계금지채권(상법상 주식납입채권, 각종 연금법상 급여채권, 근로자의 재해보상청구권 등)이 이에 해당한다.

(4) 상계의 방법

상계는 상계자의 피상계자에 대한 의사표시로써 한다(제493조 1항).69) 이때 상계의 의사표시는 상계할 채권을 채권의 동일성이 인식될 수 있는 정도로 표

---

66) 단, 수동채권이 이자부소비대차에 기한 금전채권인 경우 상계로 인한 피상계자의 손해(장래 취득이자)를 배상해야 한다(제468조 단서).
67) 피해자는 상계할수 있다.
68) 사용자는 근로자의 임금채권을 수동채권으로 하여 전차금채권, 근로자의 채무불이행이나 불법행위에 대한 손해배상채권에 대하여 상계할 수 없다.
69) 증권적 채권을 자동채권으로 상계하는 경우 증권적 채권의 제시 내지 교부를 요한다(判판례).

시하면 족하고, 발생일자나 상계원인이나 액수를 명시할 필요는 없다. 그리고 상계의 의사표시에는 조건이나 기한을 붙일 수 없다.

(5) 상계의 효과

상계에 의하여 양 채권은 대등액에서 소멸한다(제492조 1항 본문). 따라서 자동채권이나 수동채권 중 어느 하나의 액수가 클 때에는 상계가 되더라도 그 채권의 나머지 액은 잔존하게 된다. 그리고 상계의 의사표시에 의하여 각 채무는 상계할 수 있었던 때로 소급하여 소멸한 것으로 본다(제493조 2항). 즉, 상계의 효과는 상계적상 시점으로 소급하므로, 그 이후의 이자는 발생하지 않고 이행지체도 일어나지 않는다.

III. 경개·면제·혼동

1. 경개

제500조 (경개의 요건, 효과) 당사자가 채무의 중요한 부분을 변경하는 계약을 한 때에는 구채무는 경개로 인하여 소멸한다.

제501조 (채무자변경으로 인한 경개) 채무자의 변경으로 인한 경개는 채권자와 신채무자간의 계약으로 이를 할 수 있다. 그러나 구채무자의 의사에 반하여 이를 하지 못한다.

제502조 (채권자변경으로 인한 경개) 채권자의 변경으로 인한 경개는 확정일자있는 증서로 하지 아니하면 이로써 제3자에게 대항하지 못한다.

제503조 (채권자변경의 경개와 채무자승낙의 효과) 제451조제1항의 규정은 채권자의 변경으로 인한 경개에 준용한다.

제504조 (구채무불소멸의 경우) 경개로 인한 신채무가 원인의 불법 또는 당사자가 알지 못한 사유로 인하여 성립되지 아니하거나 취소된 때에는 구채무는 소멸되지 아니한다.

제505조 (신채무에의 담보이전) 경개의 당사자는 구채무의 담보를 그 목적의 한도에서 신채무의 담보로 할 수 있다. 그러나 제3자가 제공한 담보는 그 승낙을 얻어야 한다.

(1) 개념

채무의 중요부분을 당사자의 합의로 변경시킴으로써 구채무를 소멸시키고, 신채무를 발생시키는 계약을 경개(更改)라고 한다(제500조). 경개를 통해서 구채무는 소멸하므로 구채무에 부착된 담보권이나 보증채무, 위약금 등과 같은 종된 권리도 소멸한다. 그러나 경개의 당사자는 구채무의 담보를 그 목적의 한도에서 신채무의 담보로 할 수 있고(제505조), 다만 이때 제3자(물상보증인, 보증인 등)의 승낙을 얻어야 한다. 그리고 경개계약은 그 성질상 구채무의 소멸과 신채무의 성립의 효과를 발생시키는 처분행위로서 이행의 문제를 남기지 않으므로, 신채무의 불이행을 이유로 경개계약을 해제할 수는 없다(대판 2003. 2. 11, 2002다62333).

(2) 유형

채무내용변경으로 인한 경개는 채권자와 채무자 간 합의를 통해서 가능한데, 소를 사고파는 매매계약에서 급부의 목적물인 소를 진돗개로 변경하기로 합의하는 경우가 이에 해당한다. 다음으로 채무자변경으로 인한 경개는 채권자와 신채무자 간의 계약으로 가능한데(제501조), 甲(도급인)과 乙(수급인) 간의 공사도급계약에서 甲이 다른 공사업자 丙을 신채무자로 약정한 경우가 이에 해당한다. 그러나 이때 구채무자(乙)의 의사에 반하여 이를 하지 못한다. 다음으로 채권자변경으로 인한 경개는 신채권자·구채권자·채무자 간의 3면계약을 통해서 가능한데(제502조), 금전소비대차계약에서 구대주·신대주·차주 간의 약정으로 대주를 변경하는 경우가 이에 해당한다. 이때 확정일자 있는 증서로 경개계약을 체결해야만 제3자에게 대항할 수 있다. 예를 들어 경개계약 이후 구대주의 채권자가 채권을 가압류한 경우에 신대주(신채권자)는 확정일자 있는 증서로 계약을 체결해야만 가압류채권자에게 대항할 수 있다.

2. 면제

제506조 (면제의 요건, 효과) 채권자가 채무자에게 채무를 면제하는 의사를 표시한 때에는 채권은 소멸한다. 그러나 면제로써 정당한 이익을 가진 제3자에게 대항하지 못한다.

면제(免除)란 채무자에 대한 채권자의 일방적 의사표시로 채무를 소멸시키는 채권의 소멸행위를 말한다(제506조). 우리 민법상 면제는 계약이 아니라 채권자의 단독행위지만, 상대방에게 불이익을 줄 경우가 없으므로 그에 조건을 붙이는 것이 허용된다. 그리고 채무의 전부면제는 물론이고 일부면제도 가능하다.

3. 혼동

제507조 (혼동의 요건, 효과) 채권과 채무가 동일한 주체에 귀속한 때에는 채권은 소멸한다. 그러나 그 채권이 제3자의 권리의 목적인 때에는 그러하지 아니하다.

혼동(混同)이란 채권과 채무가 동일한 주체에게 귀속되어 채권이 소멸하는 것을 말한다(제507조). 예를 들어 아들이 아버지에게 3,000만 원을 빌려 주었다가 아버지가 사망한 경우, 아들은 채권자이면서 동시에 아버지의 지위를 상속하므로 채무자의 지위를 겸하게 되는데, 이때 3,000만 원의 채권은 혼동으로 소멸한다. 다만 아들의 채권을 제3자가 압류한 경우와 같이 혼동에도 불구하고 채권이 존속할 법률상 이익이 있는 경우에 채권은 소멸하지 않는다.

제11강 다수당사자의 채권관계

Ⅰ. 다수당사자의 채권관계

1. 개념

다수당사자의 채권관계란 하나의 급부와 관련한 채권자가 여럿이거나 채무자가 여럿인 경우를 말한다. 예를 들어 자동차매매계약에서 매도인이 甲이고 매수인이 乙·丙·丁 3명인 경우, 이때 급부는 하나이지만 그러한 급부를 내용으로 하는 채권관계는 여러 개(甲·乙, 甲·丙, 甲·丁)가 발생하게 된다. 민법상 다수당사자의 채권관계는 그 성질에 따라서 분할채권·채무관계, 불가분채권·채무관계, 연대채무, 보증채무로 구분된다. 이러한 다수당사자의 채권관계 중 다수의 채무자가 존재하는 경우(불가분채무·연대채무·보증채무)는 채권자의 입장에서 다수의 채무자의 총자력에 근거하여 채권을 실현받는다는 점에서 인적 담보로서 기능하게 된다.

2. 법률적 쟁점

다수당사자의 채권관계의 쟁점은 다음과 같다.
① 다수의 채권자(또는 채무자)와 상대방 간에 이행청구나 변제의 효력을 어떻게 볼 것인가? <대외적 효력> 위 사례에서 甲이 누구에 대하여 이행청구를 할 수 있는지가 문제된다.
② 다수의 채권자(또는 채무자) 중 한 사람에게 생긴 사유가 다른 채권자(또는 채무자)에게 어떤 효력을 가지는가? <당사자 1인에게 생긴 사유의 효력> 위 사례에서 甲이 丙에게 매매대금 채무를 면제해 준 경우, 이것이 나머지 매수인(乙·丁)에게 어떤 효력을 가지는지 문제된다.
③ 다수 채무자 중 1인의 채무자가 단독으로 출재한 경우 다른 채무자들이 이에 대한 부담을 받는지, 혹은 다수 채권자 중 한 채권자가 수령한 것을 다른 채권자에게 분배하게 할 것인지? <대내적 효력> 위 사례에서 丙이 매매대금 전액을 변제한 경우, 이를 乙·丁에게 돌려받을 수 있는지가 문제된다.

II. 분할채권관계

> [사례 39] 주부인 甲·乙·丙은 김장철을 맞아 배추를 구입하기로 하고, 농부 X가 운영하는 강원도 홍성의 배추밭에 가서 배추를 확인한 후 배추 300포기를 90만 원에 구입하는 계약을 체결하였다. 그리고 X는 배추를 약속한 대로 甲·乙·丙의 집으로 배송하였다. 이때 X는 乙에 대하여 매매대금 90만 원을 청구할 수 있는가?
> ☞ 해 설 : 사안에서 매매대금에 대해서 甲·乙·丙은 다수의 채무자인데, 민법상 분할채무관계가 원칙이므로, 이때 甲·乙·丙은 농부 X에 대하여 특약이 없는 이상 각 30만 원씩 분할채무를 부담한다. 왜냐하면 이 경우 매매대금에 대하여 불가분적 급부의 대가로 보기도 어렵고, 甲·乙·丙 채무자 전원의 자력이 총체적으로 고려된 경우로 보기도 어렵기 때문이다. 따라서 매도인 X는 분할채무자인 甲·乙·丙에 대하여 각 30만 원을 청구할 수 있을 뿐이고, 채무전액인 90만 원을 청구할 수 없다.

1. 개념

하나의 가분급부(加分給付)에 대하여 채권자 또는 채무자가 다수 존재하는 경우 특별한 의사표시가 없는 한 채권 또는 채무가 수인의 채권자 또는 채무자 사이에 분할되는 채권관계를 뜻한다. 즉 분할채권관계나 분할채무관계는 다수당사자들이 내용적으로 각각 별개의 독립된 채권 내지 채무를 부담하는 것이다.

2. 유형

민법상 다수당사자의 채권관계는 분할채권(채무)관계를 원칙으로 한다(제408조). 그러나 가분적 채권관계임에도 불구하고 수인의 채무가 각 채무자에게 불가분적으로 향유되는 이익의 대가이거나 불가분급부의 대가로서의 성질을 가질 때, 예를 들어 甲·乙·丙은 X가 소유한 중고자동차를 3백만 원에 구입하는 매매계약을 체결한 경우, 이때 甲·乙·丙의 X에 대한 대금지급채무는 불가분채무가 된다. 그리고 채무자 전원의 자력이 총체적으로 고려된 경우, 예를 들어 甲·乙·丙이 X가 운영하는 식당에서 식사를 한 경우 음식요금채무는 묵시적 특약에 의한 연대채무에 해당한다.

3. 효력

분할채권(채무)관계에서 당사자는 특별한 의사표시가 없는 이상 균등한 비율로 분할채권이나 분할채무를 부담한다(제408조). 따라서 각 채권자는 자기 채권의 비율 이상을 청구할 수 없고, 각 채무자는 자신의 부담부분을 넘어서 이행할 필요가 없다. 그리고 분할채권·채무관계의 경우 1인에게 생긴 사유(이행지체, 이행불능, 경개, 면제, 혼동, 시효)는 다른 채권자나 채무자에게 영향을 미치지 않는다. 그리고 채권자나 채무자 간에는 분급이나 구상관계가 원칙적으로 발생하지 않는다.

[판례 101] 분할채권관계(대판 1993. 8. 14, 91다41316)
채권자나 채무자가 여러 사람인 경우에 특별한 의사표시가 없으면 각 채권자 또는 각 채무자는 균등한 비율로 권리가 있고 의무를 부담한다고 할 것이므로, 피고를 포함한 4인의 매도인이 원고를 포함한 4인의 매수인에게 임야를 매도하기로 하는 계약을 체결한 경우 매매계약의 무효를 원인으로 부당이득으로서 계약금의 반환을 구하는 채권은 특별한 사정이 없으면 불가분채권채무관계가 될 수 없으므로 매도인 중의 1인에 불과한 피고가 매수인 중의 1인에 불과한 원고에게 위 계약금 전액을 반환할 의무가 있다고 할 수 없다.

III. 불가분채권관계

[사례 40] 甲·乙·丙이 공동소유하는 중고 트럭 2대를 X가 600백만 원에 구입하는 매매계약을 체결하였다. 이때 丙은 자동차를 자신에게 인도할 것을 청구할 수 있는가?
☞ 해 설 : 자동차인도채권은 그 성질상 불가분이므로, 이에 대해서 甲·乙·丙은 불가분채권자가 된다. 따라서 불가분채권자 1인인 丙은 전체 급부(자동차)를 자신에게 인도할 것을 청구할 수 있다.

[사례 41] 甲·乙·丙은 공동으로 Y로부터 데스크탑 컴퓨터를 150만 원에 구입하는 계약을 체결하였다. 甲이 Y에게 다른 브랜드의 컴퓨터가 필요하다고 말하자, Y는 시가 100만 원의 다른 컴퓨터를 甲에게 인도하였다. 이때 乙·丙은 Y에게 원래 약정하였던 컴퓨터의 인도를 요구할 수 있는가?
☞ 해 설 : 컴퓨터라는 급부의 성질상 甲·乙·丙은 불가분채권을 갖는 자들인데, 이들 중 1인인 甲이 채무자 Y와 급부내용을 변경하는 경개계약을 체결하였는데 이 효력이 나머지 乙·丙에게도 미치는지가 문제된다. 불가분채권관계에서 경개는 상대효를 가지므로, 乙·丙에게는 그 효력이 없다. 따라서 乙·丙은 Y에 대하여 원래의 데스크탑 컴퓨터의 인도를 청구할 수 있고, 이때

> 乙·丙은 각각 50만 원씩(분할채무)을 지급하면 된다. 다만 이렇게 이해하면 乙·丙은 매매대금의 일부인 100만 원만 지급하고 목적물을 수령하게 되는데, 민법 제410조 2항에 따라서 Y는 甲의 분할채무액인 50만 원을 乙과 丙에게 (각각 25만) 지급할 것과 상환으로 컴퓨터를 인도하면 된다.

1. 불가분채권관계

급부의 성질이나 의사표시에 의하여 불가분급부에 대하여 수인의 채권자가 각각 채권을 가지는 경우를 말한다(제409조). 불가분채권관계에서는 그 주체만큼 채권이 존재하나 그 불가분성으로 인하여 불가분채권자는 급부일부를 청구할 수 없다. 불가분채권관계의 각 채권자는 모든 채권자를 위하여 단독으로 자신에게 이행할 것을 청구할 수 있다(제409조). 그리고 불가분채권관계에서의 이행청구에 따른 시효중단, 이행지체의 효과, 채무자의 채권자 1인에 대한 변제, 변제제공, 수령지체는 모든 채권자를 위해서 효력이 있다(절대적 효력 내지 절대효). 그러나 채권자 중 1인과 채무자 간에 혼동이나 면제, 경개가 있더라도 다른 채권자에게 영향을 주지 않는다(상대효). 그리고 불가분채권의 변제를 받은 채권자는 다른 채권자에 대하여 내부관계의 비율에 따라 그의 급부이익을 분급하여야 한다.

2. 불가분채무관계

하나의 불가분급부에 대하여 수인의 채무자가 각각 채무를 가지는 경우를 말한다(제409조). 이때 채권자는 공동채무자 가운데 어느 한 채무자에 대하여 또는 모든 채무자에 대하여 동시에 혹은 순차로 전부의 이행을 청구할 수 있다(제411조, 제414조). 그리고 채무자 1인에게 생긴 사유의 경우, 채권만족을 주는 사유(변제, 대물변제, 상계, 공탁)는 절대효를 가지지만, 채무자 1인과 채권자 간의 경개, 면제, 시효완성은 상대적 효력만 가진다. 그리고 변제를 한 채무자는 다른 채무자에게 그들의 부담부분에 대하여 구상할 수 있다(제411조, 제424조 내지 제427조).

Ⅳ. 연대채무

[사례 42] 甲·乙·丙은 연대하여 X로부터 9,000만 원을 차용하였다.
(1) 변제기에 X는 乙에 대하여 9,000만 원의 변제를 요구할 수 있는가?
(2) 변제기에 X는 甲에 대하여 채무를 면제하여 주었다. 이때 당사자들의 법률관계는?
☞ 해 설 : (1) 甲·乙·丙은 연대하여 채무를 부담한 연대채무자이고, 이때 채권자는 각 연대채무자 중 어느 1인에게 채무의 전부나 일부의 이행을 요구할 수 있다. 따라서 채권자 X는 연대채무자 1인인 乙에 대하여 채무전액인 9,000만 원을 청구할 수 있다. X의 청구에 따라서 乙이 9,000만 원을 X에게 변제를 한 경우, 乙의 변제로 나머지 연대채무자들도 면책되었으므로, - 부담부분이 균등하다면 - 6,000만 원은 타인(甲·丙)의 채무를 변제한 것이므로 이에 대하여 甲·丙에 대하여 구상권을 가진다.
(2) 연대채무관계에서 면제는 부담부분형 절대효가 있으므로, 당사자 간의 부담부분이 균등한 경우라면, 甲의 부담부분인 3,000만 원의 면제효과가 乙과 丙에게도 효력을 미친다. 결국 X의 甲에 대한 채무면제에 따라서 X와 乙·丙 간에 6,000만 원의 연대채무관계로 바뀐다.

[사례 43] 택시운전사 甲은 손님 X를 태우고 가던 중 乙이 운전하던 차량과 충돌하는 바람에 손님 X에게 치료비를 포함한 총 3천만 원의 손해가 발생하였다. 사고 당시 甲·乙의 과실비율은 2:1이였다.
(1) 손해가 확정되지 않은 상태에서 甲이 X에게 2천만 원을 지급하면서 그 이외에 일체의 손해배상을 청구하지 않기로 약정하였다. 이후 손해액이 3천만 원으로 확정되었다면, X는 乙에 대하여 1천만 원의 손해배상을 청구할 수 있는가?
(2) 만약 甲이 X에게 3천만 원 전액을 배상하였다면, 甲은 乙에게 구상권을 행사할 수 있는가?
(3) X가 甲에 대하여 채무면제를 하였다. 그리고 X는 乙에 대해서 3천만 원을 청구하고자 한다. 이때 당사자의 법률관계는?
☞ 해 설 : 甲·乙은 X에 대하여 손해배상채무를 부담하였으나 그들 간에 주관적 공동목적이 없으므로 부진정 연대채무를 부담한다. 부진정연대채무는 ① 채무자 1인에게 생긴 사유가 다른 채무자에게 영향을 미치지 않고(변제·대물변제·공탁 제외), ② 채무자 간에 원칙적으로 구상관계가 발생하지 않는다는 점에서 일반 연대채무와 구별된다.
(1) 甲이 X에게 손해의 일부인 2천만 원을 변제한 것은 일부변제에 해당하지만, 2천만 원 한도에서 乙도 채무를 면하게 된다. 사안에서 X가 甲에 대하여 2천만 원 이외의 손해배상을 하지 않기로 약정한 합의(손해배상청구권의 포기)는 다른 채무자에게 효력을 가지지 않는다. 따라서 乙은 위 포기약정에 기하여 채무를 면하지 못하므로, X는 乙에 대해서 천만 원의 손해배상을 청구할 수 있다.
(2) 부진정연대채무에서 당사자 간에는 구상관계가 발생하지 않는 것이 원칙이지만, 판례는 사안과 같은 공동불법행위에 있어서 과실비율에 따른 구상권을 인정한다. 따라서 甲은 乙의 과실비율에 해당하는 천만 원에 대하여 구상권을 행사할 수 있다.
(3) 부진정연대채무에서 채권을 만족시키는 사유로서 변제·대물변제·공탁을 제외하고는 상대적 효력만 있을 뿐이다. 따라서 X가 甲에 대해서 한 면제 역시 상대효를 가지게 된다. 즉, 면제에

의해서 甲은 X에 대하여 채무를 부담하지 않게 된다. 그리고 X는 나머지 채무자인 乙에 대하여 3천만 원 전액 배상을 요구할 수 있다. 그러나 X의 면제로 甲이 乙과의 관계에서 부담부분을 면하는 것은 아니므로, 乙이 X에게 3천만 원을 배상하였다면 乙은 甲에 대하여 2천만 원을 구상할 수 있다.

1. 개념

연대채무(連帶債務)란 채권자가 수인의 채무자 중 어느 한 채무자에 대하여, 또는 동시나 순차로 모든 채무자에 대하여 채무의 전부나 일부의 이행을 청구할 수 있는 채무를 말한다(제414조). 이때 수인의 채무자는 동일한 내용의 급부에 대해 각자 이행할 채무를 부담하고, 그 중 1인의 채무자가 채무의 전부를 이행함으로써 모든 채무자의 채무가 소멸하게 된다(제413조). 즉, 연대채무의 경우 급부는 하나지만, 채무는 채무자의 수만큼 존재한다.

2. 성립

계약에 의해서 연대채무가 성립하는 경우에는 당사자 간의 연대에 대한 명시적·묵시적 약정이 있어야 하고, 연대성 유무는 추정되지 않는다(반대견해 있음). 공동차주나 공동임차인의 연대채무(제616조, 제654조), 부부간의 일상가사연대채무(제832조)와 같은 법률에 의한 연대책임도 존재한다.

3. 효과

채권자는 연대채무자 중 어느 한 사람에 대하여 채무의 전부나 일부의 이행을 청구할 수 있고, 또는 모든 채무자에 대하여 동시에 또는 순차로 채무의 전부나 일부를 청구할 수도 있다(제414조). 그리고 채무자 1인에 대하여 생긴 사유 중 변제·대물변제·공탁·경개·상계·채무자 1인에 의한 이행청구·수령지체는 절대효를, 면제·혼동·소멸시효는 부담부분형 절대효를, 그 밖의 사유는 상대효를 가진다. 그리고 연대채무자 간의 부담부분은 균등한 것으로 추정되고(제424조), 연대채무자 1인이 자신의 부담부분을 넘어서 다른 채무자가 면책된 경우 구상권이 인정된다. 다만 이때 변제를 하는 연대채무자는 사전통지(제426조 1항)

이나 사후통지(제426조 2항)를 하지 않으면 구상권행사와 관련해서 일정한 불이익을 받을 수도 있다. 그리고 연대채무자 중 무자력자가 있는 경우, 그의 채무를 나머지 연대채무자들이 부담부분에 비례해서 부담하게 된다(제427조 1항 본문).

V. 보증채무

[사례 44] 甲은 X로부터 20만 원에 자전거를 구입하기로 하였는데, 甲의 대금지급채무를 위해 친구인 乙이 보증인이 되었다. X는 약속한 날짜에 甲에게 자전거대금을 청구하지 않고 乙에게 매매대금을 청구한다. 이때 乙은 X에게 매매대금을 지급하여야 하는가?
☞ 해 설 : 乙은 매매대금의 채권자인 X에 대하여 보증계약을 체결하여 보증채무를 부담하는 자이다. 따라서 甲이 매매대금을 이행하지 않는 경우 채권자 X는 보증인 乙에 대하여 20만 원을 청구할 수 있다. 그런데 사안에서 채권자 X가 주채무자인 甲에 대하여 청구하지 않고 보증인에게 먼저 이행청구를 하는 경우, 보증인은 최고·검색의 항변권을 행사하여 주채무자인 甲에게 청구할 것과 甲의 재산에 먼저 집행할 것을 청구할 수 있다(제437조). 만약 甲에게서 X가 변제를 받지 못한 경우 보충적으로 보증인 乙에게 청구할 수 있고, 이에 乙이 매매대금을 지급하게 되면 甲에게 구상권을 행사할 수 있다.

[사례 45] 甲은 Y 은행으로부터 2천만 원을 대출받으면서 자신의 형인 乙을 연대보증인으로 세웠다. 대출금의 상환기일에 甲이 대출금을 상환하지 않자 Y은행은 乙에게 먼저 2천만 원의 지급을 청구한다. 이때 乙은 주채무자인 甲에게 먼저 청구할 것을 항변할 수 있는가?
☞ 해 설 : 사안에서 乙이 연대보증을 한 경우 주채무자인 甲과 연대하여 보증채무를 부담하게 되어, 乙에게는 보통 보증과 달리 최고·검색의 항변권이 인정되지 않는다. 따라서 Y은행의 청구에 대하여 乙은 보증채무를 이행하여야 한다. 乙이 보증채무를 이행한 경우 주채무자인 甲에 대하여 구상권을 가진다.

보증채무(保證債務)란 채권자와 보증인 사이에 체결된 보증계약에 의하여 성립하는 채무를 말한다. 보증채무에서 채권자는 주채무자가 그 채무를 이행하지 않는 경우 보증인이 이를 보충적으로 이행하여야 한다(제429조 1항). 보증채무는 채권자와 보증인 간에 체결되는 주채무와 별개의 독립된 채무라는 점, 주채무의 이행을 담보하기 위한 주채무에 종된 채무라는 점에서 연대채무와 구별된다. 그리고 보증채무가 성립하기 위해서는 우선 주채무가 존재해야 하고, 주채무는 대체적일 것이어야 한다.

채권자는 주채무자가 채무이행을 하지 않는 경우 보증인에 대하여 보증채무의 이행을 청구할 수 있다(제428조 1항). 다만 채권자가 주채무자에게 청구하지 않고 보증인에게 먼저 이행청구를 하는 경우 보증인은 최고·검색의 항변권을 행사하여 주채무자에게 청구할 것과 주채무자의 재산에 먼저 집행할 것을 청구할 수 있다(제437조). 그리고 주채무자에게 발생한 사유는 보증인에게 영향을 미치지만, 보증인에게 발생한 사유 중에서는 변제·대물변제·공탁·상계와 같이 채권만족사유만이 절대효를 가진다. 그리고 보증인이 보증채무를 이행한 경우 채권자에 대해서는 자신의 보증채무를 이행한 것이나 채무자와의 관계에서는 타인채무를 변제한 것이므로, 주채무자에 대하여 구상권을 행사할 수 있다. 이때 구상의 범위는 부탁보증인과 부탁을 받지 않은 보증인 간에 차이가 있다.

제 2 부

채권각론

제1강 채권관계와 계약

Ⅰ. 채권관계의 성립

1. 채권과 채권관계

채권(債權)이란 채권자가 채무자에 대하여 일정한 행위(급부)를 요구할 권리를 말하는데, 이러한 채권과 채무로 얽혀진 법률관계를 채권관계(債權關係)라 한다. 다시 말해 채권관계는 당사자 간에 급부를 요구할 수 있는 권리와 급부를 이행할 의무로 결합된 법률관계를 말한다. 이러한 채권관계는 당사자 간의 계약이나 법률의 규정에 따라 발생한다.

2. 채권관계의 발생

(1) 약정채권관계

채권관계는 당사자사이의 계약(약정)에 따라서 발생할 수 있는데, 이를 약정채권관계(約定債權關係)라고 한다. 약정채권관계는 일정한 급부에 대한 양 당사자의 의사표시의 합치인 계약에 따라서 발생하는 채권관계를 말하는 것으로서 사적자치 및 계약자유의 원칙에 따라서 당사자들은 다양한 내용을 가진 채권관계를 형성할 수 있다. 우리 민법은 약정채권관계에 해당하는 계약 중 거래관계에서 빈번하게 발생하는 15가지의 유형을 규정하고 있는데, 이를 전형계약(典型契約)이라고 한다. 반면 우리 민법에서 규정되지 않은 계약을 비전형계약(非典型契約)이라고 한다. 예를 들어 매도인과 매수인이 아파트를 사고 파는 계약을 체결한 경우, 이때 당사자 간에 아파트와 매매에 관한 권리·의무는 아파트거래에 관한 당사자들의 의사표시의 합치(계약·약정)에 따라서 발생하게 된다. 이러한 매매계약은 민법에서 정하고 있는 약정채권관계의 발생원인 중 전형계약에 해당하는 것이다. 반면 버스·택시 등을 이용하는 운송계약, 환자와 의사간 의료계약, 후원사와 스포츠선수 간의 후원계약 등은 민법에서 정하고 있지 않는 비전형계약이다.

(2) 법정채권관계

법률의 규정에 따라서 발생하는 채권관계를 법정채권관계(法定債權關係)라고 하는데, 우리 민법상 사무관리·부당이득·불법행위의 3가지 유형이 있다. 사무관리는 법률상 의무 없이 타인을 위하여 그의 사무를 처리하는 것을 말하는데, 여행 중인 이웃 집의 지붕을 수선하는 것, 주인이 없는 사이 옆 가게 일을 봐주는 것 등이 이에 해당한다. 이러한 경우 민법상 사무관리규정(제734조 내지 740조)에 따라 본래 사무의 당사자(본인)와 사무관리자 사이에 비용이나 손해배상 등과 관련한 채권관계가 발생하게 된다. 다음으로 부당이득은 법률상 원인 없이 부당하게 재산적 이득을 얻어 타인에게 손실을 준 경우 것을 말하는데, 임대차기간 종료에도 불구하고 임차인이 목적물을 계속 사용함에 따라 발생한 사용이익, 매매계약이 무효가 된 경우 매도인이 매수인으로 부터 받은 매매대금과 매수인이 매도인으로부터 인도받은 매매목적물 이에 해당한다. 부당이득이 존재하게 되면 부당이득규정(제741조 내지 제749조)에 따라 당사자 간에 반환관계가 성립한다. 마지막으로 불법행위란 고의·과실에 기한 위법행위로 타인에게 손해를 가하는 것을 말하는데, 이때 가해자는 피해자에 대해 손해배상을 할 의무를 지게 된다. 예를 들어 폭행사건, 교통사고, 의료사고, 명예훼손 등의 경우 가해자는 불법행위규정(제750조 내지 제766조)에 따라서 피해자에게 손해를 배상해야 한다.

3. 채권각론의 규율대상

약정채권관계와 법정채권관계가 채권법(민법 제3편)의 규율대상이 된다. 이 중 채권총론(債權總論)은 약정채권관계와 법정채권관계에 모두 적용되는 공통적인 내용만을 대상으로 하고(민법 제3편 제1장 총칙), 채권각론(債權各論)은 약정채권관계와 법정채권관계의 개별적인 내용을 다루고 있다(제3편 제2장 계약·제3장 사무관리·제4장 부당이득·제5장 불법행위). 예를 들어 금전채무의 채무불이행은 계약(약정)위반으로 인한 것일 수도 있고, 법률규정에 따른 금전지급채무의 불이행일 수도 있다. 즉, 금전채무의 불이행은 금전소비대차계약의 차주가 제때 돈을 갚지 않거나, 임대차계약의 임차인이 차임을 제때 지급하지 않는 경우, 소송사건을 변호사에게 위임한 위임인이 수임료를 지급하지 않는 경우 등과 같이 계약관계(약정채권관계)에서 발생할 수도 있고, 이와 달리 매도인이 매매계약의 무효로 인한 매매대금반환의무를 이행하지 않거나 교통사고 가해자가 피해자에게 손해배상을 하지 않는 경우 등과 같이 법률규정에 따른 관계(법정채권관계)에서도 존재할 수 있다. 이런 점에서 채무의 불이행은 약정채권관계와 법정채권관계에 공통된 사항이므로, 채권총론에서 다루게 된다. 이 밖에도 채권의 성립·효력·소멸·책임재산의 보전·채권양도와 채무인수 등도 공통된 사항으로서 채권총론에서 다루게 된다. 그러나 당사자의 의사표시(청약·승낙)로 인한 계약의 성립과 그 내용은 약정채권관계에만 해당하는 문제이고, 사무관리·부당이득·불법행위의 성립요건과 그 내용은 법정채권관계에만 해당하는 것이므로, 이들은 채권각론에서 다루게 되는 것이다.

II. 계약의 의의와 근거

[사례 1] 甲은 X상가건물에 상가를 분양받으면서 상가에 이미 제과점이 있어 이를 제외한 업종을 수행할 것을 약정하였고, 분양 당시 약정서에 따르면 분양 이후의 업종변경에 대해서는 상가자치관리위원회의 정관에 따라 동의를 받아야만 업종변경이 가능하였다. 그런데 甲은 자신이 운영하던 식당이 잘 되지 않자 제과점으로 업종을 변경하였다. 그러나 이미 상가에는 乙이 제과점을 운영하고 있었으므로, 乙과 상가자치관리위원회는 甲이 제과점운영을 중지할 것을 요구하였다. 이에 甲은 업종은 자신이 임의로 선택할 수 있는 것이므로, 이를 제한하거나 동의를 거치도록 정한 분양약정은 직업선택의 자유를 침해하는 불공정한 계약조항으로서 무효라고 주장한다. 甲의 주장은 타당한가?
☞ 해 설 : 사적자치의 원칙 및 계약자유의 원칙에 따라 계약당사자는 강행규정 등에 위반하지 않는 이상 계약내용을 자유롭게 정할 수 있는 것이 원칙이다. 따라서 상가를 분양받은 수분양자들도 합의로서 상가운영 및 업종 등에 관해 자유롭게 정할 수 있다. 그리고 상가수분양자인 甲도 상가분양계약체결 시에 업종제한에 대해 동의(합의)를 하였다. 그리고 이러한 상가 내 업종제한규정은 불공정거래행위라고 보기도 어렵고, 이로써 헌법상 甲의 직업선택의 자유를 침해한 것으로 보기도 어렵다(대판 1997. 12. 26, 97다42540). 따라서 甲의 주장은 타당하지 않다.

1. 계약의 의의

계약(契約)은 당사자 사이의 서로 대립하는 의사표시(청약과 승낙)가 합치함으로써 성립하는 법률행위로서 당사자 쌍방의 권리와 의무의 변동을 가져오는 법률요건을 말한다. 계약(契約, contract)을 더 간단하게 정의하면 법적으로 의미 있는 약속으로 얽힌 관계라고 할 수 있다. 원래 약속 중에는 법적으로 의미를 가지지 못하는 것(예: 식사 초대, 지인의 가게 일을 잠시 도와주는 것)도 있다. 반면 약속 중에서 법적인 구속력을 가지는 것을 계약이라고 한다. 법적인 구속력 없는 단순한 약속을 어긴 경우에는 위반자가 도덕적 비난 등을 받을 수는 있겠지만, 그로 인해 피해자로부터 소송을 당하거나 법적인 불이익(손해배상 등)을 입지는 않는다. 반면 계약을 어긴 경우라면, 계약위반 당사자는 피해당사자로부터 소송을 당할 수 있고 그로써 계약의 이행을 강제당하거나 손해배상 등의 불이익을 받게 될 수 있다. 계약은 채권계약, 물권계약, 준물권계약, 친족상속법상 계약 등이 존재하지만, 통상적으로는 채권을 발생시키는 채권계약을 계약이라고 한다.

로마시대 이전부터 계약이 존재하였지만, 시장경제를 토대로 하는 자본주의체제 하에서 계약의 기능은 보다 강화되었다. 즉, 근대 산업혁명 이후 기술발달에 따라 상품이 대량으로 생산·유통되고, 상품생산을 위한 노동력(용역)의 거래가 활발해짐에 따라 이전시대에 비하여 계약이 보다 중요한 지위를 점하게 되었다. 오늘 날 재화나 노동력(용역)의 거래는 계약을 통하지 않고서는 이루어질 수 없다. 쇼핑을 하거나 부동산을 구입하는 경우는 매매계약, 취업을 하는 경우는 근로계약, 금전을 빌리는 경우는 소비대차계약, 건물을 짓는 경우는 도급계약, 전문가에게 일을 맡기는 경우는 위임계약 등과 같이 대부분의 경제활동이 계약을 통해서 이루어지고 있는 것이 현실이다.

2. 계약의 근거

계약은 법적인 구속력을 수반하는 것으로서 당사자들은 그러한 약속(합의)에 구속된다. 이와 같이 계약이 당사자들에게 구속력을 가지는 근거는 무엇인가? 이에 대해서는 여러 견해가 있을 수 있지만, 당사자들이 계약의 구속력을 받고 지키는 이유는 무엇보다도 계약당사자들이 자유로운 의사에 기하여 그러한 구속을 의욕하였기 때문이다. 이런 점에서 계약의 효력과 근거는 당사자의 의사(意思)에 있다고 하겠다. 계약의 효력근거를 당사자의 의사에서 찾는이상 계약은 당사자의 자유로운 의사에 따른 것이어야 한다. 즉, 계약이 효력을 발휘하기 위해서는 당사자가 자유롭게 의사를 표시하여야 한다. 따라서 당사자에게 의사결정능력이 없거나 부족한 상태(의사무능력·제한적 행위능력) 또는 자유로운 의사가 아닌 상태(비진의표시·통정허위표시·착오·사기·강박)에서 체결된 계약은 그 효력이 제한된다.[1]

3. 계약자유의 원칙과 제한

민법의 기본원칙인 사적자치의 원칙에 따라 계약당사자들은 법질서의 한계를 벗어나지 않는 이상 계약자유의 원칙을 누린다. 즉, 당사자들은 계약자유원칙에 따라서 계약을 체결할 것인지(계약체결의 자유), 누구와 계약을 체결할 것인지(상대방선택의 자유), 계약내용을 무엇으로 할지(내용결정의 자유), 어떤 방식으로 계약을 체결할지(방식의 자유)를 자유롭게 결정할 수 있다. 다만 이러한 계약자유의 원칙도 계약의 공정성, 사회적 약자 보호, 공익적 목적 등을 이유로 제한될 수 있다.

4. 계약의 공정성

근대 민법에서는 사적자치원칙에 입각해서 당사자들의 자유로운 의사표시에 근거하는 이상 계약의 효력을 인정하는 것이 원칙이었다. 그러나 당사자의 자유로운 의사표시에 근거한 계약이라고 하더라도 당사자사이의 대등한 지위가 확보되지 않는 등의 이유로 계약의 내용이 불공정한 경우들이 나타나게 되었다. 오늘 날에는 계약당사자들 간의 실질적 평등을 도모하기 위해 계약의 공정성(公正性)이 중요한 문제로 부각되고 있다. 계약의 공정성을 확보하기 위해서 민사특별법(주택임대차보호법·상가임대차보호법·이자제한법·약관규제법 등)을 제정하기도 하고, 계약의 해석 및 적용에 있어서 신의성실의 원칙을 폭넓게 적용하기도 한다.

---

[1] 이 경우 민법(총칙)규정에 따라 계약(의사표시)이 무효가 되거나 취소될 수 있다.

[판례 1] 계약자유의 제한과 계약교섭에 대한 상대방의 신뢰(대판 2004. 5. 28, 2002다32301)
[1] 어느 일방이 교섭단계에서 계약이 확실하게 체결되리라는 정당한 기대 내지 신뢰를 부여하여 상대방이 그 신뢰에 따라 행동하였음에도 상당한 이유 없이 계약의 체결을 거부하여 손해를 입혔다면 이는 신의성실의 원칙에 비추어 볼 때 계약자유원칙의 한계를 넘는 위법한 행위로서 불법행위를 구성한다.
[2] 계약교섭의 부당한 중도파기가 불법행위를 구성하는 경우, 상대방에게 배상책임을 지는 것은 계약체결을 신뢰한 상대방이 입게 된 상당인과관계 있는 손해이고, 한편 계약교섭 단계에서는 아직 계약이 성립된 것이 아니므로 당사자 중 일방이 계약의 이행행위를 준비하거나 이를 착수하는 것은 이례적이라고 할 것이므로 설령 이행에 착수하였다고 하더라도 이는 자기의 위험 판단과 책임에 의한 것이라고 평가할 수 있지만, 만일 이행의 착수가 상대방의 적극적인 요구에 따른 것이고, 바로 위와 같은 이행에 들인 비용의 지급에 관하여 이미 계약교섭이 진행되고 있었다는 등의 특별한 사정이 있는 경우에는 당사자 중 일방이 계약의 성립을 기대하고 이행을 위하여 지출한 비용 상당의 손해가 상당인과관계 있는 손해에 해당한다.

[판례 2] 사적자치와 계약자유의 원칙(대판 1997. 12. 26, 97다42540)
분양계약 또는 수분양자들 상호간의 약정에 의한 업종 제한은 모두 사적자치의 영역에 속하는 사항으로서 계약자유의 원칙에 따른 것이고, 그 내용 또한 점포 소유자 등이 업종을 변경하고자 할 때에는 그들의 자치적인 모임인 상가자치관리위원회의 동의를 받도록 한 것에 불과하여 영업 활동을 본질적으로 제한하는 것은 아니며, 한편 서로 중복되지 않도록 권장업종을 지정하는 것은 인근 주민들의 생활상의 편의를 도모하고 입주 상인들의 영업상 이익을 존중하여 상호간의 이해관계를 조정하는 측면에서 현실적인 필요성도 있는 것이므로, 당해 업종 제한 약정이 헌법상 직업선택의 자유를 침해하는 것이라거나 불공정거래행위로서 무효라고 볼 수 없다.

III. 계약의 종류

1. 전형계약·비전형계약·혼합계약

계약자유의 원칙에 따라서 당사자들이 계약의 내용을 자유롭게 정할 수 있으므로, 계약의 종류는 무수히 많이 존재할 수 있다. 다만 민법은 거래에서 빈번하게 이용되는 15개의 계약유형을 정하고 있다. 이처럼 민법에 규정된 계약유형들을 전형 내지 모델이 된다는 의미에서 전형계약(典型契約)이라고 하는데, 명칭이 존재한다는 의미에서 유명계약(有名契約)이라고도 한다. 이와 달리 민법에 규정되지 않은 계약을 비전형계약(非典型契約) 내지 무명계약(無名契約)이라고 한다.

민법에서 정하고 있는 전형계약은 계약의 목적에 따라서 재산권이전을 목적으로 하는 계약(증여·매매·교환), 물건의 사용 및 이용을 목적으로 하는 계약(소비대차·사용대차·임대차), 노무(용역)의 이용을 목적으로 하는 계약(고용·도급·여행·현상광고·위임·임치), 물건과 노무제공이 결합된 계약(조합·종신정기금), 분쟁해결을 목적으로 하는 계약(화해)으로 나뉜다. 반면 민법에서 정하지 않은 비전형계약은 다양한 유형이 있을 수 있는데, 의료계약, 체육시설이용계약, 운송계약, 후원계약 등이 이에 해당한다.

계약 중에는 전형계약과 비전형계약의 서로 다른 형태의 계약이 결합된 경우가 존재하는데, 이를 혼합계약(混合契約)이라고 한다. 혼합계약에는 전형계약들이 결합된 경우, 전형계약과 비전형계약이 결합된 경우, 비전형계약들이 결합된 경우들이 있을 수 있다. 예를 들어 여행계약은 일정한 일을 대신 처리한다는 의미에서 도급계약 내지 위임계약, 숙박을 제공하는 임대차계약, 음식물제공 등의 매매계약이 결합된 대표적인 혼합계약에 해당한다. 이 밖에도 건물을 건축하여 부동산을 매도하는 경우, 건물을 임대하면서 경비용역을 제공하기로 하는 등과 같이 다양한 형태의 혼합계약이 존재할 수 있다. 이러한 혼합계약에 대해서는 계약을 구성하고 있는 개별 계약에 대한 규정을 적용하여 관련한 문제를 해결할 수 있다.

2. 낙성계약(원칙)과 요물계약

낙성계약(諾成契約)이란 당사자의 의사표시의 합치(합의)만으로 성립하는 계약을 말하는데, 민법상 전형계약 중에서 현상광고를 제외한 나머지 계약들은 모두 낙성계약에 해당한다. 따라서 매매계약은 매도인과 매수인의 합의만으로 성립하며, 매도인이 목적물을 인도하거나 매수인이 매매대금을 제공하는 것은 계약의 성립요건이 아니다. 이와 달리 당사자의 합의 이외에 물건의 인도와 같은 급부의 제공이 있어야만 성립하는 계약을 요물계약(要物契約)이라고 한다. 현상광고계약이 대표적인 요물계약인데, 현상광고에서는 응모자가 광고에서 정해진 특정한 행위를 완료해야만 계약이 성립하게 된다.

3. 쌍무계약과 편무계약

계약을 통하여 양 당사자 간에 서로 대가적인 채무를 부담하는 계약을 쌍무계약(雙務契約)이라고 하는데, 매매, 교환, 임대차, 고용, 도급, 여행, 조합, 화해, 유상소비대차, 위임, 임치 등이 이에 해당한다. 예를 들어 매매계약에서 매도인은 소유권이전의무를 매수인은 매매대금지급의무를 서로 부담하게 되며, 임대차계약에서 임대인은 목적물을 임차인에게 사용·수익하게 할 의무를 임차인은 그 대가로 차임을 지급할 의무를 지게 되므로 매매와 임대차는 쌍무계약에 해당한다. 이와 달리 계약 당사자 일방만이 채무를 부담하는 계약을 편무계약(片務契約)이라고 하는데, 증여, 사용대차, 현상광고, 무상의 소비대차·위임·임치가 이에 해당한다. 예를 들어 증여계약에서는 재산권을 무상으로 이전하는 증여자만 의무를 부담하고, 사용대차에서는 물건을 빌려주는 대주만이 의무를 부담한다. 쌍무계약은 양 채무간의 대가적 관계(견련관계)에 기하여 동시이행의 항변권(제536조), 위험부담(제537조·제538조)의 규정이 적용된다는 점 등에서 편무계약과 차이가 있다.

4. 유상계약과 무상계약

유상계약(有償契約)이란 계약 당사자들이 서로 대가적인 출연을 하는 계약을 말하는데, 예를 들어 매매계약에서 매도인은 매매대금을 수령하는 대신에 그 대가로 목적물의 소유권을 넘겨주므로 매매계약은 유상계약에 해당한다. 매매계약 이외에도 대부분의 계약들이 유상계약에 속한다. 반면 계약당사자들 간에 대가적인 의미의 출연을 하지 않는 계약을 무상계약(無償契約)이라고 하는데, 증여, 사용대차가 이에 해당한다. 이외에도 소비대차, 위임, 임치, 종신정기금계약은 당사자들의 합의나 발생원인에 따라서 유상계약일수도 있고 무상계약이 될 수도 있다. 대가적 출연을 하지 않는 무상계약은 대개 당사자들 간의 특수한 관계(예: 친족관계 등)를 전제로 하므로, 그에 따라 유상계약과는 다른 특징을 가진다.

5. 일시적 계약과 계속적 계약

계약상 급부의 이행이 일회적이고 일시적인 경우를 일시적 계약, 이와 달리 급부가 계속적으로 이행되는 경우를 계속적 계약이라고 한다. 증여계약, 매매계약, 교환계약 등과 같은 계약들이 일시적 계약에 해당한다. 매매계약의 기간이 장기인 경우(예: 계약체결은 3월 1일, 잔금 및 소유권 이전은 12월 1일)라도 급부제공이 일회적인 경우라면 일시적 계약이라는 점에 유의해야 한다. 반면 급부제공이 시간적으로 계속성을 가지는 고용, 임대차, 사용대차, 임치, 위임 등과 같이 계약은 계속적 계약에 해당한다. 예를 들어 원룸을 임대한 임대인은 임차인에게 원룸을 사용·수익하게 할 의무가 있는데, 이러한 임대인의 의무는 일회적인 것이 아니라 임대차기간동안 지속적으로 이행되어야 한다. 계속적 계약은 당사자 간의 인적인 신뢰관계가 높으며, 급부의 실현이 오랜 기간 동안 계속되므로 사정변경의 원칙이 적용될 여지가 크고, 통고기간을 준수하면 언제든지 계약을 해지할 수 있는 것이 원칙이라는 점(제635조·제660조·제659조·제689조) 등에서 일시적 계약과 차이가 있다.

제2강 계약의 성립

Ⅰ. 계약성립 일반

1. 계약성립과 의사표시

[사례 2] 자동차를 소유한 甲과 자동차를 구입하고자 하는 乙이 자동차매매계약을 체결하고자 한다. 이때 자동차매매계약은 언제, 어떻게 체결되는가?
☞ 해 설 : 계약은 당사자의 청약과 승낙의 합치로서 성립한다. 따라서 자동차매매계약의 경우 자동차를 팔고자 하는 甲(매도인)과 이를 사고자 하는 乙(매수인)이 자동차의 거래에 관한 의사표시(청약·승낙)를 하고, 이러한 양 당사자의 의사표시가 일치(합치)할 때 甲과 乙 간에 매매계약이 성립하게 된다. 이때 매도인과 매수인사이에는 적어도 어떤 자동차를 거래할 것인지, 어떤 가격에 사고 팔 것인지에 대한 합의가 있어야 한다. 자동차매매계약이 성립하게 되면, 그 효과로서 甲은 자동차인도채무·매매대금채권을 가지게 되고, 乙은 매매대금채무·자동자인도채권을 가지게 된다.

[사례 3] A·B·C 토지를 소유한 甲은 이 중에서 B토지를 1억 원에 팔겠다고 주변 사람들에게 알렸다. 이 소식을 들은 乙은 甲에게 전화를 걸어 B토지를 8천만 원에 사겠다고 하였다. 이때 甲과 乙의 관계는?
☞ 해 설 : 甲이 B토지를 1억 원에 팔겠다고 청약하였는데, 乙이 甲에게 B토지를 8천만 원에 사겠다고 승낙한 것은 乙이 甲의 청약을 거절한 것이다. 따라서 甲과 乙 간에 토지매매가격에 관한 불일치(불합의)가 있으므로(의식적 불합의), 甲과 乙 간에는 계약이 성립하지 않는다.

(1) 계약성립의 일반적인 모습

계약은 양 당사자의 의사표시의 합치로서 성립한다. 이때 계약을 성립시키는 당사자의 의사표시를 청약과 승낙이라고 한다. 계약이 성립하게 되면, 그로 인해 당사자들에게 채권과 채무가 발생하게 되므로, 계약관계의 사례나 법률문제를 해결함에 있어서 가장 우선적으로 살펴보아야 할 것이 바로 계약의 성립여부이다. 다양한 계약의 유형에도 불구하고 모든 계약은 청약·승낙을 통한 성립과정을 거치게 된다. 예를 들어 토지소유자인 매도인의 청약과 매수인의 승낙, 근로자의 청약과 사용자인 회사의 승낙, 건축주의 청약과 건축회사의 승낙, 의뢰인의 청약과 변호사의 승낙 등과 같이 모든 계약은 당사자의 청약과 승낙의 의사표시가 합치할 때 성립하게 된다. 이때 의사표시의 합치(합의)가 존재하기 위해서는 계약의 본질적인 내용에 관한 합치가 있어야 한다. 즉, 계약당사자가 누구인지(주관적 합치), 어떤 급부를 이행할지(객관적 합치)에 대한 합의가 이루어져야 한다. 다만 계약의 성질에 따라서 급부가 계약성립 이후 시점에 정해지는 경우도 있다.2) 그리고 급부에 대한 합의의 내용이나 정도는 개별 계약마다 달라질 수 있다.

[판례 3] 매매목적물의 특정의 정도(대판 2001. 3. 23, 2000다51650)
[1] 매매계약에 있어서 그 목적물과 대금은 반드시 계약체결 당시에 구체적으로 특정될 필요는 없고 이를 사후에라도 구체적으로 특정할 수 있는 방법과 기준이 정해져 있으면 족하다.
[2] 매매계약의 목적물을 "진해시 경화동 747의 77, 754의 6, 781의 15 등 3필지 및 그 외에 같은 동 소재 소외 망 장순남 소유 부동산 전부"라고 표시하여 매매계약의 목적물 중 특정된 3필지를 제외한 나머지 부동산이 토지인지 건물인지, 토지라면 그 필지, 지번, 지목, 면적, 건물이라면 그 소재지, 구조, 면적 등 어떠한 부동산인지를 알 수 있는 표시가 전혀 되어 있지 않고 계약 당시 당사자들도 어떠한 부동산이 몇 개나 존재하고 있는지조차 알지 못한 상태에서 이루어져서 계약일로부터 17년 남짓 지난 후에야 그 소재가 파악될 정도인 경우, 그 목적물 중 특정된 3필지를 제외한 나머지 부동산에 대한 매매는 그 목적물의 표시가 너무 추상적이어서 매매계약 이후에 이를 구체적으로 특정할 수 있는 방법과 기준이 정해져 있다고 볼 수 없어 매매계약이 성립되었다고 볼 수 없다.
<해설> 피고의 조모로부터 원고가 150만 원에 매수하여 계약금과 잔금을 모두 지급하였으나, 지번이 확실치 않아 추상적으로 표기한 것이나, 판례는 이 경우 계약성립을 인정할 수 없다고 본 것이다. 또한 설령 계약이 성립했다고 하더라도 10년의 채권소멸시효의 완성으로 인하여 이를 청구할 수 없는 사안이었다.

[판례 4] 계약의 성립을 위한 의사표시의 객관적 합치의 정도(대판 2003. 4. 11, 2001다53059)
<사실관계> 피고는 무역센터 부지 내에 수출 1,000억불 달성을 기념하는 영구조형물(이하 '이 사건 조형물'이라고 한다)을 건립하기로 하고 그 건립방법에 관하여 분야별로 5인 가량의 작가를 선정하여 조형물의 시안제작을 의뢰한 후 그 중에서 최종적으로 1개의 시안을 선정한 다음 그 선정된 작가와 이 사건 조형물의 제작·납품 및 설치계약을 체결하기로 하였다. 이에 피고는 원고 등 조각가 4인에게 시안의 작성을 의뢰하면서 시안이 선정된 작가와 조형물 제작·납품 및 설치계약(이하 '이 사건 계약'이라고 한다)을 체결할 것이라는 사실을 알렸으나 당시 이 사건 조형물의 제작비, 제작시기, 설치장소를 구체적으로 통보하지는 않았다. 피고는 작가들이 제출한 시안 중 원고가 제출한 시안을 당선작으로 선정하고 원고에게 그 사실을 통보한 사실, 그 후 피고는 여러 가지 피고 협회의 내부적 사정과 외부의 경제여건 등으로 원고와 사이에 그 제작비, 설치기간, 설치장소 및 그에 따른 제반사항을 정한 구체적인 이 사건 계약을 체결하지

---

2) 영화배우가 영화사와 영화출연계약을 하면서 출연작품을 추후에 정하기로 하는 경우가 이에 해당한다.

아니하고 있다가 당선사실 통지시로부터 약 3년이 경과한 시점에 원고에게 이 사건 조형물의 설치를 취소하기로 하였다고 통보하기에 이르렀다.
<판결요지> [1] 계약이 성립하기 위하여는 당사자의 서로 대립하는 수개의 의사표시의 객관적 합치가 필요하고 객관적 합치가 있다고 하기 위하여는 당사자의 의사표시에 나타나 있는 사항에 관하여는 모두 일치하고 있어야 하는 한편, 계약 내용의 '중요한 점' 및 계약의 객관적 요소는 아니더라도 특히 당사자가 그것에 중대한 의의를 두고 계약성립의 요건으로 할 의사를 표시한 때에는 이에 관하여 합치가 있어야 계약이 적법·유효하게 성립한다.
[2] 계약이 성립하기 위한 법률요건인 청약은 그에 응하는 승낙만 있으면 곧 계약이 성립하는 구체적, 확정적 의사표시여야 하므로, 청약은 계약의 내용을 결정할 수 있을 정도의 사항을 포함시키는 것이 필요하다.
<해 설> 비록 피고가 작가들에게 시안 제작을 의뢰할 때 시안이 당선된 작가와 사이에 이 사건 계약을 체결할 의사를 표명하였다 하더라도 그 의사표시 안에 이 사건 조형물의 제작·납품 및 설치에 필요한 제작대금, 제작시기, 설치장소를 구체적으로 명시하지 아니하였던 점을 고려하여, 피고의 원고 등에 대한 시안제작 의뢰는 이 사건 계약의 청약이라고 할 수 없고, 나아가 원고가 시안을 제작하고 피고가 이를 당선작으로 선정하였다 하더라도 원고와 피고 사이에 구체적으로 이 사건 계약의 청약과 승낙이 있었다고 보기는 어렵다고 보았다.

(2) 계약의 성립요건과 효력요건

계약이 성립하고 효력을 발휘하기 위해서는 당사자의 의사표시(청약과 승낙)의 합치 이전에 법률행위의 성립요건과 효력요건을 갖추어야 한다. 즉, 계약도 법률행위 중 하나의 유형이므로, 민법총칙편에서 규정하고 있는 당사자·목적·의사표시에 관한 법률행위의 성립요건과 효력요건을 당연히 갖추어야 한다. 따라서 계약의 당사자가 존재하고 의사능력과 행위능력을 가지고 있어야 하며, 계약의 목적이 실현가능하고 확정될 수 있어야 하고 사회적 타당성을 있어야 하며, 의사표시에 결함이 없어야 한다.[3]

(3) 청약과 승낙의 구별

계약성립을 위한 의사표시인 청약과 승낙은 미리 정해지는 것이 아니다. 다시 말해 계약체결 과정에서 당사자들의 의사표시가 청약인지 승낙인지를 계약체결시점을 기준으로 판단되는 것이다. 예를 들어 매도인이 주택을 2억 원에

---

3) 이에 대해서는 「민법총칙·물권법」 제1부 민법총기 제8강 Ⅲ. 법률행위의 성립요건과 효력요건 참조.

팔기로 매수인에게 제안(①: 청약)하였으나 매수인이 이를 거절하면서 1억 5천만 원에 사겠다고 제안(②: 청약의 거절·새로운 청약)하고, 이에 매도인이 그 가격은 곤란하고 1억 9천만 원에는 팔겠다고 제안(③: 청약의 거절·새로운 청약)하고, 매수인은 매도인의 제안을 거절하고 1억 7천만 원에 팔라고 제안(④: 청약의 거절·새로운 청약)하였는데, 이에 매도인이 1억 7천만 원에 팔겠다고 동의(⑤: 승낙)한 경우, 이때 매도인과 매수인의 의사표시 중에서 계약을 성립시키는 매도인의 동의(⑤)가 승낙이 되고, 이에 대응한 매수인의 1억 7천만 원에 팔라고 제안(④)이 청약이 된다. 따라서 매매가격 등의 조건에 대한 교섭이나 흥정의 경우, 어떤 의사표시가 청약인지 승낙인지는 계약체결시점을 기준으로 판단해야 한다.

(4) 합의와 불합의

청약과 승낙의 내용이 서로 다르거나 부분적으로만 일치하는 것을 불합의라고 한다. 불합의에는 의사표시의 불일치를 당사자가 의식한 의식적 불합의(예: 청약자가 제시한 가격에 대하여 상대방이 다른 가격을 제시한 경우)와 계약의 쌍방 또는 일방이 의사표시의 불일치를 인식하지 못하는 무의식적 불합의(예: 물건의 가격을 착오하여 의사표시를 하여 불합의에 이르게 되는 경우)가 있는데, 이러한 경우 계약은 불성립한다.

Ⅱ. 청약

[사례 4] 甲은 자신 소유의 자동차를 판매하겠다는 뜻을 담은 편지를 乙·丙·丁에게 보냈다.
(1) 편지를 보낸 이후 甲은 자동차를 판매하겠다는 자신의 의사를 언제까지 철회할 수 있는가?
(2) 甲이 3월 5일에 편지를 보내면서 자동차를 구입하고자 하는 사람은 3월 25일까지 연락을 줄 것을 정하였다. 甲의 편지를 3월 10일에 받은 乙은 자동차를 구입하겠다는 취지의 편지를 언제까지 보내야하는가?
(3) 甲이 3월 5일에 편지를 보내면서 자동차를 구입하고자 하는 사람이 연락을 줄 것만을 정하고, 언제까지 연락을 줄 것을 정하지 않았다. 이때 甲의 편지를 받은 丙이 자동차를 구입하기 위해서는 언제까지 편지를 보내야 하는가?
(4) 甲이 3월 5일에 편지를 보내면서 자동차를 구입하고자 하는 사람은 3월 25일까지 연락을 줄 것을 정하였다. 甲의 편지를 받은 丁이 자동차를 구입하고자 편지를 3월 18일에 발송하였으

나, 甲에게는 3월 27일에 도착하였다. 이때 甲과 丁의 **법률관계**는?
☞ 해 설 : (1) 청약의 의사표시는 철회하지 못하는데(제527조), 이러한 철회제한은 청약의 의사표시가 상대방에게 도달한 이후에 적용된다. 따라서 甲은 편지가 상대방인 乙·丙·丁에게 도달하기 전까지는 청약을 철회할 수 있다.
(2) 청약에 대한 승낙의 표시는 승낙기간이 있는 경우, 그 기간 내에 승낙이 상대방에게 도달해야 한다. 따라서 乙은 승낙의 의사표시가 승낙기간인 3월 25일까지 甲에게 도착하도록 편지를 보내야 한다.
(3) 승낙기간이 정해지지 않은 경우, 승낙자가 승낙을 하기 위해서는 상당한 기간에 승낙을 통지를 해야 한다. 따라서 丙은 자동차매매에 대한 청약에 대해 승낙을 하기에 상당한 기간(1주 내지 2주) 내에 도달하도록 편지를 보내야 한다.
(4) 丁의 승낙은 통상 편지의 도달기간(3~4일)에 도달할 수 있었던 것인데 연착이 된 것이다. 이때 甲은 丁의 승낙의 의사표시가 연착된 것을 丁에게 통지해야 하고(제528조 2항), 이때 연착된 통지는 새로운 청약으로 보게 된다(제530조). 그러나 甲이 丁에 대해서 연착의 통지를 하게 않은 경우, 승낙은 연착되지 않은 것으로 되어 계약이 성립한다(제528조 3항)

[사례 5] 甲은 집으로 우송된 乙이 운영하는 할인마트의 전단지를 보다가, X모델의 드럼세탁기를 150,000원에 판매한다는 광고를 보고, 그 즉시로 할인마트로 달려가 해당 모델의 드럼세탁기를 고른 뒤 이를 계산대 위에 올려놓았다. 그러나 사실은 할인마트측에서 전단지를 인쇄하면서 담당자의 실수로 1,500,000원으로 기재하여야 할 것을 150,000원으로 잘못 기재한 것이었다. 이때 乙은 甲의 요구대로 X모델의 드럼세탁기를 150,000원에 판매하여야 하는가?
☞ 해 설 : 乙이 제작한 전단지의 광고를 청약으로 볼 것인지, 청약의 유인으로 볼 것인지에 따라 결론이 달라진다. 만약 전단지의 광고를 청약으로 보게 되면, 이에 대해 甲이 구매의사를 밝히는 것이 승낙이 되므로, 乙은 150,000원에 드럼세탁기를 판매해야 한다. 반면 전단지의 광고를 청약의 유인으로 보게 되면, 甲이 구매의사를 밝히는 것이 청약이 될 것이고, 이에 대해 乙은 그 청약을 거절할 수 있어 150,000원에 드럼세탁기를 판매하지 않아도 된다. 일반적으로 전단지의 광고는 청약의 유인으로 볼 수 있으므로, 후자와 같이 乙은 150,000원에 드럼세탁기를 판매하지 않을 수 있다.

1. 청약

제527조 (계약의 청약의 구속력) 계약의 청약은 이를 철회하지 못한다.

(1) 개념

청약(請約)이란 계약체결을 요청하는 의사표시를 말한다. 즉, 청약은 계약을 성립시킬 목적으로 상대방의 승낙을 요청하는 의사표시를 뜻한다. 청약은 상대방의 승낙만 있으면 계약을 성립시키겠다는 확정적 의사표시여야 한다. 예를 들어 주택매매계약에 대한 청약을 하면서 매매가격을 제시하지 않은 경우, 채용공고를 내면서 근로조건을 제시하지 않은 경우 등은 청약으로 보기 어렵다. 이와 같이 확정성을 갖추지 못한 의사표시는 청약의 유인으로 볼 수 있다.

청약과 달리 청약을 하도록 상대방을 촉구 하고 유인하는 행위를 청약의 유인(請約의 誘引)이라고 하는데, 상점이나 인터넷 등에 상품을 전시한 경우, 아파트나 상가의 분양공고, 구인광고나 물건의 가격이나 정보를 담은 팜플렛 등이 이에 해당한다.[4] 따라서 일정한 고용조건을 담은 구인광고는 청약의 유인에 해당하고, 구인광고를 보고 구직자가 광고자(사용자)를 찾아가서 구직의 의사를 밝히는 것이 청약이 되며, 이에 대하여 광고자(사용자)는 그 청약을 거절할 수도 있고, 승낙하여 고용계약을 체결할 수도 있다. 청약과 청약의 유인은 계약체결에 대한 의사가 얼마나 확정적인지에 따라 구별하지만, 개별사례에서 양자의 구별이 어려운 경우도 있다.

(2) 방법

청약의 의사표시는 명시적으로도 할 수 있고, 묵시적으로 가능하다. 예를 들어 오랫동안 거래해온 거래처에 가서 아무 말 없이 물건을 가져오고 이를 거래처가 묵인하는 경우, 묵시적인 청약과 승낙이 있다고 볼 수 있다. 그리고 광고를 하는 것과 같이 불특정다수인에 대한 청약도 가능하다.

(3) 효력발생과 철회

청약도 의사표시의 일반원칙에 따라 상대방에게 도달한 때에 효력을 가진다(도달주의원칙 : 제111조 1항). 따라서 청약자가 승낙을 한 후 사망하더라도 청약의 의사표시의 효력에는 영향이 없다(제111조 2항). 그리고 청약자는 청약을 철회할 수 없는데(제527조), 이것은 청약의 의사표시를 수령한 상대방의 기대를 보호하기 위한 것이다. 즉, 청약의 의사표시를 수령한 상대방은 자신이 승낙을 함으로써 계약을 체결할 수 있다는 기대를 가지게 되는데, 만약 청약자가 청약을 임의로 철회할 수 있다고 보게 되면, 그러한 기대를 침해하는 것이 되기 때문

---

[4] 반면 정찰제 가격을 표시한 상품의 진열이나 자동판매기의 설치 등은 청약으로 볼 수 있다(반대견해 있음).

이다. 다만 청약의 철회의 금지는 청약의 의사표시가 상대방에 도달한 이후에 적용되는 것이므로, 청약이 상대방에게 도달하기 이전에는 청약자가 청약을 철회할 수도 있다.

(4) 승낙적격

청약을 받은 상대방이 적법하게 승낙을 할 수 있는 상태를 승낙적격(承諾適格)이라고 한다. 이러한 청약의 승낙적격은 청약의 존속기간으로서의 의미를 가지므로, 이 기간 내에 승낙이 행해져야만 계약이 성립하게 된다. 먼저 청약자가 승낙기간을 정한 경우에 그 기간 내에 청약자가 승낙의 통지를 받지 못한 경우 청약의 효력은 소멸한다(제528조 1항). 이와 달리 청약자가 승낙기간을 정하지 않은 경우에는 청약자가 상당한 기간 내에 승낙의 통지를 받지 못하면 청약의 효력이 상실된다.

[판례 5] 아파트분양광고의 법적성질(대판 2007. 6. 1, 2005다5812,5829,5836)
청약은 이에 대응하는 상대방의 승낙과 결합하여 일정한 내용의 계약을 성립시킬 것을 목적으로 하는 확정적인 의사표시인 반면 청약의 유인은 이와 달리 합의를 구성하는 의사표시가 되지 못하므로 피유인자가 그에 대응하여 의사표시를 하더라도 계약은 성립하지 않고 다시 유인한 자가 승낙의 의사표시를 함으로써 비로소 계약이 성립하는 것으로서 서로 구분되는 것이다. 그리고 위와 같은 구분 기준에 따르자면, 상가나 아파트의 분양광고의 내용은 청약의 유인으로서의 성질을 갖는 데 불과한 것이 일반적이라 할 수 있다. 그런데 선분양·후시공의 방식으로 분양되는 대규모 아파트단지의 거래 사례에 있어서 분양계약서에는 동·호수·평형·입주예정일·대금지급방법과 시기 정도만이 기재되어 있고 분양계약의 목적물인 아파트 및 그 부대시설의 외형·재질·구조 및 실내장식 등에 관하여 구체적인 내용이 기재되어 있지 아니한 경우가 있는바, 분양계약의 목적물인 아파트에 관한 외형·재질 등이 제대로 특정되지 아니한 상태에서 체결된 분양계약은 그 자체로서 완결된 것이라고 보기 어렵다 할 것이므로, 비록 분양광고의 내용, 모델하우스의 조건 또는 그 무렵 분양회사가 수분양자에게 행한 설명 등이 비록 청약의 유인에 불과하다 할지라도 그러한 광고 내용이나 조건 또는 설명 중 구체적 거래조건, 즉 아파트의 외형·재질 등에 관한 것으로서 사회통념에 비추어 수분양자가 분양자에게 계약 내용으로서 이행을 청구할 수 있다고 보이는 사항에 관한 한 수분양자들은 이를 신뢰하고 분양계약을 체결하는 것이고 분양자들도 이를 알고 있었다고 보아야 할 것이므로, 분양계약시에 달리 이의를 유보하였다는 등의 특단의 사정이 없는 한, 분양자와 수분양자 사이에 이를 분양계약의 내용으로 하기로 하는 묵시적 합의가 있었다고 봄이 상당하다.

[판례 6] 사직의 청약에 대한 철회(대판 1992. 4. 10, 91다43138)
[1] 근로자가 일방적으로 근로계약관계를 종료시키는 해약의 고지방법에 의하여 임의사직하는

경우가 아니라, 근로자가 사직원의 제출방법에 의하여 근로계약관계의 합의해지를 청약하고 이에 대하여 사용자가 승낙함으로써 당해근로관계를 종료시키게 되는 경우에 있어서는, 근로자는 위 사직원의 제출에 따른 사용자의 승낙의사가 형성되어 확정적으로 근로계약 종료의 효과가 발생하기 전에는 그 사직의 의사표시를 자유로이 철회할 수 있다고 보아야 할 것이며, 다만 근로계약 종료의 효과발생 전이라고 하더라도 근로자가 사직의 의사표시를 철회하는 것이 사용자에게 불측의 손해를 주는 등 신의칙에 반한다고 인정되는 특별한 사정이 있는 경우에 한하여 그 철회가 허용되지 않는다고 해석함이 상당하다.

[2] 교사가 교직의 계속적인 수행이 어려워 사직하기로 결심하고 작성일자를 3개월 뒤로 한 사직원을 제출하였다가 사직원의 작성일자 이전에 학교측에 대하여 다시 근무할 것을 희망하는 의사를 밝혔으나 학교측이 위 사직원을 근거로 면직처분을 하였다면, 위 사직원 제출은 사용자에 대하여 근로계약관계의 합의해지를 청약한 경우에 해당한다고 볼 것이고, 학교측에 대하여 다시 근무할 것을 희망하는 의사를 밝힌 것은 종전의 사직의사표시를 철회한 것으로 보아야 할 것인바, 이는 위 사직원 제출방법에 따른 근로계약관계의 종료를 위한 합의해지의 청약에 대하여 학교측의 내부적인 승낙의사가 형성되기 전에 이루어진 것으로서 특별히 위 사직의사표시의 철회를 허용하는 것이 학교측에 대한 불측의 손해를 주게 되는 등 신의칙에 반한다고 인정되는 특별한 사정이 없는 한 적법하게 그 철회의 효력이 생긴 것이라고 보아야 하고 따라서 학교측이 위 교사의 사직의사 철회 이후에 비로소 종전의 사직원에 기하여 그를 의원면직처분한 것은 무효라고 한 사례.

2. 승낙

제528조 (승낙기간을 정한 계약의 청약) ① 승낙의 기간을 정한 계약의 청약은 청약자가 그 기간 내에 승낙의 통지를 받지 못한 때에는 그 효력을 잃는다.
② 승낙의 통지가 전항의 기간 후에 도달한 경우에 보통 그 기간 내에 도달할 수 있는 발송인 때에는 청약자는 지체 없이 상대방에게 그 연착의 통지를 하여야 한다. 그러나 그 도달 전에 지연의 통지를 발송한 때에는 그러하지 아니하다.
③ 청약자가 전항의 통지를 하지 아니한 때에는 승낙의 통지는 연착되지 아니한 것으로 본다.

제529조 (승낙기간을 정하지 아니한 계약의 청약) 승낙의 기간을 정하지 아니한 계약의 청약은 청약자가 상당한 기간 내에 승낙의 통지를 받지 못한 때에는 그 효력을 잃는다.

제531조 (격지자간의 계약성립시기) 격지자간의 계약은 승낙의 통지를 발송한 때에 성립한다.

제530조 (연착된 승낙의 효력) 전2조의 경우에 연착된 승낙은 청약자가 이를 새 청약으로 볼 수 있다.

제534조 (변경을 가한 승낙) 승낙자가 청약에 대하여 조건을 붙이거나 변경을 가하여 승낙한 때에는 그 청약의 거절과 동시에 새로 청약한 것으로 본다.

(1) 개념

승낙(承諾)이란 청약을 수락하는 의사표시를 말한다. 다시 말해 청약에 대응하여 계약을 성립시킬 목적으로 청약자에게 하는 수령자의 의사표시를 승낙이라고 한다

(2) 방법

청약과 달리 불특정인에 대한 승낙은 불가능하다. 왜냐하면 승낙은 청약과 결합하여 계약을 성립시키는 의사표시이므로, 상대방이 특정될 수밖에 없기 때문이다. 그리고 청약은 받은 상대방은 승낙을 하거나 거절할 수 있는 자유를 가진다. 또한 침묵은 특별한 사정이 없는 이상 승낙하지 않은 것으로 해석된다.

(3) 승낙기간과 승낙의 효력발생시기

청약에서 승낙기간이 정해진 경우에는 그 기간 내에 승낙의 통지가 도달하지 않는 이상 청약은 효력을 상실하고, 계약은 성립하지 않게 된다. 반면 청약에서 승낙기간이 정해지지 않은 경우라면, 청약자가 상당한 기간 내에 승낙의 통지를 받지 못하면 청약은 그 효력을 상실하게 되고 계약은 성립하지 않는다.

(4) 승낙의 연착과 변경

연착된 승낙은 새로운 청약이 된다(제530조). 다만 승낙의 통지가 승낙기간 후에 도달하였지만 보통 그 기간 내에 도달할 수 있는 발송인 때[5]에는 청약자는 지체 없이 상대방에게 그 연착의 통지를 하여야 한다(제528조 1항). 이 경우 청약자가 연착의 통지를 하지 않으면 그 승낙의 통지는 연착되지 아니한 것, 즉 효력이 있는 것이 되어 계약이 성립하게 된다. 다만 승낙의 도달 전에 청약자가 지연의 통지를 미리 한 때에는 연착의 통지를 별도로 할 필요는 없다. 이것은 통상적으로 승낙기간에 도달할 수 있는 승낙의 의사표시를 한 자는

---

[5] 예를 들어 승낙기간이 7일이 남은 시점에 승낙자가 통상 3~4일이 소요되는 일반우편으로 승낙의 의사표시를 하였으나 배달지연으로 승낙기간이 지나 도착한 경우가 이에 해당한다.

계약체결에 대한 기대를 가질 것이므로, 청약자가 연착(지연)의 통지를 하도록 하여 승낙자에게 그 사실을 알 수 있도록 하고, 청약자가 그러한 통지의무를 게을리한 경우 승낙자의 기대를 보호하기 위하여 승낙이 제때 도달한 것으로 보는 것이다.

승낙자가 청약에 조건을 붙이거나 변경을 가하여 승낙한 경우, 그 청약자체는 거절한 것이지만, 승낙자가 새로운 청약을 한 것으로 볼 수 있다(제534조). 예를 들어 토지매수인이 1억 원에 해당 토지를 매수하겠다고 청약을 하였는데, 토지소유자가 이에 대해 1억 2천만 원에 토지를 팔겠다고 한 경우, 이때 토지소유자의 의사표시는 청약의 거절이자 동시에 새로운 청약이 된다.

(5) 격지자 간의 계약성립

제531조는 "격지자간의 계약은 승낙의 통지를 발송한 때에 성립한다"고 규정하고 있다. 이 규정은 의사표시의 효력발생에 대한 도달주의원칙에 대한 예외로서 격지자 간에 발신주의에 따라 가능한 한 빠른 시기에 계약을 성립시켜 거래계의 요구에 부합하기 위한 것이다. 이때 격지자간이라고 함은 물리적인 거리를 의미하는 것이 아니라 의사표시의 발신과 수령에 있어서 시간적 격차가 있는 것을 말한다. 따라서 한국에 있는 사람과 미국에 사는 사람이 전화통화로서 계약을 체결하는 경우는 이에 해당하지 않지만, 한국에 거주하는 당사자들이 계약을 체결하면서 우편으로 의사표시를 교환하는 경우는 이에 해당한다.

원래 격지자간의 발신주의에 대한 규정은 연혁적·비교법적으로 청약의 구속력을 인정하지 않는 입법례에서 청약의 의사표시를 철회할 수 없는 시점을 정하기 위한 것이었다. 따라서 청약의 구속력(청약철회의 금지)을 인정하는 우리 민법에서 이 규정을 어떻게 이해할지가 문제된다. 통설은 "승낙이 기간 내에 도달하지 않을 것을" 해제조건으로 하여 발신에 의하여 승낙의 효력이 생긴다고 본다(해제조건설). 즉, 격지에 있는 승낙자가 승낙을 발신하여 그 의사표시가 승낙기간에 도달한 경우, 일반적인 승낙효력발생시점이 아닌 승낙의 의사표시를 발신한 시점에 계약이 성립한다는 것이다. 이 학설은 청약자가 승낙의 의사표시를 수령하기도 전에 계약성립을 인정한다는 문제가 있다. 이와 달리 "승낙이 도달할 것을" 정지조건으로 승낙의 효력이 발생한다는 견해가 있다(정지조건설). 이 학설은 청약자가 승낙의 의사표시를 수령한 경우에 계약의 성립시점이 승낙의 의사표시의 발신시점으로 소급한다고 본다. 해제조건설에 따르면 승낙의 발신시점에 계약이 성립하고 당사자 간에 권리·의무가 발생하지만, 정지조건설에 따르면 승낙의 발신시점에는 계약이 성립하지 않고, 이후 승낙이 도달하게 되면 발신시점까지 소급하여 계약이 성립한 것으로 보게 된다. 그리고 해제조건설에 따르면 승낙의 부도달에 대해서 청약자가 증명책임을 지지만, 정지조건설에 따르면 승낙자가 승낙의 도달에 대한 증명책임을 지게 된다. 결론적으로 승낙의 실제 도달 전에 당사자 간에 채권관계를 인정하는 것은 부당하다는 점에서 정지조건설이 타당하다.

3. 교차청약과 의사실현에 의한 계약성립

제533조 (교차청약) 당사자간에 동일한 내용의 청약이 상호교차된 경우에는 양청약이 상대방에게 도달한 때에 계약이 성립한다.
제532조 (의사실현에 의한 계약성립) 청약자의 의사표시나 관습에 의하여 승낙의 통지가 필요하지 아니한 경우에는 계약은 승낙의 의사표시로 인정되는 사실이 있는 때에 성립한다.

당사자 사이에 동일한 내용의 청약이 교차한 경우, 즉 객관적·주관적으로 합치하는 두 개의 의사표시(청약)가 존재하게 됨으로써 계약이 성립한다(제533조). 이러한 교차청약은 계약당사자 일방이 상대방의 청약 사실을 인식하지 못한 상태에서 청약을 하고, 상대방도 그 일방의 청약을 알지 못하고 청약을 동시에 하는 경우를 말하는데, 실제에서는 일어나기 어려운 경우이다.

청약자의 의사표시나 관습에 의하여 승낙의 통지가 필요하지 않는 경우, 승낙의 의사표시의 존재만으로 계약이 성립한다(제532조). 이를 의사실현에 의한 계약성립이라고 하는데, 이때에는 승낙이라는 의사표시가 없어도 승낙자의 일정한 행태로부터 승낙의 의사표시를 추단할 수 있기 때문이다. 예금계약, 물품대금의 송부, 수령한 상품의 사용이나 처분, 호텔에서 가격표가 비치된 상품의 사용 등이 이에 해당한다.

[판례 7] 예금계약의 성립(대판 1996. 1. 26, 95다26919)
예금계약은 예금자가 예금의 의사를 표시하면서 금융기관에 돈을 제공하고 금융기관이 그 의사에 따라 그 돈을 받아 확인을 하면 그로써 성립하며, 금융기관의 직원이 그 받은 돈을 금융기관에 입금하지 아니하고 이를 횡령하였다고 하더라도 예금계약의 성립에는 아무런 소장이 없다.

4. 사실적 계약관계론

[사례 6] 甲은 감시원이 없는 사이에 잠시 무료주차를 하려는 의사를 가지고 유료주차장에 주차를 하였고, 2시간 후에 용무를 마치고 다시 차를 가지러 주차장에 왔다. 그런데 주차관리요원인 乙이 甲에게 2시간에 해당하는 주차요금 2만 원을 요구하였다. 이때 甲은 乙에 요구에 따라 주차요금을 지급해야 하는가?
☞ 해 설 : 위 사례에서 甲과 주차장 사이의 권리·의무는 甲의 주차라는 사실에 의해서 발생한다는 것이 사실적 계약관계이론이다. 그러나 오늘 날에는 동 이론은 대체로 부정되며, 위 사안의 경우 묵시적 계약성립과 행위와 모순행위금지의 원칙에 의해서 甲의 주차요금지불을 긍정할 수 있다.

사실적 계약관계론은 독일의 하우프트(G. Haupt)에 의하여 최초도 주장된 이론으로서 당사자의 구체적인 의사 없이도 통신·교통기관의 이용, 수도·가스 공급, 사실적 노무급부 등과 같이 사회전형적인 집단적 거래관계에서 당사자의 사실적 행위(사회전형적인 행태)만으로 계약관계가 성립한다는 이론이다. 특히 당사자가 무능력 또는 취소 등으로 법률행위가 효력을 가질 수 없는 경우에도 당사자 사이에 계약관계와 유사한 채권관계가 성립된다고 보는 이론이다. 이 이론은 이후 독일의 연방대법원의 주차장사례[6]에 영향을 주면서 학계에서 폭 넓게 받아들여지게 되었다.

여전히 사실적 계약관계론을 긍정하는 견해도 없지 않지만, 현재 이 이론이 당사자의 의사를 부당하게 의제하는 것이라는 점에서 이에 대해 부정적인 견해가 다수이다. 우리 판례의 명확한 입장을 확인할 수 없지만, 사실적 계약관계론은 현행 민법에도 부합하지 않으며, 그러한 사례들에 대해 묵시적·추단적 의사표시의 적용을 검토하는 것이 타당하다고 본다.

---

6) 이 사례에서 유료주차장에 운전자는 자신의 차를 감시할 필요가 없으니, 주차료를 지급할 필요가 없다는 의사를 표명하였다.

제3강 약관을 통한 계약성립과 계약체결상의 과실책임

Ⅰ. 약관을 통한 계약성립

1. 약관의 의의

제2조(정의) 이 법에서 사용하는 용어의 정의는 다음과 같다.
1. "약관"이란 그 명칭이나 형태 또는 범위에 상관없이 계약의 한쪽 당사자가 여러 명의 상대방과 계약을 체결하기 위하여 일정한 형식으로 미리 마련한 계약의 내용을 말한다.
2. "사업자"란 계약의 한쪽 당사자로서 상대 당사자에게 약관을 계약의 내용으로 할 것을 제안하는 자를 말한다.
3. "고객"이란 계약의 한쪽 당사자로서 사업자로부터 약관을 계약의 내용으로 할 것을 제안받은 자를 말한다.

약관(約款)이란 명칭이나 형태 또는 범위에 상관없이 계약의 한쪽 당사자가 여러 명의 상대방과 계약을 체결하기 위하여 일정한 형식으로 미리 마련한 계약의 내용을 말한다(약관규제법 제2조 1호). 화재·생명 등의 보험계약, 가스·전기·수도 등의 공급계약, 지하철·버스·택시·항공기·선박 등의 운송계약, 체육시설 등과 같은 시설이용계약, 금융관련 계약, 진료계약 등에서 널리 이용된다. 이러한 경우 사업주가 약관을 담아 작성한 계약서면에 고객이 동의하면 계약이 성립하게 되고, 이때 약관이 사업주와 고객 간의 계약조항(내용)으로서 효력을 가지게 된다.

약관의 구속력 근거에 대하여 자치법설, 상관습설, 계약설 등의 견해가 있으나, 약관의 구속력의 근거를 당사자 간의 합의에서 찾는 계약설이 판례와 통설의 입장이다. 약관규제법도 계약설의 입장에서 제정되었다고 볼 수 있다 (동법 제3조·제6조·제14조 등).

[판례 8] 약관의 구속력 근거(대판 1985. 11. 26, 84다카2543)
보통보험약관이 계약당사자에 대하여 구속력을 갖는 것은 그 자체가 법규범 또는 법규범적 성질을 가진 계약이기 때문이 아니라 보험계약당사자 사이에서 계약내용에 포함시키기로 합의하였기 때문이라고 볼 것인바, 일반적으로 당사자 사이에서 보통보험약관을 계약내용에 포함시

킨 보험계약서가 작성된 경우에는 계약자가 그 보험약관의 내용을 알지 못하는 경우에도 그 약관의 구속력을 배제할 수 없는 것이 원칙이나 다만 당사자 사이에서 명시적으로 약관에 관하여 달리 약정한 경우에는 위 약관의 구속력은 배제된다.

2. 약관의 규제

[사례 7] 甲은 통신판매방식으로 乙 상해보험회사의 상해보험계약을 체결하였다. 보험계약체결 후 보험회사 측에서는 보험계약의 안내문 등을 보내왔으며, 약관을 요약한 그 안내문에는 '전문등반, 행글라이더 등 이와 비슷한 위험한 운동'이 보상받지 못하는 손해의 일종으로 기재되어 있었다. 그리고 실제 약관에는 전문등반, 행글라이더, 스카이다이빙, 스쿠버다이빙 등이 보상받지 못하는 사고로 열거되어 있었다. 이후 甲은 보험기간 중 스킨스쿠버 다이빙을 하다가 익사하고 말았다. 이에 甲의 유가족들이 乙 보험회사에 보상을 청구하자, 乙 보험회사는 甲이 보상받지 못하는 위험한 운동을 하다 사망한 것이므로 보험금을 지급할 수 없다고 한다. 이러한 乙 보험회사의 주장은 정당한가?
☞ 해 설 : 甲과 乙 보험회사 간에 보험계약이 체결되었다. 이들 간에는 보험약관이 계약조항으로서 적용되기 위해서는 乙이 약관에 대한 명시의무와 설명의무를 해야만 한다(약관의 계약으로의 편입). 보험계약에서 보험회사가 보험금을 지급하지 않는 면책조항은 계약에서 중요한 사항에 해당한다. 따라서 면책조항을 요약한 안내문을 甲에게 송부한 것만으로 乙이 설명의무를 다한 것으로 볼 수 없다. 따라서 스킨스쿠버 다이빙에 대한 면책조항은 甲과 乙 간의 보험계약에서 효력을 가지지 못하므로, 甲은 乙에 대해 보험금을 청구할 수 있다. 결론적으로 乙의 주장은 타당하지 않다.

(1) 의의

약관은 그 편리성으로 인해 오늘 날 대량거래 및 반복적 거래에서 빈번하게 이용되지만, 대기업 등과 같이 경제력과 정보력을 갖춘 사업자가 일방적으로 작성한다는 점에서 이를 통해 고객(소비자)이 불리해질 우려가 크다. 따라서 약관을 통한 계약의 공정성을 도모하기 위해 현재 「약관규제에 관한 법률」이 시행되고 있다.

(2) 약관의 계약으로의 편입

제3조(약관의 작성 및 설명의무 등) ① 사업자는 고객이 약관의 내용을 쉽게 알 수 있도록 한글로 작성하고, 표준화·체계화된 용어를 사용하며, 약관의 중요한 내용을 부호, 색채, 굵고 큰 문자 등으로 명확하게 표시하여 알아보기 쉽게 약관을 작성하여야 한다.

② 사업자는 계약을 체결할 때에는 고객에게 약관의 내용을 계약의 종류에 따라 일반적으로 예상되는 방법으로 분명하게 밝히고, 고객이 요구할 경우 그 약관의 사본을 고객에게 내주어 고객이 약관의 내용을 알 수 있게 하여야 한다. 다만, 다음 각 호의 어느 하나에 해당하는 업종의 약관에 대하여는 그러하지 아니하다.
  1. 여객운송업
  2. 전기·가스 및 수도사업
  3. 우편업
  4. 공중전화 서비스 제공 통신업
③ 사업자는 약관에 정하여져 있는 중요한 내용을 고객이 이해할 수 있도록 설명하여야 한다. 다만, 계약의 성질상 설명하는 것이 현저하게 곤란한 경우에는 그러하지 아니하다.
④ 사업자가 제2항 및 제3항을 위반하여 계약을 체결한 경우에는 해당 약관을 계약의 내용으로 주장할 수 없다.

약관의 구속력이 당사자의 합의에 있다고 보기 위해서는 일정한 요건이 필요한데, 이를 약관의 계약으로의 편입이라고도 한다. 약관이 계약내용으로 편입되기 위해서는 사업자의 약관에 대한 명시 또는 설명이 필요하다(동법 제3조 2항·3항).[7] 즉, 사업자는 계약을 체결 시 고객에게 약관의 내용을 일반적으로 예상되는 방법으로 분명하게 밝히고, 고객이 요구할 경우 그 약관의 사본을 고객에게 내주어 고객이 약관의 내용을 알 수 있게 하여야 한다(명시의무). 그리고 사업자는 약관에서 정해진 중요한 내용을 고객이 이해할 수 있도록 설명해야 한다(설명의무). 이러한 사업자의 의무는 약관에 대한 인식이 있어야만 합의로서의 의미를 가질 뿐만 아니라, 예상하기 어려운 조항으로부터 고객이 보호될 수 있기 때문에 필요하다.

사업자의 명시의무의 대상은 약관의 전체적인 내용이 되며, 그 방법은 계약의 내용에 따라 일반적으로 예상되는 방법이 된다. 그리고 설명의무의 대상은 약관에서 정해진 중요한 내용으로서 고객의 이해관계에 중대한 영향을 미치는 사정이 된다. 자동차종합보험계약상 가족운전자 한정운전특약, 은행에 대한 예금채권의 양도제한특약 등이 이에 해당한다. 사업자가 약관에 대한 명시의무와 설명의무를 위반하게 되면, 그러한 약관은 계약내용으로 편입되지 않게 되어 사업자는 그것을 계약내용으로 주장할 수 없게 된다. 다만 사업자

---

[7] 이와 달리 약관의 명시 및 설명 없이 단순한 제시로 그에 대한 고객의 동의만으로 족하다는 견해도 있다.

의 명시·설명이 없더라도 고객이 충분히 예상할 수 있거나 거래에서 일반적인 사항 또는 당해 계약에 당연히 적용되는 법령에 규정되어 있는 사항의 경우라면 계약내용이 될 수도 있다(판례).

[판례 9] 설명의무가 필요 없는 경우(대판 2017. 4. 13, 2016다274904)
약관에 정하여진 사항이더라도 거래상 일반적이고 공통된 것이어서 고객이 별도의 설명 없이도 충분히 예상할 수 있었던 사항이거나, 이미 법령에 의하여 정해진 것을 되풀이하거나 부연하는 정도에 불과한 사항이라면, 그러한 사항에 관해서까지 사업자에게 명시·설명의무가 있다고 할 수는 없다.

(3) 약관의 해석

제4조(개별 약정의 우선) 약관에서 정하고 있는 사항에 관하여 사업자와 고객이 약관의 내용과 다르게 합의한 사항이 있을 때에는 그 합의 사항은 약관보다 우선한다.
　제5조(약관의 해석) ① 약관은 신의성실의 원칙에 따라 공정하게 해석되어야 하며 고객에 따라 다르게 해석되어서는 아니 된다.
② 약관의 뜻이 명백하지 아니한 경우에는 고객에게 유리하게 해석되어야 한다.

약관이 명시되고 설명되어 계약으로 편입되었다고 하더라도 그 해석에 있어서는 약관규제법상 약관해석의 원칙이 적용된다. 우선 약관은 신의성실의 원칙에 따라 해석되어야 하고(제5조 1항), 고객에 따라 다르게 해석되어서는 안 되며(동일성유지의 원칙: 제5조 1항), 약관의 뜻이 명백하지 않은 경우에는 작성자인 고객에게 유리하게 해석되어야 하고(작성자불이익의 원칙: 제5조 2항), 약관조항과 개별약정이 상충될 때에는 개별약정이 우선하여 적용되며(개별약정우선의 원칙: 제4조), 고객의 법률상 지위에 중요한 영향을 미치는 사항은 좁고 엄격하게 해석해야 한다(축소해석의 원칙).

[판례 10] 동일성 원칙(대판 1996. 6. 25, 96다12009)
보통거래약관의 내용은 개개 계약체결자의 의사나 구체적인 사정을 고려함이 없이 평균적 고객의 이해가능성을 기준으로 하되 보험단체 선제의 이해관계를 고려하여 객관적, 획일적으로 해석하여야 하고, 고객 보호의 측면에서 약관내용이 명백하지 못하거나 의심스러운 때에는 약관작성자에게 불리하게 제한해석하여야 한다.

[판례 11] 신의칙(대판[전합] 1991. 12. 24, 90다카23899)
<판결요지> 약관의 규제에 관한 법률 제6조 1항, 2항, 제7조 2호, 3호가 규정하는 바와 같은

약관의 내용통제원리로 작용하는 신의성실의 원칙은 보험계약성립의 과정에 비추어, 약관작성자는 계약상대방의 정당한 이익에 합리적인 기대, 즉 보험의 손해전보에 대한 합리적인 신뢰에 반하지 않고 형평에 맞게끔 약관조항을 작성하여야 한다는 행위원칙을 가리키는 것이다. 따라서 보통거래약관의 작성이 아무리 사적 자치의 영역에 속하는 것이라 하여도 위와 같은 행위원칙에 반하는 약관조항은 사적 자치의 한계를 벗어나는 것으로서 법원에 의한 내용통제, 즉 수정해석의 대상이 되는 것은 당연하며, 이러한 수정해석은 조항 전체가 무효사유에 해당하는 경우뿐만 아니라 조항 일부가 무효사유에 해당하고 그 무효부분을 추출배제하며 잔존부분만으로 유효하게 존속시킬 수 있는 경우에도 가능하다

<해 설> 자동차종합보험 보통약관 제10조 1항 6호 소정의 책임보험 조항("자동차의 운전자가 무면허운전을 하였을 때에 생긴 사고로 인한 손해를 보상하지 아니한다"는 약관내용이 탈취운전이나 무단운전의 경우에도 적용될 수 있는가 여부의 판단으로서, 위 문제되는 약관조항의 경우 보험계약자나 피보험자의 지배 또는 관리가 가능하지 않는 경우에도 적용하는 것은 공정성을 상실한다고 하면서, 단지 무면허운전이 보험계약자 또는 피보험자의 명시적 또는 묵시적 승인하에 이루어진 경우로 제한하여 적용된다고 판시하였다.

[판례 12] 작성자불이익의 원칙(대판 2001. 6. 26, 99다27972)
화재보험계약상의 잔존물제거비용담보특별약관에서 보상하도록 규정하고 있는 "잔존물 제거비용"이란, 그 문언에서 특별히 사고현장에서의 정리비용이나 상차비용으로 국한하고 있지 아니하고, 위 특별약관을 삽입하면서 별도의 추가보험료를 납입하지는 않았지만 그로 인하여 지급되는 보험금은 항상 보험가입금액 범위내의 실제비용으로 제한되고 있어 보험자에게 보험가입금액 이상의 예상하지 못한 부담을 주거나 혹은 피보험자나 보험계약자에게 실제 손해 이상의 부당한 이익을 줄 염려가 없게 되어 있는 점에다가, 약관의 뜻이 명백하지 아니한 경우에는 고객에게 유리하게 해석되어야 한다는 약관의 해석원칙(약관의규제에관한법률 제5조 제2항)을 고려하여 보면, 잔존물에 대한 현장정리 및 상차비용 이외에 운반, 처리비용 등 보험사고인 화재로 인하여 발생한 잔존물을 실제로 제거하는데 소요되는 일체의 비용을 의미하는 것이다.

[판례 13] 이자율약정과 관련한 개별약정우선의 원칙의 적용(대판 2001. 3. 9,2000다67235)
금융기관의 여신거래기본약관에서 금융사정의 변화 등을 이유로 사업자에게 일방적 이율 변경권을 부여하는 규정을 두고 있으나, 개별약정서에서는 약정 당시 정해진 이율은 당해 거래기간 동안 일방 당사자가 임의로 변경하지 않는다는 조항이 있는 경우, 위 약관조항과 약정서의 내용은 서로 상충된다 할 것이고, 약관의규제에관한법률 제4조의 개별약정우선의 원칙 및 위 약정서에서 정한 개별약정 우선적용 조항에 따라 개별약정은 약관조항에 우선하므로 대출 이후 당해 거래기간이 지나기 전에 금융기관이 한 일방적 이율 인상은 그 효력이 없다.

[판례 14] 축소해석의 원칙(대판 2006. 9. 8, 2006다24131)
신용보증사고의 통지를 지연함으로써 채권보전에 장애를 초래한 경우에는 보증채무가 면책된다는 보증약관은 피보험자가 신용보증사고의 통지기한 내에 통지를 하지 아니함으로 인하여 채권보전 조치에 실질적인 장애가 초래된 경우에 한하여 면책된다는 취지로 해석하여야 하고, 피보험자가 통지기한 내에 통지를 하지 아니하였다 하여 언제나 보험자의 채권보전에 장애가

초래되었다고 볼 수 없고, 비록 보험자가 통지기한 만료일까지 통지를 받지 못하였다 하더라도 보험자가 통지를 받은 후 채권보전조치를 취할 수 있는 상당한 기간이 지난 후까지 아무런 조치도 취하지 아니한 경우에는 면책을 주장할 수 없다고 보아야 한다.

(4) 불공정약관

제6조(일반원칙) ① 신의성실의 원칙을 위반하여 공정성을 잃은 약관 조항은 무효이다.
② 약관의 내용 중 다음 각 호의 어느 하나에 해당하는 내용을 정하고 있는 조항은 공정성을 잃은 것으로 추정된다.
 1. 고객에게 부당하게 불리한 조항
 2. 고객이 계약의 거래형태 등 관련된 모든 사정에 비추어 예상하기 어려운 조항
 3. 계약의 목적을 달성할 수 없을 정도로 계약에 따르는 본질적 권리를 제한하는 조항
제16조(일부 무효의 특칙) 약관의 전부 또는 일부의 조항이 제3조 제4항에 따라 계약의 내용이 되지 못하는 경우나 제6조부터 제14조까지의 규정에 따라 무효인 경우 계약은 나머지 부분만으로 유효하게 존속한다. 다만, 유효한 부분만으로는 계약의 목적 달성이 불가능하거나 그 유효한 부분이 한쪽 당사자에게 부당하게 불리한 경우에는 그 계약은 무효로 한다.

약관규제법에 따라 그 내용이 불공정한 약관(불공정약관)은 무효가 된다(제6조 내지 제14조). 무효가 되는 일반적인 사유로서 신의성실의 원칙을 위반하여 공정성을 잃은 약관 조항을 무효로 규정하고 있는데(제6조 1항), 고객에게 부당하게 불리한 조항, 고객이 계약의 거래형태 등 관련된 모든 사정에 비추어 예상하기 어려운 조항, 계약의 목적을 달성할 수 없을 정도로 계약에 따르는 본질적 권리를 제한하는 조항이 이에 해당한다. 불공정약관의 구체적인 규정으로서 면책조항(제7조), 과중한 손해배상예정약정(제8조), 해제권·해지권의 배제 및 제한(제9조), 채무이행과 관련한 부당조항(동법 제10조), 항변권·상계권의 제한과 기한이익의 박탈 등 고객의 권익보호(제11조), 고객의 의사표시의 부당한 의제 및 의사표시의 형식 등의 부당한 제한(동법 제12조), 고객의 대리인에 의한 계약체결의 경우 고객의 이행의무부과(제13조), 고객의 소제기 금지나 증명책임 전가(제14조)가 있다.

[판례 15] 신의성실의 원칙에 반하여 공정을 잃은 약관 조항(대판 2014. 6. 12, 2013다214864) 구 약관의 규제에 관한 법률(2010. 3. 22. 법률 제10169호로 개정되기 전의 것) 제6조 제1항, 제2항 제1호에 따라 고객에 대하여 부당하게 불리한 조항으로서 '신의성실의 원칙에 반하여 공정을 잃은 약관조항'이라는 이유로 무효라고 보기 위해서는, 그 약관조항이 고객에게 다소 불이익하

다는 점만으로는 부족하고, 약관 작성자가 거래상의 지위를 남용하여 계약 상대방의 정당한 이익과 합리적인 기대에 반하여 형평에 어긋나는 약관 조항을 작성·사용함으로써 건전한 거래 질서를 훼손하는 등 고객에게 부당하게 불이익을 주었다는 점이 인정되어야 한다. 그리고 이와 같이 약관조항의 무효 사유에 해당하는 '고객에게 부당하게 불리한 조항'인지 여부는 그 약관조항에 의하여 고객에게 생길 수 있는 불이익의 내용과 불이익 발생의 개연성, 당사자들 사이의 거래과정에 미치는 영향, 관계 법령의 규정 등 모든 사정을 종합하여 판단하여야 한다.

[판례 16] 면책조항의 효력(대판 2002. 4. 12, 98다57099)
[1] 한국전력공사의 전기공급규정 제51조 제3호, 제49조 제1항 제3호는 한국전력공사의 전기설비에 고장이 발생하거나 발생할 우려가 있는 때 한국전력공사는 전기의 공급을 중지하거나 그 사용을 제한할 수 있고, 이 경우 한국전력공사는 수용가가 받는 손해에 대하여 배상책임을 지지 않는다고 규정하고 있는바, 이는 면책약관의 성질을 가지는 것으로서 한국전력공사의 고의 또는 중대한 과실로 인한 경우까지 적용된다고 보는 경우에는 약관의규제에관한법률 제7조 제1호에 위반되어 무효이나, 그 외의 경우에 한하여 한국전력공사의 면책을 정한 규정이라고 해석하는 한도에서는 유효하다고 보아야 한다.
[2] 전기산업의 경우 한국전력공사가 일반 수요자들에 대한 공급을 사실상 독점하고 있고, 관련 시설의 유지 및 관리에 필요한 기술과 책임도 사실상 단독으로 보유하고 있는 등 그 특수성에 비추어 전기공급 중단의 경우 한국전력공사의 책임이 면제되지 않는 고의에 준하는 중대한 과실의 개념은 위와 같은 한국전력공사의 특수한 지위에 비추어 마땅히 해야 할 선량한 관리자의 주의의무를 현저히 결하는 것이라고 봄이 상당하다.
[3] 전주에 설치된 자동개폐로차단기에 대한 유지관리 소홀로 발생한 정전으로 인하여 딸기 등 재배농가가 피해를 입은 사안에서 한국전력공사가 정전사고의 원인이 된 자동개폐로차단기를 제대로 유지·관리하기 위한 순시·점검·측정 등의 업무를 면밀히 시행하여야 함에도 불구하고, 이와 같은 주의의무를 게을리한 채 자동개폐로차단기 내부의 손상 여부에 대한 점검은 사실상 포기한 상태였던 점 등을 인정하여 정전사고가 전기공급자인 한국전력공사의 면책을 규정한 전기공급규정의 적용을 배제하는 중대한 과실로 말미암아 발생한 것이다.

[판례 17] 계약보증금·위약벌에 대한 약관(대판 1999. 3. 26, 98다33260)[1] 토지분양계약이 해제되었을 때에는 수분양자가 지급한 계약보증금이 분양자에게 귀속될 뿐만 아니라, 수분양자는 계약 해제로 인하여 분양자가 입은 손해에 대하여도 배상의무를 면하지 못하는 것으로 약정한 경우, 위 계약보증금의 몰취는 계약 해제로 인한 손해배상과는 별도의 성격을 가지는 것이라 할 것이고, 따라서 위 계약보증금 몰취 규정을 단순히 통상 매매계약에 있어서의 손해배상의 예정으로 보기는 어려우며, 수분양자가 계약 위반시 분양자에게 손해배상책임을 지는 것과는 별도로 이를 분양자에게 귀속시킴으로써 수분양자에게 제재를 가함과 동시에 수분양자의 계약이행을 간접적으로 강제하는 작용을 하는 이른바 위약벌의 성질을 가진 것이라고 봄이 상당하다.
[2] 약관의규제에관한법률 제6조 제1항, 제2항, 제9조 제3호 등에 비추어 계약의 해제로 인한 고객의 원상회복청구권을 부당하게 포기하도록 하는 약관조항은 고객에게 부당하게 불리하여 공정을 잃은 것으로 추정되고 신의성실의 원칙에 반하는 것으로서 무효라고 보아야 한다.

[3] 한국토지공사가 토지를 분양하면서 토지분양계약이 해제되었을 때 귀책사유의 유무를 불문하고 수분양자가 지급한 매매대금의 10%에 상당하는 계약보증금이 분양자인 한국토지공사에게 귀속되도록 정한 경우, 그 계약금 몰취 규정은 고객인 분양자에 대하여 일방적으로 부당하게 불리한 조항으로서 공정을 잃은 것으로 추정되어 신의성실의 원칙에 반하거나 또는 계약 해제시 고객의 원상회복청구권을 부당하게 포기하도록 하는 조항으로서 약관의규제에관한법률에 위반하여 무효이다.

[판례 18] 분양계약조항상 과중한 손해배상의무(대판 2014. 12. 11, 2014다51015,51022)
[1] 수분양자가 분양계약에서 정한 분양대금 납부의무 등을 이행하지 아니한 경우에 입주지정기간 만료일 다음 날부터 분양계약 해제일까지 발생한 관리비 및 입주지정기간 최초일 이후 발생하는 재산세를 위약금과 별도로 수분양자에게 부담하도록 한 분양계약 조항의 효력이 문제 된 사안에서, 위 조항이 상당한 이유 없이 사업자가 부담하여야 할 위험을 고객에게 이전시키거나, 고객에 대하여 부당하게 과중한 손해배상의무를 부담시키거나 사업자의 원상회복의무를 부당하게 경감하는 조항이라고 볼 수 없다고 본 원심판단을 수긍한 사례
[2] 수분양자가 이미 납부한 대금에 대한 이자를 반환하지 않는다고 정한 분양계약 조항의 효력이 문제 된 사안에서, 위 조항은 구 약관의 규제에 관한 법률 제9조 제4호의 규정에 위배되어 원칙적으로 무효이고, 다만 위약금으로 몰취되는 계약금의 경우 상대방에게 반환한 후 다시 이를 돌려받아 몰취하는 것이 아니라 반환하지 아니한 상태에서 몰취하는 것이 일반적인 거래실정으로 당사자의 인식 역시 마찬가지인 점 등에 비추어, 이자반환 면책조항 중 위약금에 해당하는 부분은 사업자의 원상회복의무를 부당하게 경감하는 결과가 된다고 볼 수 없어 무효가 아니다.

[판례 19] 재판관할합의에 관한 불공정약관(대판 1998. 6. 29, 98마863 결정)
대전에 주소를 둔 계약자와 서울에 주영업소를 둔 건설회사 사이에 체결된 아파트 공급계약서상의 "본 계약에 관한 소송은 서울민사지방법원을 관할법원으로 한다."라는 관할합의 조항은 약관의규제에관한법률 제2조 소정의 약관으로서 민사소송법상의 관할법원 규정보다 고객에게 불리한 관할법원을 규정한 것이어서 사업자에게는 유리할지언정 원거리에 사는 경제적 약자인 고객에게는 제소 및 응소에 큰 불편을 초래할 우려가 있으므로 「약관의규제에관한법률」 제14조 소정의 "고객에 대하여 부당하게 불리한 재판관할의 합의조항"에 해당하여 무효라고 보아야 한다.

II. 계약체결상의 과실책임

[사례 8] 甲은 새로 이사한 집의 응접실 바닥에 양탄자를 설치하기 위해 乙의 양탄자 가게를 찾았다. 乙의 점원인 丙의 설명을 들으면서 여러 양탄자를 살피던 중 섬원 丙의 부주의로 옆에 세워 두었던 양탄자 더미가 넘어져 甲이 상해를 입게 되었다. 이때 甲은 누구를 상대로 어떤 책임을 물을 수 있는가?

☞ 해 설 : 甲은 乙의 가게에 가서 양탄자를 구입하기 위해서 둘러보는 중이었다. 이때 甲과 乙 간에는 양탄자매매계약이 체결되지 않았으므로, 양자 간에는 계약관계가 성립하지 않는다. 따라서 이 과정에서 甲이 상해를 입게 되었더라도 乙에게 계약관계에 따른 책임을 물을 수는 없다(이행보조자 丙의 고의·과실은 사용인인 乙의 귀책사유에 해당함). 이와 같이 계약관계는 아니지만 계약체결과정 중에 고의·과실로 인한 책임을 인정하는 것이 바로 계약체결상의 과실책임이론이다. 그러나 포괄적인 불법행위규정과 사용자의 면책증명을 사실상 인정하지 않는 우리 민법에서 이 경우 甲은 乙에 대해서 불법행위책임(제750조·제756조)을 물을 수 있는 것으로 보는 것이 타당하다.

[사례 9] 甲은 乙이 운영하던 식당을 매도한다는 사실을 알고 乙과 만나 교섭을 하였다. 교섭 당시 乙이 식당의 토지와 건물, 설비 일체를 포함하여 4억 원을 요구하자, 甲은 돈을 마련할 시간이 필요하다고 한 뒤 일주일 뒤 다시 만나서 계약을 체결하기로 했다. 그 사이 甲은 매매대금을 구하기 위해서 은행으로부터 대출을 1억 원, 그리고 연이율 30%의 사채까지 빌렸다. 그런데 다시 만나기로 한 날 하루 전에 乙이 甲에게 전화를 걸어 마음이 바뀌어 식당을 팔 생각이 없다고 하였다. 이때 甲은 乙에게 어떤 권리를 가지는가?
☞ 해 설 : 乙의 계약파기에 대한 책임에 대해서는 견해에 따라서 계약책임, 불법행위책임, 제3의 책임(계약체결상의 과실책임)을 물을 수 있는 가능성이 존재한다. 그러나 이 경우는 甲과 乙 간의 계약관계는 존재하지 않지만, 계약관계에 준하여 책임을 묻는 것이 타당하다. 이때 甲에 대한 乙의 계약의 부당파기에 대한 책임의 근거규정은 제535조가 된다.

1. 의의

원래 계약책임은 유효하게 성립한 계약관계를 전제하는 것이다. 반면 계약관계가 없는 당사자들사이에는 불법행위책임이 적용된다. 그러나 계약을 체결하지는 않았지만, 계약체결의 과정 중에 발생한 손해에 대한 책임을 어떻게 해결할지에 대해서는 견해가 대립한다. 우리 민법 제535조도 "계약체결상의 과실"이라는 표제 하에 이를 규정하고 있다. 그러나 우리 민법 제535조는 입법연혁적으로는 계약체결상의 과실책임(culpa in contrahendo)을 규율하기 위해 제정된 것이지만, 실제는 원시적 불능만을 규정하고 있다.

계약체결상의 과실책임이론은 독일의 판례(양탄자사건·백화점 바나나 껍질 사건)에서 출발한 것이다. 당시 독일에서 계약체결상 발생한 책임문제를 계약책임으로 해결할 것인지 아니면 불법행위책임으로 해결할 것인지에 대해 논쟁이 되었고, 이에 대해서 계약체결상 과실책임이 큰 지지를 받았다. 독일에서 계약체결상 과실책임이론의 발전은 무엇보다도 독일의 불법행위규정의 한계에 근거한 것이었다. 즉, 독일민법상 불법행위책임은 인격권·절대권의 침해(독일민법 제823조 1항), 보호법규위반(동조 2항), 선량한 풍속위반(제826조)으로 피해법익을 한정하고 있었고, 사용자책임에서 피용자의 면책을 인정하고 있었는데(제831조 1항), 이를 극복하고자 당해 사건에서 점원을 계약상 이행보조자로 다루어 계약책임으로 해결하고자 했던 것이다.[8]

계약체결상 과실책임이론은 계약책임의 확대 추세와도 연관성을 가지고 있으며, 해당 사례를 불법행위책임으로 해결하는 경우와는 과실의 증명책임과 면책가능성(제391조·제756조), 소멸시효(제162조·제766조)에 있어서 차이가 있다.

2. 유형

계약체결상 과실책임의 유형을 나누어 보면, 계약교섭단계에서 상대방의 생명·신체·소유권을 침해한 경우, 계약체결과정에서 일방당사자가 계약상 요구되는 고지의무 내지 설명의무를 위반한 경우, 계약교섭 중에 일방의 부당한 교섭중단, 계약의 목적이 계약체결 이전부터 실현불가능한 원시적 불능 등이 있다. 이 중에서 우리 민법 제535조는 원시적 불능에 대해서만 규정하고 있다.

3. 학설

불법행위책임설은 계약체결상 과실책임을 별도로 인정하지 않더라도 포괄적·일반적 규정인 우리 민법상 불법행위규정(제750조)을 통해서 관련 사례를 규율할 수 있다고 본다. 이에 대해서는 계약체결상 과실책임의 유형들 중에는 불법행위의 요건(특히 위법성)을 갖추기 어려운 경우들이 있다는 지적이 있다. 이와 달리 계약체결상 과실책임을 계약관계와 불법행위관계의 중간지점에 속하는 제3의 독자적인 책임으로 보는 제3의 책임설이 있다. 이 학설은 계약체결과정의 당사자 간에 특별한 결합관계 내지 신뢰관계를 인정하는 것으로서 책임의 근거를 민법 제535조에서 찾는다. 이에 대해서는 우리 민법과 다른

---

[8] 이후 독일에서 이러한 사례들을 불법행위법상 거래주의의무(Verkehrspflichten)의 개념을 통하여 불법행위법(독일민법 제823조 1항)에 따라 해결해오고 있다.

독일민법의 논의를 무비판적으로 수용하였다는 비판이 있다.

4. 해결

계약체결과정의 특수성, 우리 민법의 규율태도 등을 고려하여 계약체결상 과실책임의 유형별로 그 근거를 달리 볼 필요가 있다. 즉, 계약교섭단계에서 상대방의 생명·신체·소유권의 침해의 경우는 불법행위책임을 적용하는 것이 타당하다. 반면 계약체결과정에서의 고지의무 내지 설명의무의 위반과 계약교섭의 중단으로 인한 손해의 경우는 상대방의 신뢰파기를 전제로 계약체결상 과실책임(제3의 책임)을 적용하는 것이 타당하다.

[판례 20] 계약교섭중단과 불법행위(대판 2004. 5. 28, 2002다32301)
[1] 어느 일방이 교섭단계에서 계약이 확실하게 체결되리라는 정당한 기대 내지 신뢰를 부여하여 상대방이 그 신뢰에 따라 행동하였음에도 상당한 이유 없이 계약의 체결을 거부하여 손해를 입혔다면 이는 신의성실의 원칙에 비추어 볼 때 계약자유원칙의 한계를 넘는 위법한 행위로서 불법행위를 구성한다.
[2] 계약교섭의 부당한 중도파기가 불법행위를 구성하는 경우, 상대방에게 배상책임을 지는 것은 계약체결을 신뢰한 상대방이 입게 된 상당인과관계 있는 손해이고, 한편 계약교섭 단계에서는 아직 계약이 성립된 것이 아니므로 당사자 중 일방이 계약의 이행행위를 준비하거나 이를 착수하는 것은 이례적이라고 할 것이므로 설령 이행에 착수하였다고 하더라도 이는 자기의 위험 판단과 책임에 의한 것이라고 평가할 수 있지만, 만일 이행의 착수가 상대방의 적극적인 요구에 따른 것이고, 바로 위와 같은 이행에 들인 비용의 지급에 관하여 이미 계약교섭이 진행되고 있었다는 등의 특별한 사정이 있는 경우에는 당사자 중 일방이 계약의 성립을 기대하고 이행을 위하여 지출한 비용 상당의 손해가 상당인과관계 있는 손해에 해당한다.

[판례 21] 계약교섭의 중도파기와 손해배상(대판 2004. 5. 28, 2002다32301)[1] 어느 일방이 교섭단계에서 계약이 확실하게 체결되리라는 정당한 기대 내지 신뢰를 부여하여 상대방이 그 신뢰에 따라 행동하였음에도 상당한 이유 없이 계약의 체결을 거부하여 손해를 입혔다면 이는 신의성실의 원칙에 비추어 볼 때 계약자유원칙의 한계를 넘는 위법한 행위로서 불법행위를 구성한다.
[2] 계약교섭의 부당한 중도파기가 불법행위를 구성하는 경우, 상대방에게 배상책임을 지는 것은 계약체결을 신뢰한 상대방이 입게 된 상당인과관계 있는 손해이고, 한편 계약교섭 단계에서는 아직 계약이 성립된 것이 아니므로 당사자 중 일방이 계약의 이행행위를 준비하거나 이를 착수하는 것은 이례적이라고 할 것이므로 설령 이행에 착수하였다고 하더라도 이는 자기의 위험 판단과 책임에 의한 것이라고 평가할 수 있지만 만일 이행의 착수가 상대방의 적극적인 요구에 따른 것이고, 바로 위와 같은 이행에 들인 비용의 지급에 관하여 이미 계약교섭이

진행되고 있었다는 등의 특별한 사정이 있는 경우에는 당사자 중 일방이 계약의 성립을 기대하고 이행을 위하여 지출한 비용 상당의 손해가 상당인과관계 있는 손해에 해당한다.

[판례 22] 투자약정과 보호의무위반(대판 1994. 1. 11, 93다26205)
증권회사의 임직원이 강행규정에 위반된 이익보장으로 투자를 권유하였으나 투자결과 손실을 본 경우에 투자가에 대한 불법행위책임이 성립되기 위하여는, 이익보장 여부에 대한 적극적 기망행위의 존재까지 요구하는 것은 아니라 하더라도, 적어도 거래경위와 거래방법, 고객의 투자상황(재산상태, 연령, 사회적 경험 정도 등), 거래의 위험도 및 이에 관한 설명의 정도 등을 종합적으로 고려한 후, 당해 권유행위가 경험이 부족한 일반 투자가에게 거래행위에 필연적으로 수반되는 위험성에 관한 올바른 인식형성을 방해하거나 또는 고객의 투자상황에 비추어 과대한 위험성을 수반하는 거래를 적극적으로 권유한 경우에 해당하여, 결국 고객에 대한 보호의무를 저버려 위법성을 띤 행위인 것으로 평가될 수 있는 경우라야 한다.

III. 원시적 불능

[사례 10] 서울에 사는 甲은 노후를 대비하여 강원도에 위치한 전원주택을 알아보던 중 乙이 소유한 전원주택을 구입하기로 하고 2020년 3월 10일에 계약을 체결하였다. 그런데 이후 알고 보니 전원주택은 계약체결 3일 전에 화재로 전소된 사실이 드러났다(乙 역시 서울에 거주하여 이 사실을 계약 이후에 알게 되었다). 이때 甲과 乙의 법률관계?
☞ 해 설 : 甲과 乙은 주택매매계약을 체결하였는데, 계약체결일(3월 10일)에 계약목적물인 주택은 화재로 존재하지 않았다. 즉, 甲과 乙이 체결한 계약은 계약체결 이전에 이미 원시적으로 불능인 급부를 목적으로 한 것이므로, 무효인 계약이 된다(제535조). 이때 일방이 상대방의 계약성립에 대한 신뢰를 훼손한 경우, 그는 신뢰이익을 배상해야 할 수 있다.

제535조 (계약체결상의 과실) ① 목적이 불능한 계약을 체결할 때에 그 불능을 알았거나 알 수 있었을 자는 상대방이 그 계약의 유효를 믿었음으로 인하여 받은 손해를 배상하여야 한다. 그러나 그 배상액은 계약이 유효함으로 인하여 생길 이익액을 넘지 못한다.
② 전항의 규정은 상대방이 그 불능을 알았거나 알 수 있었을 경우에는 적용하지 아니한다.

1. 원시적 불능

계약의 목적이 실현불가능하게 된 것을 불능(不能)이라고 하며, 계약성립 시점을 기준으로 그 이전에 발생한 불능을 원시적 불능(原始的 不能)이라고 하고, 그 이후에 발생한 불능을 후발적 불능(後發的 不能)이라고 한다. 계약이 후발적 불능인 경우에는 채무자의 귀책사유 유무에 따라서 채무불이행(이행불능) 또는 위험부담으로 처리가 된다. 반면 계약체결 이전에 이미 급부가 실현 불가능한 원시적 불능에 대해서는 제535조가 적용되어 계약이 무효가 되고, 당사자 간에 신뢰이익배상관계가 성립할 수 있다. 이때 원시적 불능으로 인한 계약의 무효는 제535조에서 명시적으로 정하고 있지 않지만, 동 규정에서 신뢰이익배상을 규정한 것은 계약무효를 전제한 것으로 볼 수 있다.

2. 요건

원시적 불능으로 인해 상대방에게 손해배상을 청구하기 위해서는 첫째, 당사자 간에 계약체결을 위한 행위가 있어야 한다. 둘째, 계약의 목적이 계약체결 이전부터 불능이어야 한다. 이때 불능은 계약체결이전에 발생한 원시적 불능이여야 하고, 또한 객관적 불능이어야 한다. 따라서 원시적·주관적 불능의 경우(예: 타인권리매매 등)에는 계약이 무효가 되지 않고, 제535조가 적용되지 않는다. 그리고 원시적 불능은 급부의 전부에 발생한 전부불능이어야 한다.[9] 셋째, 배상의무자가 불능을 알았거나 알 수 있었어야 한다. 즉, 악의 또는 과실 있는 부지(不知)[10]의 상대방에 대해서 손해배상을 청구할 수 있다. 이에 대한 증명책임은 배상의무자(채무자)가 진다. 넷째, 손해배상청구자가 목적불능으로 손해를 입었어야 하고, 그도 불능에 대해 선의이고 부지(不知)에 대해 무과실이어야 한다.

3. 효과

원시적 불능으로 인한 손해배상요건을 갖춘 경우, 계약체결을 신뢰한 자는 상대방에 대해서 계약의 유효를 믿었음으로 인하여 받은 손해인 신뢰이익배상을 요구할 수 있다(제535조 1항 본문). 다만 이때 신뢰이익배상은 계약이 유효함으로 인하여 생길 이익액(이행이익)을 넘을 수는 없다(동조 1항 단서). 왜냐하면

---

9) 원시적 일부불능의 경우(예: 물건일부의 하자, 토지매매에서 수량부족 등)에는 일부무효는 전부무효라는 원리(제137조)에 따라서 계약전체가 무효여야 하나 통설은 이를 제137조의 예외로 보아 계약이 유효하게 성립한다고 보고, 다만 이때 일부불능에 대하여 하자담보책임이 적용된다고 본다.

10) 원시적 불능에 대해 알지 못하였고(부지·선의) 알지 못한데 과실이 있는 것을 뜻한다.

계약무효로 인한 손해배상액이 계약이 유효한 경우에 인정되는 이행이익배상액을 넘는 것은 부당하기 때문이다. 따라서 계약체결 전이 이미 화재로 전소된 주택을 거래한 경우, 매수인이 계약과정에서 지출한 교통비, 통신비 등은 신뢰이익배상으로 매도인에게 요구할 수는 있지만, 매수인이 계약체결을 신뢰하여 주택수리계약을 체결하고 고액의 조경수의 구입하였다고 해서 이행이익배상액을 초과하는 그러한 손해까지 배상받는 것은 아니다. 손해배상의 소멸시효에 대해서는 동 규정의 법적성질을 어떻게 볼 것인지에 따라서 채권의 소멸시효(제162조)나 불법행위의 소멸시효(제766조)가 적용될 수 있다.

◆ **보충학습 : 신뢰이익과 이행이익**[11]

1) **개념 및 적용영역** : 손해배상의 구분 중에서 큰 의미를 가지는 것이 바로 신뢰이익과 이행이익의 개념이다. 신뢰이익(信賴利益)이란 계약의 유효함을 신뢰한 당사자가 가지는 이익을 의미하고(제535조 1항 본문 후단), 이행이익(履行利益)이란 계약이 제대로 이행되었더라면 당사자가 가질 수 있는 이익을 뜻한다(제535조 1항 단서). 그리고 양자는 그 적용영역에 있어서 차이가 있는데, 신뢰이익배상은 계약이 무효나 취소된 경우에 적용되며, 이행이익은 계약이 유효한 경우에 적용된다는 점에서 차이가 있다.

2) **구별기준** : 우선 계약당사자가 계약을 신뢰함으로서 얻었을 이익을 배상해주는 것을 신뢰이익배상이라고 하는데, 신뢰이익은 당사자가 계약을 신뢰하기 이전 상태로의 회복을 지향하는 개념이다. 다시 말해서 당사자가 계약을 신뢰하지 않았더라면 입지 않았을 손해를 배상해주는 것이 바로 신뢰이익배상이다. 반면 이행이익이란 계약이 제대로 이행되었더라면 당사자가 가질 수 있는 이익, 즉 계약이 제대로 이행되지 못해서 입은 손해를 말한다.

3) **사례** : <甲은 자신 소유의 전원주택을 乙에게 2억 원에 파는 매매계약을 체결하였다. 이때 매수인 乙이 주택을 구입할 것을 예상하여 인테리어업자와 인테리어공사계약을 체결하였고(계약금 200만 원), 마당에 심으려고 조경업자로부터 3천만 원에 상당하는 정원수를 이미 구입해놓았다. 그리고 계약체결을 하는 동안 매수인 乙은 교통비와 통신비를 합하여 총 50만 원을 지출하

---

11) 이에 대해서는 「채권법」 제1부 제6강 Ⅰ. 2. (5) 이행이익과 신뢰이익의 손해배상 부분 참조.

였다. 그리고 매수인 乙은 이 전원주택을 구입하여 1억 원의 웃돈을 받고 되팔 생각이었다> 이 사례에서 매수인이 乙이 계약을 신뢰하여 입은 손해, 즉 계약을 신뢰하기 이전 상태로 회복하기 위해서 배상되어야 신뢰이익은 인테리어공사계약에 따른 위약금, 정원수구입대금 상당액, 교통비와 통신비가 된다. 반면 전원주택을 되팔아(전매) 얻게 될 전매수익 1억 원은 계약이 제대로 이행되었을 乙이 가지게 될 이행이익에 해당한다.

[판례 23] 의사의 불합치로 인한 계약의 불성립(대판 2017. 11. 14, 2015다10929)
계약이 의사의 불합치로 성립하지 아니한 경우 그로 인하여 손해를 입은 당사자가 상대방에게 부당이득반환청구 또는 불법행위로 인한 손해배상청구를 할 수 있는지는 별론으로 하고, 상대방이 계약이 성립되지 아니할 수 있다는 것을 알았거나 알 수 있었음을 이유로 민법 제535조를 유추적용하여 계약체결상의 과실로 인한 손해배상청구를 할 수는 없다.

[판례 24] 법령위반과 원시적 불능(대판 1994. 10. 25, 94다18232)
의약품제조 및 도매업, 의약품 원료 조분판매, 의약품 수입판매 등을 목적으로 하는 주식회사는 농지매매계약을 체결하였다고 하더라도 농지개혁법 또는 농지임대차관리법상 농지매매증명을 발급받을 수가 없어 결과적으로 농지의 소유권을 취득할 수 없으므로, 농지의 매도인이 매매계약에 따라 그 매수인에 대하여 부담하는 소유권이전등기의무는 원시적으로 이행불능이라고 하여야 할 것이고, 따라서 원시적 불능인 급부를 목적으로 하는 농지의 매매계약은 채권계약으로서도 무효라고 아니할 수 없다.

[판례 25] 계약면적 부족의 경우 제535조의 적용여부(대판 2002. 4. 9, 99다47396)
<판결요지> 부동산매매계약에 있어서 실제면적이 계약면적에 미달하는 경우에는 그 매매가 수량지정매매에 해당할 때에 한하여 민법 제574조, 제572조에 의한 대금감액청구권을 행사함은 별론으로 하고, 그 매매계약이 그 미달 부분만큼 일부 무효임을 들어 이와 별도로 일반 부당이득반환청구를 하거나 그 부분의 원시적 불능을 이유로 민법 제535조가 규정하는 계약체결상의 과실에 따른 책임의 이행을 구할 수 없다.
<해 설> 계약관계가 전제되는 경우에 대해서는 이에 대한 하자담보책임규율이 우선해야 하므로, 계약성립 이전의 특수한 사항을 전제한 제535조를 적용할 수 없다는 취지의 판결이다.

[판례 26] 원시적 불능과 손해배상의 범위(대판 1994. 10. 7, 93나12091-부산고법 1994. 10. 7, 93나12091)
[1] 지방자치단체가 만(灣)을 매립한다면서 유선사업의 경영자에게 선착장의 철거를 요청하고, 그에 대한 보상으로 매립지 중 일부를 분양하여 주기로 합의하였고 그 내용을 문서로써 위 경영자에게 통지까지 하였더라도, 그 분양합의가 구 지방재정법(1988.4.6. 법률 제4006호로 개정되기 전의 것) 제52조의5, 구 예산회계법(1989.3.31. 법률 제4102호로 개정되기 전의 것) 제70조의6 제1항, 제2항, 구 지방재정법시행령(1988.5.7. 대통령령 제12445호로 개정되기 전의 것) 제58조 제1호, 제5호, 구 예산회계법시행령(1989.12.29. 대통령령 제12866호로 개정되기

전의 것) 제75조 제2항, 제116조 소정의 요건과 절차를 거치지 않았다면 효력이 없다.
[2] 위 합의가 무효로 됨으로 인하여 위 경영자가 입은 손해는 이행이익(분양받을 매립지의 시가 상당액과 그 분양대금의 차액 상당)이 아니라 신뢰이익(철거로 인한 물적 손해와 영업이익 등)이라 할 것이나, 위 선착장은 공유수면 점용허가기간 만료시 철거될 운명에 있었다면 위 경영자의 자진철거로 인하여 그에게 어떤 손해가 있다고 할 수 없다.

제4강 동시이행항변권·위험부담·제3자를 위한 계약

Ⅰ. 계약의 효력

1. 계약의 성립요건과 효력요건

계약은 법률행위의 한 유형에 해당하므로, 법률행위의 성립요건과 효력요건이 그대로 적용된다. 즉, 계약이 성립하기 위해서는 법률행위의 성립요건인 당사자·목적·의사표시가 존재해야 한다. 그리고 계약이 효력을 가지기 위해서는 계약당사자가 권리능력·의사능력·행위능력을 가져야 하고, 계약의 목적이 확정가능하고 실현가능하며 적법해야 하고 사회적 타당성을 가져야 하며, 계약당사자의 진의와 의사표시사이에 불일치가 없어야 하고 의사표시에 하자(사기·강박)가 없어야 한다. 만약 이러한 요건을 갖추지 못한 계약은 무효가 되거나 취소될 수 있다. 다만 이러한 성립요건과 효력요건은 계약을 포함한 법률행위 전체에 관한 요건이므로 민법총칙편에서 다루고 있다.

2. 쌍무계약과 견련관계

쌍무계약에 있어서 양 당사자는 서로 간에 의무를 부담하게 된다. 이와 같이 쌍무계약에서 당사자 간의 양 의무가 서로 맞물려 있는 것을 견련관계(牽連關係)라고 한다. 이러한 견련관계는 대가성과 상환성을 그 내용으로 한다. 즉, 부동산매매계약에서 매도인의 부동산소유권이전의무와 매수인의 매매대금지급의무는 견련관계에 서게 되는데, 이때 매도인의 부동산소유권이전의무는 매수인이 매매대금을 지급하는 것에 대한 것이기도 하고(대가성), 아울러 매수인의 매매대금과 맞바꾸는 것(상환성)이기도 하다. 도급인의 보수지급의무와 수급인의 일의 완성의무, 사용자의 임금지급채무와 피용자(근로자)의 근로제공의무, 위임인의 보수지급의무와 수임인의 사무처리의무, 임대인의 사용·수익에 관한 의무와 임차인의 차임지급의무 등에서 견련관계가 인정된다.

쌍무계약상 양 채무의 견련관계는 계약의 성립부터 소멸까지 인정된다. 먼저 계약의 성립 시에 양 채무는 서로 의존되어 견련관계에 서게 된다(성립상 견련관계). 이로 인해 일방의 채무가 불능이나 불법 등의 이유로 성립하지 않게 되면 그에 대응하는 상대방의 의무도 성립하지 않는다. 왜냐하면 쌍무계약에서 양 채무는 서로 간에 법률상 원인이 되기 때문이다. 다음으로 쌍무계약에서 일방 당사자는 상대방이 채무를 이행할 때까지 자신의 채무이행도 거절할 수 있는데(이행상 견련관계), 동시이행의 항변권(제536조)이 이에 해당한다. 다음으로 일방의 급부가 더 이상 존속하지 않게 되면 상대방에 대해서도 급부의 청구를 할 수 없게 되는데(존속상 견련관계), 위험부담(제537조)이 이에 대한 것이다. 마지막으로 쌍무계약이 당사자의 계약해제권의 행사로 인하여 소멸하게 되는 경우(소멸상 견련관계), 이때 양 당사자의 원상회복의무도 견련관계에 있게 된다(제549조).

II. 동시이행의 항변권

[사례 11] (1) 3월 1일 甲은 자신의 중고자동차를 400만 원에 팔기로 하고 乙과 계약을 체결하였고, 자동차의 인도와 대금지급시기는 다음 날인 3월 2일로 정하였다. 다음 날 甲은 자동차를 끌고 약속장소에 나갔으나, 乙은 아직 400만 원이 다 준비되지 못했다고 하면서 우선 자동차를 넘겨 줄 것을 요구한다. 이때 甲은 자동차를 인도하여야 하는가?
(2) 위 사안에서 甲이 계약 다음 날인 3월 2일에 자동차를 인도하기로 하였고, 乙은 자동차를 인도받은 날로부터 일주일 뒤인 3월 9일에 대금을 지급하기로 하였다. 그런데 甲은 乙의 요구에도 불구하고 약속된 일자에 자동차를 인도하지 않았다. 그러다가 3월 9일에 되어서 甲은 자동차를 인도하면서 대금을 지급할 것을 요구한다. 이때 乙은 "자동차를 먼저 인도받고 대금은 나중에 주겠다"라고 하였다. 이러한 乙의 주장은 정당한가?
☞ 해 설 : (1) 우선 甲이 부담하는 자동차인도채무와 乙이 부담하는 대금지급의무는 동일한 원인행위에서 발생한 것이고, 서로 간에 선이행의무가 없는 것이므로 양 채무가 동시이행관계에 있다고 할 수 있다. 그리고 양 채무는 변제기에 도달하였으므로, 乙이 비록 계약에 기초해서 가지는 자동차인도채권에 기해서 청구하더라도 甲은 동시이행의 항변권을 행사함으로써 乙이 그의 의무를 이행하기 전까지 자신도 의무를 이행하지 않겠다고 주장할 수 있다. 따라서 사안에서 甲은 乙이 대금지급의무를 이행하기 전까지 자동차인도를 거절할 수 있다.
(2) 사안에서 甲은 자동차인도채무를 선이행했어야 한다. 그러나 선이행의무가 지체되어 상대방인 乙의 대금지급의무도 이행기가 되었다면 양 채무 간에는 동시이행관계가 성립한다(판례). 따라서 3월 9일에 乙의 채무도 이행기에 도달했으므로, 甲에게 자동차인도를 선이행하라고 요구할 수 없고 동시에 이행하여야 한다.

제536조 (동시이행의 항변권) ① 쌍무계약의 당사자 일방은 상대방이 그 채무이행을 제공할 때 까지 자기의 채무이행을 거절할 수 있다. 그러나 상대방의 채무가 변제기에 있지 아니하는 때에는 그러하지 아니하다.
② 당사자 일방이 상대방에게 먼저 이행하여야 할 경우에 상대방의 이행이 곤란할 현저한 사유가 있는 때에는 전항 본문과 같다.

1. 의의

(1) 개념

동시이행항변권(同時履行抗辯權)이란 쌍무계약상 양 채무의 상환성에 근거하여 일방 당사자가 상대방이 이행을 제공할 때까지 자신의 채무이행을 거절할 수 있는 권리를 말한다. 선이행에 특약이 없는 이상 매매계약에서 매도인의 재산권이전의무와 매수인의 매매대금지급의무는 동시이행관계에 서게 되므로, 매수인이 매매대금을 지급하지 않으면서 매도인에게 재산권이전을 요구하는 경우, 매도인은 동시이행의 항변권을 행사하여 자신의 의무이행을 거절할 수 있다. 스위스채무법과 같이 쌍무계약의 일방이 자신의 의무이행 없이도 상대방에게 이행청구를 하는 것을 허용하지 않는 입법례도 있다. 하지만 우리 민법과 같이 쌍무계약의 당사자 일방이 자신의 의무를 이행하지 않으면서 상대방에게 이행을 청구하는 것을 허용하면서, 이때 상대방으로 하여금 동시이행을 이유로 자신의 채무이행을 거절할 수 있는 항변권을 인정하는 입법례가 보다 일반적이다.

(2) 기능

동시이행항변권은 일방 당사자가 상대방의 반대급부의 이행이 없는 상태에서 자신의 채무를 이행하게 될 경우 발생할 수 있는 불이익으로부터 그를 보호하는 담보적 기능을 수행한다. 즉, 매도인이 매매대금을 지급하지도 않은 채 재산권이전을 요구하는 매수인의 청구에 응해야 한다면, 이후 그는 자신의 권리실현이 불확실한 상태에 놓이게 된다. 왜냐하면 이미 매도인으로부터 이행을 받은 매수인이 대금지급의무의 이행을 게을리하거나 회피할 우려가 있기 때문이다. 따라서 이러한 경우 매도인은 동시이행항변권을 행사하여 매수인의 이행청구를 거절함으로써 자신의 권리(매수인의 매매대금지급의무)가 실현되는 것을 보장받게 된다. 또한 동시이행항변권은 계약상대방이 의무이행을 받기 위해서는 그 자신의 의무도 이행해야 한다는 것을 의미하기 때문에 상대방의 이행을 촉구하는 기능도 한다.

(3) 법적 성질

동시이행의 항변권은 상대방의 채무이행 시까지 자신의 채무이행을 거절할 것을 주장할 수 있는 연기적 항변권(延期的 抗辯權)이다(통설·판례). 따라서 당사자가 이를 주장하지 않는 이상 당연히 적용되는 것은 아니다(반대견해 있음). 그리고 동시이행항변권에 관한 제536조는 임의규정이므로, 이를 포기하는 당사자간 합의도 가능하다(예: 계약당사자 일방의 선이행 특약).

2. 성립요건

(1) 양 채무가 동일한 쌍무계약에서 발생할 것

원칙적으로 쌍무계약상 양 채무가 동일한 원인에서 발생하여 대가적 관계가 있는 경우에 동시이행항변권이 인정된다. 그러나 쌍무계약에서 양 채무사이에 고유의 대가관계가 있는 채무가 아닌 경우에도 구체적인 계약관계를 고려하여 동시이행항변권을 인정하는 경우도 있다.

판례에서 동시이행관계가 인정된 대표적인 경우는 다음과 같다.
① 임대차 종료시 임대인의 비용상환의무(제626조)와 임차인의 임차물명도의무(제654조·제615조)
② 임대차 종료시 임대인의 보증금반환의무와 임차인의 목적물인도의무
③ 채무자의 귀책사유 있는 이행불능시 이행불능에 갈음한 손해배상채권과 반대급부채권
④ 계약해지의 경우 양 당사자의 원상회복의무
⑤ 계약의 무효·취소시 양 당사자의 반환의무
⑥ 변제와 영수증 교부(제474조)[12], 어음·수표의 반환의무와 원인채무의 변제

---

[12] 선이행의무가 있는 채권증서의 교부와 구별해야 한다.

(제519조)

  ⑦ 교환계약에서 목적물의 차액의 지급에 갈음하여 상대방으로부터 인수한 대출원리금지급의무와 상대방의 소유권이전등기의무(대판 1998. 7. 24, 98다13877)[13]

  ⑧ 매매계약에서 매매대금에 갈음하여 매수인이 인수한 대출금채무(원본 이외의 이자도 포함)와 매도인의 소유권이전의무(대판 2005. 12. 23, 2005다40877)

[판례 27] 매수인의 잔금지급의무와 매도인의 구상채무(대판 2001. 3. 27, 2000다43819)
부동산 매수인의 매매잔대금 지급의무와 매도인의 가압류기입등기말소의무가 동시이행관계에 있었는데, 위 가압류에 기한 강제경매절차가 진행되자 매수인이 강제경매의 집행채권액과 집행비용을 변제공탁한 경우 매도인은 매수인에 대해 대위변제로 인한 구상채무를 부담하게 되고, 그 구상채무는 가압류기입등기말소의무의 변형으로서 매수인의 매매잔대금 지급의무와 여전히 대가적인 의미가 있어 서로 동시이행관계에 있으므로, 매수인은 매도인의 매매잔대금채권에 대해 가압류로부터 본압류로 전이하는 압류 및 추심명령을 받은 채권자에게 가압류 이후에 발생한 위 구상금채권에 의한 상계로 대항할 수 있다.

[판례 28] 중간생략등기에서 동시이행관계(대판 2005. 4. 29, 2003다66431)
최초 매도인과 중간 매수인, 중간 매수인과 최종 매수인 사이에 순차로 매매계약이 체결되고 이들 간에 중간생략등기의 합의가 있은 후에 최초 매도인과 중간 매수인 간에 매매대금을 인상하는 약정이 체결된 경우, 최초 매도인은 인상된 매매대금이 지급되지 않았음을 이유로 최종 매수인 명의로의 소유권이전등기의무의 이행을 거절할 수 있다.

[판례 29] 명의신탁과 상속, 동시이행항변권(대판 1999. 10. 12, 98다6176)
명의수탁 재산이 상속재산에 포함됨으로써 명의수탁자의 상속인이 추가로 부담한 상속세 상당액에 대하여 명의신탁자가 상환의무를 부담하는 경우, 원래 동시이행의 항변권은 공평의 관념과 신의칙에 입각하여 각 당사자가 부담하는 채무가 서로 대가적 의미를 가지고 관련되어 있을 때 그 이행에 있어서 견련관계를 인정하여 당사자 일방은 상대방이 채무를 이행하거나 이행의 제공을 하지 아니한 채 당사자 일방의 채무의 이행을 청구할 때에는 자기의 채무이행을 거절할 수 있도록 하는 제도인바, 이러한 제도의 취지에서 볼 때 당사자가 부담하는 각 채무가 쌍무계약에 있어 고유의 대가관계에 있는 채무가 아니라고 하더라도 구체적인 계약관계에서 각 당사자가 부담하는 채무에 관한 약정 내용에 따라 그것이 대가적 의미가 있어 이행상의 견련관계를 인정하여야 할 사정이 있는 경우에는 동시이행의 항변권을 인정할 수 있는바, 비록 명의수탁자의 상속인의 명의신탁자에 대한 명의수탁 부동산에 관한 소유권이전등기의무와 명의신탁자의 명의수탁자의 상속인에 대한 위 상속세 추가분 상당액의 상환의무는 쌍무계약에 있어서 고유의 대가관계에 있는 채무는 아니라고 하더라도, 명의수탁자의 상속인이 납부한 위 상속세 추가분은 명의신탁관계의 유지 과정에서 명의신탁 목적물과 관련하여 발생한 비용으로서 명의신탁관계

---

13) 이 판결은 대출원리금지급의무와 소유권이전의무가 모두 이행기를 도과한 경우이다.

를 청산하는 마당에 명의수탁자의 상속인이 명의신탁자에 대하여 부담하게 되는 소유권이전등기절차 이행의무와 이행의 견련성이 있다고 봄이 공평의 관념에 부합하므로 두 의무는 서로 동시이행관계에 있다.

[판례 30] 토지임차인의 매수청구권과 동시이행관계(대판 1991. 4. 9, 91다3260)
민법 제643조의 규정에 의한 토지임차인의 매수청구권행사로 지상건물에 대하여 시가에 의한 매매유사의 법률관계가 성립된 경우에 토지임차인의 건물명도 및 그 소유권이전등기의무와 토지임대인의 건물대금지급의무는 서로 대가관계에 있는 채무이므로 토지임차인은 토지임대인의 건물명도청구에 대하여 대금지급과의 동시이행을 주장할 수 있다.

위와 달리 동시이행관계를 인정하지 않는 경우는 다음과 같다.
① 동일한 계약이 아닌 별개의 약정으로 상호간에 부담하게 된 채무(대판 1989. 2. 14, 88다카10753)
② 변제와 채권증서의 반환[14]
③ 임대차계약 해제에 따른 임차인의 목적물인도·원상회복의무와 별도의 약정에 따른 임대인의 약정지연손해배상의무(대판 1990. 12. 26, 90다카25383)
④ 주택임대인의 보증금반환의무와 주택임대차보호법에 기해 경료된 임차인의 임차권 등기말소의무

[판례 31] 임차인의 건물명도의무와 임대인의 보증금반환의무(대판 1990. 12. 7, 90다카24939)
건물매수인이 아직 건물의 소유권을 취득하지 못한 채 매도인의 동의를 얻어 제3자에게 임대하였으나 매수인(임대인)의 채무불이행으로 매도인이 매매계약을 해제하고 임차인에게 건물의 명도를 구하는 경우, 임차인은 매도인에 대한 관계에서 건물의 전차인의 지위와 흡사하다 할 것인바, 임대인의 동의 있는 전차인도 임차인의 채무불이행으로 임대차계약이 해지되면 특단의 사정이 없는 한 임대인에 대해서 전차인의 전대인에 대한 권리를 주장할 수가 없고, 또 임차인이 매매계약목적물에 대하여 직접 임차권을 취득했다고 보더라도, 대항력을 갖추지 아니한 상태에서는 그 매매계약이 해제되어 소급적으로 실효되면 그 권리를 보호받을 수가 없다는 점에 비추어 볼 때, 임차인의 건물명도의무와 매수인(임대인)의 보증금반환의무를 동시이행관계에 두는 것은 오히려 공평의 원칙에 반한다 할 것이다.

[판례 32] 근저당권실행경매 무효와 동시이행항변권(대판 2006. 9. 22, 2006다24049)
근저당권 실행을 위한 경매가 무효로 되어 채권자(근저당권자)가 채무자를 대위하여 낙찰자에 대한 소유권이전등기 말소청구권을 행사하는 경우, 낙찰자가 부담하는 소유권이전등기 말소의

---

14) 채무자나 제3자가 채권 전액을 변제한 경우 채권증서의 반환을 구할 수 있지만(제475조), 채권증서의 반환은 영수증 교부의무와는 달리 변제와 동시이행관계에 있지 않는다(대판 2005. 8. 19, 2003다22042).

무는 채무자에 대한 것인 반면, 낙찰자의 배당금 반환청구권은 실제 배당금을 수령한 채권자(근저당권자)에 대한 채권인바, 채권자(근저당권자)가 낙찰자에 대하여 부담하는 배당금 반환채무와 낙찰자가 채무자에 대하여 부담하는 소유권이전등기 말소의무는 서로 이행의 상대방을 달리하는 것으로서, 채권자(근저당권자)의 배당금 반환채무가 동시이행의 항변권이 부착된 채 채무자로부터 승계된 채무도 아니므로, 위 두 채무는 동시에 이행되어야 할 관계에 있지 아니하다.

쌍무계약에서 발생한 채무가 아님에도 법률규정에 따라 동시이행관계가 인정되는 경우도 있다.
① 전세권소멸시 전세권자의 목적물인도 및 전세권등기말소의무와 전세권설정자의 전세금반환의무(제317조)
② 계약해제로 인한 쌍방의 원상회복의무(제549조)
③ 부담부증여에서 증여와 부담의 이행(제561조)
④ 완성된 목적물에 하자가 있는 경우 수급인의 하자보수의무와 도급인의 보수지급의무(제667조)
⑤ 가등기담보에서 채권자의 청산금지급의무와 채무자의 목적부동산에 대한 본등기와 인도의무(가등기담보법 제4조 3항)

(2) 상대방의 채무가 변제기에 있을 것

동시이행항변권을 행사할 수 있기 위해서는 상대방의 채무가 변제기에 있어야 한다. 즉, 고용계약과 임치계약 또는 당사자의 약정 등에 따라 일방이 자신의 채무를 상대방보다 먼저 이행해야 하는 경우(선이행의무를 부담하는 경우), 이때 상대방의 이행청구에 대하여 일방은 동시이행항변권을 주장할 수 없다. 예를 들어 매매계약을 체결하면서 매도인의 부동산의 소유권이전의무는 3월 2일에 하기로 하고, 매수인의 매매대금지급의무는 4월 15일에 하기로 약정한 경우, 3월 2일 매수인이 매도인에 대하여 부동산 소유권이전의무의 이행을 청구하더라도 이때 매도인이 매수인에 대해 매매대금지급과 동시에 자신의 의무를 이행하겠다고 할 수는 없다. 왜냐하면 3월 2일에 상대방인 매수인의 대금지급의무는 아직 변제기에 있지 않기 때문이다.

다만 상대방의 채무의 변제기요건에 대한 예외가 있는데, 선이행의무자가 그 이행을 지체하는 동안에 상대방의 채무가 이행기에 도달할 경우(통설·판례), 선이행의무에도 불구하고 상대방의 채무의 이행이 곤란한 현저한 사유가 존재하는 경우(제536조 2항: 불안의 항변권)에는 상대방의 채무가 변제기에 있지 않더라도 동시이행항변권이 인정된다.

[판례 33] 채무자의 변제의무와 금전채권자의 담보반환의무(대판 2019. 10. 31, 2019다247651)
당사자 쌍방의 채무가 동시이행관계에 있는 경우 일방 채무의 이행기가 도래하더라도 상대방 채무의 이행제공이 있을 때까지는 채무를 이행하지 않아도 이행지체의 책임을 지지 않는다. 금전채권의 채무자가 채권자에게 담보를 제공한 경우 특별한 사정이 없는 한 채권자는 채무자로부터 채무를 모두 변제받은 다음 담보를 반환하면 될 뿐 채무자의 변제의무와 채권자의 담보반환의무가 동시이행관계에 있다고 볼 수 없다. 따라서 채권자가 채무자로부터 제공받은 담보를 반환하기 전에도 특별한 사정이 없는 한 채무자는 이행지체 책임을 진다.

[판례 34] 지체된 매매대금과 동시이행관계(대판 1991. 3. 27, 90다19930)
매수인이 선이행하여야 할 중도금지급을 하지 아니한 채 잔대금지급일을 경과한 경우에는 매수인의 중도금 및 이에 대한 지급일 다음날부터 잔대금지급일까지의 지연손해금과 잔대금의 지급채무는 매도인의 소유권이전등기의무와 특별한 사정이 없는 한 동시이행관계에 있다.

[판례 35] 선이행의무가 있어 동시이행관계가 부정되는 경우(대판 2001. 6. 26, 99다47501)
토지의 매매계약과 아울러 그 토지대금의 지급을 담보하기 위하여 토지 위에 건축업자의 비용으로 건축하여 완공될 건물을 담보로 제공하기로 하는 담보권설정계약이 상호 불가분적으로 결합되어 있는 경우, 건축업자가 신축한 건물과 그 대지의 분양대금에서 먼저 위 토지의 잔대금을 토지소유자에게 지급하면 토지소유자는 건물과 그 대지의 소유권이전등기에 필요한 서류를 수분양자들에게 직접 교부하기로 약정하였다면 이는 토지소유자가 건축업자로부터 담보권설정계약의 피담보채권인 토지의 잔대금을 그 분양대금에서 먼저 변제받는 경우에는 담보로 제공받은 건물에 대한 담보목적을 달성하기 때문에 토지소유자가 토지와 건물에 관하여 건축업자 또는 그가 지정하는 분양자들에게 소유권이전등기를 하여 주기로 약정한 것이라 할 것이고, 이러한 경우에 건축업자의 토지소유자에 대한 토지의 매매잔대금지급은 건물에 의해 담보된 피담보채권의 변제로서의 성격을 아울러 가지게 되므로, 건축업자의 매매잔대금지급의무는 토지소유자의 토지소유권이전등기의무와 동시이행의 관계에 있는 것이 아니라 그 소유권이전등기의무보다 선이행하기로 약정한 것이라고 보는 것이 담보권의 성질 및 당사자의 합리적 의사에 부합한다고 할 것이다.

[판례 36] 불안의 항변권(대판 2012. 3. 29, 2011다93025)
[1] 민법 제536조 제2항은 쌍무계약의 당사자 일방이 상대방에게 먼저 이행을 하여야 하는 의무를 지고 있는 경우에도 "상대방의 이행이 곤란할 현저한 사유가 있는 때"에는 동시이행의 항변권을 가진다고 하여, 이른바 '불안의 항변권'을 규정한다. 여기서 '상대방의 이행이 곤란할 현저한 사유'란 선이행채무를 지게 된 채무자가 계약 성립 후 채권자의 신용불안이나 재산상태의 악화 등의 사정으로 반대급부를 이행받을 수 없는 사정변경이 생기고 이로 인하여 당초의 계약내용에 따른 선이행의무를 이행하게 하는 것이 공평과 신의칙에 반하게 되는 경우를 말하

고, 이와 같은 사유가 있는지 여부는 당사자 쌍방의 사정을 종합하여 판단되어야 한다.
[2] 민법 제536조 제2항의 이른바 불안의 항변권을 발생시키는 사유에 관하여 신용불안이나 재산상태 악화와 같이 채권자측에 발생한 객관적·일반적 사정만이 이에 해당한다고 제한적으로 해석할 이유는 없다. 특히 상당한 기간에 걸쳐 공사를 수행하는 도급계약에서 일정 기간마다 이미 행하여진 공사부분에 대하여 기성공사금 등의 이름으로 그 대가를 지급하기로 약정되어 있는 경우에는, 수급인의 일회적인 급부가 통상 선이행되어야 하는 일반적인 도급계약에서와는 달리 위와 같은 공사대금의 축차적인 지급이 수급인의 장래의 원만한 이행을 보장하는 것으로 전제된 측면도 있다고 할 것이어서, 도급인이 계약 체결 후에 위와 같은 약정을 위반하여 정당한 이유 없이 기성공사금을 지급하지 아니하고 이로 인하여 수급인이 공사를 계속해서 진행하더라도 그 공사내용에 따르는 공사금의 상당 부분을 약정대로 지급받을 것을 합리적으로 기대할 수 없게 되어서 수급인으로 하여금 당초의 계약내용에 따른 선이행의무의 이행을 요구하는 것이 공평에 반하게 되었다면, 비록 도급인에게 신용불안 등과 같은 사정이 없다고 하여도 수급인은 민법 제536조 제2항에 의하여 계속공사의무의 이행을 거절할 수 있다고 할 것이다.

[판례 37] 계속적 거래관계에서 불안의 항변권(대판 2002. 9. 4, 2001다1386)
계속적 거래관계에 있어서 재화나 용역을 먼저 공급한 후 일정 기간마다 거래대금을 정산하여 일정 기일 후에 지급받기로 약정한 경우에 공급자가 선이행의 자기 채무를 이행하고 이미 정산이 완료되어 이행기가 지난 전기의 대금을 지급받지 못하였거나 후이행의 상대방의 채무가 아직 이행기가 되지 아니하였지만 이행기의 이행이 현저히 불안한 사유가 있는 경우에는 민법 제536조 제2항 및 신의성실의 원칙에 비추어 볼 때 공급자는 이미 이행기가 지난 전기의 대금을 지급받을 때 또는 전기에 대한 상대방의 이행기 미도래채무의 이행불안사유가 해소될 때까지 선이행의무가 있는 다음 기간의 자기 채무의 이행을 거절할 수 있다.

[판례 38] 매매계약에서의 불안의 항변권(대판 1974. 6. 11, 73다1632)
매매계약을 맺은 후에야 등기부상 매매목적물이 매도인의 소유가 아닌 것이 발견되었다면 매수인은 경우에 따라서는 민법 588조에 의하여 중도금의 지급을 거절할 수 있고 그렇지 않다고 하더라도 계약에 있어서의 형평의 원칙이나 신의성실의 원칙에 비추어 선행의무에 해당하는 중도금지급의무라 하더라도 그 지급을 거절할 수 있다.

(3) 상대방이 채무의 이행 또는 이행제공을 하지 않을 것

동시이행항변권은 일방이 자신의 의무를 이행하지 않으면서 상대방에 대해 이행을 요구하는 것을 저지하는 것에 목적을 인정되는 것이다. 따라서 상대방이 채무를 이행하는 경우라면 동시이행항변권은 성립하지 않는다. 반면 계약 상대방의 이행이나 또는 이행제공이 없는 경우, 일방은 이행지체책임을 지지 않으며, 그는 동시이행항변권을 행사할 수 있다. 그리고 상대방의 이행 (또는 이행제공)이 불완전한 경우 일방은 불완전한 이행부분에 비례한 범위 내에서 동시이행항변권을 행사할 수 있다. 다만 불완전한 부분이 극히 경미한 경우에는 이를 이유로 한 동시이행항변권의 행사는 인정되지 않는다(통실).

쌍무계약의 당사자 일방이 먼저 한 번 현실의 제공을 하고, 상대방을 수령 지체에 빠지게 하였다고 하더라도 그 이행의 제공이 계속되지 않는 경우는 과거에 이행의 제공이 있었다는 사실만으로 상대방이 가지는 동시이행의 항변권이 소멸하는 것은 아니다.15) 예를 들어 매매계약상 소유권이전과 잔금지급을 3월 2일로 정하였고, 이에 3월 2일에 매도인이 부동산소유권이전의무을 이행하였으나 매수인은 이를 수령하지 않고(수령지체) 대금을 지급하지도 않은 경우에도 그 이후 매도인의 이행제공이 계속되지 않으면 매수인은 동시이행항변권을 행사할 수 있다. 즉, 매도인이 4월 1일에 소유권이전의무에 대한 이행제공을 계속하지 않으면서 매수인에게 매매대금지급을 요구하면, 이때 매수인은 매도인의 요구를 거절하면서 매도인의 소유권이전과 동시에 매매대금을 지급할 것을 주장할 수 있다.

[판례 39] 임차인의 목적물명도의무의 이행제공 여부(대판 2002. 2. 26, 2001다77697)
임차인의 임차목적물 명도의무와 임대인의 보증금 반환의무는 동시이행의 관계에 있다 하겠으므로, 임대인의 동시이행의 항변권을 소멸시키고 임대보증금 반환 지체책임을 인정하기 위해서는 임차인이 임대인에게 임차목적물의 명도의 이행제공을 하여야만 한다 할 것이고, 임차인이 임차목적물에서 퇴거하면서 그 사실을 임대인에게 알리지 아니한 경우에는 임차목적물의 명도의 이행제공이 있었다고 볼 수는 없다.

[판례 40] 매도인의 소유권이전의무의 이행제공 여부(대판 2001. 12. 11, 2001다36511)
쌍무계약에 있어서 일방 당사자의 자기 채무에 관한 이행의 제공을 엄격하게 요구하면 오히려 불성실한 상대 당사자에게 구실을 주는 것이 될 수도 있으므로 일방 당사자가 하여야 할 제공의 정도는 그 시기와 구체적인 상황에 따라 신의성실의 원칙에 어긋나지 않게 합리적으로 정하여야 하고, 매수인이 계약의 이행에 비협조적인 태도를 취하면서 잔대금의 지급을 미루는 등 소유권이전등기서류를 수령할 준비를 아니한 경우에는 매도인으로서도 그에 상응한 이행의 준비를 하면 족하다 할 것인바, 매도인이 법무사사무소에 소유권이전등기에 필요한 대부분의 서류를 작성하여 주었고 미비된 일부 서류들은 잔금지급시에 교부하기로 하였으며 이들 서류는 매도인이 언제라도 발급받아 교부할 수 있다면 매도인으로서는 비록 일부 미비된 서류가 있다 하더라

---

15) 일시적으로 당사자 일방의 의무의 이행제공이 있었더라도 이후 그 이행의 제공이 중지되었다면, 이행제공이 계속되지 아니하는 기간 동안에는 상대방의 의무가 이행지체에 빠진 것이 아니므로, 이행의 제공이 중지된 이후에는 상대방의 이행지체를 이유로 한 손해배상청구도 할 수 없다(대판 1995. 3. 14, 94다26646). 이와 달리 이행지체를 이유로 한 해제권(제544조)의 행사에 있어서는 최고시 해제권자는 이행의 준비만으로 족하고, 또한 일시의 제공만으로도 충분하다.

도 소유권이전등기의무에 대한 충분한 이행의 제공을 마쳤다고 보아야 할 것이고, 잔대금 지급기일에 이를 지급하지 않고 계약의 효력을 다투는 등 계약의 이행에 비협조적이고 매도인의 소유권이전등기서류를 수령할 준비를 하지 않고 있던 매수인은 이 점을 이유로 잔대금지급을 거절할 수 없다.

[판례 41] 상대방의 이행이 불완전한 경우의 동시이행항변권 행사의 범위(대판 1989. 6. 13, 88다카13332,13349) 임대차계약에 있어서 목적물을 사용수익케 할 임대인의 의무와 임차인의 차임지급의무는 상호 대응관계에 있으므로 임대인이 목적물에 대한 수선의무를 불이행하여 임차인이 목적물을 전혀 사용할 수 없을 경우에는 임차인은 차임전부의 지급을 거절할 수 있으나, 수선의무불이행으로 인하여 부분적으로 지장이 있는 상태에서 그 사용수익이 가능할 경우에는 그 지장이 있는 한도 내에서만 차임의 지급을 거절할 수 있을 뿐 그 전부의 지급을 거절할 수는 없으므로 그 한도를 넘는 차임의 지급거절은 채무불이행이 된다.

[판례 42] 건축도급계약에서 동시이행관계(대판 2001. 9. 18, 선고 2001다9304)
[1] 도급계약에 따른 수급인의 하자보수책임은 완성 전의 성취된 부분에 관하여도 성립되는바, 완성 전의 성취된 부분이라 함은 도급계약에 따른 일이 전부 완성되지는 않았지만 하자가 발생한 부분의 작업이 완료된 상태를 말하는 것이고, 도급인이 하자보수를 주장하는 경우 법원은 보수하여야 할 하자의 종류와 정도를 특정함과 아울러 그 하자를 보수하는 적당한 방법과 그 보수에 요할 비용 등에 관하여 심리하여 봄으로써, 그 하자가 중요한 것인지 또는 그 하자가 중요한 것은 아니더라도 그 보수에 과다한 비용을 요하지 않는 것인지를 가려보아 수급인의 하자보수책임을 인정할 수 있는지 여부를 판단하여야 할 것이다.
[2] 기성고에 따라 공사대금을 분할하여 지급하기로 약정한 경우라도 특별한 사정이 없는 한 하자보수의무와 동시이행관계에 있는 공사대금지급채무는 당해 하자가 발생한 부분의 기성공사대금에 한정되는 것은 아니라고 할 것이다. 왜냐하면, 이와 달리 본다면 도급인이 하자발생사실을 모른 채 하자가 발생한 부분에 해당하는 기성공사의 대금을 지급하고 난 후 뒤늦게 하자를 발견한 경우에는 동시이행의 항변권을 행사하지 못하게 되어 공평에 반하기 때문이다.
[3] 일반적으로 동시이행의 관계가 인정되는 경우에 그러한 항변권을 행사하는 자의 상대방이 그 동시이행의 의무를 이행하기 위하여 과다한 비용이 소요되거나 또는 그 의무의 이행이 실제적으로 어려운 반면 그 의무의 이행으로 인하여 항변권자가 얻는 이득은 별달리 크지 아니하여 동시이행의 항변권의 행사가 주로 자기 채무의 이행만을 회피하기 위한 수단이라고 보여지는 경우에는 그 항변권의 행사는 권리남용으로서 배척되어야 할 것이다.
[4] 미지급 공사대금에 비해 하자보수비 등이 매우 적은 편이고 하자보수공사가 완성되어도 공사대금이 지급될지 여부가 불확실한 경우, 도급인이 하자보수청구권을 행사하여 동시이행의 항변을 할 수 있는 기성공사대금의 범위는 하자 및 손해에 상응하는 금액으로 한정하는 것이 공평과 신의칙에 부합한다.
[5] 계속적 거래관계에 있어서 재화나 용역을 먼저 공급한 후 일정기간마다 거래대금을 정산하여 일정기일 후에 지급받기로 약정한 경우에 공급자가 선이행의 자기 채무를 이행하고 이미 정산이 완료되어 이행기가 지난 전기의 대금을 지급받지 못하였거나, 후이행의 상대방의 채무가 아직 이행기가 되지 아니하였지만 이행기의 이행이 현저히 불안한 사유가 있는 경우에는 민법

제536조 제2항 및 신의성실의 원칙에 비추어 볼 때 공급자는 이미 이행기가 지난 전기의 대금을 지급받을 때 또는 전기에 대한 상대방의 이행기미도래채무의 이행불안사유가 해소될 때까지 선이행의무가 있는 다음 기간의 자기 채무의 이행을 거절할 수 있다.

3. 효력

쌍무계약의 당사자 일방은 동시이행항변권을 행사하여 상대방에 대한 의무이행을 거절할 수 있으며(이행거절권능), 이를 통하여 이행기를 도과하더라도 이행지체에 빠지지 않는다(이행지체 저지효). 즉, 동시이행항변권이 행사되면 이행기의 도과에도 불구하고 이행지체책임을 지지 않는다. 따라서 항변권행사로 인해 채무자가 변제기를 도과하였더라도 지체에 따른 지연손해나 이자가 발생하지 않는다. 이를 위해서 당사자가 동시이행항변권을 반드시 행사해야 하는 것이 아니란 점에 유의해야 한다(대판 1998. 3. 13, 97다54604,54611). 그리고 동시이행항변권은 이를 행사함으로써 상대방의 청구를 일시적으로 저지시킬 수 있는 것으로서(연기적 항변권), 소송과정에서 당사자의 원용(주장)이 있어야만 고려된다(판례: 항변권설).16) 쌍무계약의 일방 당사자가 이행을 청구하고 이에 대하여 피고(채무자)가 동시이행항변권을 원용하면, 법원은 채무자가 채권자의 채무이행과 상환으로 이행할 것을 명하는 상환이행판결을 내리게 된다.

Ⅲ. 위험부담

1. 의의

(1) 위험과 위험부담

위험(危險)은 계약관계에서 양 당사자의 책임 없는 사유로 채무의 내용이 실현될 수 없게 됨으로써 발생한 불이익을 말하는 것인데, 이러한 위험을 계약 당사자 중 누가 부담하는가 하는 것이 바로 위험부담(危險負擔)이다. 예를 들어 매매계약에서 목적물인 주택이 인근 산불로 인해 멸실되거나 토지가 수용되는

---

16) 이와 달리 실체권설은 당사자의 원용여부와 상관없이 그 효력이 발생하지만 소송상 변론주의의 원칙에 따라 채무자가 이를 증명할 책임을 진다고 본다.

경우, 이때 주택의 멸실과 토지의 수용은 계약당사자 어느 누구의 잘못이 아닌 사유로 이행이 불가능하게 된 것으로 이로 인해 당사자에게 발생하는 불이익을 위험이라고 하며, 이러한 위험을 계약당사자 중 일방에게 귀속시키는 문제를 위험부담이라고 한다.

(2) 급부위험과 대가위험

계약상 급부의 불가능으로 인한 불이익을 급부위험(給付危險)이라고 하는데, 매매계약에서 목적물의 재산권을 이전받지 못하게 되는 위험, 건축도급계약에서 건축물을 이전받지 못하게 되는 위험 등이 이에 해당한다. 반면에 반대급부위험(反對給付危險)이란 급부에 대한 반대급부인 대가를 지급받지 못하게 되는 위험을 말하는 것으로서 대가위험(代價危險)이라고도 한다. 아래와 같이 급부위험은 언제나 채권자가 부담하기 때문에 급부위험과 반대급부위험(대가위험)을 구분하지 않고 위험부담이라고 하면 반대급부위험(대가위험)을 뜻하는 것이다.

원래 급부의 위험은 급부에 대한 채권자가 부담하게 되는 것이 원칙이다(급부위험: 채권자부담주의). 매매계약상 목적물인 주택이 인근 산불로 멸실되거나 토지가 수용된 경우, 채무자는 더 이상 급부를 이행할 수 없고, 채권자도 급부이행을 요구할 수 없다. 이로써 급부(주택·토지의 인도)를 가질 수 없는 불이익은 채권자(매수인)가 부담하게 되고, 이때 채무자는 급부에 대한 의무로부터 벗어나게 된다. 이와 같이 급부위험은 언제나 채권자가 부담하기 때문에 크게 문제되지 않고, 이때 중요한 문제는 급부위험(주택의 멸실·토지의 수용)이 존재하는 경우 채무자가 채권자에게 그 대가를 요구할 수 있는가에 관한 것이다. 즉, 급부의무에 대응한 반대급부의 위험(대가위험)을 누가 부담하느냐하는 것이 위험부담의 핵심적 문제이다. 만약 급부의 귀책사유 없는 불능에도 불구하고 채무자가 반대급부(대가)를 채권자에게 요구할 수 있으면, 이때 반대급부위험은 채권자가 부담하는 것이 될 것이고(채권자위험부담주의), 이와 달리 채무자가 반대급부를 채권자에게 청구할 수 없게 되면 반대급부위험을 채무자가 부담하게 되는 것이다(채무자위험부담주의). 우리 민법 제537조는 채무자위험부담주의를 채택하고 있다.

(3) 위험의 이전

채무자가 부담하는 반대급부위험이 채권자에게 이전하는 것을 위험이전(危險移轉)이라고 한다. 위험위전의 시기에 대한 입법례로는 계약체결시주의(프랑스민법, 스위스민법), 소유권주의(영국의 동산매매법), 인도시주의(독일민법, 오스트리아민법, 미국의 통일상법전) 등이 존재한다. 우리나라의 경우 동산은 인도 시에 위험이 이전하지만, 부동산은 인도시점과 등기이전시점이라는 견해가 대립한다.[17] 동산의 위험이전을 예로 들면, 자전거매매계약체결시부터 자전거의 인도 시까지는 채무자(매도인)가 위험을 부담하므로 그 동안 자전거가 당사자의 귀책사유 없이 멸실되면 채무자(매도인)는 채권자(매수인)에게 매매대금을 청구할 수 없다. 하지만 채무자(매도인)가 채권자(매수인)에게 자전거를 인도한 이후 멸실된 경우는 위험이전 이후시점이므로, 이때 채무자(매도인)는 채권자(매수인)에게 매매대금을 청구할 수 있다.

2. 채무자위험부담주의

[사례 12] 甲은 자신 소유의 토지를 팔기 위해 매수자를 알아보던 중 이웃의 소개로 乙을 만나 3월 5일에 토지를 1억 원에 파는 매매계약을 체결하고, 당일 계약금 1천만 원을 받았으며, 잔금과 토지소유권의 이전은 12월 24일에 하기로 하였다. 이후 甲의 토지 일대에 대한 개발계획이 발표되면서 甲의 토지는 8월 15일자로 수용되고 말았다. 이때 甲과 乙의 법률관계는?
☞ 해 설 : 사안에서 甲의 토지인도의무는 甲과 乙의 귀책사유 없이 불능이 되었다. 급부의 불능으로 인해 甲은 토지를 인도할 채무로부터 벗어나게 되고, 동시에 乙은 토지를 인도받을 채권을 잃게 된다(급부위험: 채권자위험부담주의). 이때 제537조에 따라서 甲은 乙에 대하여 토지의 매매대금을 청구하지 못한다(반대급부위험·대가위험: 채무자위험부담주의). 그리고 乙은 甲에 대해 이미 지급한 계약금(1천만 원)을 부당이득으로 반환할 것을 청구할 수 있다. 다만 이 경우 甲이 토지의 수용으로 인해 보상금을 수령할 수 있는데, 乙은 나머지 대금을 지급하면서 토지에 갈음하여 甲이 가지는 수용보상금(청구권)을 자신에게 이전할 것을 요구할 수도 있다(대상청구권).

제537조 (채무자위험부담주의) 쌍무계약의 당사자일방의 채무가 당사자쌍방의 책임 없는 사유로 이행할 수 없게 된 때에는 채무자는 상대방의 이행을 청구하지 못한다.

---

[17] 호의로 제3지로 물품을 보내는 송부채무의 경우에도 특정시설과 인도시설의 견해가 대립한다. 그리고 채권자지체의 경우에는 제538조에 따라서 위험이 이전한다.

(1) 의의

제537조에 따라 계약이 유효하게 체결된 이후 양 당사자의 책임 없는 사유로 급부가 불능이 된 경우에 채무자는 채권자에 대해 반대급부의 청구를 하지 못한다(채무자위험부담주의). 즉, 급부의 불능으로 인해 채무자는 자신의 급부의무로부터 벗어나지만, 동시에 채무자는 채권자에 대해 반대급부(대가)를 요구할 수 없게 된다. 이로써 급부불능에 따른 불이익은 종국적으로 채무자가 부담하게 되는 것이다. 왜냐하면 급부불능으로 인해 채권자는 급부를 받을 수 없지만 그 대가를 지급하지 않아도 되지만, 채무자는 급부(목적물)의 멸실에 따른 손실을 입었음에도 채권자에게 그 대가를 청구할 수 없기 때문이다. 이러한 채무자위험부담주의는 일방의 급부가 소멸하게 되면 상대방의 채무 역시 소멸하게 되는 것이 일반적이라는 점, 즉 존속상의 견련관계에 근거한 것이다.

(2) 요건

채무자가 반대급부위험(대가위험)을 부담하기 위해서는 다음과 같은 요건을 갖추어야 한다. 첫째, 쌍무계약의 양 채무가 서로 대가적 견련관계가 있어야 한다. 따라서 대가라는 개념이 존재하지 않는 편무계약의 경우는 급부위험만이 문제가 될 뿐 채무자위험부담주의가 적용될 여지가 없다. 둘째, 일방의 채무가 계약체결 이후에 발생한 후발적 불능이어야 한다. 원시적 불능의 경우는 계약무효와 그에 따른 신뢰이익배상이 문제될 뿐이다(제535조). 셋째, 급부불능에 당사자의 귀책사유가 없어야 한다. 급부불능에 채무자의 귀책사유가 있는 경우는 채무불이행(이행불능)의 문제가 되고(제390조), 채권자의 귀책사유가 있다면 채권자가 위험을 부담하게 된다(제538조).

(3) 효과

쌍무계약상 대가적 관계에 있는 일방의 채무가 양 당사자의 귀책사유 없이 후발적으로 불능이 되면, 채무자는 불능에도 불구하고 채권자에 대해 반대급부(대가)를 청구할 수 없다. 다시 말해 급부의 후발적 불능으로 채권자의 급부청구권이 소멸하는 것에 대응하여 채무자의 반대급부(대가)청구권도 소멸하게 된다. 이와 같이 양 당사자의 채권이 소멸함에 따라 계약관계도 소멸한다. 채무자가 불능 이전에 채권자로부터 급부 받은 것이 있다면, 그것은 부당이득으로서 반환해야 한다. 그리고 급부의 일부불능의 경우에 대한 규정은 없지만, 이 경우에도 불능이 된 부분의 비율만큼 반대급부도 감축된다고 볼 수 있다. 그리고 제537조의 임의규정이므로, 당사자는 합의로써 이와 달리 정할 수 있다.

[판례 43] 위험부담과 계약관계소멸에 따른 부당이득(대판 2009. 5. 28, 2008다98655, 98662)
[1] 민법 제537조는 채무자위험부담주의를 채택하고 있는바, 쌍무계약에서 당사자 쌍방의 귀책사유 없이 채무가 이행불능된 경우 채무자는 급부의무를 면함과 더불어 반대급부도 청구하지 못하므로, 쌍방 급부가 없었던 경우에는 계약관계는 소멸하고 이미 이행한 급부는 법률상 원인 없는 급부가 되어 부당이득의 법리에 따라 반환청구할 수 있다.
[2] 매매 목적물이 경매절차에서 매각됨으로써 당사자 쌍방의 귀책사유 없이 이행불능에 이르러 매매계약이 종료된 사안에서, 위험부담의 법리에 따라 매도인은 이미 지급받은 계약금을 반환하여야 하고 매수인은 목적물을 점유·사용함으로써 취득한 임료 상당의 부당이득을 반환할 의무가 있다.

3. 채권자의 귀책사유로 인한 급부불능

[사례 13] (1) 甲은 자신의 휴대전화를 乙에게 50만원에 팔기로 하고, 휴대전화는 그 다음 주 일요일 乙의 집 앞에서 만나서 넘겨주기로 하였다. 이행하기로 한 며칠 전에 乙이 와서 휴대전화를 점검하다가 기기 작동을 잘못하는 바람에 휴대전화가 고장이 나서 사용할 수 없게 되었다. 이때 甲은 乙에 대하여 휴대전화의 매매대금을 청구할 수 있는가?
(2) 위 사례에서 약속된 날짜와 시간에 甲이 휴대전화를 가지고 乙의 집 앞에 갔으나 乙은 나오지 않았고 연락도 되지 않았다. 몇 시간을 기다려도 乙이 나타나지 않자 집으로 돌아오던 중 甲은 보도를 지나가던 자전거에 부딪치게 되었고, 이로 인해 휴대전화가 바닥에 떨어져 사용이 불가능할 정도로 부서지고 말았다. 이때 甲은 乙에게 휴대전화의 매매대금을 청구할 수 있는가?
☞ 해 설 : (1) 휴대전화의 고장을 인하여 계약상 급부의 이행이 불가능하게 되었다(급부불능). 따라서 甲은 휴대전화인도채무를 면하고, 동시에 乙은 휴대전화인도청구를 할 수 없게 된다(급부위험: 채권자위험부담주의). 그러나 휴대전화의 고장(급부불능)이 채권자인 乙의 과실로 인한 것이므로 甲은 乙에게 매매대금을 청구할 수 있다(제538조 1항 전문).
(2) 급부불능(휴대전화의 멸실)에 대하여 甲이나 乙의 귀책사유가 없지만, 급부불능이 채권자인 乙이 수령을 지체한 상태에서 발생한 것이므로, 甲은 乙에게 매매대금을 청구할 수 있다(제538조 1항 후문).

제538조 (채권자귀책사유로 인한 이행불능) ① 쌍무계약의 당사자일방의 채무가 채권자의 책임 있는 사유로 이행할 수 없게 된 때에는 채무자는 상대방의 이행을 청구할 수 있다. 채권자의 수령지체 중에 당사자 쌍방의 책임 없는 사유로 이행할 수 없게 된 때에도 같다.
② 전항의 경우에 채무자는 자기의 채무를 면함으로써 이익을 얻은 때에는 이를 채권자에게 상환하여야 한다.

(1) 의의

채무자위험부담주의를 규정한 제537조와 달리 제538조는 급부불능이 채권자의 귀책사유로 인한 것인 경우와 채권자의 수령지체 중에 발생한 이행불능의 경우에 채무자가 반대급부청구권을 행사할 수 있는 것으로 규정하고 있다. 즉, 제538조는 급부불능에 채권자가 일정하게 기여한 경우에 대한 예외를 규정한 것이다. 이런 의미에서 제538조는 엄밀하게 말해서 위험부담에 대한 규정이 아니라고 할 수 있다.

(2) 요건

급부의 후발적 불능이 채권자의 책임 있는 사유로 발생한 경우(제538조 1항 전문)와 채권자의 수령지체 중에 당사자의 쌍방의 책임 없는 사유로 발생한 경우(제538조 1항 후문), 제537조와 달리 채권자가 반대급부위험(대가위험)을 부담하게 된다.

(3) 효과

채무자는 급부불능이 채권자의 책임있는 사유로 인한 것이거나 채권자의 수령지체 중에 발생한 것이라면, 급부불능에도 불구하고 채무자는 채권자에 대하여 반대급부를 청구할 수 있다. 다만 이때 채무자는 자신의 채무를 면함으로써 얻은 이익(예: 채무이행에 소요되는 운송비용)을 채권자에게 상환하여야 한다(제538조 2항).

[판례 44] 채권자의 귀책사유와 수령지체의 의미(대판 2004.03.12, 2001다79013)
[1] 민법 제538조 제1항 소정의 '채권자의 책임 있는 사유'라고 함은 채권자의 어떤 작위나 부작위가 채무자의 이행의 실현을 방해하고 그 작위나 부작위는 채권자가 이를 피할 수 있었다는 점에서 신의칙상 비난받을 수 있는 경우를 의미한다.

[2] 민법 제400조 소정의 채권자지체가 성립하기 위해서는 민법 제460조 소정의 채무자의 변제제공이 있어야 하고, 변제 제공은 원칙적으로 현실 제공으로 하여야 하며 다만 채권자가 미리 변제받기를 거절하거나 채무의 이행에 채권자의 행위를 요하는 경우에는 구두의 제공으로 하더라도 무방하고, 채권자가 변제를 받지 아니할 의사가 확고한 경우(이른바, 채권자의 영구적 불수령)에는 구두의 제공을 한다는 것조차 무의미하므로 그러한 경우에는 구두의 제공조차 필요 없다고 할 것이지만, 그러한 구두의 제공조차 필요 없는 경우라고 하더라도, 이는 그로써 채무자가 채무불이행책임을 면한다는 것에 불과하고, 민법 제538조 제1항 제2문 소정의 '채권자의 수령지체 중에 당사자 쌍방의 책임 없는 사유로 이행할 수 없게 된 때'에 해당하기 위해서는 현실 제공이나 구두 제공이 필요하다(다만, 그 제공의 정도는 그 시기와 구체적인 상황에 따라 신의성실의 원칙에 어긋나지 않게 합리적으로 정하여야 한다).

[판례 45] 중간수입공제(대판 1993. 11. 9, 93다37915)
<판결요지> 사용자의 귀책사유로 인하여 해고된 근로자가 해고기간 중에 다른 직장에서 근무하여 지급받은 임금은 민법 제538조 제2항에 규정된 자기의 채무를 면함으로써 얻은 이익에 해당하므로, 사용자는 근로자에게 해고기간 중의 임금을 지급함에 있어 위와 같은 이익(이른바, '중간수입')을 공제할 수 있는 것이기는 하지만, 근로자가 지급받을 수 있는 임금액 중 「근로기준법」 제38조(현행법 제48조) 소정의 휴업수당의 범위 내의 금액은 중간수입으로 공제할 수 없고, 휴업수당을 초과하는 금액만을 중간수입으로 공제하여야 한다.
<해설> 부당해고기간동안의 근로제공은 사용자의 책임있는 사유로 인한 급부불능이므로 제538조 1항 1문에 따라서, 근로자는 반대급부(임금)청구권을 행사할 수 있다. 그러나 부당해고 기간 동안 근로자가 다른 직장에 근무하여 수입을 얻었다면 이때 중간수입은 공제되어야 한다. 다만 중간수입공제와 관련하여 「근로기준법」 제46조에서 평균임금의 70/100을 휴업수당으로 보장하도록 하고 있으므로, 근로자는 중간수입이 공제되는 경우에도 종전의 직장에서 받던 임금 중 70/100은 반드시 보장되어야 한다는 취지이다. 예를 들어 부당해고기간이 3개월이고 근로자 甲이 乙 회사로 받던 평균임금이 300만원이며, 부당해고기간동안 근로자 甲이 丙 회사에 잠시 취업하여 월 200만원을 받았다고 가정하면, 이때 근로자 甲은 乙 회사로부터 900만원(300×3월)을 받을 수 있으나(제538조 1항 1문), 이때 丙 회사로부터 받았던 중간수입 600만원(200×3월)은 공제되어야 하므로, 총 300만원만 받아야 한다는 결론이 나온다. 그러나 이렇게 이해하면 사용자의 부당해고로 인해 근로자에게 너무 불리한 결과가 되기 때문에 대법원은 이 경우 「근로기준법」 상 휴업수당 정도는 반드시 보장되어야 한다고 보아, 甲이 乙 회사로부터 받던 평균임금의 70/100은 반드시 보장된다고 이해한다. 따라서 이 경우 대법원판결에 의하면 근로자 甲은 중간수입공제를 한 300만원이 아니라, 630만원(300만원의 70%×3)을 받게 된다.[18]

[판례 46] 제538조 1항 2문의 수령지체와 채권자지체(대판 2004. 3. 12, 2001다79013)
민법 제400조 소정의 채권자지체가 성립하기 위해서는 민법 제460조 소정의 채무자의 변제제공이 있어야 하고, 변제 제공은 원칙적으로 현실 제공으로 하여야 하며 다만 채권자가 미리

---

18) 만약 丙 회사로부터 받던 중간수입이 휴업수당을 하회하는 경우, 가령 위 사례에서 丙 회사로부터 월 50만원을 받았다면, 乙 회사로부터 받을 수 있는 임금에서 중간수입을 공제한 750만 원(900만원-150만 원)을 받게 된다.

변제받기를 거절하거나 채무의 이행에 채권자의 행위를 요하는 경우에는 구두의 제공으로 하더라도 무방하고, 채권자가 변제를 받지 아니할 의사가 확고한 경우(이른바, 채권자의 영구적 불수령)에는 구두의 제공을 한다는 것조차 무의미하므로 그러한 경우에는 구두의 제공조차 필요 없다고 할 것이지만, 그러한 구두의 제공조차 필요 없는 경우라고 하더라도, 이는 그로써 채무자가 채무불이행책임을 면한다는 것에 불과하고, 민법 제538조 제1항 제2문 소정의 '채권자의 수령지체 중에 당사자 쌍방의 책임 없는 사유로 이행할 수 없게 된 때'에 해당하기 위해서는 현실 제공이나 구두 제공이 필요하다(다만, 그 제공의 정도는 그 시기와 구체적인 상황에 따라 신의성실의 원칙에 어긋나지 않게 합리적으로 정하여야 한다).

Ⅳ. 제3자를 위한 계약

> [사례 14] 甲은 아들 乙의 대학입학을 축하하기 위해 휴대폰판매업자 丙으로부터 S사의 G모델의 휴대전화를 구입하면서 휴대전화는 자신의 아들인 乙 명의로 개통해서 전달하기로 하였다. 그러나 丙으로부터 휴대전화를 개통하고 찾아가라는 연락을 받은 乙은 그 모델의 전화기가 마음에 들지 않는다며 휴대전화의 수령을 거부하였다. 이때 甲과 丙의 법률관계는?
> ☞ 해 설 : 제3자인 乙이 수익의 의사표시를 해야만 비로소 권리를 취득하게 되는데, 사안에서 乙은 수익거절의 의사표시를 하였으므로 권리를 취득하지 못한다. 이때 급부청구권과 대금지급청구권의의 처리에 대해서는 민법에 규정이 없다. 제3자의 수익거절은 일종의 불능으로 볼 수 있으므로, 이에 대한 채무자(낙약자)의 귀책사유의 유무에 따라서 결론이 달라진다. 채무자인 甲에게 귀책사유가 있다면 丙은 甲에게 매매대금을 청구할 수 있지만, 귀책사유가 없다면 丙은 甲에게 매매대금을 청구할 수 없다(반대견해 있음).

1. 의의

제539조 (제3자를 위한 계약) ① 계약에 의하여 당사자일방이 제3자에게 이행할 것을 약정한 때에는 그 제3자는 채무자에게 직접 그 이행을 청구할 수 있다.
② 전항의 경우에 제3자의 권리는 그 제3자가 채무자에 대하여 계약의 이익을 받을 의사를 표시한 때에 생긴다.

원래 권리·의무는 계약관계 양 당사자에게 발생하는 것이 원칙이지만, 계약 당사자가 아닌 제3자에게 권리를 취득시키는 것을 제3자를 위한 계약이라고 한다. 제3자를 위한 계약에서 제3자는 권리(급부청구권)만을 취득하며, 계약의 본래의 당사자는 아니다. 성질상 제3자에게 의무를 부담시키는 계약이란 존재하지 않는다.

　채무자가 제3자에게 이행할 채무를 부담하는 것이 아니라 채권자가 아닌 제3자에게 이행함으로써 채무를 면하게 되는 경우가 있는데, 이때에는 제3자가 변제수령자가 되므로 채무자는 제3자에게 이행함으로써 채무를 완료할 수 있다. 그리고 채권자가 제3자에게 이행하라고 채무자에게 요구할 수 있는 권리를 가진 경우(부진정한 제3자를 위한 계약)가 있는데, 이때 제3자는 채무자에 대하여 채무이행을 요구할 수 없다. 이들 경우는 제3자를 위한 계약과 구별해야 한다. 그리고 대리관계에서 계약체결행위는 대리인이 하지만 계약의 효과는 모두 본인이 받는다는 점에서 제3자를 위한 계약과 차이가 있다.

[판례 47] 제3자를 위한 계약(대판 1997. 10. 24, 97다28698)
[1] 채무자와 인수인의 계약으로 체결되는 병존적 채무인수는 채권자로 하여금 인수인에 대하여 새로운 권리를 취득하게 하는 것으로 제3자를 위한 계약의 하나로 볼 수 있고, 이와 비교하여 이행인수는 채무자와 인수인 사이의 계약으로 인수인이 변제 등에 의하여 채무를 소멸케 하여 채무자의 책임을 면하게 할 것을 약정하는 것으로 인수인이 채무자에 대한 관계에서 채무자를 면책케 하는 채무를 부담하게 될 뿐 채권자로 하여금 직접 인수인에 대한 채권을 취득케 하는 것이 아니므로 결국 제3자를 위한 계약과 이행인수의 판별 기준은 계약 당사자에게 제3자 또는 채권자가 계약 당사자 일방 또는 인수인에 대하여 직접 채권을 취득케 할 의사가 있는지 여부에 달려 있다 할 것이고, 구체적으로는 계약 체결의 동기, 경위 및 목적, 계약에 있어서의 당사자의 지위, 당사자 사이 및 당사자와 제3자 사이의 이해관계, 거래 관행 등을 종합적으로 고려하여 그 의사를 해석하여야 한다.
[2] 부동산을 매매하면서 매도인과 매수인 사이에 중도금 및 잔금은 매도인의 채권자에게 직접 지급하기로 약정한 경우, 그 약정은 매도인의 채권자로 하여금 매수인에 대하여 그 중도금 및 잔금에 대한 직접청구권을 행사할 권리를 취득케 하는 제3자를 위한 계약에 해당하고 동시에 매수인이 매도인의 그 제3자에 대한 채무를 인수하는 병존적 채무인수에도 해당한다.

2. 삼면관계와 성립요건

(1) 삼면관계

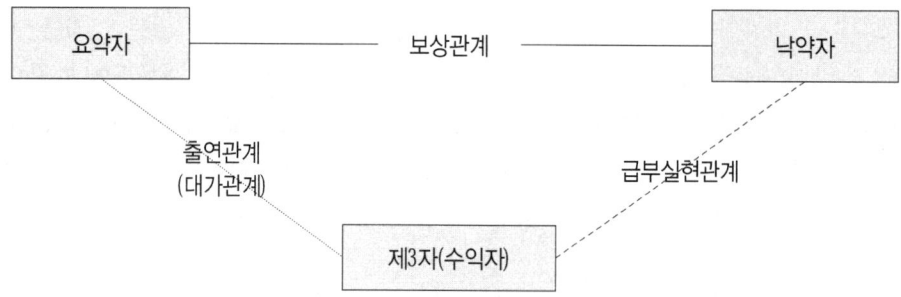

낙약자가 제3자에게 행한 급부에 대하여 요약자가 보상을 하는 관계를 보상관계라고 한다. 그리고 요약자가 낙약자의 이행행위를 통해서 제3자에게 급부하도록 하는 관계를 출연관계라고 하는데, 그 원인은 증여나 채무의 이행 등 다양할 수 있다. 그리고 낙약자가 요약자와의 보상관계에 기하여 급부실현을 하는 관계를 급부실현관계라고 한다. 낙약자와 제3자 간에는 계약관계가 없고, 다만 제3자는 수익의 의사표시를 낙약자에게 하면 족하다(제539조 2항).

(2) 성립요건

제3자를 위한 계약이 성립하기 위해서는 요약자와 낙약자 간의 보상관계가 유효해야 하고, 제3자의 수익약정(제3자를 위한 부관)이 있어야 한다. 변제공탁, 구 채무자와 신채무자 간의 합의에 의한 병존적 채무인수약정 등이 이에 해당한다. 그리고 수익자가 특정되어야 하는데, 계약체결 시에 특정될 필요는 없으나 수익의 의사표시까지는 특정되어야 한다.

3. 효과

제540조 (채무자의 제3자에 대한 최고권) 전조의 경우에 채무자는 상당한 기간을 정하여 계약의 이익의 향수여부의 확답을 제3자에게 최고할 수 있다. 채무자가 그 기간 내에 확답을 받지 못한 때에는 제3자가 계약의 이익을 받을 것을 거절한 것으로 본다.

제541조 (제3자의 권리의 확정) 제539조의 규정에 의하여 제3자의 권리가 생긴 후에는 당사자는 이를 변경 또는 소멸 시키지 못한다.

제542조 (채무자의 항변권) 채무자는 제539조의 계약에 기한 항변으로 그 계약의 이익을 받을 제3자에게 대항할 수 있다.

(1) 제3자의 지위

제3자가 권리를 취득하기 위해서는 낙약자에 대하여 명시적·묵시적으로 수익의 의사표시를 하여야 한다. 이러한 의사표시가 낙약자에게 도달한 때로부터 제3자는 이행청구권을 가지게 된다(제539조).[19] 만약 낙약자의 귀책사유에 의한 채무불이행의 경우 제3자는 손해배상청구권도 행사할 수 있다. 다만 제3자는 계약당사자가 아니므로 계약의 취소권이나 해제권은 가질 수 없다. 그리고 법률의 규정(제539조)이나 특약이나 거래관행 등에 의하여 제3자의 권리가 생긴 후에는 당사자는 이를 변경 또는 소멸 시키지 못한다.

(2) 요약자의 지위

요약자는 계약의 당사자이므로 계약상 당사자로서의 지위를 가지며, 제3자에 대한 채무이행을 채무자(낙약자)에게 청구할 수 있는 권리를 가진다. 그리고 낙약자의 채무불이행시 제3자와는 별도로 손해배상청구권도 가질 수 있고, 낙약자의 채무불이행시에 수익자의 동의를 필요로 하지 않으며, 계약해제도 할 수 있다(판례).

(3) 낙약자의 지위

낙약자는 계약의 당사자로서 계약상 무효, 취소, 채무불이행 등의 항변사유를 제3자에게 주장할 수 있다(제542조). 그리고 제3자에 대하여 수익여부에 대한 확답을 최고할 수도 있다(제540조).

(4) 제3자의 수익거절의 경우

제3자의 수익거절은 당사자 쌍방의 귀책사유 없는 이행불능이 되며, 채무자

---

19) 제3자를 위한 부담부 권리부여도 가능하다(판례).

(낙약자)는 채권자(요약자)에 대한 반대급부청구권을 상실하게 된다. 다만 제3자에의 이행이 계약목적상 필연적이지 않은 경우라면 요약자에게 급부할 수도 있을 것이다.

[판례 48] 채무면제를 내용으로 한 제3자를 위한 계약(대판 2004. 9. 3, 2002다37405)
[1] 제3자를 위한 계약이 성립하기 위하여는 일반적으로 그 계약의 당사자가 아닌 제3자로 하여금 직접 권리를 취득하게 하는 조항이 있어야 할 것이지만, 계약의 당사자가 제3자에 대하여 가진 채권에 관하여 그 채무를 면제하는 계약도 제3자를 위한 계약에 준하는 것으로서 유효하다.
[2] 피고의 선박소유자에 대한 선박구매조건부 나용선계약상의 채무를 보증한 원고가 선박소유자와 청산합의를 하면서 보증계약에 기한 기존 채무를 소멸시키고, 원고의 자회사가 선박소유자와 새로이 체결하는 선박구매조건부 나용선계약상의 채무를 보증하기로 한 경우, 위 청산합의는 갱개계약에 해당하고 원고로서는 피고에 대하여 더 이상 수탁보증인으로서 사후구상권을 행사할 수 없으므로 이를 원인으로 한 장래이행청구는 이유가 없다.

제5강 계약의 해제·해지

Ⅰ. 계약의 종료와 해제·해지

1. 의의

계약이 성립하게 되면, 그 효과로서 당사자 간에 급부에 대한 채권·채무관계가 성립하게 된다. 이와 같이 성립한 계약관계는 일정한 경우 종료하게 된다. 먼저 계약의 목적이 달성되는 경우 계약관계는 종료한다. 즉, 채무자의 급부이행을 통해 채권자의 채권이 만족을 얻게 되면 계약은 종료한다. 매매계약에서 매도인이 재산권을 이전하고 매수인이 매매대금을 지급하는 경우, 버스운송계약에서 버스회사가 승객을 목적지까지 안전하게 운송하고 승객이 요금을 지불하는 경우, 건축도급계약에서 건축업자가 건물을 완성하고 의뢰인이 공사대금을 지급하는 경우에 이들 간의 계약관계는 급부실현으로 인해 종료한다. 이와 달리 계약의 목적이 달성되지 못하는 경우에도 계약관계가 종료할 수 있다. 채무자가 급부를 제대로 이행하지 않는 경우, 채권자는 해제권(해지권)을 행사하여 계약관계를 종료시킬 수 있다. 계약관계를 종료시키는 해제권(해지권)은 민법규정에 따라 인정되는 경우도 있고(법정해제), 당사자의 약정에 따라 인정되는 경우(약정해제)도 있다.

계약의 해제와 해지는 해제권자·해지권자의 일방적인 의사표시에 의하여 계약관계를 해소하는 것을 말한다. 이 중 비계속적 계약관계를 소급적으로 소멸시키는 것을 해제(解除), 계속적 계약관계를 장래에 대하여 소멸시키는 것을 해지(解止)라고 한다. 계약해제·해지는 계약충실의 원칙과 계약파기의 자유에 입각한 것이다. 즉, 채무자가 계약을 성실하게 이행하지 않는 경우 채권자는 계약을 해제(해지)할 수 있으므로, 채무자가 이러한 불이익을 피하기 위해서는 계약에 충실하게 된다. 또한 채무자의 채무불이행만으로 계약관계가 해소되는 것이 아니므로, 채권자는 해제권(해지권)을 행사하여 종전 계약을 파기한 후 새로 계약체결로 나아갈 수 있다. 예를 들어 자전거의 매도인 甲이 제때 자전거를 인도하지 않더라도(이행지체) 매수인 乙이 곧바로 丙과 새로운 자전거매매계약을 체결하는 것은 곤란하다. 왜냐하면 甲의 이행지체의 사실만으로 매매계약이 소멸하는 것은 아니므로, 만약 乙이 丙으로부터 자전거를 구입한 이후에 甲이 약속한 자전거와 지연배상을 제공하면 乙은 이를 수령해야 하기 때문이다. 따라서 乙이 계약을 해제하는 것은 종전의 계약으로부터 해방됨과 동시에 새로운 계약으로 나아갈 기회를 가진다는 의미를 가진다.

2. 다른 제도와의 구별

(1) 해제계약(합의해제)

계약당사자들이 합의하여 계약관계를 해소하는 것을 말한다. 계약체결의 자유의 관점에서 해제계약도 자유롭게 인정된다. 해제계약은 계약당사자의 합의에 따른 것이라는 점에서 계약당사자 일방적인 의사표시로서 계약이 소멸하는 계약해제 구별된다. 해제계약에 대해도 해제의 효과(소급효·제3자 보호)는 동일하게 적용된다. 하지만 해제에 따른 원상회복규정(제543조 이하)은 해제계약에 적용되지 않는다. 해지계약(합의해지)도 동일한 관점에서 이해할 수 있다.

(2) 해제조건

일정한 조건의 성취로서 해제의 의사표시 없이도 계약이 소멸하는 조건을 말한다. 자동차를 인도하면서 일정 기간 안에 취업하지 못하면 자동차를 반환한다고 정한 경우, 토지를 매매하면서 매수인의 사업허가가 나지 않으면 계약이 없던 것으로 한다고 정한 경우가 이에 해당한다. 이러한 경우 해제조건의 성취(미취업·사업불허)만으로 계약이 소멸한다는 점에서 권리자가 해제권을 행사해야 하는 해제와 차이가 있다.

(3) 실권조항

일방 당사자의 채무불이행이 있으면 해제권자(채권자) 측의 의사표시 없이도 당연히 계약의 효력이 소멸되고, 동시에 채무자의 계약상 권리가 상실된다는 취지의 약관을 말한다. 할부매매약관에서 구매자의 할부금 미납시 계약이 해제된다는 조항이 이에 해당한다.

(4) 계약의 취소

권리자의 일방적인 의사표시에 의하여 법률행위의 효력이 소급적으로 소멸한다는 점에서 해제와 취소는 동일하다.[20] 취소는 모든 법률행위에서 인정되고, 그 효과로서 당사자 간에 부당이득반환관계(제748조)가 성립한다. 하지만 해제는 계약에서만 인정되고, 그로 인해 원상회복관계(제548조·제549조)가 발생한다. 그리고 계약해제는 손해배상과 동시에 성립할 수 있지만, 취소의 경우는 원칙적으로 손해배상이 인정되지 않는다는 점에서 차이가 있다.

[판례 49] 합의해제와 손해배상(대판 1989. 4. 25, 86다카1147·1148)
계약이 합의해제된 경우에는 그 해제 시에 당사자 일방이 상대방에게 손해배상을 하기로 특약하거나 손해배상청구를 유보하는 의사표시를 하는 등 다른 사정이 없는 한 채무불이행으로 인한 손해배상을 청구할 수 없다.

[판례 50] 매매계약에서의 해제조건(대판 1989. 7. 25, 88다카28891)
부동산매매계약에 있어서 매수인이 잔대금 지급기일까지 그 대금을 지급하지 못하면 그 계약이 자동적으로 해제된다는 취지의 약정이 있더라도 특단의 사정이 없는 한 매수인의 잔대금지급의무와 매도인의 소유권이전등기의무는 동시이행의 관계에 있으므로, 매도인이 잔대금지급기일에 소유권이전등기에 필요한 서류를 준비하여 매수인에게 알리는 등 이행의 제공을 하여 매수인으로 하여금 이행지체에 빠지게 하였을 때에 비로소 자동적으로 매매계약이 해제된다고 보아야 하고 매수인이 그 약정기한을 초과하였더라도 이행지체에 빠진 것이 아니라면 대금 미지급으로 계약이 자동 해제된다고는 볼 수 없다.

[판례 51] 계약해제와 착오취소(대판 1996. 12. 6, 95다24982·24999)
매도인이 매수인의 중도금 지급채무 불이행을 이유로 매매계약을 적법하게 해제한 후라도 매수인으로서는 상대방이 한 계약해제의 효과로서 발생하는 손해배상책임을 지거나 매매계약에 따른 계약금의 반환을 받을 수 없는 불이익을 면하기 위하여 착오를 이유로 한 취소권을 행사하여 매매계약 전체를 무효로 돌리게 할 수 있다.

3. 약정해제와 법정해제

계약당사자의 합의에 따른 해제를 약정해제(約定解除)라고 한다. 토지매매계약에서 잔금지급일전까지 매도인이 토지 위에 축조된 건물을 철거하지 않으면 매수인이 계약을 해제하도록 미리 약정한 경우, 물품공급계약을 하면서

---

[20] 뒤에서 다루게 될 계약해제의 효과에 관한 직접효과설에 따를 때 그러하다. 반면 청산관계설에 따르게 되면 해제의 소급효과가 인정되지 않으므로 해제와 취소는 차이가 있다.

해당 물품에 대한 신모델이 출시되면 계약을 해제하기로 한 경우가 이에 해당한다.21) 이와 달리 민법규정에 따른 해제를 법정해제(法定解除)라고 한다. 민법은 채무불이행의 경우 채권자에게 계약해제권을 인정하고 있다.

사적자치의 원칙에 따라 약정해제가 법정해제보다 우선한다. 약정해제사유는 당사자들이 임의로 정하는 것이므로 그 사유가 매우 다양하다. 그리고 약정해제에 따라 손해배상의무나 원상회복의무가 발생하는 것은 아니다(판례). 그러나 법정해제사유는 민법에서 이행지체(제544조), 정기행위(제545조), 이행불능(제546조)로 한정하고 있다. 아래에서는 법정해제를 중심으로 다루기로 한다.

[판례 52] 약정해제와 법정해제(대판 2016. 12. 15, 2014다14429, 14436)[1] 계약에 특별히 해제권 관련 조항을 둔 경우 이는 법정해제권을 주의적으로 규정한 것이거나 약정해제권을 유보한 것 등 다양한 의미가 있을 수 있다. 약정해제권을 유보한 경우에도 계약 목적 등을 고려하여 특별한 해제사유를 정해 두고자 하는 경우가 있고, 해제절차에 관하여 상당한 기간을 정한 최고 없이 해제할 수 있도록 한 경우 등도 있다. 당사자가 어떤 의사로 해제권 조항을 둔 것인지는 결국 의사해석의 문제로서, 계약체결의 목적, 해제권 조항을 둔 경위, 조항 자체의 문언 등을 종합적으로 고려하여 논리와 경험법칙에 따라 합리적으로 해석하여야 한다. 다만 해제사유로서 계약당사자 일방의 채무불이행이 있으면 상대방은 계약을 해제할 수 있다는 것과 같은 일반적인 내용이 아니라 계약에 특유한 해제사유를 명시하여 정해 두고 있고, 더구나 해제사유가 당사자 쌍방에 적용될 수 있는 것이 아니라 일방의 채무이행에만 관련된 것이라거나 최고가 무의미한 해제사유가 포함되어 있는 등의 사정이 있는 경우에는 이를 당사자의 진정한 의사를 판단할 때 고려할 필요가 있다.
[2] 갑 주식회사와 을이 금형 제작에 관한 도급계약을 체결하면서 작성한 도급계약서에 '갑 회사는 을이 계약을 위반하여 기간 내에 제작을 완료할 수 없는 경우에 계약을 해제할 수 있다'는 조항을 두었는데, 을이 납품기한이 지나도록 납품을 하지 못하자 갑 회사가 이행 최고 없이 곧바로 계약해제를 통보한 사안에서, 제반 사정에 비추어 위 조항은 단순히 채무불이행으로 인한 법정해제권을 주의적으로 규정한 것이 아니라 특유한 해제사유를 정하고 해제절차에서도 최고 등 법정해제권 행사의 경우와 달리 정하고자 하는 당사자의 의사가 반영된 것이라고 볼 여지가 있는데도, 갑 회사의 계약해제가 법정해제권의 행사요건을 갖추지 못하여 효력이 없다고 본 원심판단에 법리오해 등의 잘못이 있다

---

21) 약정해제에 따라 손해배상의무나 원상회복의무가 발생하는 것은 아니다(판례).

II. 계약의 해제

1. 이행지체로 인한 계약해제

[사례 15] 甲은 자신이 소유한 토지를 1억 원에 乙에게 매도하는 계약을 체결하고, 토지인도와 대금인도는 15일 뒤에 만나서 동시에 하기로 하였다. 甲은 이행하기로 한 날 토지인도를 위한 제반서류를 가지고 약속장소에 나갔으나 乙은 나오지 않았다. 이후 집으로 돌아온 甲에게 전화를 하였는데, 乙은 "지금 토지매매대금을 마련하고 있으나 쉽지 않다"는 대답을 하였고, 이에 甲은 "7일 이내로 대금을 지급하지 않으면, 계약이 해제된 것으로 하겠다"고 말하였다. 그러나 乙은 이후에도 대금을 지급하지 않았다. 이 경우 甲과 乙의 계약관계는?

☞ 해 설 : 위 사안에서는 乙의 이행지체로 인한 계약해제(제544조)가 고려될 수 있고, 해제여부는 甲이 해제요건과 절차를 갖추어 해제권을 행사하였는가에 따라 결정된다. 이행지체로 인한 해제의 요건을 검토하면, ① 甲은 자신의 채무를 이행하고 있는 반면에 乙은 자신의 대금지급채무를 지체하고 있으며, ② 甲은 7일의 기간을 정하여 최고하였고, ③ 乙이 최고기간 동안에도 대금을 지급하지 않았으므로 甲은 계약해제권을 가지게 된다. 다만 위 사안에서 甲이 최고를 하면서 그 기간 내에 이행이 없으면 계약이 해제된 것을 보겠다고 하였다(정지조건부 해제). 이러한 의사표시만으로 별도의 해제권행사 없이도 계약이 해제되는지가 문제되는데 통설과 판례는 이를 인정한다. 따라서 甲의 의사표시에 따라 최고기간인 7일이 경과된 시점에 계약은 해제된 것이다.

제544조 (이행지체와 해제) 당사자일방이 그 채무를 이행하지 아니하는 때에는 상대방은 상당한 기간을 정하여 그 이행을 최고하고 그 기간 내에 이행하지 아니한 때에는 계약을 해제할 수 있다. 그러나 채무자가 미리 이행하지 아니할 의사를 표시한 경우에는 최고를 요하지 아니한다.

(1) 의의

채무자가 채무이행을 지체하게 되면, 제544조에 따라 채권자는 계약을 해제할 수 있다. 다만 이때 채권자가 즉시 계약을 해제할 수 있는 것은 아니고, 채무자에 대하여 이행을 위한 상당한 기간을 최고해야 한다. 이행지체를 한 채무자에게 이러한 추가적인 기간(유예기간)을 부여하는 것은 한 번의 지체만으로 채무자의 이행을 기대할 수 없다고 볼 수는 없기 때문이다. 이것은 계약유지의 원칙(계약은 지켜져야 한다, pacta sunt servanda) 내지 이행우선의 원칙에 따른 것이다.

(2) 요건

① 채무자가 이행을 지체할 것 : 제544조에 따라 해제권이 발생하기 위해서는 이행기가 도래하였음에도 불구하고 채무자가 이행을 지체하고 있어야 한다. 이때 이행지체에 대해 채무자의 귀책사유가 있어야 한다(통설).22) 확정기한부 채무는 기한이 도래한 때(제387조 1항 1문), 불확정기한부 채무는 기한이 도래함을 안 때(제387조 1항 2문)로부터 지체가 된다. 반면 기한의 정함이 없는 채무의 경우에 채무자가 채권자로부터 이행청구(제387조 2항)를 받은 때부터 지체가 된다. 이로 인해 채무자가 이행지체에 빠진 경우에는 계약해제를 위한 별도의 이행청구가 필요하지 않다(통설).

② 채권자가 상당한 기간을 정하여 이행을 최고할 것 : 최고(催告)란 채권자가 채무자에 대하여 채무이행을 촉구하는 것이다. 이때 "상당한 기간"이란 급부의 성질, 거래관행 등을 고려하여 채무이행에 필요한 적정한 기간을 말한다. 만약 상당하지 않은 기간을 정하였더라도 최고 자체가 무효가 되는 것은 아니고 상당한 기간이 경과된 후에 해제권이 발생된다. 예를 들어 통상 10일의 유예기간이 필요함에도 3일의 기간을 정하여 최고를 한 경우, 계약해제권은 10일 경과한 후에 발생하게 된다. 정기행위(제545조)나 채무자의 명백한 이행거절(제544조 단서)의 경우는 최고 없이도 즉시 해제권이 발생한다. 과다최고(예: 채권액이 5천만 원인데, 6천만 원을 최고)는 본래의 채무와 동일성이 인정되는 경우에 한하여 본래의 급부의 범위 내에서 최고로서 효력을 가진다. 반면 과소최고(예: 채권액이 5천만 원인데, 3천만 원을 최고)는 원래 채무와의 동일성이 인정되는 경우에 한하여 효력을 가지며, 계약해제는 최고에서 표시된 범위에서만 인정된다.

③ 채무자가 유예기간 내에 이행(이행의 제공)을 하지 않을 것 : 채무자가 최고에서 정한 유예기간 내에 이행 또는 이행의 제공을 하지 않는 경우에 채권자는 계약을 해제할 수 있다. 쌍무계약의 경우 채무자가 동시이행의 항변권을 가지는 이상 그는 이행지체에 빠지지 않으므로, 이때 채권자는 자신의 의무를 이행해야만 한다. 그리고 쌍무계약에 있어서 이행지체 시에 채권자가 계약해제를 위한

---

22) 이에 대해 법문에서 귀책사유를 요구하고 있지 않고, 해제제도는 채무자의 귀책사유와 무관한 제도라는 비판이 있다. 다수의 외국입법례에서도 채무자의 귀책사유는 계약해제와 무관하다.

최고를 하는 경우 신의칙상 최고기간 내에 이행의 제공을 계속할 필요는 없다. 하지만 상대방의 이행제공이 있으면 계약해제권은 발생하지 않으므로 채권자는 이러한 채무자의 이행을 수령하고 자신의 채무를 이행할 정도의 준비가 되어 있어야 한다(대판 2001. 5. 8, 2001다6053, 6060, 6077).

[판례 53] 요건을 갖추지 못한 최고의 효력(대판 2002. 4. 26, 2000다50497)
계약해제를 위한 이행최고를 함에 있어서 그 최고되는 채무가 소유권이전등기를 하는 채무와 같이 그 채무의 성질상 채권자에게도 단순한 수령 이상의 행위를 하여야 이행이 완료되는 경우에는 채권자는 이행의 완료를 위하여 필요한 행위를 할 수 있는 일시·장소 등을 채무자에게 알리는 최고를 하여야 할 필요성은 있다 할 것이나, 위와 같은 채무의 이행은 채권자와 채무자의 협력에 의하여 이루어져야 하는 것이므로, 채권자가 위와 같은 내용을 알리는 최고를 하지 아니하고, 단지 언제까지 이행하여야 한다는 최고만 하였다고 하여 곧바로 그 이행최고를 계약해제를 위한 이행최고로서의 효력이 없다고 볼 수는 없는 것이고, 채권자가 위와 같은 최고를 한 경우에는 채무자로서도 채권자에게 문의를 하는 등의 방법으로 확정적인 이행일시 및 장소의 결정에 협력하여야 한다 할 것이며, 채무자가 이와 같이 하지 아니하고 만연히 최고기간을 도과한 때에는, 그에 이르기까지의 채권자와 채무자의 계약 이행을 위한 성의(誠意), 채권자가 채무자에게 구두로 연락을 취하여 이행 일시와 장소를 채무자에게 문의한 적이 있는지 등 기타 사정을 고려하여, 위의 최고도 유효하다고 보아야 할 경우가 있을 수 있다.

[판례 54] 과다최고로 인한 채무자의 손해발생여부(대판 1999. 12. 10, 99다31407)
이행의 최고는 채권자가 채무자에 대하여 채무의 내용인 급부를 실현할 것을 요구하는 의사의 통지에 불과하므로, 본래의 급부에 비하여 과다한 급부의 실현을 요구하는 최고를 한 경우라 하더라도 그에 따른 법적 효과가 발생하지 아니함에 그치는 것이지 그 과다한 최고로 인하여 바로 채무자의 재산상 또는 비재산상 이익이 침해된다고 할 수 없고, 채권자가 채무자의 채무불이행을 이유로 계약해지의 의사표시를 하였으나 그 해지의 의사표시가 부적법한 경우에는 계약해지의 법률효과가 발생하지 아니하고 계약은 여전히 유효하게 존속한다고 할 것이므로 부적법한 계약해지의 의사표시로 인하여 채무자에게 그 계약에 기한 어떠한 손해가 발생한다고 할 수도 없다.

[판례 55] 채무자의 이행거절과 최고 여부(대판 1997. 11. 28, 97다30257)
매도인과 매수인 사이에 토지 매매계약을 체결하면서 매매대금의 지급 방법 및 매매 토지에 관한 기존의 임대차관계 승계 등에 관해 특약을 했음에도 매수인이 매도인의 계속된 특약 사항의 이행 촉구에도 불구하고 그 특약의 존재를 부정하면서 이를 이행하지 아니하였다면 매수인은 위 특약 사항을 이행하지 아니할 의사를 분명하게 표시하였다고 할 것이므로 매도인은 자기의 채무의 이행제공이 없더라도 매매계약을 해제할 수 있다.

[판례 56] 계약해제와 채권자의 반대급부 이행의 정도(대판 2001. 5. 8, 2001다6053,6060,6077)
쌍무계약에 있어서 당사자의 채무에 관하여 이행의 제공을 엄격하게 요구하면 불성실한 상대당사자에게 구실을 주게 될 수도 있으므로 당사자가 하여야 할 제공의 정도는 그의 시기와 구체적

인 상황에 따라 신의 성실의 원칙에 어긋나지 않게 합리적으로 정하여야 하는 것이며, 부동산매매계약에서 매도인의 소유권이전등기절차이행채무와 매수인의 매매잔대금 지급채무가 동시이행관계에 있는 한 쌍방이 이행을 제공하지 않는 상태에서는 이행지체로 되는 일이 없을 것인바, 매도인이 매수인을 이행지체로 되게 하기 위하여는 소유권이전등기에 필요한 서류 등을 현실적으로 제공하거나 그렇지 않더라도 이행장소에 그 서류 등을 준비하여 두고 매수인에게 그 뜻을 통지하고 수령하여 갈 것을 최고하면 되는 것이어서, 특별한 사정이 없으면 이행장소로 정한 법무사 사무실에 그 서류 등을 계속 보관시키면서 언제든지 잔대금과 상환으로 그 서류들을 수령할 수 있음을 통지하고 신의칙상 요구되는 상당한 시간 간격을 두고 거듭 수령을 최고하면 이행의 제공을 다한 것이 되고 그러한 상태가 계속된 기간 동안은 매수인이 이행지체로 된다 할 것이다.

(3) 해제권의 발생

최고기간 만료시에 해제권이 발생한다. 다만 최고기간에도 불구하고 채무자가 이행거절의 의사를 명확하게 표시한 경우 그때에 해제권이 발생한다(판례). 그리고 해제권은 채권자의 권리이므로, 해제권의 행사여부는 채권자의 선택에 달려 있다. 즉, 채권자는 해제권을 행사해서 계약관계를 소멸시킬지 아니면 그 상태에서 채무자의 이행을 더 기다릴지를 선택할 수 있다. 다만 해제권이 발생하였으나 해제권을 행사하기 전이라면 채무자는 채무이행과 더불어 지연배상을 함으로써 해제권을 소멸시킬 수도 있다.

2. 정기행위와 계약해제

제545조 (정기행위와 해제) 계약의 성질 또는 당사자의 의사표시에 의하여 일정한 시일 또는 일정한 기간 내에 이행하지 아니하면 계약의 목적을 달성할 수 없을 경우에 당사자일방이 그 시기에 이행하지 아니한 때에는 상대방은 전조의 최고를 하지 아니하고 계약을 해제할 수 있다.

정기행위(定期行爲)란 계약의 성질이나 당사자의 의사표시에 의하여 일정한 일시 또는 기간 내에 이행하지 않으면 그 목적을 달성할 수 없는 계약을 말한다. 정기행위는 정기성의 정도에 따라서 절대적 정기행위(예: 결혼예복주문계약, 화갑잔치의 비디오촬영계약 등)와 상대적 정기행위(예: 기간을 정한 번역계약, 건물준공일에 맞추어 조각품을 납품하기로 약정한 경우 등)로 구분할 수 있다.

양자의 차이는 이행지체가 발생한 경우에 절대적 정기행위의 경우 이행불능이 되지만, 상대적 정기행위의 경우 해제권자의 선택에 따라 이행불능이나 이행지체가 될 수 있다는 점에 있다.

정기행위에 해당하는 채무의 이행을 지체하는 경우 계약의 목적달성이 불가능하므로, 이행지체가 발생하면 그로써 계약해제권이 발생하고, 계약해제를 위한 별도의 최고를 할 필요는 없다. 이행지체와 마찬가지로 정기행위로 인한 계약해제를 위해서는 채무자의 귀책사유가 필요하다(통설).

3. 이행불능으로 인한 계약해제

제546조 (이행불능과 해제) 채무자의 책임 있는 사유로 이행이 불능하게 된 때에는 채권자는 계약을 해제할 수 있다.

(1) 의의

계약체결 이후에 채무자의 귀책사유로 인해 채무의 이행이 불가능하게 되면, 이때 채권자는 계약을 해제할 수 있다. 매매계약의 목적물인 가축이 매도인의 관리소홀로 죽은 경우, 골동품매매에서 매도인의 과실로 물건이 파손된 경우, 토지매도인이 계약체결 이후 제3자에게 토지를 매도하고 소유권등기를 마쳐준 경우 등이 이에 해당한다. 이와 달리 채무자의 귀책사유가 없는 불능의 경우는 위험부담으로 해결된다. 그리고 이행불능의 경우는 이행의 가능성이 없으므로, 채권자가 계약해제를 위해 이행을 위한 유예기간을 최고할 필요가 없다는 점에서 이행지체와 구별된다.

(2) 요건

채무자의 책임 있는 사유에 의한 이행불능 경우 채권자는 계약을 해제할 수 있다. 이때에는 성질상 최고도 할 필요가 없다. 급부불능으로 인해 채무자의 급부의무가 배제되고, 채무자도 급부를 이행할 수 없으므로, 이행불능으로 인한 해제는 계약소멸을 확인하는 의미를 가진다. 그리고 이행불능이 발생한 경우 이행기가 도래하지 않았더라도 채권자는 계약해제권을 가진다. 그리고 급부가 가분적이고 나머지 부분만으로 계약의 목적을 달성할 수 있는 경우에는 일부불능에 해당하는 부분만 계약을 해제할 수 있다. 그러나 일부불능에도 불구하고 계약의 목적달성이 불가능한 경우라면 계약 전체를 해제할 수 있다(대판 1987. 7. 7, 86다카2943; 대판 1996. 2. 9, 94다57817 등).

[판례 57] 이행불능의 판단 1 (대판 2003. 5. 13, 2000다50688)
매매목적물인 부동산에 근저당권설정등기나 가압류등기가 있는 경우에 매도인으로서는 위 근저당권설정등기나 가압류등기를 말소하여 완전한 소유권이전등기를 해 주어야 할 의무를 부담한다고 할 것이지만, 매매목적물인 부동산에 대한 근저당권설정등기나 가압류등기가 말소되지 아니하였다고 하여 바로 매도인의 소유권이전등기의무가 이행불능으로 되었다고 할 수 없고, 매도인이 미리 이행하지 아니할 의사를 표시한 경우가 아닌 한, 매수인이 매도인에게 상당한 기간을 정하여 그 이행을 최고하고 그 기간 내에 이행하지 아니한 때에 한하여 계약을 해제할 수 있다.

[판례 58] 이행불능의 판단 2 (대판 2006. 6. 16, 2005다39211)
[1] 채무의 이행이 불능이라는 것은 단순히 절대적·물리적으로 불능인 경우가 아니라 사회생활에 있어서의 경험법칙 또는 거래상의 관념에 비추어 볼 때 채권자가 채무자의 이행의 실현을 기대할 수 없는 경우를 말하는 것인바, 매매목적물에 대하여 가압류 또는 처분금지가처분 집행이 되어 있다고 하여 매매에 따른 소유권이전등기가 불가능한 것은 아니며, 이러한 법리는 가압류 또는 가처분집행의 대상이 매매목적물 자체가 아니라 매도인이 매매목적물의 원소유자에 대하여 가지는 소유권이전등기청구권 또는 분양권인 경우에도 마찬가지이다.
[2] 매도인의 소유권이전등기청구권이 가압류되어 있거나 처분금지가처분이 있는 경우에는 그 가압류 또는 가처분의 해제를 조건으로 하여서만 소유권이전등기절차의 이행을 명받을 수 있는 것이어서, 매도인은 그 가압류 또는 가처분을 해제하지 아니하고서는 매도인 명의의 소유권이전등기를 마칠 수 없고, 따라서 매수인 명의의 소유권이전등기도 경료하여 줄 수 없다고 할 것이므로, 매도인이 그 가압류 또는 가처분 집행을 모두 해제할 수 없는 무자력의 상태에 있다고 인정되는 경우에는 매수인이 매도인의 소유권이전등기의무가 이행불능임을 이유로 매매계약을 해제할 수 있다.
[3] 매도인이 매매목적물의 원소유자에 대하여 가지는 소유권이전등기청구권 또는 분양권에 대한 가압류 또는 처분금지가처분을 해제하여 다시 매수인에게 소유권이전등기절차를 이행하는 것이 불가능하거나 극히 곤란한 무자력 상태에 있다고 봄이 상당하다.

4. 계약해제권의 행사

제547조 (해지, 해제권의 불가분성) ①당사자의 일방 또는 쌍방이 수인인 경우에는 계약의 해지나 해제는 그 전원으로부터 또는 전원에 대하여 하여야 한다.
②전항의 경우에 해지나 해제의 권리가 당사자 1인에 대하여 소멸한 때에는 다른 당사자에 대하여도 소멸한다.

(1) 해제권행사의 자유

해제권이 발생한 경우에도 해제권자는 해제권을 행사할지에 대한 선택권을 가진다. 즉 해제권자는 해제를 하여 계약관계를 종료시킬 수도 있고, 해제를 하지 않고 상대방의 행위를 기다릴 수도 있다. 해제권의 행사는 해제의 의사표시로서 하게 되는데, 이때 해제권은 형성권이므로 원칙적으로 이에 대하여 조건을 붙이지 못한다(예외: 해제조건부 최고는 가능).

(2) 해제의 불가분성

계약당사자 일방이나 쌍방이 수인인 경우, 해제의 의사표시는 그 "전원으로부터 또는 전원에 대하여" 행사되어야 한다(제547조 1항). 가령 매도인 A로부터 매수인 B·C·D가 공동으로 토지를 구입하는 계약을 체결한 경우, 이때 계약해제의 의사표시는 B·C·D 3인 전원이 A에 대하여 하여야 한다. 그리고 매도인 A가 계약해제를 하는 경우에도 B·C·D 전원에 대하여 해제의 의사표시를 하여야 한다. 이와 같은 해제의 불가분성은 다수의 당사자들 간의 법률효과(계약관계의 소멸)를 동일하게 함으로써 법률관계가 복잡해지는 것을 방지하는데 그 목적이 있다. 그리고 다수의 당사자가 존재하는 계약관계에서 해제권이 1인에 대하여 소멸한 때(예: 해제권자가 상대방 중 1인에게 해제권을 포기한 경우)에는 다른 당사자에 대해서도 소멸한다(제547조 2항).

(3) 해제권의 행사기간

당사자의 약정이나 법규정에 의하여 해제권의 행사기간이 정해져 있는 경우라면 그 기간 내에 해제권을 행사해야 하고, 이러한 기간제한이 없는 경우라면 형성권으로서 10년의 제척기간에 걸린다. 이러한 해제권의 행사기간과 별개로 계약상 채무에 소멸시효가 완성되면, 그에 따라 계약해제권도 행사할 수 없게 된다고 볼 것이다.

[판례 59] 해제의 불가분성(대판 1995. 3. 28, 94다59745)
[1] 하나의 부동산을 수인이 공유하는 경우 각 공유자는 각 그 소유의 지분을 자유로이 처분할 수 있으므로, 공유자 전원이 공유물에 대한 각 그 소유지분 전부를 형식상 하나의 매매계약에 의하여 동일한 매수인에게 매도하는 경우라도 당사자들의 의사표시에 의하여 각 지분에 관한

소유권이전의무, 대금지급의무를 불가분으로 하는 특별한 사정이 없는 한 실질상 각 공유지분별로 별개의 매매계약이 성립되었다고 할 것이고, 일부 공유자가 매수인의 매매대금지급의무불이행을 원인으로 한 그 공유지분에 대한 매매계약을 해제하는 것은 가능하다고 할 것이다.
[2] 그러나 본 사안에서와 같이 당사자들의 의사표시에 의하여 각 지분에 관한 소유권이전의무, 대금지급의무를 불가분으로 하는 실질상으로도 하나의 매매계약이라고 볼 수 있는 경우라면, 매도인 중 공유자 1인이 그의 지분비율에 상응하는 매매대금 중 일부를 매수인으로부터 지급받지 못하였다 할지라도 이를 이유로 자신의 지분에 관한 매매계약 부분만을 해제할 수는 없다.

5. 해제의 효과

[사례 16] 甲은 乙과 매매계약을 체결하고 난 뒤 자신 소유의 토지의 소유권이전등기를 먼저 경료하여 주었다. 그러나 이후 약속한 날짜에 乙은 매매대금을 지급하지 않았다. 이때 甲이 계약해제하는 경우 토지의 소유권은 어떻게 되는가?
☞ 해 설 : 甲의 계약해제에 따른 토지소유권에 대한 문제는 계약해제의 효력을 어떻게 보는지에 따라 달라진다. 직접효과설 중 물권적 효과설에 따르면, 甲이 계약을 해제함과 동시에 토지소유권이 甲에게 복귀한다. 이때 甲은 토지소유권자로서 乙에게 등기말소를 청구할 수 있다(물권적 청구권). 반면 직접효과설 중 채권적 효과설에 따르면, 甲이 계약을 해제하더라도 토지소유권은 여전히 乙에게 남아 있고, 甲은 부당이득반환(원상회복)으로서 乙에게 등기의 말소를 청구할 수 있다(채권적 청구권).

[사례 17] 甲은 자신의 소유의 토지를 乙에게 3억 원에 매도하기로 하고, 3월 1일에 계약금 3천만 원을 수령하였으며, 4월 1일에는 중도금 1억 원을 수령하였다. 다만 甲은 乙의 요청에 따라서 소유권이전등기를 중도금지급시기인 4월 1일에 넘겨주었고, 잔금은 한 달 뒤인 5월 1일에 받기로 하였다. 그러나 잔금시기인 5월 1일에도 乙이 잔금을 지급하지 않자, 甲은 6월 1일까지 잔금을 지급하라고 최고하였다. 甲의 이러한 최고에도 불구하고 乙은 잔금을 지급하지 않았고, 이에 甲은 6월 2일에 토지매매계약을 해제한다고 통보하였다. 이에 관한 아래의 설문을 판례에 따라 설명하시오.
(1) 乙이 위 토지를 4월 15일에 丙에게 이전한 경우, 당사자 간의 법률관계는?
(2) 甲의 계약해제의 통보를 받았음에도 乙은 위 토지를 6월 5일에 사정을 모르는 丁에게 매도하고 등기를 넘겨주었다. 이때 당사자 간의 법률관계는?
☞ 해 설 : (1) 甲이 계약을 해제한 것은 6월 2일이고, 丙이 乙로부터 토지소유권을 취득한 것은 4월 15일이다. 판례의 입장인 물권적 효과설에 따르면, 甲이 계약을 해제하면 계약으로 인한 채권적·물권적 효력이 모두 계약체결 시로 소급하여 회복되므로, 甲과 乙 간에 원상회복의무가 발생한다. 다만 이러한 원상회복의무로서 제3자의 권리를 침해할 수는 없다(제848조 1항 단서). 그러므로 甲의 계약해제에도 불구하고 계약해제 이전에 새롭게 이해관계를 맺은 丙은 보호가 된다. 이때 丙의 선·악의는 문제되지 않는다. 결국 甲은 丙에 대하여 토지소유권의 반환을 요구할 수 없고, 乙에 대해서 토지가액반환이나 손해배상만을 요구할 수 있을 뿐이다.

> (2) 제548조 1항 단서에 따라 보호되는 제3자는 원래 계약해제 이전에 새롭게 법률상 이해관계를 맺은 자를 말한다. 하지만 판례는 제3자의 범위를 확대하여 해제권의 행사 이후라도 원상회복등기 등이 이루어지기 전에 계약해제 사실을 모르고 새로운 권리를 취득한 선의의 제3자도 이에 포함하고 있다. 따라서 丁이 소유권을 이전받은 시점이 비록 甲의 계약해제 이후지만, 丁은 甲의 계약해제사실을 모르는 선의고, 甲이 원상회복등기를 하기 전에 새롭게 이해관계를 맺은 제3자로서 보호가 된다. 따라서 甲은 丁에게 토지소유권을 주장할 수 없고, 乙에게 가액반환 내지 손해배상을 요구할 수 있다.

제548조 (해제의 효과, 원상회복의무) ① 당사자일방이 계약을 해제한 때에는 각 당사자는 그 상대방에 대하여 원상회복의 의무가 있다. 그러나 제3자의 권리를 해하지 못한다.
② 전항의 경우에 반환할 금전에는 그 받은 날로부터 이자를 가하여야 한다.
제549조 (원상회복의무와 동시이행) 제536조의 규정은 전조의 경우에 준용한다.
제551조 (해지, 해제와 손해배상) 계약의 해지 또는 해제는 손해배상의 청구에 영향을 미치지 아니한다.

(1) 의의

해제권자가 계약을 해제하면, 그때부터 계약당사자들은 계약상 구속으로부터 해방된다. 즉, 계약해제로 인해 당사자들은 계약관계에 기해 부담하고 있던 의무로부터 벗어나게 된다. 만약 당사자들 간에 이미 주고 받은 급부가 없었다면 해제만으로 계약관계는 종료하게 될 것이다. 하지만 계약에 기해 이미 급부의 이전이 있었다면, 해제로 인해 그러한 관계를 정리하는 원상회복관계가 발생하게 된다.

(2) 학설

계약해제에 관한 직접효과설은 계약해제의 소급효를 인정하는 학설로서 해제권자가 해제권을 행사하면 계약상 채권·채무는 처음부터 존재하지 않았던 것이 된다고 본다.[23] 따라서 아직 이행하지 않은 채무는 더 이상 존재하지 않게 되고, 이미 이행한 급부는 서로 반환하는 관계에 서게 된다. 다만 이미 이행한 급부반환관계에 대해서 직접효과설 중 채권적 효과설과 물권적 효과설

---

23) 이와 달리 계약이 해제되더라도 종전의 관계를 존속하고, 다만 해제로 인해 당사자의 관계가 청산관계로 변할 뿐이라는 청산관계설도 있다. 청산관계에 따른 권리·의무는 채권·채무라는 점에서 법률효과면에서 청산관계설은 채권적 효과설과 거의 동일하다.

간에 차이가 있다. 물권적 효과설은 계약해제의 효과가 채권과 물권의 변동 모두에 있다고 본다. 이에 따르면 계약을 해제하게 되면 채권·채무도 소멸할 뿐만 아니라 이미 이루어진 물권변동도 당연히 원래대로 복귀한다. 반면 채권적 효과설은 계약해제의 효과를 채권에 한정하고, 이미 변동한 물권에는 계약해제가 영향을 미치지 않는다고 본다. 이에 따르면 부동산매매계약이 해제되더라도 이미 일어난 물권변동은 영향을 받지 않고, 이미 이행한 급부는 법률상 원인이 없는 것으로서 부당이득으로서 반환되어야 한다.

토지매매계약을 체결하면서 매도인이 매수인에게 소유권을 이전하였으나 이후 그의 대금지급의무위반으로 계약을 해제한 경우, 물권적 효과설에 따르면 매도인의 계약해제는 채권과 물권의 변동 모두에 영향을 미치므로, 계약해제로 인해 토지소유권은 매도인에게 당연히 복귀한다. 이 경우에도 등기명의가 매수인에게 남아 있다면 매도인은 그에게 '소유권'에 기한 등기의 말소를 청구해야 한다(물권적 청구권). 그러나 채권적 효과설에 따르면 매도인이 계약을 해제하더라도 그것은 물권(소유권)변동에 영향을 미치지 않으므로 여전히 토지소유권은 매수인에게 있고, 이때 매도인은 매수인에 대하여 '부당이득반환'으로서 등기말소를 청구할 수 있을 뿐이다(채권적 청구권). 양 학설의 차이는 계약해제에 따라 물권변동이 소급적으로 복귀하는지, 등기말소청구의 근거가 채권(부당이득반환채권)인지 물권(소유권)인지이다.

이러한 차이는 계약해제 이전에 새롭게 이해관계를 맺은 제3자가 존재하는 경우 특히 의미가 있다. 매도인의 계약해제 전에 매수인이 토지를 제3자에게 처분한 경우, 물권적 효과설에 따르면 계약해제로서 토지소유권은 당연히 매도인에게 복귀하고, 이로써 제3자는 토지소유권을 잃게 되어 제3자 보호의 문제가 발생한다. 그러나 채권적 효과설에 따르면 계약해제에도 불구하고 토지소유권은 매도인에게 복귀하지 않고 여전히 제3자에게 있어 제3자 보호문제가 발생하지 않는다. 제548조에서 계약해제로 인한 제3자 보호를 규정하고 있다는 점에서 물권적 효과설이 민법에 부합하는 학설이며, 판례도 이에 따르고 있다.

(3) 원상회복의무의 내용과 범위

통설과 판례의 입장인 직접효과설에 따르면 계약해제로 인한 원상회복의무는 부당이득의 특칙으로서 성격을 가진다. 따라서 계약해제로 인한 반환관계에 대해서는 제741조가 아닌 제548조가 우선적용된다. 원상회복의무는 받은 그대로를 반환하는 원물반환이 원칙이다. 따라서 목적물이 특정물인 때에는 그 물건이, 종류물인 경우에는 급부 받은 물건과 동종·동질·동량의 물건으로 반환해야 한다. 목적물이 금전인 경우에는 반환할 때까지의 이자를 가산하여 반환해 한다(제548조 2항). 노무 기타 물건의 이용 등의 무형적 가치가 급부인 경우에는 그 객관적 가격을 급부 당시의 가격으로 반환해야 한다. 만약 원물이 수령자에 의하여 멸실·훼손·소비되어 반환이 불가능한 경우라면, 수령자는 원물에 상응하는 가액을 반환할 의무를 부담한다. 그러나 수령자의 책임 없는 사유로 원물반환이 불가능한 경우 가액반환을 해야 하는지에 대해서는 견해가 대립한다.

원상회복의 장소(이행지)는 원래 물건이 존재하던 장소가 될 것이고, 반환에 소요되는 비용은 해제원인에 책임 있는 당사자가 부담하는 것이 원칙이다. 그리고 계약해제로 인한 당사자 간의 원상회복의무는 동시이행관계에 있다(제549조·제546조).

[판례 60] 계약해제로 인한 원상회복의무의 법적 성질(대판 2000. 6. 9, 2000다9123)
법정해제권 행사의 경우 당사자 일방이 그 수령한 금전을 반환함에 있어 그 받은 때로부터 법정이자를 부가함을 요하는 것은 민법 제548조 제2항이 규정하는 바로서, 이는 원상회복의 범위에 속하는 것이며 일종의 부당이득반환의 성질을 가지는 것이고 반환의무의 이행지체로 인한 것이 아니므로, 부동산 매매계약이 해제된 경우 매도인의 매매대금 반환의무와 매수인의 소유권이전등기말소등기 절차이행의무가 동시이행의 관계에 있는지 여부와는 관계없이 매도인이 반환하여야 할 매매대금에 대하여는 그 받은 날로부터 민법 소정의 법정이율인 연 5푼의 비율에 의한 법정이자를 부가하여 지급하여야 하고, 이와 같은 법리는 약정된 해제권을 행사하는 경우라 하여 달라지는 것은 아니다.

[판례 61] 원상회복의무에 기한 반환범위(대판 1998. 12. 23, 98다43175)
계약해제의 효과로서의 원상회복의무를 규정한 민법 제548조 제1항 본문은 부당이득에 관한 특별 규정의 성격을 가진 것이라 할 것이어서, 그 이익 반환의 범위는 이익의 현존 여부나 선의, 악의에 불문하고 특단의 사유가 없는 한 받은 이익의 전부라고 할 것이다.

(4) 손해배상책임

계약의 해제는 손해배상의 청구에 영향을 미치지 않는다(제551조). 즉, 해제권자에게 손해가 발생한 경우 그는 계약해제와 별개로 손해배상(이행이익배상)을 청구할 수 있다. 손해배상의 범위는 채무불이행으로 인한 손해배상의 범위에 관한 제393조에 따라서 정해지고, 손해배상액의 산정은 계약해제 당시의 시장가격을 기준으로 한다.

6. 계약해제와 제3자의 보호

(1) 의의

계약해제에 관한 직접적 효과설 중 채권적 효과설에 의하면, 계약해제로 인하여 해제권 행사 이전에 새롭게 이해관계를 맺은 제3자의 권리는 아무런 영향을 받지 않는다. 이런 점에서 채권적 효과설의 입장에서 보면 계약해제시 제3자 보호를 규정한 제548조 1항 단서는 주의적 규정에 지나지 않는다. 반면 직접적 효과설 중 물권적 효과설에 따르게 되면, 계약해제의 물권효로 인해 제548조 1항 단서는 제3자 보호를 위한 필요적 규정이 된다.

제548조 1항 단서의 제3자 보호규정은 우리 민법에서 등기의 공신력을 인정하지 않는 것을 보완하는 역할을 한다. 원래 부동산등기부를 믿고 거래를 하였으나 이후 그 부동산에 관한 계약이 해제되면, 이로 인해 등기부를 믿고 거래한 자는 물권을 잃게 된다. 이러한 결과는 우리 민법이 등기의 공신력을 인정하지 않기 때문에 발생하는 것이지만, 이를 계약해제에서 인정하게 되면 실제 거래에서 큰 문제가 될 수 있다. 예를 들어 A 소유의 토지가 B, C, D, E 순차로 매도된 경우를 생각해보면, 현재 등기부상 소유자인 E는 매도인 D와의 거래에서 D명의의 소유권등기를 신뢰하여 토지를 거래한 것이다. 그런데 D에게 토지를 매도한 C가 몇 년 전의 해제사유[24]를 들어 D와의 계약을 해제하였다고 해서, 현재의 소유자인 D가 소유권을 잃게 되는 것은 문제가 있다.[25] 만약 이렇게 된다면 부동산을 매수하려는 자는 그 부동산에 관한 과

---

24) 해제권은 형성권으로 10년의 행사기간이 적용된다.
25) C가 아닌 그 이전의 매도인 A, B인 경우도 마찬가지이다.

거 거래관계의 계약해제사유와 해제 가능성을 모두 조사해야 하는데, 이것은 사실상 불가능하다. 이를 고려하여 민법은 계약해제의 효과를 제3자에 대해서 제한하고 있다.

(2) 제3자의 요건

제548조 1항 단서에 따라 보호되는 제3자란 해제된 계약에 기초하여 해제권 행사 이전에 새로운 이해관계를 가진 자를 말한다. 그리고 계약해제 이전에 공시방법(등기·인도)과 대항력을 갖추어 완전한 권리를 취득한 자를 말한다(판례). 이때 제3자의 선의·악의는 문제되지 않는다.

매수인과 매매계약을 체결한 후 그에 기한 소유권이전등기청구권을 보전하기 위한 가등기를 마친 자(대판 2014. 12. 11. 2013다14569), 해제된 계약에 의해 채무자의 책임재산이 된 계약의 목적물을 (가)압류한 (가)압류채권자(대판 2000. 1. 14. 선고 99다40937), 소유권을 취득하였다가 계약해제로 인하여 소유권을 상실하게 된 임대인으로부터 계약이 해제되기 이전에 주택을 임차하여 대항력을 갖춘 임차인(대판 2003. 8. 22. 2003다12717) 등은 제548조 1항 단서에 따라 보호된다. 그러나 계약상 채권을 양도받은 양수인, 계약상 채권 자체에 대한 압류채권자·전부채권자, 계약상 채권을 양수하여 이를 피보전권리로 하여 처분금지 가처분결정을 받은 자(대판 2000. 8. 22. 2000다23433), 건축주 허가명의만을 양수한 자, 미등기 무허가건물에 관한 매매계약이 해제되기 전에 매수인으로부터 그 건물을 다시 매수하고 무허가건물관리대장에 소유자로 등재된 자(대판 2014. 2. 13. 2011다64782), 토지를 매도하였다가 대금지급을 받지 못하여 그 매매계약을 해제한 경우에 있어 그 토지 위에 신축된 건물의 매수한 자(대판 1991. 5. 28. 90다카16761)는 보호되지 않는다.

(3) 제3자 범위의 확장

판례와 학설은 제548조 단서의 제3자의 범위를 확대하여 해제권의 행사 이후라도 "원상회복등기가 이루어지기 전에 계약해제 사실을 모르고" 새로운 권리를 취득한 선의의 제3자도 보호되는 제3자에 포함된다고 본다.[26] 왜냐하면

---

[26] 이때 제3자의 악의에 대한 증명책임은 계약을 해제한 자진다(판례).

부동산계약을 해제하면 물권변동은 소급적으로 회복되지만(물권적 효과설), 그로 인한 등기는 별도의 절차(말소등기)를 거쳐 바로 잡게 된다. 따라서 계약해제 이후 원상회복등기 이전에 제3자는 회복되기 이전 상태의 등기부를 믿고 거래할 수 있으므로, 이러한 제3자의 신뢰를 보호할 필요가 있다. 그리고 이러한 제3자는 제548조 단서에서 정한 본래적 의미의 제3자와 실질적인 차이도 없다.

계약의 성립	계약해제	원상회복등기
	제548조 1항 단서 본래의미의 제3자	제3자 범위의 확장

[판례 62] 계약해제와 주택임대차(대판 1996. 8. 20, 96다17653)
민법 제548조 제1항 단서의 규정에 따라 계약해제로 인하여 권리를 침해받지 않는 제3자라 함은 계약목적물에 관하여 권리를 취득한 자 중 계약당사자에게 권리취득에 관한 대항요건을 구비한 자를 말한다 할 것인바, 임대목적물이 주택임대차보호법 소정의 주택인 경우 같은 법 제3조 제1항이 임대주택의 인도와 주민등록이라는 대항요건을 갖춘 자에게 등기된 임차권과 같은 대항력을 부여하고 있는 점에 비추어 보면, 소유권을 취득하였다가 계약해제로 인하여 소유권을 상실하게 된 임대인으로부터 그 계약이 해제되기 전에 주택을 임차받아 주택의 인도와 주민등록을 마침으로써 같은 법 소정의 대항요건을 갖춘 임차인은 등기된 임차권자와 마찬가지로 민법 제548조 제1항 단서 소정의 제3자에 해당된다고 봄이 상당하고, 그렇다면 그 계약해제 당시 이미 주택임대차보호법 소정의 대항요건을 갖춘 임차인은 임대인의 임대권원의 바탕이 되는 계약의 해제에도 불구하고 자신의 임차권을 새로운 소유자에게 대항할 수 있다.

[판례 63] 목적물을 가압류한 가압류채권자(대판 2000. 1. 14, 99다40937)
민법 제548조 제1항 단서에서 말하는 제3자란 일반적으로 해제된 계약으로부터 생긴 법률효과를 기초로 하여 별개의 새로운 권리를 취득한 자를 말하는 것인바, 해제된 계약에 의하여 채무자의 책임재산이 된 계약의 목적물을 가압류한 가압류채권자는 그 가압류에 의하여 당해 목적물에 대하여 잠정적으로 그 권리행사만을 제한하는 것이나 종국적으로는 이를 환가하여 그 대금으로 피보전채권의 만족을 얻을 수 있는 권리를 취득하는 것이므로, 그 권리를 보전하기 위하여는 위 조항 단서에서 말하는 제3자에는 위 가압류채권자도 포함된다고 보아야 한다.

[판례 64] 계약해제로 인한 소급효의 제한(대판 1982. 11. 23, 81다카1110)
[1] 매매계약이 해제되면 그 계약의 이행으로 변동이 생겼던 물권은 당연히 그 계약이 없었던 원상태로 복귀하나, 매매계약 해제 이전에 매매목적물에 관하여 제3자에게 소유권이전등기가 경료된 뒤에 계약이 해제된 경우에는 계약해제의 효과로서 당연히 그 소유권이 매도인에게 복귀하지 않으므로 매도인은 소유권에 기하여 매수인 명의의 소유권이전등기의 말소를 청구할 수 없다.

[2] 매매계약 당시 계약당사자 사이에 계약이 해제되면 매수인은 매도인에게 소유권이전등기를 하여 주기로 하는 약정이 있는 경우에는 매도인은 그 약정에 기하여 매수인에 대하여 소유권이전등기절차의 이행을 청구할 수 있다 할 것이고 이 경우의 매도인의 소유권이전등기청구권은 물권변동을 목적으로 하는 청구권이라 할 것이므로 이러한 청구권은 가등기에 의하여 보전될 수 있는 것이다.

[3] 가등기는 본등기의 순위를 보전하는 효력이 있어 후일 가등기에 기한 본등기가 마쳐진 때에는 본등기의 순위가 가등기한때를 소급함으로써 가등기후 본등기 전에 이루어진 중간처분은 실효되는 것이므로 매매계약 해제시 원상회복 방법으로 매도인에게 소유권이전등기를 하기로 하는 약정에 따른 청구권을 보전하기 위한 가등기가 된 경우에도 그 가등기 후 본등기 전에 된 제3자 명의의 소유권이전등기는 후일 가등기에 기한 본등기가 마쳐지면 말소를 면할 수 없다 할 것인바, 위와 같은 가등기의 경료 후에 매매계약 당사자가 아닌 제3자가 취득한 권리는 이미 이루어진 가등기에 의하여 보전된 청구권에 기한 본등기가 마쳐지면 실효될 가능성을 띤 상태에서 취득한 권리라고 할 것이고 그 제3자의 지위는 가등기에 의하여 순위가 보전된 매도인의 권리보다 앞설 수는 없다 할 것이며 또 위와 같이 매매계약 당사자 사이의 약정에 의하여 생긴 매도인의 소유권이전등기청구권은 계약해제의 소급효 그 자체에 의하여 생긴 것이 아니므로 그 등기청구권의 실현과 계약해제의 소급효 제한에 관한 민법 제548조 제1항 단서의 규정과는 직접적으로 관련이 없는 것이다

7. 해제권의 소멸

제552조 (해제권행사여부의 최고권) ① 해제권의 행사의 기간을 정하지 아니한 때에는 상대방은 상당한 기간을 정하여 해제권행사여부의 확답을 해제권자에게 최고할 수 있다.
② 전항의 기간 내에 해제의 통지를 받지 못한 때에는 해제권은 소멸한다.

제553조 (훼손 등으로 인한 해제권의 소멸) 해제권자의 고의나 과실로 인하여 계약의 목적물이 현저히 훼손되거나 이를 반환할 수 없게 된 때 또는 가공이나 개조로 인하여 다른 종류의 물건으로 변경된 때에는 해제권은 소멸한다.

계약해제권은 채무자가 이행을 제공한 경우, 권리자가 해제권을 포기한 경우, 해제권의 실효된 경우, 제척기간인 10년이 만료된 경우, 채무의 소멸시효가 완성된 때 소멸한다. 그리고 해제권자가 해제권을 행사하지 않는 경우 상대방은 상당한 기간을 정하고 그 행사여부의 확답을 최고할 수 있고, 그 기간 내에 권리자가 해제통지를 하지 않으면 해제권을 소멸한다(제552조). 이 규정은 해제의 상대방으로 하여금 해제여부에 관한 불안정한 상황을 확정할 수 있는 기회를 제공하는 것이다. 그리고 해제권자의 고의·과실로 계약의 목적물이 현저히 훼손되거나 이를 반환할 수 없게 된 때 또는 가공·개조로 인하여 다른

종류의 물건으로 변경된 때에도 해제권이 소멸한다(제553조).

III. 그 밖의 계약해제

1. 불완전이행에 기한 계약해제

채무불이행의 한 유형인 불완전이행의 경우도 민법상 명문의 규정이 없으나 제544조 내지 제546조 규정을 유추하여 불완전이행의 경우에도 채권자는 계약을 해제할 수 있다. 다만 불완전이행을 이유로 한 계약해제는 급부의 하자로 인해 계약의 목적을 달성할 수 없는 경우에 한정된다. 즉, 이행상 하자가 손쉽게 치유할 수 있는 경미한 하자(예: 자동차 오디오 고장, 완공한 건물의 바닥불량)라면, 채권자는 이를 이유로 계약을 해제할 수는 없다. 반면 치유하기 어려운 중대한 하자(예: 자동차엔진의 심각한 고장, 완공한 건물의 심각한 누수)라면, 이때 계약해제가 인정될 수 있다. 다만 물건인도를 목적으로 계약의 불완전이행은 하자담보책임의 규율대상이 되므로, 하자담보책임에 따른 계약해제가 우선적으로 고려된다.

2. 채권자지체에 기한 계약해제

채권자지체를 채무불이행로 이해하는 입장(채무불이행설)에 따르게 되면, 채권자지체 시 채무자에게 계약해제권이 인정될 수 있다. 반면 채권자지체를 채무불이행으로 보지 않는 법정책임설은 채권자지체로 인한 채무자의 계약해제를 인정하지 않는다.

3. 사정변경에 따른 계약해제·해지

(1) 의의

계약성립 당시 기초로 삼았던 사정의 변경으로 인해 종전의 계약관계를 그대로 유지하는 것이 신의칙상 타당하지 않은 경우, 변경된 사정에 맞추어 계약관계를 조정 내지 변경할 필요성이 있다. 이에 대하여 민법상 명문의 규정은 없으나 통설은 이를 인정하고 있다. 판례도 사정변경이 있는 경우 일정한 조건을 갖춘 경우 이를 인정하고 있다. 사정변경에 따른 계약관계의 조성 및 해제·해지는 계속적 계약관계에서 보다 의미가 있다. 다만 이런 경우 사정변경에 대응하여 계약관계를 조정하는 것이 우선이고, 그러한 조정이 불가능한 경우에 비로소 사정변경으로 인한 계약해제(해지)가 인정되어야 한다(계약해제의 보충성).

(2) 요건

계약의 기초가 되었던 객관적 사정의 변경이 있어야 한다. 그리고 이러한 사정변경에 대하여 당사자의 예견가능성과 귀책사유가 없어야 한다. 그리고 사정변경으로 인하여 종전의 계약관계를 유지하는 것이 신의칙에 반할 정도에 이르러야 한다.

(3) 효과

사정변경의 원칙에서는 계약의 해소가 아닌 계약의 수정이 우선적으로 고려되어야 한다. 따라서 위와 같은 사정변경이 있는 경우 일차적으로는 계약에의 수정이 선행되어야 하고, 그것만으로 적절한 해결이 되지 않는 경우 계약관계를 해소하는 해제·해지가 인정될 수 있다.

[판례 65] 사정변경과 계약해제(대판 2007. 3. 29, 2004다31302)
[1] 이른바 사정변경으로 인한 계약해제는, 계약성립 당시 당사자가 예견할 수 없었던 현저한 사정의 변경이 발생하였고 그러한 사정의 변경이 해제권을 취득하는 당사자에게 책임 없는 사유로 생긴 것으로서, 계약내용대로의 구속력을 인정한다면 신의칙에 현저히 반하는 결과가 생기는 경우에 계약준수 원칙의 예외로서 인정되는 것이고, 여기에서 말하는 사정이라 함은 계약의 기초가 되었던 객관적인 사정으로서, 일방당사자의 주관적 또는 개인적인 사정을 의미하는 것은 아니다. 또한, 계약의 성립에 기초가 되지 아니한 사정이 그 후 변경되어 일방당사자가 계약 당시 의도한 계약목적을 달성할 수 없게 됨으로써 손해를 입게 되었다 하더라도 특별한 사정이 없는 한 그 계약내용의 효력을 그대로 유지하는 것이 신의칙에 반한다고 볼 수도 없다.
[2] 지방자치단체로부터 매수한 토지가 공공공지에 편입되어 매수인이 의도한 음식점 등의 건축이 불가능하게 되었더라도 이는 매매계약을 해제할 만한 사정변경에 해당하지 않고, 매수인이 의도한 주관적인 매수목적을 달성할 수 없게 되어 손해를 입었다 하더라도 매매계약을 그대로 유지하는 것이 신의칙에 반한다고 볼 수도 없다.

Ⅳ. 계약의 해지

[사례 18] 2015년 3월 15일 甲은 농사를 더 짓기 위해서 같은 마을에 사는 乙로부터 토지 1,000평을 빌리면서 차임은 1년마다 500만 원씩 지급하기로 하였고, 계약 당시 임차기간에 대한 별다른 합의는 하지 않았다. 2020년 3월 2일 乙은 甲에 대하여 토지임대차계약을 해지한다고 통고하였다. 乙의 이러한 해지의 효력은 언제 발생하는가?
☞ 해 설 : 기간의 정함이 없는 임대차계약은 당사자들이 언제든지 해지할 수 있다(제635조). 다만 해지가 효력을 발휘하기 위해서는 해지 통고 후 일정한 기간(통고기간)이 경과해야 하는데, 사례에서와 같이 토지임대차의 경우에는 임대인이 해지통고를 하게 되면, 해지의 효력은 통고한 날로부터 6월이 지나야 발생하게 된다(제635조 1항 1호 참조).

제543조 (해지, 해제권) ① 계약 또는 법률의 규정에 의하여 당사자의 일방이나 쌍방이 해지 또는 해제의 권리가 있는 때에는 그 해지 또는 해제는 상대방에 대한 의사표시로 한다.
② 전항의 의사표시는 철회하지 못한다.
제550조 (해지의 효과) 당사자일방이 계약을 해지한 때에는 계약은 장래에 대하여 그 효력을 잃는다.

1. 의의

당사자의 일방적 의사표시에 의하여 계속적 채권관계를 장래에 대하여 소멸시키는 것을 해지(解止)라고 한다. 소비대차, 사용대차, 고용, 위임, 임치, 조합 등과 같은 계속적 채권관계에서 당사자는 언제든지 임의로 해지의 통고를 할 수 있는 것이 원칙이다(해지의 자유: 제635조·제660조·제689조·제699조). 계약의 해지제도는 계약관계를 당사자의 의사표시에 기하여 소멸시킨다는 점에서 해제제도와 유사하다. 하지만 해지의 대상이 계속적 채권관계이고, 채무불이행을 반드시 전제하지 않으며, 소급효가 없다는 점에서 해제와 구별된다.

2. 종류

계속적 채권관계에서 당사자는 해지의 자유를 가지는 것이 원칙이므로, 당사자의 약정이나 법률의 규정이 없더라도 당사자들은 언제든지 계약의 해지를 통고할 수 있다. 그러나 당사자가 약정으로서 해지권의 행사여부와 조건을 정할 수 있음은 당연하다. 약정해지권은 특히 기간의 정함이 있는 계속적 계약에서 의미가 있다. 그리고 민법은 각 계약의 특성을 고려하여 해지에 대한 개별적인 규정을 두고 있는데(법정해지권), 해지의 자유에 따라서 이러한 법규정에 해당하지 않더라도 당사자 간의 신뢰관계의 파괴 등의 사유로서 즉시해지권이 인정될 수도 있다(대판 2002. 11. 26. 2002두5948). 그리고 법정해지권에 대하여 법정해제권에 관한 제544조 내지 제546조가 적용될 수 있는지 견해가 대립한다.

3. 행사와 그 효과

해지권은 형성권이며, 상대방에 대한 의사표시에 의한다(제543조 1항). 그리고 해지의 의사표시가 상대방에게 도달하면 이를 철회하지 못한다(제543조 2항). 그리고 해지의 통고 이후에 일정한 기간(통고기간: 제635조, 제660조)이 경과한 후에 해지의 효과가 발생한다. 다만 계약관계를 존속시키기 어려운 경우와 같이 일정한 사유가 존재하는 경우 즉시해지도 가능하다. 예를 들어 임대인의 동의를 얻지 않은 부동산임차권의 양도(제629조 2항), 노무자에게 약정되지 않은 노무제공을 요구하는 경우(제658조 1항)는 즉시해지를 인정하고 있다.

해지는 종전의 계약관계에는 영향을 미치지 않고 장래에 대해서만 그 효력이 발생한다(장래효). 따라서 해지 이전에 이루어진 계약관계는 여전히 유효하고, 앞으로 부담하게 될 계약상 급부의무만이 소멸할 뿐이다. 해지에 따라서 소비대차나 임대차의 경우 차주가 목적물을 반환할 의무를 부담하게 되며, 해지와 별도로 손해배상청구를 할 수도 있다(제551조).

[판례 66] 즉시계약해지(2002. 11. 26. 선고 2002두5948)
[1] 계속적 계약은 당사자 상호간의 신뢰관계를 그 기초로 하는 것이므로, 당해 계약의 존속 중에 당사자의 일방이 그 계약상의 의무를 위반함으로써 그로 인하여 계약의 기초가 되는 신뢰관계가 파괴되어 계약관계를 그대로 유지하기 어려운 정도에 이르게 된 경우에는 상대방은 그 계약관계를 막바로 해지함으로써 그 효력을 장래에 향하여 소멸시킬 수 있다고 봄이 타당하다.
[2] 국방일보의 발행책임자인 국방홍보원장으로 채용된 자가 부하직원에 대한 지휘·감독을 소홀히 함으로써 북한의 혁명가극인 '피바다'에 관한 기사가 국방일보에 게재되어 사회적 물의를 야기한 경우, 그 채용계약의 기초가 되는 신뢰관계가 파괴되어 채용계약을 그대로 유지하기 어려운 정도에 이르렀다고 한 사례.

제6강 증여·매매

Ⅰ. 증여

1. 계약의 성립

제554조 (증여의 의의) 증여는 당사자일방이 무상으로 재산을 상대방에 수여하는 의사를 표시하고 상대방이 이를 승낙함으로써 그 효력이 생긴다.

증여(贈與)는 증여자가 무상으로 재산을 수여하는 의사표시를 표시하고, 수증자가 이를 승낙함으로써 성립하는 계약이다(제554조). 무상으로 재산을 이전하는 것이므로 증여계약의 당사자 간에는 원인이 되는 특별한 원인관계(예: 혈연, 친분 등)가 있게 마련이다. 증여계약은 증여자만이 계약상 의무를 부담하는 편무계약, 대가가 없는 무상계약, 의사표시만으로 성립하고 특별한 형식을 요하지 않는 낙성계약·불요식계약이다. 이러한 증여계약의 특성으로 인하여 다른 계약과 다른 규정들이 다수 존재한다.

[판례 67] 부의금의 귀속주체(대판 1992. 8. 18, 92다2998)
사람이 사망한 경우에 부조금 또는 조위금 등의 명목으로 보내는 부의금은 상호부조의 정신에서 유족의 정신적 고통을 위로하고 장례에 따르는 유족의 경제적 부담을 덜어줌과 아울러 유족의 생활안정에 기여함을 목적으로 증여되는 것으로서, 장례비용에 충당하고 남는 것에 관하여는 특별한 다른 사정이 없는 한 사망한 사람의 공동상속인들이 각자의 상속분에 응하여 권리를 취득하는 것으로 봄이 우리의 윤리감정이나 경험칙에 합치된다고 할 것이다.

2. 증여자와 수증자의 관계

제559조 (증여자의 담보책임) ① 증여자는 증여의 목적인 물건 또는 권리의 하자나 흠결에 대하여 책임을 지지 아니한다. 그러나 증여자가 그 하자나 흠결을 알고 수증자에게 고지하지 아니한 때에는 그러하지 아니하다.
② 상대부담 있는 증여에 대하여는 증여자는 그 부담의 한도에서 매도인과 같은 담보의 책임이 있다.

증여자는 약정한 재산을 수증자에게 이전할 채무를 부담하고, 이에 대응하여 수증자는 증여자로부터 재산을 무상으로 이전받을 채권을 가지게 된다. 그리고 증여자는 인도 시까지 증여목적물을 보관할 의무를 지는데, 증여가 무상계약임을 감안할 때 증여자는 계약체결 이후 인도 시까지 자기 재산과 동일한 주의(구체적 경과실)로 목적물을 보관하면 충분하다(반대견해 있음).

  증여계약의 무상성으로 인하여 증여자는 목적물이나 권리에 하자가 있더라도 그에 대하여 담보책임을 지지 않는 것이 원칙이다(제559조 1항 본문).[27] 그러나 증여자가 그 하자나 흠결을 알고 수증자에게 알리지 않은 경우에는 담보책임을 부담하게 된다(동조 1항 단서). 다만 이러한 증여자의 고지의무위반이 존재하더라도 수증자가 이미 그 하자나 흠결을 알고 있었다면 하자담보책임은 배제된다고 볼 것이다(제575조 3항의 유추적용). 그리고 부담 있는 증여에서는 그 부담의 한도에서 증여자가 담보의 책임을 지는 것이 원칙이다(동조 2항).[28] 이것은 부담부 증여에서 부담이 증여와 대가적 관계에 있는 것은 아니지만, 형평의 관점에서 이를 규정한 것이다.

3. 증여계약의 해제

[사례 19] 甲은 乙이 소유한 토지 X를 3억 원에 매수하기로 하고, 대금을 모두 지불하였으나 아직 이전등기를 완료하지 않고 있었다. 이 상태에서 甲은 내연관계에 있던 丙에게 자신이 구입한 토지 X를 증여하기로 하고, 乙에 대해서 가지는 소유권이전등기청구권을 丙에 양도함과 아울러 이 사실을 매도인 乙에게도 통지를 하였다. 몇 달 후 甲이 사망하자 甲의 상속인들은 甲과 丙 사이에 이루어진 증여는 서면에 의하지 않은 증여이므로, 이를 해제한다고 하면서 매도인 乙에게 자신들에게 소유권을 넘겨 줄 것을 주장한다. 이러한 甲의 상속인들의 주장은 타당한가?

☞ 해 설 : 甲과 丙 사이의 증여계약은 서면에 의하지 않은 것으로서 甲의 지위를 상속한 상속인들이 위 증여계약을 해제할 수 있다(제555조). 다만 이러한 증여의 해제는 해제 당시 이미 이행된 부분에는 효력을 미치지 못하는데(제558조), 판례는 제558조의 "이미 이행된 부분"과 관련하여 부동산소유권의 경우 소유권이전등기가 완료된 경우는 물론이고 소유권이전등기청구권을 양도하거나, 소유권이전등기에 필요한 서류를 제공한 경우에도 이미 이행이 완료된

---

[27] 다만 목적물이 계약체결시 지정 또는 특정되어 있지 않은 경우에는 증여자는 하자 없는 물건을 수증자에게 급부할 의무가 있다고 보는 것이 타당하다(이견 있음).
[28] 부담부 증여에서 부담이 증여와 대가적 관계가 있는 것은 아니지만, 형평의 관점에서 이를 규정한 것이다.

것으로 본다(대판 1998. 9. 25, 98다22543; 대판 2001. 9. 18, 2001다29643 등). 또한 판례는 목적물이 인도될 필요도 없다고 한다. 따라서 甲의 상속인들은 甲과 丙사이의 증여계약을 해제할 수는 있으나, 이미 증여계약에 기하여 이행된 부분(丙에게 소유권이전등기청구권이 양도된 것)에는 영향을 미치지 않으므로, 매도인 乙에게 소유권을 넘겨 달라고 요구할 수 없다. 결과적으로 토지 X의 소유권은 丙에게 귀속될 것이다.

제555조 (서면에 의하지 아니한 증여와 해제) 증여의 의사가 서면으로 표시되지 아니한 경우에는 각 당사자는 이를 해제할 수 있다.

제556조 (수증자의 행위와 증여의 해제) ① 수증자가 증여자에 대하여 다음 각 호의 사유가 있는 때에는 증여자는 그 증여를 해제할 수 있다.
  1. 증여자 또는 그 배우자나 직계혈족에 대한 범죄행위가 있는 때
  2. 증여자에 대하여 부양의무 있는 경우에 이를 이행하지 아니하는 때
② 전항의 해제권은 해제원인 있음을 안 날로부터 6월을 경과하거나 증여자가 수증자에 대하여 용서의 의사를 표시한 때에는 소멸한다.

제557조 (증여자의 재산상태변경과 증여의 해제) 증여계약 후에 증여자의 재산상태가 현저히 변경되고 그 이행으로 인하여 생계에 중대한 영향을 미칠 경우에는 증여자는 증여를 해제할 수 있다.

제558조 (해제와 이행완료부분) 전3조의 규정에 의한 계약의 해제는 이미 이행한 부분에 대하여는 영향을 미치지 아니한다.

(1) 의의

약정해제가 아닌 이상 계약해제는 채무자가 채무를 불이행한 경우, 즉 법정해제사유가 있는 경우에만 인정된다. 그리고 증여계약의 특성상 수증자가 계약을 해제하는 것도 생각하기 어렵고, 더구나 계약상 의무를 부담하지 않는 수증자의 행위로 인한 증여자의 계약해제란 존재할 수 없다. 하지만 민법에서는 증여계약의 특성을 고려하여 일정한 경우 증여자의 해제권을 인정하고 있다.

(2) 서면에 의하지 않은 증여의 해제

증여의 의사가 서면으로 표시되지 아니한 경우, 즉 구두증여(口頭贈與)를 한 경우 각 당사자는 증여계약을 해제할 수 있다(제555조). 이것은 증여가 당사자 간에 특별한 관계에 기해 경솔하게 행해질 수 있음을 고려한 것이다. 이때 서면에 의한 증여란 서면에 증여의 의사가 나타나는 것이면 족하다. 따라서 계약서의 명칭이 증여계약서가 아니라도 무방하고, 수중자의 성명이나 수령의

사 등이 반드시 기재될 필요도 없다. 그리고 서면은 증여계약 성립 이후에 작성되어도 무방하다(판례).

(3) 망은행위로 인한 증여의 해제

증여자 또는 그 배우자나 직계혈족에 대한 범죄행위가 있는 때, 증여자에 대하여 부양의무 있는 경우에 이를 이행하지 아니하는 때에 증여자는 증여계약을 해제할 수 있다(제556조 1항). 이때 "부양의무가 있는 경우"란 증여자의 직계혈족이나 그 배우자 또는 생계를 같이 하는 친족 간의 부양의무를 말한다. 따라서 친족 간이 아닌 당사자 사이의 약정에 의한 부양의무는 이에 해당하지 않는다(대판 1996. 1. 26, 95다43358 등). 망은행위로 인한 해제사유에 대한 증명책임은 증여자가 진다. 그리고 해제권은 해제원인 있음을 안 날로부터 6월을 경과하거나 증여자가 수증자에 대하여 용서를 한 경우는 소멸한다(동조 2항).

(4) 증여자의 재산상태의 악화에 따른 해제

증여계약 후에 증여자의 재산상태가 현저히 변경되고 그 이행으로 인하여 생계에 중대한 영향을 미칠 경우에는 증여자는 증여를 해제할 수 있다(제557조).

(5) 해제의 효과

서면에 의하지 않은 증여계약, 망은행위로 인한 경우, 증여자의 재산상태의 악화에 따른 계약해제의 경우, 이때 계약해제의 효과는 "이미 이행한 부분"에 대해서는 효력이 없다(제558조). 즉, 증여계약상 해제사유로 인한 해제는 이미 이행하지 않은 부분에만 효력을 가지고, 해제 당시 이미 이행을 한 부분에 대해서는 영향이 없다. 이 점에서 이미 이행한 부분에까지 원상회복의무가 발생하는 법정해제(제544조 내지 제546조)와 구별된다. 따라서 아버지가 아들에게 부동산을 증여하고 그 소유권이전까지 완료하였다가 이후 파산한 경우, 아버지가 재산상태 악화를 이유로 증여를 해제(제557조)하더라도 이미 부동산에 대한 이행이 완료된 것이어서 아들로부터 아무런 것도 반환받을 수가 없다. 이런 점에서 제588조상 해제효과의 제한은 위와 같은 해제사유를 유명무실하게 만드는 문제가 있다.

[판례 68] 서면에 의한 증여의 의미(대판 2003. 4. 11, 2003다1755)
서면에 의한 증여란 증여계약 당사자 사이에 있어서 증여자가 자기의 재산을 상대방에게 준다는 증여의사가 문서를 통하여 확실히 알 수 있는 정도로 서면에 나타난 증여를 말하는 것으로서, 비록 서면의 문언 자체는 증여계약서로 되어 있지 않더라도 그 서면의 작성에 이르게 된 경위를 아울러 고려할 때 그 서면이 바로 증여의사를 표시한 서면이라고 인정되면 이를 민법 제555조에서 말하는 서면에 해당한다고 보아야 한다.

[판례 69] 증여자의 재산상태의 악화(대판 1976. 10. 12, 76다1833)
민법 557조에 의한 증여계약의 해제는 증여자의 증여당시의 재산상태와 증여후의 그것을 비교할 때 현저히 변경되어 증여목적 부동산의 소유권을 수증자에게 이전하게 되면 생계에 중대한 영향을 미치게 될 것이라는 등의 요건이 구비되어야 하고 증여자가 증여계약 이후부터 반신불수가 되어 그의 전재산을 치료비등으로 소비함으로써 이건 부동산의 소유권을 수증자에게 이전함으로 인하여 생계에 중대한 영향을 미치게 된 경우에는 증여계약을 해제할 수 있다.

4. 부담부 증여

제561조 (부담부증여) 상대부담 있는 증여에 대하여는 본 절의 규정 외에 쌍무계약에 관한 규정을 적용한다.

(1) 개념

수증자가 증여를 받는 동시에 증여자에 대하여 일정한 부담을 지는 증여를 부담부 증여라고 한다. 부담부 증여에는 증여에 부관이 붙은 경우(예: 화가가 대학교에 그림을 증여하면서 학교 내에 이를 전시할 것을 약정한 경우)와 대가관계가 존재하는 증여(예: 건물을 증여하면서 수증자가 그 대가로 증여자의 배우자에게 매월 일정한 생활비를 지급하기로 약정한 경우)가 있다. 부담부 증여는 일정한 조건이 성취되어야만 계약의 효력이 발생하는 정지조건부 증여(예: 대학에 합격하면 자동차를 증여한다)나 수증자가 증여받은 재산을 일정한 목적에 사용하여야 할 의무를 부담하는 목적증여(예: 재산을 증여하면서 장학목적에 사용할 것을 약정한 경우)와 구별된다.

(2) 쌍무계약·유상계약에 관한 규정의 적용여부

상대부담 있는 증여에 대하여 증여자는 매도인과 같은 담보책임을 부담하고(제559조 2항), 쌍무계약에 관한 규정이 적용된다(제561조). 다만 이러한 규정들의 적용은 증여자의 급부와 수증자의 부담 간에 견련관계가 있는 범위 내에서 제한적으로 적용된다. 그리고 수증자가 자신의 부담을 이행하지 않는 경우에는 법정해제권(제544조 내지 제546조)이 준용되어 증여자가 계약을 해제할 수 있다. 법정해제로 인한 해제의 경우는 당사자 간에 원상회복의무가 발생하고, 증여계약의 해제효과제한에 관한 제558조가 적용되는 것은 아니다.

[판례 70] 상대부담 있는 증여와 계약해제(대판 1997. 7. 8, 97다2177)
상대부담 있는 증여에 대하여는 민법 제561조에 의하여 쌍무계약에 관한 규정이 준용되어 부담의무 있는 상대방이 자신의 의무를 이행하지 아니할 때에는 비록 증여계약이 이미 이행되어 있다 하더라도 증여자는 계약을 해제할 수 있고, 그 경우 민법 제555조와 제558조는 적용되지 아니한다.

5. 정기증여와 사인증여

제560조 (정기증여와 사망으로 인한 실효) 정기의 급여를 목적으로 한 증여는 증여자 또는 수증자의 사망으로 인하여 그 효력을 잃는다.
제562조 (사인증여) 증여자의 사망으로 인하여 효력이 생길 증여에는 유증에 관한 규정을 준용한다.

(1) 정기증여

정기증여(定期贈與)란 일정한 시기를 정하여 정기적으로 재산을 급부하기로 한 증여계약을 말한다. 예를 들어 증여자가 자신의 조카의 학업과 생활보조의 명목으로 매월 100만 원씩 지급하기로 한 경우가 이에 해당한다. 정기증여는 당사자 일방이 사망하게 되면 효력을 잃게 된다. 당사자의 일방의 사망으로 효력이 소멸되는 정기증여에는 기간을 정한 정기증여와 기간을 정하지 않은 정기증여 모두 포함된다.

(2) 사인증여

사인증여(死因贈與)란 증여자의 사망으로써 효력이 발생하는 증여를 말한다. 사인증여의 체약체결은 증여자의 생전에 이루어지지만 그 효력은 증여자의 사망 시에 발생한다. 이러한 사인증여에 대하여는 유증(遺贈)의 규정이 준용된다. 다만 유언능력(제1061조 이하), 유증의 방식(제1065조 내지 제1072조), 유언의 승인과 포기(제1074조)는 성질상 준용되지 않는다(판례).

II. 매매

1. 계약의 성립

제563조 (매매의 의의) 매매는 당사자일방이 재산권을 상대방에게 이전할 것을 약정하고 상대방이 그 대금을 지급할 것을 약정함으로써 그 효력이 생긴다.
제567조 (유상계약에의 준용) 본절의 규정은 매매 이외의 유상계약에 준용한다. 그러나 그 계약의 성질이 이를 허용하지 아니하는 때에는 그러하지 아니하다.

매매(賣買)란 매도인이 재산권을 상대방에게 이전할 것을 약정하고, 매수인은 이에 대하여 그 대금을 지급할 것을 약정함으로써 성립하는 계약이다(제563조). 매매계약은 목적물이 무엇인지에 따라서 물건의 매매, 권리의 매매 등으로 구분된다. 주택이나 토지, 자동차, 기계, 공산품 등의 매매는 물건의 매매에 해당하고, 분양권, 지적재산권의 매매는 권리의 매매에 해당한다. 증여는 증여자에 대응한 수증자의 대가지급이 없다는 점에서, 교환은 일방의 재산권 이전에 대해 상대방도 재산권을 이전한다는 점에서 매매계약과 구별된다. 매매에 관한 규정은 성질이 허용하는 이상 다른 유상계약에도 준용된다. 거래에서 가장 빈번하게 활용되는 계약이고, 관련 규정이 다른 유상계약에 준용된다는 점에서 매매계약은 민법상 기본계약이라고 할 수 있다.

2. 매매계약의 예약

제564조 (매매의 일방예약) ① 매매의 일방예약은 상대방이 매매를 완결할 의사를 표시하는 때에 매매의 효력이 생긴다.
② 전항의 의사표시의 기간을 정하지 아니한 때에는 예약자는 상당한 기간을 정하여 매매완결여부의 확답을 상대방에게 최고할 수 있다.
③ 예약자가 전항의 기간 내에 확답을 받지 못한 때에는 예약은 그 효력을 잃는다.

(1) 의의

매매의 예약(豫約)이란 장차 본계약을 체결할 것을 약속하는 계약을 말한다. 매매의 예약은 매수청구권을 확보하기 위하여 활용되거나 채권을 담보하기 위한 대물변제의 예약이나 재매매의 예약의 형태로 주로 이용된다. 당사자 간에 다른 약정이나 관습이 없는 이상 매매의 예약은 제564조의 일방예약으로 추정된다.

(2) 편무예약과 쌍무예약

예약에 기하여 장래 본계약을 청약할 때 승낙의무(본계약의 체결의무)를 일방만이 부담하게 되면 편무예약이 되고, 쌍방이 모두 승낙의무를 부담하거나 쌍방이 모두 본계약의 체결청구권을 갖게 되면 쌍무예약이 된다. 승낙의무를 부담하는 자가 본계약체결의무를 이행하지 않으면, 예약의 채무불이행책임이 발생한다.

(3) 일방예약과 쌍방예약

예약에 기하여 본계약을 성립시킬 때 일방적 의사표시에 의하여 본계약을 성립시킬 권리(예약완결권)을 일방 당사자만이 가지면 일방예약, 그렇지 않고 쌍방이 예약완결권을 가지게 되면 쌍방예약이라고 한다. 일방예약에 대해서는 예약권자의 예약완결권의 행사로써 본계약의 체결 없이도 계약의무가 발생한다는 점에서 예약 속에 본계약의 청약과 승낙이 이미 행해져 있고, 다만 완결권행사를 조건으로 한다는 견해(정지조건부 매매계약설)와 일방예약이 있더라도 본계약은 아직 성립되지 않았다고 보아 일방예약을 단순한 예약의 일종으로 보는 견해(예약설)가 있다.

예약완결권이 행사되면 상대방의 승낙을 기다리지 않고 본계약(채권계약)이 성립한다. 일방 또는 쌍방 당사자가 상대방에 대하여 매매완결의 의사표시를 할 수 있는 형성권인 예약완결권은 예약완결권자가 예약의 상대방 또는 그 법적 승계인에 대하여 행사하여야 한다.[29] 그리고 예약완결권의 행사기간

---

[29] 부동산의 물권이전을 위한 본계약의 예약완결권은 가등기할 수 있다(부동산등기법 제3조). 그리고 예약완결권은 채권양도의 통지의 요건을 갖춘 경우 양도할 수 있다.

을 정하지 않은 경우 예약자는 상당한 기간을 정하여 매매완결 여부의 확답을 상대방에게 최고할 수 있고, 이때 확답이 없는 경우 예약은 그 효력을 상실한다(제564조 2항·3항).

3. 계약금계약

[사례 20] 甲은 자신의 토지 X를 10억 원에 乙에게 매도하면서, 계약금으로 매매대금의 10%에 해당하는 1억 원을 지급받았다.
(1) 이때 甲과 乙은 언제 어떤 요건 하에 계약을 해제할 수 있는가?
(2) 만약 위 사안에서 乙이 중도금을 납부하지 않자 甲이 계약을 해제하였다. 또한 甲은 계약을 해제하면서 이미 수령한 계약금을 손해배상으로 갈음하겠다고 한다. 이에 대하여 乙은 계약금을 반환해줄 것을 요구하였다. 누구의 주장이 타당한가?
☞ 해 설 : (1) 계약금은 당사자 간의 특약이 없는 이상 해약금으로 추정되므로, 乙은 계약금을 교부한 자로서 계약금 1억 원을 포기하면서 계약을 해제할 수 있는데, 이러한 해약금에 기한 계약해제는 甲이 이행에 착수할 때까지만 가능하다. 반면 계약금을 수령한 甲은 그 배액인 2억 원을 지급하면서 계약해제의 의사표시를 하여야 하며, 이때에도 마찬가지로 乙이 이행에 착수할 때까지만 계약을 해제할 수 있다.
(2) 계약금은 당사자 간의 특약이 없는 이상 해약금으로 추정되므로, 甲과 乙 간의 특약이 없는 이상 계약금은 손해배상예정으로서의 성격을 갖지 못한다. 따라서 甲과 乙의 채무불이행으로 계약해제를 하는 경우(제544조), 甲은 자신이 수령한 계약금을 乙에게 상환하고(원상회복의무), 만약 자신에게 손해가 있는 경우 그 손해액을 증명하여 배상을 받을 수 있다.

제565조 (해약금) ① 매매의 당사자일방이 계약 당시에 금전 기타 물건을 계약금, 보증금등의 명목으로 상대방에게 교부한 때에는 당사자 간에 다른 약정이 없는 한 당사자의 일방이 이행에 착수할 때까지 교부자는 이를 포기하고 수령자는 그 배액을 상환하여 매매계약을 해제할 수 있다.
② 제551조의 규정은 전항의 경우에 이를 적용하지 아니한다.

(1) 의의

계약을 체결할 때 당사자 일방이 상대방에 대하여 교부하는 금전 기타 유가물을 계약금(契約金)이라고 하며, 이러한 계약금지급을 약정하는 계약을 계약금계약이라고 한다(제565조). 통상 계약체결 시에 매수인이 지급해야할 전체 매매대금 일부를 매도인에게 지급하는 방식으로 계약금계약이 체결된다. 예를 들어 아파트를 2억 원에 사고 파는 경우, 매수인은 매매대금인 2억 원 중 2천만 원을 매도인에게 계약금으로 지급하게 된다.30) 이때 매수인이 지급한 2천만 원은 계약금으로서 해약금으로 추정되고 동시에 매매대금 중 일부를 선지급한 것이 된다. 이와 같이 계약금을 지급한 단계에서는 상대방의 채무불이행이 없더라도 계약금 교부자는 그것을 포기하고, 계약금 수령자는 2배로 상환함으로써 계약을 해제할 수 있다. 채무불이행을 전제하지 않는 계약해제라는 점에서 계약금에 기한 해제가 계약의 구속력을 지나치게 약화시킨다는 지적이 있다.

(2) 법적 성질

계약금계약은 주된 계약에 부수하여 행해지는 종된 계약이다. 따라서 이러한 부종성에 따라 주된 계약이 무효나 취소가 되면, 계약금계약도 당연히 그 효력을 상실한다. 예를 들어 아파트매매계약을 체결하면서 매매대금의 일부를 계약금으로 주고받으면서 계약을 체결하였다면, 이때 매도인과 매수인 간에는 본계약인 아파트매매계약과 종된 계약인 계약금계약 두 가지 계약이 체결된 것이다. 따라서 본계약인 아파트매매계약이 취소되는 경우, 계약금계약도 소멸한다. 그리고 계약금계약은 주된 계약을 체결하면서 동시에 체결하는 것이 일반적이지만, 본계약 이전 또는 이후에도 체결될 수 있다.

계약금은 당사자 사이에 다른 약정이 없는 한 해제권의 유보를 위해 수수된 해약금(解約金)으로 추정된다(제565조 1항). 그러나 계약금이 계약의 증거인 증약금인 경우도 있고, 계약위반에 대한 제재로서 위약금인 경우도 있다. 다만 계약금이 위약금이 되기 위해서는 당사자사이에 위약금으로 한다는 취지의 약정이 있어야 한다(판례). 즉, 계약금이 계약위반으로 인한 손해배상액이 되기 위해서는 그에 관한 별도의 합의가 있어야 한다.

[판례 71] 계약금의 법적성질(대판 1987. 2. 24, 86누438)
매매계약에 있어서 계약금은 당사자 일방이 이행에 착수할 때까지 매수인은 이를 포기하고 매도인은 그 배액을 상환하여 계약을 해제할 수 있는 해약금의 성질을 가지고 있고, 다만 당사자의 일방이 위약한 경우 그 계약금을 위약금으로 하기로 하는 특약이 있는 경우에만

---

30) 계약금은 전체 매매대금의 10%를 지급하는 것이 거래 관행이다. 하지만 당사자의 합의에 따라 계약금의 비율은 달라질 수 있다. 그리고 계약금을 반드시 매수인이 매도인에게 지급해야 하는 것도 아니다.

손해배상액의 예정으로서의 성질을 갖는 것이다.

[판례 72] 계약금약정의 해석(대판 1996. 6. 14, 95다54693)
유상계약을 체결함에 있어서 계약금이 수수된 경우 계약금은 해약금의 성질을 가지고 있어서, 이를 위약금으로 하기로 하는 특약이 없는 이상 계약이 당사자 일방의 귀책사유로 인하여 해제되었다 하더라도 상대방은 계약불이행으로 입은 실제 손해만을 배상받을 수 있을 뿐 계약금이 위약금으로서 상대방에게 당연히 귀속되는 것은 아니다.

[판례 73] 계약금몰취약정과 그 의미(대판 1996. 10. 25, 95다33726)
<판결요지> "대금불입 불이행시 계약은 자동 무효가 되고 이미 불입된 금액은 일체 반환하지 않는다."고 되어 있는 매매계약에 기하여 계약금이 지급되었으나, 매수인이 중도금을 지급기일에 지급하지 아니한 채 이미 지급한 계약금 중 과다한 손해배상의 예정으로 감액되어야 할 부분을 제외한 나머지 금액을 포기하고 해약금으로서의 성질에 기하여 계약을 해제한다는 의사표시를 하면서 감액되어야 할 금액에 해당하는 금원의 반환을 구한 경우, 그 계약금은 해약금으로서의 성질과 손해배상 예정으로서의 성질을 겸하고 있고, 매수인의 주장취지에는 매수인의 채무불이행을 이유로 매도인이 몰취한 계약금은 손해배상 예정액으로서는 부당히 과다하므로 감액되어야 하고 그 감액 부분은 부당이득으로서 반환하여야 한다는 취지도 포함되어 있다고 해석함이 상당하다.
<판결해설> 해약금과 손해배상 예정액의 성질을 겸한 계약금에 대하여 매수인이 해약금에 기한 해제권 행사를 이유로 그 일부의 반환을 구하였으나 그 주장취지에 손해배상 예정액으로서 과다한 부분의 부당이득반환을 구하는 취지도 포함된 것으로 볼 수 있는 경우, 과다한 손해배상 예정액 부분의 반환을 인정한 판결이다.

(3) 해약금에 의한 해제권의 행사

해약금에 기하여 계약을 해제하기 위해서는 양 당사자 가운데 일방이 이행에 착수할 때까지[31] 교부자는 이를 포기하고, 수령자는 그 배액을 상환하여 계약을 해제할 수 있다(제565조). 즉, 해약금에 기한 계약해제의 행사기한은 이행의 착수시점이 된다. 이때 이행의 착수는 객관적으로 외부에서 인식할 수 있는 정도로 채무의 이행행위의 일부를 하거나 또는 이행을 하기 위하여 필요한 전제행위를 하는 경우를 말한다. 이행의 착수 이후에는 이행에 착수한 자도 해약금에 기한 해제를 할 수 없다. 부동산매매계약에서 매수인은 전체 매매대금 중 일부를 계약금으로, 나머지 대금을 중도금과 잔금으로 나누어 지급하는데, 매수인이 중도금 납부가 통상 이행의 착수가 된다. 왜냐하면 매도

---

31) 중도금의 제공 등 채무의 일부 이행행위를 하거나 이행을 하는데 필요한 전제행위로서 외부에서 인식가능한 정도여야 하므로, 단순한 이행의 준비로서는 부족하다.

인의 소유권이전의무는 그 성질상 이행의 착수는 곧 이행의 완료가 되지만, 매수인의 매매대금지급의무는 일부지급이 이행의 착수에 해당하기 때문이다. 따라서 매매계약에서 매수인이 중도금을 납부한 이후부터 당사자들은 매매계약을 해제할 수 없게 된다.

판례는 매수인의 중도금 지급을 매도인이 거절한 경우, 매수인이 중도금 지급을 위해 어음을 교부한 경우, 매수인이 3자의 채권을 양도한 경우, 매수인이 매매목적물인 부동산의 근저당권을 인수한 경우에 이행의 착수가 있다고 본다. 더 나아가 매수인의 잔대금을 위한 대출절차가 완료되어 출금이 가능한 상태, 매수인의 잔금준비가 객관적으로 명백하게 확인된 상태에서 그가 부동산의 인도를 요구하는 경우까지 이행의 착수가 있다고 본다. 이것은 이행의 착수의 개념을 넓게 해석하여 해약금에 기한 해제가능성을 가능한 한 줄이고자 하는 것으로 볼 수 있다. 그러나 판례는 매수인이 매도인에 대해서 중도금이나 잔금의 수령을 최고한 경우,32) 토지거래허가구역 내의 토지매매계약에서 매수인이 토지거래허가를 받은 경우,33) 매도인이 잔금지급청구소송을 제기한 경우 등은 이행의 착수로 볼 수 없다고 한다. 그리고 계약상 이행기의 약정이 있다 하더라도 당사자가 채무의 이행기 전에는 착수하지 아니하기로 하는 특약을 하는 등 특별한 사정이 없는 한 그 이행기 전에 이행에 착수할 수도 있다고 한다.

계약금을 교부한 자는 계약금을 포기하고 계약을 해제할 수 있고, 계약금을 수령한 자는 계약금의 2배를 지급하면서 계약을 해제할 수 있다. 제565조는 임의규정이므로, 당사자들은 이와 다른 합의를 할 수도 있다. 예를 들어 계약금의 교부자가 추가적 금전을 제공하기로 약정하거나 수령자가 계약금의 3배를 반환하기로 하는 약정도 유효하다. 이와 같이 상대방의 계약금에 기한 해제를 어렵게 하여 계약의 이행가능성을 높일 수도 있다. 그리고 계약금에 기한 해제를 하는 경우, 교부자는 해제의 의사표시를 하면 충분하지만, 그 수령자는 그 배액을 상환하면서(현실의 제공) 계약을 해제해야 한다.

---

32) 이는 이행을 위한 준비를 한 것이다.
33) 토지거래허가는 매매계약의 효력에 관한 것이지 당사자의 채무의 이행의 착수와 직접 관련된 것이 아니다.

[판례 74] 이행의 착수의 의미(대판 2006. 2. 10, 2004다11599)
[1] 민법 제565조가 해제권 행사의 시기를 당사자의 일방이 이행에 착수할 때까지로 제한한 것은 당사자의 일방이 이미 이행에 착수한 때에는 그 당사자는 그에 필요한 비용을 지출하였을 것이고, 또 그 당사자는 계약이 이행될 것으로 기대하고 있는데 만일 이러한 단계에서 상대방으로부터 계약이 해제된다면 예측하지 못한 손해를 입게 될 우려가 있으므로 이를 방지하고자 함에 있고, 이행기의 약정이 있는 경우라 하더라도 당사자가 채무의 이행기 전에는 착수하지 아니하기로 하는 특약을 하는 등 특별한 사정이 없는 한 이행기 전에 이행에 착수할 수 있다.
[2] 매매계약의 체결 이후 시가 상승이 예상되자 매도인이 구두로 구체적인 금액의 제시 없이 매매대금의 증액요청을 하였고, 매수인은 이에 대하여 확답하지 않은 상태에서 중도금을 이행기 전에 제공하였는데, 그 이후 매도인이 계약금의 배액을 공탁하여 해제권을 행사한 사안에서, 시가 상승만으로 매매계약의 기초적 사실관계가 변경되었다고 볼 수 없어 '매도인을 당초의 계약에 구속시키는 것이 특히 불공평하다'거나 '매수인에게 계약내용 변경요청의 상당성이 인정된다'고 할 수 없고, 이행기 전의 이행의 착수가 허용되어서는 안 될 만한 불가피한 사정이 있는 것도 아니므로 매도인은 위의 해제권을 행사할 수 없다고 한 원심의 판단을 수긍한 사례.

[판례 75] 이행의 착수(대판 2002. 11. 26, 2002다46492)
<판결요지> [1] 매도인이 민법 제565조에 의하여 계약금의 배액을 상환하고 계약을 해제하려면 매수인이 이행에 착수할 때까지 하여야 할 것인바, 여기에서 이행에 착수한다는 것은 객관적으로 외부에서 인식할 수 있는 정도로 채무의 이행행위의 일부를 하거나 또는 이행을 하기 위하여 필요한 전제행위를 하는 경우를 말하는 것으로서, 단순히 이행의 준비를 하는 것만으로는 부족하나 반드시 계약내용에 들어맞는 이행의 제공의 정도까지 이르러야 하는 것은 아니라 할 것이고, 그와 같은 경우에 이행기의 약정이 있다 하더라도 당사자가 채무의 이행기 전에는 착수하지 아니하기로 하는 특약을 하는 등 특별한 사정이 없는 한 그 이행기 전에 이행에 착수할 수도 있다.
[2] 매수인이 매도인의 동의하에 매매계약의 계약금 및 중도금 지급을 위하여 은행도어음을 교부한 경우 매수인은 계약의 이행에 착수하였다고 본 사례.
<판례해설> 매수인이 이행기 전에 중도금이나 잔금의 이행기 전에 중도금·잔금을 지급한 것을 이행의 착수로 보아 매수인이 매도인의 계약금에 기한 해제를 막을 기회를 인정하는 판결이다. 이는 계약금으로 인한 해제를 인정함으로써 계약의 구속력이 약화될 수 있는 것을 법해석론을 통해서 보완하는 것으로 이해된다.

[판례 76] 매도인의 잔금지급거절과 이행의 착수(대판 1993. 7. 27, 93다11968)
토지의 매수인이 매매계약상의 잔금지급기일에 잔금 2,700,000원을 지참하고 매도인을 찾아가 이를 매도인에게 지급하려고 하였으나 매도인이 그때까지 위 토지에 관하여 경료되어 있는 근저당권설정등기의 말소 및 소유권이전등기에 필요한 서류 등을 준비하지 아니한 것을 알고 매도인에게 잔금 2,700,000원 중 우선 중도금조로 금 1,000,000원만을 지급하고 나머지 금 1,700,000원은 위 근저당권설정등기의 말소 및 소유권이전등기에 필요한 서류가 모두 준비되면 위 각 서류를 교부받음과 동시에 지급하겠다고 제의하였으나 매수인이 이를 거절하자 위 잔금을 지급하지 아니한 채 그대로 돌아간 것이라면 매수인은 이로써 이미 위 매매계약에 따른 매수인

으로서의 채무의 이행에 착수하였다 할 것이다.

[판례 77] 토지매매계약과 계약금에 기한 해제(대판 1997. 6. 27, 97다9369 판결)
매매 당사자 일방이 계약 당시 상대방에게 계약금을 교부한 경우 당사자 사이에 다른 약정이 없는 한 당사자 일방이 계약 이행에 착수할 때까지 계약금 교부자는 이를 포기하고 계약을 해제할 수 있고, 그 상대방은 계약금의 배액을 상환하고 계약을 해제할 수 있음이 계약 일반의 법리인 이상, 특별한 사정이 없는 한 국토이용관리법상의 토지거래허가를 받지 않아 유동적 무효 상태인 매매계약에 있어서도 당사자 사이의 매매계약은 매도인이 계약금의 배액을 상환하고 계약을 해제함으로써 적법하게 해제된다.

(4) 계약해제의 효과

해약금에 기하여 계약을 해제하면, 계약관계는 소멸한다. 다만 이때는 양 당사자가 이행의 착수를 하기 전이므로 당사자 간에 원상회복의무가 발생하지 않는다. 그리고 계약금에 기한 해제는 채무불이행을 근거로 한 것이 아니므로, 이 경우 당사자들은 손해배상의 청구를 할 수 없다(제565조 2항). 그리고 계약금에 관한 제565조는 임의규정이므로, 이와 다른 당사자의 약정도 효력이 있다.

4. 매매계약의 비용부담

제566조 (매매계약의 비용의 부담) 매매계약에 관한 비용은 당사자 쌍방이 균분하여 부담한다.

매매계약의 체결에 소요되는 비용은 당사자 쌍방이 균분하여 부담한다(제566조). 토지매매계약에서 토지의 측량비용, 건물 등의 감정 및 평가비용, 계약서 작성비용 등이 이에 해당한다. 이와 달리 계약을 이행(변제)하는데 소요되는 비용은 채무자가 부담하는 것이 원칙이다(제473조). 따라서 부동산매매계약에서 소유권이전등기비용은 매도인이 부담하는 것이 원칙이다.[34]

---

34) 제473조와 달리 소유권이전등기에 소요되는 비용은 거래관례상 매수인이 주로 부담한다.

5. 매매계약의 효력

[사례 21] 甲은 자신이 소유한 젖소를 乙에게 250만 원에 매도하는 계약을 체결하면서, 일주일 뒤에 젖소를 甲의 농장에서 乙에게 인도하기로 약정하였다.
(1) 만약 인도하기 전에 젖소로부터 산출된 우유는 누가 소유하게 되는가?
(2) 乙은 언제 어디서 대금을 지급하여야 하는가?
(3) 甲이 젖소를 인도하면서 乙에게 계약체결일부터 대금지급 시까지의 이자지급을 요구할 수 있는가?
☞ 해 설 : (1) 매매계약체결 이후 인도 전까지의 과실은 매도인이 취득한다(제587조). 따라서 아직 인도전인 젖소의 우유는 매도인인 甲의 소유가 된다.
(2) 매도인 甲의 젖소인도채무의 기한은 일주일 뒤이지만, 매수인의 매매대금지급채무의 기한은 정하지 않았다. 이 경우 젖소인도채무의 기한이 곧 매매대금지급채무의 기한이 되고(제585조), 젖소인도채무의 이행장소가 대금지급의 장소가 된다(제586조). 따라서 乙은 계약체결 일주일 뒤에 甲의 농장에서 매매대금을 甲에게 지급해야 한다.
(3) 매수인은 목적물의 인도 이전까지 대금에 대한 이자를 지급할 필요가 없다(제587조 2문). 따라서 甲은 乙에 대해 젖소의 인도 시까지 매매대금에 대한 이자의 지급을 청구할 수 없다.

제568조 (매매의 효력) ① 매도인은 매수인에 대하여 매매의 목적이 된 권리를 이전하여야 하며 매수인은 매도인에게 그 대금을 지급하여야 한다.
② 전항의 쌍방의무는 특별한 약정이나 관습이 없으면 동시에 이행하여야 한다.

제585조 (동일기한의 추정) 매매의 당사자일방에 대한 의무이행의 기한이 있는 때에는 상대방의 의무이행에 대하여도 동일한 기한이 있는 것으로 추정한다.

제586조 (대금지급장소) 매매의 목적물의 인도와 동시에 대금을 지급할 경우에는 그 인도장소에서 이를 지급하여야 한다.

제587조 (과실의 귀속, 대금의 이자) 매매계약 있은 후에도 인도하지 아니한 목적물로부터 생긴 과실은 매도인에게 속한다. 매수인은 목적물의 인도를 받은 날로부터 대금의 이자를 지급하여야 한다. 그러나 대금의 지급에 대하여 기한이 있는 때에는 그러하지 아니하다.

제588조 (권리주장자가 있는 경우와 대금지급거절권) 매매의 목적물에 대하여 권리를 주장하는 자가 있는 경우에 매수인이 매수한 권리의 전부나 일부를 잃을 염려가 있는 때에는 매수인은 그 위험의 한도에서 대금의 전부나 일부의 지급을 거절할 수 있다. 그러나 매도인이 상당한 담보를 제공한 때에는 그러하지 아니하다.

제589조 (대금공탁청구권) 전조의 경우에 매도인은 매수인에 대하여 대금의 공탁을 청구할 수 있다.

(1) 매도인의 이행의무

매매계약에 따라 매도인은 매수인에게 재산권을 이전할 의무를 부담한다(제568조 1항). 따라서 매도인은 매수인에게 대하여 재산권이전 내지 재산권변동에 필요한 모든 급부를 이행해야 한다. 제578조에서 명시적으로 정하고 있지 않으나 매도인은 매매목적물을 인도할 의무도 부담한다. 왜냐하면 동산매매라면 목적물의 인도가 소유권이전의 요건이 되고, 부동산매매에서 부동산을 인도하여야 이행이 종료되기 때문이다. 그리고 지명채권의 매매의 경우라면 양도의 통지와 같은 대항요건까지 갖추어주어야 한다(제450조).

매매목적물의 종물(종된 권리 포함)이 있는 경우, 종물은 주물의 처분에 따르므로, 특약이 없는 이상 매도인은 종물을 주물과 함께 이전하여야 한다. 원래 과실은 이를 수취할 권리를 갖는 자에게 귀속하지만(제102조 1항), 매매계약의 체결 이후 인도 이전에 발생하는 과실은 매도인에게 귀속한다(제587조 단서). 그러나 매수인이 이미 대금을 지급하였으나 아직 매도인이 목적물을 점유하고 있는 경우라면 매수인이 과실을 취득하게 된다(판례).

(2) 매수인의 의무

매도인의 재산권이전의무에 대응하여 매수인은 매도인에게 대금을 지급해야 한다(제568조 1항). 특약이 없는 이상 매도인의 의무와 매수인의 대금지급의무는 동시이행관계에 있다. 그리고 매도인의 의무이행에 대한 기한약정이 있는 경우 매수인의 대금지급에 대하여도 동일 기한이 있는 것으로 추정된다(제585조).[35] 마찬가지로 특약이나 관습이 없는 한 매매목적물의 인도와 동시에 대금을 지급하게 되는 경우 목적물의 인도장소에서 대금을 지급해야 한다(제586조).

대금지급의무의 변제기가 정해지지 않았다면, 매수인은 목적물의 인도 이전까지 대금에 대한 이자를 지급할 필요가 없다(제587조 2문). 이것은 매도인에게 과실수취권을 인정하는 것에 대응하여 매수인의 이자지급의무를 인정하지 않은 것이다. 하지만 대금지급의 기한이 정해진 경우에는 그 기한을 도과한 시점부터 지체에 대한 이자를 지급해야 한다(제587조 단서).

---

35) 어느 의무에 대하여도 기한의 약정이 없는 경우(기한 없는 채무) 당사자는 언제든지 그 지급을 청구할 수 있다.

매매의 목적물에 대하여 권리를 주장하는 자가 있는 경우에 매수인이 매수한 권리의 전부나 일부를 잃을 염려가 있는 때에는 매수인은 그 위험의 한도에서 대금의 전부나 일부의 지급을 거절할 수 있다(제588조 본문). 이때 제3자가 주장하는 권리에는 소유권, 저당권 등이 포함된다. 그러나 매도인이 상당한 담보를 제공한 때에는 대금을 지급해야 한다(동조 단서). 그리고 매수인에게 위와 같은 대금지급거절권이 있는 경우에 매도인은 매수인에 대하여 대금의 공탁을 청구할 수 있다(제589조).

III. 매도인이 하자담보책임

1. 채무불이행과 하자담보책임

> [사례 22] 甲과 乙은 한우 한 마리를 400만 원에 사고파는 계약을 체결하고, 소의 인도와 매매대금지급은 한 달 뒤에 하기로 하였다. 甲은 약속한 대로 한 달 뒤에 소를 인도하였고, 乙도 당일 대금 400만 원을 모두 지급하였다. 그런데 乙이 인도 받은 소는 질병에 걸린 소였다. 이때 甲과 乙의 법률관계는?
> ☞ 해 설 : 甲과 乙사이의 매매계약에 따라 甲은 乙에 대해 목적물인 소의 인도채무를 부담한다. 甲이 약속한 이행기에 소를 인도하였으나 그 소가 질병에 걸린 소였다. 이는 甲이 계약한 약정한 성상을 가지지 못한 목적물을 인도한 것, 즉 하자 있는 물건을 인도한 것이 된다. 이와 같이 하자 있는 물건을 인도를 한 것은 채무불이행 중 불완전이행에 해당한다. 하지만 이 경우 불완전이행에 관한 특칙으로서 매도인의 하자담보책임규정이 우선적용되므로, 甲은 乙에 대해 제580조에 따른 하자담보책임을 지게 된다.

(1) 매매계약관계에서 급부장애의 유형

매매계약상 매도인의 재산권이전의무(내지 목적물인도의무)와 매수인의 대금지급의무는 서로 대가적 견련관계에 있다. 이러한 대가적 견련관계에서 급부장애가 발생하는 경우는 채무불이행과 위험부담을 통해서 해결된다. 즉, 급부장애에 당사자의 귀책사유가 있는 경우는 채무불이행(제390조)의 규율이 적용되고, 반면 급부장애(불능)에 당사자의 귀책사유가 없는 경우는 위험부담(제537조)이 적용된다.

(2) 채무불이행의 유형으로서 불완전이행

 채무불이행의 유형 중 이행지체나 이행불능, 그리고 위험부담의 대상이 되는 귀책사유 없는 불능의 경우 매도인(채무자)이 자신의 의무를 전혀 이행하지 않은 것을 전제하고 있다. 그러나 이와 달리 매도인이 재산권이전의무를 이행하였으나 그 이행에 하자나 흠결이 존재하는 경우가 있는데, 이러한 채무불이행을 불완전이행이라고 한다.

(3) 불완전이행과 하자담보책임

 매도인이 이행을 하였으나 이에 하자나 흠결이 있는 불완전이행의 경우, 이로써 매도인은 매매계약에 적합한 급부의무의 이행이 아니므로 채무불이행(제390조)으로 다루는 것이 원칙이다. 그러나 우리 민법은 매매계약에서 매도인이 하자 있는 이행을 한 경우에 적용되는 특별한 규율로서 매도인의 하자담보책임(제570조 내지 제584조)을 두고 있다. 따라서 매도인의 하자 있는 이행의 경우 채무불이행인 불완전이행이 아니라, 하자담보책임규정이 우선하여 적용된다. 이러한 하자담보책임은 매도인의 과실 유무를 묻지 않는 무과실책임이라는 점에서 채무불이행의 유형인 불완전이행과 구별된다.

2. 매도인의 하자담보책임의 의의

(1) 개념

 매매계약의 목적물인 권리 또는 물건에 원시적 하자 내지 흠결이 있는 경우 매도인의 과책유무에 관계없이 그가 부담하는 책임을 담보책임(擔保責任)이라 한다. 매도인의 하자담보책임은 매매계약상 양 당사자의 이익의 균형, 즉 등가성(等價性)을 유지하기 위하여 규정된 것이다. 즉, 매매계약에서 매수인의 매매대금은 매도인이 이전하는 매매목적물에 상응한 가치를 지니는 것으로서, 만약 매도인이 이전한 목적물에 하자가 있다면 그에 따라 매수인의 의무도 조정할 필요가 있는 것이다. 매도인의 하자담보책임은 다른 유상계약에도 준용된다는 점에서(제567조) 계약법상 매우 중요한 제도라 할 수 있다.

(2) 기능

매도인의 하자담보책임은 매도인의 재산권이전의무·목적물인도의무와 매수인의 대금지급의무는 서로 대가적 관계가 있는데, 이러한 대가적 관계의 균형(등가성)이 무너진 경우 이를 시정하기 위한 목적을 가진다. 이러한 한도에서 급부장애법의 다른 구제제도와 마찬가지의 기능을 수행한다. 다만 책임법상의 제도인 손해배상과는 달리 계약상 대가적 등가성을 확보하는데 주안점이 있는 것이므로, 채무자(매도인)의 귀책사유를 전제로 하지 않는다는 점에 그 특색이 있다.

(3) 채무불이행책임과 비교

매도인의 하자담보책임은 무과실책임이지만, 채무불이행책임은 과실책임이다. 그리고 채무불이행책임에서 채권자의 선의·악의는 채무불이행책임 발생에 영향을 미치지 않는 것이 원칙이지만,[36] 하자담보책임에서 매수인의 선의·악의는 하자담보책임의 효과로서 매수인의 구제수단에 영향을 미친다. 그리고 채무불이행으로 인한 계약해제는 채무자의 귀책사유가 있는 경우에 한하여 인정되고(통설), 이행지체의 경우 최고가 필요하다. 하지만 하자담보책임의 경우는 하자로 인하여 계약목적의 달성이 불가능한 경우에 한하여 최고 없이 계약해제가 가능하다. 또한 채무불이행에서는 손해발생시 채권자의 선의·악의를 구분하지 않고 손해배상청구권이 인정되지만, 하자담보책임에서는 매수인이 선의인 경우에만 손해배상청구권이 인정된다(예외: 제576조). 마지막으로 채무불이행책임에 따른 권리의 행사기간은 10년이지만,[37] 하자담보책임의 권리행사기간은 별도로 정해진다.[38]

3. 하자의 개념과 종류

[사례 23] 甲과 乙은 X모델 양수펌프에 대한 매매계약을 체결하였다. X 양수펌프의 규격이나 사양에 따르면 통상 1시간당 30,000리터의 물을 양수할 수 있다고 한다. 이에 대한 아래의

---

36) 다만 손해배상의 범위시 과실상계가 고려될 수는 있다.
37) 손해배상청구권은 10년의 소멸시효, 계약해제권은 10년의 제척기간을 적용받는다.
38) 1년 또는 6월의 제척기간(제570조·제576조), 단, 제577조는 제척기간을 정하지 않고 있다.

> 설명에 답하시오.
> (1) X 양수펌프에 대한 매매계약을 체결하면서 매수인 乙이 1시간당 50,000리터의 물을 양수할 수 있는 펌프를 요구하였고, 이에 매도인 甲도 이 사실에 동의하였다. 그런데 이후 甲은 1시간당 30,000리터를 양수할 있는 양수펌프를 제공하였다. 이때 甲이 제공한 양수펌프는 하자가 있는가?
> (2) 만약 계약체결시 甲과 乙이 양수기프의 성능에 대한 별도의 약정을 하지 않았다. 이후 甲은 1시간당 30,000리터를 양수할 수 있는 양수기를 제공하였다. 이때 甲이 제공한 양수기는 하자가 있는가?
> ☞ 해 설 : (1) 매매목적물의 하자 여부는 1차적으로 당사자 합의한 물건의 성상, 즉 주관적 합의를 기준으로 하다. 따라서 甲이 통상의 성능을 가진 양수기펌프를 제공하였다고 하더라도 乙과 합의한 성상(1시간당 50,000리터)에 미치지 못하는 양수펌프를 제공하였다면, 그러한 양수펌프는 하자가 있는 것이다.
> (2) 당사자 간에 주관적으로 물건의 성상에 관해 합의를 하지 않았다면, 이때 하자 여부는 2차적으로 목적물의 통상적인 성상이 그 기준이 된다. 따라서 甲이 X모델 양수펌프가 통상 갖추어야할 성상을 가진 펌프를 제공하였으므로, 그 양수펌프는 하자가 없는 것이다.

(1) 개념

하자(瑕疵)는 매매계약의 당사자가 전제한 물건의 성상과 실제 인도된 물건의 성상간의 차이를 말한다. 매매목적물인 자동차가 합의와 달리 일부 고장이 존재하는 경우, 인터넷으로 물건을 구입하였는데 판매자가 상품설명과 다른 크기의 제품을 보낸 경우, 수급인 건물을 완공하여 도급인에게 인도하였으나 그 건물의 옥상에서 누수가 있는 경우 등이 하자가 있는 경우에 해당한다.

(2) 판단기준

하자를 어떻게 판단할지에 대하여 해당 종류의 권리나 물건이 통상 갖추어야할 상태·품질·성능 등을 기준으로 객관적으로 판단하는 객관적 하자설과 목적물이 당사자의 합의한 내용의 성상을 갖추었는지를 가지고 하자여부를 판단하는 주관적 하자설이 대립한다. 그러나 매매계약상 하자 여부를 판단하는데 있어서 1차적인 기준은 당사자가 합의한 성상이 되어야 한다(1차 기준: 주관적 하자). 비록 목적물이 통상적인 사용에는 적합하더라도 당사자가 계약상 합의한 성상을 갖추지 못한 것이라면, 하자 있는 물건인 것이다. 다만 당사자 간에 목적물에 관한 성상에 대한 합의가 존재하지 않거나 합의를 확인할 수 없는 경우라면, 동일한 종류의 목적물이 통상 갖추어야 하는 성상을 갖추고 있는지를 가지고 하자여부를 판단할 수 있을 것이다(2차 기준: 객관적 하자).

(3) 하자의 판단시점

하자담보책임에 관한 법정책임설은 종류물매매에서는 목적물의 특정시기, 특정물매매에서는 계약체결시기를 기준으로 하자 여부를 판단한다. 반면 채무불이행설은 종류물·특정물을 구분하지 않고 매매목적물의 위험이전시기(물건의 인도시)에 하자의 여부를 판단한다.

4. 권리하자에 대한 매도인의 담보책임

(1) 타인권리매매와 매도인의 담보책임

[사례 24] 甲은 자신의 토지 X를 乙에게 매도하는 계약을 체결하였다. 乙은 토지를 매수하여 식당을 운영하고자 하였는데, 甲 소유의 토지 X만으로는 식당과 그 주차장의 용도로는 부족하였다. 이에 甲과 乙은 우선 토지 X에 대한 소유권의 이전과 대금지급을 다 마치고, 다만 한 달 뒤에 甲이 인접한 丙 소유의 토지 Y까지 매수하여 이를 乙에게 이전하기로 약정하였다. 그러나 甲이 토지 Y의 소유자인 丙에게 매수의뢰를 하였으나, 丙이 요구하는 금액이 너무 터무니없는 금액이어서 결국 甲은 토지 Y의 매수를 포기하기에 이르렀다. 이때 甲과 乙의 법률관계는?
☞ 해 설 : 토지 Y부분에 대한 甲·乙 간의 매매계약은 타인권리에 관한 매매로서 유효한 계약이다. 따라서 이때 甲은 매수인인 乙에 대하여 토지 Y에 대한 소유권을 취득하여 乙에게 이전할 계약상 의무를 부담하게 된다. 그러나 사안에서와 같이 토지 Y를 취득하여 이전할 수 없게 되었으므로, 이때 매도인 甲은 제570조 내지 제571조의 매도인의 하자담보책임을 지게 된다. 이에 따르면 우선 매수인 乙은 토지 Y가 타인(丙)에게 속한 것을 안 악의의 매수인인데, 우선 매수인 乙은 선·악의에 상관없이 계약을 해제할 수 있으나 악의이므로 손해배상은 청구할 수가 없다(제570조). 또한 사안에서 토지 Y를 취득할 수 없는데 매도인 甲의 귀책사유도 존재하지 않으므로, 채무불이행(제390조)을 이유로도 손해배상청구를 할 수 없다. 그리고 매도인 甲의 경우 제571조에 따라서 토지 Y를 취득하여 이전할 수 없는 경우 계약을 해제할 수 있는지가 문제된다. 그러나 동 규정은 선의의 매도인에 대한 규정이므로, 사안에서 매도인 甲은 토지 Y가 타인에게 속함을 안 악의의 매도인이므로 계약을 해제할 수 없다.

제569조 (타인의 권리의 매매) 매매의 목적이 된 권리가 타인에게 속한 경우에는 매도인은 그 권리를 취득하여 매수인에게 이전하여야 한다.

제570조 (동전·매도인의 담보책임) 전조의 경우에 매도인이 그 권리를 취득하여 매수인에게 이전할 수 없는 때에는 매수인은 계약을 해제할 수 있다. 그러나 매수인이 계약당시 그 권리가 매도인에게 속하지 아니함을 안 때에는 손해배상을 청구하지 못한다.

제571조 (동전·선의의 매도인의 담보책임) ① 매도인이 계약당시에 매매의 목적이 된 권리가 자기에게 속하지 아니함을 알지 못한 경우에 그 권리를 취득하여 매수인에게 이전할 수 없는 때에는 매도인은 손해를 배상하고 계약을 해제할 수 있다.
② 전항의 경우에 매수인이 계약 당시 그 권리가 매도인에게 속하지 아니함을 안 때에는 매도인은 매수인에 대하여 그 권리를 이전할 수 없음을 통지하고 계약을 해제할 수 있다.

① **성립요건** : 우리 민법은 매도인이 타인 소유물을 매매하는 것을 허용하고 있다. 예를 들어 甲이 乙이 소유한 토지를 丙에게 파는 계약이 이에 해당하는데, 이러한 매매를 타인권리의 매매라고 한다. 이때 매도인인 甲은 乙로부터 토지를 취득하여 이를 丙에게 이전할 의무를 부담하게 된다(제569조). 타인권리매매에 관한 하자담보책임에 관해서는 제570조와 제571조가 규정하고 있다. 타인권리매매에서 매도인의 하자담보책임은 매매목적물이 현존하지만 매도인이 타인의 권리를 취득하여 이를 이전할 수 없거나 이미 이전하였으나 타인으로부터 매수인이 권리를 빼앗긴 경우(추탈담보책임)에 적용된다.

② **담보책임의 내용** : 매수인은 선의·악의 구분 없이 계약을 해제할 수 있다(제570조). 그러나 매도인에 대한 손해배상청구는 매수인이 선의, 즉 매매목적물이 타인의 것인것을 모르는 경우에만 할 수 있다(제570조 단서). 이때 손해배상은 이행이익배상이 된다(통설·판례). 이때 매도인에게 귀책사유가 있다면, 매수인은 채무불이행(제390조)을 근거로 손해배상을 청구할 수 있다. 매도인이 선의인 경우, 그도 계약을 해제할 수 있다. 다만 매도인이 계약을 해제하기 위해서는 선의인 매수인에게 손해를 배상해야 한다. 이때 악의의 매수인에 대해서는 손해배상의무 없으므로, 통지 후 계약을 해제할 수 있다. 권리행사에 대한 제척기간에 대한 규정은 없고, 다만 권리의 일부가 타인에게 속한 경우로서 제573조를 유추적용하자는 견해가 있다.

[판례 78] 소유권이전등기 경료 전 매도가 타인권리매매인지 여부(대판 1996. 4. 12, 95다55245)
<판결요지> 부동산을 매수한 자가 그 소유권이전등기를 하지 아니한 채 이를 다시 제3자에게 매도한 경우에는 그것을 민법 제569조에서 말하는 '타인의 권리 매매'라고 할 수 없다.
<판례해설> 위 판결은 乙이 甲으로부터 부동산을 매수하고 이를 등기하지 않은 채 丙에게 매도한 경우에, 이때 乙-丙 간의 매매계약이 타인권리매매에 해당되는지에 대한 판결이다. 이 매매를 타인권리매매라고 보게 되면 매수인인 丙이 타인권리매매에 대하여 악의인 경우에 손해배상이 인정되지 않는 반면(제570조 단서), 타인권리매매가 아닌 경우의 -일반 채무불이행에 기한 - 손해배상청구에 있어서 매수인(채권자) 丙의 악의는 아무런 영향을 미치지 않는다는 점에서 차이가 있다. 판례는 부동산을 매수하고 등기하지 않은 채 이를 다시 매도한 것은 타인권리매매가 아니라고 보았으며 이는 판례의 일관된 입장(대판 1972. 11. 28, 72다982 등)인데, 그 이유는 매수인 乙이 사실상·법률상 처분권한을 가지고 있다고 보기 때문이다.

[판례 79] 타인권리매매에서 이행장애의 정도(대판 1982. 12. 28, 80다2750)
민법 제570조는 타인의 권리매매에 있어서 매수인보호를 위한 규정으로 여기의 이른바 소유권의 이전불능은 채무불이행에 있어서와 같은 정도로 엄격하게 해석할 필요는 없고 사회통념상 매수인에게 해제권을 행사시키거나 손해배상을 구하게 하는 것이 형평에 타당하다고 인정되는 정도의 이행장애가 있으면 족하고 반드시 객관적 불능에 한하는 엄격한 개념은 아니다.

[판례 80] 타인권리매매에서의 손해배상의 내용과 산정시기(대판 1967. 5. 18, 66다2618)
타인의 권리를 매매한 자가 권리이전을 할수 없게 된 때에는 매도인은 선의의 매수인에 대하여 불능 당시의 시가를 표준으로 그 계약이 완전히 이행된 것과 동일한 경제적 이익을 배상할 의무가 있다.

(2) 권리의 일부가 타인에게 속한 경우와 매도인의 담보책임

[사례 25] 甲은 乙 소유의 토지 1,000평을 10억 원에 매수하기로 약정하고, 이에 대금지급과 소유권이전등기를 완료하였다. 그러나 乙 소유의 토지 100평 부분은 원래는 인접 토지소유자인 丙의 소유인데, 측량시 착오로 乙은 자신의 소유인 것으로 알았다. 이에 매매대상 토지의 일부분의 소유자인 丙은 甲을 상대로 토지를 반환하라는 소송을 제기하였고, 이 소송에서 丙이 승소하여 甲은 100평에 대한 소유권을 잃게 되었다. 이때 甲이 취할 수 있는 법적조치는?
☞ 해 설 : 甲·乙간의 매매계약은 丙소유 토지부분에 대해서는 타인권리매매 해당한다. 즉 매매된 토지소유권의 일부가 타인에게 속하는 경우인 것이다. 사안에서와 같이 토지 100평 부분에 대하여 진정한 소유자인 丙이 이를 반환받게 된다면, 甲은 乙에 대하여 하자담보책임(제572조, 제573조)을 물을 수 있다. 우선 하자담보책임으로서 매수인 甲은 매매대금의 감액(사안에서는 대금 100만원)을 청구하여 이를 반환받을 수 있다(제572조 1항). 그리고 잔존부분(900평)만이면 이를 매수하지 않았다면 甲은 계약을 해제할 수도 있는데, 사안에서와 같은 상황에서라면 특별한 사정이 없는 이상 계약을 해제할 수는 없을 것이다(제572조 2항). 이외에도 매수인

甲은 위 丙 소유의 토지부분에 대하여 몰랐으므로 선의의 매수인으로서 손해가 있다면 이에 대하여 손해배상청구도 할 수 있다(제572조 3항).

제572조 (권리의 일부가 타인에게 속한 경우와 매도인의 담보책임) ① 매매의 목적이 된 권리의 일부가 타인에게 속함으로 인하여 매도인이 그 권리를 취득하여 매수인에게 이전할 수 없는 때에는 매수인은 그 부분의 비율로 대금의 감액을 청구할 수 있다.
② 전항의 경우에 잔존한 부분만이면 매수인이 이를 매수하지 아니하였을 때에는 선의의 매수인은 계약전부를 해제할 수 있다.
③ 선의의 매수인은 감액청구 또는 계약해제 외에 손해배상을 청구할 수 있다.
제573조 (전조의 권리행사의 기간) 전조의 권리는 매수인이 선의인 경우에는 사실을 안 날로부터, 악의인 경우에는 계약한 날로부터 1년 내에 행사하여야 한다.

① **성립요건** : 매매의 목적인 권리의 일부가 타인에게 속하여 이를 이전할 수 없는 경우에 적용된다. 제570조·제571조가 권리전부가 타인에게 속한 경우 적용되는 것과 구별된다.

② **담보책임의 내용** : 매수인은 선의·악의 구분 없이 매도인에 대하여 대금감액을 청구할 수 있다(제572조 1항: 대금감액청구권). 그리고 선의의 매수인은 잔존한 부분만이면 매수인이 이를 매수하지 아니하였을 때에는 계약을 해제할 수 있다(제572조 2항). 이는 잔존부분으로 계약의 목적달성 불가능한 경우를 말한다. 그리고 선의의 매수인은 매도인에 대하여 손해배상을 청구할 수 있다(제572조 2항). 매수인은 이러한 권리를 그가 선의인 경우에는 사실을 안 날로부터, 악의인 경우에는 계약한 날로부터 1년 내에 행사해야 한다.

[판례 81] 수개의 권리매매에서 그 일부의 이전불능(대판 1989. 11. 14, 88다카13547)
매매의 목적이 된 권리의 일부가 타인에게 속한 경우의 매도인의 담보책임에 관한 민법 제572조의 규정은 단일한 권리의 일부가 타인에 속하는 경우에만 한정하여 적용되는 것이 아니라 수개의 권리를 일괄하여 매매의 목적으로 정한 경우(예: 토지, 공장건물, 공장기계 등)에도 그 가운데 이전할 수 없게 된 권리부분이 차지하는 비율에 따른 대금산출이 불가능한 경우 등 특별한 사정이 없는 한 역시 적용된다.

(3) 수량부족·일부멸실의 경우와 매도인의 담보책임

[사례 26] 甲은 자신이 소유한 토지 100평을 乙에게 매도하는 계약을 체결하고, 평당 10만원으로 계산하여 매매대금은 1,000만 원으로 약정하였다. 그러나 매매계약체결 이전 시점에

이미 토지 100평 중 30평이 도로에 편입되어 있었고, 이로 인하여 매수인 乙은 30평에 대한 소유권을 취득할 수 없게 되었다. 이때 甲이 행사할 수 있는 권리는?
☞ 해 설 : 甲·乙 간에는 1평당 10만 원으로 대금이 결정되었으므로, 제574조의 수량을 지정한 매매에 해당한다. 따라서 제574조에 따라서 甲은 부족한 부분인 30평에 대한 매매대금(300만 원)의 감액을 주장할 수 있고(제574조·제572조), 만약 나머지 70평으로 계약의 목적을 달성할 수 없다면 계약을 해제할 수도 있다(제574조·제572조).

> 제574조 (수량부족, 일부멸실의 경우와 매도인의 담보책임) 전2조의 규정은 수량을 지정한 매매의 목적물이 부족되는 경우와 매매목적물의 일부가 계약당시에 이미 멸실된 경우에 매수인이 그 부족 또는 멸실을 알지 못한 때에 준용한다.

① 성립요건 : 특정물매매로서 수량을 지정한 매매에서 목적물이 일부멸실한 경우에 적용된다. 이때 "수량을 지정한 매매"란 당사자가 목적물의 수량에 주안점을 두고 거래한 것을 말한다. 따라서 토지매매계약에서 당사자들이 토지면적당 대금을 정하는 등 면적에 주안점을 두고 거래한 경우 수량지정매매가 된다. 반면 토지매매계약에서 면적 등을 고려하여 거래하였더라도 토지 그 전체를 평가한 경우는 수량지정매매에 해당하지 않는다.39) 매매계약이 수량지정매매가 아니라면 물건하자담보책임(제580조·제581조)이 적용된다.40)

② 담보책임의 내용 : 선의의 매수인은 대금감액청구권을 가진다(제574조·제572조 1항). 그리고 잔존부분이면 이를 매수하지 않았을 것인 경우, 선의의 매수인은 계약을 해제할 수 있다(제574조·제572조 2항). 그리고 매수인이 선의인 경우 매도인에게 손해배상청구를 할 수 있다(제574조·제572조 3항). 매수인의 권리행사기간은 그가 선의인 경우 사실을 안 날로부터, 악의인 경우에는 계약한 날로부터 1년 내이다.

[판례 82] 수량지정매매의 의미(대판 2001. 4. 10, 2001다12256)
부동산 매매계약에 있어서 매수인이 일정한 면적이 있는 것으로 믿고 매도인도 그 면적이 있는 것을 명시적 또는 묵시적으로 표시하며, 나아가 계약당사자가 면적을 가격을 정하는 여러 요소 중 가장 중요한 요소로 파악하고, 그 객관적 수치를 기준으로 가격을 정하는 경우라면 특정물이 일정한 수량을 가지고 있다는 데에 주안을 두고, 대금도 그 수량을 기준으로 하여 정한 경우에 속하므로 민법 제574조에 정한 '수량을 지정한 매매'에 해당한다.

---

39) 왜냐하면 실측 후 다소 오차가 있는 경우가 많으며, 현지답사를 하는 것이 일반적이기 때문이다.
40) 물건하자담보책임에서 매수인의 무과실이 요구되고 대금감액청구가 인정되지 않으므로, 제574조의 책임이 매수인에게 더 유리하다고 할 수 있다.

[판례 83] 아파트분양계약이 수량지정매매인지 여부(대판 2002. 11. 8, 99다58136)
목적물이 일정한 면적(수량)을 가지고 있다는 데 주안을 두고 대금도 면적을 기준으로 하여
정하여지는 아파트분양계약은 이른바 수량을 지정한 매매라 할 것이다.

[판례 84] 수량지정매매가 아닌 경우(대판 2003. 1. 24, 2002다65189)
민법 제574조에서 규정하는 '수량을 지정한 매매'라 함은 당사자가 매매의 목적인 특정물이
일정한 수량을 가지고 있다는 데 주안을 두고 대금도 그 수량을 기준으로 하여 정한 경우를
말하는 것이므로, 토지의 매매에 있어 목적물을 등기부상의 면적에 따라 특정한 경우라도
당사자가 그 지정된 구획을 전체로서 평가하였고 면적에 의한 계산이 하나의 표준에 지나지
아니하여 그것이 당사자들 사이에 대상토지를 특정하고 그 대금을 결정하기 위한 방편이었다고
보일 때에는 이를 가리켜 수량을 지정한 매매라 할 수 없다.

(4) 제한물권 있는 경우와 매도인의 담보책임

[사례 27] 甲은 자신이 소유한 주택을 乙에게 1억 원에 매도하기로 약정하고 이에 따라 소유권
이전등기를 경료해주었다. 그러나 위 주택에는 주택임대차보호법상 대항력을 갖춘 임차인 丙이
이미 거주하고 있었다. 이때 乙이 취할 수 있는 법적인 조치는?
☞ 해 설: 임차인 丙이 대항력을 갖추고 있다면 매수인 乙은 매도인 甲의 임대인의 지위를
승계하게 되어 임차인 丙에게 주택의 명도를 청구할 수는 없다. 다만 乙이 임차권에 대하여
선의인 경우라면 제575조에 따라서 계약의 목적을 달성할 수 없는 경우(예: 매수하여 식당을
경영하려 했는데, 임차인이 이미 존재하여 식당경영이 어려운 경우)에 계약을 해제할 수 있다.
그러나 계약목적달성이 불가능한 경우가 아니라면 손해배상만 甲에게 청구할 수 있다. 아울러
사안에서 甲은 매매계약상 이행의무를 다한 것이 아니므로, 매수인 乙은 계약을 해제(제546조
유추적용)를 하거나, 甲에게 귀책사유가 있는 경우 손해배상(제390조)도 할 수 있을 것이다.

제575조 (제한물권 있는 경우와 매도인의 담보책임) ① 매매의 목적물이 지상권, 지역권,
전세권, 질권 또는 유치권의 목적이 된 경우에 매수인이 이를 알지 못한 때에는 이로 인하여
계약의 목적을 달성할 수 없는 경우에 한하여 매수인은 계약을 해제할 수 있다. 기타의
경우에는 손해배상만을 청구할 수 있다.
② 전항의 규정은 매매의 목적이 된 부동산을 위하여 존재할 지역권이 없거나 그 부동산에
등기된 임대차계약이 있는 경우에 준용한다.
③ 전2항의 권리는 매수인이 그 사실을 안 날로부터 1년 내에 행사하여야 한다.

① **성립요건** : 매매목적물이 지상권, 지역권, 전세권, 유치권 또는 질권의
목적이 된 경우(제575조 1항), 목적부동산을 위하여 존재해야할 지역권이 설정되
어 있지 않은 경우(동조 2항), 목적부동산에 임차권·채권적 전세 또는 상가건물임
대차보호법에 의해 대항력을 갖춘 임차권이 있는 경우(동조 2항)에 적용된다.

② 담보책임의 내용 : 제한물권으로 인해 계약의 목적을 달성할 수 없는 경우, 선의의 매수인은 계약을 해제할 수 있다(제575조 1항). 제한물권에도 불구하고 계약의 목적달성이 가능한 경우에는 매수인은 선의인 경우에 한해 손해배상청구만을 할 수 있다. 매수인의 권리는 하자를 안 날로부터 1년 내에 행사해야 한다.

(5) 저당권·전세권의 행사와 매도인의 담보책임

[사례 28] 甲은 자신 소유의 토지를 10억 원에 乙에게 매도하기로 하기로 약정하고 이에 따라 소유권이전등기를 경료하였다. 그러나 위 소유권이전등기 이전에 설정되었던 丙 명의의 가등기에 기한 본등기가 마쳐짐으로써 乙 명의의 등기가 직권말소되었다. 乙은 甲에 대하여 어떤 책임을 물을 수 있는가?
☞ 해 설 : 가등기의 목적이 된 부동산을 매수한 뒤 가등기의 실행으로 소유권을 잃게 되는 경우에도 제576조의 규정이 유추적용될 수 있다(대판 1992. 10. 27, 92다21784). 따라서 소유권을 상실한 매수인 乙은 선의·악의에 상관없이 매매계약을 해제할 수 있고(제576조 1항), 아울러 이로 인한 손해배상(이때 매도인인 甲의 귀책사유가 존재하므로 이행이익의 배상)도 청구할 수 있다(제576조 3항).

제576조 (저당권, 전세권의 행사와 매도인의 담보책임) ① 매매의 목적이 된 부동산에 설정된 저당권 또는 전세권의 행사로 인하여 매수인이 그 소유권을 취득할 수 없거나 취득한 소유권을 잃은 때에는 매수인은 계약을 해제할 수 있다.
② 전항의 경우에 매수인의 출재로 그 소유권을 보존한 때에는 매도인에 대하여 그 상환을 청구할 수 있다.
③ 전2항의 경우에 매수인이 손해를 받은 때에는 그 배상을 청구할 수 있다.
제577조 (저당권의 목적이 된 지상권, 전세권의 매매와 매도인의 담보책임) 전조의 규정은 저당권의 목적이 된 지상권 또는 전세권이 매매의 목적이 된 경우에 준용한다.

① 성립요건 : 매매목적물의 저당권이나 전세권(제368조·제318조)의 행사로 인하여 매수인이 그 소유권을 취득할 수 없거나 상실한 경우(제576조 1항), 매매목적물이 된 부동산에 설정된 저당권 또는 전세권의 실행에 의한 소유권상실을 피하기 위해 매수인이 자신의 출재로 소유권을 보존한 경우(동조 2항), 매매의 목적이 된 지상권 또는 전세권 위에 저당권이 설정된 경우(제577조)에 적용된다.
② 담보책임의 내용 : 소유권취득이 불가능하거나 소유권을 상실한 경우, 선의·악의 매수인인 모두 계약을 해제할 수 있다(제576조 1항). 그리고 매수인이 재산을 출연

하여 소유권을 보존한 경우에는 선의·악의에 상관없이 매수인은 매도인에게 그의 상환을 청구할 수 있다(동조 2항: 상환청구권). 매수인의 권리행사기간에 대한 규정은 없다.

(6) 경매와 매도인의 담보책임

제578조 (경매와 매도인의 담보책임) ① 경매의 경우에는 경락인은 전8조의 규정에 의하여 채무자에게 계약의 해제 또는 대금감액의 청구를 할 수 있다.
② 전항의 경우에 채무자가 자력이 없는 때에는 경락인은 대금의 배당을 받은 채권자에 대하여 그 대금전부나 일부의 반환을 청구할 수 있다.
③ 전2항의 경우에 채무자가 물건 또는 권리의 흠결을 알고 고지하지 아니하거나 채권자가 이를 알고 경매를 청구한 때에는 경락인은 그 흠결을 안 채무자나 채권자에 대하여 손해배상을 청구할 수 있다.

① **성립요건** : 경락받은 권리에 하자가 있는 경우에 적용된다. 다만 경락받은 물건 자체의 하자에 대하여는 적용되지 않는다.

② **담보책임의 내용** : 채무자에게 자력이 있는 경우에 경락인은 채무자(매도인)에게 매매계약의 해제권 또는 대금감액청구권을 행사할 수 있다(제578조 1항). 그러나 채무자에게 자력이 없는 경우에 경락인은 경락대금의 배당을 받은 채권자에 대하여 그 대금의 전부나 일부의 반환을 청구할 수 있다(동조 2항). 그러나 채무자 또는 채권자가 하자에 대하여 악의인 경우에는 경락인(매수인)은 악의의 채무자나 채권자에 대하여 계약해제권과 대금감액권 이외에 손해배상청구권을 가진다. 매수인의 권리는 1년 제척기간의 적용을 받는다.

(7) 채권매매와 매도인의 담보책임

제579조 (채권매매와 매도인의 담보책임) ① 채권의 매도인이 채무자의 자력을 담보한 때에는 매매계약당시의 자력을 담보한 것으로 추정한다.
② 변제기에 도달하지 아니한 채권의 매도인이 채무자의 자력을 담보한 때에는 변제기의 자력을 담보한 것으로 추정한다.

① **성립요건** : 채권의 매매에 있어서 채권의 매도인은 통상적으로 채권의 매수인에 대하여 채무자의 자력을 담보(보장)하지 않는다. 다만 채권매매를 하면서 채권매도인이 매수인에 대하여 채무자의 자력을 담보한다고 특약을

한 경우에는 매도인이 채무자의 무자력에 대해서 책임을 지게 된다. 예를 들어 A에 대한 1천만 원 채권을 가진 B가 이 채권을 C에게 매도한 경우, 이때 채권매도인인 B는 원래 채무자인 A의 자력여부에 대해서 책임을 지지 않는 것이 원칙이다. 다만 위 채권매매에서 B가 C에게 "내가 A에게 자력이 있음을 보장한다"라는 취지의 특약을 하게 되면, 이후 A가 자력이 없어 채무를 변제할 수 없다면 특약에 따라 B가 그에 대해 책임을 지게 된다.

② **담보책임의 내용** : 제579조는 채권매매에서 채권 자체에 관한 하자에 관한 것이 아니라 채무자의 자력을 판단시점에 관한 것이다. 따라서 채권의 하자에 대해서는 권리하자에 관한 규정(제750조 내지 제576조)이 적용되고, 채무자 자력담보 특약이 있는 때에 채무자의 자력판단시점에 대해서는 제579조가 적용된다. 채권을 매매하면서 매도인이 채무자의 자력을 담보(보장)하였다면, 그것은 매매계약 당시 채무자의 자력을 담보한 것으로 추정된다(제579조 1항). 그리고 변제기가 아직 도래하지 않은 채권을 매도한 자가 채무자의 자력을 담보한 경우에는 변제기의 자력을 담보한 것으로 추정된다(동조 2항).

5. 물건하자에 대한 매도인의 담보책임

(1) 특정물매도인의 담보책임

> [사례 29] 甲은 출퇴근을 위하여 자동차를 구입하기 위해 자동차전문사이트의 장터게시판에서 乙의 글을 보고, 연락을 하였다. 다음 날 甲은 乙을 만나서 2015년에 출시된 소형자동차를 300만 원에 구입하였다. 그러나 甲은 乙로부터 자동차를 구입한 일주일 뒤에 에어컨이 제대로 작동하지 않는 것을 확인하였다. 이때 甲과 乙의 법률관계는?
> ☞ 해 설 : 甲과 乙간의 자동차매매계약은 중고자동차란 점에서 특정물매매라고 볼 수 있고, 乙이 인도한 자동차는 하자가 있는 것이므로, 이때 乙은 甲에 대하여 제580조상 하자담보책임을 지게 된다. 제580조에 따르면 甲이 하자로 인해서 계약을 목적을 달성할 수 없다면 계약해제를 할 수 있다. 그러나 사안의 경우 에어컨의 고장만으로 甲의 계약의 목적(출퇴근)을 달성할 수 없다고 보기 어려우므로, 甲은 乙에 대하여 손해배상을 요구할 수 있다.

> [사례 30] 종자판매업자 甲은 감자종자 50킬로그램을 乙에게 100만 원에 매도하기로 하고, 매매대금을 지급받음과 동시에 감자종자를 인도하였다. 乙이 구입한 감자종자를 심었으나, 재배하던 감자들이 잎말림병에 걸려 생산량이 예전에 비하여 30%로 크게 줄어들었다. 乙의 생산량의 감소는 甲이 잎말림병에 감염된 감자종자를 매도한 것이라는 사실이 밝혀졌다. 그리고 생산량감소로 乙은 예년에 비하여 판매수익에서 2,000만 원의 손해를 보았고, 감자를 재배하

는데 총 1,000만 원의 비용을 지출하였다. 이때 乙은 어떤 구제수단을 활용할 수 있는가?
☞ 해 설 : 감자종자매매계약에 기하여 매도인 甲이 인도한 감자종자에 하자가 존재하였으므로, 매도인 甲은 특정물에 관한 제580조의 하자담보책임을 지게 된다. 따라서 선의·무과실인 매수인 乙은 계약을 해제하고 자신이 지급한 매매대금 100만 원의 반환을 청구할 수 있다. 그리고 乙은 감자종자가 하자가 없는 것으로 믿은데 대한 신뢰이익의 배상(생산비용 1,000만 원)을 청구할 수 있다(제580조·제575조 1항). 다만 감자종자를 식재하여 수확기에 얻을 수익 2,000만 원의 상실,[41] 이행이익의 배상(확대손해에 대한 배상)을 청구할 수 있는지에 대하여는 견해가 나뉘지만, 다수설은 이 경우 매도인인 甲에게 과실(감자종자의 검사의무위반)이 있으므로 乙은 이행이익으로서 2,000만 원의 배상을 청구할 수 있다고 본다.

제374조 (특정물인도채무자의 선관의무) 특정물의 인도가 채권의 목적인 때에는 채무자는 그 물건을 인도하기까지 선량한 관리자의 주의로 보존하여야 한다.

제462조 (특정물의 현상인도) 특정물의 인도가 채권의 목적인 때에는 채무자는 이행기의 현상대로 그 물건을 인도하여야 한다.

제580조 (매도인의 하자담보책임) ① 매매의 목적물에 하자가 있는 때에는 제575조 제1항의 규정을 준용한다. 그러나 매수인이 하자있는 것을 알았거나 과실로 인하여 이를 알지 못한 때에는 그러하지 아니하다.
② 전항의 규정은 경매의 경우에 적용하지 아니한다.

제582조 (전2조의 권리행사기간) 전2조에 의한 권리는 매수인이 그 사실을 안 날로부터 6월내에 행사하여야 한다.

① 문제의 소재 : 권리매매에서 매도인은 하자 없는 권리를 이전할 의무를 부담하며(제569조), 종류물매매에서도 매도인의 하자 없는 급부의무(완전물급부의무)가 인정되므로(제581조), 권리하자나 종류물하자로 인한 담보책임의 법적 성질이 채무불이행이라는 점에서 다른 견해가 없다. 하지만 매도인이 하자담보책임 중에서 특정물의 하자담보책임(제580조)의 법적 성질을 무엇으로 볼 것인지에 대해서는 오랫동안 학설이 대립해오고 있다. 왜냐하면 특정물인도에 관한 매도인의 주의의무(제374조)와 특정물의 현상인도의무(제462조)와 관련하여 매도인에게 하자 없는 급부의무를 인정할 수 있는지에 대해서 견해가 대립하기 때문이다.

② 법적 성질에 대한 학설 : 법정책임설은 특정물인도채무에서 매도인이 비록 하자 있는 물건을 제공하더라도 이행기의 현상대로 인도하기만 하면 그

---

41) 정확하게는 평균예상수익 - 실제 소득액이 될 것이다.

목적물의 하자에도 불구하고 매도인은 계약상 이행의무를 다한 것으로 본다 (제462조: 특정물 도그마). 이 학설은 특정물도그마에 입각하여 매도인의 하자 없는 급부의무를 인정하지 않는다. 따라서 하자가 있는 물건의 제공에 대한 책임은 채무불이행책임이 아니라 민법이 인정하는 특별한 법정책임(法定責任)이라는 것이다. 이에 따르면 원칙적으로 하자로 인한 손해배상은 신뢰이익배상이 된다. 반면 채무불이행책임설은 특정물매매에서 하자 있는 물건을 제공한 것은 민법 제568조에 따라서 매도인이 부담하는 재산권의 완전이전의무를 위반한 것으로서 원칙적으로 (광의의) 채무불이행에 해당한다고 본다. 즉, 하자 있는 물건을 제공한 것은 계약상 합의에 따라 "있어야 할 것"(계약당위)에 대한 이행의무, 즉 하자 없는 급부의무를 위반한 것이라는 것이다. 다만 그 규율체계상 채무불이행에 대한 규정이 아니라 매매계약상 매도인의 하자담보책임이 적용될 뿐이라고 한다. 따라서 채무불이행설에 따르면 매도인의 하자담보책임도 원칙적으로 - 채무자의 귀책사유를 전제하지 않는 - 채무불이행으로서의 성질을 갖는 것으로 본다. 따라서 원칙적으로 손해배상의 내용은 이행이익배상이 된다.

③ 법적 성질에 대한 이해 : 매매계약상 매도인의 의무이행이라는 관점에서 볼 때 하자 있는 특정물을 인도한 매도인은 계약상 의무를 위반한 것이다. 즉, 원칙적으로 (넓은 의미에서의) 채무불이행을 한 것이다. 다만 매도인의 하자담보책임이 하자에 대한 매도인의 귀책사유를 묻지 않고 적용된다는 점에서 채무불이행책임에 비하여 특별한 책임인 것이다. 법정책임설과 채무불이행설의 가장 큰 차이점은 하자담보책임법상 규율되지 않는 영역(규정되지 않는 하자, 규정되지 않은 추완이행과 같은 구제수단의 인정여부)에 대하여 보충적으로 채무불이행책임을 적용할 수 있는지, 그리고 하자의 확대손해에 대한 배상의 근거를 어디서 찾을지 하는데 있다.[42] 매매계약상 당사자의 의무나 체계적 관점에서 채무불이행설이 타당하다. 다만 손해배상의 내용은 매도인의 귀책사유 여부와 관련하여 파악해야 되는데, 매도인의 귀책사유를 묻지 않는 하자담보책임에서의 손해배상은 원칙적으로 신뢰이익배상이 되어야 할 것이다.

---

42) 채무불이행설의 입장에서도 하자담보책임(제570조 이하)과 채무불이행책임(제390조 이하)을 경합적으로 볼 것인지 또는 보충적으로 볼 것인지, 그리고 손해배상책임의 내용을 무엇으로 볼 것인가에 대하여는 다양한 견해가 존재한다.

다만 권리의 하자에 관한 제570조·제572조·제576조의 경우에는 통상적으로 매도인의 과실이 인정되므로 이행이익의 배상이 된다.

④ **성립요건** : 매매목적물인 특정물인 물건의 하자가 있는 경우에 적용된다. 특정물이 아닌 종류물의 하자에 대해서는 제581조가 적용되며, 특정물에 관한 권리의 하자에 대해서는 권리하자에 관한 담보책임(제570조 내지 제579조)이 적용된다. 이때 매수인은 선의이고 무과실이어야 한다. 주택을 건축하기 위하여 토지를 매수하였는데 당해 토지가 법률상 건축을 할 수 없는 토지인 경우, 택시를 매매하였는데 영업정지로 인해 택시운행이 불가능한 경우 등과 같이 물건의 하자가 법률상 하자에 기인하는 경우 이를 물건하자로 볼 것인지 아니면 권리하자로 볼 것인지가 문제가 된다.[43] 판례는 물건의 법률상 하자를 물건하자로 보아 제580조를 적용한다.

⑤ **담보책임의 내용** : 하자로 인해 계약의 목적달성이 불가능한 경우, 선의·무과실 매수인은 계약을 해제할 수 있다(제580조 1항·제575조). 이와 달리 계약목적의 달성이 가능한 경우에는 매수인이 선의이고 무과실인 경우에 매도인에 대하여 손해배상을 청구할 수 있다(제580조 1항·제575조). 이때 계약의 유지 및 이행우선의 원칙과 매도인의 하자보수의 적정성 등을 고려하여 매수인에게 추완청구권(하자보수청구권)을 인정하고 다른 권리보다 이를 우선해야한다는 견해가 있다. 매수인은 하자를 안 날로부터 6월 이내에 권리를 행사해야 한다(제582조).

⑥ **하자확대손해** : 제580조는 특정물의 하자 그 자체에 대한 것으로서 그로 인한 손해배상도 물건의 하자로 인한 신뢰이익배상에 한정된다. 제580조에서 하자로 인해 확대된 손해에 대해 규정하고 있지 않지만, 다수설과 판례는 하자확대손해가 있는 경우 매도인의 과실이 있는 경우 채무불이행(불완전이행)에 근거하여 이행이익배상을 청구할 수 있다고 본다(제390조).

◆ **보충학습 : 특정물도그마**

19세기 말 독일에서 완성된 이론으로서 "당사자의 의사가 특정물의 성상에까지 미칠 수 없다" 또는 "특정물채무에 있어서는 당사자에 의하여 정해진

---

[43] 이 문제는 물건하자담보책임은 경매에 대해서 적용되지 않으므로(제580조 2항), 이를 물건하자로 보게 되면 하자담보책임이 적용되지 않게 된다는 점에서 논의의 실익이 있다.

그 물건의 인도가 채무의 내용이 된다"라는 채무관에 기초하고 있다. 이 이론은 특정한 물건은 당사자의 의사와 상관없이 객관적 성질을 가지고 존재하는 것이므로, 당사자가 그와 다른 의사를 가지고 약정을 하였다고 해서 채무의 내용이 달라지는 것은 아니라고 본다. 다시 말해 거래목적물의 성상은 계약을 구성하는 의사표시가 아니며, 의사표시를 하게 되는 단순한 동기에 불과하다는 것이다. 이 이론에 의하면 특정물의 매도인은 "있는 그 상태의 물건"을 인도하면 자신의 의무를 다한 것이 된다. 따라서 매도인이 인도한 물건에 하자가 있더라도 이는 채무의 불이행이 아니다. 다만 이때 특별책임으로서 하자담보책임이 적용될 뿐이다. 중고자동차매매계약을 체결하였는데 계약 체결 당시부터 그 자동차에 하자가 있었던 경우를 가정해보면, 이 경우 당사자의 의사표시는 거래 당시 보았던 하자 있는 자동차를 사고 판다는 것이고, 하자가 없다는 것은 매수인이 계약을 하는 동기에 불과하다는 것이다. 이 경우 매수인이 비록 하자 없는 자동차를 계약목적물로 의도하였다고 하더라도 그러한 의사를 통해서 계약의 목적물이 하자 없는 물건이 되는 것도 아니다. 따라서 이때 매도인이 계약체결 당시 하자가 있던 자동차를 매수인에게 인도하면 자신의 의무를 다한 것이 된다.

(2) 종류물매도인의 담보책임

[사례 31] 행사기념품 판매업자 甲은 체육대회 로고가 새겨진 수건 1,000장을 20만 원에 乙에게 매도하였다. 그러나 乙이 체육대회 개최 전에 수건을 확인해 본 결과 수건 중에서 50장의 상태가 불량한 것을 발견하였다. 이때 매수인 乙은 매도인 甲에게 어떠한 책임을 물을 수 있는가?
☞ 해 설 : 특별한 사정이 없는 이상 甲·乙 간에 체결된 매매계약의 목적물인 수건의 경우 일정한 종류를 지정한 종류물매매에 해당한다. 따라서 이러한 종류물에 하자가 있는 경우 乙은 제581조에 따라서 甲에게 하자담보책임을 물을 수 있다. 만약 사안에서 나머지 950장의 수건으로 계약목적달성이 불가능한 경우라면, 乙(선의·무과실)은 매매계약을 해제할 수 있을 것이다. 그러나 사안의 상황을 고려하면 하자로 인하여 계약목적달성이 불가능한 것으로 보기에는 어려우므로, 매수인 乙은 손해배상청구를 할 수 있다고 판단된다(제581조·제581조 1항·제575조 1항). 아울러 매수인 乙은 손해배상 대신에 하자 있는 수건 50장을 하자 없는 것으로 새로이 제공할 것을 요구할 수 도 있다(제581조 2항).

제581조 (종류매매와 매도인의 담보책임) ① 매매의 목적물을 종류로 지정한 경우에도 그 후 특정된 목적물에 하자가 있는 때에는 전조의 규정을 준용한다.
② 전항의 경우에 매수인은 계약의 해제 또는 손해배상의 청구를 하지 아니하고 하자 없는 물건을 청구할 수 있다.
제582조 (전2조의 권리행사기간) 전2조에 의한 권리는 매수인이 그 사실을 안 날로부터 6월내에 행사하여야 한다.

① **성립요건** : 매매목적물이 수량과 종류로 지정된 매매, 즉 종류물매매에서 물건의 특정시점에 하자가 있는 경우에 적용된다. 종류물이 특정된 이후에는 특정물에 관한 제580조가 적용된다.
② **담보책임의 내용** : 하자로 인해 계약의 목적달성이 불가능한 경우, 선의·무과실인 매수인은 계약해제권을 행사할 수 있다(제581조·제580조·제575조). 하자에도 불구하고 계약의 목적달성이 가능한 경우라면, 선의·무과실의 매수인은 손해배상청구권만을 행사할 수 있다. 종류물매매에서는 여전히 하자 없는 물건이 조달가능하므로, 선의·악의 상관없이 매수인은 매도인에 대하여 하자 없는 물건을 청구할 수 있다(제581조 2항: 추완청구권·완전물급부청구권). 매수인은 이러한 권리를 하자를 안 날로부터 6월내에 행사해야 한다.

6. 관련 문제

제583조 (담보책임과 동시이행) 제536조의 규정은 제572조 내지 제575조, 제580조 및 제581조의 경우에 준용한다.
제584조 (담보책임면제의 특약) 매도인은 전15조에 의한 담보책임을 면하는 특약을 한 경우에도 매도인이 알고 고지하지 아니한 사실 및 제3자에게 권리를 설정 또는 양도한 행위에 대하여는 책임을 면하지 못한다.

(1) 하자담보책임과 동시이행항변권

매도인의 담보책임이 인정되는 경우 매수인은 매도인으로부터 수령한 것에 대하여 대가적 균형을 유지하는 범위 내에서 반환해야 한다. 이때 매도인의 담보책임과 매수인의 반환의무는 동시이행의 관계에 있다(제583조). 따라서 제536조의 규정은 제572조 내지 제575조, 제580조 및 제581조의 경우에 준용된다.

(2) 하자담보책임에 관한 면책특약

민법상 담보책임에 관한 규정은 임의규정으로서 당사자 간의 특약으로서 이와 달리 정할 수 있다. 다만 매도인이 알고 고지하지 아니한 사실에 대해서 지는 매도인의 하자담보책임이나 매도인이 제3자에게 권리를 설정 또는 양도함으로써 지는 하자담보책임에 대하여는 면책특약을 할 수 없다(제584조).

(3) 다른 제도와의 관계

① 착오취소와 하자담보책임 : 통설은 하자담보책임만이 적용되고, 하자를 이유로 한 착오취소(제109조)는 적용되지 않는다고 본다(법조경합).

② 사기의 의한 취소 : 매매목적물의 하자를 알면서 매도인이 계약을 체결한 경우, 매수인이 매도인의 기망행위로 인한 것임을 들어 사기에 기한 취소(제110조 1항)를 할 수 있는지에 대하여, 통설은 양자의 경합을 인정한다.

③ 원시적 불능 : 매매목적물의 하자사례는 또한 원시적 일부불능에 해당하지만, 원시적 전부불능(제535조)과 달리 원시적 일부불능은 계약의 유효성에 아무런 영향을 미치지 않고 다만 이때 매도인이 일부불능(하자)에 대해서 담보책임만 부담할 뿐이다.

7. 환매와 재매매예약

[사례 32] 甲은 乙로부터 1억 원을 빌리면서 자신이 소유한 토지를 乙에게 매도하면서, 3년 내에 乙이 3억 원을 지급하고 이를 다시 환매하기로 약정하였다. 그리고 乙 명의의 소유권이전등기를 하면서 甲이 가지는 환매권의 부기등기를 마쳤다. 만약 이후 甲이 토지를 乙로부터 다시 환매하고자하는 경우 甲·乙 간의 법률관계는?
☞ 해 설 : 甲·乙은 민법상 환매권을 유보하는 특약을 한 매매계약을 체결하였다. 따라서 소유권은 매수인인 乙에게 이전하지만, 3년의 환매기간 내에 甲은 환매권을 행사하여 이를 다시 매수할 수 있다. 또한 甲이 가진 환매권을 등기하였으므로, 이로써 제3자에게도 대항할 수 있다. 따라서 환매기간 내에 乙은 환매대금을 지급하고, 자신 앞으로 권리취득의 등기(소유권이전등기)를 경료함으로써 다시 토지의 소유자가 될 수 있다. 다만 사안에서 문제가 되는 것은 환매대금을 매매대금과 이자를 상회하는 3억 원으로 특약한 것이 문제가 되는데, 환매대금의 특약 자체는 유효하나(제590조 2항), 제607조와 제608조가 적용됨에 따라서 매매대금 1억 원과 이에 대한 이자, 그리고 기타 매매비용을 합산한 금액만이 환매대금으로 인정될 뿐이다. 따라서 甲은 환매권을 행사하면서 해당 금액(매매대금·이자·매매비용 등)만을 지급하면 된다.

590조 (환매의 의의) ① 매도인이 매매계약과 동시에 환매할 권리를 보류한 때에는 그 영수한 대금 및 매수인이 부담한 매매비용을 반환하고 그 목적물을 환매할 수 있다.
② 전항의 환매대금에 관하여 특별한 약정이 있으면 그 약정에 의한다.
③ 전2항의 경우에 목적물의 과실과 대금의 이자는 특별한 약정이 없으면 이를 상계한 것으로 본다.

제591조 (환매기간) ① 환매기간은 부동산은 5년, 동산은 3년을 넘지 못한다. 약정기간이 이를 넘는 때에는 부동산은 5년, 동산은 3년으로 단축한다.
② 환매기간을 정한 때에는 다시 이를 연장하지 못한다.
③ 환매기간을 정하지 아니한 때에는 그 기간은 부동산은 5년, 동산은 3년으로 한다.

제592조 (환매등기) 매매의 목적물이 부동산인 경우에 매매등기와 동시에 환매권의 보류를 등기한 때에는 제3자에 대하여 그 효력이 있다.

제593조 (환매권의 대위행사와 매수인의 권리) 매도인의 채권자가 매도인을 대위하여 환매하고자 하는 때에는 매수인은 법원이 선정한 감정인의 평가액에서 매도인이 반환할 금액을 공제한 잔액으로 매도인의 채무를 변제하고 잉여액이 있으면 이를 매도인에게 지급하여 환매권을 소멸시킬 수 있다.

제594조 (환매의 실행) ① 매도인은 기간 내에 대금과 매매비용을 매수인에게 제공하지 아니하면 환매할 권리를 잃는다.
② 매수인이나 전득자가 목적물에 대하여 비용을 지출한 때에는 매도인은 제203조의 규정에 의하여 이를 상환하여야 한다. 그러나 유익비에 대하여는 법원은 매도인의 청구에 의하여 상당한 상환기간을 허여할 수 있다.

제595조 (공유지분의 환매) 공유자의 1인이 환매할 권리를 보류하고 그 지분을 매도한 후 그 목적물의 분할이나 경매가 있는 때에는 매도인은 매수인이 받은 또는 받을 부분이나 대금에 대하여 환매권을 행사할 수 있다. 그러나 매도인에게 통지하지 아니한 매수인은 그 분할이나 경매로써 매도인에게 대항하지 못한다.

(1) 의의

환매와 재매매예약은 주로 채권을 담보할 목적으로 매매하는 계약형식을 이용하는 것으로서 매도담보의 일종이다. 다만 이들 중 민법은 환매에 관하여는 제590조 내지 제595조의 규정을 두고 그와 관련한 법률관계를 규율하고 있는데 반해, 재매매예약에 대하여는 특별한 규정을 두고 있지 않다. 따라서 매매를 이용한 채권담보라는 공통점에도 불구하고, 매매계약체결시에 민법상 환매규정(제590조 내지 제595조)에 따라 이루어지는 것을 환매라고 한다. 반면 매도인이 매수인에게 목적물을 매매하고 이후 매수인이 이를 다시 매수할 권리를 유보하는 예약으로서 민법상 환매의 요건을 못 갖춘 것을 재매매예약이라고 한다.

(2) 환매

① **개념** : 환매(還買)란 매도인이 매매계약과 동시에 환매할 권리를 유보할 것을 약정하는 경우, 일정 기간 내에 그 환매권을 행사함으로써 매도인이 수령한 매매대금 및 매수인이 부담한 매매비용을 모두 반환하고 매매목적물을 다시 매수하는 약정을 말한다(제590조 1항). 이러한 환매약정은 매매계약시 환매특약을 함으로써 성립하고, 이후 환매권자가 환매권을 행사하면 환매관계가 성립하게 되는 것이다.

② **법적 성질** : 환매를 목적물의 반환을 목적으로 매매계약 자체를 약정해제하는 것이라는 정지조건부매매설과 원매매계약에 대해서 두 번째 매매(재매매)가 성립하는 것이라는 예약완결권설(재매매설: 다수설)이 대립한다.

③ **원매매계약과 환매유보의 특약** : 환매특약은 채권담보의 목적이 될 수 있는 것이라면 부동산, 동산, 채권 등에 대해서 가능하며, 환매특약은 매매계약과 동시에 행해져야 한다(제590조 1항). 따라서 매매계약 이후에 환매의 특약을 하는 경우 이는 재매매예약이 된다. 그리고 환매대금에 대한 약정이 있더라도(제590조 항), 매도인이 환매대금을 매수인에게 반환할 때에는 당초의 매매대금과 이에 대한 상당한 이자 및 계약비용을 초과할 수는 없다. 그리고 부동산 및 동산에 대한 환매특약이 있는 경우 이러한 특약은 각 5년과 3년을 넘지 못하고(제591조 1항·3항), 환매기간을 정한 때에는 다시 이를 연장할 수 없다(제591조 2항). 마지막으로 부동산에 관한 환매특약은 매매등기와 동시에 환매권유보등기를 한 때에 제3자에게 효력이 있다(제592조).[44]

④ **환매의 실행** : 매도인은 환매기간 내에 환매대금을 매수인에게 제공하고 환매의 의사표시를 하여야 한다(제594조 1항). 그리고 환매권은 양도할 수 있고,[45] 이때 매수인에 대한 환매권양도의 통지나 그의 승낙(제450조 참조)은 필요하지 않다. 그리고 환매권은 일신전속권이 아니므로 환매권자의 채권자는 자신의 채권을 보전하기 위하여 환매권을 대위행사할 수 있다(제404조).[46]

---

44) 환매특약등기는 소유권이전등기에 부기등기하게 된다(부동산등기법 제64조의 2).
45) 만약 등기된 환매권이라면 환매권양도시 이를 (부기)등기해야만 한다.
46) 매도인(환매권자)의 채권자가 매도인을 대위하여 환매할 때에 매수인은 법원이 선정한 감정인의

⑤ **공유지분의 환매** : 공유자의 1인이 환매할 권리를 보류하고 그 지분을 매도한 후 그 목적물의 분할이나 경매가 있는 때에는 매도인은 매수인이 받은 또는 받을 부분이나 대금에 대하여 환매권을 행사할 수 있다. 그러나 매도인에게 통지하지 아니한 매수인은 그 분할이나 경매로써 매도인에게 대항하지 못한다(제595조).

⑥ **환매의 효과** : 환매의 법적성질을 정지조건부매매설로 보게 되면, 환매의 의사표시를 하게 되면, 이로써 매매계약이 해제되어 물권이 복귀하게 되거나(물권행위의 유인성설의 입장), 부당이득으로서 반환을 청구할 수 있게 된다(물권행위의 무인성설의 입장). 반면 예약완결권설에 따르면, 환매권의 행사로 당사자는 환매에 대한 권리와 의무가 발생하고, 그에 따른 이행(이전등기)으로서 환매권자는 소유권을 취득하게 된다. 그리고 매수인이나 전득자가 목적물에 대하여 비용을 지출한 때에는 매도인은 제203조의 규정에 의하여 이를 상환하여야 한다. 그러나 유익비에 대하여는 법원은 매도인의 청구에 의하여 상당한 상환기간을 허여할 수 있다(제594조 2항).

[판례 85] 환매권의 행사와 가압류집행(대판 1990. 12. 26, 90다카16914)
환매에 의한 소유권취득과부동산등기법 제64조의 2에 의하면 환매특약의 등기는 매수인의 권리취득의 등기에 부기하고, 이 등기는 환매에 의한 권리취득의 등기를 한 때에는 이를 말소하도록 되어 있으며 환매에 의한 권리취득의 등기는 이전등기의 방법으로 하여야 할 것인 바, 설사 환매특약부 매매계약의 매도인이 환매기간 내에 매수인에게 환매의 의사표시를 한 바 있다고 하여도 그 환매에 의한 권리취득의 등기를 함이 없이는 부동산에 가압류집행을 한 자에 대하여 이를 주장할 수 없다.

[판례 86] 환매등기의 효력과 매수인의 처분권(대판 1994. 10. 25, 94다35527)
부동산에 관하여 매매등기와 아울러 환매특약의 등기가 경료된 이후 그 부동산 매수인으로부터 그 부동산을 전득한 제3자가 환매권자의 환매권행사에 대항할 수 없으나, 환매특약의 등기가 부동산의 매수인의 처분권을 금지하는 효력을 가지는 것은 아니므로 그 매수인은 환매특약의 등기 이후 부동산을 전득한 제3자에 대하여 여전히 소유권이전등기절차의 이행의무를 부담하고, 나아가 환매권자가 환매권을 행사하지 아니한 이상 매수인이 전득자인 제3자에 대하여 부담하는 소유권이전등기절차의 이행의무는 이행불능 상태에 이르렀다고 할 수 없으므로, 부동산의 매수인은 전득자인 제3자에 대하여 환매특약의 등기사실만으로 제3자의 소유권이전등기청구를 거절할 수 없다.

평가액에서 매도인이 반환할 금액을 공제한 잔액으로 매도인의 채무를 변제하고, 남은 금액이 있는 경우 이를 매도인에게 지급하여 환매권을 소멸시킬 수 있다(제593조).

[판례 87] 환매등기 이후의 근저당권에 대한 말소등기청구권(대판 2002. 9. 27, 2000다27411) 부동산의 매매계약에 있어 당사자 사이의 환매특약에 따라 소유권이전등기와 함께 민법 제592조에 따른 환매등기가 마쳐진 경우 매도인이 환매기간 내에 적법하게 환매권을 행사하면 환매등기 후에 마쳐진 제3자의 근저당권 등 제한물권은 소멸하는 것이므로, 환매권 행사 후 근저당권자가 파산선고를 받았다고 하더라도 매도인이 파산자에 대하여 갖는 근저당권설정등기 등의 말소등기청구권은 파산법 제14조에 규정된 파산채권에 해당하지 아니하며, 매도인은 파산법 제79조 소정의 환취권 규정에 따라 파산절차에 의하지 아니하고 직접 파산관재인에게 말소등기절차의 이행을 청구할 수 있다.

(3) 환매와 재매매예약의 비교

환매와 재매매예약의 목적물은 부동산, 동산, 채권, 무체재산권 등이 될 수 있어 양자 간에 차이가 없다. 그러나 환매는 매매계약과 동시에 체결되어야 하지만, 재매매예약은 예약시기에 특별한 제한이 없다. 그리고 환매대금은 매매대금과 매수인이 부담한 매매비용에 한정되나, 특약으로서 달리 정할 수 있다.47) 반면 재매매대금은 당사자의 약정에 의한다. 그러나 제607조와 제608조에 따라서 매매대금과 이자 및 매매비용을 합산한 금액을 초과할 수 없다(초과부분은 무효). 그리고 환매의 존속기간은 부동산 5년, 동산 3년 이내의 제한을 받지만, 재매매예약이 존속기간에는 아무런 제한이 없다. 마지막으로 목적물이 부동산인 경우 매매등기와 동시에 환매권유보 등기할 수 있고, 이로써 제3자에게 대항할 수 있다. 재재매매예약의 경우는 일반청구권의 보전으로서 가등기(소유권이전등기청구권보전의 가등기)가 가능하다.

IV. 교환계약

제596조 (교환의 의의) 교환은 당사자쌍방이 금전 이외의 재산권을 상호이전할 것을 약정함으로써 그 효력이 생긴다.

제597조 (금전의 보충지급의 경우) 당사자일방이 전조의 재산권이전과 금전의 보충지급을 약정한 때에는 그 금전에 대하여는 매매대금에 관한 규정을 준용한다.

---

47) 단, 특약도 제607조와 제608조의 제한을 받음에 주의해야 한다

1. 의의

교환계약(交換契約)이란 당사자 쌍방이 금전 이외의 재산권을 서로 이전할 것을 약정함으로써 성립하는 계약을 말한다(제596조). 매매와 달리 재산권 이전에 대해 대금이 아닌 금전 이외의 재산권을 이전하는 계약이다. 교환계약은 쌍무계약, 유상계약, 낙성계약, 불요식계약에 해당한다.

2. 성립과 법률효과

반대급부의무의 내용이 금전 이외의 재산권이어야 하므로, 어느 일방이 금전을 지급하게 되면 매매계약이 된다. 그러나 교환계약의 일방 당사자가 반대급부로서 물건 또는 권리양도와 더불어 일정액의 금전을 보충하여 지급할 것을 약정하는 경우에도 교환계약에 해당한다(제597조). 그리고 교환계약은 유상계약이므로 매매의 규정이 준용된다(제567조). 따라서 양 당사자는 담보책임 등을 부담한다.

[판례 88] 금전보충금에 갈음한 목적물에 관한 피담보채무의 인수(대판 1998. 7. 24, 98다13877)
[1] 교환계약에서 당사자의 일방이 교환 목적물인 각 재산권의 차액에 해당하는 금원인 보충금의 지급에 갈음하여 상대방으로부터 이전받을 목적물에 관한 근저당권의 피담보채무를 인수하기로 약정한 경우, 특별한 사정이 없는 한 채무를 인수한 일방은 위 보충금을 제외한 나머지 재산권을 상대방에게 이전하여 줌으로써 교환계약상의 의무를 다한 것이 된다.
[2] 위 [1]항의 피담보채무를 인수한 교환계약의 당사자 일방이 인수채무인 근저당권의 피담보채무의 변제를 게을리함으로써 교환 목적물에 관하여 설정된 근저당권의 실행으로 임의경매절차가 개시되었거나 개시될 염려가 있어 상대방이 이를 막기 위하여 부득이 피담보채무를 변제한 경우 등 채무를 인수한 일방이 보충금을 지급하지 아니한 것으로 평가할 수 있는 특별한 사정이 있는 경우에는, 상대방은 채무인수인에 대하여 동액 상당의 손해배상채권 또는 구상채권을 갖게 되는 것이며, 한편 이와 같은 특별한 사정이 있다는 사유를 들어 교환계약을 해제할 수도 있다.
[3] 교환계약의 당사자 일방이 교환 목적물의 차액의 지급에 갈음하여 상대방으로부터 인수한 대출원리금지급의무와 상대방의 소유권이전등기의무가 모두 각각의 이행기에 이행되지 않은 채 계약이 해제되지 않은 상태에서 이행기가 도괴하였다면 쌍무계약인 교환계약에 기한 위 대출원리금지급의무와 소유권이전등기의무는 동시이행의 관계에 있다고 할 것이고, 따라서 상대방이 해제권유보약정에 따라 해제통고를 함에 있어서는 그 최고기간까지 자기의 반대채무인 소유권이전등기의무의 이행 또는 그 이행의 제공을 하여야 약정해제권을 적법하게 취득하고 최고기간의 만료로 해제의 효력이 발생한다.

제7강 소비대차·사용대차·임대차

Ⅰ. 소비대차

제598조 (소비대차의 의의) 소비대차는 당사자일방이 금전 기타 대체물의 소유권을 상대방에게 이전할 것을 약정하고 상대방은 그와 같은 종류, 품질 및 수량으로 반환할 것을 약정함으로써 그 효력이 생긴다.

1. 의의

소비대차(消費貸借)란 대주(貸主)가 금전 기타 대체물의 소유권을 차주(借主)에게 이전할 것을 약정하고 상대방은 그와 같은 종류, 품질, 수량으로 반환할 것을 약정하는 계약을 말한다(제598조). 대차계약의 유형들 즉, 소비대차, 사용대차, 임대차가 일정한 물건을 빌려 쓰는 것을 그 내용으로 하는 점에서는 동일하지만, 소비대차계약에서 차주는 목적물의 소유권을 이전받아 그것을 소비하다는 점에서 목적물의 소유권을 이전받거나 목적물을 소비하지 않고, 받은 물건을 그대로 반환하는 사용대차·임대차와 구별된다.

소비대차계약은 낙성계약이고, 불요식계약이다. 그리고 무이자부 소비대차는 편무계약이자 무상계약이지만, 이자부 소비대차는 쌍무계약이자 유상계약이 된다.

2. 성립

제599조 (파산과 소비대차의 실효) 대주가 목적물을 차주에게 인도하기 전에 당사자일방이 파산선고를 받은 때에는 소비대차는 그 효력을 잃는다.

제601조 (무이자소비대차와 해제권) 이자없는 소비대차의 당사자는 목적물의 인도 전에는 언제든지 계약을 해제할 수 있다. 그러나 상대방에게 생긴 손해가 있는 때에는 이를 배상하여야 한다.

소비대차를 목적으로 하는 청약과 승낙의 합치로서 소비대차계약은 성립한다. 이때 소비대차계약의 성질상 대주의 목적물대여의무는 차주의 반환의무에 선행하며, 차주의 반환의무는 대주가 목적물의 소유권을 차주에게 이전한 때부터 성립한다. 계약성립시 이자에 대한 특약이 있으면 이자부 소비대차가 되고, 이에 대하여는 매매에 관한 규정이 준용된다(제567조).48) 그리고 금전 기타 대체물이 목적물이 되는데, 이때 대체가능성 여부는 거래관념에 따라서 결정된다. 따라서 금전은 물론이고, 쌀, 잡곡, 유류 등도 목적물이 될 수 있다.

무이자 소비대차에서 당사자는 목적물의 인도 전에는 언제든지 계약을 해제할 수 있다. 그러나 상대방에게 생긴 손해가 있는 때에는 이를 배상하여야 한다(제601조). 그리고 무이자 소비대차에서 대주가 목적물을 차주에게 인도하기 전에 당사자일방이 파산선고를 받은 때에는 소비대차는 그 효력을 잃는다(제599조).

3. 소비대주의 의무

> 제602조 (대주의 담보책임) ① 이자 있는 소비대차의 목적물에 하자가 있는 경우에는 제580조 내지 제582조의 규정을 준용한다.
> ② 이자없는 소비대차의 경우에는 차주는 하자있는 물건의 가액으로 반환할 수 있다. 그러나 대주가 그 하자를 알고 차주에게 고지하지 아니한 때에는 전항과 같다.
> 제606조 (대물대차) 금전대차의 경우에 차주가 금전에 갈음하여 유가증권 기타 물건의 인도를 받은 때에는 그 인도시의 가액으로써 차용액으로 한다.

대주는 차주가 목적물을 이용할 수 있도록 하기 위하여 목적물의 소유권을 차주에게 이전하고, 대주의 소유권이전의무는 소비대차계약 기간 내에 계속되어야 한다. 금전대차의 경우에는 차주가 금전에 갈음하여 유가증권 기타 물건의 인도를 받은 때에는 그 인도시의 가액으로써 차용액으로 한다(제606조).

이자부 소비대차계약은 유상계약이므로, 매매의 물건하자담보책임(제580조 내지 제582조)이 준용된다(제602조 1항). 따라서 소비대차의 목적물에 하자가 있는 경우 차주가 선의·무과실인 경우에 차주는 계약해제, 손해배상, 완전물급부청구 등을 행사할 수 있다(제602조·제580조·제581조·제582조). 다만 목적물이 금전인 경우에는 그 성질상 하자라는 개념이 존재하지 않고, 금액이 부족한 경우 대주의 채무

---

48) 다만 상인 간의 금전소비대차는 이자부가 원칙이며, 이에 대한 약정이 없는 경우에도 차주는 법정이자를 지급해야 한다(상법 제55조 1항).

불이행문제가 될 뿐이다. 반면 무이자부 소비대차에서 대주는 원칙적으로 하자담보책임을 부담하지 않고, 차주 역시 하자가 있는 물건이라도 그 가액만을 반환하면 족하다. 다만 대주가 그 하자를 알고 차주에게 고지하지 아니한 때에는 이자부 소비대차에서와 같은 담보책임을 부담한다(제602조 2항).

4. 소비차주의 의무

제600조 (이자계산의 시기) 이자있는 소비대차는 차주가 목적물의 인도를 받은 때로부터 이자를 계산하여야 하며 차주가 그 책임있는 사유로 수령을 지체할 때에는 대주가 이행을 제공한 때로부터 이자를 계산하여야 한다.

제603조 (반환시기) ① 차주는 약정시기에 차용물과 같은 종류, 품질 및 수량의 물건을 반환하여야 한다.
② 반환시기의 약정이 없는 때에는 대주는 상당한 기간을 정하여 반환을 최고하여야 한다. 그러나 차주는 언제든지 반환할 수 있다.

제604조 (반환불능으로 인한 시가상환) 차주가 차용물과 같은 종류, 품질 및 수량의 물건을 반환할 수 없는 때에는 그 때의 시가로 상환하여야 한다. 그러나 제376조 및 제377조제2항의 경우에는 그러하지 아니하다.

제606조(대물대차) 금전대차의 경우에 차주가 금전에 갈음하여 유가증권 기타 물건의 인도를 받은 때에는 그 인도시의 가액으로써 차용액으로 한다

소비대차의 차주는 반환시기가 약정된 경우에는 대주로부터 받은 것과 동종·동질·동량의 물건을 약정된 시기에 반환할 의무를 부담한다(제603조 1항). 그러나 차주가 담보를 손상·감소 또는 멸실하게 하거나 담보제공의무를 이행하지 않는 경우, 파산선고를 받은 경우에는 기한의 이익이 상실되므로(제388조·채무자회생파산법 제425조) 대주의 이행청구가 있는 즉시 반환하여야 한다. 반면 반환시기를 약정하지 않은 경우 차주는 언제든지 반환할 수 있고, 대주는 상당한 기간을 정하여 반환을 최고하여야 한다(제603조 2항). 그러나 차주가 차용물과 같은 종류, 품질 및 수량의 물건을 반환할 수 없는 때에는 그 때의 시가로 상환하여야 한다(제604조). 그리고 금전대차소비대차에서 차주가 금전에 대신해서 유가증권 기타 물건의 인도를 받은 때에는 그 인도 당시의 가액이 차용액이 되고, 이후 차주는 그 차용액을 반환할 의무를 진다(제606조). 이 규정은 강행규정이고, 이와 달리 차주에게 불리한 약정을 하더라도 무효이다(제608조).

소비대차계약상 이자의 약정이 있는 경우 차주는 약정된 이자를 지급하여야 한다. 또한 이율의 약정이 없는 경우에도 법정이율(연 5푼)을 지급하여야 한다(제379조).49) 다만 차주가 금전반환의무를 이행하지 않는 경우에 가산되는 지연이자는 소송촉진 등에 관한 특례법에 따라서 연 12%의 법정이율이 적용된다(2020년 4월 현재). 그리고 이자지급시기는 원칙적으로 차주가 물건을 인도받은 때가 되며, 차주의 책임있는 수령지체의 경우에는 대주가 물건의 이행을 제공한 때가 그 기준이 된다(제600조).

일반적으로 채무자는 기한을 이익을 포기할 수 있지만, 이로써 채권자의 이익을 해하지는 못한다(제153조 2항). 따라서 차주는 변제기(기간의 정함이 없는 소비대차)나 이행기(기간의 정함이 있는 소비대차)까지 이자를 붙여 반환할 수 있다.

5. 대물반환의 예약

제607조 (대물반환의 예약) 차용물의 반환에 관하여 차주가 차용물에 갈음하여 다른 재산권을 이전할 것을 예약한 경우에는 그 재산의 예약당시의 가액이 차용액 및 이에 붙인 이자의 합산액을 넘지 못한다.

제608조 (차주에 불이익한 약정의 금지) 전2조의 규정에 위반한 당사자의 약정으로서 차주에 불리한 것은 환매 기타 여하한 명목이라도 그 효력이 없다.

소비대차계약에서 차주가 차용물 이외의 다른 재산권을 이전할 것을 합의하는 것을 대물반환약정이라고 하고, 이를 사전에 약정하는 것을 대물반환의 예약(代物返還의 豫約)이라고 한다. 실제 거래에서 대주가 자신의 유리한 입장을 이용하여 차용물의 가액에 훨씬 초과하는 대물반환의 예약을 하는 경우가 빈번하다. 따라서 이러한 대물반환약정에 따른 차주의 피해를 줄이기 위하여 제607조와 제608조가 규정되었다.

대물반환예약을 하였더라도 예약 당시 차용물의 가액이 차용액과 이자를 합한 금액을 초과하는 경우에는 그 초과부분은 효력을 하지 못한다(제607조). 이

---

49) 그러나 이자지급에 대한 약정 자체는 존재하여야 한다. 즉, 소비대차계약의 체결시 이자약정이 항상 수반되는 것은 아니므로, 특별한 사정이 없는 이상 이자약정이 있는 것으로 추정되지는 않는다(대판 1960. 2. 25, 4292민상125).

경우 대주는 차용금과 이자를 합한 금액에 대해서만 대물반환의 효력을 주장할 수 있다. 대물반환예약에 관한 제607조는 강행규정이므로, 이를 당사자의 특약으로 배제할 수 없다. 또한 이에 위반하여 차주에게 불리한 약정을 하는 것은 무효가 된다(제608조).

[판례 89] 대물변제와 대물변제예약, 그리고 양도담보(대판 1991. 12. 24, 91다11223)
<사실관계> 원고는 1980년 피고로부터 4000만원을 차용하였고, 1985년 차용금원본과 이자를 4200만원으로 확정하고, 그 변제를 위하여 원고 소유의 토지를 피고에게 이전하기로 약정함과 아울러 3년 이내에 원고가 4200만원을 지급하면 피고가 위 토지를 다시 원고에게 반환하기로 하는 환매특약을 하였다. 그러나 원고는 3년이 지난 시점에 환매의 의사표시를 하였고, 이에 피고는 불응하였다. 이에 원고는 4200만원을 변제공탁하면서, 위 토지에 대한 소유권이전청구소송을 제기하였다.
<판결요지> [1] 기존의 채무를 정리하는 방법으로 다른 재산권을 이전하기로 하면서 일정기간 내에 채무원리금을 변제할 때에는 그 재산을 반환받기로 하는 약정이 이루어졌다면 다른 특단의 사정이 없는 한 당사자 간에는 그 재산을 담보의 목적으로 이전하고 변제기 내에 변제가 이루어지지 않으면 담보권행사에 의한 정산절차를 거쳐 원리금을 변제받기로 하는 약정이 이루어진 것으로 해석하여야 할 것이다.
[2] 재산권을 이전하기로 한 당사자 간의 약정이 담보목적이 아니라 대물변제의 의사로 한 것이라 하더라도 위 약정을 함에 있어 약정 후 3년 이내에 채무자가 그간의 원리금을 지급하면 채권자는 목적물을 채무자에게 되돌려 주기로 하는 약정도 함께 하였다면, 이는 결국 대물변제의 예약이라고 봄이 상당하며 그 약정 당시의 가액이 원리금을 초과하므로 대물변제의 예약 자체는 무효이고 다만 양도담보로서의 효력만 인정하여야 한다.
<판례해설> 원래 금전소비대차에서 차주는 약정된 기한에 빌린 금액을 변제하는 것이 원칙이나, 차주가 변제의 방법으로 다른 물건(代物)을 급부하기로 하고 이에 대주가 승낙을 하면서 이로써 '대물변제'로서 변제의 효력이 발생한다(제466조). 위 사안에서는 원고와 피고 간의 금전소비대차계약에서 차주인 원고가 차용금액을 변제하지 않고 그 대신 원고 소유의 부동산을 제공하였는데, 이것이 '대물변제'인지 아니면 '대물변제의 예약'인지가 문제된 사안이다. '대물변제'와 '대물변제의 예약'인지는 그 법적인 규율로서 제607조·제608조, 그리고 「가등기담보 등에 관한 법률」의 적용을 받는지에 따라 달라진다. 즉, 대물변제라고 이해되면 위 사안에서 토지의 가액이 원리금과 이자 등을 포함한 금액보다 많더라도 대주인 피고는 이를 반환하지 않아도 되지만, 만약 대물변제의 예약이라고 보게 되면 제607조·제608조, 그리고 「가등기담보 등에 관한 법률」에 따라서 대주인 피고는 원리금과 이자 등을 제외한 나머지 금액(청산금)을 차주인 원고에게 지급해야만 한다. 결론적으로 위 사안에서 판례는 당사자 간의 거래관계 등을 고려하여 형식적으로는 대물변제이나 이에 대하여 환매특약을 한 사실 등을 고려하여, 그 실질은 대물변제의 예약이라고 보았다. 다만 이때 토지가액이 원고가 빌린 차용금액을 상회하므로 대물변제예약 역시 무효가 되고, 차주가 대주에게 토지를 양도한 것은 담보목적을 위한 것으로서 양도담보로서의 효력을 가진다고 보았다. 따라서 판례의 입장에 따르게 되면

대주(피고)는 차용금(원본+이자 등)을 넘는 금액을 원고(차주)에게 정산금을 지급하여야 하고, 차주(원고)는 대주의 정산절차가 있기 전끼지는 차용금액을 상환하고 위 토지의 반환을 받을 수 있을 것이다.

6. 준소비대차

[사례 33] 甲과 乙은 골재채취업을 동업으로 해오고 있었다. 그런데 사업상 이유로 甲이 동업관계로부터 벗어나기로 합의하고, 乙은 동업관계의 정산명목으로 甲에게 1억 원을 지급하기로 하였다. 한 달 후 乙은 우선 5,000만 원을 지급하고, 나머지 잔금 5,000만 원에 대하여는 乙이 甲으로부터 차용한 것으로 하되 변제기를 6월, 연 10%의 이자를 지급하기로 甲과 약정하였다. 이때 甲과 乙의 법률관계는?
☞ 해 설 : 乙은 동업자인 甲에 대하여 동업관계정산명목으로 1억 원을 지급할 채무가 있었고, 이후 乙은 5,000만 원은 먼저 변제하고 난 뒤 나머지 금액에 대하여 甲과 합의 하에 별도의 소비대차계약을 체결하였다. 여기서 문제가 되는 것은 나머지 5,000만원에 대한 소비대차계약에 대한 합의가 종전의 동업관계정산금 1억 원과 동일성을 가지게 되면 甲·乙간에는 준소비대차계약이 체결된 것이다. 반면 甲·乙 간의 합의가 종전의 채무와 동일성이 없이 새로운 계약을 체결한 경개계약으로 볼 수도 있다. 준소비대차와 경개 간의 구별은 일차적으로 당사자의 의사에 의하여 결정되고, 당사자의 의사가 명백하지 않을 때에는 특별한 사정이 없는 한 동일성을 상실함으로써 채권자가 담보를 잃고 채무자가 항변권을 잃게 되는 것과 같이 스스로 불이익을 초래하는 의사를 표시하였다고는 볼 수 없으므로 준소비대차로 보아야 한다(판례). 따라서 특별한 사정이 없는 이상 甲·乙 간에는 잔액 5,000만 원에 대한 준소비대차계약이 체결되었다고 볼 수 있다.

제605조 (준소비대차) 당사자쌍방이 소비대차에 의하지 아니하고 금전 기타의 대체물을 지급할 의무가 있는 경우에 당사자가 그 목적물을 소비대차의 목적으로 할 것을 약정한 때에는 소비대차의 효력이 생긴다.

준소비대차(準消費貸借)란 소비대차가 아닌 다른 계약관계에서 발생한 금전 기타 대체물을 지급할 의무가 있는 경우, 그 목적을 소비대차의 목적으로 할 것을 당사자들이 약정하는 것을 말한다(제605조). 준소비대차약정이 존재하는 경우 당사자 간에는 소비대차계약상 대주와 차주간의 법률관계가 형성된다.

준소비대차와 경개계약은 기존채무를 소멸시키고 신채무를 성립시킨다는 점에서 경개와 같지만, 소멸하는 기존채무와 신채무 간의 동일성이 인정된다는 점에서 경개계약과 구별된다. 따라서 경개계약과 달리 준소비대차에서는 기존 채무에 대한 항변권이나 담보권도 준소비대차의 반환채무에 존속한다.

[판례 90] 준소비대차와 경개와의 구별(대판 1989. 6. 27, 89다카2957)
경개나 준소비대차는 모두 기존채무를 소멸케 하고 신 채무를 성립시키는 계약인 점에 있어서는 동일하지만 갱개에 있어서는 기존채무와 신 채무와의 사이에 동일성이 없는 반면, 준소비대차에 있어서는 원칙적으로 동일성이 인정된다는 점에 차이가 있는 바, 기존채권, 채무의 당사자가 그 목적물을 소비대차의 목적으로 할 것을 약정한 경우 그 약정을 경개로 볼 것인가 또는 준소비대차로 볼 것인가는 일차적으로 당사자의 의사에 의하여 결정되고 만약 당사자의 의사가 명백하지 않을 때에는 의사해석의 문제라 할 것이나 특별한 사정이 없는 한 동일성을 상실함으로써 채권자가 담보를 잃고 채무자가 항변권을 잃게 되는 것과 같이 스스로 불이익을 초래하는 의사를 표시하였다고는 볼 수 없으므로 일반적으로 준소비대차로 보아야 할 것이다.

II. 사용대차

[사례 34] 2000년 무렵 甲은 평소 여러가지로 도움을 주었던 乙에게 감사의 표시로 자신이 소유한 토지(약 1,000평)를 乙이 건물을 짓는데 무상으로 빌려주었다. 이에 乙은 2005년 甲 소유의 토지 위에 3층 콘크리트 슬라브구조의 건물을 짓고 지내오다가, 2012년에 사망하고 乙 소유의 건물은 그의 아들인 丙에게 상속되었다. 2015년 甲은 丙에 대하여 차주인 乙도 사망하였고, 상당한 기간이 지났으므로 토지를 반환할 것을 요구하였다. 이러한 甲의 주장은 타당한가?
☞ 해 설 : 사안에서 甲과 乙사이에는 존속기간의 정함이 없는 토지에 대한 사용대차계약이 성립되었다. 甲은 민법규정에 따라서 차주인 乙이 사망하거나 파산한 때에 甲이 이를 해지할 수 있다(제614조). 그러나 판례에 따르면 "건물의 소유를 목적으로 하는 토지 사용대차에 있어서는, 당해 토지의 사용·수익의 필요는 당해 지상건물의 사용수익의 필요가 있는 한 그대로 존속한다"고 보아 차주의 사망에도 불구하고 대주가 바로 계약을 해지할 수 없다고 보고 있다 (대판 1993.11.26, 93다36806). 따라서 甲은 차주인 乙의 사망만으로는 위 토지사용대차계약을 해지할 수 없다. 다만 이때 甲은 "사용, 수익에 족한 기간이 경과한 때"(제613조 2항)에 사용대차계약을 해지할 수 있으나, 위 사안에서 3층 건물이 축조된지 10년밖에 지나지 않았으므로 차용물의 사용·수익의 필요성이 여전히 존재하므로 계약을 해지할 수 없다고 보아야 한다.

1. 의의와 성립

제609조 (사용대차의 의의) 사용대차는 당사자일방이 상대방에게 무상으로 사용, 수익하게 하기 위하여 목적물을 인도할 것을 약정하고 상대방은 이를 사용, 수익한 후 그 물건을 반환할 것을 약정함으로써 그 효력이 생긴다.

사용대차(使用貸借)란 대주(貸主)가 차주(借主)에게 무상으로 사용·수익하게 하기 위하여 목적물을 인도할 것을 약정하고, 차주는 이를 사용·수익한 후 그 물건을 반환할 것을 약정함으로써 성립하는 계약이다(제609조). 사용대차는 차주가 목적물을 소비하지 않는 그대로 반환한다는 점에서 소비대차와 다르고, 차주가 목적물의 사용·수익에 대한 차임을 지급하지 않는다는 점에서 임대차와 구별된다. 사용대차는 낙성계약·불요식계약·편무계약·계속적 채권관계에 해당한다.

사용대차의 목적물에는 제한이 없다. 그리고 타인의 물건이나 차주 자신의 소유물(예: 소유자가 임차권자에게 목적물을 차용하는 경우)에 대해서도 성립할 수 있다. 다만 물건 이외의 권리는 사용대차의 목적이 될 수 없다.

[판례 91] 사용대차와 임대차의 구별(대판 1994. 12. 2, 93다31672)
甲과 乙 사이에 乙이 甲 소유의 토지에 공원을 조성하여 그 때부터 일정기간 동안 그 토지를 사용·수익하되 기간이 종료한 때에는 乙이 건립한 공원시설물 및 공원운영에 필요한 일체의 권리를 甲에게 무상 양도하기로 약정되어 있고, 부대계약서에 乙이 설치할 시설물의 단가 및 총액이 명시되어 있다면, 乙의 그와 같은 의무는 토지의 사용과 대가관계에 있다고 할 것이므로 甲과 乙 사이에 체결된 대차계약은 그 계약서상의 명칭이 사용대차계약으로 되어 있다 하더라도 임대차계약에 해당하는 것으로 봄이 상당하다.

2. 사용대주의 의무

사용대주는 사용차주가 목적물을 사용·수익할 수 있도록 물건을 인도하고, 차주가 목적을 사용·수익하는 것을 인용할 의무를 부담한다. 사용대차계약은 무상계약이므로, 차용물에 하자가 있는 경우 증여의 담보책임규정이 준용된다(제612조·제559조). 그리고 사용대주가 목적물을 인도하기 전이면 당사자는 언제든지 계약을 해제할 수 있다(제612조, 제601조). 다만 해제를 한 자는 해제로 인한 상대방의 손해를 배상하여야 한다(제601조 단서).

3. 사용차주의 권리와 의무

제610조 (차주의 사용, 수익권) ①차주는 계약 또는 그 목적물의 성질에 의하여 정하여진 용법으로 이를 사용, 수익하여야 한다.

②차주는 대주의 승낙이 없으면 제3자에게 차용물을 사용, 수익하게 하지 못한다.
③차주가 전2항의 규정에 위반한 때에는 대주는 계약을 해지할 수 있다.
제611조 (비용의 부담) ①차주는 차용물의 통상의 필요비를 부담한다.
②기타의 비용에 대하여는 제594조제2항의 규정을 준용한다.
제615조 (차주의 원상회복의무와 철거권) 차주가 차용물을 반환하는 때에는 이를 원상에 회복하여야 한다. 이에 부속시킨 물건은 철거할 수 있다.
제616조 (공동차주의 연대의무) 수인이 공동하여 물건을 차용한 때에는 연대하여 그 의무를 부담한다.
제617조 (손해배상, 비용상환청구의 기간) 계약 또는 목적물의 성질에 위반한 사용, 수익으로 인하여 생긴 손해배상의 청구와 차주가 지출한 비용의 상환청구는 대주가 물건의 반환을 받은 날로부터 6월내에 하여야 한다.

(1) 목적물의 사용·수익권

사용차주는 목적물을 계약에서 정해진 용법과 범위대로 또는 계약상 정해지지 않은 경우 차용물의 성질에 따라 사용·수익하여야 한다(제610조 1항). 차주는 대주의 승낙이 없는 이상 제3자에게 차용물을 사용·수익하게 할 수 없다(동조 2항). 만약 차주가 계약이나 차용물의 성질에 따른 사용·수익을 하지 않거나 대주의 승낙 없이 제3자에게 차용물을 사용·수익하게 되면, 대주는 채무불이행을 이유로 계약을 해지할 수 있고(동조 3항), 손해가 있으면 차용물을 반환받은 날로부터 6월 이내에 그 배상도 청구할 수 있다.

(2) 차용물보관의무

차주는 선량한 관리자의 주의를 가지고 차용물을 보관할 의무를 부담하므로(제374조), 이에 위반하여 차용물이 멸실·훼손되면 채무불이행으로서 손해배상책임을 지게 된다. 보관시 차주는 통상의 필요비만을 부담하며(제611조 1항), 유익비 기타 비용은 대주가 부담한다(제611조 2항·제594조 2항).

(3) 차용물반환의무

차주는 사용대차의 종료 시에 차용물 자체를 원상대로 회복하여 반환하여야 한다. 따라서 차용물에 부착한 물건은 철거할 수 있다(제615조). 그리고 이때 차주가 여럿인 경우에는 반환의무에 대하여는 연대하여 부담한다(제616조).

4. 사용대차의 종료

제613조 (차용물의 반환시기) ① 차주는 약정시기에 차용물을 반환하여야 한다.
② 시기의 약정이 없는 경우에는 차주는 계약 또는 목적물의 성질에 의한 사용, 수익이 종료한 때에 반환하여야 한다. 그러나 사용, 수익에 족한 기간이 경과한 때에는 대주는 언제든지 계약을 해지할 수 있다.
제614조 (차주의 사망, 파산과 해지) 차주가 사망하거나 파산선고를 받은 때에는 대주는 계약을 해지할 수 있다.

사용대차는 계약에서 정한 존속기간이 만료한 때(제613조 1항), 그리고 존속기간을 약정하지 않은 경우에는 계약 또는 목적물의 성질에 의한 사용·수익이 종료한 때에 사용대차는 종료한다(제613조 2항 본문). 그리고 특약이 없는 이상 사용차주는 언제든지 계약을 해지할 수 있다. 사용대주는 차주가 계약에서 정한 사용·수익을 하지 않거나 자신의 허락없이 제3자에게 사용·수익하게 한 경우 계약을 해지할 수 있다(제610조 3항). 또한 반환시기를 약정하지 않은 경우에도 계약이나 목적물의 성질에 의한 사용·수익에 충분한 기간이 경과한 경우 언제든지 계약을 해지할 수 있다(제613조 2항 단서). 그리고 차주가 사망하거나 파산선고를 받은 경우에도 대주는 계약을 해지할 수 있다(제614조).

[판례 92] 차주의 사망과 사용대차계약의 해지(대판 1993. 11. 26, 93다36806)
[1] 일반으로 건물의 소유를 목적으로 하는 토지 사용대차에 있어서는, 당해 토지의 사용수익의 필요는 당해 지상건물의 사용수익의 필요가 있는 한 그대로 존속하는 것이고, 이는 특별한 사정이 없는 한 차주 본인이 사망하더라도 당연히 상실되는 것이 아니어서 그로 인하여 곧바로 계약의 목적을 달성하게 되는 것은 아니라고 봄이 통상의 의사해석에도 합치되므로, 이러한 경우에는 민법 제614조의 규정에 불구하고 대주가 차주의 사망사실을 사유로 들어 사용대차계약을 해지할 수는 없다.
[2] 민법 제613조 제2항 소정의 사용수익에 충분한 기간이 경과하였는지의 여부는 사용대차계약 당시의 사정, 차주의 사용기간 및 이용상황, 대주가 반환을 필요로 하는 사정 등을 종합적으로 고려하여 공평의 입장에서 대주에게 해지권을 인정하는 것이 타당한가의 여부에 의하여 판단하여야 한다.

[판례 93] 사용·수익에 충분한 기간인지 여부에 대한 판단(대판 2001. 7. 24, 2001다23669)
무상으로 사용을 계속한 기간이 40년 이상의 장기간에 이르렀고 최초의 사용대차계약 당시의

대주가 이미 사망하여 대주와 차주간의 친분 관계의 기초가 변하였을 뿐더러, 차주 측에서 대주에게 무상사용 허락에 대한 감사의 뜻이나 호의를 표시하기는 커녕 오히려 자주점유에 의한 취득시효를 주장하는 민사소송을 제기하여 상고심에 이르기까지 다툼을 계속하는 등의 상황에 이를 정도로 쌍방의 신뢰관계 내지 우호관계가 허물어진 경우, 공평의 견지에서 대주의 상속인에게 사용대차의 해지권이 인정된다.

III. 임대차계약

1. 의의 및 성립

제618조 (임대차의 의의) 임대차는 당사자일방이 상대방에게 목적물을 사용, 수익하게 할 것을 약정하고 상대방이 이에 대하여 차임을 지급할 것을 약정함으로써 그 효력이 생긴다.

제639조 (묵시의 갱신) ① 임대차기간이 만료한 후 임차인이 임차물의 사용, 수익을 계속하는 경우에 임대인이 상당한 기간 내에 이의를 하지 아니한 때에는 전임대차와 동일한 조건으로 다시 임대차한 것으로 본다. 그러나 당사자는 제635조의 규정에 의하여 해지의 통고를 할 수 있다.
② 전항의 경우에 전임대차에 대하여 제3자가 제공한 담보는 기간의 만료로 인하여 소멸한다.

제643조 (임차인의 갱신청구권, 매수청구권) 건물 기타 공작물의 소유 또는 식목, 채염, 목축을 목적으로 한 토지임대차의 기간이 만료한 경우에 건물, 수목 기타 지상시설이 현존한 때에는 제283조의 규정을 준용한다.

제651조 삭제(2015. 1. 6)

제652조(강행규정) 제627조, 제628조, 제631조, 제635조, 제638조, 제640조, 제641조, 제643조 내지 제647조의 규정에 위반하는 약정으로 임차인이나 전차인에게 불리한 것은 그 효력이 없다.

(1) 개념

임대차(賃貸借)는 임대인이 임차인에게 목적물을 사용·수익하게 할 것을 약정하고, 임차인이 이에 대한 대가로 차임을 지급할 것을 약정함으로써 그 효력이 생기는 계약이다(제618조). 소비대차와 달리 임대인이 임차인에게 목적물의 소유권을 이전하는 것은 아니다. 따라서 임대인이 소유권이나 처분권한을 가질 필요 없다. 그리고 임차인이 임대인에 대해 차임을 지급한다는 점에서 사용대차와 구별된다.

(2) 법적 성질

임대차의 목적물은 부동산과 동산 모두 될 수 있다. 그리고 임대차계약은 낙성계약·불요식계약·유상계약·쌍무계약·계속적 계약에 해당한다.

(3) 존속기간

① **기간의 제한** : 상당한 기간의 임대차기간의 존속을 보장하는 것은 임차인에게 있어서 중요하며, 특히 주택임차인의 주거안정을 위해서 필수적이다. 그러나 임대인은 일반적으로 임대차기간을 가능한 한 단기로 정함으로써 임차물에 대한 처분가능성을 확보하거나 차임증가를 의도하기 마련이다. 이런 점에서 양 당사자의 이익을 고려하여 임대차의 존속기간에 대해 일정한 제한을 두고 있다.

② **존속기간을 약정한 경우** : 민법은 최장기간[50]이나 최단존속기간에 대한 규율은 존재하지 않고, 당사자가 자유로이 그 기간을 정할 수 있다(예외: 주택임대차보호법이나 상가건물임대차법상 최단존속기간).

③ **존속기간을 약정하지 않은 경우** : 임대차의 존속기간을 약정하지 않은 경우 당사자는 언제든지 계약을 해지할 수 있다(제635조 1항).

④ **임차인의 갱신청구에 의한 갱신** : 건물 기타 공작물의 소유 또는 식목·채염·목축을 목적으로 하는 토지임대차의 기간만료시 건물, 수목 기타의 지상시설이 현존하는 때에는 임차인의 갱신청구에 대하여 임대인이 이를 거절할 수 없다(제643조).

⑤ **법률규정에 의한 갱신(법정갱신)** : 임대차기간 만료 후에도 임차인이 임차물의 사용·수익을 계속하는 경우[51]에 임대인이 상당한 기간 내에 이의를 제기하지 않은 때에는 전임대차와 동일한 조건으로 다시 임대차한 것으로 본다(제

---

[50] 개정 전 민법 제651조는 "석조, 석회조, 연와조 또는 이와 유사한 견고한 건물 기타 공작물의 소유를 목적으로 하는 토지임대차나 식목, 채염을 목적으로 하는 토지임대차의 경우를 제한 외에는 임대차의 존속기간은 20년을 넘지 못한다. 당사자의 약정기간이 20년을 넘는 때에는 이를 20년으로 단축한다"고 하여 20년의 존속기간의 제한을 두고 있었다. 그러나 동 규정은 입법취지가 불명확하고, 시대변화에 맞지 않는 취지로 헌법재판소에서 위헌결정을 내렸다. 이에 따라 2015년 민법개정에서 동 규정은 삭제되었다.
[51] 주택임대차나 상가임대차의 경우 기간이 만료하기 6월 내지 1월전까지 다른 의사표시가 없는 경우의 묵시의 갱신과 비교된다.

639조 1항: 묵시의 갱신). 그러나 제3자가 제공한 담보나 보증은 소멸한다(동조 2항).52)

⑥ 단기임대차의 존속기간 : 물건의 지배권을 처분할 능력 또는 권한이 없는 자가 체결한 단기임대차에 대해서는 최장기간의 제한이 있다(제619조). 식목, 채염 또는 석조, 석회조, 연와조 및 이와 유사한 건축을 목적으로 한 토지의 임대차는 10년, 기타 토지의 임대차는 5년, 건물 기타 공작물의 임대차는 3년, 동산의 임대차는 6월이 적용된다. 이때 단기임대차를 갱신하는 경우, 그 기간 만료 전 토지에 대하여는 1년, 건물 기타 공작물에 대하여는 3월, 동산에 대하여는 1월내에 갱신하여야 한다.

(4) 강행규정

임대차에 관한 규정 중 일부멸실 등과 감액청구·해지권(제627조), 차임증감청구권(제628조), 전차인의 권리확정(제631조), 기간의 약정 없는 임대차의 해지통고(제635조), 해지통고의 전차인에 대한 통지(제638조), 차임연체와 해지(제640조·제641조), 임차인의 갱신청구권·매수청구권(제643조), 전차인의 임대청구권·매수청구권(제644조), 지상권목적토지의 임차인의 임대청구권·매수청구권(제645조), 임차인의 부속물매수청구권(제646조)은 강행규정이다. 따라서 이에 위반하는 약정으로 임차인이나 전차인에게 불리한 것은 무효가 된다(제652조).

2. 임대인의 의무

[사례 35] 甲은 乙 소유의 주택으로 사용해오고 있었다. 甲이 주택을 사용하다가 천정의 조명등이 오래되어 작동이 불능하게 되었고, 가스보일러가 고장이 나서 전혀 난방이 되지 않았으며, 주택의 지붕에 균열이 있어 비가 새고 있었다.
(1) 이때 조명등과 가스보일러의 교체비용, 지붕수선비용은 누가 부담하여야 하는가?
(2) 만약 임대차계약의 체결 시에 주택의 모든 수선 및 교체에 대한 비용을 임차인 甲이 부담하기로 합의하였다면 어떠한가?
☞ 해 설 : 임대차계약에서 임대인은 임차인이 목적물을 사용·수익할 수 있도록 할 의무를 부담한다. 따라서 임차인의 사용·수익이 불가능한 경우 이에 대한 수선의무는 임대인이 부담하게 될 것이다(제623조). (1)에서 가스보일러의 교체비용이나 지붕의 수선비는 주택의 사용에 필수적인 것이므로, 임대인 乙이 이에 대하여 수선의무를 부담한다. 다만 조명등의 경우 임차인

---

52) 제639조 2항은 당사자의 합의로 연장하는 경우 적용되지 않는다(판례).

> 이 손쉽게 교체할 수 있고, 주택의 사용·수익에 중요한 요소로 보기 어려우므로 이에 대하여는 甲이 스스로 교체해야 할 것이다. 그리고 (2)에서와 같이 甲·乙간에 수선비용에 대하여 특약을 한 경우, 통상적인 수선비용은 특약에 따라서 甲이 부담하게 되겠지만, 임차목적물에 대한 대규모의 수선 등은 특약에도 불구하고 여전히 임대인이 부담하는 것으로 보아야 한다. 따라서 소규모수선에 해당하는 가스보일러의 경우 특약에 따라 甲이 부담하게 되겠지만, 대규모의 수선이 필요한 지붕수선의 경우 특약에도 불구하고 임대인 乙이 부담하여야 한다.

제623조 (임대인의 의무) 임대인은 목적물을 임차인에게 인도하고 계약존속 중 그 사용, 수익에 필요한 상태를 유지하게 할 의무를 부담한다.

제626조 (임차인의 상환청구권) ① 임차인이 임차물의 보존에 관한 필요비를 지출한 때에는 임대인에 대하여 그 상환을 청구할 수 있다.
② 임차인이 유익비를 지출한 경우에는 임대인은 임대차종료시에 그 가액의 증가가 현존한 때에 한하여 임차인의 지출한 금액이나 그 증가액을 상환하여야 한다. 이 경우에 법원은 임대인의 청구에 의하여 상당한 상환기간을 허여할 수 있다.

(1) 목적물을 사용·수익하게 할 의무

임대인은 목적물을 임차인에게 인도하고 임대차기간 중에 사용·수익에 필요한 상태를 유지할 의무를 부담한다(제623조). 따라서 임대차에서는 특약이 없는 이상 임대인이 수선의무를 부담한다. 수선의 필요여부는 임차인의 목적물의 사용·수익가능성과 연관지어 판단된다(대판 2003. 3. 23, 98두18053). 그리고 임대인이 임차인과의 특약으로 임차목적물의 수선을 임차인이 하는 것으로 정할 수 있지만, 이러한 특약이 있더라도 임차건물의 주요 구성부분에 대한 대수선이나 대규모의 수선에 대해서는 여전히 임대인이 수선의무를 부담한다(판례).

(2) 비용상환의무

임차인이 임차물보존을 위하여 필요비를 지출한 경우 임차인은 즉시 그 상환을 청구할 수 있다(제626조 1항). 그리고 임차인이 유익비를 지출한 경우에는 임대인은 임대차 종료 시에 그 가액의 증가가 현존한때에 한하여 임차인의 지출한 금액이나 그 증가액을 상환하여야 한다(제626조 2항). 유익비상환에 있어서 법원은 임대인의 청구로 상낭한 상환기간을 허락할 수 있다(제626조 2항 단서).[53]

---

[53] 임차인의 유익비상환청구는 임차인의 철거권과 구별되어야 한다. 즉 임차인이 임차물에 부속시킨

(3) 담보책임

임대차에 대하여도 매도인의 하자담보책임이 준용될 수 있다(제567조). 그러나 매매와 달리 임대차계약은 대차계약이므로 그 성격을 고려하여 담보책임을 적용해야 한다. 따라서 임차인이 목적물을 사용·수익할 수 없게 된 경우라면 권리의 하자에 대한 담보책임규정을, 임대목적물이 약정에 따른 사용·수익이 적합하지 않은 경우라면 물권의 하자에 대한 담보책임규정을 적용해야 한다.

[판례 94] 임대인의 목적물수선의무의 판단과 이에 대한 특약(대판 1994. 12. 9, 94다34692,94다34708) [1] 임대차계약에 있어서 임대인은 목적물을 계약 존속 중 그 사용·수익에 필요한 상태를 유지하게 할 의무를 부담하는 것이므로, 목적물에 파손 또는 장해가 생긴 경우 그것이 임차인이 별 비용을 들이지 아니하고도 손쉽게 고칠 수 있을 정도의 사소한 것이어서 임차인의 사용·수익을 방해할 정도의 것이 아니라면 임대인은 수선의무를 부담하지 않지만, 그것을 수선하지 아니하면 임차인이 계약에 의하여 정해진 목적에 따라 사용·수익할 수 없는 상태로 될 정도의 것이라면 임대인은 그 수선의무를 부담한다.
[2] '1'항의 임대인의 수선의무는 특약에 의하여 이를 면제하거나 임차인의 부담으로 돌릴 수 있으나, 그러한 특약에서 수선의무의 범위를 명시하고 있는 등의 특별한 사정이 없는 한 그러한 특약에 의하여 임대인이 수선의무를 면하거나 임차인이 그 수선의무를 부담하게 되는 것은 통상 생길 수 있는 파손의 수선 등 소규모의 수선에 한한다 할 것이고, 대파손의 수리, 건물의 주요 구성부분에 대한 대수선, 기본적 설비부분의 교체 등과 같은 대규모의 수선은 이에 포함되지 아니하고 여전히 임대인이 그 수선의무를 부담한다고 해석함이 상당하다.

[판례 95] 유익비상환청구권포기약정의 효력제한(대판 1998. 10. 20, 98다31462)
[1] 임대차계약서는 처분문서로서 특별한 사정이 없는 한 그 문언에 따라 의사표시의 내용을 해석하여야 한다고 하더라도, 그 계약 체결의 경위와 목적, 임대차기간, 임대보증금 및 임료의 액수 등의 여러 사정에 비추어 볼 때 당사자의 의사가 계약서의 문언과는 달리 명시적·묵시적으로 일정한 범위 내의 비용에 대하여만 유익비 상환청구권을 포기하기로 약정한 취지라고 해석하는 것이 합리적이라고 인정되는 경우에는 당사자의 의사에 따라 그 약정의 적용 범위를 제한할 수 있다.
[2] 임야 상태의 토지를 임차하여 대지로 조성한 후 건물을 건축하여 음식점을 경영할 목적으로 임대차계약을 체결한 경우, 비록 임대차계약서에서는 필요비 및 유익비의 상환청구권은 그 비용의 용도를 묻지 않고 이를 전부 포기하는 것으로 기재되었다고 하더라도 계약 당사자의 의사는 임대차 목적 토지를 대지로 조성한 후 이를 임차 목적에 따라 사용할 수 있는 상태에서 새로이 투입한 비용만에 한정하여 임차인이 그 상환청구권을 포기한 것이고 대지조성비는 그 상환청구권 포기의 대상으로 삼지 아니한 취지로 약정한 것이라고 해석하는 것이 합리적이다.

물건이 독립된 물건으로 인정될 경우에는 임차인은 그 물건에 대한 소유권을 보유하므로 임대차 종료시에 이를 철거할 수 있다(제654조·제615조).

3. 임차인의 의무

제633조 (차임지급의 시기) 차임은 동산, 건물이나 대지에 대하여는 매월 말에, 기타 토지에 대하여는 매년 말에 지급하여야 한다. 그러나 수확기 있는 것에 대하여는 그 수확 후 지체없이 지급하여야 한다.

제640조 (차임연체와 해지) 건물 기타 공작물의 임대차에는 임차인의 차임연체액이 2기의 차임액에 달하는 때에는 임대인은 계약을 해지할 수 있다.

제641조 (동전) 건물 기타 공작물의 소유 또는 식목, 채염, 목축을 목적으로 한 토지임대차의 경우에도 전조의 규정을 준용한다.

제642조 (토지임대차의 해지와 지상건물 등에 대한 담보물권자에의 통지) 전조의 경우에 그 지상에 있는 건물 기타 공작물이 담보물권의 목적이 된 때에는 제288조의 규정을 준용한다.

제624조 (임대인의 보존행위, 인용의무) 임대인이 임대물의 보존에 필요한 행위를 하는 때에는 임차인은 이를 거절하지 못한다.

제625조 (임차인의 의사에 반하는 보존행위와 해지권) 임대인이 임차인의 의사에 반하여 보존행위를 하는 경우에 임차인이 이로 인하여 임차의 목적을 달성할 수 없는 때에는 계약을 해지할 수 있다.

제646조 (임차인의 부속물매수청구권) ①건물 기타 공작물의 임차인이 그 사용의 편익을 위하여 임대인의 동의를 얻어 이에 부속한 물건이 있는 때에는 임대차의 종료시에 임대인에 대하여 그 부속물의 매수를 청구할 수 있다.
②임대인으로부터 매수한 부속물에 대하여도 전항과 같다.

(1) 차임지급의무

임차인은 임차물을 사용·수익하는 대가로서 임대인에게 차임을 지급할 의무를 부담한다(제618조). 차임은 금전인 것이 일반적이나 금전 이외의 것도 가능하고, 차임액에도 제한이 없다. 그리고 차임지급시기도 당사자가 자유로이 정할 수 있으나 당사자 간에 특약이 없으면 동산 및 건물, 대지의 임대차에서는 매월 말, 기타 토지임대차에서는 매년 말에 지급하여야 한다(제633조 본문: 후급원칙). 임차인이 여럿인 경우에는 임대인에 대하여 연대채무를 부담한다(제654조·제616조).

(2) 차임지체와 임대인의 해지

건물 기타 공작물의 임대차에서는 임차인의 차임연체액이 2기의 차임액에

달하는 때(주의: 2회 연속지체 아님)에 임대인은 계약을 해지할 수 있다(제640조:
강행규정). 그리고 이 규정은 건물 기타 공작물의 소유 또는 식물, 채염, 목축을
목적으로 한 토지임대차에도 준용된다(제641조). 다만 이 경우 지상의 건물 기타
공작물이 저당권의 목적인 때에는 그 저당권자에게 통지한 후 상당한 기간이
경과하여야 해지의 효력이 발생한다(제642조·제288조).

(3) 임대인의 차임채권보호을 위한 법정 담보물권[54]

임대인의 차임채권의 보호를 위하여 토지임대인이 임대차에 관한 채권에
의하여 임대토지에 부속 또는 그 사용의 편익에 고용한 임차인 소유의 동산
및 그 토지의 과실을 압류한 때에는 질권과 동일한 효력이 있다(토지임대인의 법정
질권: 제648조). 토지임대인이 변제기를 경과한 최후 2년의 차임채권에 의하여 그
지상에 있는 임차인소유의 건물을 압류한 때에는 저당권과 동일한 효력이 있
다(토지임대인의 법정저당권: 제649조). 그리고 건물 기타 공작물의 임대인이 임대차에
관한 채권에 의해 그 건물 기타 공작물에 부속한 임차인소유의 동산을 압류
하면 질권과 동일한 효력이 있다(건물임대인의 법정질권: 제650조).

(4) 임차물보관의무와 통지의무

임차인은 임대차관계의 종료로 임차물을 임대인에게 반환할 때까지 선량
한 관리자의 주의로 임차물을 보관할 의무를 부담한다(제374조). 그리고 임차물
이 수리를 요하거나 임차물에 대하여 권리를 주장하는 자가 있을 때에는 임
차인은 지체 없이 이를 임대인에게 통지하여야 한다. 다만 임대인이 이를 이
미 알고 있을 때에는 통지할 필요가 없다(제634조).

[판례 96] 임대인의 수선의무위반(대판 2000. 7. 4, 99다64384)
임차건물이 전기배선의 이상으로 인한 화재로 일부 소훼되어 임차인의 임차목적물반환채무가
일부 이행불이 되었으나 발화부위인 전기배선이 건물구조의 일부를 이루고 있어 임차인이
전기배선의 이상을 미리 알았거나 알 수 있었다고 보기 어렵고, 따라서 그 하자를 수리 유지할
책임은 임대인에게 있으므로 임차목적물반환채무의 이행불능은 임대인으로서의 의무를 다하
지 못한 결과이고 임차인의 임차목적물의 보존에 관한 선량한 관리자의 주의의무를 다하지
아니한 결과가 아니다.

---

54) 단, 일시사용을 위한 임대차에는 적용되지 않는다(제653조).

[판례 97] 임차물의 보관의무위반(대판 2006. 1. 13, 2005다51013,51020)
[1] 임차인은 임차건물의 보존에 관하여 선량한 관리자의 주의의무를 다하여야 하고, 임차인의 임차물반환채무가 이행불능이 된 경우, 임차인이 그 이행불능으로 인한 손해배상책임을 면하려면 그 이행불능이 임차인의 귀책사유로 말미암은 것이 아님을 입증할 책임이 있다.
[2] 임차건물이 건물구조의 일부인 전기배선의 이상으로 인한 화재로 소훼되어 임차인의 임차목적물반환채무가 이행불능이 되었다고 하더라도, 당해 임대차가 장기간 계속되었고 화재의 원인이 된 전기배선을 임차인이 직접 하였으며 임차인이 전기배선의 이상을 미리 알았거나 알 수 있었던 경우에는, 당해 전기배선에 대한 관리는 임차인의 지배관리 영역 내에 있었다 할 것이므로, 위와 같은 전기배선의 하자로 인한 화재는 특별한 사정이 없는 한 임차인이 임차목적물의 보존에 관한 선량한 관리자의 주의의무를 다하지 아니한 결과 발생한 것으로 보아야 한다.

(5) 임차물수선에 대한 인용의무

임차인은 목적물보존에 필요한 임대인의 행위를 거절하지 못한다(제624조). 그러나 임대인이 임차인의 의사에 반하여 보존행위를 함으로써 임차목적을 달성할 수 없는 경우 임차인은 계약을 해지할 수 있다(제625조).

(6) 임차물반환의무

임대차계약의 종료시 임차인은 임차물을 반환할 의무를 부담한다. 이때 임차인은 임차물을 반환할 때에는 이를 원상으로 회복하여 반환하여야 한다(제654조·제615조). 그리고 임차인은 임차물에 부속시킨 물건의 철거할 권리가 있고(제654조, 제615조 후단), 그리고 일정한 경우 매수청구권을 행사할 수 있다(제645조·제646조). 그리고 임차인은 유익비상환청구권도 가진다(제626조).

[판례 98] 임차인의 반환의무의 불능(대판[전합] 2017. 5. 18, 2012다86895, 86901)
[1] 임대차 목적물이 화재 등으로 인하여 소멸됨으로써 임차인의 목적물 반환의무가 이행불능이 된 경우에, 임차인은 이행불능이 자기가 책임질 수 없는 사유로 인한 것이라는 증명을 다하지 못하면 목적물 반환의무의 이행불능으로 인한 손해를 배상할 책임을 지며, 화재 등의 구체적인 발생 원인이 밝혀지지 아니한 때에도 마찬가지이다. 또한 이러한 법리는 임대차 종료 당시 임대차 목적물 반환의무가 이행불능 상태는 아니지만 반환된 임차 건물이 화재로 인하여 훼손되었음을 이유로 손해배상을 구하는 경우에도 동일하게 적용된다.
한편 임대인은 목적물을 임차인에게 인도하고 임대차계약 존속 중에 그 사용, 수익에 필요한 상태를 유지하게 할 의무를 부담하므로(민법 제623조), 임대차계약 존속 중에 발생한 화재가 임대인이 지배·관리하는 영역에 존재하는 하자로 인하여 발생한 것으로 추단된다면, 그 하자를

보수·제거하는 것은 임대차 목적물을 사용·수익하기에 필요한 상태로 유지하여야 하는 임대인의 의무에 속하며, 임차인이 하자를 미리 알았거나 알 수 있었다는 등의 특별한 사정이 없는 한, 임대인은 화재로 인한 목적물 반환의무의 이행불능 등에 관한 손해배상책임을 임차인에게 물을 수 없다.

[2] [다수의견] 임차인이 임대인 소유 건물의 일부를 임차하여 사용·수익하던 중 임차 건물 부분에서 화재가 발생하여 임차 건물 부분이 아닌 건물 부분(이하 '임차 외 건물 부분'이라 한다)까지 불에 타 그로 인해 임대인에게 재산상 손해가 발생한 경우에, 임차인이 보존·관리의무를 위반하여 화재가 발생한 원인을 제공하는 등 화재 발생과 관련된 임차인의 계약상 의무 위반이 있었음이 증명되고, 그러한 의무 위반과 임차 외 건물 부분의 손해 사이에 상당인과관계가 있으며, 임차 외 건물 부분의 손해가 그러한 의무 위반에 따른 통상의 손해에 해당하거나, 임차인이 그 사정을 알았거나 알 수 있었을 특별한 사정으로 인한 손해에 해당한다고 볼 수 있는 경우라면, 임차인은 임차 외 건물 부분의 손해에 대해서도 민법 제390조, 제393조에 따라 임대인에게 손해배상책임을 부담하게 된다.

종래 대법원은 임차인이 임대인 소유 건물의 일부를 임차하여 사용·수익하던 중 임차 건물 부분에서 화재가 발생하여 임차 외 건물 부분까지 불에 타 그로 인해 임대인에게 재산상 손해가 발생한 경우에, 건물의 규모와 구조로 볼 때 건물 중 임차 건물 부분과 그 밖의 부분이 상호 유지·존립함에 있어서 구조상 불가분의 일체를 이루는 관계에 있다면, 임차인은 임차 건물의 보존에 관하여 선량한 관리자의 주의의무를 다하였음을 증명하지 못하는 이상 임차 건물 부분에 한하지 아니하고 건물의 유지·존립과 불가분의 일체 관계에 있는 임차 외 건물 부분이 소훼되어 임대인이 입게 된 손해도 채무불이행으로 인한 손해로 배상할 의무가 있다고 판단하여 왔다. 그러나 임차 외 건물 부분이 구조상 불가분의 일체를 이루는 관계에 있는 부분이라 하더라도, 그 부분에 발생한 손해에 대하여 임대인이 임차인을 상대로 채무불이행을 원인으로 하는 배상을 구하려면, 임차인이 보존·관리의무를 위반하여 화재가 발생한 원인을 제공하는 등 화재 발생과 관련된 임차인의 계약상 의무 위반이 있었고, 그러한 의무 위반과 임차 외 건물 부분의 손해 사이에 상당인과관계가 있으며, 임차 외 건물 부분의 손해가 의무 위반에 따라 민법 제393조에 의하여 배상하여야 할 손해의 범위 내에 있다는 점에 대하여 임대인이 주장·증명하여야 한다. 이와 달리 위와 같은 임대인의 주장·증명이 없는 경우에도 임차인이 임차 건물의 보존에 관하여 선량한 관리자의 주의의무를 다하였음을 증명하지 못하는 이상 임차 외 건물 부분에 대해서까지 채무불이행에 따른 손해배상책임을 지게 된다고 판단한 종래의 대법원판결들은 이 판결의 견해에 배치되는 범위 내에서 이를 모두 변경하기로 한다.

4. 임차인의 권리

제621조 (임대차의 등기) ① 부동산임차인은 당사자간에 반대 약정이 없으면 임대인에 대하여 그 임대차등기절차에 협력할 것을 청구할 수 있다.
② 부동산임대차를 등기한 때에는 그때부터 제3자에 대하여 효력이 생긴다.

제622조 (건물등기있는 차지권의 대항력) ① 건물의 소유를 목적으로 한 토지임대차는 이를

등기하지 아니한 경우에도 임차인이 그 지상건물을 등기한 때에는 제3자에 대하여 임대차의 효력이 생긴다.
② 건물이 임대차기간 만료전에 멸실 또는 후폐한 때에는 전항의 효력을 잃는다.

제627조 (일부멸실등과 감액청구, 해지권) ① 임차물의 일부가 임차인의 과실없이 멸실 기타 사유로 인하여 사용, 수익할 수 없는 때에는 임차인은 그 부분의 비율에 의한 차임의 감액을 청구할 수 있다.
② 전항의 경우에 그 잔존부분으로 임차의 목적을 달성할 수 없는 때에는 임차인은 계약을 해지할 수 있다.

제628조 (차임증감청구권) 임대물에 대한 공과부담의 증감 기타 경제사정의 변동으로 인하여 약정한 차임이 상당하지 아니하게 된 때에는 당사자는 장래에 대한 차임의 증감을 청구할 수 있다.

제643조 (임차인의 갱신청구권, 매수청구권) 건물 기타 공작물의 소유 또는 식목, 채염, 목축을 목적으로 한 토지임대차의 기간이 만료한 경우에 건물, 수목 기타 지상시설이 현존한 때에는 제283조의 규정을 준용한다.

제644조 (전차인의 임대청구권, 매수청구권) ① 건물 기타 공작물의 소유 또는 식목, 채염, 목축을 목적으로 한 토지임차인이 적법하게 그 토지를 전대한 경우에 임대차 및 전대차의 기간이 동시에 만료되고 건물, 수목 기타 지상시설이 현존한 때에는 전차인은 임대인에 대하여 전전대차와 동일한 조건으로 임대할 것을 청구할 수 있다.
② 전항의 경우에 임대인이 임대할 것을 원하지 아니하는 때에는 제283조 제2항의 규정을 준용한다.

제645조 (지상권목적토지의 임차인의 임대청구권, 매수청구권) 전조의 규정은 지상권자가 그 토지를 임대한 경우에 준용한다.

제646조 (임차인의 부속물매수청구권) ①건물 기타 공작물의 임차인이 그 사용의 편익을 위하여 임대인의 동의를 얻어 이에 부속한 물건이 있는 때에는 임대차의 종료시에 임대인에 대하여 그 부속물의 매수를 청구할 수 있다.
② 임대인으로부터 매수한 부속물에 대하여도 전항과 같다.

(1) 임차권

임차인은 임차권, 즉 계약이나 목적물의 성질에 의하여 정해진 용법으로 임차물을 사용·수익할 권리를 가진다. 그리고 임차인은 임대인의 승낙이 없이 임차물을 타인에게 용익하게 할 수 없다(제629조). 임차권은 채권이므로 임대인이 목적물의 소유권을 제3자에게 양도하면 임차인은 제3자의 반환청구권에 대항할 수 없다("매매는 임대차를 깬다"). 다만 부동산임차인은 당사자 간에 반대 약정이 없으면 임대인에 대하여 그 임대차등기절차에 협력할 것을 청구할 수 있다(제621조). 부동산임대차를 등기하게 되면, 등기시점부터 임대차를 가지고 제3자에게 대하여 효력(대항력)이 생긴다(동조 2항). 그러나 실제에서 임대인이 임차인의 등기청구를 받아주지 않는 경우가 많은데, 동 규정은 협력에 관한 사항이므로 임대인이 임차인의 청구를 거부하더라도 다른 방법은 없다. 그리고 건물의 소유를 목적으로 한 토지임대차는 이를 등기하지 아니한 경우에도 임차인이 그 지상건물을 등기한 때에는 제3자에 대하여 임대차의 효력이 생긴다(제622조). 이 밖에도 주택임대차보호법과 상가임대차보호법에 따라서 임대차가 대항력을 갖출 수도 있다.

(2) 차임증감청구

임차물의 일부가 임차인의 과실없이 멸실 기타 사유로 인하여 사용·수익할 수 없는 때에는 임차인은 그 부분의 비율에 의한 차임의 감액을 청구할 수 있다(제627조: 강행규정). 그 잔존부분으로 임차의 목적을 달성할 수 없는 때에는 임차인은 계약을 해지할 수 있다. 임차인의 감액청구는 형성권으로서 이에 대한 임대인의 승낙은 필요하지 않다(통설). 그리고 임대물에 대한 공과부담의 증감 기타 경제사정의 변동으로 인하여 약정한 차임이 상당하지 아니하게 된 때에는 당사자는 장래에 대한 차임의 증감을 청구할 수 있다(제628조: 강행규정).[55] 차임증감청구권은 형성권으로서 재판 외에서 행사할 수 있고, 증감청구가 상당하다고 인정되는 경우 청구권행사시에 증감의 효과가 발생한다(판례).

(3) 건물 등의 부속물에 대한 건물임차인의 매수청구권

건물 기타 공작물의 임차인이 그 사용의 편익을 위하여 임대인의 동의를 얻어 이에 부속한 물건이나 임대인으로부터 매수한 부속물이 있는 때에는 임대차의 종료시에 임대인에 대하여 그 부속물의 매수를 청구할 수 있다(제646조). 다만 임차인의 채무불이행으로 인하여 해지되는 경우에는 매수청구권이 인정되지 않는다(판례).

---

55) 단, 일시사용을 위한 임대차에는 적용되지 않는다(제653조).

(4) 건물 등의 소유를 목적으로 하는 토지임차인의 지상물매수청구권

건물 기타 공작물의 소유 또는 식목, 채염, 목축을 목적으로 한 토지임대차의 기간이 만료한 경우에 건물, 수목 기타 지상시설이 현존한 때에는 그 매수를 청구할 수 있다(제643조·제283조). 다만 임차인은 지상물매수청구를 하기 전에 계약의 갱신을 하여야 하며, 임대인이 그 갱신을 원하지 않을 때에 한해 지상물의 매수를 청구할 수 있다.56) 그러나 판례에 따르면 임차인의 불이행으로 임대차계약이 해지되는 경우, 무단양도나 무단전대의 경우, 임대인이 토지소유자가 아니거나 임대차기간 중에 토지소유자가 변경된 경우 등에 인정되지 않는다.

[판례 99] 토지임차인의 지상물매수청구권(대판[전합] 1995. 7. 11, 94다34265)
[1] 토지임차인의 지상물매수청구권은 기간의 정함이 없는 임대차에 있어서 임대인에 의한 해지통고에 의하여 그 임차권이 소멸된 경우에도 마찬가지로 인정된다.
[2] 지상물매수청구권은 이른바 형성권으로서 그 행사로 임대인·임차인 사이에 지상물에 관한 매매가 성립하게 되며, 임차인이 지상물의 매수청구권을 행사한 경우에는 임대인은 그 매수를 거절하지 못하고, 이 규정은 강행규정이므로 이에 위반하는 것으로서 임차인에게 불리한 약정은 그 효력이 없다.
[3] 토지임대차 종료시 임대인의 건물철거와 그 부지인도 청구에는 건물매수대금 지급과 동시에 건물명도를 구하는 청구가 포함되어 있다고 볼 수 없다.

[판례 100] 지상물매수청구권의 포기특약이 유효한 경우(대판 1982. 1. 19, 81다1001)
[1] 건물임차인의 매수청구의 대상이 되는 부속물이란 건물 자체에 부속된 물건으로서 건물의 구성부분으로는 되지않는 임차인 소유의 물건 중 건물의 사용에 객관적 편익을 가져오는 것에 한한다. 따라서 기존건물과 분리되어 독립한 소유권의 객체가 될 수 없는 증축부분이나 임대인의 소유에 속하기로 한 부속물은 매수청구의 대상이 될 수 없다.
[2] 건물임차인인 피고들이 증·개축한 시설물과 부대시설을 포기하고 임대차 종료시의 현상대로 임대인의 소유에 귀속하기로 하는 대가로 임대차계약의 보증금 및 월차임을 파격적으로 저렴하게 하고, 그 임대기간도 장기간으로 약정하고, 임대인은 임대차계약의 종료 즉시 임대건물을 철거하고 그 부지에 건물을 신축하려고 하고 있으며 임대차계약 당시부터 임차인도 그와 같은 사정을 알고 있었다면 임대차계약시 임차인의 부속시설의 소유권이 임대인에게 귀속하기로 한 특약은 단지 부속물매수청구권을 배제하기로 하거나 또는 부속물을 대가없이 임대인의 소유에 속하게 하는 약정들과는 달라서 임차인에게 불리한 약정이라고 할 수 없다.

---

56) 지상물매수청구는 형성권으로서 그 행사로서 지상물에 대한 매매가 성립하게 된다(대판 1998. 5. 8, 98다2389).

5. 임차권의 양도 및 임차물의 전대

[사례 36] 임차인 乙은 임차권을 丙에게 양도하였다. 그러나 이에 대하여 임대인인 甲의 동의를 받지 않았다. 이때 甲·乙·丙의 법률관계는?
☞ 해 설 : ① 임차인(乙: 양도인)과 제3자(丙: 양수인)의 법률관계 : 임차권양도를 지명채권양도(처분)로 구성하게 되면, 임대인의 동의가 없더라도 乙과 丙간의 임차권양도로 丙이 임차권을 취득하므로, 丙은 목적물을 사용·수익할 수 있지만, 丙이 취득한 임차권은 채권이므로 임대인 甲의 동의가 없는 이상 丙이 甲에게 임차권을 주장할 수는 없다.[57] 반면 임차권양도를 계약인수로 파악하게 되면 임대인 甲의 동의가 없는 이상 乙·丙간의 합의는 효력이 발생하지 않고, 임대차계약관계의 당사자는 여전히 甲·乙이 된다.
② 임대인(甲)과 제3자(丙: 양수인)의 관계 : 양수인 丙은 임대인의 동의가 없는 이상 임대인 甲에 대하여 아무런 주장도 할 수 없다. 따라서 丙이 임차물을 점유하게 되면 불법점유에 해당하고, 이에 대하여 甲은 방해배제(제213조·제214조)를 청구할 수 있다. 단, 목적물반환청구는 임대차계약을 해지하지 않는 이상 직접점유자인 乙에게 인도할 것을 청구할 수 있다(통설). 그리고 이때 임대인 甲은 여전히 차임청구권을 보유하므로 양도 그 자체만으로 乙에게 손해배상청구를 할 수 없다.
③ 임대인(甲)과 임차인(乙: 양도인)의 관계 : 乙이 임차권을 무단양도한 경우 甲은 임대차계약을 해지할 수 있다(제629조 2항).[58] 그러나 甲이 임대차계약을 해지 않는 이상 양자 간에는 임대차계약에 따른 권리·의무가 유지된다.

[사례 37] 2010년 1월부터 乙은 甲으로부터 상가건물을 보증금 1억 원, 월임대료 150만 원에 임차하면서 계약기간은 3년으로 약정하였다. 그러나 사업이 여의치 않자 2012년 5월 乙은 甲의 동의를 얻어 상가건물을 丙에게 보증금 5천만 원, 월임대료 80만 원에 임차기간 1년으로 약정하고, 이에 따라 丙이 건물을 쓸 수 있도록 빌려 주었다. 2013년 1월에 甲은 "乙과의 임대차계약기간이 만료되었으므로, 乙과 丙은 건물을 비워 달라"라고 요청하였다. 그러나 이에 대하여 丙은 乙로부터 보증금 5천만 원을 받지 못했다며, 건물의 명도를 거절하고 있다. 이러한 丙의 주장은 정당한가?
☞ 해 설 : 임대인의 동의가 있는 전대차라고 하더라도, 임대차계약의 종료로 인하여 전대차계약은 그 효력을 상실한다(예외: 631조). 따라서 사안에서 甲·乙간의 임대차계약이 종료되었으므로, 乙·丙간의 전대차계약도 종료된다. 따라서 甲의 乙과 丙에 대한 건물명도청구는 정당하다. 그리고 임대인 甲은 전차인에 대하여 아무런 의무를 부담하지 않고, 전대인 乙의 지위도 승계하지 않으므로, 丙은 자신의 보증금채권으로 甲의 건물명도에 대항할 수 없다. 丙의 보증금채권은 자신의 임대인인 乙에게 요구하여야 할 것이다.

---

57) 단, 이때 양도인인 乙은 임대인 甲의 동의를 받아줄 의무가 있고, 이에 대하여 타인권리매매에서의 담보책임(계약해제, 손해배상)을 부담하게 된다(대판 1986. 2. 25, 85다카1812; 대판2001. 7. 24, 2001다16418).
58) 계약인수설에 따르면 계약 자체만으로는 아무런 효력이 없으므로 이를 이유로 계약을 해지할 수 없고, 양수인 丙이 임차목적물을 사용·수익할 때에 해지할 수 있다고 본다.

[사례 38] 임차인 乙은 자신이 빌려 쓰고 있던 건물을 丙에게 임대하는 전대차계약을 체결하였다. 그러나 이에 대하여 임대인인 甲의 동의를 받지 않았다. 이때 甲·乙·丙의 법률관계는?
☞ 해 설 : ① 임차인(乙: 전대인)과 제3자(丙: 전차인)의 법률관계 : 전대인과 전차인 사이에 유효하게 성립한 전대차계약에 의해 전차인 丙은 乙에 대하여 목적물을 사용·수익하게 해 줄 것을 요구할 채권을 취득하게 된다. 그리고 乙은 丙에 대하여 차임청구권을 가진다.
② 임대인(甲)과 제3자(丙: 전차인)의 관계 : 전차인 丙은 자신의 전차권에 기하여 임대인 甲에 대하여 대항하지 못한다. 즉, 甲은 丙에 대해서 방해배제청구를 할 수 있다(제213조·제214조).59)
③ 임대인(甲)과 임차인(乙: 전대인)의 관계 : 무단전대에도 불구하고 임대인 甲과 임차인 乙 간에는 임대차계약이 여전히 효력을 가진다. 단 甲은 乙의 무단전대를 이유로 임대차계약을 해지할 수 있다(제629조 2항).60)

제629조 (임차권의 양도, 전대의 제한) ① 임차인은 임대인의 동의없이 그 권리를 양도하거나 임차물을 전대하지 못한다.
② 임차인이 전항의 규정에 위반한 때에는 임대인은 계약을 해지할 수 있다.

제630조 (전대의 효과) ① 임차인이 임대인의 동의를 얻어 임차물을 전대한 때에는 전차인은 직접 임대인에 대하여 의무를 부담한다. 이 경우에 전차인은 전대인에 대한 차임의 지급으로써 임대인에게 대항하지 못한다.
② 전항의 규정은 임대인의 임차인에 대한 권리행사에 영향을 미치지 아니한다.

제631조 (전차인의 권리의 확정) 임차인이 임대인의 동의를 얻어 임차물을 전대한 경우에는 임대인과 임차인의 합의로 계약을 종료한 때에도 전차인의 권리는 소멸하지 아니한다.

제638조 (해지통고의 전차인에 대한 통지) ① 임대차계약이 해지의 통고로 인하여 종료된 경우에 그 임대물이 적법하게 전대되었을 때에는 임대인은 전차인에 대하여 그 사유를 통지하지 아니하면 해지로써 전차인에게 대항하지 못한다.
② 전차인이 전항의 통지를 받은 때에는 제635조제2항의 규정을 준용한다.

제644조 (전차인의 임대청구권, 매수청구권) ① 건물 기타 공작물의 소유 또는 식목, 채염, 목축을 목적으로 한 토지임차인이 적법하게 그 토지를 전대한 경우에 임대차 및 전대차의 기간이 동시에 만료되고 건물, 수목 기타 지상시설이 현존한 때에는 전차인은 임대인에 대하여 전전대차와 동일한 조건으로 임대할 것을 청구할 수 있다.
② 전항의 경우에 임대인이 임대할 것을 원하지 아니하는 때에는 제283조제2항의 규정을 준용한다.

---

59) 단, 임대인은 계약을 해지하지 않는 한, 직접 자신에게 목적물을 인도할 것을 청구할 수 없다.
60) 건물임차인이 건물의 소부분을 타인에게 사용하게 하는 경우 이를 이유로 임대차계약을 해지할 수 없다(제632조).

(1) 의의

민법상 임차권의 양도나 임대물의 전대는 원칙적으로 금지되고, 임대인의 동의가 있는 경우에만 예외적으로 허용된다(제629조 1항). 왜냐하면 임대차계약은 당사자 간의 신뢰가 중요한 계속적 계약이기 때문이다. 따라서 임차인이 임대인의 동의 없이 임차권을 양도하거나 전대하는 경우 임대인은 임대차계약을 해지할 수 있다(제629조 2항). 다만 이에 대한 규정인 제629조는 임의규정이므로 당사자의 특약으로 달리 정할 수 있다.

(2) 임차권의 양도

임차권양도는 임차인이 동일성을 유지하면서 제3자에게 임차권을 처분하는 계약(준물권계약)으로서 지명채권양도라는 것이 다수설과 판례의 입장이다.[61] 임차권양도계약의 당사자는 임차인(양도인)과 제3자(양수인)이다. 다만 임대인의 동의가 없는 이상 그러한 계약은 임대인에 대하여 효력이 없다(제629조). 그러나 적법하게 임차권이 양도되면 임차인은 임차인의 지위에서 벗어나고, 제3자인 양수인이 임차인의 지위를 승계한다. 즉 임대인·신임차인(양수인)의 관계가 성립한다. 하지만 임차권이 양도되더라도 특별한 사정이 없는 이상 제3자(양수인)에게 임대차보증금이 이전되지 않는다(대판 1998. 7. 14. 96다17202).

(3) 임차물의 전대

① 개념 : 전대(轉貸)란 임차인이 제3자(전차인)에게 임차물을 사용·수익하게 하는 채권계약을 말한다.[62] 전대차의 당사자는 임차인(전대인)과 제3자(전차인)이다. 이와 같이 양자 간의 계약만으로 전대차상의 채권·채무가 발생하지만, 임대인이 동의하는 경우에만 전차인이 임대인 및 기타의 제3자에 대한 관계에서 유효하게 임차권(전차권)을 취득하게 된다(제629조).

② 전대인과 전차인의 관계 : 전대차계약의 내용에 따라 정해지는데, 전대인은 임대인으로서의 권리·의무를, 전차인은 임차인으로서의 권리·의무를 가진

---

61) 임차인의 지위를 제3자에게 이전하는 계약인수로 보는 견해도 있다.
62) 건물의 소부분의 전대차에 대하여는 전대의 제한(제629조), 전대의 효과(제630조), 전차인의 권리확정(제631조)는 적용되지 않음에 주의하여야 한다(제632조).

다. 그러나 전대차계약에도 불구하고 임대인과 전대인 간의 관계에는 아무런 영향이 없다.

③ **임대인과 전대인(임차인)의 관계** : 임대인은 전차인에 대하여 직접 권리를 행사할 수 있으나, 이로써 임대인이 임차인에 대하여 그의 임대차계약상의 채권을 행사할 수 없게 되는 것은 아니다(제630조). 그리고 전차인의 과실로 목적물이 훼손된 경우 임대인의 동의를 얻은 전대차의 경우는 전대인이 전차인에 대한 선임·감독의무를 부담하지 않는다는 견해(통설)와 선임·감독의무를 부담한다는 견해로 구분된다. 후자의 견해에 따르면 전대인은 전차인의 선임·감독의무로 그 책임이 경감된다.

④ **임대인과 전차인의 관계** : 원래 임대인과 전차인간에는 계약관계가 없지만, 제630조 1항에 따라서 전차인은 임대인에 대하여 전대차계약상 의무를 부담한다. 그리고 임대인은 전차인에게 차임을 청구할 수 있으나 전차인은 전대인에 대한 차임지급으로서 임대인에게 대항할 수 없다(제630조 1항 후문). 그리고 임대차계약이 소멸하면 전차권도 소멸하는 것이 원칙이나, 임대인의 동의가 있는 경우 전차인의 권리는 임대인과 임차인의 합의로 계약이 종료되더라도 소멸되지 않는다(제631조). 임대차계약의 종료에도 불구하고, 임대인의 동의를 얻은 전대차의 경우 임대인이 전차인에게 해지의 사유를 통지하지 않으면 그 해지로서 전차인에게 대항할 수 없다(제638조 1항: 강행규정).

[판례 101] 저당권이 설정된 임차목적물의 경매와 임차권(대판 1993. 4. 13, 92다24950)
[1] 건물의 소유를 목적으로 하여 토지를 임차한 사람이 그 토지 위에 소유하는 건물에 저당권을 설정한 때에는 민법 제358조 본문에 따라서 저당권의 효력이 건물뿐만 아니라 건물의 소유를 목적으로 한 토지의 임차권에도 미친다고 보아야 할 것이므로, 건물에 대한 저당권이 실행되어 경락인이 건물의 소유권을 취득한 때에는 특별한 다른 사정이 없는 한 건물의 소유를 목적으로 한 토지의 임차권도 건물의 소유권과 함께 경락인에게 이전된다.
[2] 위 "1"항의 경우에도 민법 제629조가 적용되기 때문에 토지의 임대인에 대한 관계에서는 그의 동의가 없는 한 경락인은 그 임차권의 취득을 대항할 수 없다고 할 것인바, 민법 제622조 제1항은 건물의 소유를 목적으로 한 토지임대차는 이를 등기하지 아니한 경우에도 임차인이 그 지상건물을 등기한 때에는 토지에 관하여 권리를 취득한 제3자에 대하여 임대차의 효력을 주장할 수 있음을 규정한 취지임에 불과할 뿐, 건물의 소유권과 함께 건물의 소유를 목적으로 한 토지의 임차권을 취득한 사람이 토지의 임대인에 대한 관계에서 그의 동의가 없이도 임차권의 취득을 대항할 수 있는 것까지 규정한 것이라고는 볼 수 없다.
[3] 임차인의 변경이 당사자의 개인적인 신뢰를 기초로 하는 계속적 법률관계인 임대차를 더

이상 지속시키기 어려울 정도로 당사자간의 신뢰관계를 파괴하는 임대인에 대한 배신행위가 아니라고 인정되는 특별한 사정이 있는 때에는 임대인은 자신의 동의 없이 임차권이 이전되었다는 것만을 이유로 민법 제629조 제2항에 따라서 임대차계약을 해지할 수 없고, 그와 같은 특별한 사정이 있는 때에 한하여 경락인은 임대인의 동의가 없더라도 임차권의 이전을 임대인에게 대항할 수 있다고 봄이 상당한바, 위와 같은 특별한 사정이 있는 점은 경락인이 주장·입증하여야 한다.

[판례 102] 부부간 임차권양도(대판 1993. 4. 27, 92다45308 판결)
[1] 민법 제629조는 임차인은 임대인의 동의 없이 그 권리를 양도하거나 전대하지 못하고, 임차인이 이에 위반한 때에는 임대인은 계약을 해지할 수 있다고 규정하고 있는바 이는 민법상의 임대차계약은 원래 당사자의 개인적 신뢰를 기초로 하는 계속적 법률관계임을 고려하여 임대인의 인적 신뢰나 경제적 이익을 보호하여 이를 해치지 않게 하고자 함에 있으며, 임차인이 임대인의 승낙 없이 제3자에게 임차물을 사용·수익시키는 것은 임대인에게 임대차관계를 계속시키기 어려운 배신적 행위가 될 수 있는 것이기 때문에 임대인에게 일방적으로 임대차관계를 종지시킬 수 있도록 하고자 함에 있다.
[2] 임차인이 임대인으로부터 별도의 승낙을 얻은 바 없이 제3자에게 임차물을 사용·수익하도록 한 경우에 있어서도 임차인의 당해 행위가 임대인에 대한 배신적 행위라고 인정할 수 없는 특별한 사정이 있는 경우에는 위 법조항에 의한 해지권은 발생하지 않는다.
[3] 임차권의 양수인이 임차인과 부부로서 임차건물에 동거하면서 함께 가구점을 경영하고 있는 등의 사정이 위 "2"항의 "특별한 사정"에 해당한다.

6. 임대차의 종료

제635조 (기간의 약정없는 임대차의 해지통고) ① 임대차기간의 약정이 없는 때에는 당사자는 언제든지 계약해지의 통고를 할 수 있다.
② 상대방이 전항의 통고를 받은 날로부터 다음 각호의 기간이 경과하면 해지의 효력이 생긴다.
  1. 토지, 건물 기타 공작물에 대하여는 임대인이 해지를 통고한 경우에는 6월, 임차인이 해지를 통고한 경우에는 1월
  2. 동산에 대하여는 5일

제636조 (기간의 약정 있는 임대차의 해지통고) 임대차기간의 약정이 있는 경우에도 당사자 일방 또는 쌍방이 그 기간 내에 해지할 권리를 보류한 때에는 전조의 규정을 준용한다.

제637조 (임차인의 파산과 해지통고) ① 임차인이 파산선고를 받은 경우에는 임대차기간의 약정이 있는 때에도 임대인 또는 파산관재인은 제635조의 규정에 의하여 계약해지의 통고를 할 수 있다.
② 전항의 경우에 각 당사자는 상대방에 대하여 계약해지로 인하여 생긴 손해의 배상을

청구하지 못한다.

제638조 (해지통고의 전차인에 대한 통지) ① 임대차계약이 해지의 통고로 인하여 종료된 경우에 그 임대물이 적법하게 전대되었을 때에는 임대인은 전차인에 대하여 그 사유를 통지하지 아니하면 해지로써 전차인에게 대항하지 못한다.
② 전차인이 전항의 통지를 받은 때에는 제635조제2항의 규정을 준용한다.

제639조 (묵시의 갱신) ① 임대차기간이 만료한 후 임차인이 임차물의 사용, 수익을 계속하는 경우에 임대인이 상당한 기간내에 이의를 하지 아니한 때에는 전임대차와 동일한 조건으로 다시 임대차한 것으로 본다. 그러나 당사자는 제635조의 규정에 의하여 해지의 통고를 할 수 있다.
② 전항의 경우에 전임대차에 대하여 제삼자가 제공한 담보는 기간의 만료로 인하여 소멸한다.

제640조 (차임연체와 해지) 건물 기타 공작물의 임대차에는 임차인의 차임연체액이 2기의 차임액에 달하는 때에는 임대인은 계약을 해지할 수 있다.

제641조 (동전) 건물 기타 공작물의 소유 또는 식목, 채염, 목축을 목적으로 한 토지임대차의 경우에도 전조의 규정을 준용한다.

제642조 (토지임대차의 해지와 지상건물등에 대한 담보물권자에의 통지) 전조의 경우에 그 지상에 있는 건물 기타 공작물이 담보물권의 목적이 된 때에는 제288조의 규정을 준용한다.

(1) 존속기간을 정한 임대차에서의 해지

존속기간이 정해진 임대차의 경우 기간의 만료로서 계약이 소멸한다. 그러나 기간의 약정이 있는 임대차라도 당사자 일방 또는 쌍방이 해지권을 유보한 경우 존속기간을 정하지 않은 임대차의 해지에 대한 제635조 규정이 준용된다(제636조). 그리고 임차인이 파산선고를 받은 경우에는 임대차기간의 약정이 있는 때에도 임대인 또는 파산관재인은 제635조의 규정에 의하여 계약해지의 통고를 할 수 있다.

(2) 존속기간을 정하지 않은 임대차에서의 해지

각 당사자는 언제든지 계약의 해지를 통고할 수 있고, 이러한 해지의 효력은 통고가 있은 날로부터 일정 기간(통고기간)이 경과한 후에 해지의 효력이 발생한다(제635조 1항). 토지, 건물 기타 공작물에 대하여는 임대인이 해지를 통고한 경우에는 6월, 임차인이 해지를 통고한 경우에는 1월이 경과하여야 해지의 효력이 발생하고, 동산의 경우에는 양 당사자 모두 5일이 경과하면 효력이 발생한다(제635조 2항:강행규정).

(3) 즉시해지

기간의 약정에도 불구하고, ① 임대인이 임차인의 의사에 반하여 보존행위를 한 때(제625조), ② 임차물의 일부가 임차인의 과실에 의하지 않고 멸실되고, 잔존부분으로 임차의 목적달성이 불가능할 때(제627조), ③ 임대인의 동의 없이 제3자에게 임차권을 양도하거나 전대한 경우(제629조 2항), ④ 2기의 차임이 연체된 경우(제640조·제641조), ⑤ 당사자 일방에 의한 이행불능시, ⑥ 기타 부득이한 사유가 있을 때(제661조의 유추적용)에 즉시해지가 인정된다.

7. 주택임대차·상가임대차

(1) 주택임대차보호법

[사례 39] 甲은 2017년 4월 1일 서울시 마포구 ○○동에 소재한 乙 소유의 주택을 2년 동안 보증금 2억 원에 빌리는 임대차계약을 체결하였고, 5월 1일 잔금을 지급하고 주택에 입주하였다. 그리고 甲은 입주 전에 해당 주택에 대한 주민등록하였다.
⑴ 2018년 3월 15일 乙은 주택을 丙에게 매도하였다. 이때 甲의 임대차기간과 보증금을 비롯한 임대차계약관계는 어떻게 되는가?
⑵ 甲이 임대차계약을 체결하기 이전에 주택의 건물등기부를 확인해본 결과, 2015년 9월 2일에 A은행 명의의 저당권등기(채무액 1억 원)가 있었다. 그리고 임대차계약체결 이후인 2017년 9월 20일자로 B은행의 저당권등기(채무액 5천만 원)가 되었다. 그리고 임대인 乙에게 3천만 원을 빌려준 채권자 C가 있었다. 2019년 4월 30일에 임대차기간이 만료되어 甲이 乙에게 보증금을 돌려 줄 것을 요구하였으나 乙은 보증금을 반환하지 않았다. 이에 甲은 주택에 대해 경매를 신청하였고, 경매절차에 따라 주택은 2억 3천만 원에 낙찰이 되었다. 이때 주택의 경락대금의 배당순서는? (단, 채무액의 이자나 비용 등은 고려하지 않음. 그리고 甲의 보증금은 최우선변제대상이 아님)
☞ 해 설 : ⑴ 乙은 대항력을 갖추었으므로, 임대차기간동안 주택의 소유자의 변경이 있더라도 이에 영향을 받지 않는다. 즉, 주택을 새로 매수한 丙이 종전의 임대인 甲의 지위를 승계하게 된다(주택임대차보호법 제3조 4항).
⑵ 주택의 경락대금(2억 3천만 원)에 대해서 A가 1순위, 임차인 乙이 2순위, B은행이 3순위, 일반채권자인 C가 4순위의 지위에 있다. 따라서 A가 5천만 원을 제일 먼저 받아가고, 남은 금액인 1억 8천만 원을 임차인 乙이 받게 된다. 후순위자인 B와 C는 배당금을 받아갈 수 없다. 그리고 乙이 배당받지 못한 2천만 원은 甲에 대한 일반채권으로서 여전히 존속한다.

① **입법의 목적** : 이 법은 주거용건물의 임대차에 관하여 민법에 대한 특례를 규정함으로써 국민의 주거생활의 안정을 보장함을 목적으로 한다(주택임대차보호법 제1조). 따라서 동법의 규정에 위반된 약정으로서 임차인에게 불리한 것은 그 효력이 없다(동법 제10조).

② **적용범위** : 주택임대차보호법은 주거용건물(이하 "주택"이라 한다)의 전부 또는 일부의 임대차에 관하여 이를 적용되며, 그 임차주택의 일부가 주거 외의 목적으로 사용되는 경우에도 또한 같다(동법 제2조). 그리고 주택의 등기하지 아니한 전세계약에 관하여 이를 준용한다(동법 제12조).[63] 그러나 일시사용을 위한 임대차임이 명백한 경우에는 이를 적용되지 않는다(동법 제11조).

③ **주택임차인의 주거보장** - 대항요건(주택의 인도와 주민등록) : 주택임대차는 그 등기가 없는 경우에도 임차인이 주택의 인도와 주민등록(전입신고)을 마친 때에는 그 다음 날부터 제3자에 대하여 효력이 생긴다. 즉, 선순위 저당권이나 전세권 담보가등기 가압류 등이 없는 임차주택에 주택임차인이 입주하고 주민등록전입신고를 마치면(동법 제3조: 대항요건), 그 다음날부터 임차주택이 다른 사람에게 양도되거나 경매로 매각되더라도 제3자(양수인·경락 매수인 등)에게 임차권을 주장할 수 있다(제3조 1항: 대항력). 그리고 임차주택의 양수인(기타 임대할 권리를 승계한 자를 포함한다)은 임대인의 지위를 승계한 것으로 본다(제3조 4항).[64] 마지막으로 임대차 존속기간이 종료한 경우 임차인이 보증금을 반환받지 못한 경우 임차인은 법원에 임차권등기명령을 신청하여 법원의 명령에 따라 임차권등기를 경료하면 등기와 동시에 대항력을 취득한다(동법 제3조의3). 임차권은 임차주택에 대하여 민사집행법에 의한 경매가 행하여진 경우에는 그 임차주택의 경락에 의하여 소멸하지만, 보증금이 전액변제되지 않은 대항력 있는 임차권은 소멸하지 않는다(동법 제3조의5).

[판례 103] 임차주택의 양도와 보증금반환의무(대판 2002. 9. 4, 2001다64615)
대항력 있는 주택임대차에 있어 기간만료나 당사자의 합의 등으로 임대차가 종료된 경우에도 주택임대차보호법 제4조 제2항에 의하여 임차인은 보증금을 반환받을 때까지 임대차관계가 존속하는 것으로 의제되므로 그러한 상태에서 임차목적물인 부동산이 양도되는 경우에는 같은 법 제3조 제2항에 의하여 양수인에게 임내차가 종료된 상태에서의 임대인으로서의 지위가

---

63) 이 경우 전세금은 임대차의 보증금으로 본다.
64) 이러한 대항요건은 존속요건이므로, 계속해서 존속해야한다(대판 1987. 2. 24, 86다카1695).

당연히 승계되고, 양수인이 임대인의 지위를 승계하는 경우에는 임대차보증금 반환채무도 부동산의 소유권과 결합하여 일체로서 이전하는 것이므로 양도인의 임대인으로서의 지위나 보증금 반환채무는 소멸하는 것이지만, 임차인의 보호를 위한 임대차보호법의 입법 취지에 비추어 임차인이 임대인의 지위승계를 원하지 않는 경우에는 임차인이 임차주택의 양도사실을 안 때로부터 상당한 기간 내에 이의를 제기함으로써 승계되는 임대차관계의 구속으로부터 벗어날 수 있다고 봄이 상당하고, 그와 같은 경우에는 양도인의 임차인에 대한 보증금 반환채무는 소멸하지 않는다.

④ **주택임대차의 존속기간** : 기간을 정하지 않거나 기간을 2년 미만으로 정한 임대차는 그 기간을 2년으로 본다(동법 제4조 1항 본문). 이는 임차인을 위한 편면적 규정으로서 임차인은 2년 미만으로 정한 존속기간이 있는 경우에 이를 주장할 수 있다. 그리고 임대차가 종료한 경우에도 임차인이 보증금을 반환받을 때까지는 임대차관계는 존속하는 것으로 본다. 주택임대차는 합의에 따라서 갱신할 수 있다. 다만 임대인이 임대차기간이 만료되기 6월 전부터 동 기간이 만료되기 1월 전까지의 사이에 임차인에 대하여 갱신거절의 통지 또는 갱신조건의 통지를 하지 않는 경우에는 임대차기간이 만료된 때 전임대차와 동일한 조건으로 다시 임대차한 것으로 본다(동법 제6조 1항: 법정갱신). 또한 임차인이 임대차기간의 만료 전 1월까지 갱신거절 등의 통지를 하지 않은 때에도 마찬가지이다(동법 제6조 1항 후단).[65] 묵시갱신에 의한 임대차는 다시 2년으로 갱신된다(동법 제6조 2항). 이 경우 임차인은 언제든지 임대인에 대하여 계약해지의 통지를 할 수 있고, 이때의 해지는 임대인이 그 통지를 받은 날부터 3월이 경과하면 그 효력이 발생한다(동법 제6조의2). 임대인은 민법 제635조에 따라서 해지통고 후 6월이 지나면 해지의 효력이 발생하게 된다.

⑤ **차임 등의 증감청구** : 약정한 차임 또는 보증금이 임차주택에 관한 조세·공과금 기타 부담의 증감이나 경제사정의 변동으로 인하여 상당하지 아니하게 된 때에는 당사자는 장래에 대하여 그 증감을 청구할 수 있다. 그러나 증액의 경우에는 대통령령이 정하는 기준에 따른 비율을 초과하지 못한다(동법 제7조).

⑥ **보증금의 우선변제(대항요건과 확정일자)** : 임대인의 채권자에 의한 강제

---

[65] 그러나 임차인이 2기의 차임을 지체하거나 기타 임차인의 의무를 현저하게 위반하고 있는 때에는 법정갱신이 인정되지 않는다(제6조 3항).

집행이나 담보권실행 또는 임대인의 국세체납으로 인한 임차주택이 공경매 내지 공매되는 경우, 확정일자 있는 증서로 임대차계약을 작성하고 주택임대차보호법상 제3조 1항의 대항요건을 갖추면 주택임차인은 후순위권리자나 일반채권자보다 우선하여 환가대금으로부터 그의 보증금을 변제받을 수 있다(제3조의2 2항). 그리고 제3자가 경매를 신청한 경우에 임차인은 임차주택의 양수인에게 대항하여 보증금을 받을 때까지 임대차관계의 존속을 주장할 수 있는 권리와 보증금에 대하여 임차주택의 가액으로부터 우선변제를 받을 수 있는 권리를 동시에 가진다(대항력과 우선변제권 중 임차인이 선택가능). 그리고 임차인이 임차주택에 대하여 보증금반환청구소송의 확정판결 기타 이에 준하는 집행권원에 기한 경매를 신청하는 경우에는 민사집행법 제41조의 규정에 불구하고 반대의무의 이행 또는 이행의 제공을 집행개시의 요건으로 하지 아니한다(제3조의2 1항).

⑦ **소액보증금의 최우선변제** : 주택임차인은 소액의 보증금에 대하여 다른 담보물권자보다 우선하여 변제를 받을 수 있다(제8조 1항 전단). 또한 주택임차인은 보증금 중 일정액에 관해서는 국세 또는 가산금보다 우선하여 변제받을 수 있다(국세기본법 제35조 1항 4호). 주택임대차보호법 시행령 제3조 1항에 따라 소액임차인으로서 소액보증금에 대하여 최우선변제를 받는 범위는 아래와 같다(2020년 4월 현재).[66]

서울특별시	1억 1천만 원 이하 중 3천 7백만 원
수도권정비계획법상 과밀억제권역	1억 원 이하 중 3천 400만 원
광역시, 안산시, 용인시, 김포시 및 광주시	6천만 원 이하 중 2천만 원
기타지역	5천만 원 이하 중 1천 700만 원

⑧ **주택임대차의 상속** : 임차인이 상속권자 없이 사망한 경우에 그 주택에서 가정공동생활을 하던 사실상의 혼인관계에 있는 자는 임차인의 권리와 의무를 승계한다(제9조 1항). 임차인이 사망한 경우에 사망당시 상속권자가 그 주택에서 가정공동생활을 하고 있지 아니한 때에는 그 주택에서 가정공동생활을

---

66) 최우선변제의 대상이 되는 보증금에 주택가액의 2분의 1을 초과할 수 없는 등의 일정한 제한이 있다(동법 시행령 2항·3항·4항).

하던 사실상의 혼인관계에 있는 자와 2촌 이내의 친족은 공동으로 임차인의 권리와 의무를 승계한다(제9조 2항).67) 이 경우 임대차관계에서 생긴 채권·채무는 임차인의 권리의무를 승계한 자에게 귀속한다.

(2) 상가건물임대차보호법

① 의의 : 상가건물의 임차인들을 보호하기 위하여 상가건물임대차보호법이 제정되었다(상가임대차보호법 제1조). 동법의 적용범위는 상가건물(제3조제1항의 규정에 의한 사업자등록의 대상이 되는 건물을 말한다)의 임대차(임대차 목적물의 주된 부분을 영업용으로 사용하는 경우를 포함한다)에 대하여 적용한다(동법 제2조). 그러나 동법은 일시사용을 위한 임대차임이 명백한 경우에는 이를 적용하지 아니한다. 또한 동법은 대통령령이 정하는 보증금액을 초과하는 임대차68)에 대하여는 그러하지 적용되지 아니한다. 동법은 강행규정의 성격을 갖는다. 나아가 동법은 목적건물의 등기하지 아니한 전세계약에 관하여 이를 준용한다.

② 임차인의 대항력(건물인도와 사업자등록) : 임대차는 그 등기가 없는 경우에도 임차인이 건물의 인도와 부가가치세법 제5조, 소득세법 제168조 또는 법인세법 제111조의 규정에 의한 사업자등록을 신청한 때에는 그 다음 날부터 제3자에 대하여 효력이 생긴다(동법 제3조 1항). 임차건물의 양수인(그밖에 임대할 권리를 승계한 자를 포함한다)은 임대인의 지위를 승계한 것으로 본다(동조 2항).

③ 임차권등기의 명령 : 임대차가 종료된 후 보증금을 반환받지 못한 임차인은 임차건물의 소재지를 관할하는 지방법원·지방법원지원 또는 시·군법원에 임차권등기명령을 신청할 수 있다. 임차권등기명령의 신청에는 특정 사항을 기재하여야 하며, 신청의 이유 및 임차권등기의 원인이 된 사실은 이를 소명하여야 한다(제6조 1항). 임차권등기명령의 집행에 의한 임차권등기가 경료되면

---

67) 동법 제9조 1항 및 2항의 경우에 임차인이 사망한 후 1월 이내에 임대인에 대하여 반대의사를 표시한 때에는 그러하지 아니하다.
68) 1. 서울특별시 : 9억 원, 2. 수도권정비계획법에 의한 수도권중 과밀억제권역 및 부산광역시 : 6억 원 9천만 원, 3. 광역시·(「수도권정비계획법」에 따른 과밀억제권역에 포함된 지역과 군지역, 부산광역시는 제외), 세종특별자치시, 파주시, 화성시, 안산시, 용인시, 김포시 및 광주시 : 5억 4천만원, 4. 그 밖의 지역 : 3억 7천만 원. 이때 보증금 외에 차임이 있는 경우의 차임액은 월 단위의 차임액으로 한다(동법 시행령 제2조: 2020년 4월 현재). 이에 해당되더라도 대항력(제3조), 계약갱신(제10조 1항·2항·3항, 계약갱신의 특례(제10조의2), 권리금(제10조의3 내지 제10조의7), 차임연체와 해지(제10조의8), 표준계약서의 작성(제19조)은 적용된다.

임차인은 제3조제1항의 규정에 의한 대항력 및 제5조제2항의 규정에 의한 우선변제권을 취득한다. 다만, 임차인이 임차권등기 이전에 이미 대항력 또는 우선변제권을 취득한 경우에는 그 대항력 또는 우선변제권이 그대로 유지되며, 임차권등기 이후에는 제3조제1항의 대항요건을 상실하더라도 이미 취득한 대항력 또는 우선변제권을 상실하지 아니한다(동조 2항).

④ **보증금의 우선변제(대항요건과 확정일자)** : 사업자등록의 신청을 갖추고 관할 세무서장으로부터 임대차계약서상의 확정일자를 받은 임차인은 민사집행법에 의한 경매 또는 국세징수법에 의한 공매시 임차건물의 환가대금에서 후순위권리자 그 밖의 채권자보다 우선하여 보증금을 변제받을 권리가 있다(동법 제5조 2항).

⑤ **소액보증금의 최우선변제** : 우선변제를 받을 임차인 및 보증금 중 일정액의 범위와 기준은 임대건물가액(임대인 소유의 대지 가액을 포함한다)의 3분의 1의 범위 안에서 당해 지역의 경제여건, 보증금 및 차임 등을 고려하여 시행령으로 정한다. 시행령에 의하면 다음과 같다(2020년 4월 현재).

서울특별시	6천 5백만 원 이하 중 2천 2백만 원
수도권 과밀억제권역	5천 5백만 원 이하 중 1천 9백만 원
광역시(인천광역시 제외)	3천 8백만 원 이하 중 1천 3백만 원
기타지역	3천만 원 이하 중 1천만 원

⑥ **임대차의 존속** : 간의 정함이 없거나 기간을 1년 미만으로 정한 임대차는 그 기간을 1년으로 본다. 다만, 임차인은 1년 미만으로 정한 기간이 유효함을 주장할 수 있다(동법 제9조). 그리고 임대차가 종료한 경우에도 임차인이 보증금을 반환받을 때까지는 임대차 관계는 존속하는 것으로 본다.

⑦ **약정에 의한 임대차의 갱신** : 임대인은 임차인이 임대차기간 만료 전 6월부터 1월까지 사이에 행하는 계약갱신 요구에 대하여 정당한 사유 없이 이를 거절하지 못한다(제10조 1항).[69] 그리고 임차인의 계약갱신요구권은 최초의 임

---

69) 이에는 다음과 같은 예외가 있다. 1. 임차인이 3기의 차임액에 달하도록 차임을 연체한 사실이 있는 경우, 2. 임차인이 거짓 그 밖의 부정한 방법으로 임차한 경우, 3. 쌍방 합의하에 임대인이 임차인에게 상당한 보상을 제공한 경우, 4. 임차인이 임대인의 동의 없이 목적 건물의 전부 또는

대차 기간을 포함한 전체 임대차 기간이 10년을 초과하지 않는 범위 내에서만 행사할 수 있다(동조 2항). 갱신되는 임대차는 전 임대차와 동일한 조건으로 다시 계약된 것으로 본다. 다만, 차임과 보증금은 제11조의 규정에 의한 범위 안에서 증감할 수 있다.

⑧ 법정갱신 : 임대인이 제1항의 기간 이내에 임차인에 대하여 갱신거절의 통지 또는 조건의 변경에 대한 통지를 하지 아니한 경우에는 그 기간이 만료된 때에 전임대차와 동일한 조건으로 다시 임대차한 것으로 본다(제6조 4항). 이 경우에 임대차의 존속기간은 정함이 없는 것으로 본다. 이 경우에 임차인은 언제든지 임대인에 대하여 계약해지의 통고를 할 수 있고, 임대인이 그 통고를 받은 날부터 3월이 경과하면 그 효력이 발생한다(동조 5항).

⑨ 임대차의 소멸 : 임차권은 임차건물에 대하여 민사집행법에 의한 경매가 행하여진 경우에는 그 임차건물의 경락에 의하여 소멸한다. 다만, 보증금이 전액 변제되지 아니한 대항력이 있는 임차권은 그러하지 아니하다(동법 제8조).

⑩ 차임 및 월세 : 차임 또는 보증금이 임차건물에 관한 조세, 공과금 그 밖의 부담의 증감이나 경제사정의 변동으로 인하여 상당하지 아니하게 된 때에는 당사자는 장래에 대하여 그 증감을 청구할 수 있다. 그러나 증액의 경우에는 기존의 임대료나 보증금의 연 5%를 초과하지 못할 뿐만 아니라, 임대차계약 또는 약정한 차임 등의 증액이 있은 후 1년 이내에는 증액청구를 하지 못한다(동법 제11조). 그리고 보증금의 전부 또는 일부를 월 단위의 차임으로 전환하는 경우에는 그 전환되는 금액에 은행법에 의한 금융기관에서 적용하는 대출금리 및 당해 지역의 경제여건 등을 감안하여 대통령령이 정하는 비율을 곱한 월차임의 범위를 초과할 수 없다(동법 제12조).

⑪ 권리금의 보장 : 권리금이란 임대차 목적물인 상가건물에서 영업을 하는 자 또는 영업을 하려는 자가 영업시설·비품, 거래처, 신용, 영업상의 노하우, 상가건물의 위치에 따른 영업상의 이점 등 유형·무형의 재산적 가치의 양도 또는 이용대가로서 임대인, 임차인에게 보증금과 차임 이외에 지급하는 금전 등의

일부를 전대한 경우, 5. 임차인이 임차한 건물의 전부 또는 일부를 고의 또는 중대한 과실로 파손한 경우, 6. 임차한 건물의 전부 또는 일부가 멸실되어 임대차의 목적을 달성하지 못할 경우, 7. 임대인이 목적 건물의 전부 또는 대부분을 철거하거나 재건축하기 위해 목적 건물의 점유 회복이 필요한 경우, 8. 그밖에 임차인이 임차인으로서의 의무를 현저히 위반하거나 임대차를 존속하기 어려운 중대한 사유가 있는 경우.

대가를 말한다(동법 제10조의3). 임대인은 임대차기간이 끝나기 6개월 전부터 임대차 종료 시까지 권리금 계약에 따라 임차인이 주선한 신규임차인이 되려는 자로부터 권리금을 지급받는 것을 방해하여서는 안된다(동법 제10조의4 1항).

제8강 고용·도급·여행·현상광고

Ⅰ. 고용

제655조 (고용의 의의) 고용은 당사자일방이 상대방에 대하여 노무를 제공할 것을 약정하고 상대방이 이에 대하여 보수를 지급할 것을 약정함으로써 그 효력이 생긴다.

1. 의의 및 성립

(1) 개념

고용(雇傭)은 노무자가 사용자에 대하여 노무를 제공할 것을 약정하고, 사용자가 그에 대한 보수지급을 약정함으로써 성립하는 계약을 말한다(제655조). 고용계약에서 노무자는 사용자의 지시에 따른 노무를 제공하는데 그치고, 그 노무제공의 결과에 대한 의무를 지지 않는다는 점에서 도급계약과 구별된다. 그리고 노무자는 사용자와 종속적인 지위에서 업무를 수행한다는 점에서 수임인이 일에 대한 독립성·재량성을 가지고 사무를 처리하는 위임계약과 차이가 있다.

(2) 법적 성질

고용계약은 노무자의 노무제공에 대하여 사용자가 보수를 지급하는 유상계약이고, 노무자의 노무제공의무와 사용자의 보수지급의무가 있는 쌍무계약에 해당한다. 그리고 고용계약은 낙성계약이고, 체결방식에 제한이 없는 불요식 계약이며, 계속적 계약이다.

(3) 근로계약과의 구별

고용계약과 근로계약은 노동력을 매개로 하여 일방이 노동력을 제공하고, 노동력을 제공받는 상대방이 그 대가로서 보수(내지 임금)을 지급한다는 점에서는 동일하다. 그래서 고용계약과 근로계약의 구별이 문제된다. 이에 대해서 근로계약은 종속노동을 대상으로 한다는 점에서 고용계약과 구별된다는 견해와 고용계약도 종속노동을 대상으로 하는 것이어서 근로계약과 차이가 없다는 건해가 대립한나. 견해의 차이의 실익은 근로기준법을 비롯한 노동법에서 근로계약에 대한 규정이 흠결된 경우, 민법의 고용에 관한 규정을 적용할 수 있는가에 대한 것이다. 그러나 노무자가 노무제공에 있어서 전적으로 사용자의 지시에 따르는 타인결정성, 즉 종속성(從屬性)을 띠는 고용계약이 대부분이라는 점에서 후자의 견해가 타당하다.[70]

(4) 고용계약의 기간

원칙적으로 당사자의 합의에 따라서 기간을 임의로 정할 수 있다. 다만 고용의 약정기간이 3년을 넘거나 당사자의 일방 또는 제3자의 종신까지로 된 때에는 각 당사자는 3년을 경과한 후 언제든지 계약해지의 통고를 할 수 있다(제659조 1항).

2. 노무자의 의무

제657조 (권리의무의 전속성) ① 사용자는 노무자의 동의없이 그 권리를 제3자에게 양도하지 못한다.
② 노무자는 사용자의 동의없이 제삼자로 하여금 자기에 갈음하여 노무를 제공하게 하지 못한다.
③ 당사자일방이 전2항의 규정에 위반한 때에는 상대방은 계약을 해지할 수 있다.

제658조 (노무의 내용과 해지권) ① 사용자가 노무자에 대하여 약정하지 아니한 노무의 제공을 요구한 때에는 노무자는 계약을 해지할 수 있다.
② 약정한 노무가 특수한 기능을 요하는 경우에 노무자가 그 기능이 없는 때에는 사용자는 계약을 해지할 수 있다.

(1) 노무제공의무

노무자는 계약에 따라서 사용자의 지시에 따라 노무를 제공할 의무를 부담한다. 노무자가 제공해야할 노무의 내용과 종류는 당사자의 약정에 따라, 약정이 없는 경우에는 계약의 취지와 관행에 의해서 결정된다(제658조 1항). 따라서 사용자가 계약이나 관행에서 정해지지 않은 노무제공을 요구하는 경우, 노무자는

---

[70] 이런 관점에서 근로계약을 민법전내로 수용한 나라(스위스채무법)도 있다.

이에 응할 의무가 없으며 이를 근거로 계약을 해지할 수 있다(제658조 1항). 반면 노무자가 특수한 기능을 필요로 하는 노무제공을 약속하였으나 그러한 기능을 가지지 못한 때에 사용자는 계약을 해지할 수 있다(제658조 2항).

고용계약의 특성상 노무자가 수행해야 할 노무는 사용자의 지시에 의하여 구체화된다. 즉, 노무자의 업무시작과 종료시간, 수행업무, 휴식시간 등은 사용자의 지시에 따라서 결정된다. 그리고 사용자는 지시에 대한 폭 넓은 재량성을 가진다. 다만 사용자의 노무지시권은 고용계약의 취지, 취업규칙, 법률규정 또는 신의칙을 벗어나서는 안 된다.

(2) 노무제공의무의 일신전속성

노무제공은 사용자와 고용계약관계에 있는 노무자만이 제공하고, 노무의 수령도 계약관계에 있는 사용자가 하는 것이 원칙이다. 따라서 노무자는 사용자의 동의 없이 제3자로 하여금 자기에 갈음하여 노무를 제공하게 할 수 없다(제657조 2항·3항). 사용자도 노무자의 동의 없이 노무급부청구권을 타인에게 양도할 수 없으며, 이를 위반한 경우 노무자는 계약을 해지할 수 있다(제657조 1항·3항).

(3) 노무제공의무의 불이행

노무자가 귀책사유로 노무를 제공하지 않은 경우 채무불이행이 성립한다. 노무제공의무는 정기채무의 성질을 가지므로, 이미 불이행한 부분의 노무제공은 원칙적으로 (이행)불능으로 다루어진다.

3. 사용자의 의무

656조 (보수액과 그 지급시기) ① 보수 또는 보수액의 약정이 없는 때에는 관습에 의하여 지급하여야 한다.
② 보수는 약정한 시기에 지급하여야 하며 시기의 약정이 없으면 관습에 의하고 관습이 없으면 약정한 노무를 종료한 후 지체 없이 지급하여야 한다.

사용자는 약정이 있는 경우에는 그에 따라서, 약정이 없는 때에는 관습에 따라서 보수를 지급할 의무를 부담한다(제656조 1항). 사용자가 보수를 지급하는 시기는 당사자 간의 약정에 따라서 정해지지만, 약정이 없는 경우에는 관습에 따라, 관습이 없는 경우라면 노무를 종료한 때 지체 없이 보수를 지급해야 한다(제658조 2항). 그리고 사용자는 주된 채무로서 보수지급의무 이외에도 부수적 의무로서 노무자의 생명·신체·건강 등의 안전을 보호할 안전배려의무를 부담한다(대판 2001. 7. 27, 99다56734 참고).

4. 고용계약의 종료

제659조 (3년 이상의 경과와 해지통고권) ① 고용의 약정기간이 3년을 넘거나 당사자의 일방 또는 제3자의 종신까지로 된 때에는 각 당사자는 3년을 경과한 후 언제든지 계약해지의 통고를 할 수 있다.
② 전항의 경우에는 상대방이 해지의 통고를 받은 날로부터 3월이 경과하면 해지의 효력이 생긴다.
제660조 (기간의 약정이 없는 고용의 해지통고) ① 고용기간의 약정이 없는 때에는 당사자는 언제든지 계약해지의 통고를 할 수 있다.
② 전항의 경우에는 상대방이 해지의 통고를 받은 날로부터 1월이 경과하면 해지의 효력이 생긴다.
③ 기간으로 보수를 정한 때에는 상대방이 해지의 통고를 받은 당기후의 일기를 경과함으로써 해지의 효력이 생긴다.
제661조 (부득이한 사유와 해지권) 고용기간의 약정이 있는 경우에도 부득이한 사유있는 때에는 각 당사자는 계약을 해지할 수 있다. 그러나 그 사유가 당사자일방의 과실로 인하여 생긴 때에는 상대방에 대하여 손해를 배상하여야 한다.
제662조 (묵시의 갱신) ① 고용기간이 만료한 후 노무자가 계속하여 그 노무를 제공하는 경우에 사용자가 상당한 기간내에 이의를 하지 아니한 때에는 전고용과 동일한 조건으로 다시 고용한 것으로 본다. 그러나 당사자는 제660조의 규정에 의하여 해지의 통고를 할 수 있다.
② 전항의 경우에는 전고용에 대하여 제3자가 제공한 담보는 기간의 만료로 인하여 소멸한다.
제663조 (사용자파산과 해지통고) ① 사용자가 파산선고를 받은 경우에는 고용기간의 약정이 있는 때에도 노무자 또는 파산관재인은 계약을 해지할 수 있다.
② 전항의 경우에는 각 당사자는 계약해지로 인한 손해의 배상을 청구하지 못한다.

고용계약의 기간이 정해진 경우에는 그 기간의 만료로 고용관계가 종료한다. 그러나 고용의 약정기간이 3년을 넘거나 당사자의 일방 또는 제3자의 종신까지로 된 때에는 각 당사자는 3년을 경과한 후 언제든지 계약해지의 통고를 할 수 있고, 이때 상대방이 해지의 통고를 받은 날로부터 3월이 경과하면 해지의 효력이 생긴다(제659조). 그리고 고용기간의 약정이 있는 경우에도 부득이한 사유 있는 때에는 각 당사자는 계약을 해지할 수 있다. 그러나 그 사유가 당사자일방의 과실로 인하여 생긴 때에는 상대방에 대하여 손해를 배상하여야 한다(제661조).

고용기간의 약정이 없는 때에는 당사자는 언제든지 계약해지의 통고를 할 수 있고, 이때 상대방이 해지의 통고를 받은 날로부터 1월이 경과하면 해지의 효력이 생긴다(제660조). 그리고 고용계약의 당사자는 약정에 의하여 고용계약을 갱신할 수 있다. 그러나 고용기간이 만료한 후 노무자가 계속하여 그 노무를 제공하는 경우에 사용자가 상당한 기간 내에 이의를 하지 아니한 때에는 전 고용과 동일한 조건으로 다시 고용한 것으로 본다(제662조 1항: 묵시의 갱신). 그리고 사용자가 파산선고를 받은 경우에는 고용기간의 약정이 있는 때에도 노무자 또는 파산관재인은 계약을 해지할 수 있다(제663조).

II. 도급계약

[사례 40] 액젓 제조 및 판매업을 하는 甲은 건축공사업자인 乙에게 자신의 토지위에 액젓발효 저장탱크의 제작 및 설치공사를 의뢰하였다. 공사과정에서 비용을 절감하라는 甲의 지시에 의해 두 차례 설계변경이 되었다. 저장탱크가 완성 된 후 甲이 액젓을 저장하였는데, 저장탱크의 방수가 제대로 되지 않아 액젓 일부(약 3,000드럼)가 변질되고 말았다. 액젓 변질의 원인은 저당탱크의 구조적인 결함으로 인한 탱크의 균열이었다.
(1) 위 사례에서 甲은 乙에 대하여 어떤 권리를 가지는가?
(2) 乙의 甲에 대한 손해배상이 인정되고, 저장탱크의 결함에 甲의 과실이 있다면, 이 경우 과실상계가 적용될 수 있는가?
☞ 해 설 : (1) 도급인 甲은 제667조 1항에 따라서 하자보수청구권 또는 동조 2항에 따라서 보수에 갈음한 손해배상 내지 보수와 함께 손해배상을 청구할 수 있다. 따라서 甲은 자신의 선택에 따라서 저장탱크의 하자로 인한 보수청구를 하거나 또는 손해배상을 청구할 수 있다. 즉, 甲은 乙에 대하여 하자보수를 청구할 수 있고(제667조 1항), 이때 보수에도 불구하고 잔존하는 손해(목적물의 가치 하락분)가 있다면, 이것도 손해배상(제667조 2항 보수와 함께하는 손해

배상)으로 받을 수 있다. 또는 하자보수를 요구하지 않고(하자보수가 가능한 한 하자보수가 우선해야 한다는 반대 견해 있음), 하자보수에 갈음한 손해배상을 청구할 수도 있다(667조 2항 하자보수에 갈음한 손해배상). 그러나 액젓 손상으로 인한 손해는 '하자 결과(확대) 손해'로서 목적물 자체의 하자로 인한 것이 아니므로, 제667조 2항의 손해배상이 아니라, 乙의 과실을 전제로 하여 제390조에 따라 배상을 받을 수 있다(판례).[71]
(2) 판례에 따르면, 수급인의 하자담보책임은 법이 특별히 인정한 무과실책임으로서 여기에 제396조의 과실상계 규정이 준용될 수는 없지만, 담보책임이 민법의 지도이념인 공평의 원칙에 입각한 것인 이상 하자발생 및 그 확대에 가공한 도급인의 잘못을 참작할 수 있고 보고 있다. 따라서 甲의 과실을 손해배상에 있어서 고려할 수 있다.

제664조 (도급의 의의) 도급은 당사자일방이 어느 일을 완성할 것을 약정하고 상대방이 그 일의 결과에 대하여 보수를 지급할 것을 약정함으로써 그 효력이 생긴다.

1. 의의 및 성립

(1) 성립

도급(都給)이란 수급인이 일정한 일을 완성할 것을 약정하고, 도급인이 그 일의 결과에 대하여 보수를 지급할 것을 약정함으로써 성립하는 계약을 말한다(제664조). 오늘 날 도급계약은 건축, 부동산, 법률 및 세무, 예술작품 등과 같이 전문적인 영역에서 널리 활용되고 있다. 도급계약은 수급인이 일을 완성할 의무를 진다는 점에서 이미 완성된 물건의 인도를 목적으로 하는 매매계약과 다르다. 그리고 도급계약의 목적이 노무제공으로 인한 결과인 일정한 일을 완성이란 점에서 노무제공 그 자체를 계약의 목적으로 하는 고용계약과 위임계약과 차이가 있다. 이 밖에도 고용계약과 달리 도급계약은 수급인에게 일을 완성에 대한 독립성·재량성이 인정된다. 그리고 도급계약에서 수급인은 일의 완성이라는 결과채무를 부담하지만, 위임계약에서 수임인은 사무처리에 대한 의무만을 부담할 뿐 그 결과에 대해 책임을 지지 않는다.

[판례 104] 제작물공급계약의 법적 성질(대판 2006. 10. 13, 2004다21862)
당사자의 일방이 상대방의 주문에 따라 자기 소유의 재료를 사용하여 만든 물건을 공급하기로 하고 상대방이 대가를 지급하기로 약정하는 이른바 제작물공급계약은 그 제작의 측면에서는

---

71) 이에 대하여 액젓 손상과 같은 하자 결과 손해도 민법 제667조 2항의 "보수와 함께 하는 손해배상"으로서 배상되어야 한다는 견해가 있다.

도급의 성질이 있고 공급의 측면에서는 매매의 성질이 있어 대체로 매매와 도급의 성질을 함께 가지고 있으므로, 그 적용 법률은 계약에 의하여 제작 공급하여야 할 물건이 대체물인 경우에는 매매에 관한 규정이 적용되지만, 물건이 특정의 주문자의 수요를 만족시키기 위한 부대체물인 경우에는 당해 물건의 공급과 함께 그 제작이 계약의 주목적이 되어 도급의 성질을 띠게 된다.

(2) 법적 성질

민법상 도급계약은 당사자 간에 청약과 승낙의 합치로서 성립하는 낙성계약이고, 수급인은 약정한 일을 완성하고 그에 대해 도급인이 보수를 지급하는 쌍무계약·유상계약이며, 계약체결에 있어서 특별한 방식을 요하지 않는 불요식계약에 해당한다. 도급계약은 일정한 일의 완성을 목적으로 하는 채권채무관계라는 점에서 일의 완성을 기준으로 도급인이 채권자가 되고, 수급인이 채무자가 된다.

(3) 유형

도급계약에서 수급인이 부담하는 일은 물건의 제작·가공·수리·설치 등과 같은 유형적인 것일 수도 있고, 무형적인 것일 수도 있다. 대표적으로 건축물과 같은 공작물, 부품의 제작, 기계 등의 수리, 회화나 조각품의 제작 등은 유형적인 일에 해당하며, 설계도의 작성, 소프트웨어의 제작, 인터넷웹사이트의 제작, 소설의 집필이나 번역 등과 같은 경우도 그 결과가 유형적인 형태(예: 디스켓과 같은 저장장치)로 나타난다면 유형적인 일의 도급에 해당한다. 반면 사람이나 물건의 운송, 영화출연이나 연극공연, 콘서트, 스포츠경기 등은 무형적인 일의 도급에 해당한다. 이 중 수급인이 완성한 일이 유형적인 형태로 나타나는 도급을 작업도급(물건형 도급)이라고 하고, 수급인의 노무제공을 내용으로 하는 도급을 노무도급(용역도급)이라고 한다. 도급의 유형에 따라서는 작업도급과 노무도급의 구별이 쉽지 않거나 양자가 혼재된 경우도 있다.[72]

---

72) 도급인 소유의 의류의 세탁, 도급인의 양복의 개조, 도급인의 자동차의 수리, 도급인이 제공한 재료로 도급인의 토지에서 일정한 설비를 설치·조립하는 것, 도급인 소유의 건물을 유지·관리하는 경우 등이 이에 해당한다.

[판례 105] 노무도급(대판 1983. 2. 8, 81다428)
일반적으로 도급인과 수급인 사이에는 지휘감독의 관계가 없으므로 도급인은 수급인이나 수급인의 피용자의 불법행위에 대하여 사용자로서의 배상책임이 없는 것이라 하겠으나, 도급인이 수급인에 대하여 특정한 행위를 지휘하거나 특정한 사업을 도급시키는 경우와 같은 이른바 노무도급의 경우에 있어서는 도급인이라 하더라도 사용자로서의 배상책임이 있다 할 것이다.

2. 수급인의 의무

(1) 일의 완성의무

수급인은 도급계약상 합의된 일을 일정한 시기에 완성할 의무를 부담한다. 이때 일은 당사자들의 계약상 합의에 따라 다양하게 존재할 수 있다. 작업도급의 경우 수급인은 물건의 제작·가공·수리·설치 등과 같은 유형적인 결과를 달성해야 하고, 노무도급의 경우에는 운송·공연·출연·업무대행 등을 내용으로 하는 노무를 제공해야 한다. 도급계약에서 수급인은 자신의 의무이행을 스스로 할 수도 있고, 자신의 판단과 책임 하에 제3자로 하여금 의무이행을 하도록 할 수 있다. 즉, 특약이나 일의 성질상 제3자를 통한 일의 완성이 허용되지 않는 경우가 아니라면, 수급인은 제3자를 통해 일을 완성할 수 있는 것이 원칙이다. 그리고 수급인은 일의 완성을 위해 제3자(협의의 이행보조자)를 사용할 수 있다. 이때 이행보조자의 고의·과실은 수급인의 귀책사유로 간주된다 (민법 제391조).

(2) 완성물인도의무

수급인은 일을 완성하여 도급인에게 인도할 의무를 부담한다.[73] 이때 목적물의 인도는 원칙적으로 도급인이 목적물을 점검하고 일이 계약내용대로 완성되었음을 명시적으로 또는 묵시적으로 인정해서 그 직접점유를 넘겨받는 것을 의미한다. 수급인의 인도의무와 도급인의 보수지급의무는 동시이행관계에 있다.

---

73) 수급인의 목적물의 인도의무와 일의 완성의무와의 관계에서 대해서 목적물인도의무가 일의 완성의무에 포함된다는 견해가 있다. 그러나 도급인의 보수지급의무와 - 특약이 없는 이상 - 동시이행관계가 있는 것은 일의 완성이 아니라 완성된 목적물을 도급인에게 인도하는 것이 되어야 한다는 점에서 수급인의 목적물의 인도의무를 일의 완성의무와 구별되는 별개의 의무로 인식하는 것이 타당하다.

그리고 목적물이 도급인의 소유인 때에 수급인은 보수를 지급받을 때까지 그 목적물에 대해서 유치권을 행사할 수 있다(제320조·제213조 단서). 수급인이 완성한 것이 유형적인 것인 경우에는 그 자체를, 반면 무형적인 일인 경우에는 그것을 반영하여 인도할 수 있는 적절한 방법으로 도급인에게 인도하여야 한다. 예를 들어 건축물, 조경시설에 설치할 조형물, 인터넷 홈페이지 등의 제작을 목적으로 한 경우에서 수급인은 완성된 결과물인 건물, 조형물, 인터넷 홈페이지를 도급인에게 직접 인도해야 한다. 반면 노무도급과 같이 수급인이 약정한 노무를 제공하여 특정한 업무를 처리한 경우라면, 그러한 노무제공과 그로 인한 일정한 성과 자체로서 수급인은 자신의 의무를 이행한 것이 된다. 예를 들어 건물의 수리, 물건이나 사람의 운송, 공연 등의 도급에서 수급인은 약정한 시기와 장소에서 노무를 제공하고, 그로 인한 성과가 있는 경우에는 그러한 사실들을 도급인에게 알리는 과정을 거치게 될 것이다.

(3) 완성물의 소유권귀속

도급인의 대지 위에 수급인이 완공한 건물의 소유권이 누구에게 귀속하는지가 문제된다. 도급인이 건축재료의 전부나 상당부분을 제공한 경우라면 도급인에게 소유권이 귀속된다는 점에는 의문이 없다. 그러나 수급인이 건축재료의 전부나 상당부분을 제공한 경우에 대해서는 견해가 대립한다.74) 이 경우도 소유권귀속에 관한 당사자의 특약이 있다면 소유권귀속도 그에 따라 결정될 것이다. 이에 대해서 판례는 수급인이 재료 전부 또는 주요 부분을 제공한 경우에는 특별한 사정이 없는 이상 도급인에게 인도전까지는 수급인이 소유권을 원시취득한다고 본다. 반면 학설은 도급대금지급과 목적물인도와 동시에 소유권이 도급인에게 이전한다는 수급인귀속설75)과 부동산의 경우 원시적으로 도급인에게 귀속한다는 도급인귀속설로 구분된다. 그러나 도급계약상 수급인에게 중요한 것은

---

74) 이 경우 동산의 소유권은 수급인에게 귀속한다고 보는 것이 통설이다.
75) 이에 대해서는 다음과 같은 비판이 있다. 수급인 귀속설의 인도는 부동산물권변동이론에 반할 뿐만 아니라, 도급계약의 특성상 도급은 도급인을 위하여 건축한다는데 그 목적이 있고 수급인은 보수수령에 목적이 있을 뿐이다. 그리고 공사진척에 따른 대금지급관행을 고려하거나 수급인을 위한 유치권·동시이행항변권·저당권설정청구권이 인정된다는 점을 고려하면 굳이 수급인에게 소유권귀속을 인정할 근거가 없다. 또한 등기 실제상 주로 도급인명의로 허가를 받음으로 수급인이 보존등기를 하는 것은 어렵다.

보수청구권이고 수급인은 도급인을 위하여 건물을 완성한다는 점에서 완성물의 소유권은 도급인에게 귀속된다고 보는 것이 타당하다.

[판례 106] 수급인의 재료와 노력으로 건물이 완성된 경우 소유권의 귀속(대판 1999. 2. 9, 98두16675) 수급인이 자기의 노력과 출재로 건축 중이거나 완성한 건물의 소유권은 도급인과 수급인 사이의 특약에 의하여 달리 정하거나 기타 특별한 사정이 없는 한 도급인이 약정에 따른 건축공사비 등을 청산하여 소유권을 취득하기 이전에는 수급인의 소유에 속한다고 봄이 상당하다.

[판례 107] 당사자의 합의에 따른 소유권귀속(대판 1996. 9. 20, 96다24804)
[1] 일반적으로 자기의 노력과 재료를 들여 건물을 건축한 사람은 그 건물의 소유권을 원시취득하고, 다만 도급계약에 있어서는 수급인이 자기의 노력과 재료를 들여 건물을 완성하더라도 도급인과 수급인 사이에 도급인 명의로 건축허가를 받아 소유권보존등기를 하기로 하는 등 완성된 건물의 소유권을 도급인에게 귀속시키기로 합의한 것으로 보여질 경우에는 그 건물의 소유권은 도급인에게 원시적으로 귀속된다.
[2] 다가구용 단독주택의 신축공사 도급계약을 체결함에 있어 공사대금은 평당 금 1,500,000원으로 하되 계약 당일에 계약금 금 3,000,000원을, 공사착수일에 금 15,000,000원을 각 지급하고 나머지 공사대금은 공사완료 후 도급인이 주택의 각 가구를 전세 놓아 그 전세금으로 지급키로 약정하고 주택의 신축공사에 있어서 그 건축허가의 명의도 도급인으로 되어 있는 경우, 도급인과 수급인 사이에는 공사 도급계약 당시부터 완성된 건축물의 소유권을 원시적으로 도급인에게 귀속시키기로 하는 묵시적 합의가 있었다고 본 사례.

(4) 수급인의 담보책임

제667조 (수급인의 담보책임) ① 완성된 목적물 또는 완성전의 성취된 부분에 하자가 있는 때에는 도급인은 수급인에 대하여 상당한 기간을 정하여 그 하자의 보수를 청구할 수 있다. 그러나 하자가 중요하지 아니한 경우에 그 보수에 과다한 비용을 요할 때에는 그러하지 아니하다.
② 도급인은 하자의 보수에 갈음하여 또는 보수와 함께 손해배상을 청구할 수 있다.
③ 전항의 경우에는 제536조의 규정을 준용한다.

제668조 (동전·도급인의 해제권) 도급인이 완성된 목적물의 하자로 인하여 계약의 목적을 달성할 수 없는 때에는 계약을 해제할 수 있다. 그러나 건물 기타 토지의 공작물에 대하여는 그러하지 아니하다.

제669조 (동전·하자가 도급인의 제공한 재료 또는 지시에 기인한 경우의 면책) 전2조의 규정은 목적물의 하자가 도급인이 제공한 재료의 성질 또는 도급인의 지시에 기인한 때에는 적용하지 아니한다. 그러나 수급인이 그 재료 또는 지시의 부적당함을 알고 도급인에게 고지하지 아니한 때에는 그러하지 아니하다.

제670조 (담보책임의 존속기간) ① 전3조의 규정에 의한 하자의 보수, 손해배상의 청구 및 계약의 해제는 목적물의 인도를 받은 날로부터 1년 내에 하여야 한다.
② 목적물의 인도를 요하지 아니하는 경우에는 전항의 기간은 일의 종료한 날로부터 기산한다.

제671조 (수급인의 담보책임-토지, 건물 등에 대한 특칙) ① 토지, 건물 기타 공작물의 수급인은 목적물 또는 지반공사의 하자에 대하여 인도 후 5년간 담보의 책임이 있다. 그러나 목적물이 석조, 석회조, 연와조, 금속 기타 이와 유사한 재료로 조성된 것인 때에는 그 기간을 10년으로 한다.
② 전항의 하자로 인하여 목적물이 멸실 또는 훼손된 때에는 도급인은 그 멸실 또는 훼손된 날로부터 1년 내에 제667조의 권리를 행사하여야 한다.

제672조 (담보책임면제의 특약) 수급인은 제667조, 제668조의 담보책임이 없음을 약정한 경우에도 알고 고지하지 아니한 사실에 대하여는 그 책임을 면하지 못한다.

① 의의 : 완성한 목적물 또는 완성 전에 성취된 부분에 하자가 있는 경우 수급인은 도급인에 대하여 하자담보책임을 부담하게 된다. 원래 수급인이 완성한 일에 하자가 있다면 이는 계약상 채무에 좇은 이행이 아니므로 수급인은 그에 대하여 채무불이행책임을 지게 되지만(제390조), 민법은 도급계약의 특성을 반영하여 채무불이행책임의 특칙인 하자담보책임규정(제667조 내지 제672조)을 별도로 정하고 있다. 이러한 수급인의 하자담보책임은 도급계약의 당사자 간의 합의로 면제될 수 있다. 하지만 담보책임면제특약을 하였더라도 수급인은 알고 고지하지 아니한 사실에 대하여는 책임을 면하지 못한다(제672조).

② 법적 성질 : 수급인의 하자담보책임에 대하여 법정 무과실책임설은 하자가 수급인의 귀책사유로 인한 것일 필요는 없고, 책임의 내용에 대해서는 법률이 규정하고 있다고 본다.[76] 이 견해에 따르면 수급인의 귀책사유가 있는 경우에도 채무불이행책임(제390조)은 배제된다. 이 학설은 도급인은 자신의 책임 하에 일을 완성하여 실제 사례에서 수급인의 귀책사유가 존재하는 경우가 많다는 점에서 도급의 담보책임규정의 적용영역이 협소하게 된다는 문제점이 있다. 반면 채무불이행설은 수급인은 일의 완성이라는 일정 결과를 실현해야 할 의무를 부담하므로, 하자가 존재하는 이상 그는 채무의 이행을 제대로 하지 못한 것이고, 이로써 수급인의 담보책임은 넓은 의미의 채무불이행책임에 해당하다고 본다. 이에 따르면 손해배상책임은 하자손해 내지 신뢰이익의 배

---

76) 손해배상에 대해서는 이행이익설과 신뢰이익설 등으로 견해가 나뉜다.

상이 원칙이고, 수급인의 귀책사유가 명백히 입증된 경우에는 채무불이행책임(제390조)에 따라 하자결과손해를 포함한 이행이익배상이 가능하다고 한다.

③ **하자의 개념과 종류** : 도급계약에서 하자란 수급인이 완성한 일이 계약상 합의와 불일치하거나 또는 계약상 전제된 용도나 일반적인 용도에 부적합하거나 그 보다 가치가 떨어지는 것을 말한다. 이러한 하자의 종류로는 재료의 하자, 시공·설계상의 하자, 기능의 하자, 법률의 하자 등이 있다.

④ **구제수단** : 수급인이 한 일에 하자가 있는 경우, 도급인은 하자보수청구권(제667조 1항), 하자보수에 갈음한 손해배상청구권, 하자보수와 함께 하는 손해배상청구권(동조 2항), 계약해제권을 가지게 된다. 첫째, 완성된 목적물 또는 완성전의 성취된 부분에 하자가 있는 때에는 도급인은 수급인에 대하여 상당한 기간을 정하여 그 하자의 보수를 청구할 수 있다(동조 1항 본문). 그러나 도급인의 하자보수청구권은 하자가 중요하지 아니한 경우에 그 보수에 과다한 비용을 요할 때에는 행사할 수 없다(동조 1항 단서). 둘째, 도급인은 하자에 대한 보수에 갈음하거나 보수와 함께 손해배상을 청구할 수 있다(동조 2항). 이때 손해배상은 하자로 인해 발생한 모든 손해가 될 것이고, 일반적으로 하자가 없는 목적물의 가치와 하자가 있는 상태와의 차액(또는 일의 교환가치의 감소분)[77]이 될 것이다. 특히 보수와 함께 하는 손해배상은 대체로 보수 후에도 잔존하는 교환가치의 감소분에 해당할 것이다. 셋째, 도급인이 완성된 목적물의 하자로 인하여 계약의 목적을 달성할 수 없는 때에는 계약을 해제할 수 있다(제668조 본문). 따라서 하자보수가 객관적으로 가능한 경우 계약해제를 할 수 없다. 그리고 건물 기타 토지의 공작물의 도급에서 도급인은 중대한 하자라고 하더라도 계약을 해제할 수 없다(동조 단서).

⑤ **담보책임의 면제** : 수급인이 완성한 목적물의 하자가 있더라도, 그 하자가 도급인이 제공한 재료의 성질 또는 도급인의 지시[78]로 인한 것일 때에 그는 하자담보책임을 지지 않는다(제669조 본문). 다만 이 경우에도 수급인이 그 재료 또는 지시의 부적당함을 알고 도급인에게 고지하지 아니한 때에는 하자담보

---

[77] 구체적으로는 하자보수기간동안 목적물 사용하지 못하여 생긴 손해, 도급인이 하자보수를 하는 경우 보수나 하자의 검사에 따르는 제반비용 등을 말한다.

[78] 일의 완성에 대한 것으로서 수급인이 이를 거절하여 다른 선택을 할 수 없는 구속력을 가지는 요구로 볼 수 있는 것이어야 한다. 따라서 단순한 바람이나 의견을 진술한 것은 이에 해당하지 않는다고 볼 것이다.

책임을 지게 된다(동조 단서). 이 규정은 도급에서 대가위험은 원칙적으로 수급인이 부담하지만, 목적물의 하자의 원인을 도급인이 제공한 경우 수급인은 하자에 따른 책임을 지지 않고, 위험이전에 따라 수급인이 보수청구권을 가진다는 것을 정한 것이다.

⑥ 담보책임의 이행과 보수지급과의 동시이행 : 수급인의 담보책임의 이행과 도급인의 보수지급은 동시이행관계에 있다(제677조 3항). 그러나 경미한 하자를 이유로 보수전액의 지급을 거절하는 것은 공평에 반할 수도 있다(판례).

⑦ 존속기간 : 목적물을 인도 받은 날이나 일의 종료일로부터 1년 내에 행사해야 한다(제670조).79) 그리고 하자보수와 함께 하는 손해배상청구의 존속기간은 규정취지상 10년이 아니라 1년이다. 그리고 토지, 건물 기타 공작물의 수급인은 목적물 또는 지반공사의 하자에 대하여 인도 후 5년간, 그리고 목적물이 석조, 석회조, 연와조, 금속 기타 이와 유사한 재료로 조성된 것인 때에는 그 기간을 10년간 수급인은 하자담보책임을 부담한다(제671조 1항). 이때 하자로 인하여 목적물이 멸실 또는 훼손된 때에는 도급인은 그 멸실 또는 훼손된 날로부터 1년 내에 제667조의 권리를 행사하여야 한다(제671조 2항).

[판례 108] 수급인의 하자보수의무와 채무불이행에 기한 손해배상의무와의 관계(대판 2004. 8. 20, 2001다70337)
[1] 액젓 저장탱크의 제작·설치공사 도급계약에 의하여 완성된 저장탱크에 균열이 발생한 경우, 보수비용은 민법 제667조 제2항에 의한 수급인의 하자담보책임 중 하자보수에 갈음하는 손해배상이고, 액젓 변질로 인한 손해배상은 위 하자담보책임을 넘어서 수급인이 도급계약의 내용에 따른 의무를 제대로 이행하지 못함으로 인하여 도급인의 신체·재산에 발생한 손해에 대한 배상으로서 양자는 별개의 권원에 의하여 경합적으로 인정된다.
[2] 수급인의 하자담보책임은 법이 특별히 인정한 무과실책임으로서 여기에 민법 제396조의 과실상계 규정이 준용될 수는 없다 하더라도 담보책임이 민법의 지도이념인 공평의 원칙에 입각한 것인 이상 하자발생 및 그 확대에 가공한 도급인의 잘못을 참작할 수 있다.

[판례 109] 도급계약의 하자로 인한 계약해제(대판 2003. 11. 14, 2002다2485)
집합건물의소유및관리에관한법률 제9조 제1항이 위 법 소정의 건물을 건축하여 분양한 자의 담보책임에 관하여 수급인에 관한 민법 제667조 내지 제671조의 규정을 준용하도록 규정한 취지는 건축업자 내지 분양자로 하여금 견고한 건물을 짓도록 유도하고 부실하게 건축된 집합건물의 소유자를 두텁게 보호하기 위하여 집합건물의 분양자의 담보책임에 관하여 민법상 수급인의 담보책임에 관한 규정을 준용하도록 함으로써 분양자의 담보책임의 내용을 명확히 하는

---

79) 임의규정이라는 것이 판례의 입장이다.

한편 이를 강행규정화한 것으로서 분양자가 부담하는 책임의 내용이 민법상 수급인의 담보책임이라는 것이지 그 책임이 분양계약에 기한 것이라거나 아니면 분양계약의 법률적 성격이 도급이라는 취지는 아니며, 통상 대단위 집합건물의 경우 분양자는 대규모 건설업체임에 비하여 수분양자는 경제적 약자로서 수분양자를 보호할 필요성이 높다는 점, 집합건물이 완공된 후 개별분양계약이 해제되더라도 분양자가 집합건물의 부지사용권을 보유하고 있으므로 계약해제에 의하여 건물을 철거하여야 하는 문제가 발생하지 않을 뿐 아니라 분양자는 제3자와 새로 분양계약을 체결함으로써 그 집합건물 건축의 목적을 충분히 달성할 수 있는 점 등에 비추어 볼 때 집합건물의소유및관리에관한법률 제9조 제1항이 적용되는 집합건물의 분양계약에 있어서는 민법 제668조 단서가 준용되지 않고 따라서 수분양자는 집합건물의 완공 후에도 분양목적물의 하자로 인하여 계약의 목적을 달성할 수 없는 때에는 분양계약을 해제할 수 있다.

> 제665조 (보수의 지급시기) ① 보수는 그 완성된 목적물의 인도와 동시에 지급하여야 한다. 그러나 목적물의 인도를 요하지 아니하는 경우에는 그 일을 완성한 후 지체없이 지급하여야 한다.
> ② 전항의 보수에 관하여는 제656조제2항의 규정을 준용한다.
> 제666조 (수급인의 목적 부동산에 대한 저당권설정청구권) 부동산공사의 수급인은 전조의 보수에 관한 채권을 담보하기 위하여 그 부동산을 목적으로 한 저당권의 설정을 청구할 수 있다.

3. 도급인의 의무

(1) 보수지급의무

도급인은 주된 급부의무로서 수급인이 완성한 일의 대가로서 보수(도급대금)를 지급할 의무를 진다.[80] 도급인은 당사자 간에 보수지급에 관한 특약이 있는 경우에는 그 시기에 보수를 지급해야 하고, 특약이 없다면 관습에 의하고, 관습이 없는 경우는 수급인이 목적물을 인도하는 것과 동시에 보수를 지급해야 하고(제665조 1항), 목적물의 인도를 필요로 하지 않는 경우에는 일을 완성한 후 지체 없이 보수를 지급해야 한다(제665조 2항). 보수는 특약이 없는 이상 금전으로 지급하는 것이 원칙이다.

보수지급방식에는 처음부터 일정액을 보수로 정하는 정액도급(定額都給)과 대략적인 금액(개산액)만을 정하고 추후 사정변경에 따라 보수액을 확정하는

---

[80] 당사자 간에 보수액을 약정하지 않은 경우라면 거래관행에 따라서 실제비용에 상당한 이윤을 포함한 액을 보수액으로 보게 된다(대판 1965. 11. 16, 65누1176).

개산도급(槪算都給)이 있다. 대부분의 도급계약은 정액도급방식으로 행해지며, 계약기간이 길고 물가 변동 등 사정변경이 불가피한 다액의 도급에 있어서 개산도급이 활용된다. 그리고 완성물을 점유하는 동안 도급인으로부터 보수 전액을 받을 때까지 수급인은 그 물건의 인도를 거절할 유치권을 행사할 수 있다(제320조). 그리고 부동산공사의 수급인은 자신의 보수채권을 담보하기 위하여 그 부동산을 목적으로 한 저당권의 설정을 청구할 수 있다(제666조).

(2) 목적물의 수령의무와 검수의무

민법에서 도급인의 수령의무(수령의무)를 명시적으로 정하고 있지는 않지만, 학설과 판례는 도급인의 목적물의 수령의무를 인정하고 있다. 수급인이 수행한 일의 성질상 수령이 불가능한 경우는 제외하고는 도급인에게 목적물을 수령할 신의칙상 의무를 인정할 필요가 있다. 왜냐하면 수급인의 도급계약상 의무이행의 완료는 일의 완성이 아닌 도급인에 대한 목적물의 인도함으로써 종료되는 것이기 때문이다. 수급인이 목적물의 인도의무를 다하기 위해서는 도급인이 목적물의 수령 이전에 수급인의 일과 그 결과물이 계약내용대로 잘 이행되었는지를 점검하고 이를 승인하게 되는데, 이를 도급인의 검수의무(점검의무)와 승인의무라고 한다. 도급인이 목적물을 인도받으면서 목적물에 하자가 없음을 알면서 하자담보책임 등에 대한 이의의 유보 없이 수령한 경우라면, 도급인은 하자담보책임을 물을 수 없다고 해석된다(제580조 1항 단서 유추해석: 판례는 이 경우 담보책임 인정).[81]

(3) 협력의무

계약의 내용이나 일의 성질에 따라 도급인은 수급인에 대하여 일정한 협력의무를 부담하게 된다. 예를 들어 약정한 재료의 제공, 건축도급에 있어서 토지의 제공 및 각종 인허가의 협력, 설비의 수리나 관리에 있어서 해당 설비의 제공·설계도의 제공, 일정한 장소의 입출입의 보장, 운송도급에 있어서 물품의 인도, 제품의 색상이나 배치를 위한 결정, 업무수행을 위한 지시 등이

---

81) 검수의무는 수급인이 도급에게 검수를 소구할 수는 없지만, 도급인이 검수의무를 제대로 이행하지 않아 발견하지 못한 하자에 대해서는 수급인에게 책임을 물을 수 없는 불이익을 초래한다는 점에서 의무가 아닌 책무로 이해된다.

이에 해당한다. 도급인의 협력의무는 수급인의 일의 계약적합적 완성을 위해 중요한 행위이다. 우리 민법은 이에 대한 규정을 두고 있지 않지만, 해석론으로 이를 인정한다. 도급인이 이러한 협력의무를 이행하지 않는 경우, 수급인은 이행지체의 책임을 지지 않게 되고(제460조 단서 후문), 도급인은 수령지체책임을 지게 된다(제400조 이하). 따라서 수급인의 주의의무가 경감되고(제401조), 수령지체로 증가한 변제비용을 도급인이 부담하게 된다(제403조). 그리고 도급인의 협력의무의 위반이 도급인의 귀책사유에 의한 것인 경우 수급인은 도급인에 대하여 손해배상을 청구하거나(제390조)[82] 도급계약을 해제(제544조)할 수 있게 된다.

4. 도급에서 위험분산

(1) 일의 완성 전 멸실·훼손에도 불구하고 일의 완성이 가능한 경우

일의 완성 전에 이미 성취된 부분이 수급인의 귀책사유로 멸실·훼손되었으나 일의 완성이 가능한 경우, 이때 수급인은 여전히 일을 완성해야 하고 약정한 시기를 도과한 것이므로 이행지체에 따른 책임을 지게 될 것이다. 이와 달리 도급인의 귀책사유로 일의 완성 전에 이미 성취된 부분이 멸실·훼손된 경우에도 일의 완성이 가능하다면 수급인은 여전히 일을 완성해야 하지만 그에 따른 지체책임을 지지 않고, 오히려 도급인에 대하여 추가된 비용 등에 대한 손해배상을 요구할 수 있게 된다. 그리고 일의 완성 전에 양 당사자의 귀책사유 없이 이미 성취된 부분이 멸실·훼손되었지만, 여전히 일의 완성이 가능하다면 위의 수급인에게 귀책사유가 있는 경우와 동일하게 해결된다.

(2) 일의 완성 전 멸실·훼손으로 인해 일의 완성이 불가능한 경우

수급인의 귀책사유로 인해 일의 완성 전에 이미 성취된 부분이 멸실·훼손되고 그로 인해 더 이상 일의 완성이 불가능해진 경우라면 수급인은 이행불능에 따른 책임을 지게 된다. 반면 도급인에게 귀책사유가 있는 경우라면, 수급인은 일의 완성이 불가능함에도 보수를 청구할 수 있다(제538조 1항). 그리고

---

[82] 이때 손해배상은 증가된 비용에 대한 것으로서 도급인의 협력이 이루어지지 않아 무용하게 대기한 시간동안에 발생한 비용의 배상에 관한 것이다.

일의 완성 전 또는 일부 성취된 목적물이 당사자 쌍방의 책임 없는 사유로 멸실·훼손되고 일의 완성이 불가능한 경우, 채무자위험부담주의(제537조)가 적용되어 급부위험은 도급인이 부담하게 되고, 반대급부위험·대가위험은 채무자인 수급인이 부담하게 된다. 즉, 이때 수급인은 더 이상 일을 완성하지 않아도 되고 도급인은 완성한 일을 수령할 수 없지만, 수급인은 이미 지출한 또는 약정한 비용이나 보수를 도급인에게 청구할 수 없게 된다.

(3) 일의 완성 후 목적물이 멸실·훼손된 경우

도급에서 위험이전시기를 인도시점으로 볼 것인지, 도급인의 검수시점으로 볼 것인지에 따라서 결론이 달라질 수 있다. 다만 그 시점의 차이를 제외하면 일의 완성 후 목적물의 멸실·훼손으로 인해 수급인이 의무이행이 불가능해진 경우라면, 앞의 경우(일의 완성 전 목적물의 멸실·훼손으로 인해 일의 완성이 불가능해진 경우)와 동일하게 처리된다.

제673조 (완성전의 도급인의 해제권) 수급인이 일을 완성하기 전에는 도급인은 손해를 배상하고 계약을 해제할 수 있다.

제674조 (도급인의 파산과 해제권) ① 도급인이 파산선고를 받은 때에는 수급인 또는 파산관재인은 계약을 해제할 수 있다. 이 경우에는 수급인은 일의 완성된 부분에 대한 보수 및 보수에 포함되지 아니한 비용에 대하여 파산재단의 배당에 가입할 수 있다.
② 전항의 경우에는 각당사자는 상대방에 대하여 계약해제로 인한 손해의 배상을 청구하지 못한다.

5. 도급의 종료

도급인은 수급인이 일을 완성하기 전에는 손해를 배상하고 계약을 해제할 수 있다(제673조). 그리고 도급인이 파산선고를 받은 때에는 수급인 또는 파산관재인은 계약을 해제할 수 있고, 이 경우 수급인은 일의 완성된 부분에 대한 보수 및 보수에 포함되지 아니한 비용에 대하여 파산재단의 배당에 가입할 수 있다(제674조 1항).

III. 여행계약

제674조의2(여행계약의 의의) 여행계약은 당사자 한쪽이 상대방에게 운송, 숙박, 관광 또는 그 밖의 여행 관련 용역을 결합하여 제공하기로 약정하고 상대방이 그 대금을 지급하기로 약정함으로써 효력이 생긴다.

제674조의3(여행 개시 전의 계약 해제) 여행자는 여행을 시작하기 전에는 언제든지 계약을 해제할 수 있다. 다만, 여행자는 상대방에게 발생한 손해를 배상하여야 한다.

제674조의4(부득이한 사유로 인한 계약 해지) ① 부득이한 사유가 있는 경우에는 각 당사자는 계약을 해지할 수 있다. 다만, 그 사유가 당사자 한쪽의 과실로 인하여 생긴 경우에는 상대방에게 손해를 배상하여야 한다.
② 제1항에 따라 계약이 해지된 경우에도 계약상 귀환운송(귀환운송) 의무가 있는 여행주최자는 여행자를 귀환운송할 의무가 있다.
③ 제1항의 해지로 인하여 발생하는 추가 비용은 그 해지 사유가 어느 당사자의 사정에 속하는 경우에는 그 당사자가 부담하고, 누구의 사정에도 속하지 아니하는 경우에는 각 당사자가 절반씩 부담한다.

제674조의5(대금의 지급시기) 여행자는 약정한 시기에 대금을 지급하여야 하며, 그 시기의 약정이 없으면 관습에 따르고, 관습이 없으면 여행의 종료 후 지체 없이 지급하여야 한다.

제674조의6(여행주최자의 담보책임) ① 여행에 하자가 있는 경우에는 여행자는 여행주최자에게 하자의 시정 또는 대금의 감액을 청구할 수 있다. 다만, 그 시정에 지나치게 많은 비용이 들거나 그 밖에 시정을 합리적으로 기대할 수 없는 경우에는 시정을 청구할 수 없다.
② 제1항의 시정 청구는 상당한 기간을 정하여 하여야 한다. 다만, 즉시 시정할 필요가 있는 경우에는 그러하지 아니하다.
③ 여행자는 시정 청구, 감액 청구를 갈음하여 손해배상을 청구하거나 시정 청구, 감액 청구와 함께 손해배상을 청구할 수 있다.

제674조의7(여행주최자의 담보책임과 여행자의 해지권) ① 여행자는 여행에 중대한 하자가 있는 경우에 그 시정이 이루어지지 아니하거나 계약의 내용에 따른 이행을 기대할 수 없는 경우에는 계약을 해지할 수 있다.
② 계약이 해지된 경우에는 여행주최자는 대금청구권을 상실한다. 다만, 여행자가 실행된 여행으로 이익을 얻은 경우에는 그 이익을 여행주최자에게 상환하여야 한다.
③ 여행주최자는 계약의 해지로 인하여 필요하게 된 조치를 할 의무를 지며, 계약상 귀환운송 의무가 있으면 여행자를 귀환운송하여야 한다. 이 경우 상당한 이유가 있는 때에는 여행주최자는 여행자에게 그 비용의 일부를 청구할 수 있다.

제674조의8(담보책임의 존속기간) 제674조의6과 제674조의7에 따른 권리는 여행 기간 중에도 행사할 수 있으며, 계약에서 정한 여행 종료일부터 6개월 내에 행사하여야 한다.

제674조의9(강행규정) 제674조의3, 제674조의4 또는 제674조의6부터 제674조의8까지의 규정을 위반하는 약정으로서 여행자에게 불리한 것은 효력이 없다.

1. 의의 및 성립

여행계약(旅行契約)은 당사자 여행주최자가 여행자에게 운송, 숙박, 관광 또는 그 밖의 여행 관련 용역을 결합하여 제공하기로 약정하고 상대방이 그 대금을 지급하기로 약정함으로써 성립한다(제674조의2). 여행계약은 낙성계약·쌍무계약·유상계약·불요식 계약에 해당한다.

2. 당사자의 권리·의무

(1) 여행주최자의 의무

여행주최자는 여행자에 대하여 여행계약에 따른 급부로서 교통, 숙박, 관광 등에 관한 용역을 제공할 의무를 부담한다. 또한 여행주최자는 부수적 의무로서 여행자의 안전배려에 관한 의무도 부담한다. 그리고 여행주최자는 여행의 하자에 대해 담보책임을 진다. 구체적으로는 여행에 하자가 있는 경우에는 여행자는 여행주최자에게 하자의 시정 또는 대금의 감액을 청구할 수 있고(제674조의6 1항), 시정이나 감액 청구에 갈음하여 또는 그와 함께 손해배상을 청구할 수도 있다(동조 3항). 다만 이때 여행자는 상당한 기간을 정해서 시정을 청구해야 하고,[83] 시정에 지나치게 많은 비용이 들거나 시정을 합리적으로 기대할 수 없는 경우에는 시정청구권을 행사할 수는 없다. 그러나 여행의 하자가 중대하고 시정이 되지 않거나 계약이행을 기대할 수 없는 경우 여행자는 계약을 해지할 수 있다(제647조의7 1항). 이때 여행자는 대금감액청구권을 상실하게 된다(동조 2항). 담보책임에 따른 시정청구권·대금감액청구권·해지권은 여행기간 중에도 행사할 수 있으며, 계약에서 정한 여행 종료일부터 6개월 내에 행사하여야 한다(제674조의8).

---

83) 즉시시정이 필요한 경우는 최고 없이 즉시청구가 가능하다(제646조의6 2항 단서).

(2) 여행자의 의무

여행자는 여행계약에 따라 여행주최자에 대하여 대금을 지급해야 한다. 여행자는 약정한 시기에 대금을 지급해야 하고, 그 시기의 약정이 없으면 관습에 따르고, 관습이 없으면 여행의 종료 후 지체 없이 지급하여야 한다(제674조의5).

3. 여행계약의 종료

여행계약의 여행의 종료, 계약기간의 만료 등과 같은 계약의 일반적인 종료사유로 종료한다. 그리고 여행자는 여행 개시 전이라면 언제라도 계약을 해제할 수 있지만, 이때 여행주최자의 손해를 배상해야 한다(제674조의3). 그리고 부득이한 사유가 있는 경우에는 여행자와 여행주최자는 계약을 해지할 수 있고 있고, 해지사유에 과실 있는 당사자는 상대방에 대하여 손해를 배상해야 한다(제675조의4 1항). 이때 해지로 인하여 발생하는 추가 비용은 그 해지 사유가 어느 당사자의 사정에 속하는 경우에는 그 당사자가 부담하고, 누구의 사정에도 속하지 아니하는 경우에는 각 당사자가 절반씩 부담한다(동조 3항).

Ⅳ. 현상광고

[사례 41] 甲은 자신이 아끼던 강아지를 잃어버렸다. 이에 강아지를 찾고자 일주일을 노력하였으나 결국 찾지 못하였다. 이에 甲은 아파트 게시판에 "강아지를 찾아주는 사람에게 50만원을 사례한다"는 취지의 게시물을 부착하였다. 게시물을 부착한 그 날 저녁 乙이 甲을 찾아와서 길거리를 헤메고 있던 강아지를 찾았다며 돌려주었다. 만약 乙이 위 게시물의 존재여부나 사례금지급에 대한 사실을 전혀 알지 못하고 있었다면, 甲·乙간의 법률관계는 어떠한가?
☞ 해 설 : 甲은 강아지를 찾아주는 지정행위를 한 자에게 보수를 지급할 것을 게시하였으므로, 현상광고에서의 광고자에 해당한다. 원래 현상광고에서는 광고사실을 알고 이에 지정행위를 완료하는 것(응모)이 일반적이나, 광고사실을 알지 못하고 지정행위를 완료한 자도 보수청구권을 가진다(제677조). 따라서 乙은 甲에 대해서 사례금 50만 원을 청구할 수 있다.

[사례 42] 甲 예술문화재단은 설립의 취지에 따라서 신신음악가를 발굴하여 세계적인 음악가로 양성하기 위하여 신진음악가를 대상으로 하는 피아노경연대회를 개최한다는 광고를 하였고, 그 광고에서는 최우수자(1명)에게는 상금 5천만 원을, 우수자(2명)에게는 각 2천만 원을 지급한다고 정하고 있었다. 경연대회에서는 15명이 본선에 진출하여 경합을 하였으나 주최 측은 심사

결과 최우수자는 없이, 우수자 2인만을 선정하였다. 이에 우수자로 선정된 乙·丙은 자신들 중에서 광고의 내용대로 최우수자를 선정할 것을 요구한다. 이러한 乙·丙의 요구는 정당한가?
☞ 해 설 : 甲의 광고는 우수현상광고로 이해되는데, 우수현상광고에서는 원칙적으로 우수자가 없다는 판정을 할 수 없다(제678조 3항). 다만 광고자가 다른 의사표시를 하거나 광고의 성질상 판정의 표준이 정해진 때에는 그렇지 않다(제678조 3항 단서). 따라서 사안에서 甲이 "수상자가 없을 수 있다는 취지"의 다른 의사표시를 광고에서 정하지 않았다면, 甲의 광고가 그 성질상 우수자를 선정하지 않아도 되는 것인지가 검토될 수 있을 뿐이다. 사안과 같은 피아노경연대회라면 그 성질상 주최 측에서 최우수자로 판정할 만한 자가 없다면, 판정을 하지 않을 수도 있다고 보는 것이 타당하다고 생각된다. 이렇게 보면 乙·丙의 주장은 타당하지 않다.

1. 개념 및 법적 성질

제675조 (현상광고의 의의) 현상광고는 광고자가 어느 행위를 한 자에게 일정한 보수를 지급할 의사를 표시하고 이에 응한 자가 그 광고에 정한 행위를 완료함으로써 그 효력이 생긴다.

현상광고(懸賞廣告)는 광고자가 광고에서 지정한 행위를 한 자에게 일정한 보수를 지급할 의사를 표시하고 이에 응모한 자가 그 광고에 정한 행위를 완료함으로써 그 효력이 생기는 계약이다(제675조). 현상광고의 법적 성질에 대해서는 계약설(다수설)·단독행위설이 대립한다. 그리고 현상광고는 계약성립을 위해서 광고에서 지정한 행위가 필요한 요물계약이며, 응모자만이 의무를 부담하는 편무계약이고, 응모자의 지정행위에 대해 광고자가 보수를 지급하는 유상계약에 해당한다.

2. 현상광고의 성립

제679조 (현상광고의 철회) ① 광고에 그 지정한 행위의 완료기간을 정한 때에는 그 기간만료 전에 광고를 철회하지 못한다.
② 광고에 행위의 완료기간을 정하지 아니한 때에는 그 행위를 완료한 자 있기 전에는 그 광고와 동일한 방법으로 광고를 철회할 수 있다.
③ 전광고와 동일한 방법으로 철회할 수 없는 때에는 그와 유사한 방법으로 철회할 수 있다. 이 철회는 철회한 것을 안 자에 대하여만 그 효력이 있다.

(1) 광고자의 광고행위

광고자의 확정적인 의사가 포함되고, 응모할 행위가 구체적으로 지정되고 이에 대한 보수지급이 정해진 광고자의 광고행위를 통해서 성립한다. 그러나 광고의 방법에는 제한이 없고, 불특정인에 대한 광고도 가능하다.

(2) 광고의 철회

지정행위의 완료기간을 정한 경우에 광고자는 그 기간만료 전에 광고를 철회하지 못한다(제679조 1항). 그러나 완료기간을 정하지 않은 경우에는 그 행위를 완료한 자가 있기 전에 그 광고와 동일한 방법으로 철회할 수 있다(제679조 2항). 전광고와 동일한 방법으로 철회할 수 없는 때에는 그와 유사한 방법으로 철회할 수 있고, 이 철회는 철회한 것을 안 자에 대하여만 그 효력이 있다(제679조 3항).

(3) 광고의 효력존속기간

지정행위의 완료기간을 정한 광고자가 그 기간 내에 지정행위를 완료한 자의 통지를 받지 못하면 광고는 효력을 잃는 것으로 추정된다(제528조). 기간을 정하지 않은 경우에 상당기간 내에 지정행위자가 나타나지 않으면 광고는 그 효력을 잃는다(제529조).

(4) 응모자의 지정행위

응모자가 광고에 따른 지정행위를 완료함으로써 현상광고가 성립하게 된다(제675조). 그리고 행위자가 광고를 알지 못하고 지정행위를 한 경우에도 법률규정(제677조)에 따라서 현상광고가 성립한다.

3. 현상광고의 효과

제676조 (보수수령권자) ① 광고에 정한 행위를 완료한 자가 수인인 경우에는 먼저 그 행위를 완료한 자가 보수를 받을 권리가 있다.
② 수인이 동시에 완료한 경우에는 각각 균등한 비율로 보수를 받을 권리가 있다. 그러나 보수가 그 성질상 분할할 수 없거나 광고에 1인만이 보수를 받을 것으로 정한 때에는 추첨에

의하여 결정한다.

제677조 (광고부지의 행위) 전조의 규정은 광고있음을 알지 못하고 광고에 정한 행위를 완료한 경우에 준용한다.

(1) 광고자의 보수지급의무

지정행위를 완료한 자가 있는 경우 광고자는 그에게 보수를 지급하여야 하며, 이때 보수는 금전에 한하지 않는다. 그리고 광고있음을 알지 못하고 지정행위를 한 자에게도 보수를 지급하여야 한다(제677조: 준현상광고). 다만 보수지급의무발생시기는 계약설에 따를 경우에는 응모자의 지정행위사실의 통지시, 단독행위설에 따르면 지정행위를 완료 한 때에 발생한다.

(2) 지정행위를 완료한 자가 다수인 경우

광고에 정한 행위를 완료한 자가 수인인 경우에는 먼저 그 행위를 완료한 자가 보수를 받을 권리가 있다(제676조 1항). 그리고 수인이 동시에 완료한 경우에는 각각 균등한 비율로 보수를 받을 권리가 있고, 만약 보수가 그 성질상 분할할 수 없거나 광고에 1인만이 보수를 받을 것으로 정한 때에는 추첨에 의하여 결정한다(제676조 2항).

4. 우수현상광고

제678조 (우수현상광고) ① 광고에 정한 행위를 완료한 자가 수인인 경우에 그 우수한 자에 한하여 보수를 지급할 것을 정하는 때에는 그 광고에 응모기간을 정한 때에 한하여 그 효력이 생긴다.
② 전항의 경우에 우수의 판정은 광고 중에 정한 자가 한다. 광고 중에 판정자를 정하지 아니한 때에는 광고자가 판정한다.
③ 우수한 자 없다는 판정은 이를 할 수 없다. 그러나 광고 중에 다른 의사표시가 있거나 광고의 성질상 판정의 표준이 정하여져 있는 때에는 그러하지 아니하다.
④ 응모자는 전2항의 판정에 대하여 이의를 하지 못한다.
⑤ 수인의 행위가 동등으로 판정된 때에는 제676조제2항의 규정을 준용한다.

광고에 정한 행위를 완료한 자가 수인인 경우에 그 우수한 자에 한하여 보수를 지급하는 것을 우수현상광고라고 한다. 이러한 우수현상광고는 응모기간이 반드시 정해져야 한다(제678조 1항). 우수현상광고에서 우수자로 판정이 된 자가 보수수령권자가 된다. 우수자의 판정은 광고에서 정한 자가, 그렇지 않으면 광고자가 판정을 한다(제678조). 그리고 우수현상광고에서는 원칙적으로 우수자가 없다는 판정을 할 수 없으나, 광고에 다른 표시를 하거나 광고의 성질상 판정의 표준이 정해진 경우라면 우수자가 없다는 판정을 할 수 있다.

제9강 위임·임치·조합·종신정기금·화해

I. 위임계약

[사례 43] 甲은 자신이 소유한 건물(시가 50억 원)을 팔 목적으로 부동산컨설팅 乙회사에게 매수인을 찾아줄 것을 의뢰하였고, 매매계약 성사 시에 매매대금의 5%를 컨설팅비로 지급하겠다고 하였다. 이에 乙회사는 인근의 부동산업체에 광고 및 홍보를 하고, 부동산케이블방송에 광고를 내기도 하였다. 그런데 이후 甲은 건물을 계속 가지고 있겠다며 일을 그만 중단해줄 것을 乙에게 통보하였다. 이때 甲과 乙의 법률관계는?
☞ 해 설 : 甲·乙간의 위임계약은 자유로이 해지할 수 있는 것이 원칙이다(제689조 1항). 다만 당사자에게 불리한 시기에 위임계약을 해지하는 경우에는 상대방의 손해배상청구권이 인정된다(제689조 2항). 따라서 사안에서 甲이 위임계약을 해지한 것은 적법하고, 다만 이때 乙이 甲에 대해 손해배상청구권을 가지는지가 문제된다. 유상위임·무상위임과 상관없이 계약체결 전이라면, 특별한 사정이 없는 이상 甲이 乙에게 불리한 시기에 계약을 해지했다고 볼 수 없다. 따라서 乙은 손해배상청구권을 가질 수 없다. 다만 乙이 甲과의 위임계약을 체결하면서 매매계약의 성사에 따른 보수 이외에 비용을 별도로 지급받기로 하였다면, 광고 및 홍보에 소요된 비용을 甲으로부터 받을 수 있다(제686조 3항·제688조 1항).

1. 의의 및 성립

제680조 (위임의 의의) 위임은 당사자일방이 상대방에 대하여 사무의 처리를 위탁하고 상대방이 이를 승낙함으로써 그 효력이 생긴다.

위임(委任)이란 위임인이 수임인에 대하여 사무처리를 위탁하고 수임인이 이를 승낙함으로써 성립하는 계약이다. 주로 전문가에게 사무처리를 하는 경우 많이 체결되는데, 변호사에 대한 소송위임, 의사에 대한 진료·치료의 위임, 법무사에 대한 등기업무의 위임 등이 이에 해당한다.[84] 위임계약은 낙성계약·불요식계약이다. 그리고 민법상 위임계약은 무상이 원칙이지만 보수에 대한 특약이 있는 경우 유상위임계약이 된다(제686조). 무상위임은 편무계약이고, 유상위임은 쌍무계약이 된다.
수임인은 자신의 재량으로 사무처리를 한다는 점에서 고용과 구별되고, 일

---

[84] 상사중개, 위탁매매, 운송주선에 대해서는 상법이 적용된다.

의 완성이 아니라 사무처리 자체를 그 목적으로 한다는 점에서 도급과 구별된다. 그리고 통상 위임인이 수임인에 대하여 제3자와 법률행위를 할 것을 위임하는 것이라면 대리권수여행위도 있는 것으로 볼 수 있다. 다만 위임계약에 따라서 위임인과 수임인 사이에 대리관계가 항상 발생하는 것은 아니고, 수임인이 대리권을 수여받고 위임인의 이름으로 법률행위를 하는 경우에만 대리관계가 성립하게 된다.

2. 수임인의 의무

제681조 (수임인의 선관의무) 수임인은 위임의 본지에 따라 선량한 관리자의 주의로써 위임사무를 처리하여야 한다.

제682조 (복임권의 제한) ① 수임인은 위임인의 승낙이나 부득이한 사유없이 제3자로 하여금 자기에 갈음하여 위임사무를 처리하게 하지 못한다.
② 수임인이 전항의 규정에 의하여 제3자에게 위임사무를 처리하게 한 경우에는 제121조, 제123조의 규정을 준용한다.

제683조 (수임인의 보고의무) 수임인은 위임인의 청구가 있는 때에는 위임사무의 처리상황을 보고하고 위임이 종료한 때에는 지체없이 그 전말을 보고하여야 한다.

제684조 (수임인의 취득물 등의 인도, 이전의무) ① 수임인은 위임사무의 처리로 인하여 받은 금전 기타의 물건 및 그 수취한 과실을 위임인에게 인도하여야 한다.
② 수임인이 위임인을 위하여 자기의 명의로 취득한 권리는 위임인에게 이전하여야 한다.

제685조 (수임인의 금전소비의 책임) 수임인이 위임인에게 인도할 금전 또는 위임인의 이익을 위하여 사용할 금전을 자기를 위하여 소비한 때에는 소비한 날 이후의 이자를 지급하여야 하며 그 외의 손해가 있으면 배상하여야 한다.

(1) 위임사무의 처리

무상·유상 여부에 상관없이 수임인은 선량한 관리자의 주의의무로서 위임사무를 처리하여야 한다(제681조). 이때 사무에는 법률상·사실상 행위를 포함한다. 그리고 위임인의 지시가 있는 경우 수임인은 그 지시에 따라서 사무를 처리하여야 한다. 이러한 의무를 위반하게 되면, 수임인은 채무불이행책임을 지게 된다.

(2) 복수임인에 의한 사무처리

수임인은 위임인의 승낙이나 부득이한 사유 없이 제3자로 하여금 자기에 갈음하여 위임사무를 처리하게 하지 못한다(제682조 3항). 만약 위임인의 승낙이나 부득이한 사유(예: 수임인의 질병이나 여행)가 있는 경우 복수임인을 통하여 사무처리를 할 수 있고, 이때 복수임인은 수임인과 동일한 권리와 의무를 가진다(제682조 2항, 제123조 2항). 단, 이때 복수임인의 권한은 위임계약 및 복위임계약의 범위 내로 제한된다.

(3) 보고의무

수임인은 위임인의 청구가 있는 때에는 위임사무의 처리상황을 보고하고, 위임이 종료한 때에는 지체 없이 사무처리에 관한 전반적인 사항을 보고하여야 한다(제683조).

(4) 취득물인도 및 이전의무

수임인은 위임사무의 처리로 인하여 받은 금전 기타 물건, 수취한 과실을 위임인에게 인도하여야 하고(제684조 1항), 수임인은 위임인을 위하여 자신 명의로 취득한 권리를 위임인에게 이전하여야 한다(제684조 2항).

(5) 금전소비에 대한 책임

수임인이 위임인에게 인도할 금전 또는 위임인의 이익을 위하여 사용할 금전을 자기를 위하여 소비한 때에는 소비한 날 이후의 이자를 지급하여야 하며 그 외의 손해가 있으면 배상해야 한다(제685조).

[판례 110] 위임계약에서 수임인의 주의의무(대판 1992. 2. 11, 91다36239)
부동산 중개업자와 중개의뢰인과의 법률관계는 민법상의 위임관계와 같으므로 민법 제681조에 의하여 중개업자는 중개의뢰의 본지에 따라 선량한 관리자의 주의로써 의뢰받은 중개업무를 처리하여야 할 의무가 있을 뿐 아니라 부동산중개업법 제16조에 의하여 신의와 성실로써 공정하게 중개행위를 하여야 할 의무를 부담하고 있는바, 부동산중개업법 제17조 제1항은 중개의뢰를 받은 중개업자는 당해 중개대상물의 권리관계, 법령의 규정에 의한 거래 또는 이용제한사항 기타 대통령령이 정하는 사항을 확인하여 중개의뢰인에게 설명할 의무가 있음을 명시하고 있고 위 권리관계 중에는 당해 중개대상물의 권리자에 관한 사항도 포함되어 있다고 할 것이므

로, 중개업자는 선량한 관리자의 주의와 신의·성실로써 매도 등 처분을 하려는 자가 진정한 권리자와 동일인인지의 여부를 부동산등기부와 주민등록증 등에 의하여 조사 확인할 의무가 있다.

3. 위임인의 의무

제686조 (수임인의 보수청구권) ① 수임인은 특별한 약정이 없으면 위임인에 대하여 보수를 청구하지 못한다.
② 수임인이 보수를 받을 경우에는 위임사무를 완료한 후가 아니면 이를 청구하지 못한다. 그러나 기간으로 보수를 정한 때에는 그 기간이 경과한 후에 이를 청구할 수 있다.
③ 수임인이 위임사무를 처리하는 중에 수임인의 책임없는 사유로 인하여 위임이 종료된 때에는 수임인은 이미 처리한 사무의 비율에 따른 보수를 청구할 수 있다.

제687조 (수임인의 비용선급청구권) 위임사무의 처리에 비용을 요하는 때에는 위임인은 수임인의 청구에 의하여 이를 선급하여야 한다.

제688조 (수임인의 비용상환청구권 등) ① 수임인이 위임사무의 처리에 관하여 필요비를 지출한 때에는 위임인에 대하여 지출한 날 이후의 이자를 청구할 수 있다.
② 수임인이 위임사무의 처리에 필요한 채무를 부담한 때에는 위임인에게 자기에 갈음하여 이를 변제하게 할 수 있고 그 채무가 변제기에 있지 아니한 때에는 상당한 담보를 제공하게 할 수 있다.
③ 수임인이 위임사무의 처리를 위하여 과실없이 손해를 받은 때에는 위임인에 대하여 그 배상을 청구할 수 있다.

(1) 보수지급의무

무상위임이 원칙이므로 위임인은 보수를 지급할 의무를 부담하지 않고, 수임인 역시 보수지급청구를 할 수 없다(제685조). 다만 당사자 간에 보수지급에 관한 특약이 있는 경우 위임인은 보수를 지급하여야 한다. 그러나 사회통념상 거래관행상 보수를 지급하기로 약정되어 있는 경우라면, 명시적인 특약이 없더라도 무보수로 한다는 특별한 사정이 없는 이상 보수지급에 관한 약정이 있다고 추정된다(대판 1993. 11. 12, 93다36882; 대판 1965. 11. 9, 65다1718). 예를 들어 부동산 중개인, 법무사, 변호사, 의사, 공증인 등에게 사무처리를 부탁하게 되면 거래관행상 유상위임으로 추정된다.

(2) 보수의 종류와 지급시기

보수의 종류에는 제한이 없으며, 보수지급에 관한 약정이 없으면 위임사무가 종료한 때에 보수를 지급하여야 하고, 만약 기간으로 보수를 정한 때에는 그 기간이 지난 후에 보수지급을 하여야 한다(제686조 2항).

(3) 수임인의 책임없는 사무종료

사무처리 중에 수임인의 책임 없는 사유로 종료하거나 위임인의 귀책사유로 종료한 때에 수임인은 이미 처리한 사무의 비율대로 보수를 청구할 수 있다(제686조 3항).

(4) 비용선급의무·비용상환의무

위임사무의 처리에 비용을 요하는 때에는 위임인은 수임인의 청구에 의하여 이를 선급하여야 한다(제687조). 그리고 수임인이 위임사무의 처리에 관하여 필요비를 지출한 때에는 위임인에 대하여 필요비와 비용을 지출한 날 이후의 이자를 청구할 수 있다(제688조 1항). 그리고 수임인이 위임사무의 처리에 필요한 채무를 부담한 때에는 위임인에게 자기에 갈음하여 이를 변제하게 할 수 있고 그 채무가 변제기에 있지 아니한 때에는 상당한 담보를 제공하게 할 수 있다(동조 2항). 그리고 수임인이 위임사무의 처리를 위하여 과실 없이 손해를 받은 때에는 위임인에 대하여 그 배상을 청구할 수 있다(동조 3항).

[판례 111] 위임계약의 유상·무상의 판단(대판 1995. 12. 5, 94다50229)
변호사에게 계쟁 사건의 처리를 위임함에 있어서 그 보수 지급 및 수액에 관하여 명시적인 약정을 아니하였다 하여도, 무보수로 한다는 등 특별한 사정이 없는 한 응분의 보수를 지급할 묵시의 약정이 있는 것으로 봄이 상당하고, 이 경우 그 보수액은 사건 수임의 경위, 사건의 경과와 난이 정도, 소송물 가액, 승소로 인하여 당사자가 얻는 구체적 이익과 소속 변호사회 보수규정 및 의뢰인과 변호사 간의 관계, 기타 변론에 나타난 제반 사정을 참작하여 결정함이 상당하다.

4. 위임의 종료

제689조 (위임의 상호해지의 자유) ① 위임계약은 각 당사자가 언제든지 해지할 수 있다. ② 당사자일방이 부득이한 사유없이 상대방의 불리한 시기에 계약을 해지한 때에는 그 손해를 배상하여야 한다.

제690조 (사망, 파산등과 위임의 종료) 위임은 당사자일방의 사망 또는 파산으로 인하여 종료한다. 수임인이 성년후견 개시의 심판을 받은 때에도 같다.

제691조 (위임종료시의 긴급처리) 위임종료의 경우에 급박한 사정이 있는 때에는 수임인, 그 상속인이나 법정대리인은 위임인, 그 상속인이나 법정대리인이 위임사무를 처리할 수 있을 때까지 그 사무의 처리를 계속하여야 한다. 이 경우에는 위임의 존속과 동일한 효력이 있다.

제692조 (위임종료의 대항요건) 위임종료의 사유는 이를 상대방에게 통지하거나 상대방이 이를 안 때가 아니면 이로써 상대방에게 대항하지 못한다.

(1) 상호해지의 자유

위임계약은 각 당사자가 언제든지 해지할 수 있다(제689조 1항). 다만 당사자 일방이 부득이한 사유 없이 상대방의 불리한 시기에 계약을 해지한 때에는 그 손해를 배상하여야 한다(동조 2항). 이러한 해지의 자유를 제한하는 특약은 가능하다.

(2) 당사자의 사망·파산선고·성년후견의 개시로 인한 종료

위임은 당사자 간의 신뢰관계를 전제로 한 것이므로, 이러한 신뢰가 훼손되는 특별한 사유가 있을 때에는 위임관계가 종료하도록 규정할 필요가 있다. 이에 따라 제690조는 당사자 일방의 사망, 파산, 수임인의 성년후견의 개시심판으로 인해 위임관계가 종료되는 것으로 정하고 있다.

(3) 위임종료의 특칙

위임종료의 경우에 급박한 사정이 있는 때에는 수임인, 그 상속인이나 법정대리인은 위임인, 그 상속인이나 법정대리인이 위임사무를 처리할 수 있을 때까지 그 사무의 처리를 계속하여야 한다. 이 경우에는 위임의 존속과 동일한 효력이 있다(제691조). 이것은 위임계약이 기간만료 등의 사유로 소멸하더라도 위임인 측에서 그 사무처리를 할 수 있을 때까지 수임인이 사무처리를 계속하도록 하여 위임인 측의 불측의 손해를 막고자 하는 취지이다.

(4) 위임종료사유의 통지

위임인과 수임인은 위임관계의 당사자로서 그 종료에 관하여 명확하게 인식할 수 있다. 하지만 거래 상대방은 위임관계의 외부자로서 그 종료를 알지 못할 수 있다. 이를 위해 위임종료의 대항요건을 규정하고 있다. 즉, 위임종료의 사유는 이를 상대방에게 통지하거나 상대방이 이를 안 때가 아니면 이로써 상대방에게 대항하지 못한다(제692조).

II. 임치계약

1. 의의 및 성립

> 제693조 (임치의 의의) 임치는 당사자일방이 상대방에 대하여 금전이나 유가증권 기타 물건의 보관을 위탁하고 상대방이 이를 승낙함으로써 효력이 생긴다.

임치(任置)란 임치인이 수치인에 대하여 금전이나 유가증권 기타 물권의 보관을 위탁하고, 수치인이 이를 승낙함으로써 성립하는 계약을 말한다(제693조). 수치인이 맡은 물건을 자기 지배하에 두고 관리하는 경우를 말하는데, 예를 들어 은행의 대여금고, 주차장계약[85] 등이 이에 해당한다. 임치계약은 낙성계약·불요식계약·계속적 계약관계이다. 그리고 임치는 무상·편무계약인 것이 원칙이지만, 약정에 따라서는 유상·쌍무계약일 수도 있다.

[판례 112] 공중접객시설의 주차의 법적 성격(대vks 1998. 12. 8, 98다37507)
[1] 공중접객업자와 객 사이에 임치관계가 성립하려면 그들 사이에 공중접객업자가 자기의 지배영역 내에 목적물 보관의 채무를 부담하기로 하는 명시적 또는 묵시적 합의가 있음을 필요로 한다고 할 것이고, 여관 부설주차장에 시정장치가 된 출입문이 설치되어 있거나 출입을 통제하는 관리인이 배치되어 있는 등 여관 측에서 그 주차장에의 출입과 주차시설을 통제하거나 확인할 수 있는 조치가 되어 있다면, 그러한 주차장에 여관투숙객이 주차한 차량에 관하여는 명시적인 위탁의 의사표시가 없어도 여관업자와 투숙객 사이에 임치의 합의가 있는 것으로 볼 수 있다.

---

85) 열쇠관리를 맡기지 않는 경우에는 임치계약이 아니고, 단순한 주차공간의 임대차에 해당한다.

[2] 공중접객업자가 이용객들의 차량을 주차할 수 있는 주차장을 설치하면서 그 주차장에 차량 출입을 통제할 시설이나 인원을 따로 두지 않았다면, 그 주차장은 단지 이용객의 편의를 위한 주차장소로 제공된 것에 불과하고, 공중접객업자와 이용객 사이에 통상 그 주차차량에 대한 관리를 공중접객업자에게 맡긴다는 의사까지는 없다고 봄이 상당하므로, 공중접객업자에게 차량시동열쇠를 보관시키는 등의 명시적이거나 묵시적인 방법으로 주차차량의 관리를 맡겼다는 등의 특수한 사정이 없는 한, 공중접객업자에게 선량한 관리자의 주의로써 주차차량을 관리할 책임이 있다고 할 수 없다.

[판례 113] 예금계약의 법적 성질(대판 1985. 12. 24, 85다카880)
예금은 은행 등 법률이 정하는 금융기관을 수치인으로 하는 금전의 소비임치 계약으로서 수치인은 임치물인 금전 등을 보관하고 그 기간 중 이를 소비할 수 있고 임치인의 청구에 따라 동종 동액의 금전을 반환할 것을 약정함으로써 성립하는 것이므로 소비대차에 관한 민법의 규정이 준용되나 사실상 그 계약의 내용은 약관에 의하여 정하여질 것이다.

[판례 114] 예금계약의 예금주(대판[전합] 2009. 3. 19, 2008다45828)
금융실명거래 및 비밀보장에 관한 법률에 따라 실명확인 절차를 거쳐 예금계약을 체결하고 그 실명확인 사실이 예금계약서 등에 명확히 기재되어 있는 경우에는, 일반적으로 그 예금계약서에 예금주로 기재된 예금명의자나 그를 대리한 행위자 및 금융기관의 의사는 예금명의자를 예금계약의 당사자로 보려는 것이라고 해석하는 것이 경험법칙에 합당하고, 예금계약의 당사자에 관한 법률관계를 명확히 할 수 있어 합리적이다. 그리고 이와 같은 예금계약 당사자의 해석에 관한 법리는, 예금명의자 본인이 금융기관에 출석하여 예금계약을 체결한 경우나 예금명의자의 위임에 의하여 자금 출연자 등의 제3자(이하 '출연자 등'이라 한다)가 대리인으로서 예금계약을 체결한 경우 모두 마찬가지로 적용된다고 보아야 한다. 따라서 본인인 예금명의자의 의사에 따라 예금명의자의 실명확인 절차가 이루어지고 예금명의자를 예금주로 하여 예금계약서를 작성하였음에도 불구하고, 예금명의자가 아닌 출연자 등을 예금계약의 당사자라고 볼 수 있으려면, 금융기관과 출연자 등과 사이에서 실명확인 절차를 거쳐 서면으로 이루어진 예금명의자와의 예금계약을 부정하여 예금명의자의 예금반환청구권을 배제하고 출연자 등과 예금계약을 체결하여 출연자 등에게 예금반환청구권을 귀속시키겠다는 명확한 의사의 합치가 있는 극히 예외적인 경우로 제한되어야 한다. 그리고 이러한 의사의 합치는 금융실명거래 및 비밀보장에 관한 법률에 따라 실명확인 절차를 거쳐 작성된 예금계약서 등의 증명력을 번복하기에 충분할 정도의 명확한 증명력을 가진 구체적이고 객관적인 증거에 의하여 매우 엄격하게 인정하여야 한다.

2. 수치인의 의무

제694조 (수치인의 임치물사용금지) 수치인은 임치인의 동의없이 임치물을 사용하지 못한다.

제695조 (무상수치인의 주의의무) 보수없이 임치를 받은 자는 임치물을 자기재산과 동일한 주의로 보관하여야 한다.

제696조 (수치인의 통지의무) 임치물에 대한 권리를 주장하는 제3자가 수치인에 대하여
소를 제기하거나 압류한 때에는 수치인은 지체없이 임치인에게 이를 통지하여야 한다.

　수치인은 임치물의 보관의무를 부담한다. 이때 보관의무의 정도는 무상수치인은 자기재산과 동일한 주의(구체적 경과실)로써 보관하면 되고(제695조), 유상수치인은 선량한 관리자의 주의(추상적 경과실)로써 관리하여야 한다(제374조 유추).[86] 그리고 수치인은 임치인의 동의 없이 임치물을 사용할 수 없다(제694조). 그리고 수치인의 의무와 관련해서는 위임계약의 규정들, 취득물인도의무 및 취득권리이전의무을 부담한다(제701조·제684조 1항·2항), 금전소비에 따른 책임(제701조·제685조) 등이 준용된다.

　임치가 종료하면 수치인은 임치물을 임치인에게 반환하여야 한다. 이때 반환의 목적물은 수치인이 받은 금전 또는 유가증권 기타 물건 그 자체이다. 그리고 수치인은 임치물에 대한 권리를 주장하는 제3자가 수치인에 대하여 소를 제기하거나 압류한 때에는 그 사실을 지체 없이 임치인에게 이를 통지하여야 한다(제696조).

제697조 (임치물의 성질, 하자로 인한 임치인의 손해배상의무) 임치인은 임치물의 성질 또는 하자로 인하여 생긴 손해를 수치인에게 배상하여야 한다. 그러나 수치인이 그 성질 또는 하자를 안 때에는 그러하지 아니하다.

3. 임치인의 의무

　유상임치에서 임치인의 보수지급의무에 관해서는 위임규정이 준용된다(제701조·제686조). 그리고 비용선급의무(제701조·제687조), 비용상환의무(제701조·제688조 1항·2항)에 대해서도 위임규정에 따른다. 그리고 임치인은 임치물의 성질이나 하자로 생긴 손해를 수치인에게 배상하여야 한다(제697조 본문).

제698조 (기간의 약정있는 임치의 해지) 임치기간의 약정이 있는 때에는 수치인은 부득이한 사유없이 그 기간 만료전에 계약을 해지하지 못한다. 그러나 임치인은 언제든지 계약을 해지할 수 있다.

---

[86] 무상임치에서 주의의무 경감은 큰 의미가 없다. 왜냐하면 불법행위와 경합을 인정하므로, 추상적 경과실이 있는 경우 불법행위책임을 질 수 있기 때문이다.

제699조 (기간의 약정없는 임치의 해지) 임치기간의 약정이 없는 때에는 각 당사자는 언제든지 계약을 해지할 수 있다.

제700조 (임치물의 반환장소) 임치물은 그 보관한 장소에서 반환하여야 한다. 그러나 수치인이 정당한 사유로 인하여 그 물건을 전치한 때에는 현존하는 장소에서 반환할 수 있다.

제701조 (준용규정) 제682조, 제684조 내지 제687조 및 제688조제1항, 제2항의 규정은 임치에 준용한다.

제702조 (소비임치) 수치인이 계약에 의하여 임치물을 소비할 수 있는 경우에는 소비대차에 관한 규정을 준용한다. 그러나 반환시기의 약정이 없는 때에는 임치인은 언제든지 그 반환을 청구할 수 있다.

4. 임치의 종료

위임은 계약의 일반적인 종료사유, 임치기간의 만료, 목적물의 멸실 등의 사유로 소멸한다. 그리고 임치인은 기간약정이 없는 경우는 물론이고, 기간 약정이 있는 경우에도 임치계약을 해지할 수 있다(제699조·제698조 단서). 이와 달리 수치인은 기간약정이 없는 경우 언제든지 해지할 수 있지만(제699조), 기간약정이 있는 경우에는 부득이한 사유가 없는 이상 기간 만료 전에 계약을 해지할 수 없다(제698조 1항).

III. 조합계약

[사례 44] 甲과 乙은 각각 3억 원씩을 출자하고 丙은 트럭 2대와 창고를 제공하여 농산물도매업을 운영하기로 약정하고, 甲은 현지 생산농가에서 물건을 확보하고, 乙은 사들인 물건을 소매인에게 판매하고, 丙은 농산물의 운송을 담당하기로 정하였다. 사업운영 중에 甲은 丁이 재배한 5,000평 분량의 배추를 2천만 원에 구입하기로 약정하였으나, 당시 배추값이 폭락하여 배추를 팔기가 어려워지자 甲은 배추를 현지에 방치하였고, 이에 배추는 모두 못쓰게 되었다. 이때 丁은 배추대금 2천만 원을 누구에 대하여 어떻게 청구할 수 있겠는가?
☞ 해 설 : 甲·乙·丙 간의 동업계약은 조합계약으로서 조합원인 甲이 약정에 따른 업무집행(배추구매)을 하다가 진 채무는 조합의 채무가 되므로, 소합원 甲·乙·丙에게 합유적으로 귀속된다. 따라서 조합원의 채권자인 丁은 자신의 채권을 조합재산에 대하여 집행할 수도 있고, 이와는 별노로 각 조합원의 개인재산에 대해서도 집행할 수 있다. 즉 丁은 조합원 甲·乙·丙에 대하여 매매대금 2천만 원의 전액에 대한 소송을 제기하여 조합재산에 대하여 집행할 수도 있고, 조합원 甲·乙·丙 개인재산에 대해서도 집행할 수도 있다.

1. 의의

제703조 (조합의 의의) ① 조합은 2인 이상이 상호출자하여 공동사업을 경영할 것을 약정함으로써 그 효력이 생긴다.
② 전항의 출자는 금전 기타 재산 또는 노무로 할 수 있다.

제705조 (금전출자지체의 책임) 금전을 출자의 목적으로 한 조합원이 출자시기를 지체한 때에는 연체이자를 지급하는 외에 손해를 배상하여야 한다.

(1) 개념

조합(組合)이란 2인 이상이 상호출자하여 공동사업을 경영할 것을 약정함으로써 성립하는 계약을 말한다(제703조 1항). 예를 들어 사업을 하면서 A와 B는 금전을 투자하고, C는 사무실을 제공하기로 하여 동업약정을 하는 경우, 상가 수분양자들이 공동임대인으로 임대사업을 하기로 약정한 경우, 건설공사를 수급하기 위해 여러 건설사가 공동수급인이 되는 경우, 친목계87) 등이 이에 해당한다. 조합계약의 법적 성질에 대해서는 특수법률행위설과 계약설 등 견해가 대립하지만, 계약설이 다수설이다.

(2) 사업의 종류

조합의 사업의 종류에는 제한이 없지만, 사업은 조합원들 간에 공동의 이해관계를 가지는 것이어야 한다. 따라서 일부 조합원이 상대방을 위해서 출자만 하고 그 영업에서 생기는 이익을 분배하는 익명조합(상법 제78조)은 민법상 조합이 아니다.

(3) 조합원의 출자

모든 조합원이 출자의무를 부담하여야 한다. 따라서 출자의무를 부담하지 않는 조합원이 있는 경우 그 계약은 무효이다. 그러나 출자는 금전으로도 할 수 있고, 물건이나 무체재산권, 부동산·노무·신용의 제공으로도 가능하다. 만약 금전을 출자할 조합원이 출자의무를 게을리 한 때에는 이자를 지급해야 하고, 손해가 있는 경우 손해배상도 하여야 한다(제705조).

---

87) 친목계와 달리 낙찰계에 대해서는 계주 개인의 사업으로 보는 것이 판례의 입장이다.

(4) 비법인사단과의 구별

조합은 수인이 계약관계로 결합된 관계라는 점에서 비법인사단(법인이 아닌 사단·법인격 없는 사단·권리능력 없는 사단)과 유사한 측면이 있다. 단체로서의 실질은 존재하나 설립등기를 마치지 않은 종중, 교회, 사찰 등이 비법인사단의 대표적인 예인데, 비법인사단은 단체성이 인정된다. 즉, 비법인사단은 그 구성원(사원)과 구별되는 독자적인 존재로서 권리·의무의 주체가 될 수 있다. 하지만 조합은 단체로서의 실질을 갖추지 못한 것으로서 단체성을 가지지 못한다. 따라서 조합은 그 구성원(조합원)과 별개의 권리·의무의 주체가 될 수 없고, 독자적인 존재가 될 수 없다.

[판례 115] 조합과 비법인사단의 구별(대판 1999. 4. 23, 99다4504)
민법상의 조합과 법인격은 없으나 사단성이 인정되는 비법인사단(법인이 아닌 사단)을 구별함에 있어서는 일반적으로 그 단체성의 강약을 기준으로 판단하여야 하는바, 조합은 2인 이상이 상호간에 금전 기타 재산 또는 노무를 출자하여 공동사업을 경영할 것을 약정하는 계약관계에 의하여 성립하므로 어느 정도 단체성에서 오는 제약을 받게 되는 것이지만 구성원의 개인성이 강하게 드러나는 인적 결합체인데 비하여, 비법인사단(법인이 아닌 사단)은 구성원의 개인성과는 별개로 권리·의무의 주체가 될 수 있는 독자적 존재로서의 단체적 조직을 가지는 특성이 있다.

[판례 116] 조합의 당사자능력(대판 1991. 6. 25, 88다카6358)
민법상 조합은 조합원 사이의 계약관계이며, 조합원의 개성을 초월한 독립된 고유의 목적을 가진 단체라고 인정할 수 있는 실질이 없고, 민법이 법인이 아닌 사단에 대하여 그 소유관계를 총유로 규정하고 민법상 조합의 소유관계를 합유로 규정하여 양자가 별개임을 전제하고 있으므로 민법상 조합은 당사자능력이 부정된다.

2. 조합재산

제704조 (조합재산의 합유) 조합원의 출자 기타 조합재산은 조합원의 합유로 한다.

제714조 (지분에 대한 압류의 효력) 조합원의 지분에 대한 압류는 그 조합원의 장래의 이익배당 및 지분의 반환을 받을 권리에 대하여 효력이 있다.

제715조 (조합채무자의 상계의 금지) 조합의 채무자는 그 채무와 조합원에 대한 채권으로 상계하지 못한다.

(1) 조합재산의 귀속

조합은 권리능력이 없으므로 재산의 귀속주체가 될 수 없다. 조합재산은 조합원 전원에게 공동으로 귀속되며, 그 형태를 합유(合有)가 된다(제704조). 이에 따라 조합원은 조합재산에 대한 지분권을 가진다. 그러나 조합원의 자격과 분리하여 지분권을 처분할 수는 없다.

(2) 조합재산인 합유물의 처분

제272조는 합유물의 처분·변경에 합유자 전원의 동의를 요구하고 있다. 그러나 조합계약상 사무집행방법에 관한 제706조 2항은 조합의 업무집행시 조합원의 과반수로서 결정한다고 정하고 있다. 그래서 조합재산의 처분의 경우 어느 규정을 적용할지가 문제된다. 이에 대해 판례는 조합재산의 처분·변경이 조합 자체의 기본적인 사항(예: 조합목적변경, 출자액조정, 업무집행권의 변경, 새조합원의 영입, 조합의 해산 등)에 대해서는 제272조에 따라서 조합원 전원의 동의가 필요하지만, 조합의 특별사무(예: 조합재산의 유지·관리, 조합재산인 부동산의임대차 및 그 갱신, 사업을 위한 부동산·동산의 구입 등)에 속하는 때에는 제706조 2항에 따라서 조합원 과반수로써 결정할 수 있다고 한다.

[판례 117] 조합재산의 처분 및 변경의 방법(대판 1998. 3. 13, 95다30345)
업무집행자의 선임에 조합원 전원의 찬성이 있을 것을 요하지 아니하고 업무집행자는 업무집행에 관하여 대리권 있는 것으로 추정하도록 한 민법 제706조, 제709조의 규정 취지에 비추어 볼 때, 업무집행자가 없는 경우에도 조합의 업무집행에 조합원 전원의 동의는 필요하지 않다고 하여야 할 것이고, 한편 조합재산의 처분·변경도 조합의 업무집행의 범위에 포함된다고 할 것이므로, 결국 업무집행자가 없는 경우에는 조합의 통상사무의 범위에 속하지 아니하는 특별사무에 관한 업무집행은 원칙적으로 조합원의 과반수로써 결정하는 것이고, 조합재산의 처분·변경에 관한 행위는 다른 특별한 사정이 없는 한 조합의 특별사무에 해당하는 업무집행이라고 보아야 한다. 다만, 조합의 업무집행 방법에 관한 위와 같은 민법 규정은 임의규정이라고 할 것이므로 당사자 사이의 약정에 의하여 조합의 업무집행에 관하여 조합원 전원의 동의를 요하도록 하는 등 그 내용을 달리 정할 수 있고, 그와 같은 약정이 있는 경우에는 조합의 업무집행은 조합원 전원의 동의가 있는 때에만 유효하다.

(3) 조합재산의 지분

조합원은 조합재산인 합유물에 대하여 지분을 가지나 그 성질상 지분의 처분을 제한된다. 또한 그 지분을 근거로 한 합유물의 분할청구도 인정되지 않는다(제273조 2항). 다만 조합이 해산되는 때에는 청산절차에 따라서 합유물을 분할하여 각 조합원에게 분배할 수 있다.

(4) 합유지분에 대한 압류 및 상계금지

채권자는 채무자인 조합원의 지분에 대한 압류는 그 조합원의 장래의 이익배당 및 지분의 반환을 받을 권리에 대하여 효력이 있다(제714조). 그리고 조합의 채무자는 그 채무와 조합원에 대한 채권으로 상계하지 못한다(제715조).

3. 조합채무에 대한 책임

제712조 (조합원에 대한 채권자의 권리행사) 조합채권자는 그 채권발생당시에 조합원의 손실부담의 비율을 알지 못한 때에는 각 조합원에게 균분하여 그 권리를 행사할 수 있다.

제713조 (무자력조합원의 채무와 타조합원의 변제책임) 조합원중에 변제할 자력없는 자가 있는 때에는 그 변제할 수 없는 부분은 다른 조합원이 균분하여 변제할 책임이 있다.

조합채권자는 조합채무에 대하여 조합재산뿐만 아니라, 조합원의 개인재산에 대해서도 강제집행을 할 수 있다. 즉, 조합채무에 대하여 조합원은 조합재산뿐만 아니라 자신의 개인재산으로도 책임진다. 그리고 조합채무는 각 조합원에게 손실부담비율에 따라서 분담되는 분할채무이다(판례). 분할채무의 기준이 되는 손실분담비율은 조합계약 등에 의하여 결정되지만, 채권발생 당시에 조합의 채권자가 정해진 손실부담비율을 알지 못하는 경우에는 각 조합원에게 균등한 비율로 변제할 것을 청구할 수 있다(제712조). 특히 조합원 가운데 변제할 수 없는 무자력자가 생긴 경우에 그 부분에 대하여 다른 조합원들이 균분하여 변제할 책임이 있다(제713조).

4. 조합의 업무집행

제706조 (사무집행의 방법) ① 조합계약으로 업무집행자를 정하지 아니한 경우에는 조합원의 3분의 2이상의 찬성으로써 이를 선임한다.
② 조합의 업무집행은 조합원의 과반수로써 결정한다. 업무집행자가 수인인 때에는 그 과반수로써 결정한다.
③ 조합의 통상사무는 전항의 규정에 불구하고 각 조합원 또는 각 업무집행자가 전행할 수 있다. 그러나 그 사무의 완료 전에 다른 조합원 또는 다른 업무집행자의 이의가 있는 때에는 즉시 중지하여야 한다.
제707조 (준용규정) 조합업무를 집행하는 조합원에는 제681조 내지 제688조의 규정을 준용한다.
제708조 (업무집행자의 사임, 해임) 업무집행자인 조합원은 정당한 사유없이 사임하지 못하며 다른 조합원의 일치가 아니면 해임하지 못한다.
제709조 (업무집행자의 대리권추정) 조합의 업무를 집행하는 조합원은 그 업무집행의 대리권있는 것으로 추정한다.
제710조 (조합원의 업무, 재산상태검사권) 각 조합원은 언제든지 조합의 업무 및 재산상태를 검사할 수 있다.

(1) 조합내부의 업무집행

조합에 있어서 모든 조합원은 각자 업무집행권을 가진다. 그리고 필요한 때에는 언제든지 조합원의 3분의 2 이상의 찬성으로 업무집행자를 선임할 수 있다. 조합원 간의 의견대립이 있는 경우 출자액에 상관없이 조합원의 과반수로써 결정한다(제706조 2항 전단). 다만 조합의 통상사무는 각 조합원들이 전행할 수 있지만, 그 사무의 완료 전에 다른 조합원의 이의가 있으면 전행하지 못하며 그 일을 중지하여야 한다(제706조 3항).

(2) 일부 조합원이 업무집행자로 선임된 경우

수인의 업무집행자가 있는 경우 업무집행은 그 과반수로 결정한다(제706조 2항 후단). 이러한 업무집행조합원에 대하여는 위임에 관한 규정이 준용된다(제707조). 특히 업무집행조합원은 정당한 사유 없이 사임하지 못하며, 다른 조합원의 일치가 아니면 그를 해임하지 못한다(제708조). 그리고 업무집행자 아닌 조합원은 언제든지 조합의 업무 및 재산상태를 검사할 수 있다(제710조).

(3) 제3자에게 업무집행권이 위임된 경우

조합원은 조합계약으로 비조합원에게 업무집행을 위임할 수 있고(제706조 1항 전단), 이때에도 위임에 관한 규정에 따라 규율된다.

(4) 업무집행조합원의 대리권

업무집행조합원은 다른 조합원을 위하여 대외적으로 그 업무집행에 필요한 법률행위를 할 대리권이 있다고 추정된다(제709조). 조합원이 아닌 업무집행자의 경우에도 마찬가지이다. 또한 당사자의 약정으로 업무집행에 관하여 조합원 전원의 동의가 필요한 것으로 정할 수 있다(대판 2002. 1. 25. 99다62838). 대리권 있는 업부집행조합원 또는 업무집행자가 한 법률행위의 효과는 대리법리에 따라서 각 조합원에게 합유적으로 귀속된다.

(5) 소송상 당사자능력

조합은 사단이나 재단과 달리 독립된 권리주체가 아니므로, 조합의 이름으로 소송당사자가 될 수 없다. 조합의 대표자가 있는 경우에도 그의 명의로 당사자능력을 가질 수 없으므로, 원칙적으로 조합원 전원이 당사자로서 소송을 하여야 한다.

5. 손익분배

제711조(손익분배의 비율) ① 당사자가 손익분배의 비율을 정하지 아니한 때에는 각 조합원의 출자가액에 비례하여 이를 정한다.
② 이익 또는 손실에 대하여 분배의 비율을 정한 때에는 그 비율은 이익과 손실에 공통된 것으로 추정한다.

조합이 공동사업을 수행함으로써 생기는 이익과 손실은 조합원에게 합유적으로 귀속되고, 각 조합원에게 일정한 비율로 분배된다. 손익분배비율은 조합계약으로 정하는 것이 원칙이다. 그러나 일부 조합원은 손실을 부담하지 않는 약정은 가능하나, 영리 목적의 조합에서 일부 조합원만이 이익분배를 한다는 약정은 허용되지 않는다. 다만 당사자가 손익분배의 비율을 정하지 아니한 때에는 각 조합원의 출자가액에 비례하여 그 비율이 정해지고(제711조 1항), 이익 또는 손실에 대하여 분배의 비율을 정한 때에는 그 비율은 이익과 손실에 공통된 것으로 추정한다(동조 2항).

6. 조합관계의 변동

제716조 (임의탈퇴) ① 조합계약으로 조합의 존속기간을 정하지 아니하거나 조합원의 종신까지 존속할 것을 정한 때에는 각 조합원은 언제든지 탈퇴할 수 있다. 그러나 부득이한 사유없이 조합의 불리한 시기에 탈퇴하지 못한다.
② 조합의 존속기간을 정한 때에도 조합원은 부득이한 사유가 있으면 탈퇴할 수 있다.
제717조(비임의 탈퇴) 제716조의 경우 외에 조합원은 다음 각 호의 어느 하나에 해당하는 사유가 있으면 탈퇴된다.
1. 사망
2. 파산
3. 성년후견의 개시
4. 제명
제718조 (제명) ① 조합원의 제명은 정당한 사유있는 때에 한하여 다른 조합원의 일치로써 이를 결정한다.
② 전항의 제명결정은 제명된 조합원에게 통지하지 아니하면 그 조합원에게 대항하지 못한다.
제719조 (탈퇴조합원의 지분의 계산) ① 탈퇴한 조합원과 다른 조합원간의 계산은 탈퇴당시의 조합재산상태에 의하여 한다.
② 탈퇴한 조합원의 지분은 그 출자의 종류여하에 불구하고 금전으로 반환할 수 있다.
③ 탈퇴당시에 완결되지 아니한 사항에 대하여는 완결후에 계산할 수 있다.

조합계약상 조합의 존속기간을 정하지 않았거나 조합원의 종신까지 존속하는 것으로 정한 경우 각 조합원은 언제든지 탈퇴할 수 있다(제716조 1항). 그러나 부득이한 사유없이 불리한 시기에 탈퇴할 수 없다(동조 1항 단서). 반면에 조합의 존속기간을 정한 경우 그 기간 동안 탈퇴할 수 없는 것이 원칙이나, 부득이한 사유가 있는 경우에는 탈퇴할 수 있다(동조 2항). 그리고 조합원이 사망하거나 파산, 성년후견이 개시되거나 또는 제명된 경우 해당 조합원은 탈퇴하게 된다. 이때 조합원이 사망하더라도 조합원으로서의 지위가 상속으로 당연히 승계되지 않는다는 점에 주의하여야 한다.[88] 조합을 탈퇴함으로써 장래에 대하여 조합원으로서 권리와 의무를 상실하게 된다. 그러나 탈퇴 이전에 발생한 채권이나 채무는 여선히 존속한다. 그리고 탈퇴로 인하여 조합재산에 대한 합유적 지위도 상실하게 되나, 탈퇴한 조합원은 지분환급청구권을 가지게 된다(제719조 2항).

조합원이 되고자 하는 자와 기존 조합원 전원과의 계약으로서 가입이 된다. 이때 가입 조합원은 출자의무를 부담하고, 다른 조합원들과 함께 조합재산에 대한 합유관계에 있게 된다. 그리고 원칙적으로 조합원지위의 양도는 그 성질상 제한되나, 조합계약에서 조합원의 지위를 처분하는데 대한 약정을 하였거나 모든 조합원이 양도에 동의하는 경우 조합원지위의 양도가 가능하다(통설·판례).

7. 조합의 해산과 청산

제720조 (부득이한 사유로 인한 해산청구) 부득이한 사유가 있는 때에는 각 조합원은 조합의 해산을 청구할 수 있다.

제721조 (청산인) ① 조합이 해산한 때에는 청산은 총조합원 공동으로 또는 그들이 선임한 자가 그 사무를 집행한다.
② 전항의 청산인의 선임은 조합원의 과반수로써 결정한다.

제722조 (청산인의 업무집행방법) 청산인이 수인인 때에는 제706조제2항 후단의 규정을 준용한다.

제723조 (조합원인 청산인의 사임, 해임) 조합원 중에서 청산인을 정한 때에는 제708조의 규정을 준용한다.

제724조 (청산인의 직무, 권한과 잔여재산의 분배) ① 청산인의 직무 및 권한에 관하여는 제87조의 규정을 준용한다.
② 잔여재산은 각 조합원의 출자가액에 비례하여 이를 분배한다.

(1) 조합의 해산사유

조합계약에서 정한 해산사유가 발생하거나, 조합계약에서 정한 존속기간이 만료된 경우, 조합의 공동사업이 성취되었거나 그 성취가 불가능하게 된 경우

---

88) 그러나 조합계약으로서 그 지위의 상속을 허용하는 경우에는 승계가 허용된다(대판 1987. 6. 23, 86다카2951).

조합원의 해산청구 없이도 조합은 해산되며(판례), 이로써 청산절차가 개시된다. 또는 모든 조합원이 해산에 대하여 합의를 하거나, 2인 조합에서 1인이 탈퇴한 경우에도 조합은 해산된다(반대 판례: 대판 1999. 5. 11, 99다1284).

(2) 해산청구에 의한 해산

조합은 해산사유가 없더라도 부득이한 사유가 있는 때에는 각 조합원은 조합의 해산을 청구할 수 있다(제720조). 이때 부득이한 사유란 조합사업의 수행이 불가능한 경우, 조합을 유지할 수 없을 정도로 조합원 간의 신뢰관계가 파괴된 경우 등이 이에 해당한다.

(3) 조합의 청산

조합이 해산하더라도 그 조합재산이 정리되기 전까지는 청산절차가 필요하고, 이러한 청산절차가 완료될 때까지 조합은 소멸하지 않는다. 조합계약이나 당사자의 약정으로 청산절차 이외의 방법으로 조합재산을 정리할 수도 있다(대판 1998. 12. 8, 97다31472). 모든 조합원이 청산인이 되는 것이 원칙이고, 이때 공동으로 청산사무를 집행하게 된다(제721조 1항). 이때 사무집행방법은 조합의 사무집행방법과 동일하다. 별도로 청산인을 선임할 수도 있는데, 청산인의 선임은 조합원의 과반수로 결정한다(제721조 2항). 그리고 조합원 중에서 청산인을 선임한 경우 그 사임이나 해임은 제한된다(제723조, 제708조). 그리고 청산인의 직무권한은 법인에서의 청산인의 직무(제87조)에 따라 정해진다(제724조 1항).

(4) 청산 후 잔여 채무와 재산의 처리

조합재산으로 조합채무를 변제하는데 부족한 경우에는 다른 약정이 없는 한, 잔여 조합채무는 당연히 각 조합원에게 손실비율에 따라서 분배되고, 손실비율을 정할 수 없는 경우에는 출자가액에 비례해서 분배된다(제711조 1항). 그리고 청산인은 조합재산에서 조합채무를 변제하고 남은 재산을 각 조합원의 출자가액에 비례하여 분배해야 한다(제724조 2항).

Ⅳ. 종신정기금계약

제725조 (종신정기금계약의 의의) 종신정기금계약은 당사자일방이 자기, 상대방 또는 제3자의 종신까지 정기로 금전 기타의 물건을 상대방 또는 제3자에게 지급할 것을 약정함으로써 그 효력이 생긴다.

제726조 (종신정기금의 계산) 종신정기금은 일수로 계산한다.

제727조 (종신정기금계약의 해제) ① 정기금채무자가 정기금채무의 원본을 받은 경우에 그 정기금채무의 지급을 해태하거나 기타 의무를 이행하지 아니한 때에는 정기금채권자는 원본의 반환을 청구할 수 있다. 그러나 이미 지급을 받은 채무액에서 그 원본의 이자를 공제한 잔액을 정기금채무자에게 반환하여야 한다.
② 전항의 규정은 손해배상의 청구에 영향을 미치지 아니한다.

제728조 (해제와 동시이행) 제536조의 규정은 전조의 경우에 준용한다.

제729조 (채무자귀책사유로 인한 사망과 채권존속선고) ① 사망이 정기금채무자의 책임있는 사유로 인한 때에는 법원은 정기금채권자 또는 그 상속인의 청구에 의하여 상당한 기간 채권의 존속을 선고할 수 있다.
② 전항의 경우에도 제727조의 권리를 행사할 수 있다.

제730조 (유증에 의한 종신정기금) 본절의 규정은 유증에 의한 종신정기금채권에 준용한다.

종신정기금계약(終身定基金契約)은 정기금채무자가 자기, 상대방 또는 제3자의 종신까지 정기로 금전 기타의 물건을 상대방 또는 제3자에게 지급할 것을 성립하는 계약을 말한다. 종신정기금계약은 낙성계약·불요식계약·무상 또는 유상계약에 해당한다. 과거에는 종신정기금계약이 활용되었으나 보험·연금 제도가 발달한 오늘 날에는 거의 활용되지 않는다.

종신정기금의 채무자가 채무를 이행하지 않는 경우에는 채무불이행에 관한 규정들이 적용되므로, 손해배상(제390조 이하)과 계약해제(제544조 내지 제546조)에 관한 규정들이 적용된다. 다만 종신정기금계약에 관한 특칙이 일부 존재한다. 먼저 정기금채무자가 정기금채무의 원본을 받은 경우에 그 정기금채무의 지급을 해태하거나 기타 의무를 이행하지 아니한 때에는 정기금채권자는 원본의 반환을 청구할 수 있다(제727조 1항). 예를 들어 A가 B에게 부동산을 이전하고, 그 대가로 B가 A의 종신까지 일정 금액을 지급하기로 하였는데, B가 종신정기금을 지급하지 않으면 A는 그 부동산의 반환을 청구할 수 있게 된다. 그리고 종신정기금채권자의 사망이 정기금채무자의 책임있는 사유로 인한 때에는 법원은 정기금채권자나 그 상속인의 청구에 의하여 상당한 기간 채권이 존속함을 선고할 수 있다(제729조 1항).

V. 화해계약

[사례 45] 甲은 승합자동차를 운전하여 가다가 교차로에서 좌회전을 하던 중 3차선 도로의 1차선 상을 같은 방향으로 주행하던 乙의 오토바이 앞 부분과 승합차의 좌측 뒷부분과 부딪히게 되어 오토바이가 쓰러지면서 그 충격으로 乙은 심각한 상해를 입게 되었다. 사고 이후 乙은 병원치료를 받던 중 치료비가 없어 어려운 사정에 있었는데, 담당경찰관이나 甲의 주장에 따르면 乙은 무면허 운전자로서 甲이 특별히 배상할 책임이 없지만 도의적인 책임으로서 치료비 정도를 지급할 수 있다는 이야기를 듣고는 乙은 甲으로부터 일실수입, 위자료 기타 손해배상금 명목으로 7백만 원을 배상받는 대신 위 사고로 인한 모든 권리를 포기한다는 내용의 화해계약을 체결하였다. 그러나 위 사고는 2차선 상을 운행하던 甲이 일단 1차선으로 차선을 변경한 후 서서히 좌회전을 시도한 것이 아니라 2차선에서 1차선으로 차선을 변경하는 동시에 좌회전을 시도하다가 乙의 진로를 가로막음으로써 발생한 것임이 밝혀졌다. 이후 乙은 위 사고로 인하여 몇 차례 수술을 마치고서도 의식을 회복하지 못한 채 중환자실에서 치료 중이었고, 치료 이후에도 중대한 후유장애가 남게 되었다. 이에 乙은 甲의 과실이 없다고 생각해서 체결한 화해계약이므로, 화해계약을 착오로 취소하겠다고 하면서 추가적인 손해(치료비와 후유장애에 대한 손해배상)에 대한 배상을 요구하였다. 이러한 乙의 주장은 타당한가?

☞ 해 설 : 사안에서 甲과 乙 간의 화해계약이 존재하는데, 이러한 화해계약은 원칙적으로 착오로 인한 취소를 할 수 없다(제733조). 그러나 사안에서 甲·乙간의 화해계약은 그 전제가 '피해자인 乙에게만 과실이 존재하고, 가해자인 甲에게는 과실이 없다'라는 사실이었다. 즉, 위 사고는 乙의 일방적인 과실로 발생한 것이라고 할 수 없음에도 불구하고, 乙은 위 사고가 전적으로 자신의 과실에 의하여 발생한 것이라고 오인하고, 乙이 위 사고로 입게 된 손해의 배상액에 현저히 미달하는 금액만을 수령하고 모든 손해배상청구권을 포기하기에 이르렀으므로 乙은 착오에 의하여 이 사건 화해계약을 체결한 것이다. 그리고 피해자 乙의 과실로 발생한 사고가 아니라 甲의 과실에 의한 사고라는 점은 위 화해계약에서 분쟁의 대상이 된 것이 아니므로, 이는 제733조상 화해의 목적인 분쟁이외의 사항에 대한 착오이므로 이를 이유로 화해계약을 취소할 수 있다. 따라서 사안에서 乙의 주장은 타당하다.

1. 의의 및 성립

제731조 (화해의 의의) 화해는 당사자가 상호양보하여 당사자 간의 분쟁을 종지할 것을 약정함으로써 그 효력이 생긴다.

제732조 (화해의 창설적 효력) 화해계약은 당사자일방이 양보한 권리가 소멸되고 상대방이

화해로 인하여 그 권리를 취득하는 효력이 있다.

제733조 (화해의 효력과 착오) 화해계약은 착오를 이유로 하여 취소하지 못한다. 그러나 화해당사자의 자격 또는 화해의 목적인 분쟁이외의 사항에 착오가 있는 때에는 그러하지 아니하다.

화해(和解)는 당사자가 상호양보하여 당사자 간의 분쟁을 종지할 것을 약정함으로써 성립하는 계약이다(제731조). 예를 들어 운전자 A가 교통사고를 일으켜 보행자 B를 다치게 하였는데, 이때 A·B간에 치료비 등의 손해배상액에 관한 다툼이 있을 때 서로 양보하여 일정 금액으로 합의하는 것을 들 수 있다. 화해계약은 낙성계약·불요식계약이고, 유상·쌍무계약에 해당한다(반대견해 있음).

2. 화해의 효력

화해계약이 성립하면 이로 인해 당사자의 법률관계가 새롭게 창설된다(창설적 효력). 즉, 화해계약이 성립하면 당사자일방이 양보한 권리는 소멸하고, 상대방이 화해로 인하여 그 권리를 취득하게 된다(제732조). 따라서 종전의 법률관계에 따른 권리·의무는 더 이상 효력을 가지지 않게 된다. 다만 종전 법률관계에 근거한 담보가 화해를 통해서 소멸하는 것인지에 대해서는 학설이 다툼이 있다.

3. 화해와 착오취소

화해계약은 착오를 이유로 하여 취소할 수 없다(제733조 본문). 화해계약이 당사자 간의 다툼을 끝낼 목적으로 체결되는 것이라는 점에서 합의에 따라 끝내기로 한 법률관계에 관한 착오에 기한 취소를 허용하는 것은 화해계약을 무의미하게 할 우려가 있기 때문이다. 따라서 교통사고 피해자가 치료비에 관한 화해를 하면서 치료비의 구체적인 산정에 있어 착오를 한 경우, 동업계약의 청산시 합의의 전제가 된 지분비율의 산정에 착오가 있는 경우 등에서 착오를 이유로 한 취소는 허용되지 않는다.

화해계약은 착오를 이유로 취소할 수 없는 것이 원칙이지만, 화해당사자의 자격 또는 화해의 목적인 분쟁이외의 사항에 착오가 있는 때에는 취소가 가능하다. 왜냐하면 당사자들이 다투지 않았거나 양보하지 않은 사항에 대한 착오가 있는 경우에는 그 취소를 허용하는 것이 타당하기 때문이다. 교통사고 가해자로서 피해자와 합의하였으나 해당 운전자가 가해자가 아니었던 경우, 상대방을 토지의 적법한 상속권자로 잘못 알고 토지소유권 환원의 합의한 경우(대판 1994. 9. 30, 94다11217), 의사가 유족과 환자의 사망으로 인한 손해배상에 관한 합의를 하였으나 환자의 사망이 의사의 의료과실로 인한 것이 아니었던 경우(대판 1990. 11. 9, 90다카22674) 등에서는 착오를 이유로 화해계약을 취소할 수 있다.

제10강 사무관리·부당이득

Ⅰ. 사무관리

[사례 46] 건설회사 甲은 공사로 발생하는 건설폐기물을 처리하기 위하여 폐기물 처리업체 乙과 도급계약을 체결하였다. 그러나 乙이 건설폐기물을 처리하는 과정에서 원래 도급계약상 처리하기로 한 폐기물의 1.5배가 넘는 폐기물이 발생하였을 뿐만 아니라 처리비용도 50% 이상이 더 지출되었다. 그 이유는 甲이 인근의 다른 공사장의 폐기물을 반입하였고, 공사시행 중에 폐기물 관리를 잘못하여 건설폐기물이 아닌 생활쓰레기 등을 혼합하여 배출하였기 때문이었다. 하지만 乙은 甲과의 계속적인 계약체결에 대한 기대를 가지고 원래 도급계약상 보수만 지급받고 업무를 수행하였다. 그런데 다음 해 甲의 다른 공사현장의 폐기물처리업체의 선정에서 乙은 탈락하였다. 이에 乙은 원래 도급계약을 초과한 나머지 폐기물처리에 대한 비용을 청구하고자 한다. 가능하겠는가?

☞ 해 설 : 乙이 甲과의 도급계약에 따라 정해진 폐기물을 처리한 것은 계약에 따른 것으로서 법률상 원인에 따라 일을 처리한 것이다. 하지만 도급계약의 내용을 초과하는 부분(50% 초과부분)에 대한 용역의 제공은 다음의 계약체결에 기대에 따른 것으로서 도급계약을 이행한 것이 아니므로, 이는 법률상 원인 없이 甲의 사무를 대신 처리한 것으로서 사무관리에 해당한다. 따라서 乙은 甲에 대하여 비용의 상환을 청구할 수 있다(제739조). 이때 乙은 계약의 초과 부분에 대해 다른 사람을 사용한 경우 그에 소요된 보수를 비용으로 청구할 수도 있고, 직접 용역을 제공하였다면 상법 제61조[89]에 따라 자신의 보수를 청구할 수 있다(대판 2010. 1. 14, 2007다55477).

1. 의의

제734조 (사무관리의 내용) ① 의무없이 타인을 위하여 사무를 관리하는 자는 그 사무의 성질에 좇아 가장 본인에게 이익되는 방법으로 이를 관리하여야 한다.
② 관리자가 본인의 의사를 알거나 알 수 있는 때에는 그 의사에 적합하도록 관리하여야 한다.
③ 관리자가 전2항의 규정에 위반하여 사무를 관리한 경우에는 과실없는 때에도 이로 인한 손해를 배상할 책임이 있다. 그러나 그 관리행위가 공공의 이익에 적합한 때에는 중대한 과실이 없으면 배상할 책임이 없다.

---

[89] 제61조 (상인의 보수청구권) 상인이 그 영업범위 내에서 타인을 위하여 행위를 한 때에는 이에 대하여 상당한 보수를 청구할 수 있다.

(1) 개념

사무관리(事務管理)란 법률상의 의무없이 타인을 위하여 그 사무를 관리하는 행위를 말한다(제734조 1항). 예를 들어 이웃의 부재 중에 지붕수리를 하는 것, 외출한 옆집 주인을 대신해서 택배비를 지불하는 것, 집 잃은 아이를 보살펴주는 것, 유실물을 습득하여 소유자에게 반환하는 것 등이 이에 해당한다. 사무관리를 인정하는 것은 이를 통하여 타인의 이익을 증진하는 것이 사회연대·사회부조의 이상에 적합하기 때문이라고 한다(사회부조설: 통설).

(2) 위임·부당이득·불법행위와 구별

위임은 계약에 따라서, 즉 법률상 원인이 있어 타인의 사무를 관리하는 것이라는 점에서 법률상 의무 없이 타인의 사무를 관리하는 사무관리와 구분된다. 다만 타인의 사무를 관리한다는 점에서는 공통적이므로, 수임인의 의무와 책임에 관한 제683조 내지 제685조는 사무관리에서 관리자에 대해 준용된다(제738조).

사무관리에서 관리자가 취득한 물건 등의 인도의무(제738조·제684조)와 비용상환청구권(제739조)의 경우, 본인은 관리자에 대하여 부당이득반환을 청구할 여지가 있다. 하지만 이 경우 사무관리가 부당이득보다 우선하여 적용된다고 보는 것이 일반적이다. 내용적으로도 부당이득은 타인이 입은 손해를 한도로 하지만(제741조), 사무관리에서 관리자가 얻은 것은 본인이 입은 손해를 한도로 하지 않고 그 전부를 인도하여야 한다(제738조·제684조 1항). 그리고 부당이득은 이득자가 이득을 얻었을 것을 전제로 하지만, 사무관리에서 관리자의 비용상환청구는 본인의 이익여부와 상관없이 인정된다.

사무관리에 해당하는 경우라면 비록 타인에 대한 간섭이라고 하더라도 법률상 정당한 것으로 인정되어 불법행위가 성립하지 않는 것이 원칙이다. 다만 본인의 의사나 이익에 적합하지 않은 관리행위를 하게 되면, 비록 관리행위상 선관주의의무를 다하였더라도 불법행위책임을 질 수 있다(제734조 3항).

2. 성립요건

(1) 타인의 사무를 관리할 것

사무에는 법률행위는 물론이고, 사실행위, 재산상 행위·비재산상 행위, 일시적인 행위·계속적인 행위 등이 모두 포함된다. 그리고 사무관리는 타인의 사무를 관리하여 타인의 손해를 막고 그의 이익을 위한 행위를 말한다. 따라서 재산의 멸실·훼손을 막고, 그 현상을 유지하기 위한 보존행위(예: 물건 또는 건물의 수선)와 재산의 성질이 변하지 않는 한도에서 그 가치를 증가하는 개량행위(예: 건물증축, 물건의 임대)는 사무에 포함된다. 또한 본인의 의사에 반하지 않는다면 처분행위(예: 물건의 매각)도 사무에 포함될 수 있다.

(2) 타인의 사무를 관리할 법률상의 의무가 없을 것

관리자가 법률의 규정 또는 계약으로 관리할 의무를 지는 때에는 사무관리가 성립하지 않는다. 따라서 법률에 따라 성년후견인이 성년후견인에 대한 업무를 처리하는 경우(제10조), 친권자가 미성년인 자녀의 일을 처리하는 것(제5조), 계약에 따라 타인의 업무를 수행하는 것 등은 사무관리로 볼 수 없다.

(3) 타인을 위해서라는 의사가 있을 것

사무관리가 성립하기 위해서 사무관리자에게 타인을 위한다는 의사가 필요하다(주관설: 통설·판례)[90] 타인을 위한 의사와 관리자 자신을 위한 의사가 동시에 존재하더라도 사무관리는 성립한다. 그리고 본인이 누구인지 알지 못해도 타인의 사무관리를 관리한다는 의사가 존재한다면 사무관리가 성립한다. 그러나 관리자가 오로지 자신의 이익을 위해서만 타인의 사무를 처리한 경우는 사무관리가 성립하지 않는다. 그리고 타인사무를 자신의 사무로 잘못 알고 관리한 경우(오신사무관리)에도 사무관리가 성립하지 않는다.

---

[90] 반면 객관설은 사무관리의 성립에 관리자의 타인사무처리의 주관적 의도나 사무의 타인성에 대한 인식은 필요하지 않다. 단지 그 사무가 객관적으로 타인의 것으로 귀속됨이 타당한지에 대한 판단만이 필요하다고 한다. 그리고 객관설에 따르면 준사무관리에서도 사무관리가 성립한다 본다.

(4) 본인에게 불리하거나 본인의 의사에 반하는 것이 명백하지 않을 것

본인의 의사에 반하는 것이 명백한 때에는 사무를 중지해야 한다(제737조 단서). 왜냐하면 이러한 경우까지 사무관리로 인정하는 것은 사무관리제도 취지에 반하기 때문이다(판례).

[판례 118] 사무관리의 성립여부(대판 1975. 4. 8, 75다254)
[1] 사무관리의 목적이었던 사무를 본인이 직접 관리하려면 사무관리자에게 그 관리를 종료하여 줄 것을 내용으로 하는 의사표시를 하여야 하는 것이 아니고, 본인 자신이 직접 관리하겠다는 의사가 외부적으로 명백히 표현된 경우에는 사무관리는 그 이상 성립할 수 없는 것이다.
[2] 사무관리는 의무 없이 타인을 위하여 사무를 관리한다는 사실만 있으면 성립되는 것이고 의사표시를 요소로 하는 법률행위가 아니므로 본인이 사무관리의 목적이었던 사무를 직접 관리하려면 사무관리자에게 그 관리를 종료하여 줄 것을 내용으로 하는 의사표시를 하여야 하는 것이 아니고 본인 자신이 직접 관리하겠다는 의사가 외부적으로 명백히 표현된 경우에는 사무관리는 그 이상 성립할 수 없는 것이다.
[3] 그러므로 이 사건에 있어 원고의 1974.11.18 자 준비서면의 진술로 인하여, 이건 부동산의 소유권명의를 원고에게 이전하여 달라는 취지는 결국 원고가 직접 관리할 의사가 명백히 표시된 것으로서 그 이상의 피고의 사무관리의 계속이 원고의 의사에 반하고 원고에게 불리함이 명백한 경우에 해당한다 할 것이니 이건 사무관리는 민법 제737조 단서에 의하여 종료되었음이 분명하므로 논지는 그 이유 없다.

[판례 119] 계약상 급부와 사무관리(대판 2010. 1. 14, 2007다55477)
[1] 사무관리가 성립하기 위해서는 관리자가 법적인 의무 없이 타인의 사무를 관리해야 하는바, 관리자가 처리한 사무의 내용이 관리자와 제3자 사이에 체결된 계약상의 급부와 그 성질이 동일하다고 하더라도, 관리자가 위 계약상 약정된 급부를 모두 이행한 후 본인과의 사이에 별도의 계약이 체결될 것을 기대하고 사무를 처리하였다면 그 사무는 위 약정된 의무의 범위를 벗어나 이루어진 것으로서 법률상 의무 없이 사무를 처리한 것이며, 이 경우 특별한 사정이 없는 한 그 사무처리로 인한 사실상의 이익을 본인에게 귀속시키려는 의사, 즉 타인을 위하여 사무를 처리하는 의사가 있다고 봄이 상당하다.
[2] 직업 또는 영업에 의하여 유상으로 타인을 위하여 일하는 사람이 향후 계약이 체결될 것을 예정하여 그 직업 또는 영업의 범위 내에서 타인을 위한 행위를 하였으나 그 후 계약이 체결되지 아니함에 따라 타인을 위한 사무를 관리한 것으로 인정되는 경우에 상법 제61조는 상인이 그 영업범위 내에서 타인을 위하여 행위를 한 때에는 이에 대하여 상당한 보수를 청구할 수 있다고 규정하고 있어 직업 또는 영업의 일환으로 제공한 용역은 그 자체로 유상행위로서 보수 상당의 가치를 가진다고 할 수 있으므로 그 관리자는 통상의 보수를 받을 것을 기대하고 사무관리를 하는 것으로 보는 것이 일반적인 거래 관념에 부합하고, 그 관리자가 사무관리를 위하여 다른 사람을 고용하였을 경우 지급하는 보수는 사무관리 비용으로 취급되어 본인에게 반환을 구할 수 있는 것과 마찬가지로, 다른 사람을 고용하지 않고 자신이 직접 사무를 처리한

것도 통상의 보수 상당의 재산적 가치를 가지는 관리자의 용역이 제공된 것으로서 사무관리 의사에 기한 자율적 재산희생으로서의 비용이 지출된 것이라 할 수 있으므로 그 통상의 보수에 상응하는 금액을 필요비 내지 유익비로 청구할 수 있다고 봄이 타당하고, 이 경우 통상의 보수의 수준이 어느 정도인지는 거래관행과 사회통념에 의하여 결정하되, 관리자의 노력의 정도, 사무관리에 의하여 처리한 업무의 내용, 사무관리 본인이 얻은 이익 등을 종합적으로 고려하여 판단하여야 한다.

3. 사무관리의 효과

제735조 (긴급사무관리) 관리자가 타인의 생명, 신체, 명예 또는 재산에 대한 급박한 위해를 면하게 하기 위하여 그 사무를 관리한 때에는 고의나 중대한 과실이 없으면 이로 인한 손해를 배상할 책임이 없다.

제736조 (관리자의 통지의무) 관리자가 관리를 개시한 때에는 지체 없이 본인에게 통지하여야 한다. 그러나 본인이 이미 이를 안 때에는 그러하지 아니하다.

제737조 (관리자의 관리계속의무) 관리자는 본인, 그 상속인이나 법정대리인이 그 사무를 관리하는 때까지 관리를 계속하여야 한다. 그러나 관리의 계속이 본인의 의사에 반하거나 본인에게 불리함이 명백한 때에는 그러하지 아니하다.

제738조 (준용규정) 제683조 내지 제685조의 규정은 사무관리에 준용한다.

제739조 (관리자의 비용상환청구권) ① 관리자가 본인을 위하여 필요비 또는 유익비를 지출한 때에는 본인에 대하여 그 상환을 청구할 수 있다.
② 관리자가 본인을 위하여 필요 또는 유익한 채무를 부담한 때에는 제688조 제2항의 규정을 준용한다.
③ 관리자가 본인의 의사에 반하여 관리한 때에는 본인의 현존이익의 한도에서 전2항의 규정을 준용한다.

제740조 (관리자의 무과실손해보상청구권) 관리자가 사무관리를 함에 있어서 과실 없이 손해를 받은 때에는 본인의 현존이익의 한도에서 그 손해의 보상을 청구할 수 있다.

(1) 사무관리의 방법

사무관리자는 사무의 성질에 좇아 가장 본인에게 이익이 되는 방법으로 사무를 관리해야 한다(제734조 1항). 관리자가 본인의 의사를 알거나 알 수 있는 때에는 그 의사에 적합하도록 관리해야 한다(동조 2항). 만약 이를 위반한 경우에 관리자는 자신에게 과실이 없는 경우에도 그로 인한 손해를 배상할 책임을 진다(동조 3항 본문). 다만 그 관리행위가 공공의 이익에 적합한 때에는 중대한 과실이 없으면 배상할 책임이 없다(동조 3항 단서). 아울러 사무관리자는 사무관리에 관한 통지의무(제736조), 보고의무(제738조·제683조), 취득물 등의 인도·이전의무(제738조·제683조), 금전소비에 대한 책임(제738조·제685조)을 부담한다.

[판례 120] 사무관리의 방법(대판 1995. 9. 29, 94다13008)
<사실관계> 원고가 경영하는 레스토랑의 부근에 있는 레스토랑 주방장으로 일하던 피고가 원고의 레스토랑에 들렀다가 마침 손님이 들어와서 식사가 되느냐고 묻자 으레 식사를 주문할 것으로 알고 주방에 들어가 기름용기 등이 올려져 있는 가스레인지에 불을 켜 놓았다가, 손님이 식사를 주문하지 아니하고 음료수만을 주문하여 가스레인지의 불이 불필요하게 되었음에도 가스레인지의 불을 끄지 아니하고 줄여만 놓은 채 원고의 레스토랑을 나가는 바람에 가스레인지 위의 기름용기가 과열되어 기름이 용기 밖으로 넘치면서 화재가 발생하였다.
<판결요지> 피고가 원고를 대신하여 손님이 주문할 음식의 조리를 위한 준비로 가스레인지를 점화하여 원고의 사무를 개시한 이상 가스레인지의 사용이 필요 없게 된 경우 스스로 가스레인지의 불을 끄거나 원고 레스토랑의 종업원으로 하여금 그 불을 끄도록 조치하는 등 원고에게 가장 이익되는 방법으로 이를 관리하여야 함에도 이를 위반하였으므로 피고는 사무관리자로서 이로 인하여 발생한 손해에 대하여 원고가 입은 손해를 배상할 책임이 있다.

(2) 사무관리자의 권리

사무관리자는 사무관리를 위해 지출한 필요비와 유익비의 상환을 본인에게 청구할 수 있다(제739조 1항). 예를 들어 부재중인 이웃집의 지붕수리를 위해 비용을 지출한 자는 그 비용을 집주인에게 청구할 수 있다. 또한 관리자가 본인을 위해 필요한 채무와 유익한 채무를 부담한 경우에도 그에 대한 상환을 요구할 수 있다(동조 2항). 다만 관리자가 본인의 의사에 반하여 사무를 관리한 경우에는 본인에게 현존이익이 있는 한도에서 상환을 청구할 수 있다(동조 3항). 그리고 사무관리를 하면서 사무관리자가 과실 없이 손해를 입은 경우, 그는 본인의 현존이익의 한도에서 그 손해의 배상을 청구할 수 있다(제740조).

[판례 121] 비용상환청구의 범위(대판 2000. 1. 21, 97다58507) 판결
몰수할 수 있는 압수물에 대한 수사기관의 환가처분은 그 경제적 가치를 보존하기 위한 형사소송법상의 처분이라고 할지라도 해당 압수물이 그 후의 형사절차에 의하여 몰수되지 아니하는 경우 그 환가처분은 그 물건 소유자를 위한 사무관리에 준하는 행위라 할 것이므로, 검사가 압수물에 대한 환가처분을 하며 소요된 비용은 물건의 소유자에게 상환을 구할 수 있다 할 것이지만, 압수는 물건의 소유자 등의 점유를 배제하고 수사기관 등이 그 점유를 취득하는 강제처분이고, 환가처분 또한 수사기관 등이 그 권한과 책임 하에 본인의 의사 여하를 불문하고

행하는 것이므로, 사무관리자가 본인의 의사에 반하여 관리한 때의 관리비용 상환 범위에 준하여 수사기관 등이 환가처분을 함으로써 압수물 소유자가 지출하지 않아도 되게 된 그 물건의 매각비용의 한도, 즉 현존이익의 한도 내에서 환가처분 비용의 상환을 구할 수 있다.

(3) 긴급사무관리와 관리계속의무

사무관리자가 타인의 생명, 신체, 명예 또는 재산에 대한 급박한 위해를 면하게 하기 위하여 그 사무관리를 하다가 타인에게 손해를 발생시킨 경우(긴급사무관리), 그러한 손해에 대해 관리자에게 고의나 중대한 과실이 없으면 손해배상책임을 지지 않는다(제735조). 그리고 관리자는 관리의 계속이 본인의 의사에 반하거나 본인에게 불리한 것이 명백하지 않다면, 본인이나 그 상속인이나 법정대리인이 그 사무를 관리하는 때까지 관리를 계속할 의무가 있다(제737조). 그러나 관리의 계속이 본인의 의사에 반하거나 본인에게 불리함이 명백한 때에는 그러하지 아니하다.

4. 준사무관리

[사례 47] 甲은 지방에 임야와 대지를 소유하고 있었다. 그러나 甲이 서울에 사는 관계로 임야와 대지와 관련하여 필요한 일이 있을 때는 그 곳에 사는 사촌 형인 乙에게 부탁을 하곤 하였다. 어느 날 건축골재업을 하는 丙이 乙을 찾아와 위 임야와 대지에서 토사를 채취해달라는 요구를 하였는데, 이에 乙은 甲의 허락 없이 자신의 포크레인과 트럭을 이용하여 토사를 채취하여 丙에게 전달하고 그 대가로 500만원을 수령하였다. 나중에 이 사실을 알게 된 甲이 乙에게 토사를 반출한 대가로 받은 500만원을 반환할 것을 요구하였다. 하지만 乙은 500만원이 아닌 원래 토사의 가치에 해당하는 100만원만 반환하겠다고 한다. 누구의 주장이 타당한가?
☞ 해 설 : 乙이 甲의 임야와 대지의 토사를 반출한 것은 법률상 원인 없이 한 행위이고, 또한 甲을 위한다는 의사 없이 한 것이다. 이때 乙이 甲에게 반환하게 되는 이득의 범위는 학설에 따라서 달라진다. 이에 대해서 준사무관리 내지 사무관리를 인정하게 되면(준사무관리설·사무관리설), 甲은 자신의 손실(100만원)을 넘는 乙의 전체 이득(500만원)의 반환을 요구할 수 있다(제738조·제684조). 반면 부당이득이나 불법행위를 인정하게 되면, 甲은 자신의 손실(100만원)에 대한 반환만을 요구할 수 있다(제741조·제750조).

준사무관리(準事務管理)란 관리자가 타인의 사무를 관리하였으나 그에게 타인을 위한다는 의사 없는 것을 말한다. 즉, 관리자가 자신의 이익을 위해서 타인의 사무를 관리하는 것을 말한다. 부진정사무관리, 무단사무관리, 불법관리라고도 한다. 이러한 준사무관리는 사무관리요건을 갖추지 못한 것으로서 본인과 관리자 간의 반환관계에 대해서는 사무관리가 아닌 부당이득·불법행위에 따라 해결되어야 한다. 그러나 이렇게 이해하면, 사무관리의 요건을 갖추어 적법하게 사무를 처리한 자의 반환범위가 불법적으로 사무를 관리한 자의 반환범위가 더 넓은 문제가 발생한다.[91] 왜냐하면 사무관리자는 취득한 이득 전체를 본인에게 반환해야 하지만(제738조·제684조), 준사무관리를 사무관리도 보지 않으면 부당이득 또는 불법행위가 적용되어 준사무관리자는 본인의 손실한도에서만 반환책임을 지기 때문이다(제741조·제750조). 따라서 준사무관리를 사무관리도 보아 이 문제를 해결한 것인지에 대해서 견해가 대립한다.

준사무관리자가 사무관리 중에 취득한 이득 전체를 반환하는 것이 타당하다고 보아 준사무관리를 사무관리로 보는 견해가 있다(준사무관리설). 반면 준사무관리의 개념을 인정하지 않고, 부당이득 또는 불법행위에 따라 해결하면 충분하다는 견해가 있다(사무관리부정설). 이 견해는 부당이득·불법행위의 경우에도 반환·배상범위가 이득자·가해자가 취한 이득에 못 미치는 경우가 있다는 것을 근거로 든다. 위와 달리 사무관리의 요건으로서 사무관리의사를 인정하지 않고, 준사무관리의 경우에도 통상의 사무관리가 성립한다고 보는 견해가 있다(사무관리설). 이에 따르면 준사무관리설과 결론이 같다.

준사무관리설과 사무관리설은 타인을 위한다는 의사 없이 사무를 관리한 자가 적법하게 사무를 관리한 자에 비해 반환범위가 줄어드는 것을 부당하다는 문제의식에 기초한 것이다. 그러나 준사무관리의 다수의 사례들은 그 내용상 사무관리보다는 부당이득 내지 불법행위 사례에 가깝다. 따라서 반환범위의 차이에도 불구하고 사무관리가 성립하지 않는 이상 그러한 경우에 부당이득·불법행위의 규정을 적용하는 것이 민법 체계상 적절하다. 판례도 준사무관리를 인정하지 않는 입장이다.

---

91) 이와 달리 타인의 사무를 자신의 사무로 잘못 알고 관리한 오신사무관리의 경우는 사무관리가 성립하지 않는 것이 다수 견해이다. 독일 민법은 오신사무관리의 관리자는 취득한 전부를 본인에게 인도할 것을 명시적으로 규정하고 있다(제687조 2항).

II. 부당이득

1. 의의

[사례 46] (1) 甲은 乙로부터 1억 5천만 원에 주택을 구입하는 것을 내용으로 하는 매매계약을 체결한 뒤, 1억 5천만 원을 지급하고, 주택의 소유권을 이전받았다. 그러나 이후 매도인 乙은 착오를 이유로 매매계약을 취소하였다.
(2) 甲은 乙 소유의 주택을 2년간 빌리는 임대차계약을 체결하였다. 그러나 2년이 지난 뒤 임차인 甲은 임대차계약기간이 종료하였고, 임대인 乙의 주택인도요구에도 불구하고 6개월 동안 더 주택을 사용하였다.
(3) 甲은 정신질환으로 인해 사리분별이 전혀 안 되는 乙을 꾀어 시가 1억 원 상당의 乙 소유의 토지를 2천만 원에 구입하는 계약을 체결하였다. 계약에 따라서 甲은 乙에게 매매대금 2천만 원을 지급하였고, 乙은 토지소유권을 넘겨주었다.
(4) 甲은 토지소유자 乙이 부재중임을 틈타 乙 소유의 토지를 자신의 차고지와 창고로 1년 동안 이용했다.
☞ 해설 : (1) 계약이 취소됨에 따라 甲이 보유한 주택과 乙은 보유한 1억 5천만 원은 법률상 원인(계약)이 없는 부당이득이 되어 甲과 乙은 이를 상대방에게 반환할 의무를 진다.
(2) 임대차가 종료한 뒤부터 甲이 6개월 동안 사용한 것은 법률상 원인 없이 이득을 취한 것이다. 따라서 甲은 6개월 동안의 차임을 부당이득으로 임대인 乙에게 반환하여야 한다.
(3) 甲과 乙의 토지매매계약은 乙이 의사능력이 없는 상태에 체결한 계약으로서 무효이다. 따라서 계약이 무효임에도 甲이 보유한 토지(와 토지소유권), 乙이 소유한 매매대금 2천만 원은 부당이득으로서 각자 상대방에게 반환하여야 한다.
(4) 甲은 乙 소유의 토지를 이용한 아무런 법률상 권리가 없는 것이므로, 1년 동안 乙의 토지를 사용한 것은 부당이득으로서 乙에게 반환하여야 한다.

제741조 (부당이득의 내용) 법률상 원인없이 타인의 재산 또는 노무로 인하여 이익을 얻고 이로 인하여 타인에게 손해를 가한 자는 그 이익을 반환하여야 한다.

(1) 개념과 규율취지

법률상 원인 없이 타인의 재산 또는 노무로 인하여 이익을 얻고 이로 인하여 타인에게 손해를 가한 것을 부당이득(不當利得)이라고 하고, 이러한 부당이득을 얻은 수익자가 손해를 입은 손실자에게 반환하는 것을 부당이득반환이라고 한다(제741조). 주택매매계약의 무효·취소되었음에도 불구하고 매도인과 매수인이 보유하고 있는 매매대금과 주택소유권, 임대차계약이 종료되었음에도 임차인이 목적물을 반환하지 않고 사용·수익하는 것, 타인소유의 물건을 불법적으로 사용하여 얻은 이득 등이 부당이득에 해당한다.

부당이득은 법률상 정당한 권리 없이 타인의 재화로부터 얻은 이익을 부당이득자(수익자)로부터 손실자에게 반환하도록 하는 것으로서 재화를 통해 발생하는 이익을 정당한 권리자에게 되돌리는 기능을 한다. 즉, 부당이득제도는 잘못된 재화의 귀속질서를 바로잡기 위해 규정된 것이다.

(2) 법적 성질

부당이득은 사건이라는 점에서 준법률행위인 사무관리와 위법행위인 불법행위와 구분된다. 그리고 계약이 해제되는 경우에도 당사자 간에 부당이득반환문제가 발생하지만, 이때에는 부당이득의 특칙인 원상회복의무(제548조) 우선하여 적용된다.

(3) 통일설과 유형설

통일설(공평설)은 재산의 이전이 형식적으로 정당하게 보이더라도 실질적·상대적으로는 정당시되지 않는 경우, 공평의 관념에서 이를 시정하는 제도를 부당이득제도라고 본다(통설). 이에 대해서는 공평이라는 개념만으로 부당이득제도의 목적을 제대로 설명할 수 없고, 구체적인 판단기준과 해결방법을 제시할 수 없다는 비판이 있다. 반면 유형설(비통일설)은 부당이득을 그 유형에 따라서 달리 이해해야 한다는 입장이다. 이에 따르면 부당이득은 급부부당이득과 기타의 부당이득으로 구분할 수 있다. 급부부당이득은 재산적 가치의 이동이 손실자의 급부행위로 인한 경우(예: 매매계약에 기해 대금을 지급하였으나 매매계약이 무효·취소된 경우, 채무가 없음에도 이를 알지 못하고 변제한 경우)에 성립한다. 이 이외에도 침해부당이득, 비용부당이득, 구상부당이득의 유형을 인정한다.

(4) 사무관리·불법행위와의 구별

사무관리에서 사무관리자의 비용상환청구권(제688조)도 성질상 부당이득으로 볼 수 있지만, 이에 대해서는 사무관리가 우선하여 적용된다. 그리고 불법행위는 부당이득과 달리 수익자의 귀책사유(고의·과실)를 전제로 한다. 그리고 불법행위는 손해배상의 범위에 있어서 피해자(수익자)의의 손실을 한도로 하지 않는다는 점에서도 부당이득과 차이가 있다.

[판례 122] 유동적 무효와 부당이득반환(대판 1993. 6. 22, 91다21435)
국토이용관리법상의 규제구역 내의 "토지 등의 거래계약"은 관할관청의 허가를 받아야만 그 효력이 발생하고 허가를 받기 전에는 물권적 효력은 물론 채권적 효력도 발생하지 아니하여 무효라고 보아야 할 것이나 허가받을 전제로 한 거래계약일 경우에는 일단 허가를 받으면 그 계약은 소급하여 유효한 계약이 되고 이와 달리 불허가가 된 때에는 무효로 확정되는 것으로서 허가를 받기까지는 유동적 무효의 상태에 있다고 보아야 하고 당사자 사이에 있어서는 그 계약이 효력 있는 것으로 완성될 수 있도록 서로 협력할 의무가 있음이 당연하므로 계약의 쌍방 당사자는 공동으로 관할 관청의 허가를 신청할 의무가 있으므로 허가 받기전의 매매계약이 유동적 무효라고 하여 매매계약에 관한 계약금을 교부한 상태에 있는 계약당사자 일방이 언제든지 계약의 무효를 주장하여 부당이득으로 계약금의 반환을 구할 수 있다고 할 수는 없을 것이다.

2. 부당이득의 요건

제741조 (부당이득의 내용) 법률상 원인없이 타인의 재산 또는 노무로 인하여 이익을 얻고 이로 인하여 타인에게 손해를 가한 자는 그 이익을 반환하여야 한다.

(1) 법률상 원인이 없을 것

수익자가 법률상 원인 없이 이득을 얻어야 한다. 법률상 이득이 없는 것은 애초부터 계약이 존재하지 않았던 경우는 물론이고, 계약에 따라 이득을 취하였으나 나중에 그 계약이 무효 또는 취소된 경우도 이에 해당한다. 그리고 계약기간의 종료, 위험부담, 정지조건의 불성취나 해제조건의 성취 등도 이에 해당할 수 있다.

(2) 수익자의 이득

부당이득이 되기 위해서는 타인의 재산이나 노무로 인하여 이익이 발생해야 하는데, 수익자의 전체 재산에 일어난 가치의 변동을 이득(수익)이라고 한다. 이때, 이득은 '실질적인 이익'을 기준으로 하며, 재산의 증가뿐 아니라 지출을 하지 않아 절약된 것도 이득이 된다.

[판례 123] 부당이득의 요건으로서 '이득'의 개념(대판 1997. 12. 9, 96다47586)
부동산을 점유·사용함으로써 받은 이익은 특별한 사정이 없는 한 임료 상당액이라 할 것이므로, 원고들이 위 호텔을 인도받아 그 용도대로 사용한 이 사건의 경우에도 원고들은 그 임료 상당의 이익을 받았다고 할 것이고, 가사 전체적인 호텔 영업이 적자였다고 하더라도 사용으로 인한 이익 자체를 부정할 수는 없다.

[판례 124] 이득의 판단(대판 1984. 5. 15, 84다카108)
부당이득반환에 있어서 이득이라 함은 실질적인 이익을 가리키는 것이므로 임대인 스스로 임차인이 경영하는 지하실다방에 관한 휴업신고를 관할세무서장에게 제출하고 임차인은 그 이후 지하실에서의 다방영업을 중단하여 출입문에 시정을 한 채 사용수익을 하지 않은 사정이 엿보인다면, 임차인이 위 지하실을 점유한다는 사실만으로 차임상당의 이득을 얻은 것이라고 볼 수 없다.

[판례 125] 장래이득이 부당이득이 되는지 여부(대판[전합] 1975. 4. 22, 74다1184)
[1] 본건에 있어서 피고가 현재 원심변론종결시까지 본건 원고소유 토지를 불법으로 점거하면서 임대료 상당의 부당이득금의 지급의무가 없다는 이유로 그 지급을 않고 있는 사실을 원심이 적법히 인정하였다. 나아가서 피고는 원고에 대하여 위 불법점거에 의하여 그 임대료 상당의 부당이득금을 지급할 의무가 있으며 또 피고는 현재 그 이행기에 있는 부당이득 부분도 원고에게 지급 않고 있으므로 그 장래에 이행기가 올 부분도 그 이행기가 장래에 정작 왔다 하여도 그 지급을 기대할 수 없으므로 미리 청구할 필요가 있다는 전제하에 이 청구를 인용하였다. 이와 같은 원심의 판단은 위 규정의 입법취지로 보나 경험칙상으로 보나 타당하다고 인정한다. 또 우리의 누차의 판례에 의하면 본건과 같은 경우에 피고의 불법행위에 의한 손해배상채무와 악의의 점유에 의한 부당이득을 원인으로 한 임료상당의 부당이득금을 지급할 채무는 서로 경합하여 발생한다고 판결하여 왔고 전자에 있어서는 그 명도시까지 임대료 상당의 손해를 지급하라고 판결하여 왔다.
[2] 그런데 유독 부당이득 상당금의 지급채무에 있어서만 그 성질상 장래 발생할 채무의 지급을 명하여서는 안된다고 할 아무 합리적 이유도 없다고 할 것이다(민법 741조, 747조, 748조가 '얻은 이익''받은 목적물'은 '반환한다'라고 규정한 점에 현혹되어 민사소송법 229조의 입법취지를 몰각하는 반대해석을 하여서는 안 될 것이다). 그러므로 이 점에 있어서 전시 본원판결은 이를 유지할 아무 근거가 없으므로 이 판결로써 폐기하기로 한다.

(3) 손실자의 손실

수익자의 이득으로 인해 손실자에게 손실이 있는 경우에 부당이득반환청구권이 인정되며, 수익자의 이득에도 불구하고 손실이 없다면 부당이득이 되지 않는다. 이때 손실은 이득자로 인해 손실자의 재산이 적극적으로 감소된 경우는 물론이고, 본인이 재산으로부터 장래 기대하였던 이익을 얻지 못한 경우를 포함한다. 그리고 이득자로 인해 손실을 본인이 실제 손해를 입을 필요가 없고, 손해를 입었을 상황만 존재하면 된다(통설). 따라서 타인의 토지를 무단으로 점유 사용한 경우, 임차인이 임대차계약기간 종료에 불구하고 목적물을 계속적으로 사용한 경우, 이때 토지소유자나 임대인이 토지를 사용하였는지, 임대를 하였을 것인지는 문제되지 않는다.

[판례 126] 손실의 개념(대판 1982. 5. 25, 81다카1061)
민법 제741조는 법률상 원인 없이 타인의 재산 또는 노무로 인하여 이익을 얻고 이로 인하여 타인에게 손해를 가한 자는 그 이익을 반환하여야 한다고 부당이득반환을 규정하고 있으므로 법률상 원인 없이 이득이 있다 할지라도 그로 인하여 타인에게 손해가 발생한 것이 아니라면 그 타인은 부당이득반환청구권자가 될 수 없으며(당원 1970.11.24 선고 70다1012 판결 참조), 그 손해가 있는 경우라도 손실액이 이득액보다 적을 경우에는 손실액의 한도에서만 이득액을 반환할 의무가 있다고 할 것이므로(당원 1968.7.24 선고 68다905, 906 판결 참고), 본건에서 부당이득반환을 허용하려면 원래 임야인 토지부분이 목장, 밭 및 대지로 경제적 가치가 증가됨에 있어 원고가 재산 또는 노무를 제공하여 어느 범위의 손해가 발생하였는지를 심리확정하고 이와 피고의 이득액을 비교하여 그 손실액의 범위내에서 민법 제748조에 따라 반환할 이득액을 가져야 할 것임에도 불구하고, 원심은 이런 점에 심리를 아니한 채 상당한 비용을 들여서 목장, 밭 및 대지를 조성하였다고 막연하게 설시하고 위 토지물에 대한 공원용지대의 매수대가에서 임야로서의 평가가액을 공제한 나머지액을 이득액으로 산정하여 그의 반환을 명한 위 원심 판시는 부당이득반환에 관한 법리를 오해하고 심리를 제대로 하지 아니하여 판결이유를 갖추지 아니한 위법이 있다고 할 것이니 이 점에서 논지는 이유있다.

(4) 이득과 손실의 인과관계

직접적 인과관계일 필요는 없으며, 사회관념상 양자 상에 관련을 인정할 수 있으면 충분하다. 손실과 이득이 원인과 결과의 관계에 있어야 하는 것은 아니며 관련성이 있으면 된다.

3. 부당이득의 효과

[사례 47] 甲은 乙로부터 기망을 당하여 2019년 3월 5일에 乙이 운영하던 잉어양식장의 설비와 잉어 등을 3억 원에 매수하였다 그러나 2019년 6월 22일에 甲은 乙의 기망을 이유로 적법하게 양식장매매계약을 취소하였다. 하지만 6월 30일 甲이 잉어의 생육을 위하여 다른 곳으로 운반하였는데, 그 과정에서 산소부족으로 잉어가 모두 폐사하고 말았다. 이에 매매대금과 취소 이후부터의 이자를 반환한 乙이 甲에게 잉어양식장 설비와 잉어를 반환할 것을 요구하

자, 甲은 자신은 선의의 수익자이므로 남은 현존이익인 잉어양식장 설비만 반환하겠다고 한다. 이러한 甲의 주장을 검토하시오.
☞ 해 설 : 甲이 매매계약을 취소하였으므로, 매매계약은 효력을 상실하게 되므로, 그에 따라 甲은 잉어양식장 등을 乙에게 부당이득으로 반환하여야 하고, 반면 乙은 甲으로부터 받은 매매대금(3억 원)을 반환하여야 한다. 다만 이때 반환의무자가 원물반환이 가능한지, 선의·악의 인지에 따라 반환내용이 달라진다. 우선 甲은 乙에게 잉어양식장 등을 반환하여야 하는데, 양식장 설비는 원물반환이 가능하므로 그대로 반환하면 되는데(제747조), 폐사한 잉어는 원물반환이 불가능하므로 가액반환을 하게 된다. 계약을 취소한 시점인 6월 22일부터 甲은 악의의 수익자이므로, 이득 전부를 반환해야 한다. 구체적으로 甲은 잉어가 폐사된 시점(반환불능시점)의 잉어가액을 乙에게 반환하여야 하고, 실제로 乙에게 반환할 때까지의 과실(잉어의 자연증가분)도 반환해야 한다. 따라서 선의임을 전제로 한 甲의 주장은 타당하지 않다.

[사례 48] 甲은 자신의 토지를 乙에게 1억 원에 매도하기로 하고, 2018년 5월 1일에 1억 원을 지급받으면서 乙에게 토지소유권을 넘겨주었다. 하지만 2019년 3월 1일 甲은 착오를 이유로 乙과의 매매계약을 적법하게 취소하였다. 이에 乙은 甲에게 자신이 지급한 매매대금 1억 원의 반환을 요구하면서, 아울러 매매대금지급시인 2018년 5월 1일부터 1억 원에 대한 법정이자를 지급할 것을 요구한다. 乙의 주장은 타당한가?
☞ 해 설 : 사례에서 甲은 乙에게 매매대금을 부당이득으로서 반환하여야 하는데, 甲이 지급받았던 1억 원을 반환하는 것에는 문제가 없지만, 이자를 언제부터 지급하여야 하는지가 문제된다. 이 경우 乙이 제201조에 따라서 과실수취권을 가져 2000년 5월 1일부터 취소시점인 2002년 3월 1일까지의 과실(토지사용료)을 지급하지 않아도 되므로, 이와의 균형을 위하여 甲도 2018년 5월 1일부터 2019년 3월 1일까지의 매매대금의 과실(이자)을 반환할 필요가 없다(제587조 유추적용: 대판 1993. 5. 14, 92다45025). 따라서 甲은 乙에게 1억 원과 더불어 취소 이후시점인 2002년 3월 1일부터 현실지급 시까지의 법정이자만 지급하면 된다. 따라서 乙의 주장은 타당하지 않다.

제747조 (원물반환불능한 경우와 가액반환, 전득자의 책임) ① 수익자가 그 받은 목적물을 반환할 수 없는 때에는 그 가액을 반환하여야 한다.
② 수익자가 그 이익을 반환할 수 없는 경우에는 수익자로부터 무상으로 그 이익의 목적물을 양수한 악의의 제3자는 전항의 규정에 의하여 반환할 책임이 있다.

제748조 (수익자의 반환범위) ① 선의의 수익자는 그 받은 이익이 현존한 한도에서 전조의 책임이 있다.
② 악의의 수익자는 그 받은 이익에 이자를 붙여 반환하고 손해가 있으면 이를 배상하여야 한다.

제749조 (수익자의 악의인정) ① 수익자가 이익을 받은 후 법률상 원인 없음을 안 때에는 그때부터 악의의 수익자로서 이익반환의 책임이 있다.
② 선의의 수익자가 패소한 때에는 그 소를 제기한 때부터 악의의 수익자로 본다.

(1) 부당이득반환의무

수익자는 법률상 원인 없이 손실자의 재화나 노무를 통해 취득한 이득을 손실자에게 반환해야 한다. 수익자가 이익을 반환할 수 없는 경우에는 수익자로부터 무상 취득한 악의의 제3자가 제747조 1항의 반환의무를 진다(제747조 2항).

[판례 127] 동시이행관계와 부당이득반환(대판 1993. 5. 14, 92다45025)
동시이행의 항변권을 규정한 민법 제536조가 민법 제549조에 의하여 계약해제의 경우 각 당사자의 원상회복의무에 준용되고 있는 점을 생각할 때, 쌍무계약이 무효로 되어 각 당사자가 서로 취득한 것을 반환하여야 하는 경우에도 동시이행관계가 있다고 보아 민법 제536조를 준용함이 옳다고 해석되는바, 이는 공평의 관념상 계약이 무효인 때의 원상회복의무이행과 계약해제 때의 그것을 구별하여야 할 이유가 없으며 계약무효의 경우라 하여 어느 일방의 당사자에게만 먼저 반환의무이행이 강제된다면 공평과 신의칙에 위배되기 때문이다.
[2] 쌍무계약이 취소된 경우 선의의 매수인에게 민법 제201조가 적용되어 과실취득권이 인정되는 이상 선의의 매도인에게도 민법 제587조의 유추적용에 의하여 대금의 운용이익 내지 법정이자의 반환을 부정함이 형평에 맞다.

(2) 원물반환의 원칙

부당이득은 수익자가 받은 이익 그대로, 즉 원물(原物)을 반환하는 것이 원칙이다(제747조 1항). 재화질서의 교정이라는 부당이득제도의 취지를 고려할 때 원물이 존재하는 이상 손실자가 그 자체를 반환하는 것이 타당하다.

(3) 가액반환

수익자가 멸실, 소비 등의 사유로 원물을 반환할 수 없는 경우, 그 가액(價額)을 손실자에게 반환해야 한다(제747조 1항). 구체적으로는 원물을 매각하였을 때는 매각가격, 대체물을 소비하였을 때는 소비 당시의 대체물의 가격이 가액반환의 대상이 된다. 제747조 2항에 따라 수익자의 반환이 불가능한 경우 무상으로 이익을 양도받은 악의전득자가 반환책임을 지게 된다.

[판례 128] 가액반환과 운용이익(대판 1995. 5. 12, 94다25551)
[1] 일반적으로 수익자가 법률상 원인 없이 이득한 재산을 처분함으로 인하여 원물반환이 불가능한 경우에 있어서 반환하여야 할 가액은 특별한 사정이 없는 한 그 처분 당시의 대가라 할 것이나(대법원 1965.4.27. 선고 65다181 판결; 1981.8.11. 선고 80다2885, 2886 판결 등 참조),

이 경우에 수익자가 그 법률상 원인 없는 이득을 얻기 위하여 지출한 비용은 수익자가 반환하여야 할 이득의 범위에서 공제되어야 할 것이고, 수익자가 자신의 노력 등으로 부당이득한 재산을 이용하여 남긴 이른바 운용이익도 그것이 사회통념상 수익자의 행위가 개입되지 아니하였더라도 부당이득된 재산으로부터 손실자가 당연히 취득하였으리라고 생각되는 범위 내의 것이 아닌 한 수익자가 반환하여야 할 이득의 범위에서 공제되어야 할 것이다.

[2] 원심이 적법하게 확정한 바와 같이 피고가 정당한 권원 없이 원고 소유의 이 사건 임야에서 중장비인 포크레인과 덤프트럭을 이용하여 굴취한 토석을 전남 해남농지개량조합이 시행하는 해남지구 고천암 간척지 제방성토 작업장에 운반하여 사용하고 위 조합으로부터 그 토석성토대금으로 토석 1㎥ 재료비 388원, 노무비 277원, 경비 833원 합계 1,498원을 받았던 것이라면, 위 토석성토대금 중 노무비 및 경비명목의 금원에는 원심이 판시한 이 사건 임야에서 위 토석을 굴취하는데 지출된 경비(포크레인 사용비 및 노무비) 외에, 굴취한 위 토석을 위 작업장까지 덤프트럭을 사용하여 운반하기 위한 비용, 위 토석을 사용하여 제방성토작업을 함에 소요되는 비용 및 위 성토작업을 함으로써 얻게 되는 피고 자신의 이윤도 포함된 것이라고 봄이 상당하다. 따라서 피고가 위 토석을 취득하기 위하여 지출한 비용 및 위 토석을 사용하여 제방성토작업을 하기 위하여 지출한 비용은 반환할 이득의 범위에서 공제되어야 할 것이고, 또한 피고가 이 사건 임야에서 굴취한 토석을 위 작업장에 사용하여 위 조합으로부터 지급받은 위 토석성토대금 중에 이윤이 포함되어 있다 하더라도 이는 피고의 노력에 의한 것이지 사회통념상 위 토석 그 자체로부터 당연히 그 이윤이 발생한다고 할 수는 없으므로 그 이윤 상당 부분도 반환할 이득의 범위에 포함되지 아니한다 할 것이다.

[판례 129] 운용이익의 반환 여부(대판 2008. 1. 18, 2005다34711)
[1] 부당이득반환의 경우 수익자가 반환해야 할 이득의 범위는 손실자가 입은 손해의 범위에 한정되고, 여기서 손실자의 손해는 사회통념상 손실자가 당해 재산으로부터 통상 수익할 수 있을 것으로 예상되는 이익 상당이라 할 것이며, 부당이득한 재산에 수익자의 행위가 개입되어 얻어진 이른바 운용이익의 경우, 그것이 사회통념상 수익자의 행위가 개입되지 아니하였더라도 부당이득된 재산으로부터 손실자가 통상 취득하였으리라고 생각되는 범위 내에서는 반환해야 할 이득의 범위에 포함된다.
[2] 원심은, 이 사건 매매대금에서 발생한 정기예금이자 중 피고(매도인)가 반환하지 않고 인출·사용한 47,079,030원에 관하여 원고(매수인)가 손실을 입었다는 주장에 대하여, 이 사건 매매대금을 초과하는 금액은 수익자인 피고의 행위가 개입되지 아니하였더라도 부당이득된 재산인 위 매매대금으로부터 손실자인 원고가 당연히 취득하였으리라고 생각되는 범위 내의 것이라고 볼 수 없어 반환해야 할 이득의 범위에 속하지 않고, 원고가 이 사건 매매계약을 체결하지 아니하였더라도 위 매매대금을 다른 용도로 지출하지 아니한 채 반드시 정기예금이자 이상의 수익이 확실하게 보장되는 예금 등의 상품에 투자하여 관리하였을 것이라고 인정할 증거가 없어 위 정기예금이자 상당액이 원고의 손해라고 볼 수도 없다는 이유로 원고의 이 부분 청구를 배척하였다.
[3] 그러나 … 금전을 정기예금에 예치함에는 예치자의 특별한 노력이나 비용, 수완 등을 필요로 하지 않고, 실제로 피고 역시 별다른 노력이나 비용 등을 들이지 않고 이 사건 매매대금을 정기예금에 예치하여 그 이자를 수령하였으며, 또한 이 사건 매매대금이 정기예금에 예치되어

있던 기간의 대부분은 외환위기 직후인 1997.말부터 2002. 2.까지로서 예금의 이율이 역사상 이례적으로 높던 시기이므로 일반인의 경우 여유자금이 있다면 통상 은행에 예금할 가능성이 상당히 높다고 할 것이고, 위 매매대금(7억5천만원)과 같은 거액의 금전을 장기간 예금하는 경우에는 보통예금보다는 정기예금에 예치하는 것이 일반적이라고 볼 수 있으므로 사정이 이와 같다면 다른 특별한 사정이 없는 한, 위 정기예금이자 상당액은 사회통념상 피고의 행위가 개입되지 아니하였더라도 위 매매대금으로부터 원고가 통상 취득하였으리라고 생각되는 범위 내의 이익으로 볼 수 있어, 피고가 반환해야 할 이득의 범위에 포함되는 것으로 보아야 할 것이다.

[판례 130] 가액반환여부와 손실보다 이득이 적은 경우(대판 1974. 7. 26, 73다1637)
이 사건 토지는 어느 것이나 그 지목이 대지로서 부근일대의 토지와 함께 지반이 낮은 지역의 토지이고, 따라서 대지로서 이용하고자 하는 경우에는 그 지반을 높이는 성토공사와 석축공사 등을 필요로 하는 사실, 소외 유선겸은 원고들과 사이에 이 사건 공사의 도급계약을 맺고 이에 따라 원고들이 1968.4.20 부터 이 사건 토지들의 지반을 높이는 매립 및 석축공사에 착수하여 같은 해 6.초순경까지 위 공사를 진행하였고, 그 공사량은 위 공사 당시를 표준하면 공사금 1,883,825원에 상당하고 1970년도의 위 공사량의 가치는 금 2,332,342원에 상당한 사실을 각 확정한 다음, 무릇 토지의 이용가치를 증대시키기 위하여 그 토지의 사용목적에 부응하는 성토 매립 석축등 공사를 한 것이라면 그 공사결과가 남아있는 한 그 공사량에 비례하여 그 토지이용 가치가 증대되고 따라서 소유자에 있어서 적어도 그 공사량 만큼의 이득을 보는 것이라 추정함이 상당하다고 판시하고 나아가 토지의 이용가치를 증대시키는 매립 석축 등의 토지공사로 말미암아 토지소유자의 이득이 그 토지공사자의 손실이라고 보아지는 그 공사당시의 공사비에 비하여 많다고 인정되는 경우에 있어 그 법률상 원인 없으므로서 토지공사자에게 반환하여야 할 토지소유자의 이득의 범위는 토지공사자의 공사당시의 손실액을 기준으로 한다고 해석함이 상당할 것인즉 피고의 이득은 앞에서 본 바와 같이 원고들의 손실액이라고 보아지는 토지공사 당시인 1968년도를 기준한 토지공사량 상당의 공사비금 1,883,825원이라고 판시하였는 바, 원심이 채택한 증거들을 기록에 비추어 검토하여 보면 위 원심판시 사실을 넉넉히 인정할 수 있으므로 원판결에는 소론과 같은 증거없이 사실을 인정한 채증법칙위배의 잘못이 없고 또 원심이 확정한 사실에 의하면 이 사건 토지와 같은 경우에 있어서 그 대지로서의 사용목적에 부응하는 성토 매립 석축등공사를 하여 그 공사량이 현존할 때에는 그 현존하는 공사량의 공사비가 곧 현존하는 이익이라 인정되고 민법 제748조에 의하여 선의수익자는 그 받은 이익이 현존하는 한도 내에서 가액을 반환할 책임이 있으나 손실자의 손실이 이익보다 적어서 이득자가 손실 이상의 이익을 얻은 경우에는 그 손실 상당의 이익만을 반환할 의무가 있다 할 것이므로 이와 같은 취지에서 한 원판결은 정당하고 거기에 부당이득에 관한 법리오해의 위법이 있다 할 수 없다.

(4) 선의의 수익자의 반환범위

수익자의 반환범위는 이익을 취할 당시에 수익자가 법률상 원인이 없다는 사실을 몰랐는지(선의) 알았는지(악의)에 따라 달라진다. 이익을 취함에 있어서 그 이익이 법률상 원인이 없다는 사실을 모른 자를 선의의 수익자라고 한다. 선의의 수익자는 그 받은 이익이 현존한 한도에서 반환할 의무를 진다(제748조 1항). 선의의 수익자는 자신이 선의임을 증명할 필요가 없고, 악의를 주장하는 자가 그에 관한 증명책임을 진다(판례). 현존이익(現存利益)이란 수익자가 받은 이익이 그 상태 그대로 남아 있는 것을 말한다. 다만 이익이 그대로 남아 있지 않더라도 다른 형태로 남아 있거나 그 이익을 통해 다른 비용을 절약한 경우에도 이익은 현존한 것이 된다. 예를 들어 금전의 부당이득에서 이득자가 그 금전을 타인에게 대여하거나 생활비로 지출한 경우, 동산의 부당이득에서 이득자가 동산을 처분하여 대금을 받은 경우 등에서는 이익이 현존한 것이 된다.

◆ 보충학습 : 점유자·회복자관계와 부당이득

① 문제제기 : 민법 제201조는 "선의의 점유자는 점유물의 과실을 취득한다"고 하여 선의의 점유자에게 과실수취권을 인정한다. 반면 제748조에 따르면 선의의 수익자는 현존이익반환을 지므로 과실도 현존하는 이상 반환할 의무를 지게 된다. 따라서 점유회복관계에 있어서 어느 규정을 적용하는가에 따라서 결론이 달라진다.

② 학설 : 원물반환에 대해서는 제201조 내지 제203조를, 가액반환은 민법 제747조 이하를 적용하는 견해(통설·판례)<학설 1>, 급부부당이득은 제747조 이하에 따라 침해부당이득은 제201조 내지 제203조에 따라서 해결하는 견해 <학설 2>, 물권행위 무인성에 입각해서 부당이득법<학설 3>을 적용하는 견해가 있다.

③ 사례 1(과실의 반환여부) : 甲과 乙은 중고자동차 매매계약을 체결하였고, 이에 甲은 2019년 5월 1일 자신의 중고자동차를 넘겨주면서 乙로부터 자동차대금 500만 원을 수령하였다. 그러나 한 달 후인 2019년 6월 1일 甲은 착오를 이유로 계약을 취소하였다. 乙은 5월 1일 자동차를 인도받은 후 출퇴근용도로 사용하였다. 이때 2019년 5월 1일부터 2010년 6월 10일까지의 자동차를 사용한 이익(사용이익: 과실)의 반환여부? 이 경우 <학설 1>에 따르면 乙은 자동차를 반환하여야 하고, 제201조에 따라서 선의이므로 1달간 사용한 이익(사용이

익)은 반환하지 않아도 된다. <학설 2>에 따르면 乙은 제748조 1항에 따라서 자동차와 한 달간 사용한 이익을 甲에게 부당이득으로서 반환하여야 한다.92) <학설 3>에 따르면 매매계약의 취소에도 불구하고 자동차의 소유권은 여전히 乙에게 있으므로, 甲은 부당이득반환청구권만을 행사할 수 있어 제747조에 따라서 해결된다(결론은 학설 2와 동일).

④ 사례 2(목적물의 멸실) : 위 사례에서 乙이 5월 15일 자동차를 동네주차장에 주차하였는데, 기습적인 폭우로 산사태가 발생하여 자동차가 멸실하였다면, 이때 乙의 반환의무의 내용? <학설 1>에 따르면 乙의 책임 없는 사유로 목적물이 멸실된 경우이므로, 선의인 乙은 제202조에 따라서 책임을 면한다(책임있는 사유로 인한 경우에도 현존이익이 없으므로 결론 동일). <학설 2>에 따르면 乙은 선의이므로, 제748조 1항에 따라서 현존이익을 반환하면 되는데, 사례에서 乙은 현존이익이 없어 반환할 것이 없다. <학설 3>에 따르면 乙은 제748조 1항에 따라서 반환할 것이 없다.

(5) 악의수익자의 반환범위

악의의 수익자란 법률상의 원인이 없다는 것을 알면서 이득한 자를 말하는데, 악의의 수익자는 받은 이익의 이자까지 반환하여야 하고, 그 밖의 손해가 있으면 배상해야 한다(제748조 2항). 그리고 악의수익자는 손해배상책임을 질 수도 있는데, 이때에는 손해배상의 범위에 관한 제393조가 적용된다. 특히 악의수익자가 금전을 반환해야 하는 경우 원금과 이자 이외의 손해는 특별손해에 해당한다고 한다.

[판례 131] 수익자의 선·악의(대판 1993. 2. 26, 92다48635,48642)
부당이득의 수익자가 선의이냐 악의이냐의 문제는 오로지 법률상 원인 없는 이득임을 알았는지의 여부에 따라 결정되는 것이므로, 매매계약이 매도인의 기망행위를 이유로 하여 취소된 것이라고 하더라도 그 사유를 들어 매수인의 수익자로서의 악의성을 부정할 수 없으며, 또 매수인의 가액반환의무가 그와 대가관계에 있는 매도인의 매매대금반환채무와 서로 동시이행관계에 있다고 하여 이를 달리 볼 것도 아니다. (원고가 피고의 기망에 의하여 피고로부터 양식장 시설과 잉어 10톤을 매수하였다가 이를 취소-위 잉어를 계속 양식 관리 중 원고의 과실로 폐사됨-위 매매계약이 취소된 시점부터 그 받은 이익에 해당하는 시가 상당액을 악의의

---

92) 만약 乙이 甲의 자동차를 절취한 사안이라면, ②학설은 201조 이하를 적용하게 된다.

수익자로서 반환할 의무가 있다고 판단한 원심을 유지하여 원고의 상고를 기각)

[판례 132] 수익자의 선·악의(대판 1995. 11. 21, 94다45753)
[1] 사용자로부터 퇴직 조치된 근로자가 퇴직금 등을 수령하면서 아무런 이의의 유보나 조건을 제기하지 않았다면 특별한 사정이 없는 한 그 퇴직의 효력을 인정하였다고 할 것이고, 따라서 그로부터 오랜 기간이 지난 후에 그 퇴직의 효력을 다투는 소를 제기하는 것은 신의칙이나 금반언의 원칙에 위배되어 허용될 수 없으나, 퇴직의 효력을 다투고 있었다고 볼 수 있는 객관적인 사정이 있다거나 그 외에 상당한 이유가 있는 상황 하에서 이를 수령하는 등 반대의 사정이 있음이 엿보이는 때에는 명시적인 이의를 유보함이 없이 퇴직금을 수령한 경우라고 하여도 일률적으로 퇴직의 효력을 인정하였다고 보아서는 안된다.
[2] 사용자의 근로자에 대한 퇴직처분이 무효인 경우에는 그 동안 근로계약 관계가 유효하게 계속되고 있었는데도 불구하고 근로자가 사용자의 귀책사유로 말미암아 근로를 제공하지 못한 것이므로, 근로자는 계속 근로하였을 경우에 받을 수 있는 임금 전부의 지급을 청구할 수 있다.
[3] 부당이득반환 채무는 기한의 정함이 없는 채무이므로 수익자는 이행청구를 받은 때로부터 지체책임이 있고, 정년퇴직 조치의 무효를 다투면서 그 퇴직금을 수령한 이상, 그 근로자는 퇴직금에 대하여 악의의 수익자라고 할 수 없다.

[판례 133] 악의의 판단시기(대판 2000. 4. 11, 99다4238)
[1] 재개발사업의 시행자가 당초 청산금 부과처분 중 일부가 위법함을 알고 이를 시정하기 위하여 청산금을 재산정하여 이미 납부한 금액과의 차액을 환불한다는 내용의 통지를 한 행위는 당초 부과처분 중 그 차액에 해당하는 부분을 취소·변경하는 감액경정처분이라 할 것이고, 이와 같이 청산금 부과처분이 감액경정된 경우 그 감액된 부분에 상응하는 이자 및 연체료 부분은 이를 취소하는 별도의 조치를 취하지 아니하고 나아가 이를 반환하지 아니하기로 하였다 하더라도 그 존립의 전제가 되는 청산금 부과처분이 취소된 이상 그 효력을 상실하였다고 봄이 상당하다.
[2] 구 도시재개발법(1995. 12. 29. 법률 제5116호로 전문 개정되기 전의 것) 제54조 제5항의 규정은 청산금 지급청구권과 그 징수권에 관한 소멸시효를 정한 것으로서 과오납된 청산금이나 그 이자 및 연체료의 부당이득반환청구권에는 적용되지 아니한다.
[3] 부당이득의 수익자가 이익을 받은 후 그 이익이 법률상 원인 없음을 안 때에는 그 때부터 받은 이익에 민법 소정의 연 5%의 이자를 붙여 반환하여야 하고, 이와 같은 수익자의 악의는 구체적인 사건에서 증거에 의하여 개별적으로 인정할 성질의 것이라고 할 것이나, 행정청이 부과처분에 의하여 어떠한 급부를 받은 후 사후에 그 부과처분의 전부 또는 일부를 직권으로 취소하였다면 그 행정청이 속한 행정주체는 특별한 사정이 없는 한 적어도 그 부과처분의 취소 당시에는 그 처분에 의하여 받은 이익이 법률상 원인이 없음을 알았다고 보아야 할 것이다.

[판례 134] 악의의 수익자(대판 2002. 2. 5, 2001다66369)
새마을금고가 이사회의 의결을 얻지 아니하고 소요자금을 차입한 것은 새마을금고법의 관련 규정에 위배되어 무효이지만, 새마을금고의 이사장과 상무가 새마을금고의 소요자금 명목으로 금융기관으로부터 돈을 대출받으면서 새마을금고의 예금계좌로 송금받아 이를 보관하였으므

로, 비록 그 뒤 이사장과 상무가 그 돈을 인출하여 임의로 소비하였다고 할지라도, 새마을금고로서는 법률상 원인 없이 이익을 얻고 이로 인하여 금융기관에게 손해를 가한 결과가 되어 금융기관에 대하여 그 대출금 상당액의 부당이득을 반환할 의무가 있고, 이 때 새마을금고의 이사장과 상무가 이사회의 의결을 얻지 아니하고 금융기관으로부터 자금을 차입하는 것이 무효라는 사정을 알고 있었으므로, 그 대출금 상당의 이익을 얻은 새마을금고는 악의의 수익자이다.

[판례 135] 악의의 수익자의 범위(대판 2003. 11. 14, 2001다61869)
[1] 타인 소유물을 권원 없이 점유함으로써 얻은 사용이익을 반환하는 경우 민법은 선의 점유자를 보호하기 위하여 제201조 제1항을 두어 선의 점유자에게 과실수취권을 인정함에 대하여, 이러한 보호의 필요성이 없는 악의 점유자에 관하여는 민법 제201조 제2항을 두어 과실수취권이 인정되지 않는다는 취지를 규정하는 것으로 해석되는바, 따라서 악의 수익자가 반환하여야 할 범위는 민법 제748조 제2항에 따라 정하여지는 결과 그는 받은 이익에 이자를 붙여 반환하여야 하며, 위 이자의 이행지체로 인한 지연손해금도 지급하여야 한다.
[2] 한국전력공사가 권원 없이 타인 소유 토지의 상공에 송전선을 설치함으로써 토지를 사용·수익한 경우, 구분지상권에 상응하는 임료 상당의 부당이득금에 대하여 점유일 이후의 법정이자 및 그 이자에 대한 지연손해금을 인정한 사례.

4. 제741조의 예외 : 부당이득반환청구가 부정되는 경우

[사례 49] 유부남인 甲은 乙녀와 내연관계를 맺는 대가로 자신이 소유한 임야 3만평을 乙에게 증여하였다. 이후 甲이 건강에 나빠지자 乙은 甲에 대해 소홀히 대하고 잘 만나주지도 않았다. 이에 甲은 관계를 정리함과 아울러 乙에게 임야를 돌려 줄 것을 요구하였으나 乙은 임야의 반환을 거절하였다. 이에 甲은 임야를 되찾고자 부당이득반환청구와 소유권에 기한 반환청구를 내용으로 하는 소송을 제기하고자 한다. 이러한 甲의 청구는 받아들여지겠는가?
☞ 해 설 : 甲과 乙 간에 이루어진 증여는 제103조에 위반한 것으로서 무효일뿐만 아니라 불법원인급여(제746조)에 해당한다. 따라서 甲은 乙에 대하여 임야에 대한 부당이득반환을 청구할 수 없다. 그리고 제746조의 취지를 고려할 때 甲이 소유권에 기해 임야의 반환청구를 하는 것도 받아들여지지 않는다(대판 1979. 11. 13, 79다483). 이 경우 소유권에 기한 반환청구를 인정하면 제746조의 규정취지가 몰각될 우려가 있기 때문이다.

[사례 50] 포주 甲은 윤락여성 乙과 성매매수익금을 3:7로 나누기로 하고, 자신이 운영하던 업소에서 乙로 하여금 성매매를 알선하였다. 그러나 포주 甲은 성매매수익금을 자신이 보관한 뒤, 乙의 몫을 주지 않고 있다. 이때 乙은 甲에 대하여 자신의 수익금의 반환을 청구할 수 있는가?
☞ 해 설 : 甲과 乙의 약정은 반사회적 법률행위로서 불법원인급여에 해당하므로, 乙이 甲에 대하여 자신의 수익금을 반환받을 수 있는지가 문제된다. 특히 乙 역시 불법성이 있어 제746조 단서에 해당하지 않으므로, 반환청구가 부정될 소지가 있다. 그러나 판례는 이에 대하여 甲과

乙의 불법성을 비교해 볼 때, 甲의 불법성이 현저히 크다고 보아 乙의 甲에 대한 반환청구를 인정한다(대판 1997. 10. 24, 95다49530).

(1) 악의의 비채변제

제742조 (비채변제) 채무없음을 알고 이를 변제한 때에는 그 반환을 청구하지 못한다.

변제자가 채무가 없음을 알고서 임의로 변제를 하는 경우 성립한다. 예를 들어 근로자가 퇴직금채무부존재확인의 소를 제기하였는데, 그 후 사용자가 퇴직금채무가 없음을 알면서도 노동청의 지시로 퇴직금을 지급한 경우(대판 1979.11.27 선고 78다2487)가 이에 해당한다. 따라서 채무자가 채무 없음을 알지 못한 경우에는 과실 유무에 상관없이 비채변제에 해당하지 않는다(판례). 그러나 채무가 없음에도 제3자로서 변제하는 협의의 비채변제는 변제로서 유효하므로(제469조), 부당이득반환문제가 발생하지 않는다.

[판례 136] 강요된 비채변제와 부당이득반환(대판 1988. 2. 9, 87다432)
민법 제742조 소정의 비채변제는 지급자가 채무없음을 알면서도 임의로 지급한 경우에만 성립하고 채무없음을 알고 있었다 하더라도 변제를 강제당한 경우나 변제거절로 인한 사실상의 손해를 피하기 위하여 부득이 변제하게 된 경우 등 그 변제가 자기의 자유로운 의사에 반하여 이루어진 것으로 볼 수 있는 사정이 있는 때에는 지급자가 그 반환청구권을 상실하지 않는다.

[판례 137] 부득이한 사유로 인한 비채변제(대판 1992. 2. 14, 91다17917)
[1] 갑이 공장을 매수할 당시 매도인인 을의 전기요금 체납사실을 알지 못하였는데, 병이 전기공급을 해주지 아니하므로 이를 공급받기 위하여 부득이 인수하지도 아니한 을의 체납 전기요금채무를 그 반환청구권을 유보하고 변제하였다면 매수 당시부터 그 체납사실을 알면서도 이를 매수한 경우와 달리 민법 제742조의 비채변제에 해당하지 않는다.
[2] 민법 제745조 소정의 비채변제는 채무자가 아닌 제3자가 타인의 채무를 자기의 채무로 오신하고 착오로 변제한 경우에 채권자가 선의로 증서를 훼멸하는 등으로 그 채권을 잃은 때에는 채권자를 위하여 착오로 변제한 변제자의 부당이득반환청구권을 제한하는 취지이다.

(2) 기한전의 변제

제743조 (기한전의 변제) 변제기에 있지 아니한 채무를 변제한 때에는 그 반환을 청구하지 못한다. 그러나 채무자가 착오로 인하여 변제한 때에는 채권자는 이로 인하여 얻은 이익을 반환하여야 한다.

채무자가 변제기 전임에도 변제기가 도래한 것으로 오신하고 변제를 한 경우에 성립한다. 예를 들어 매수인이 잔금일이 12월 15일임에도 착오로 11월 15일에 잔금을 지급한 경우가 이에 해당한다. 따라서 변제 당시 채무자가 변제기전인 것을 알았다면 기한이익의 포기가 되어 동 규정이 적용되지 않는다(판례).

(3) 도의관념에 적합한 변제

제744조(도의관념에 적합한 비채변제) 채무없는 자가 착오로 인하여 변제한 경우에 그 변제가 도의관념에 적합한 때에는 그 반환을 청구하지 못한다.

지급자가 채무 없음을 모르고 변제하고, 그 변제가 도의관념에 적합한 경우에 적용된다. 소멸시효가 완성한 채무를 변제한 경우,[93] 부양의무 없는 가족을 부양한 경우가 이에 해당한다. 따라서 이때 소멸시효가 완성을 모르고 채무를 변제한 자나 부양료를 지급한 자는 채권자나 피부양자에 대하여 부당이득의 반환을 청구할 수 없다.

[판례 138] 공무원의 피해자에 대한 손해배상채무의 이행(대판 2014. 8. 20, 2012다54478)
[1] 공무원이 직무수행 중 불법행위로 타인에게 손해를 입힌 경우에 국가 등이 국가배상책임을 부담하는 외에 공무원 개인도 고의 또는 중과실이 있는 경우에는 불법행위로 인한 손해배상책임을 지고, 공무원에게 경과실이 있을 뿐인 경우에는 공무원 개인은 손해배상책임을 부담하지 아니한다. 이처럼 경과실이 있는 공무원이 피해자에 대하여 손해배상책임을 부담하지 아니함에도 피해자에게 손해를 배상하였다면 그것은 채무자 아닌 사람이 타인의 채무를 변제한 경우에 해당하고, 이는 민법 제469조의 '제3자의 변제' 또는 민법 제744조의 '도의관념에 적합한 비채변제'에 해당하여 피해자는 공무원에 대하여 이를 반환할 의무가 없고, 그에 따라 피해자의 국가에 대한 손해배상청구권이 소멸하여 국가는 자신의 출연 없이 채무를 면하게 되므로, 피해자에게 손해를 직접 배상한 경과실이 있는 공무원은 특별한 사정이 없는 한 국가에 대하여 국가의 피해자에 대한 손해배상책임의 범위 내에서 공무원이 변제한 금액에 관하여 구상권을 취득한다고 봄이 타당하다.
[2] 공중보건의인 갑에게 치료를 받던 을이 사망하자 을의 유족들이 갑 등을 상대로 손해배상청구의 소를 제기하였고, 갑의 의료과실이 인정된다는 이유로 갑 등의 손해배상책임을 인정한 판결이 확정되어 갑이 을의 유족들에게 판결금 채무를 지급한 사안에서, 갑은 공무원으로서 직무 수행 중 경과실로 타인에게 손해를 입힌 것이어서 을과 유족들에 대하여 손해배상책임을 부담하지 아니함에도 을의 유족들에 대한 패소판결에 따라 그들에게 손해를 배상한 것이고,

---

93) 절대적 소멸설에 따르면 도의관념에 적합한 변제가 되지만, 상대적 소멸설에 따르면 유효한 변제가 된다.

이는 민법 제744조의 도의관념에 적합한 비채변제에 해당하여 을과 유족들의 국가에 대한 손해
배상청구권은 소멸하고 국가는 자신의 출연 없이 채무를 면하였으므로, 갑은 국가에 대하여
변제금액에 관하여 구상권을 취득한다고 한 사례.

(4) 타인채무의 변제

제745조 (타인의 채무의 변제) ① 채무자아닌 자가 착오로 인하여 타인의 채무를 변제한
경우에 채권자가 선의로 증서를 훼멸하거나 담보를 포기하거나 시효로 인하여 그 채권을
잃은 때에는 변제자는 그 반환을 청구하지 못한다. ② 전항의 경우에 변제자는 채무자에
대하여 구상권을 행사할 수 있다.

채무자가 아닌 제3자가 타인의 채무를 자신의 채무로 착오하고 변제하고,
채권자가 제3자의 변제를 유효한 채무변제라고 믿고 자신의 채권을 실현하는
것이 곤란해진 경우(예: 증서훼멸, 담보포기, 시효경과)가 이에 해당한다. 이때
제3자는 채무자에 대한 구상권을 취득한다. 이와 달리 제3자가 타인의 채무임
을 알고 한 경우라면, 유효한 변제가 된다(제469조).

(5) 불법원인급여

제746조 (불법원인급여) 불법의 원인으로 인하여 재산을 급여하거나 노무를 제공한 때에는
그 이익의 반환을 청구하지 못한다. 그러나 그 불법원인이 수익자에게만 있는 때에는 그러하
지 아니하다.

불법적인 원인으로 타인에게 재산이나 노무를 제공한 경우에는 그 이익의
반환을 청구할 수 없게 된다(제746조). 예를 들어 살인청부계약을 체결하고 계약
금을 지급한 것, 도박자금마련을 위해 그 사실을 아는 자에게 주택을 매도한
경우 등이 이에 해당한다. 이때 계약금을 지급한 자나 주택을 매도한 자는 불
법원인급여를 한 것으로서 그 반환을 청구할 수 없다. 불법원인급여는 불법적
인 행위를 한 자를 법이 돕지 않는다는 것을 반영한 것으로서 이에 따라 수
익자가 반사적으로 이득을 취하게 된다.

불법원인급여는 반사회적 법률행위(제103조)와 표리관계를 이룬다고 본다(통
설·판례). 그리고 사회질서에 반하는 것만을 불법으로 보며, 강행법규위반은
불법에 해당하지 않는다. 따라서 판례는 관세법위반의 비밀송금, 건설업면허
대여목적으로 건설업을 양도한 경우, 직업안정법을 위반하여 무허가 취업알선

업자에게 지급한 보수, 광업권자가 아닌 자를 공동광업권자로 등록하여 광업법을 위반한 경우, 불법적으로 조성된 비자금을 보관하기로 하고 임치한 경우 등은 강행법규에 위반하는 경우로서 불법원인급여에 해당하지 않는다고 한다.

불법원인급여에 해당하기 위해서는 첫째 급여자가 재산을 급여하거나 노무를 제공해야 하고, 둘째 급부가 종국적으로 상대방에게 귀속되어야 하고, 셋째 급부를 하게 된 원인이 불법적이어야 하며, 넷째 급부자에게도 불법성이 존재해야 한다. 이러한 요건이 충족되면 급여자는 상대방에 대하여 그 반환을 청구할 수 없게 된다.

[판례 139] 급부의 종국성(대판 1994. 12. 22, 93다55234)
[1] 민법 제746조가 불법의 원인으로 인하여 재산을 급여하거나 노무를 제공한 때에 그 이익의 반환을 청구하지 못하도록 규정한 것은, 그에 대한 법적 보호를 거절함으로써 소극적으로 법적 정의를 유지하려고 하는 취지이므로, 위 법조항에서 말하는 이익에는 사실상의 이익도 포함되나, 그 이익은 재산상 가치가 있는 종국적인 것이어야 하고, 그것이 종속적인 것에 불과하여 수령자가 그 이익을 향수하려면 경매신청을 하는 것과 같이 별도의 조치를 취하여야 하는 것은 이에 해당하지 않는다.
[2] 도박자금을 제공함으로 인하여 발생한 채권의 담보로 부동산에 관하여 근저당권설정등기가 경료되었을 뿐이라면 위와 같은 근저당권설정등기로 근저당권자가 받을 이익은 소유권이전과 같은 종국적인 것이 되지 못하고, 따라서 민법 제746조에서 말하는 이익에는 해당하지 아니한다고 할 것이므로, 그 부동산의 소유자는 민법 제746조의 적용을 받음이 없이 그 말소를 청구할 수 있다

[판례 140] 불법원인급여의 경우 물권적 청구가 가능한지 여부(대판 1979. 11. 13, 79다483[전합] 판결) 민법 제746조는 단지 부당이득제도만을 제한하는 것이 아니라 동법 제103조와 함께 사법의 기본이념으로서, 결국 사회적 타당성이 없는 행위를 한 사람은 스스로 불법한 행위를 주장하여 복구를 그 형식 여하에 불구하고 소구할 수 없다는 이상을 표현한 것이므로, 급여를 한 사람은 그 원인행위가 법률상 무효라 하여 상대방에게 부당이득반환청구를 할 수 없음은 물론 급여한 물건의 소유권은 여전히 자기에게 있다고 하여 소유권에 기한 반환청구도 할 수 없고 따라서 급여한 물건의 소유권은 급여를 받은 상대방에게 귀속된다.

[판례 141] 금원의 교부가 임치인 경우(대판 1991. 3. 22, 91다520)
[1] 민법 제746조의 규정취지는 민법 제103조와 함께 사법의 기본이념으로 사회적 타당성이 없는 행위를 한 사람은 그 형식 여하를 불문하고 스스로 한 불법행위의 무효를 주장하여 그 복구를 소구할 수 없다는 법의 이상을 표현한 것이고 부당이득반환청구만을 제한하는 규정이 아니므로 불법의 원인으로 인히여 금원을 급여한 사람이 그 금원의 교부가 단순히 임치한 것임을 전제로 이의 반환을 구하는 것도 허용되지 아니한다.
[2] 도지사에게 청탁하여 택시운송사업면허를 받아줄 것을 부탁하면서 도지사에 대한 청탁

교제비조로 금원을 교부한 것은 변호사법 제78조 제1호에 해당되는 행위로서 민법 제746조 소정의 불법원인급여에 해당하고 위 법조 제746조 단서의 "그 불법원인이 수익자에게만 있는 때"에 해당된다고 할 수 없다.
[3] 위 "[2]"항의 금원을 교부할 당시에 그 면허를 취득하지 못하게 될 경우 금원을 반환하여 주기로 약정하였다 하더라도 이와 같은 약정은 결국 불법원인급여물의 반환을 구하는 범주에 속하는 약정이라 할 것이며 이는 사회질서에 반하는 법률행위로서 무효라 할 것이다.

[판례 142] 불법성 비교(대판 1997. 10. 24, 95다49530)
[1] 민법 제746조에 의하면 급여가 불법원인급여에 해당하고 급여자에게 불법 원인이 있는 경우에는 수익자에게 불법 원인이 있는지의 여부나 수익자의 불법 원인의 정도 내지 불법성이 급여자의 그것보다 큰지의 여부를 막론하고 급여자는 그 불법원인급여의 반환을 구할 수 없는 것이 원칙이나, 수익자의 불법성이 급여자의 그것보다 현저히 크고 그에 비하면 급여자의 불법성은 미약한 경우에도 급여자의 반환 청구가 허용되지 않는다고 하는 것은 공평에 반하고 신의성실의 원칙에도 어긋나므로 이러한 경우에는 민법 제746조 본문의 적용이 배제되어 급여자의 반환 청구는 허용된다고 해석함이 상당하다.
[2] 급여자가 수익자에 대한 도박 채무의 변제를 위하여 급여자의 주택을 수익자에게 양도하기로 한 것이지만 내기바둑에의 계획적인 유인, 내기바둑에서의 사기적 행태, 도박자금 대여 및 회수 과정에서의 폭리성과 갈취성 등에서 드러나는 수익자의 불법성의 정도가 내기바둑에의 수동적인 가담, 도박 채무의 누증으로 인한 도박의 지속, 도박 채무 변제를 위한 유일한 재산인 주택의 양도 등으로 인한 급여자의 불법성보다 훨씬 크다고 보아 급여자로서는 그 주택의 반환을 구할 수 있다고 한 사례.

[판례 143] 불법성 비교(대판 1999. 9. 17, 98도2036)
포주인 피고인이 피해자가 손님을 상대로 윤락행위를 할 수 있도록 업소를 제공하고, 윤락녀인 피해자가 윤락행위의 상대방으로부터 받은 화대를 피고인에게 보관하도록 하였다가 이를 분배하기로 한 약정은 선량한 풍속 기타 사회질서에 위반되는 것이고, 따라서 피해자가 그 약정에 기하여 피고인에게 화대를 교부한 것은 불법의 원인으로 인하여 급여를 한 경우로 보아야 하겠지만, 한편 기록에 의하면, 피고인은 다방 종업원으로 근무하고 있던 피해자를 수차 찾아가 자신의 업소에서 윤락행위를 해 줄 것을 적극적으로 권유함으로써 피해자가 피고인과 사이에 위와 같은 약정을 맺고서 윤락행위를 하게 되었고, 피고인은 전직 경찰관으로서 행정사 업무에 종사하면서도 자신의 업소에 피해자 등 5명의 윤락녀를 두고 그들이 받은 화대에서 상당한 이득을 취하는 것을 영업으로 해 왔음에 반하여, 피해자는 혼인하여 남편과 두 아들이 있음에도 남편이 알코올중독으로 생활능력이 없어 가족의 생계를 위하여 피고인의 권유에 따라 윤락행위에 이르게 되었음을 알 수 있는바, 위와 같은 피고인과 피해자의 사회적 지위, 그 약정에 이르게 된 경위에다가 앞에서 본 약정의 구체적 내용, 급여의 성격 등을 종합해 볼 때, 피고인측의 불법성이 피해자측의 그것보다 현저하게 크다고 봄이 상당하므로, 민법 제746조 본문의 적용은 배제되어 피해자가 피고인에게 보관한 화대의 소유권은 여전히 피해자에게 속하는 것이어서, 피해자는 그 전부의 반환을 청구할 수 있고, 피고인이 이를 임의로 소비한 행위는 횡령죄를 구성한다고 보지 않을 수 없다.

제11강 불법행위의 의의와 성립요건

Ⅰ. 불법행위의 의의

1. 개념

불법행위(不法行爲)란 고의 또는 과실로 위법하게 타인의 권리 내지 법익을 침해하여 손해를 가한 것을 말한다. 이 경우 피해자는 민법 제750조에 따라서 가해자에 대하여 손해배상을 청구할 수 있는 법률효과가 발생한다. 예를 들어 타인을 폭행하여 상해를 입힌 경우, 차량 운전자가 과실로 교통사고를 일으킨 경우, 의사의 오진으로 의료사고가 발생한 경우 등에서 가해자는 피해자의 손해를 배상할 책임을 지게 된다. 이러한 불법행위는 피해자·가해자 간에 손해배상채권(채무)관계를 발생시키는 법정채권관계의 대표적인 발생원인이다.

2. 민법상 불법행위법 규정의 체계

민법은 불법행위에 대해 일반불법행위(제750조 내지 제754조), 특수한 불법행위(제755조 내지 제760조), 위법성 조각사유(제761조), 불법행위의 효과인 손해배상(제762조 내지 제766조)로 나누어 규정하고 있다. 민법 제750조는 불법행위의 기본적인 책임 구성요건을 정하는 규정이고, 불법행위의 요건 중 책임능력에 관해서는 제753조·제754조에서 정하고 있으며, 재산 이외의 손해배상과 생명침해로 인한 위자료에 대해서 제751조·제752조에서 각각 규정하고 있다. 그리고 가해행위를 직접하지 않은 경우, 즉 타인행위에 대한 불법행위책임에 대해서 제755조 내지 제760조에서 규정하고 있다. 이를 일반불법행위(제750조)에 대한 특수한 불법행위라고도 한다. 제755조는 책임무능력자의 감독자책임, 제756조는 피용자에 대한 사용자책임, 제755조는 수급인에 대한 도급인의 책임, 제758조는 공작물 등의 점유자·소유자의 책임, 제759조는 동물의 점유자책임, 제760조는 공동불법행위를 규정하고 있다. 그리고 불법행위의 효과인 손해배상에 관해서는 제762조가 태아의 손해배상청구권을 규정하고 있고, 손해배상에 관한 채무불이행규정(제393조·제394조·제396조·제399조)의 준용에 대해서는 제763조가 정하고 있다. 이 밖에도 명예훼손의 특칙은 제764조, 배상액의 감경청구는 제765조, 손해배상청구권의 소멸시효에 대해서는 제766조가 규정하고 있다.

3. 불법행위책임과 다른 책임과의 구별

[사례 51] 甲은 성형외과에서 의사 乙로부터 쌍커풀수술을 받았으나, 수술 후 눈이 감기지 않는 부작용이 발생하였고, 이로 인해 일상생활상의 불편은 물론이고 정신적인 충격으로 우울증을 겪게 되었다. 이때 甲은 어떤 근거로 손해배상을 청구할 수 있는가?
☞ 해 설 : 사안에서 甲이 의사 乙에 대해서 손해배상을 청구할 수 있는 법적 원인으로는 甲·乙 간의 진료계약위반으로 인한 손해배상(제390조)과 乙의 불법행위로 인한 손해배상(제750조)이 있다. 즉, 甲은 乙의 의료상 과실에 따른 채무불이행책임(불완전이행)에 따라 손해배상을 청구할 수 있는 한편, 甲은 乙의 행위가 불법행위에 해당함을 증명하여 불법행위에 따른 손해배상을 청구할 수도 있다. 이때 甲은 양 청구권 중 어느 하나라도 임의로 선택해서 행사할 수 있다(청구권경합: 판례).

(1) 민사책임과 형사책임

민사책임은 발생한 손해를 전보(塡補)하는 것을 목적으로 하고, 그 절차에 있어서도 민사소송절차에 따른다. 또한 고의나 과실로 손해가 발생하면 족하고 손해가 고의에 의한 것인지 과실에 의한 것인지는 원칙적으로 문제되지 않는다. 왜냐하면 가해행위로 인한 피해자의 손해는 그것이 고의에 의한 것이든 과실로 인한 것이든 동일하기 때문이다. 반면 형사책임은 범죄에 대하여 형벌을 부과하는 것을 목적으로 하며, 그 절차에 있어서도 형사소송절차에 따른다. 그리고 형사법에서는 죄형법정주의, 유추해석금지의 원칙 등과 같은 형사법 고유의 원칙이 적용될 뿐만 아니라 원칙적으로 고의범을 처벌한다. 형법에서 과실범은 법률의 규정이 있는 경우(예: 과실치사, 과실치상 등)에만 처벌한다. 왜냐하면 고의로 범죄를 저지른 경우와 과실로 범죄를 저지른 경우는 사회적 위험성 측면에서 차이가 있기 때문이다.

(2) 계약책임과 불법행위책임

계약책임과 불법행위책임은 위법행위라는 점에서는 동일하다. 하지만 계약책임은 계약관계를 전제로 하여 이에 대한 위반에 대한 책임인 반면, 불법행위책임은 계약관계 없는 불특정다수인 사이에 존재히는 일반적 책임이라는 점에서 차이가 있다. 따라서 법체계상 계약책임규정이 불법행위책임규정의 특별규정으로 이해될 수 있다. 이런 관점에서 외국의 입법례 중에는 양 책임이 경합하는 경우 계약책임이 우선적용된다고 하여 청구권경합을 부정하는 경우도 있다. 그러나 우리 판례는 청구권경합을 인정하여 권리자가 계약과 불법행위 중 어느 것에 근거해서도 손해배상청구가 가능하다고 보고 있다. 그 이유는 피해자를 두텁게 보호하기 위해서이다.

양 책임의 구체적인 차이는 다음과 같다. 계약책임에서는 채무불이행자의 과실이 추정되어 채무를 불이행한 자가 자신에게 과실이 없음을 증명해야 한다. 하지만 불법행위에서는 손해배상청구권자(피해자)가 상대방(가해자·채무자)의 과실을 증명하는 것이 원칙이다(예외: 증명책임이 전환되는 경우로서 감독자책임·사용자책임·의료소송·환경소송 등). 손해배상의 범위는 불법행위의 손해배상책임에 관한 제763조에 따라 제393조가 불법행위에도 준용되므로 양자 간의 차이가 없다. 계약위반으로 인한 손해배상채권은 10년의 소멸시효에 걸리지만(제162조 1항), 불법행위로 인한 손해배상채권은 손해 및 가해자를 안날로부터 3년 또는 불법행위를 한 날로부터 10년의 소멸시효가 적용된다(제766조).[94]

II. 불법행위의 성립요건

[사례 52] 甲(25세)은 자전거를 타고 강변에서 산책을 하고 있었다. 그러던 중 전화가 걸려오자 휴대전화를 받으려다가 그만 인도를 통행하던 乙을 치어 찰과상을 입혔다. 이때 乙은 甲에게 어떤 책임을 물을 수 있는가?
☞ 해설 : 피해자 乙이 가해자 甲에 대해서 제750조에 따라 손해배상을 청구할 수 있기 위해서는 ① 甲에게 고의·과실이 있어야 하고, ② 甲에게 책임능력이 있고, ③ 甲의 행위가 위법해야 하고, ④ 甲의 가해행위와 乙의 손해 사이에 인과관계가 존재해야 한다. 사안에서 甲의 행위는 위 요건을 모두 충족하므로, 乙은 甲에 대하여 불법행위에 기한 손해배상을 청구할 수 있다.

---

94) 과실상계도 제766조에 의한 제396조의 준용으로 양 책임 간에 동일하게 적용되지만, 상계에 대하여는 고의에 의한 불법행위에 대한 특칙(제496조)이 있다.

제750조 (불법행위의 내용) 고의 또는 과실로 인한 위법행위로 타인에게 손해를 가한 자는 그 손해를 배상할 책임이 있다.

1. 성립요건의 의의

민법상 손해배상의 원칙인 과실책임주의(過失責任主義)에 따라 타인으로부터 손해의 배상을 받기 위해서는 그 손해의 가해자에게 고의 또는 과실이 요구된다. 즉, 본인이 입은 손해를 스스로 부담하지 않고 타인에게 전가시키기 위해서는 그 타인에게 책임을 질 근거로서 가해행위에 대한 고의·과실이 있어야 한다.[95] 따라서 법률효과로서 손해배상책임을 정하고 있는 불법행위에서도 가해자가 가해행위에 대해 고의 또는 과실이 있는 경우에 한해 피해자에 대한 책임을 진다. 이와 같이 과실책임주의에 입각한 불법행위는 피해자로 하여금 가해자에게 손해배상을 청구할 수 있게 하는 동시에, 자신에게 책임이 없는 이상 타인의 행위나 피해에 대하여 책임을 지지 않는다는 것을 정함으로써 개인의 행동의 자유를 보장하는 역할을 수행한다.

불법행위가 성립하기 위해서는 가해자에게 고의 또는 과실이 있어야 하고, 그에게 책임능력이 존재해야 한다. 그리고 가해행위가 위법성을 띠어야 하고, 가해행위와 손해사이에 인과관계가 성립해야 한다. 이러한 요건 중 고의·과실, 위법성, 인과관계에 대해선 제750조가, 책임능력에 대해서는 제753조와 제754조가 정하고 있다. 고의·과실과 책임능력은 가해행위자에 관한 요건이란 점에서 이를 주관적 요건이라고 하고, 위법성과 인과관계는 가해행위에 관한 것이라는 점에서 객관적 요건이라고도 한다. 그리고 불법행위의 성립요건은 불법행위의 피해자, 즉 손해배상의 채권자가 증명하는 것이 원칙이다(통설·판례).

2. 고의·과실

(1) 고의

고의(故意)란 손해가 발생하리라는 것을 알면서 일정한 행위를 하는 심리상태를 말한다. 형법과 달리 민사상 불법행위는 피해자의 손해전보를 목적으

---

[95] 이런 점에서 손해는 스스로 책임진다는 자기책임의 원칙과 과실책임주의는 동일한 의미를 가진다.

로 하기 때문에 가해행위가 고의로 인한 것인지 과실로 인한 것인지는 원칙적으로 문제되지 않는다. 다만 손해배상의 범위에 있어서 특별한 사정(제393조 2항)이나 배상액의 감경(제763조)에서는 고의에 의한 가해행위와 과실로 인한 가해행위 간에 차이가 있을 수 있다.

(2) 과실

과실(過失)이란 일정한 결과의 발생을 알고 있어야 함에도 불구하고 주의를 게을리 하여 이를 알지 못하고서 행위하는 심리상태를 말한다(객관적 과실설: 통설).[96] 달리 표현하면 가해자가 행위의 결과를 예견할 수 있었고(결과예견가능성) 또한 결과를 회피할 수 있었음에도(결과회피가능성) 결과를 초래한 것이라고 정의할 수 있다.

과실은 주의의무의 수준에 따라서 추상적 경과실과 구체적 경과실로 구분할 수 있다. 추상적 경과실이란 선량한 관리자의 주의를 위반한 경우를 말한다. 특정물의 인도 전에 특정물채무자가 특정물에 대해 기울여야 하는 주의의무(제374조), 위임계약상 수임인의 주의의무(제681조) 등이 이에 해당한다. 반면 구체적 경과실이란 자기재산과 동일한 주의를 위반한 경우를 말하는데, 임치계약에서 무상수취인의 주의의무(제695조), 상속인의 상속재산의 관리에 관한 주의의무(제1022조) 등이 이에 해당한다.

주의의무의 위반의 정도에 따라 경과실과 중과실로 구분된다. 경과실은 선량한 관리자의 주의를 다하지 못한 것을 말한다. 민법상 과실은 추상적 경과실이 원칙이다. 반면 중과실(重過失)이란 선량한 관리자의 주의를 현저하게 결한 경우를 말하는 것으로서, 착오취소제한(제109조 1항 단서), 채권자지체 중에 채무자의 책임(제401조), 사무관리자의 손해배상책임(제741조 3항), 불법행위로 인한 배상액감경(제765조 1항) 등에서 이를 정하고 있다. 실제 사례에서 경과실과 중과실의 구분은 가해행위와 관련한 제반사정을 고려해서 판단하게 된다.

---

96) 반면 주관적 과실설은 책임능력을 전제로 유책성과 관련하여 과실을 이해한다. 원래 과실이란 개인의 주의의무능력에 기초한 주관적 과실에서 출발하였으나, 현대사회에 들어오면서 이것이 객관화된 것이다.

[판례 144] 산불화재와 중과실 판단(대판 1994.11. 25, 94다35107)
담배불을 완전히 끄지 아니한 채 담배꽁초를 불이 붙기 쉬운 잡초가 나 있는 곳에 버리고, 더구나 당시는 건조한 날씨로 산불이 자주 발생하는 봄철로서 특히 그 달에는 주로 담배불 등에 의한 실화로 전국적으로 산불이 빈발하여 건조주의보와 산불 위험주의보 및 산불 방지특별 경계령 등이 내려져 있는 상태에서 산불 예방을 위한 국민계몽을 겸하여 신문, 라디오, 텔레비전 등에서 산불 발생보도가 연일 계속되고 있었던 것이라면, 위와 같은 경위로 화재가 발생할 수 있다는 것을 쉽게 예견할 수 있었는데도 불구하고 이를 간과하였다고 보아야 한다며, 실화로 인한 산불 발생에 있어서 중대한 과실을 인정한 사례(사례에서 피고는 산림실화죄로 1년 징역을 받았으나, 산불로 인해 피해를 입은 이웃 버섯농장주인이 소송을 제기하여 5천 6백만 원 손해배상이 인정되었음).

(3) 증명책임

가해자의 고의 또는 과실이 있는지에 대해서는 불법행위의 성립을 주장하는 자, 즉 손해배상의 채권자인 피해자가 증명해야 한다. 다만 감독자책임에서 감독자, 사용자책임에서 사용자, 공작물점유자책임에서 점유자의 과실은 민법규정에 따라서 추정된다(제755조·제756조·제758: 중간책임). 그리고 판례는 환경소송, 의료소송에서 과실의 증명책임을 가해자에게 전환하고, 제조물책임법은 제조업자에게 무과실책임을 지우고 있다(동법 제3조 1항).

3. 책임능력

제753조 (미성년자의 책임능력) 미성년자가 타인에게 손해를 가한 경우에 그 행위의 책임을 변식할 지능이 없는 때에는 배상의 책임이 없다.
제754조 (심신상실자의 책임능력) 심신상실 중에 타인에게 손해를 가한 자는 배상의 책임이 없다. 그러나 고의 또는 과실로 인하여 심신상실을 초래한 때에는 그러하지 아니하다.

(1) 개념

책임능력(責任能力)이란 행위자가 자신의 행위의 책임을 인식할 수 있는 능력을 말한다(통설). 불법행위를 할 수 있는 지적 능력이라는 점에서 불법행위능력이라고도 한다. 이에 대해서는 제753조와 제754조가 규정하고 있다. 불법행위의 요건으로서 책임능력을 요구하는 것은 가해행위를 한 자에게 그러한 행위의 의미를 판별할 능력이 없는 경우까지 가해자에게 손해배상책임을 부담시킬 수 없기 때문이다.

(2) 책임능력 없는 미성년자

책임능력이 없는 경우, 즉 책임무능력은 우선 가해자의 연령에 따라서 결정된다. 미성년자가 자신의 행위의 책임을 변식할 지능이 없는 경우 책임무능력자가 된다. 즉, 모든 미성년자가 책임무능력자가 아니라 미성년자 중에서 "행위의 책임을 변식할 지능"이 없는 자만이 책임능력이 없는 것으로 다루어진다. 이것은 성년연령(만 19세)을 기준으로 획일적으로 능력유무를 결정하는 행위능력과 차이가 있다(제4조·제5조).97) 이에 대해서 판례는 책임능력을 미성년자의 연령에 따라서 구분하고 있는데, 대략적으로 12세 미만의 자는 책임능력이 없다고 보고, 만 15세 이상의 자는 책임능력이 있다고 본다. 그리고 만 13세 내지 14세의 자의 경우는 지능, 학업능력 등의 사정을 고려하여 구체적으로 판단하고 있다. 책임능력은 행위에 대한 법적인 책임을 인식할 정도의 지적인 능력을 뜻하는 것이다. 그렇다고 행위자가 책임의 근거가 되는 법(률)을 인식해야 하는 것은 아니다. 이런 점에서 판례는 책임능력자가 되는 미성년자의 비교적 연령을 높게 보고 있다. 그 이유는 책임무능력의 연령을 낮추게 되면, 그에 따라 피해자의 구제곤란이 발생할 수 있기 때문이라고 보인다.

[판례 145] 만 14세 중학생의 책임능력(대판 1978. 11. 28, 78다1805)
사고당시 가해자가 14년 2개월 된 중학생이라고는 하나 사고당시가 야간에 레스링 놀이를 한 장소가 다치기 쉬운 콘크리트로 된 다리의 맨바닥이었으며 그러한 맨바닥 위에서 얼굴을 지면으로 향하여 엎드려 있는 피해자를 갑자기 아무런 예고 없이 발로 밀어버렸다면(이로 인해 치아 5개 탈락) 다른 사정이 책임을 변식할 수 있는 지능을 가진 사람의 행위라고 볼 수 없다.

[판례 146] 만 13세 중학생의 책임능력(대판 1978.7. 11, 78다729)
13세 5월이 된 중학생이 전쟁놀이 중 장난감이라고 할 수 없는 위험한 물건인 고무총으로 땅콩 크기의 돌을 발사하여 같이 놀던 아이의 좌안을 실명하게 한 소위는 불법행위의 책임을 변식할 수 있는 지능을 가진 사람의 행위라고 단정하기는 어렵다.

---

97) 형법도 형사책임무능력자를 만 14세 미만의 자로 규정하고 있다(형법 제9조).

(3) 심신상실자

연령과 상관없이 심신상실자는 불법행위에 있어서 책임무능력자가 된다. 따라서 심신상실이란 의식은 있으나 사리를 분별할 지적인 능력을 갖추지 못한 상태를 말한다. 사리분별력이 없는 지적장애인, 정신질환자, 치매환자 등이 이에 해당한다. 심신상실인지 여부는 가해행위 당시를 기준으로 판단한다. 따라서 평소에는 심신상실상태였지만, 가해행위 시점에 사리분별력을 갖추고 있었다면 책임능력이 있는 것이다.[98]

(4) 책임무능력자의 불법행위책임

가해행위로 인해 피해자에게 손해가 발생하더라도 가해자가 책임무능력인 경우 그 손해에 대해 책임을 지지 않는다. 다만 이때 책임무능력자를 감독하는 자가 그 손해에 대해서 책임을 질 수 있다(제755조).

(5) 증명책임

고의 또는 과실과 마찬가지로 불법행위의 피해자(손해배상의 채권자)가 이를 증명해야 한다.

4. 위법성

제761조 (정당방위, 긴급피난) ① 타인의 불법행위에 대하여 자기 또는 제3자의 이익을 방위하기 위하여 부득이 타인에게 손해를 가한 자는 배상할 책임이 없다. 그러나 피해자는 불법행위에 대하여 손해의 배상을 청구할 수 있다.
② 전항의 규정은 급박한 위난을 피하기 위하여 부득이 타인에게 손해를 가한 경우에 준용한다.

(1) 개념

위법성(違法性)이란 가해자의 행위가 법질서에 반한다는 것을 의미한다. 민법은 위법성에 대한 별도의 규정을 두고 있지 않다. 다만 타인의 권리 내지

---

[98] 법원의 성년후견 개시결정 이후부터는 획일적으로 제한적 행위능력자로 보는 것과 구별해야 한다.

법익을 침해하는 행위가 존재하면, 일단 그러한 행위를 위법하다고 판단할 수 있다(결과불법론).99) 다만 그러한 행위가 법령에 의한 적법한 행위이거나 정당방위·긴급피난 등에 해당한다면 위법성이 조각되어 손해배상책임을 발생시키지 않는다.

(2) 판례

판례는 실정법질서와 사회질서를 표준으로 객관적·실질적으로 위법성을 판단한다. 그리고 위법성판단이 곤란한 부분에서는 비교형량이론에 의해 판단하기도 한다.

[판례 147] 부당해고로 인한 불법행위책임(대판 1999. 2. 23, 98다12157)
사용자가 근로자를 징계해고할 만한 사유가 전혀 없는데도 오로지 근로자를 사업장에서 몰아내려는 의도하에 고의로 어떤 명목상의 해고사유를 만들거나 내세워 징계라는 수단을 동원하여 해고한 경우나, 해고의 이유로 된 어느 사실이 취업규칙 등 소정의 해고사유에 해당되지 아니하거나 해고사유로 삼을 수 없는 것임이 객관적으로 명백하고 또 조금만 주의를 기울이면 이와 같은 사정을 쉽게 알아볼 수 있는데도 그것을 이유로 징계해고에 나아간 경우 등 징계권의 남용이 우리의 건전한 사회통념이나 사회상규상 용인될 수 없음이 분명한 경우에 있어서는 그 해고가 근로기준법 제27조 제1항에서 말하는 정당성을 갖지 못하여 효력이 부정되는 데 그치는 것이 아니라, 위법하게 상대방에게 정신적 고통을 가하는 것이 되어 근로자에 대한 관계에서 불법행위를 구성한다.

(3) 위법성조각사유

정당방위의 경우 방위자는 가해행위자나 피해를 입은 제3자에 대하여 손해배상책임을 부담하지 않으므로(제761조 1항 본문), 피해를 입은 제3자는 가해행위자에게 손해배상을 청구할 수 있다(동조 1항 단서). 긴급피난에 있어서 피난자는 손해배상의무를 부담하지 않고, 손해를 입은 타인은 원인제공자에 대하여 손해배상청구를 할 수 있다(동조 2항). 예를 들어 보행자 A가 인도로 돌진하는 차량(운전자 B)을 피하는 과정에서 C가 전시한 과실을 손상시킨 경우, 이때 A의 행위는 긴급피난에 해당하여 그는 손해배상책임을 지지 않고, 이때 피해자인 C는 운전자 B에게 그 손해에 대한 배상을 청구할 수 있다. 그리고 근로

---

99) 이와 달리 법규범상 주의의무위반한 경우에 위법성이 인정된다고 보는 행위불법론도 있다.

자의 쟁의행위, 친권자의 징계권행사(제915조), 명예훼손행위가 공공의 이익을 위한 것인 경우, 운동경기 중의 상해, 환자의 승낙에 의한 의사의 수술행위 등은 정당한 행위로서 위법성이 조각된다.

5. 인과관계

(1) 개념

인과관계(因果關係)란 가해행위와 결과 사이에 원인과 결과라는 관계가 존재하는 것을 의미하는 것으로, 기본적으로 조건설(條件說)에 따라서 판단한다. 그러나 원인과 결과의 조건관계를 인과관계로 인정하게 되면 인과관계의 범위가 지나치게 확장되는 문제가 있다. 이와 같이 사실적 인과관계가 인정되는 가해행위와 손해들을 법률적 인과관계에 따라 정리(절단)할 필요가 있다.

(2) 학설

인과관계에 대해서는 조건설, 상당인과관계설, 규범목적설, 위험성관련설 등의 여러 가지 학설이 있다. 판례는 가해행위로부터 일반적·통상적으로 초래될 수 있는 손해, 즉 가해행위와 손해사이에 상당한 관계가 성립하면 인과관계가 있다고 본다(상당인과관계설). 이때 상당성(相當性)은 원인인 가해행위와 결과인 손해사이에 통상적인 관계 내지 합리적 관계가 성립하는 것을 뜻한다. 다만 이에 대해서는 상당성의 개념이 모호하여 자의적인 판단이 가능하다는 비판이 있다.

(3) 증명책임

인과관계는 원칙적으로 피해자가 증명해야 한다. 인과관계의 입증이 쉬운 경우도 있지만, 의료·환경·제조물 등과 같이 특수한 분야에서는 인과관계의 증명이 어려운 경우가 많다. 따라서 판례는 이러한 영역에서 인과관계를 추정하여 피해자의 증명책임을 완화해주고 있다.

[판례 148] 집단괴롭힘과 자살간의 인과관계(대판 2007. 4. 26, 2005다24318)
[1] 초등학교 내에서 발생한 폭행 등 괴롭힘이 상당 기간 지속되어 그 고통과 그에 따른 정신장애로 피해학생이 자살에 이른 경우, 다른 요인이 자살에 일부 작용하였다 하더라도 가해학생들의 폭행 등 괴롭힘이 주된 원인인 이상 상당인과관계가 인정된다.
[2] 민법 제755조에 의하여 책임능력 없는 미성년자를 감독할 친권자 등 법정감독의무자의 보호·감독책임은 미성년자의 생활 전반에 미치는 것이고, 법정감독의무자에 대신하여 보호·감독의무를 부담하는 교사 등의 보호·감독책임은 학교 내에서의 학생의 모든 생활관계에 미치는 것이 아니라 학교에서의 교육활동 및 이와 밀접 불가분의 관계에 있는 생활관계에 한하며, 이와 같은 대리감독자가 있다는 사실만 가지고 곧 친권자의 법정감독책임이 면탈된다고는 볼 수 없다.
[3] 지방자치단체가 설치·경영하는 학교의 교장이나 교사는 학생을 보호·감독할 의무를 지는데, 이러한 보호·감독의무는 교육법에 따라 학생들을 친권자 등 법정감독의무자에 대신하여 감독을 하여야 하는 의무로서 학교 내에서의 학생의 모든 생활관계에 미치는 것은 아니지만, 학교에서의 교육활동 및 이와 밀접 불가분의 관계에 있는 생활관계에 속하고, 교육활동의 때와 장소, 가해자의 분별능력, 가해자의 성행, 가해자와 피해자의 관계, 기타 여러 사정을 고려하여 사고가 학교생활에서 통상 발생할 수 있다고 하는 것이 예측되거나 또는 예측가능성(사고발생의 구체적 위험성)이 있는 경우에는 교장이나 교사는 보호·감독의무 위반에 대한 책임을 진
[4] 학교폭력 가해학생들의 부모의 과실과 담임교사, 교장의 과실이 경합하여 피해학생의 자살사건이 발생하였다는 이유로, 부모들과 지방자치단체에게 공동불법행위자로서의 손해배상책임을 인정한 사례.

[판례 149] 의료과오에서 인과관계(대판 2000. 9. 8, 99다48245)
환자가 치료 도중에 사망한 경우에 있어서는, 피해자측에서 일련의 의료행위 과정에 있어서 저질러진 일반인의 상식에 바탕을 둔 의료상의 과실 있는 행위를 입증하고 그 결과와 사이에 일련의 의료행위 외에 다른 원인이 개재될 수 없다는 점, 이를테면 환자에게 의료행위 이전에 그러한 결과의 원인이 될 만한 건강상의 결함이 없었다는 사정을 증명한 경우에 있어서는 의료행위를 한 측이 그 결과가 의료상의 과실로 말미암은 것이 아니라 전혀 다른 원인으로 말미암은 것이라는 입증을 하지 아니하는 이상 의료상 과실과 결과 사이의 인과관계를 추정하여 손해배상책임을 지울 수 있도록 증명책임을 완화하는 것이 손해의 공평·타당한 부담을 그 지도원리로 하는 손해배상제도의 이상에 맞는다고 하지 않을 수 없다.

[판례 150] 폐수배출로 인한 불법행위(대판 1984. 6. 12, 81다558)
<판결요지> [1] 일반적으로 불법행위로 인한 손해배상청구사건에 있어서 가해행위와 손해발생 간의 인과관계의 증명책임은 청구자인 피해자가 부담하나, 수질오탁으로 인한 이 사건과 같은 공해로 인한 손해배상청구 소송에 있어서는 기업이 배출한 원인물질이 물을 매체로 간접적으로 손해를 끼치는 수가 많고 공해문제에 관하여는 현재의 과학수준으로 해명할 수 없는 분야가 있기 때문에 가해행위와 손해발생 간의 인과관계의 고리를 모두 자연과학적으로 증명하는 것은 곤란 내지 불가능한 경우가 대부분이므로 피해자에게 사실적 인과관계의 존재에 관한 엄밀한 과학적 증명을 요구함은 공해의 사법적 구제의 사실상 거부가 될 우려가 있는 반면에

가해기업은 기술적 경제적으로 피해자 보다 원인조사가 훨씬 용이할 뿐 아니라 그 원인을 은폐할 염려가 있어, 가해기업이 배출한 어떤 유해한 원인물질이 피해물건에 도달하여 손해가 발생하였다면 가해자측에서 그 무해함을 입증하지 못하는 한 책임을 면할 수 없다고 봄이 사회형평의 관념에 적합하다.
[2] 수질오탁으로 인한 공해소송인 이 사건에서 피고공장에서 김의 생육에 악영향을 줄 수 있는 폐수가 배출되고, 그 폐수 중 일부가 유류를 통하여 이사건 김양식장에 도달하였으며, 그 후 김에 피해가 있었다는 사실이 각 모순없이 증명된 이상 피고공장의 폐수배출과 양식 김에 병해가 발생함으로 말미암은 손해간의 인과관계가 일응 증명되었다고 할 것이므로, 피고가 피고 공장폐수 중에는 김의 생육에 악영향을 끼칠 수 있는 원인물질이 들어 있지 않으며 원인물질이 들어 있다 하더라도 그 해수혼합율이 안전농도 범위내에 속한다는 사실을 반증을 들어 인과관계를 부정하지 못하는 한 그 불이익은 피고에게 돌려야 마땅할 것이다.
<해설> 폐수와 김사육의 관계는 수온, 해류의 순환, 일사량, 조망, 풍력, 해적생물, 양식관리 등 인과관계를 증명하기 어려운 사실상 문제들이 존재한다. 따라서 이러한 점 등에 기초하여 증명책임을 완화 및 전환을 한 것이라고 볼 수 있다.

III. 공동불법행위

[사례 53] 친구사이인 甲·乙·丙은 평소 자신들에게 고분고분하지 않다는 이유로 혼을 내주려고 같은 반 급우인 丁을 학교 근처 골목으로 데려갔다. 그곳에서 甲과 乙은 丁을 폭행하여 상해를 가하였고, 丙은 사람들이 오는지 망을 보았다. 이때 丁은 누구를 상대로 어떤 책임을 물을 수 있는가?
☞ 해 설 : 甲·乙·丙이 공동으로 丁에게 불법행위를 하였으므로, 甲·乙·丙은 丁의 손해에 대하여 연대하여 책임을 부담한다. 그리고 甲·乙·丙 사이의 가해행위에 대한 공모가 있으므로, 어느 학설에 따르더라도 공동불법행위가 성립한다. 그리고 丙의 경우 실제 폭행에는 가담하지 않았으나 丁에 대한 폭행과 상해라는 공동의 행위를 수행한 것으로 판단되므로, 망을 본 것만으로도 행위관련공동성이 인정된다.

1. 의의

제760조 (공동불법행위자의 책임) ①수인이 공동의 불법행위로 타인에게 손해를 가한 때에는 연대하여 그 손해를 배상할 책임이 있다.
②공동 아닌 수인의 행위 중 어느 자의 행위가 그 손해를 가한 것인지를 알 수 없는 때에도 전항과 같다.
③교사자나 방조자는 공동행위자로 본다.

(1) 개념

여러 명이 가해행위를 하여 하나의 손해를 발생시키는 형태의 불법행위를 공동불법행위(共同不法行爲)라고 한다. 민법은 한 명의 가해자가 손해를 야기한 단독의 불법행위를 상정하여 규정하고 있으면서도 이와 달리 가해자가 여러 명인 공동불법행위에 대해서 제760조에서 별도로 규정을 하고 있다. 공동불법행위에 대한 제760조는 그 형태에 따라서 수인이 공동으로 타인에게 손해를 가한 경우(동조 1항: 협의의 공동불법행위) 뿐만 아니라, 공동 아닌 수인의 행위 중 어느 자의 행위가 손해를 가했는지를 알 수 없는 경우(동조 2항: 가해자불명의 공동불법행위), 교사·방조의 경우(제760조 3항)로 구분되어 있다.

(2) 규율취지

여러 명이 가해행위를 통하여 타인에게 손해를 발생시킨 경우 각자가 불법행위자로서 가해행위와 인과관계 있는 손해에 대해서 책임을 지는 것은 불법행위법 일반원칙에 따라서 당연하다. 그럼에도 불구하고 제760조에서 공동불법행위를 별도로 규정한 것은 무엇보다도 손해배상에 있어서 공동불법행위자 간에 손해배상채무에 대한 연대책임을 인정함으로써 피해자를 보호하기 위한 것이다. 즉, 민법상 다수의 채권자나 채무자가 존재하는 경우 분할채권·채무관계가 되는 것이 원칙이므로(제408조), 공동불법행위에 있어서는 이러한 원칙에 대한 예외로서 공동불법행위자들에 대하여 연대채무를 부과하여 피해자로 하여금 손해배상채권의 실현을 확실하게 한 것이다. 따라서 공동불법행위자 중 1인이 무자력인 경우에도 그들은 부진정연대채무관계에 있게 되므로, 피해자는 자력이 있는 가해행위자에게 손해배상액 전부를 청구할 수 있어 공동불법행위자 중 1인의 무자력의 위험은 다른 공동불법행위자들이 부담하게 되는 결과가 된다. 예를 들어 A·B·C가 D를 폭행하여 상해를 입히고 그 손해가 6천만 원인 경우(가해자들의 기여도가 동일한 경우), 이때 일반불법행위에 따르면 D는 A·B·C로부터 각각 2천만 원씩 배상받게 된다. 그러나 가해자 중에서 B가 무자력이라면, 이때 D는 2천만 원을 배상받지 못하게 된다. 그러나 공동불법행위에 따르면 A·B·C가 연대책임을 지므로, B가 무자력인 경우에도 D는 A·B 중 어느 누구에게라도 손해배상액 전액(6천만 원)을 청구할 수 있다.

결과적으로 가해자 중 1인의 무자력에 따른 위험을 다른 가해자들이 안게 되는 것이다.

2. 협의의 공동불법행위(제760조 1항)

[사례 54] 甲과 乙은 丁 소유의 부동산에 근저당을 설정하여 금원을 대출받기로 공모한 뒤, 근저당권설정을 위한 인감증명서를 발급받기 위해서 丁의 주민등록표를 위조하여 관할 동사무소에 제출하였다. 그런데 동사무소 인감발급 담당직원인 丙은 甲·乙이 제출한 주민등록표가 그 작성일자나 날인된 인장들이 적합한 것이 아니어서 정상적으로 작성된 것으로 보기 어려운 사정이 있음에도 불구하고 이를 간과하고 인감을 발급해주었다. 발급받은 인감을 이용하여 甲·乙은 丁 소유의 부동산에 戊명의의 채권최고액 1억 5천만 원의 근저당권을 설정하였다. 이후 이 사실을 알게 된 丁은 위 부동산에 대한 근저당권설정등기의 말소등기소송에서 승소하였다. 이때 戊는 누구를 상대로 어떤 청구를 할 수 있는가?
☞ 해 설 : 피해자 戊는 자신의 손해에 대하여 행위관련공동성이 있는 자에 대하여 공동불법행위책임을 물을 수 있는데, 사안에서 戊의 손해와 甲·乙·丙간에 행위관련공동성이 인정되므로 공동불법행위가 성립한다(대판 1991.11.22, 91다26980)

(1) 개념

수인이 공동으로 불법행위를 행하여 타인에게 손해를 가한 경우를 "협의의 공동불법행위"라고 한다.

(2) 협의의 공동불법행위의 성립요건

① **공동불법행위자들의 가해행위가 불법행위의 성립요건을 갖출 것** : 공동불법행위자 각 자가 일반불법행위의 성립요건(제750조)을 갖추어야 한다(통설). 다만 인과관계와 관련해서는 공동불법행위자들의 각각의 가해행위와 손해 간의 인과관계가 존재하여야 하는지 아니면 공동의 행위와 손해 간의 인과관계가 존재하는 것만으로 충분한지에 대해서는 견해대립이 있다.

② **행위의 공동성** : 수인이 공동(共同)으로 한 가해행위를 하여야 협의의 공동불법행위가 성립한다(제760조 1항). 왜냐하면 공동불법행위자 간에 행위의 공동성이 존재하지 않는 경우라면 제760조 2항에 따른 가해자불명의 공동불법행위가 되거나(다만 그 효과는 협의의 공동불법행위와 동일하다) 여러 명의

불법행위자는 각각 일반불법행위책임(제750조)을 질뿐이기 때문이다. 그리고 공동의 의미에 대해서는 가해자 간의 공모나 공동의 인식과 같은 의사의 공동성이 존재하여야 한다는 주관적 공동설과 가해자간의 주관적 공동성은 필요 없고 가해자의 각 행위 간의 관련공동성만 있으면 공동불법행위가 성립한다는 객관적 공동설이 대립한다. 통설과 판례는 객관적 공동설을 취하고 있다.

[판례 151] 공동불법행위에 있어서 인과관계(대판 1991.11.22, 91다26980)
공무원의 직무상 과실로 허위의 인감증명서가 발급됨으로써 불실의 근저당권설정등기를 마친 저당권자가 그 저당권의 불성립으로 손해를 입었다면 위와 같은 직무상 과실과 손해 사이에는 상당인과관계가 있다.

[판례 152] 행위공동성(대판 1997.11.28, 97다18448)
<사실관계> 甲은 부산시 소재 노래연습장에서 동네 선배인 丙이 술에 취해 성명불상의 손님과 말다툼을 하고는 것을 보고 이를 말리다가 丙과 시비가 되어 서로 상대방의 뺨을 수회씩 때리기에 이르렀는데, 이때 乙이 가세하여 발과 주먹으로 丙의 얼굴과 가슴 다리 등을 수회 구타하여 丙은 오른쪽 눈에 상해를 입혀 실명에 이르게 되었다.
<판결요지> 공동불법행위의 성립에는 공동불법행위자 상호 간에 의사의 공통이나 공동의 인식이 필요하지 아니하고 객관적으로 각 그 행위에 관련공동성이 있으면 족하고 그 관련공동성 있는 행위에 의하여 손해가 발생하였다면 그 손해배상책임을 면할 수 없다.

[판례 153] 교통사고와 의료과오의 경합(대판 1993.1.26, 92다4871)
<사실관계> 차량운전자 甲은 과실로 보행자 丙을 치어 좌측대퇴골 분쇄골절 등의 상해를 입혔다. 이에 丙은 乙이 운영하던 정형외과에 입원하여 치료를 받던 중, 乙의 무리한 물리치료시술로 인하여 좌측대퇴골이 소실이 되는 등 증세가 악화되었다.
<판결요지> 교통사고로 인하여 상해를 입은 피해자가 치료를 받던 중 의사의 과실 등으로 인한 의료사고로 증상이 악화되거나 새로운 증상이 생겨 손해가 확대된 경우 특별한 다른 사정이 없는 한 그와 같은 손해와 교통사고 사이에도 상당인과관계가 있다고 보아야 하므로, 교통사고와 의료사고가 각기 독립하여 불법행위의 요건을 갖추고 있으면서 객관적으로 관련되고 공동하여 위법하게 피해자에게 손해를 가한 것으로 인정된다면, 공동불법행위가 성립되어 공동불법행위자들이 연대하여 손해를 배상할 책임이 있다.[100]

[판례 154] 의료과오와 공동불법행위책임(대판 1998. 2. 13, 96다7854)
[1] 수인이 공동하여 타인에게 손해를 가하는 민법 제760조 제1항의 공동불법행위가 성립하려면 각 행위가 독립하여 불법행위의 요건을 갖추고 있으면서 객관적으로 관련되고 공동하여 위법하게 피해자에게 손해를 가한 것으로 인정되어야 한다.

---

100) 반면 덤프트럭 운전수 甲의 운전 잘못으로 상해를 입어 乙대학병원에 입원치료를 받던 丙이 새벽에 병실을 빠져나와 비상계단 아래 지면으로 떨어져 사망한 사건에서는 행위관련공동성을 부정한 바 있다(대판 1989.5.23, 87다카2723).

[2] 에이즈 바이러스에 감염된 혈액을 환자가 수혈받음으로써 에이즈에 감염될 위험을 배제할 의무 및 그와 같은 결과를 회피할 의무를 다하지 아니하여 감염된 혈액을 수혈받은 환자로 하여금 에이즈 바이러스 감염이라는 치명적인 건강 침해를 입게 한 대한적십자사의 과실 및 위법행위는 신체상해 자체에 대한 것인 데 비하여, 수혈로 인한 에이즈 바이러스 감염 위험 등의 설명의무를 다하지 아니한 의사들의 과실 및 위법행위는 신체상해의 결과 발생 여부를 묻지 아니하는 수혈 여부와 수혈 혈액에 대한 환자의 자기결정권이라는 인격권의 침해에 대한 것이므로, 대한적십자사와 의사의 양 행위가 경합하여 단일한 결과를 발생시킨 것이 아니고 각 행위의 결과 발생을 구별할 수 있으니, 이와 같은 경우에는 공동불법행위가 성립한다고 할 수 없다.

3. 가해자불명과 교사·방조에 의한 공동불법행위

> [사례 55] 상호신용금고업무를 총괄하던 부회장 甲과 상무 乙은 대출신청자의 명의를 차용·도용하여 실제 차주가 아닌 자 명의로 대출신청서나 어음할인신청서를 작성하는 방법으로 동일인 여신한도초과금지 및 출자여신금지 규정을 위반하였을 뿐만 아니라 물적·인적 담보를 충분히 확보하지 않은 채 대출을 하여 채권회수를 곤란하게 함으로서 배임행위를 저질렀다. 이들의 배임행위를 알면서 위 상호신용금고가 속한 그룹회장 丙은 이를 방관하였다. 이때 丙은 위 상호신용금고에 대하여 어떤 책임을 지는가?
> ☞ 해 설 : 방조는 작위는 물론이고 부작위로도 가능하다. 따라서 사안에서 丙은 그룹회장으로서 甲·乙의 배임행위를 알고도 과실로 방조한 것으로 판단되므로, 상호신용금고에 대하여 甲·乙·丙은 공동불법행위책임을 진다(대판 2003. 1. 10, 2002다35850 참조).

(1) 가해자불명에 의한 공동불법행위

甲·乙·丙이 우연히 동시에 돌맹이를 던졌는데 그 중의 하나의 돌에 맞아 행인 丁이 상해를 입었다면, 이 경우 행인 丁은 자신의 손해에 대한 배상을 받기 위해서는 자신의 손해가 어느 행위자로 인한 것인지, 즉 가해행위와 그 손해에 대한 인과관계를 증명하여야 한다. 그러나 이 사안에서 甲·乙·丙 중 1인이 던진 돌에 丁이 맞은 것은 분명하나 실제 상해를 일으킨 가해행위가 누구의 행위인지를 증명하지 못하는 이상 丁은 손해배상을 받을 수가 없을 것이다. 따라서 제760조 2항에서는 이와 같이 공동 아닌 수인의 행위 중 어느 자의 행위가 손해를 발생시킨 것인지를 알 수 없는 경우에 가해자들 간의 공동불법행위로 추정하고 있다. 이와 같이 가해자불명의 경우를 공동불법행위로 보는 것은 무엇보다도 여러 사람의 행위가 경합하여 손해가 발생하였으나 공동불법행위로 보기 어려운 경우에, 인과관계의 증명책임을 덜어 줌으로써 피해자를 보호하려는데 그 취지가 있다. 다만 이 경우 가해자 중의 1인은 자신의 행위와 손해 간에 인과관계가 없다는 사실을 증명하여 공동불법행위에 대한 책임을 지지 않을 수 있다는 점에서 다른 공동불법행위의 유형과 차이가 있다.

(2) 교사 내지 방조에 의한 공동불법행위(제760조 3항)

불법행위에 대한 책임은 직접적인 가해행위를 한 행위자가 지는 것이 원칙이나 가해행위를 교사하거나 방조한 자도 제760조 3항에 따라서 직접 행위자와 더불어 공동불법행위책임을 지게 된다. 교사(敎唆)란 甲이 乙에게 일정한 금원을 지급하여 평소 원한관계에 있던 丙의 가게에 불을 놓게 하는 경우와 같이 타인으로 하여금 불법행위를 하도록 결의하게 하는 것을 말한다. 그리고 방조(幇助)란 불법행위를 용이하게 하는 직접·간접의 모든 행위를 가리키는 것으로서 고의나 과실로도 가능하며, 또한 작위에 의한 경우뿐만 아니라 작위의무가 있는 자가 그것을 방지하여야 할 제반조치를 하지 않는 부작위에 의해서도 가능하다. 예를 들어 건축업자 甲은 부실시공을 하고 감리자인 乙이 이를 묵과하였는데 건물이 붕괴되어 丙이 사망한 경우, 이때 甲과 이를 방조한 乙도 공동불법행위의 책임을 지게 된다. 물론 교사자나 방조자가 공동불법행위책임을 지기 위해서는 교사·방조와 피교사자 내지 피방조자의 가해행위 간에 상당인과관계가 있어야 한다.

[판례 155] 과실에 의한 방조행위(대판 2001.5.8, 2001다2181)
<사실관계> 甲은 乙이 경영하는 회사의 경리직원으로 근무하면서 1년여에 걸쳐 44회에 걸쳐 회사공금 3억 원 가량을 횡령하는 불법행위를 저질렀는데, 甲과 사실혼관계에 있던 丙은 甲에게 회사의 월급 이외에 별다른 소득원이 없다는 사실을 알면서 장기간에 걸쳐 甲이 자신의 월급의 몇 배나 되는 금원을 매월 1회 내지 4회에 걸쳐 계속하여 송금한 금원을 수령하였으며, 사업자금 명목으로 甲에게 송금을 요구하기도 하였다. 그리고 丙은 甲이 이전에 근무하던 직장에서도 횡령으로 형사처벌을 받은 사실까지 알고 있었다.
<판결요지> [1] 수인이 공동하여 타인에게 손해를 가하는 민법 제760조의 공동불법행위의 경우 행위자 상호간의 공모는 물론 공동의 인식을 필요로 하지 아니하고, 다만 객관적으로 그 공동행위가 관련공동되어 있으면 족하고, 그 관련공동성 있는 행위에 의하여 손해가 발생함으로써 그에 대한 배상책임을 지는 공동불법행위가 성립하는 것이며, 공동불법행위에서 방조라

452 제 2 부 채권각론

함은 불법행위를 용이하게 하는 직접·간접의 모든 행위를 가리키는 것이다.
[2] 회사직원의 공금횡령행위에 대하여 구체적인 공모를 하지는 않았지만 그가 정상적이 아닌 부정한 방법으로 금원을 마련하여 송금하는 사정을 미필적으로나마 인식하고 있으면서도 이를 계속하여 묵인한 채 송금을 받은 경우, 횡령행위에 대한 방조 또는 장물취득행위에 해당한다.

4. 공동불법행위에 따른 법률효과

[사례 56] 아파트신축공사 감리자 甲은 어스앵커공법 시행으로 인하여 공사현장에 연접한 인근 기존아파트 옹벽에 위험이 생길 가능성을 예상하고도 토목전문건설회사 乙로 하여금 토목공사를 시공하도록 지시만 하였을 뿐 그 지시가 제대로 이행되는지를 확인하지 아니하고, 나아가 시공자 丙이 아무런 조치도 취하지 아니한 채 어스앵커공법을 시행하는 것을 방치하고 어스앵커 시공일 당일 인근 아파트 균열이 발생한 것을 확인하고도 공사중단명령을 내리지 아니하고 오히려 조속히 공사를 완료할 것을 지시하였다. 이후 공사현장의 인근 아파트 옹벽에 균열이 생겨 이에 아파트주민들이 甲·乙·丙에 대하여 공동불법행위책임을 묻자, 감리자인 甲은 다른 불법행위자인 乙·丙보다 불법행위에 기여한 정도가 경미함으로 자신의 손해배상의무가 제한되어야 한다고 주장한다. 이러한 甲의 주장은 타당한가?
☞ 해 설 : 아파트 옹벽의 균열로 인한 아파트주민들의 손해에 대하여 시공자인 丙은 물론이고, 수급인인 乙이 공동불법행위책임을 지는 것에는 의문이 없다. 다만 이때 감리자인 甲의 경우 손해에 대한 기여도가 작으므로 자신의 기여도만큼 손해배상의무가 제한될 수 있는지 문제가 되나, 판례는 공동불법행위제도의 취지를 고려하여 이를 부정한다(대판 2001.9.7., 99다70365).

[사례 57] 甲·乙·丙은 丁에게 상해를 가하여 丁에게 치료비, 위자료를 포함하여 총 9천만 원의 손해가 발생하였다(단, 손해의 기여도는 5:3:1이다). 이때 손해배상과 관련한 법률관계는?
☞ 해 설 : 공동불법행위자 甲·乙·丙이 丁에게 상해를 가하여 치료비를 포함한 9천만 원의 손해가 발생한 경우, 피해자 丁과의 관계에서 甲·乙·丙은 손해배상액 전부인 9천만에 대한 책임을 각각 지게 되므로 자신의 부담부분을 가지고 丁의 청구에 대항할 수 없으며, 피해자 丁은 甲·乙·丙 중 아무에게나 손해배상액 전부를 청구할 수 있다. 그러나 丁의 손해에 대하여 甲·乙·丙간의 기여도가 다르므로 공동불법행위자인 이들 간에는 내부적으로 부담부분이 달리 정해질 수 있다. 따라서 만약 피해자 丁이 공동불법행위자 중 1인인 乙에게 손해배상액 전부인 9천만 원을 청구한 경우, 乙은 丁에 대하여 전액을 배상하여야 한다. 만약 손해에 대한 甲·乙·丙의 기여도가 각각 5:3:1이라면 이 경우 乙은 3천만 원(3/9)은 자신의 채무를 변제한 것이 되나 나머지 6천만 원에 대해서는 다른 공동불법행위자인 甲과 丙에게 5:1의 비율로 구상할 수 있게 된다. 그리고 공동불법행위자들 간의 내부적인 부담부분은 각자의 고의나 과실, 위법성, 변제능력 및 그 밖에도 신의칙에 따라서 결정하게 된다. 그러나 부담부분을 결정할 수 없는 경우에 각 행위자의 부담부분은 균등한 것으로 추정된다(제424조).

(1) 공동불법행위 간의 연대책임

공동불법행위가 성립하게 되면 각 불법행위자들은 가해행위와 인과관계가 있는 손해에 대한 배상책임을 민법 제760조에 따라서 "연대하여" 책임을 지게 된다. 이때 "연대하여"를 통설·판례는 각 행위자들이 손해 전부에 대한 배상의무를 부담한다고 이해하면서, 이때 손해배상채무를 부진정연대채무로 이해한다. 따라서 피해자는 공동불법행위자 중 어느 누구에게라도 손해배상액 전부를 청구할 수 있고, 이때 공동불법행위자는 자신의 부담부분을 가지고 피해자에게 대항할 수 없다(연대채무의 대외관계). 그러나 공동불법행위자들 간에는 각자의 과실비율대로 부담부분이 인정된다(연대채무의 대내관계).

공동불법행위책임에 따른 채무를 부진정연대채무로 이해하게 되면 연대채무자 1인에게 생긴 사유는 채권을 만족시키는 사유를 제외하고는 다른 채무자에게 영향을 주지 않는다. 즉, 채무자 1인에게 생긴 사유 중에서 변제·대물변제·공탁·상계·채권자지체만이 다른 채무자에게 영향을 미치며(절대적 효력), 채무면제·경개·혼동·소멸시효·청구권포기·상계 등과 같은 사유들은 다른 채무자에게 영향을 미치지 않는다(상대적 효력).

(2) 공동불법행위에 있어서 손해배상범위

공동불법행위자들 간에는 손해에 대한 기여는 사례별로 다를 수 있다. 그러나 공동불법행위는 공동의 가해행위에 대해 연대책임을 지우는 것이므로, 그로 인한 손해배상책임은 피해자에 대한 관계에서 공동불법행위자들 모두의 행위를 전체적으로 평가하여 정하게 된다. 따라서 가해자 중 1인이나 일부가 다른 가해자에 대하여 가담의 정도가 적다고 하더라도 피해자에 대한 관계에서 가담의 정도를 고려하여 그의 책임범위를 제한할 수 없다. 다만 불법행위에 있어서 각자의 기여도는 상호간의 대내적 구상관계에서는 고려될 수 있다.

(3) 과실상계

불법행위에 있어서와 마찬가지로 공동불법행위에 있어서도 과실상계가 인정되는데, 이때 여러 명인 가해자에 대한 피해자의 과실을 어떻게 상계할 것인지가 문제된다. 이에 대하여 판례는 원칙적으로 공동불법행위에 있어서 과실상계는 공동불법행위자 전원의 과실과 피해자의 공동불법행위자 전원에 대한 과실을 전체적으로 평가해야 한다고 본다(전체평가설). 다만 일부 판결에서는 개별적 평가설에 따른 경우도 있다.

[판례 156] 공동불법행위에 있어서 과실상계(대판 1998. 6. 12, 96다55631)
[1] 공동불법행위의 성립에는 공동불법행위자 상호간에 의사의 공통이나 공동의 인식이 필요하지 아니하고 객관적으로 각 행위에 관련공동성이 있으면 족하므로, 관련공동성 있는 행위에 의하여 손해가 발생하였다면 그 손해배상책임을 면할 수 없다.
[2] 공동불법행위책임은 가해자 각 개인의 행위에 대하여 개별적으로 그로 인한 손해를 구하는 것이 아니라 가해자들이 공동으로 가한 불법행위에 대하여 그 책임을 추궁하는 것으로, 법원이 피해자의 과실을 들어 과실상계를 함에 있어서는 피해자의 공동불법행위자 각인에 대한 과실비율이 서로 다르더라도 피해자의 과실을 공동불법행위자 각인에 대한 과실로 개별적으로 평가할 것이 아니고 그들 전원에 대한 과실로 전체적으로 평가하여야 한다

[판례 157] 구상권을 행사하는 공동불법행위자 측에 과실이 없는 경우 구상채무가 부진정연대관계에 있는지 여부(대판 2005. 10. 13, 2003다24147)
<사실관계> 운전자 甲은 빗길에 미끄러지는 바람에 중앙선을 침범하여 마주오던 택시 乙과 충돌하였고, 乙의 택시와 안전거리를 확보하지 않은 채 뒤따라오던 丙은 甲의 자동차의 사고로 정지해 있던 乙의 택시를 충돌하였다. 이 사고로 乙의 택시의 승객인 丁이 상해를 입었다. 이에 乙의 택시회사가 속한 전국택시운송사업조합연합회 X는 승객 丁에게 손해배상액 전부를 배상하고 난 뒤, 보험자대위(상법 제682조)에 따라 乙 소속 택시회사의 구상권을 대위행사하였다. 이때 X는 甲·丙 중 1인에게 손해배상액의 전부를 구상할 있는지 여부.
<판결요지> 공동불법행위자 중 1인에 대하여 구상의무를 부담하는 다른 공동불법행위자가 수인인 경우에는 특별한 사정이 없는 이상 그들의 구상권자에 대한 채무는 각자의 부담 부분에 따른 분할채무로 봄이 상당하지만, 구상권자인 공동불법행위자측에 과실이 없는 경우, 즉 내부적인 부담 부분이 전혀 없는 경우에는 이와 달리 그에 대한 수인의 구상의무 사이의 관계를 부진정연대관계로 봄이 상당하다.

(4) 공동불법행위에 있어서 구상관계

공동불법행위자들은 부진정연대채무를 부담하게 되는데, 그들 간에는 주관적 공동관계가 존재하지 않으므로 서로 간에 구상관계가 발생하지 않는 것이 원칙이다. 그러나 통설과 판례는 손해의 공평한 분담의 차원에서 공동불법행위자들 간에 과실비율에 따른 부담부분을 인정하여 자신의 부담부분을 넘는 배상의무를 이행한 자에게 구상권을 인정한다.

[판례 158] 공동불법행위에 대하여 민법 제426조의 적용여부(대판 1998. 6. 26, 98다5777)
<사실관계> 甲은 乙과 공사계약을 체결하였고, 이에 甲이 운영하는 회사소속 직원인 丙이 乙 소유 공장에서 작업을 하던 중 甲의 피용자 X와 乙의 피용자 Y의 과실로 화재가 발생하여 丙이 화상을 입어 사망하였다. 이에 甲은 丙에게 손해전액을 배상하고 乙에게 구상권을 행사하였으나, 乙은 甲이 손해배상을 하면서 자신에게 사전이나 사후에도 아무런 통지를 하지 않았으며 자신은 丙에게 손해배상채무의 면제를 받았던 사실을 들어 구상의무에 응할 수 없다고 한다.
<판결요지> 민법 제426조가 연대채무에 있어서의 변제에 관하여 채무자 상호간에 통지의무를 인정하고 있는 취지는, 연대채무에 있어서는 채무자들 상호간에 공동목적을 위한 주관적인 연관관계가 있고 이와 같은 주관적인 연관관계의 발생 근거가 된 대내적 관계에 터잡아 채무자 상호간에 출연분담에 관한 관련관계가 있게 되므로, 구상관계에 있어서도 상호 밀접한 주관적인 관련관계를 인정하고 변제에 관하여 상호 통지의무를 인정함으로써 과실 없는 변제자를 보다 보호하려는 데 있으므로, 이와 같이 출연분담에 관한 주관적인 밀접한 연관관계가 없고 단지 채권만족이라는 목적만을 공통으로 하고 있는 부진정 연대채무에 있어서는 그 변제에 관하여 채무자 상호간에 통지의무 관계를 인정할 수 없고, 변제로 인한 공동면책이 있는 경우에 있어서는 채무자 상호간에 어떤 대내적인 특별관계에서 또는 형평의 관점에서 손해를 분담하는 관계가 있게 되는데 불과하다고 할 것이므로, 부진정 연대채무에 해당하는 공동불법행위로 인한 손해배상채무에 있어서도 채무자 상호간에 구상요건으로서의 통지에 관한 민법의 위 규정을 유추 적용할 수는 없다.

[판례 159] 공동불법행위자 중 1인에 대한 채무면제의 효력(대판 1969. 8. 26, 69다962)
<사실관계> 광업권자인 甲(대한석탄공사)는 채굴업자인 乙에게 채굴에 관한 도급계약을 체결하면서, 채굴작업 중 갱내사고에 대해서는 수급인인 乙이 일체의 책임을 지기로 하였다. 그런데 작업 도중 乙의 피용자인 丙이 갱내 낙반사고로 중상을 입게 되었다. 이 낙반사고에 대하여 甲은 광산보안법상 갱내 낙반사고주의의무를 위반하였고, 乙은 丙의 사용자로서 갱내안전시설을 제대로 설치·관리하지 못한 데에 과실이 있음이 증명되었다. 그리고 피해자 丙은 乙에 대하여 손해배상청구권을 포기하기로 약정하였다. 이때 丙이 甲에 대하여 손해배상을 청구하는 경우, 甲이 丙의 乙에 대한 손해배상청구권의 포기로서 대항할 수 있는지 여부.
<판결요지> 광업권자가 그 갱내의 광물 채굴작업을 제3자에게 도급시켜 그 수급자가 그 작업에 있어서의 모든 감독책임을 지기로 하고 그 갱내의 보안상의 의무와 乙 작업중의 사고로 인한 재해보상의 책임을 부담하기로 한 도급계약이 있다고 하여 광업권자의 광산보안법상의 보안의무에 아무런 영향이 없다.

[판례 160] 구상권의 소멸시효(대판 1996. 3. 26, 96다3791)
<사실관계> 甲 합자회사의 피용자인 乙의 과실로 발생한 교통사고로 丙이 손해를 입었고(2001. 10. 30), 이에 甲 회사와 공제계약을 체결한 공제조합 丁이 공제계약에 따라서 피해자 丙에게 손해배상채무를 이행하였다(2002. 5. 15). 이에 丁은 보험자대위에 따라 甲회사가 乙에 대하여 가지는 구상권을 행사하였으나(2005. 3. 20), 乙은 공동불법행위자인 자신에 대한 피해자의 손해배상채권이 3년의 소멸시효로 소멸하였음을 들어 丁이 보험자대위로 취득한 자신에 대한

구상권도 소멸하였다고 주장한다.

<판결요지> [1] 피해자에게 손해배상을 한 공동불법행위자의 다른 공동불법행위자에 대한 구상권은 피해자의 다른 공동불법행위자에 대한 손해배상채권과는 그 발생 원인과 법적 성질을 달리하는 별개의 독립한 권리이므로, 공동불법행위자가 다른 공동불법행위자에 대한 구상권을 취득한 이후에 피해자의 그 다른 공동불법행위자에 대한 손해배상채권이 시효로 소멸되었다고 하여 그러한 사정만으로 이미 취득한 구상권이 소멸된다고 할 수 없다.

[2] 공동불법행위자의 다른 공동불법행위자에 대한 구상권의 소멸시효는 그 구상권이 발생한 시점, 즉 구상권자가 공동면책행위를 한 때로부터 기산하여야 할 것이고, 그 기간도 일반 채권과 같이 10년으로 보아야 한다.

[3] 공제조합이 공동불법행위자 중의 1인과 체결한 공제계약에 따라 그 공동불법행위자를 위하여 직접 피해자에게 배상함으로써 그 공동불법행위자의 다른 공동불법행위자에 대한 구상권을 보험자대위의 법리에 따라 취득한 경우, 공제계약이 상행위에 해당한다고 하여 그로 인하여 취득한 구상권 자체가 상사채권으로 변한다고 할 수 없다.

제12강 특수한 불법행위

Ⅰ. 특수불법행위의 유형

1. 특수한 불법행위

불법행위의 기본적인 구성요건인 제750조와 달리 개별적인 불법행위의 유형은 제755조 내지 제759조에서 각각 규정되어 있다. 특수한 불법행위는 일반불법행위와 달리 직접적으로 가해행위를 하지 않는 자가 자신과 일정한 관계에 있는 타인(책임무능력자·피용자·수급인)이나 물건(공작물·동물)에 대해 책임을 지는 것이다. 이런 점에서 특수불법행위를 타인행위에 대한 책임 내지 물건의 관리·감독에 대한 책임이라고도 한다.

일반불법행위에 관한 제750조에 대해 특수한 불법행위의 규정은 특칙의 성격을 가진다. 따라서 불법행위의 사안에 대해서는 특수불법행위의 적용여부가 우선적으로 검토되어야 한다. 예를 들어 심신상실자가 타인의 재물을 손괴한 경우에는 감독자책임에 관한 제755조의 적용여부를 우선적으로 검토하여야 하고, 피용자가 업무수행 중에 제3자에게 손해를 끼친 경우에는 사용자책임에 관한 제756조가 제750조보다 먼저 고려되어야 한다. 그리고 동일한 사안에서 특수불법행위규정과 더불어 일반불법행위규정(제750조)이 동시에 적용될 수도 있다. 예를 들어 피용자가 업무수행 중에 제3자에게 손해를 끼친 경우, 사용자에 대해서는 제756조가 적용될 수 있고, 직접 가해자인 피용자에 대해서는 제750조가 적용될 수 있다.

2. 책임무능력자의 감독자책임

[사례 58] 고등학교 2학년에 재학 중이던 甲·乙·丙은 술에 취해 길거리를 가던 중 행인 丁과 이께가 부딪히자, 이를 계기로 丁을 폭행하였다. 甲·乙·丙의 폭행으로 인해 丁은 선치 8주의 상해를 입게 되었다. 이때 丁은 누구를 상대로 손해배상을 청구할 수 있는가?
☞ 해설 : 丁에 대해서 가해행위를 한 자는 甲·乙·丙이므로 이들은 제750조에 따라 불법행위책임을 진다. 다음으로 甲·乙·丙 가 책임능력 있는 미성년자이므로 이들 외에 그들의 부모들이

> 책임을 지는지가 문제된다. 판례의 경우 책임능력 있는 미성년자의 친권자도 감독의무소홀에 따른 일반불법행위책임(제750조)을 진다고 보므로, 사안에서 甲·乙·丙 과 더불어 그들의 친권자들도 책임을 진다. 그리고 이들 간에는 공동불법행위가 성립하므로, 丁의 손해에 대하여 모두 연대하여 책임을 지게 될 것이다.

제755조 (책임무능력자의 감독자의 책임) ① 전2조의 규정에 의하여 무능력자에게 책임 없는 경우에는 이를 감독할 법정의무 있는 자가 그 무능력자의 제3자에게 가한 손해를 배상할 책임이 있다. 그러나 감독의무를 해태하지 아니한 때에는 그러하지 아니하다.
② 감독의무자에 갈음하여 무능력자를 감독하는 자도 전항의 책임이 있다.

(1) 의의

 미성년자로서 책임을 변식할 지능이 없는 자와 심신상실자가 타인에게 손해를 가한 경우, 이를 감독할 의무 있는 자 또는 이에 갈음하여 무능력자를 감독하는 자가 그 손해에 대하여 책임을 진다(제755조). 예를 들어 초등학교 3학년생(만 9세)이 돌멩이를 던져 주차된 차량이 파손된 경우, 치매환자가 식당의 기물을 훼손한 경우에서 가해자는 책임능력이 없어 손해배상책임을 지지 않는다. 다만 이때 그들을 감독하는 자(예: 친권자, 시설책임자 등)가 그 손해에 대해서 책임을 지게 된다. 이러한 감독자책임은 피감독자의 가해행위에 대한 과실에 근거하는 것이 아니라, 감독자의 감독의무의 해태에 근거하는 것이다(반대 견해 있음). 책임무능력자의 가해행위가 있으면, 이때 감독자가 감독의무를 게을리 한 것은 추정된다(제755조 1항: 과실추정). 따라서 피해자가 감독자의 감독상 과실을 증명할 필요가 없고, 감독자가 책임을 면하기 위해서는 자신이 감독의무를 다하였음을 증명해야 한다.

(2) 성립요건

① 피감독자가 책임무능력자일 것 : 피감독자가 책임무능력자여야 하는데, 책임을 변식할 지능이 없는 미성년자와 심신상실자가 이에 해당한다(제753조·제754조).

② 감독자일 것 : 법정감독의무자(제755조 1항)로는 미성년자의 친권자, 양육자, 후견인 등이 있다. 그리고 감독의무자에 갈음하여 무능력자를 감독하는 자(대리감독자: 제755조 2항)로는 어린이집·학교 교사, 학교장과 같은 시설의 책임자 등이

있다.

③ **감독자가 면책되지 않을 것** : 감독자는 감독의무를 해태하지 않았음을 증명하여 책임을 면할 수 있으므로, 피해자는 감독자가 이러한 면책증명을 하지 못하는 경우에 한하여 그에게 손해배상을 청구할 수 있다(제755조 1항 단서). 판례는 친권자의 책임을 엄격하게 보아 면책을 거의 허용하지 않는다. 따라서 대리감독자가 책임을 지는 경우에도 친권자는 그와 함께 책임을 지며, 대리감독자가 면책되더라도 친권자의 책임이 인정될 수 있다.

[판례 161] 초등학교 우안 천공성 각막열상 사건(대판 1997. 6. 27, 97다15258)
[1] 초등학교의 교장이나 교사는 학생을 보호·감독할 의무를 지는 것이나 이러한 학생에 대한 보호·감독의무는 학교 내에서의 학생의 모든 생활관계에 미치는 것은 아니고 학교에서의 교육활동 및 이에 밀접불가분의 관계에 있는 생활관계에 한하며, 그 의무의 범위 내의 생활관계라고 하더라도 사고가 학교생활에서 통상 발생할 수 있다고 하는 것이 예측되거나 또는 예측가능성(사고발생의 구체적 위험성)이 있는 경우에만 교장이나 교사는 보호·감독의무위반에 대한 책임을 진다고 할 것이고, 그 예측가능성에 대하여는 교육활동의 때, 장소, 가해자의 분별능력, 가해자의 성행, 가해자와 피해자의 관계, 기타 여러 사정을 고려하여 판단할 필요가 있다.
[2] 가해자와 피해자가 초등학교 6학년생들로서 비록 책임을 변식할 지능을 갖추지 못하고 있다고 하더라도 초등학교 6학년 정도라면, 대체로 학교생활에 적응하여 상당한 정도의 자율능력, 분별능력을 가지고 있다고 보아야 할 것이고, 가해자의 성격도 친구들과 잘 사귀고, 책임감이 강한 학생이었으며 피해자와도 원만한 사이였고, 이전에는 교실에서 학생들 사이에 아크릴판을 던지는 등의 장난 등은 없었던 경우, 호기심이 많은 학생들이 장난 등 돌발적인 행동을 할 가능성이 많다고 하여 자율학습이 시작되기 전에 교실에서 주인을 찾아주려는 마음에서 실과수업교재인 아크릴판을 던지는 등으로 인하여 잘못되면, 신체에 커다란 충격을 줄 수 있는 위험한 행위를 하리라는 구체적인 위험성이 있다거나 담임교사 등이 이를 예측하였거나 예측가능하였다고 보여지지는 아니하다면, 특별한 사정이 없는 한 돌발적이거나 우연한 사고에 대해서까지 교사 등에게 보호·감독의무위반의 책임을 지울 수는 없다고 한 사례.

[판례 162] 집단따돌림과 감독자책임(대판 2007. 11. 15, 2005다16034)
[1] 집단따돌림이란 학교 또는 학급 등 집단에서 복수의 학생들이 한 명 또는 소수의 학생들을 대상으로 의도와 적극성을 가지고, 지속적이면서도 반복적으로 관계에서 소외시키거나 괴롭히는 현상을 의미한다.
[2] 집단따돌림으로 인하여 피해 학생이 자살한 경우, 자살의 결과에 대하여 학교의 교장이나 교사의 보호감독의무 위반의 책임을 묻기 위하여는 피해 학생이 자살에 이른 상황을 객관적으로 보아 교사 등이 예견하였거나 예견할 수 있었음이 인정되어야 한다. 다만, 사회통념상 허용될 수 없는 악질, 중대한 집단따돌림이 계속되고 그 결과 피해 학생이 육체적 또는 정신적으로 궁지에 몰린 상황에 있었음을 예견하였거나 예견할 수 있었던 경우에는 피해 학생이 자살에 이른 상황에 대한 예견가능성도 있는 것으로 볼 수 있을 것이나, 집단따돌림의 내용이 이와

같은 정도에까지 이르지 않은 경우에는 교사 등이 집단따돌림을 예견하였거나 예견할 수 있었다고 하더라도 이것만으로 피해 학생의 자살에 대한 예견이 가능하였던 것으로 볼 수는 없으므로, 교사 등이 집단따돌림 자체에 대한 보호감독의무 위반의 책임을 부담하는 것은 별론으로 하고 자살의 결과에 대한 보호감독의무 위반의 책임을 부담한다고 할 수는 없다.
[3] 중학교 3학년 여학생이 급우들 사이의 집단따돌림으로 인하여 자살한 사안에서, 따돌림의 정도와 행위의 태양, 피해 학생의 평소 행동 등에 비추어 담임교사에게 피해 학생의 자살에 대한 예견가능성이 있었다고 인정하지 아니하여 자살의 결과에 대한 손해배상책임은 부정하면서, 다만 학생들 사이의 갈등에 대한 대처를 소홀히 한 과실을 인정하여 교사의 직무상 불법행위로 발생한 집단따돌림의 피해에 대하여 지방자치단체의 손해배상책임을 긍정한 사례.

[판례 163] 교사나 학교장의 감독자책임의 성립여부(대판 2000. 4. 11, 99다44205)
<사실관계> H중학교 2학년 8반에 재학 중이던 원고는 1996. 12. 14. 10:00경 체육시간이 끝나고 교실로 들어와 쉬는 시간에 같은 반 학생인 피고로부터 폭행을 당하여 좌측 안와골절상을 입게 되었는데, 폭행을 당한 이유는 원고가 체육시간에 학교 담을 넘어 나갔다 오다가 들키는 바람에 체육교사로부터 같은 반 학생들이 단체로 벌을 받아 화가 났기 때문이었다. 이에 원고는 피고와 피고의 부모, 그리고 체육교사의 사용자인 중학교 교장을 상대로 손해배상을 청구하였다.
<판결요지> [1] 지방자치단체가 설치·경영하는 학교의 교장이나 교사는 학생을 보호·감독할 의무를 지는 것이지만, 이러한 보호·감독의무는 교육법에 따라 학생들을 친권자 등 법정감독의무자에 대신하여 감독을 하여야 하는 의무로서 학교 내에서의 학생의 전 생활관계에 미치는 것은 아니고, 학교에서의 교육활동 및 이와 밀접 불가분의 관계에 있는 생활관계에 한하며, 그 의무범위 내의 생활관계라고 하더라도 교육활동의 때와 장소, 가해자의 분별능력, 가해자의 성행, 가해자와 피해자의 관계, 기타 여러 사정을 고려하여 사고가 학교생활에서 통상 발생할 수 있다고 하는 것이 예측되거나 또는 예측가능성(사고발생의 구체적 위험성)이 있는 경우에 한하여 교장이나 교사는 보호·감독의무 위반에 대한 책임을 진다.
[2] 만 14세 4개월의 중학교 2년생이 체육시간에 피해자의 잘못으로 체육교사로부터 단체기합을 받았다는 이유로 그 직후의 휴식기간에 피해자를 폭행하여 상해를 가한 경우, 가해자의 성행, 피해자와의 관계, 단체기합의 정도 등에 비추어 체육교사 또는 담임교사 등에게 사고에 대한 예측가능성이 없었다.

(3) 법률효과

피감독자는 책임무능력자로서 손해배상책임을 지지 않지만, 감독자가 감독의무의 소홀에 따라 피해자에 대하여 손해배상의무를 부담하게 된다. 이때 손해배상범위(제393조)에서 특별한 사정에 대한 인식은 감독자를 기준으로 결정한다.

(4) 책임능력 있는 미성년자의 감독자책임

판례는 15세 이상의 자에 대하여 책임능력을 인정하므로, 15세 이상의 미성년자가 가해행위를 한 경우 미성년자가 스스로 책임을 지게 된다. 그리고 이때 그들의 친권자나 감독자도 책임을 지지 않는다. 왜냐하면 감독자책임에 관한 제755조는 피감독자가 책임능력이 없는 경우에 적용되는 규정이기 때문이다. 그러나 대다수의 미성년자들이 변제자력이 없기 때문에 이 경우 피해자의 구제가 사실상 불가능한 결과가 초래된다. 이런 문제를 해결하기 위한 여러 시도들이 있다. 법문에도 불구하고 제755조를 적용하는 견해(제755조 적용설: 구판례), 일반불법행위규정인 제750조를 적용하는 견해(제750조 적용설: 판례), 친권자가 신원보증인으로서 책임을 진다는 견해(신원보증인설)가 있다.

제755조 적용설은 동 규정의 법문에 명시적으로 반한다는 점에서 해석론의 한계를 벗어난 것이다. 그리고 제750조 적용설은 제750조가 직접 가해행위자에 대한 책임을 정하고 있다는 점에서 비판될 수 있다. 또한 신원보증인설은 친권자의 자녀에 대한 보호·교양의무(제913조)에서 책임을 도출하는 근거가 희박하다는 점에서 비판될 수 있다. 과거 판례는 제755조 적용설의 입장을 취하다가 현재에는 제750조 적용설을 따르고 있다. 제755조 적용설과 제750조 적용설 간의 차이점은 증명책임의 전환에 있다. 즉, 제755조 적용설에 따르면 감독자의 감독상 과실이 추정되어 가해자가 이를 증명할 필요가 없지만, 제750조 적용설에 의하면 가해자가 감독자의 감독상의 과실을 증명해야 한다.

[판례 164] 책임능력있는 미성년자의 감독자책임(대판 1984. 7. 10, 84다카474)
[1] 민법 제755조의 책임무능력자의 법정감독의무자의 배상책임규정은 피해자 보호를 위하여 불법행위자에게 그 행위 당시에 책임능력이 있었느냐 여부에 불구하고 감독책임 자는 그 배상책임을 지는 것이며 감독의무자의 책임은 피감독자의 책임을 보충하는 것이 아니라 이와 병존하는 것으로 불법행위 자체에 관한 과실이 아니라 피감독자에 대한 일반적 감독 및 교육을 게을리한 과실로서 위험책임과 같은 성질을 가지고 있다.
[2] 책임무능력자에 대한 감독의무자의 배상책임의 요건인 과실은 피감독자에 대한 일반적 감독 및 교육을 게을리한 과실로서 추정되므로 감독의무자가 그 감독을 게을리하지 않았다는 것을 증명하지 않는 한 배상책임을 면할 수 없다.
[3] 미성년자인 피감독자와 감독의무자의 책임이 병존하는 경우에 있어서 피해자가 피감독자들이 본래 배상금으로 변제공탁한 돈을 손해배상금의 일부로 수령한다는 유보의 의사표시 없이 수령하였다고 하여 감독의무자에 대한 손해배상채권까지 소멸하였다고 판단한 것은 공탁금

수령의 효과에 관한 법리를 오해한 것이다.

[판례 165] 책임능력있는 미성년자의 감독자의 증명책임(대판 2003. 3. 28, 2003다506)
[1] 미성년자가 책임능력이 있어 그 스스로 불법행위책임을 지는 경우에도 그 손해가 당해 미성년자의 감독의무자의 의무위반과 상당인과관계가 있으면 감독의무자는 일반불법행위자로서 손해배상책임이 있다 할 것이지만, 이 경우에 그러한 감독의무위반사실 및 손해발생과의 상당인과관계의 존재는 이를 주장하는 자가 입증하여야 한다.
[2] 재수생으로서 학원에 다니며 수학능력평가시험을 준비하던 책임능력 있는 미성년자가 타인을 폭행한 사안에서 감독의무자인 부에게 당해 미성년자에 대한 감독의무를 게을리 한 과실을 인정할 수 없다.

3. 사용자책임

[사례 59] 甲은 乙이 운영하는 대전시 유성구 소재 호텔의 종업원으로서 1996년 11월 11일 오전 4시 30분경 호텔 프론트에서 근무하던 중, 호텔에 목욕을 하기 위하여 찾아온 丙으로부터 사우나의 영업시간에 관한 질문을 받고 오전 5시부터 시작하니 조금 기다리라는 대답을 하였다. 그러나 이에 丙이 심하고 상스러운 욕을 하면서 때리려고 하자 이를 피하였다가 같은 날 4시 40분경 다음 근무자를 불러 근무교대를 하였는데, 그 후에도 丙이 호텔 지하의 종업원 숙소까지 따라오면서 계속 상스러운 욕을 하기도 하고, 근무교대 후 프론트에서 근무하던 다음 근무자에게도 甲을 불러오라면서 소란을 피우자, 5시경 분을 참지 못하고 숙소에서 등산용 칼을 꺼내어 이를 소지한 채 丙을 따라 현관 앞 주차장으로 가서 丙이 다시 甲을 손으로 때리려고 하자 갖고 있던 칼로 丙의 얼굴과 등부위를 찔러 丙에게 흉부좌상 등의 상해를 가하였다. 이때 당사자 간의 법률관계는?
☞ 해 설 : 사안에서 甲이 丙에 대해서 일반불법행위책임(제750조)을 지는 것은 당연하다. 다만 甲의 사용자인 乙이 사용자책임을 지는지가 문제되는데, 사안에서는 사용자책임의 요건 중에서 사무집행관련성이 있는지가 특히 문제된다. 甲의 丙의 상해행위는 甲의 본래 업무와는 관련이 없으므로 사무집행관련성을 좁게 이해하면 관련성이 없을 것이지만, 통설과 판례와 같이 외형이론으로 판단하면 장소와 시간적으로 근접한 행위이므로 사무집행관련성이 인정될 것이다(대판 2000. 2. 11, 99다47297). 결론적으로 丙은 乙에 대하여 사용자책임을 물을 수 있다. 만약 사용자인 乙이 丙에게 배상을 한 경우에, 乙은 피용자 甲에 대하여 구상권을 행사할 수 있을 것이다(이때 甲의 고의에 의한 손해이므로 구상권의 제한도 고려되기 어려울 것이다).

[사례 60] 甲은 이사를 하기 위해 아파트관리사무소(X)에 곤돌라를 이용하고 싶다고 의뢰를 하였고, 이에 甲의 이삿날 아파트관리사무소(X)는 인원부족을 이유로 소속 직원인 전기주임 乙 혼자서 곤돌라를 운행할 것을 지시하였다(乙은 곤돌라 면허가 없었음). 관리사무소의 지시에 따라 乙은 곤돌라를 조작하여 甲의 이사를 다 마친 뒤, 곤돌라의 버튼을 조작하여 곤돌라 줄을 원래의 위치인 옥상 위로 감아올리던 중, 곤돌라 줄 끝에 매달려 있던 쇠고리가 바람에

흔들리면서 15층 베란다 바깥쪽에 설치된 화분대를 치는 바람에 화분대가 지면으로 떨어지면서 곤돌라 아래 지면에 서 있던 丙의 머리에 부딪치게 되었고, 이에 丙은 사망하게 되었다. 이후 丙의 유족들은 乙의 사용자인 X로부터 1억 2천만 원의 손해배상을 받았다. 이에 X는 乙에 대하여 1억 2천만 원에 대한 구상을 요구한다. 이러한 X의 주장은 타당한가?
☞ 해 설 : 피해자인 丙에 대하여 사용자로서 손해배상을 한 X는 피용자에 대하여 제756조 3항에 따라서 구상할 수 있다. 그러나 이 구상권규정을 그대로 관철하게 되면 결과적으로 모든 책임을 피용자가 지게 되는 결과가 되는 반면, 사업상 이익을 얻는 사용자는 아무런 부담도 지지 않는 것이 되어 부당하다. 따라서 판례는 사용자의 피용자에 대한 구상권을 신의칙에 따라서 제한하고자 하는데, 위 사안에서 비록 乙이 안전조치를 게을리한 과실이 있긴 하나 아파트관리사무소인 X의 업무지시로 인한 것인 점, 곤돌라의 경우 이에 대한 면허가 없다는 점, 인원부족으로 혼자서 곤돌라를 조작하다 사고가 난 점, 곤돌라의 구조상 줄이 바람에 흔들리는 것을 막기가 쉽지 않았다는 점 등을 고려하건대, X는 乙에게 일부의 구상만 할 수 있다고 보아야 할 것이다.

제756조 (사용자의 배상책임) ① 타인을 사용하여 어느 사무에 종사하게 한 자는 피용자가 그 사무집행에 관하여 제3자에게 가한 손해를 배상할 책임이 있다. 그러나 사용자가 피용자의 선임 및 그 사무감독에 상당한 주의를 한 때 또는 상당한 주의를 하여도 손해가 있을 경우에는 그러하지 아니하다.
② 사용자에 갈음하여 그 사무를 감독하는 자도 전항의 책임이 있다.
③ 전2항의 경우에 사용자 또는 감독자는 피용자에 대하여 구상권을 행사할 수 있다.

(1) 의의

사용자는 그의 업무 또는 영업에 피용자를 사용하여 사업을 수행하게 하던 중에 피용자가 제3자에게 손해를 발생시킨 때에는 피해자에 대하여 책임을 진다(제756조). 예를 들어 회사의 근로자인 운전자가 회사차량을 운행하던 중 사고를 일으킨 경우, 판매점원이 말다툼 중에 고객을 폭행하여 상해를 입힌 경우에서 사용자인 회사와 판매점주가 사용자로서 피해자에 대한 손해배상책임을 진다. 직접 가해자가 아닌 사용자가 피용자가 일으킨 손해에 대해서 책임을 지는 것은 무엇보다도 사용자가 자신의 이익을 위하여 타인을 사용하였고, 그로 인하여 가해행위를 발생시킬 위험을 창출하였다는 점에 근거한다. 그리고 타인의 사용에 따른 이익이 종국적으로 사용자에게 귀속될 뿐만 아니라, 사업수행에 따른 사고위험은 사용자가 보험 등의 방법으로 방지 내지 관리할 수 있다는 점도 근거가 된다.

사용자책임의 법적 성질에 대해서는 대위책임설과 고유책임설이 존재한다.

대위책임설은 사용자책임을 피해자의 구제를 구해 사용자가 피용자를 대신하여(代位) 배상하는 것으로 이해한다. 이에 따르면 피용자의 행위가 불법행위의 성립요건을 갖추어야 하고, 사용자는 면책가능성이 없고, 피해자에게 배상을 한 사용자를 피용자에 대한 구상권을 가지게 된다. 반면 고유책임설(자기책임설)은 사용자는 피용자를 대신하여 책임을 지는 것이 아니라 자신의 선임·감독상 과실에 대해 책임을 지는 것이라고 본다. 이에 따르면 피용자의 과실·책임능력은 문제되지 않으며, 사용자는 면책증명을 할 수도 있지만, 원칙적으로 사용자의 피용자에 대한 구상권을 인정하지 않는다.

사용자책임은 채무불이행에서 채무자의 이행보조자에 대한 책임(제391조)과 유사하다. 즉, 채권관계에서 채무자는 채무이행을 위해 사용한 자 등에 대해서 책임을 진다는 점에서 이행보조자책임은 사용자책임과 유사하다. 하지만 이행보조자책임과 달리 사용자책임은 채권관계를 전제로 하지 않으며, 독립적 청구권이 기초가 된다는 점에서 차이가 있다.101) 그리고 이행보조자책임에서 채무자에게는 면책가능성이 없지만, 사용자책임에서 사용자는 면책가능성이 가진다.

(2) 요건

사용자책임에 관한 제756조는 사용자에게 피용자가 사무집행에 관하여 제3자에게 가한 손해에 대한 배상책임을 인정하면서도(동조 1항 본문), 사용자에게 과실이 없는 경우 면책가능성을 인정하고 있다(동조 1항 단서). 이것은 사용자의 선임·감독상의 추정하여 증명책임을 사용자에게 전환한 것이다(중간책임). 피용자의 가해행위에 대해 사용자가 책임지기 위한 요건을 다음과 같다.

① **피용자의 가해행위** : 피용자의 가해행위로 인해 피해자에게 손해가 발생한 경우 사용자가 책임을 진다. 다만 피용자의 가해행위가 불법행위의 요건을 모두 갖추어야 되는지에 대해서는 대위책임설과 고유책임설에 따라 차이가 있다.

② **사용관계의 존재** : 사용자와 피용자 간에 사용관계(사무감독관계)가 존

---

101) 이행보조자책임에 관한 제391조는 독자적인 청구권의 기초가 되지 못하고, 제390조의 보조적인 역할만 할 뿐이다.

재해야 한다. 이때 사용관계는 고용계약·근로계약관계보다 더 넓은 개념으로 이해된다. 그리고 보수의 유무, 기간의 장단도 상관없고, 사용관계의 기초가 된 계약이 반드시 유효할 필요도 없다. 판례는 사용관계를 사용자가 불법행위자를 실질적으로 지휘·감독하는 관계라고 보면서, 이때 지휘·감독관계는 이를 현실적으로 행사하였는지와 상관없이 사용자가 그 불법행위자를 지휘·감독해야 할 지위에 있었느냐를 기준으로 판단하고 있다. 판례는 피용자가 퇴직 후 그 사실을 숨긴 경우, 지입차주와 사업자의 관계, 명의대여관계, 동업관계, 위임관계, 도급관계 등에서 사용관계를 인정하고 있다.

③ **가해행위의 사무집행관련성** : 통설과 판례는 외형이론(外形理論)에 따라 사무집행관련성을 판단한다. 즉, 원래 사무집행에 해당하는지를 불문하고 외형상 직무범위 내에 속한다고 볼 수 있다면 사무집행관련성이 있다고 본다. 판례에 따르면 호텔 종업원의 손님에 대한 상해행위, 택시운전기가 부녀를 강간한 경우, 동료직원에 대한 성추행이나 간음행위의 사례에서도 사무집행관련성을 인정하였다.

④ **선임·감독상의 주의의무의 결여** : 사용자는 자신의 주의의무를 다했다는 점을 들어 면책증명을 할 수 있으나(제756조 1항 단서), 실제 판례에서 이를 받아들인 경우가 없어 사실상 무과실책임에 가깝게 운영되고 있다.

[판례 166] 명의대여관계와 사용관계의 의미(대판 1994. 10. 25, 94다24176)
[1] 타인에게 어떤 사업에 관하여 자기의 명의를 사용할 것을 허용한 경우에 그 사업이 내부관계에 있어서는 타인의 사업이고 명의자의 고용인이 아니라 하더라도 외부에 대한 관계에 있어서는 그 사업이 명의자의 사업이고, 또 그 타인은 명의자의 종업원임을 표명한 것과 다름이 없으므로 명의사용을 허가받은 사람이 업무수행을 함에 있어 고의 또는 과실로 다른 사람에게 손해를 끼쳤다면 명의사용을 허락한 사람은 민법 제756조에 의하여 그 손해를 배상할 책임이 있다.
[2] 명의대여관계의 경우 민법 제756조가 규정하고 있는 사용자책임의 요건으로서의 사용관계가 있느냐 여부는 실제적으로 지휘·감독을 하였느냐의 여부에 관계없이 객관적으로 보아 사용자가 그 불법행위자를 지휘·감독해야 할 지위에 있었느냐의 여부를 기준으로 결정하여야 한다.

[판례 167] 사용관계의 판단(대판 2006. 3. 10, 2005다65562)
동업관계에 있는 자들이 공동으로 처리하여야 할 업무를 동업자 중 1인에게 맡겨 그로 하여금 처리하도록 한 경우 다른 동업자는 그 업무집행자의 동업자인 동시에 사용자의 지위에 있다 할 것이므로, 업무집행과정에서 발생한 사고에 대하여 사용자로서 손해배상책임이 있다.

[판례 168] 명의대여자의 사용자책임 인정여부(대판 2001. 8. 21, 2001다3658)
타인에게 어떤 사업에 관하여 자기의 명의를 사용할 것을 허용한 경우에 그 사업이 내부관계에

있어서는 타인의 사업이고 명의자의 고용인이 아니라 하더라도 외부에 대한 관계에 있어서는 그 사업이 명의자의 사업이고 또 그 타인은 명의자의 종업원임을 표명한 것과 다름이 없으므로, 명의사용을 허용받은 사람이 업무수행을 함에 있어 고의 또는 과실로 다른 사람에게 손해를 끼쳤다면 명의사용을 허용한 사람은 민법 제756조에 의하여 그 손해를 배상할 책임이 있다.

[판례 169] 사무집행관련성의 의미(대판 1997. 10. 10, 97다16572)
[1] 민법 제756조에 규정된 사용자책임의 요건인 '사무 집행에 관하여'라는 뜻은 피용자의 불법행위가 외형상 객관적으로 사용자의 사업 활동 내지 사무 집행 행위 또는 그와 관련된 것이라고 보여질 때에는 행위자의 주관적 사정을 고려함이 없이 이를 사무 집행에 관하여 한 행위로 본다는 것이고, 외형상 객관적으로 사용자의 사무 집행에 관련된 것인지의 여부는 피용자의 본래 직무와 불법행위의 관련 정도 및 사용자에게 손해 발생에 대한 위험 창출과 방지 조치 결여의 책임이 어느 정도 있는지를 고려하여 판단하여야 한다.
[2] 회사의 생산 현장 청소 등의 업무로서 파지와 고철의 수집·정리를 담당하던 피용자가 고철을 수집하러 온 피해자에게 농약을 음료수로 오인하고 건네주어 피해자가 이를 마시고 사망한 사안에서, 이는 회사의 사무 집행에 관하여 가한 손해에 해당한다고 한 사례.

[판례 170] 사무집행관령성의 판단(대판 2000. 2. 11, 선고 99다47297)
민법 제756조에 규정된 사용자책임의 요건인 '사무집행에 관하여'라는 뜻은 피용자의 불법행위가 외형상 객관적으로 사용자의 사업활동 내지 사무집행행위 또는 그와 관련된 것이라고 보여질 때에는 행위자의 주관적 사정을 고려함이 없이 이를 사무집행에 관하여 한 행위로 본다는 것으로, 피용자가 고의에 기하여 다른 사람에게 가해행위를 한 경우 그 행위가 피용자의 사무집행 그 자체는 아니라 하더라도 사용자의 사업과 시간적, 장소적으로 근접하고, 피용자의 사무의 전부 또는 일부를 수행하는 과정에서 이루어지거나 가해행위의 동기가 업무처리와 관련된 것일 경우에는 외형적, 객관적으로 사용자의 사무집행행위와 관련된 것이라고 보아 사용자책임이 성립한다고 할 것이고, 이 경우 사용자가 위험발생 및 방지조치를 결여하였는지 여부도 손해의 공평한 부담을 위하여 부가적으로 고려할 수 있다.

(3) 법률효과

사용자는 피용자의 가해행위로 인한 피해자의 손해를 배상할 책임을 진다. 그리고 사용자에 갈음하여 그 사무를 감독하는 자도 책임을 질 수 있다(제756조 2항). 이때 사무감독자란 객관적으로 볼 때 사용자에 갈음하여 현실적으로 구체적인 사업을 감독하는 지위에 있는 사람을 말하는 것으로서, 반드시 그가 피용자를 선임한 경우라야 하는 것은 아니다(대판 1992.7.28, 92다10531 등). 법인의 대표기관, 회사의 중간관리자 등이 이에 해당한다. 그리고 사용자책임이 인정되고 동시에 피용자도 일반불법행위의 성립요건(제750조)를 갖춘 경우라면, 사용자와 피용자는 피해자에 대하여 공동불법행위책임을 진다(제760조). 예를 들어 회사소속 운전자가 과실로 사고를 일으킨 경우, 이때 회사와 운전자는 피해자에 대하여 연대해서 책임을 지게 된다.

사용자는 피용자가 부담한 배상액을 대외적으로 부진정연대채무로서 부담하는 것에 불과하므로, 자신이 피해자에게 보상한 경우 이를 피용자에게 구상할 수 있다(제756조 3항: 통설). 그러나 이러한 통설의 입장은 보상책임의 원리에 철저하지 못하다는 문제가 있다. 특히 이윤추구를 위하여 타인으로 사용함으로써 사용자가 위험을 창출하였고, 사업상 이익을 사용자가 주로 누린다는 점, 위험원의 지배가능성 등을 고려하면 사용자가 피용자에게 전액 구상할 수 있다는 것은 부당하다.[102] 판례도 제756조 3항 규정에도 불구하고, 신의칙(信義則)에 따라 사용자의 구상권을 제한하고 있다.

[판례 171] 사용자의 구상권의 제한(대판 1994. 12. 13, 94다17246)
[1] 일반적으로 사용자가 피용자의 업무수행과 관련하여 행해진 불법행위로 인하여 직접 손해를 입었거나 그 피해자에게 사용자로서의 손해배상책임을 부담한 결과로 손해를 입게 된 경우에 있어서 사용자는 그 사업의 성격과 규모, 시설의 현황, 피용자의 업무내용, 근로조건이나 근무태도, 가해행위의 상황, 가해행위의 예방이나 손실의 분산에 관한 사용자의 배려 정도, 기타 제반 사정에 비추어 손해의 공평한 분산이라는 견지에서 신의칙상 상당하다고 인정되는 한도 내에서만 피용자에 대하여 그 구상권을 행사할 수 있다고 보아야 할 것이다.
[2] 사용자와 피용자 쌍방의 과실의 경중, 곤돌라 기사인 피용자의 근무조건과 그러한 근무조건이 사고발생에 미친 영향의 정도, 피해자가 사고를 당하게 된 경위, 사용자의 노무자에 대한 인력관리상황, 사고 후 피용자가 실형을 복역한 후 현재 면직되어 있음에 반하여, 사용자는 국내 유수의 공동주택관리업체로서의 지위를 그대로 유지하고 있는 점 등 제반 사정을 참작하여 사용자의 피용자에 대한 구상권 행사가 신의칙에 반하여 허용되지 아니한다고 한 사례.

4. 도급인의 불법행위책임(제757조)

제757조 (도급인의 책임) 도급인은 수급인이 그 일에 관하여 제3자에게 가한 손해를 배상할 책임이 없다. 그러나 도급 또는 지시에 관하여 도급인에게 중대한 과실이 있는 때에는 그러하지 아니하다.

---

[102] 이런 관점에서 사용자의 구상권을 제한하는 과실상계설, 공동불법행위설, 자기책임설, 경영위험설, 신의칙설 등의 견해들이 존재한다.

도급인은 수급인이 그 일에 관하여 제3자에게 가한 손해에 대하여 책임을 지지 않는 것이 원칙이다(제757조 1문). 다만 도급 또는 지시에 관하여 도급인에게 중대한 과실이 있는 경우, 도급인이 수급인의 불법행위에 대하여 책임을 진다(동조 단서). 원래 수급인은 그 재량성에 기초하여 도급인과 독립하여 사무를 처리하는 자이므로, 수급인을 도급인의 피용자라고 할 수 없다. 따라서 제757조는 수급인이 가해행위를 하더라도 도급인이 책임을 지지 않는다는 점을 확인하는 의미의 규정이다(통설). 판례도 도급인에게 사용자성이 인정되는 이상 도급인의 책임에 대해 제757조가 아닌 제756조(사용자책임)를 적용하고 있다.

5. 공작물점유자 및 소유자의 책임

제758조 (공작물등의 점유자, 소유자의 책임) ① 공작물의 설치 또는 보존의 하자로 인하여 타인에게 손해를 가한 때에는 공작물점유자가 손해를 배상할 책임이 있다. 그러나 점유자가 손해의 방지에 필요한 주의를 해태하지 아니한 때에는 그 소유자가 손해를 배상할 책임이 있다.
② 전항의 규정은 수목의 재식 또는 보존에 하자있는 경우에 준용한다.
③ 전 2항의 경우에 점유자 또는 소유자는 그 손해의 원인에 대한 책임 있는 자에 대하여 구상권을 행사할 수 있다.

공작물의 점유자 및 소유자의 책임이란 공작물의 설치 또는 보존의 하자로 인하여 타인에게 손해를 가한 때 공작물점유자가 손해배상 책임을 지는 것을 뜻한다(제758조 1항 1문). 예를 들어 건물의 소유자가 외벽에 부착된 간판에 대한 관리를 제대로 하지 못해 간판이 떨어져 보행자가 다친 경우, 이때 건물의 점유자나 소유자가 보행자에 대해서 책임을 지게 된다. 공장물의 설치 및 보존상 하자로 인한 1차적인 책임은 공장물의 점유자(예: 임차인)가 지고, 점유자가 손해방지에 필요한 주의를 해태하지 아니한 때에 2차적으로 공작물의 소유자가 책임을 진다(동조 1항 2문). 이 책임은 수목 식재 또는 보존의 하자의 경우에도 준용된다(동조 2항). 그리고 피해자에게 배상을 한 공작물의 점유자나 소유자는 그 손해의 원인을 제공한 자(예: 시설물을 훼손한 자)에 대하여 구상권을 가진다(동조 3항).

[판례 172] 공작물의 설치·보존상 하자(대판 2017. 8. 29, 2017다227103)
[1] 민법 제758조 제1항에서 말하는 공작물의 설치·보존상의 하자는 공작물이 그 용도에 따라 통상 갖추어야 할 안전성이 없는 것을 말한다. 여기에서 본래 갖추어야 할 안전성은 공작물 자체만의 용도에 한정된 안전성만이 아니라 공작물이 현실적으로 설치되어 사용되고 있는 상황에서 요구되는 안전성을 뜻한다. 또한 공작물의 설치·보존상의 하자로 인한 사고는 공작물의 설치·보존상의 하자만이 손해발생의 원인이 되는 경우만을 말하는 것이 아니고, 공작물의 설치·보존상의 하자가 사고의 공동원인 중 하나가 되는 이상 사고로 인한 손해는 공작물의 설치·보존상의 하자로 생긴 것이라고 보아야 한다.
[2] 갑 주식회사가 을 보험회사와 갑 회사 소유의 상가건물 중 '상점·백화점, 창고형 할인매장'으로 사용되는 부분에 관하여 피보험자를 갑 회사로 하는 영업배상책임보험을 체결하고, 위 건물 중 1층을 '상점·백화점, 창고형 할인매장' 용도로 임대하였는데, 1층 천장 겸 2층 바닥으로 사용되는 콘크리트 슬래브에 매설된 상수도 배관이 부식되어 파열되면서 누수가 발생하여 1층에 입점한 점포의 시설과 재고자산 등이 침수피해를 입은 사안에서, 위 콘크리트 슬래브는 상가건물의 특정한 층에 배타적으로 귀속된 것이 아니라 건물 전체에 공동으로 제공되거나 인접한 층들에 공동으로 제공·사용되는 부분이어서 위 건물 1층의 소유에도 필요한 부분이므로, 1층의 소유자인 갑 회사는 이를 유지·관리할 의무가 있고, 1층의 소유자 겸 임대인으로서 위 콘크리트 슬래브에 존재하는 설치·보존상 하자와 관련된 사고가 발생하는 경우 1층의 점유자나 임차인이 입은 손해를 배상할 책임이 있다.

[판례 173] 고속도로의 설치·보존의 하자(대판 2019. 11. 28, 2016다233538, 233545)
[1] 고속도로를 설치하고 보존·관리하는 자는 설치 또는 보존·관리의 하자로 인하여 피해가 발생한 경우 민법 제758조 제1항에 따라 이를 배상할 의무가 있다. 공작물의 설치 또는 보존의 하자는 해당 공작물이 그 용도에 따라 갖추어야 할 안전성을 갖추지 못한 상태에 있다는 것을 의미한다. 여기에서 안전성을 갖추지 못한 상태, 즉 타인에게 위해를 끼칠 위험성이 있는 상태라 함은 해당 공작물을 구성하는 물적 시설 자체에 물리적·외형적 결함이 있거나 필요한 물적 시설이 갖추어져 있지 않아 이용자에게 위해를 끼칠 위험성이 있는 경우뿐만 아니라, 그 공작물을 본래의 목적 등으로 이용하는 과정에서 일정한 한도를 초과하여 제3자에게 사회통념상 일반적으로 참아내야 할 정도(이하 '참을 한도'라고 한다)를 넘는 피해를 입히는 경우까지 포함된다. 이 경우 참을 한도를 넘는 피해가 발생하였는지 여부는 구체적으로 피해의 성질과 정도, 피해이익의 공공성, 가해행위의 종류와 태양, 가해행위의 공공성, 가해자의 방지조치 또는 손해 회피의 가능성, 공법상 규제기준의 위반 여부, 토지가 있는 지역의 특성과 용도, 토지이용의 선후 관계 등 모든 사정을 종합적으로 고려하여 판단하여야 한다.
[2] 고속도로에 인접한 과수원의 운영자인 갑이 과수원에 식재된 과수나무 중 고속도로에 접한 1열과 2열에 식재된 과수나무의 생장과 결실이 다른 곳에 식재된 과수나무에 비해 현격하게 부진하자 과수원의 과수가 고사하는 등의 피해는 고속도로에서 발생하는 매연과 한국도로공사의 제설제 사용 등으로 인한 것이라고 주장하며 한국도로공사를 상대로 손해배상을 구한 사안에서, 한국도로공사가 설치·관리하는 고속도로에서 발생한 매연과 한국도로공사가 살포한 제설제의 염화물 성분 등이 갑이 운영하는 과수원에 도달함으로써, 과수가 고사하거나 성장과 결실이 부족하고 상품판매율이 떨어지는 피해가 발생하였을 뿐만 아니라, 이는 통상의 참을 한도를 넘는 것이어서 위법성이 인정된다고 보아 한국도로공사의 손해배상책임을 인정한 사례.

6. 동물점유자의 책임(제759조)

제759조 (동물의 점유자의 책임) ① 동물의 점유자는 그 동물이 타인에게 가한 손해를 배상할 책임이 있다. 그러나 동물의 종류와 성질에 따라 그 보관에 상당한 주의를 해태하지 아니한 때에는 그러하지 아니하다.
② 점유자에 갈음하여 동물을 보관한 자도 전항의 책임이 있다.

동물이 타인에게 손해를 가한 경우, 그 점유자가 그 손해를 배상할 책임이 있다(제759조 1항). 그리고 점유자에 갈음하여 동물을 보관한 자도 동일한 책임을 진다(제759조 2항). 예를 들어 애완견을 데리고 산책을 하다가 애완견이 타인을 물어 상해를 입힌 경우, 애완견의 점유자가 그에 대한 책임을 진다. 동물에 대한 책임은 그 점유자가 지고, 소유자는 점유자가 아닌 이상 책임을 지지 않는다는 점에 주의해야 한다.

[판례 174] 교배위해 임차한 도사견 상해사건(대판 1981. 2. 10, 80다2966)
도사견은 성질이 난폭하여 사람에게 피해를 입힐 위험이 크므로 그 소유자가 이를 타인에게 빌려주는 경우에는 그가 도사견을 안전하게 보관 관리할 수 있는 시설을 갖추고 있는지 여부를 확인하여야 할 주의의무가 있다(*동물의 간접점유자에 대한 책임을 인정한 사례).

제13강 불법행위로 인한 손해배상

Ⅰ. 손해배상

1. 의의

불법행위의 성립요건을 갖추게 되면, 가해자는 피해자에 대해 손해배상책임을 부담하며 동시에 피해자는 가해자에 대한 손해배상청구권을 가지게 된다(제750조). 이와 같이 불법행위가 성립하면 그로 인한 법률효과로서 당사자 간에 손해배상에 대한 채권·채무가 발생하게 된다.

2. 손해배상의 청구권자와 의무자

제752조 (생명침해로 인한 위자료) 타인의 생명을 해한 자는 피해자의 직계존속, 직계비속 및 배우자에 대하여는 재산상의 손해 없는 경우에도 손해배상의 책임이 있다.

제762조 (손해배상청구권에 있어서의 태아의 지위) 태아는 손해배상의 청구권에 관하여는 이미 출생한 것으로 본다.

(1) 손해배상의 청구권자

가해자의 불법행위로 인해 손해를 입은 자라면 자연인·법인을 불문하고 손해배상청구권을 가진다. 그리고 손해배상을 청구할 수 있는 사람은 직접적으로 손해를 입은 자가 되는 것이 원칙이나 불법행위법에서는 이에 대한 일정한 예외를 두고 있다.

생명침해로 인한 위자료배상청구에 있어서 피해자와 친족관계에 있는 자, 즉 피해자의 직계존속, 직계비속 및 배우자도 위자료청구권 가질 수 있다(제752조). 이들은 정신적 고통을 증명할 필요 없이 위자료를 청구할 수 있다. 그리고 판례는 제752조를 예시규정으로 보아 동 조의 친족 이외에도 피해자와 일정한 관계에 있는 자, 예를 들어 외조부니 시·실혼배우지, 피헤지의 치료비를 지출한 부양의무자 등과 같은 자들도 동 규정에 따른 위자료를 청구를 할 수 있다고 한다. 다만 이들은 정신적 손해를 증명해야만 배상을 받을 수 있다.

태아도 불법행위법상 손해배상청구에 있어서는 이미 출생한 것으로서, 즉 가해행위 당시 사람으로 다루어진다. 예를 들어 A가 임신 중에 B의 차량에 치어 상해를 입은 경우, 모인 A는 물론이고 태아도 B에게 대하여 손해배상을 청구할 수 있다. 다만 태아의 권리능력에 대한 학설(정지조건설·해제조건설)에 따라서 권리의 행사시기에는 차이가 있다.103)

[판례 175] 근친자 아닌 자의 위자료청구권(대판 1967. 9. 5, 67다1307)
제752조에 의한 생명침해의 경우에 있어서의 위자료청구권자의 규정은 제한적 규정이 아니고 그 정신적 고통에 관한 거증책임을 경감하는 취지의 규정에 불과하므로, 민법 제752조에 규정된 친족 이외의 친족도 위자료 청구권을 가질 수 있다.

(2) 손해배상의 의무자

손해배상책임의 의무자는 가해자자가 되는 것이 원칙이다. 다만 감독자책임, 사용자책임, 도급인책임 등과 같은 특수한 불법행위나 법인의 책임(제35조)에 경우에는 가해자 이외의 자가 손해배상의무를 부담할 수 있다.

3. 손해배상청구권의 양도와 상속

불법행위로 인한 채권도 여타 채권과 같이 양도할 수 있으며(제449조 참조), 상속도 가능하다(통설·판례). 생명침해로 인한 위자료청구권도 피해자가 이를 포기나 면제하지 않은 이상 상속된다(대판 1966. 10. 18, 66다1335).104) 다만 고의의 불법행위에 있어서 상계의 금지된다. 왜냐하면 가해자가 자신의 채권을 자동채권으로 하여 피해자의 손해배상청구권을 수동채권을 상계하는 것을 인정하는 경우, 피해자의 손해전보가 현실적으로 이루어지지 않게 되거나 의도적인 불법행위가 발생할 수 있기 때문에 이를 방지하기 위한 것이다(제496조).

피해자가 불법행위로 인하여 즉사한 경우 사망으로 인하여 권리능력을 상실하므로 손해배상청구권도 취득할 수 없을 뿐더러, 그 손해배상청구권을 상속하는 것도 생각하기 힘들다. 그러나 이렇게 이해하면 즉사한 경우와 치명상

---

103) 이에 대해서는 「민법총칙·물권법」 제1부 민법총칙 제4강 Ⅰ. 3. 권리능력의 시기와 종기, 4. 태아의 권리능력 참조.
104) 위자료청구권을 일신전속적 권리로 보아 이의 상속성을 부정하는 견해도 있다.

이후 병원으로 후송 중 사망한 경우 간의 형평성을 갖추기가 어렵다. 따라서 비록 피해자가 즉사하였더라도 사고시점과 사망시점 간에는 시간차가 있는 것이므로, 일단 피해자가 사고시점에 손해배상청구권을 취득하였다가 사망하고, 그의 손해배상청구권을 유족들의 상속하는 것으로 보아야 한다.

[판례 176] 손해배상합의의 효력제한(대판 1995. 11. 7, 93다41587)
<사실관계> 원고 박정기, 박종부가 소외 망 박종철이 사망한 다음날인 1987.1.15. 13:00경 피고 대한민국 산하 치안본부 대공수사2단장인 소외 전석린의 지시를 받은 소외 이종선으로부터 합계 금 95,000,000원을 수령하면서 위 망인의 변사사건에 대하여 일체의 민형사상 문제를 거론하지 않기로 한다는 각서를 작성하였는데, 당시 위 원고들은 위 망인이 조사받던 중 심장마비로 사망하였다는 피고 조한경 등의 거짓 설명을 사실로 잘못 믿고 위 망인의 사망에 관하여 피고 조한경 등 수사담당자나 피고 대한민국에 대하여 위 원고들이 갖는 손해배상 청구권은 전혀 논의의 대상으로 삼지 아니한 채, 위 망인이 변사를 한데 대한 가족들의 경악과 슬픔에 대하여 위 망인을 연행하여 조사함으로써 그 변사의 계기를 만든 수사담당자들이 이를 위로한다는 뜻으로 지급하는 위 금원을 수령하면서 더 이상 변사사실 자체에 대하여는 문제를 삼지 않기로 합의하여 위 각서를 작성한 것이었다.
<판결요지> 고문치사 피해자의 유족이 사인을 모른 채 일체의 민·형사상 문제를 거론하지 않기로 하고 돈을 받았더라도, 이를 손해배상 청구권의 포기라고 볼 수 없고 그 금원을 손해배상액에서 공제할 것도 아니다.

[판례 177] 손해배상합의의 효력제한(대판 1991. 12. 13, 91다30057)
교통사고의 피해자가 그 상해가 요추4,5염좌로만 알고 가해자를 대위한 보험회사와 사이에 금 294,540원을 받고 그 사고로 인한 일체의 손해배상청구권을 포기하며 이후 민형사상의 소송이나 이의를 제기하지 않기로 하는 부제소의 합의를 하였지만 피해자가 합의 이후로도 요통으로 계속 시달리다가 다른 병원에 가서 진찰을 받은 결과 그 원인이 요추수핵탈출증인 것으로 판명되어 그 후 수백만원의 비용을 들여 이에 관한 수술과 치료를 받았고 그 후로도 상당한 노동능력의 상실이 예상된다면 이러한 사정과 위 합의 당시 보험회사로부터 받은 돈이 금 294,540원에 불과한 점 등에 비추어 위 피해자는 위 교통사고로 요추수핵탈출증이 발병하여 그 치료에 많은 금액이 소요되고 그로 인한 노동능력상실의 후유장애가 남을 수 있음을 예상하지 못하고 위 부제소의 합의를 한 것으로 보여지므로 위 부제소 합의의 효력은 합의 당시 피해자가 예측이 가능했던 요추4,5염좌와 관련된 손해에 대하여만 미칠 수 있을 뿐, 그 당시에 예상할 수 없었던 요추수핵탈출증으로 인한 손해에 대하여는 미칠 수 없는 것으로 보아야 할 것이다.

4. 손해배상청구권의 소멸시효

제766조 (손해배상청구권의 소멸시효) ① 불법행위로 인한 손해배상의 청구권은 피해자나 그 법정대리인이 그 손해 및 가해자를 안 날로부터 3년간 이를 행사하지 아니하면 시효로 인하여 소멸한다.
② 불법행위를 한 날로부터 10년을 경과한 때에도 전항과 같다.

불법행위로 인한 손해배상청구권은 피해자나 그 법정대리인이 그 손해 및 가해자를 안 날로부터 3년간 이를 행사하지 않거나 불법행위를 한 날로부터 10년간 행사하지 아니하면 시효로 소멸한다(제766조). 제766조 제1항의 3년의 소멸시효는 10년의 채권의 소멸시효에 대한 특칙이다. 그리고 제2항의 10년의 소멸시효는 소멸시효기간이다(다수설·판례).[105]

[판례 178] 소멸시효기산점으로서 '손해를 안 날'의 의미(대판 1998. 7. 24, 97므18)
민법 제766조 제1항은 "불법행위로 인한 손해배상의 청구권은 피해자나 그 법정대리인이 그 손해 및 가해자를 안 날로부터 3년간 이를 행사하지 아니하면 시효로 인하여 소멸한다."고 규정하고 있는바, 여기서 말하는 '손해를 안 날'이라 함은 손해의 발생, 위법한 가해행위의 존재, 가해행위와 손해의 발생과의 사이에 상당인과관계가 있다는 사실 등 불법행위의 요건사실에 대하여 현실적이고도 구체적으로 인식하였을 때를 의미한다고 할 것이고, 손해의 액수나 정도를 구체적으로 알아야 할 필요까지는 없다고 하더라도 피해자 등이 언제 불법행위의 요건사실을 현실적이고도 구체적으로 인식한 것으로 볼 것인지는 개별적 사건에 있어서의 여러 객관적 사정을 참작하고 손해배상청구가 사실상 가능하게 된 상황을 고려하여 합리적으로 인정하여야 할 것이다.

II. 손해배상의 내용

[사례 61] 대학생 甲과 乙은 강원도로 단합대회에 갔다가 도착 당일 술을 많이 마셨다. 이로 인해 甲과 乙은 다음 날 다른 학생들이 산행을 간 동안 민박집에 남게 되었다. 민박집 마루에 누워 있던 甲·乙은 마당 화단에 가식해놓은 인삼을 발견하고는 숙취해소를 위해서 나누어 먹었다. 그런데 나중에 알고 보니 甲과 乙이 먹은 것은 인삼이 아니라 민박집 주인인 丙이 2주 전에 캔 산삼으로서 감정 이후에 보관장소가 마땅치 않아 마당에 가식해놓은 것이었다. 이때 甲과 乙의 손해배상의 내용은?
☞ 해 설 : 甲과 乙이 丙의 재물(산삼)을 손괴하였는데, 이때 甲과 乙의 인식은 손해배상에서

---
105) 제척기간으로 보는 견해 있음.

문제되지 않는다. 왜냐하면 甲·乙이 가한 직접 손해 내지 1차 손해는 산삼에 대한 것이므로 그러한 손해를 배상해주는 것이 법익침해의 회복을 목적으로 하는 불법행위의 취지에 부합하기 때문이다. 따라서 甲·乙은 丙에 대하여 당시 산삼의 가액을 배상해야 한다.

[사례 62] 화물트럭운전기사인 甲은 8시 30분경 차량을 운전하여 부산시 북구 ○○동을 지나가다가 운전상 과실로 도로변에 설치된 한국전력공사 소유의 전신주를 들이받았다. 전신주가 넘어지면서 전신주를 통해 공급되던 전기공급이 중단이 되고 말았다. 이로 인해 인근에 소재한 乙이 운영하던 열경화수지원료(주방기구용 플라스틱) 생산업체에도 전기공급이 중단되었고, 같은 날 15시 40분경이 되어서야 다시 전기가 공급되었다. 이에 乙은 甲에 대하여 작업 중이던 원재료 손실, 모터고장, 영업 손실에 대한 배상을 청구하였다. 乙의 이러한 주장을 검토하시오.
☞ 해 설 : 甲의 사고로 인해 직접 피해를 입은 자는 전신주의 소유자인 한국전력공사이다. 따라서 乙은 위 사고로 인한 직접피해자가 아닌 간접피해자에 해당한다. 간접피해자가 입은 간접손해는 특별한 사정으로 인한 손해로서 가해자가 그 사정을 알았거나 알 수 있었을 것이라고 인정되는 경우에만 배상책임이 있다(대판 1996.1.26, 94다5472). 사례에서 전신주를 통하여 전력을 공급받고 있는 인근 乙의 공장에서 예고 없는 불시의 전력공급의 중단으로 인하여 갑자기 공장의 가동이 중단되는 바람에 당시 공장 내 가동 중이던 기계에 고장이 발생한다든지, 작업중인 재료가 못쓰게 되는 것과 같은 등의 적극적인 손해가 발생할 수 있을 것이라는 사정은 가해자가 이를 알거나 알 수 있었다고 볼 수 있다. 따라서 乙은 甲으로부터 정전으로 인한 원재료 손실과 모터고장에 따른 손해는 배상받을 수 있다. 반면 甲의 가해행위로 인해 乙 공장의 가동이 상당한 기간 중지되어 영업상의 손실이 발생할 지는 불확실하고, 甲이 乙의 위와 같은 손해를 알았거나 알 수 있었다고 보기 어렵다. 따라서 영업손실에 따른 배상을 받을 수는 없다.

제763조(준용규정) 제393조, 제394조, 제396조, 제399조의 규정은 불법행위로 인한 손해배상에 준용한다.
제393조 (손해배상의 범위) ① 채무불이행으로 인한 손해배상은 통상의 손해를 그 한도로 한다.
② 특별한 사정으로 인한 손해는 채무자가 그 사정을 알았거나 알 수 있었을 때에 한하여 배상의 책임이 있다.

1. 손해의 개념

불법행위에 대한 손해배상에 대해서는 채무불이행에 관한 손해배상규정(제393조·제394조·제396조·제399조)을 준용하므로, 그 내용은 채무불이행에서 손해배상과 동일하다. 통설과 판례는 손해를 차액설(差額說)에 입각해서 판단한다. 이에 따르면 가해행위가 없었다면 존재하였을 이익상태와 가해행위로 인한 현재의 이익상태와의 차이가 손해가 된다.

2. 손해배상의 범위와 산정

불법행위로 인한 손해배상의 범위도 제393조에 따라 정해진다. 불법행위로 인한 손해는 통상손해(제393조 1항)와 특별손해(제393조 2항)로 구분된다. 통상손해와 특별손해의 구분에 대해서 통설과 판례는 상당인과관계설을 취하고 있다. 따라서 가해행위와 손해 간에 상당한 관계가 있으면 그 손해는 통상손해가 되고, 가해행위와 손해사이에 상당한 관계가 존재하지 않으면 그때 손해는 특별손해가 된다. 다시 말해 가해행위로 인해 통상 발생할 수 있는 손해가 통상손해, 반면 가해행위가 있더라도 통상적으로 발생하지 않는 손해가 특별손해가 된다. 이때 통상손해는 가해행위와 상당한 관계에 있는 손해로서 언제나 배상되지만, 특별손해는 가해행위와 상당한 관계가 없는 것으로서 채무자의 특별한 사정에 대한 예견가능성이 있는 경우에만 배상된다(통설·판례).

손해배상액의 산정기준시에 대해서는 사실심구두변론종결시설과 책임원인발생시설(불법행위시설)이 대립한다. 판례는 책임원인발생시를 기준으로 손해배상액을 산정하면서도 예외적으로 특별한 사정이 있는 경우 사실심구두변론종시를 고려하기도 한다.

[판례 179] 간접손해(대판 1996. 1. 26, 94다5472)
[1] 불법행위의 직접적 대상에 대한 손해가 아닌 간접적 손해는 특별한 사정으로 인한 손해로서 가해자가 그 사정을 알았거나 알 수 있었을 것이라고 인정되는 경우에만 배상책임이 있다.
[2] 가해자가 공장지대에 위치한 전신주를 충격하여 전선이 절단된 경우, 그 전선을 통하여 전기를 공급받아 공장을 가동하던 피해자가 전력공급의 중단으로 공장의 가동이 상당한 기간 중지되어 영업상의 손실을 입게 될지는 불확실하며 또 이러한 손실은 가해행위와 너무 먼 손해라고 할 것이므로, 전주 충격사고 당시 가해자가 이와 같은 소극적인 영업상 손실이 발생할 것이라는 것을 알거나 알 수 있었다고 보기 어렵지만, 이 경우 그 전신주를 통하여 전력을 공급받고 있는 인근 피해자의 공장에서 예고 없는 불시의 전력공급의 중단으로 인하여 갑자기 공장의 가동이 중단되는 바람에 당시 공장 내 가동 중이던 기계에 고장이 발생한다든지, 작업 중인 자료가 못쓰게 되는 것과 같은 등의 적극적인 손해가 발생할 수 있을 것이라는 사정은 가해자가 이를 알거나 알 수 있었을 것이라고 봄이 상당하다.

[판례 180] 손해배상의 산정시기(대판 2011. 1. 13, 2009다103950)
[1] 불법행위가 없었더라면 피해자가 그 손해를 입은 법익을 계속해서 온전히 향유할 수 있었다는 점에서 불법행위로 인한 손해배상채무에 대하여는 원칙적으로 별도의 이행 최고가 없더라도 공평의 관념에 비추어 그 채무성립과 동시에 지연손해금이 발생한다고 보아야 한다. 그런데 위자료를 산정할 때에는 사실심 변론종결 당시까지 발생한 일체의 사정이 그 참작대상이 될

뿐만 아니라, 위자료 산정의 기준이 되는 국민소득수준이나 통화가치 등도 변론종결 시의 것을 반영해야만 하는바, 불법행위가 행하여진 시기와 가까운 무렵에 통화가치 등의 별다른 변동이 없는 상태에서 위자료 액수가 결정된 경우에는 위와 같이 그 채무가 성립한 불법행위 시로부터 지연손해금이 발생한다고 보더라도 특별히 문제될 것은 없으나, 불법행위 시와 변론종결 시 사이에 장기간의 세월이 경과되어 위자료를 산정함에 있어 반드시 참작해야 할 변론종결 시의 통화가치 등에 불법행위 시와 비교하여 상당한 변동이 생긴 때에도 덮어놓고 불법행위 시로부터 지연손해금이 발생한다고 보는 경우에는 현저한 과잉배상의 문제가 제기된다. 왜냐하면, 이때에는 위와 같이 변동된 통화가치 등을 추가로 참작하여 위자료의 수액을 재산정해야 하는데, 이러한 사정은 불법행위가 행하여진 무렵의 위자료 산정의 기초되는 기존의 제반 사정과는 명백히 구별되는 것이고, 변론종결의 시점에서야 전적으로 새롭게 고려되는 사정으로서 어찌 보면 변론종결 시에 비로소 발생한 사정이라고도 할 수 있어, 이처럼 위자료 산정의 기준되는 통화가치 등의 요인이 변론종결 시에 변동된 사정을 참작하여 위자료가 증액된 부분에 대하여 불법행위 시로부터 지연손해금을 붙일 수 있는 근거는 전혀 없다고 할 것이기 때문이다. 따라서 이처럼 불법행위 시와 변론종결 시 사이에 장기간의 세월이 경과됨으로써 위자료를 산정함에 있어 반드시 참작해야 할 변론종결 시의 통화가치 등에 불법행위 시와 비교하여 상당한 변동이 생긴 때에는, 예외적으로라도 불법행위로 인한 위자료배상채무의 지연손해금은 그 위자료 산정의 기준시인 사실심 변론종결 당일로부터 발생한다고 보아야만 한다.

[2] 불법행위로 인한 위자료배상채무의 지연손해금이 그 위자료 산정의 기준시인 사실심 변론종결 당일로부터 발생한다고 보아야만 하는 예외적인 경우에는 논리상 변론종결시 이전에는 지연손해금을 붙일 수 없는 결과, 위자료채무가 성립한 불법행위 시로부터 지연손해금을 붙이는 원칙적인 경우와는 달리, 불법행위 시로부터 변론종결 시까지 상당한 장기간 동안 배상이 지연됨에도 그 기간에 대한 지연손해금이 전혀 가산되지 않게 된다는 사정까지 참작하여 변론종결 시의 위자료 원금을 산정함에 있어 이를 적절히 증액할 여지가 있을 수 있다.

[3] 경찰 수사관들의 불법행위로 인한 국가배상책임을 인정하면서 불법행위 시로부터 변론종결 시까지 34년 이상의 오랜 세월이 경과하였음에도 불법행위 시부터 지연손해금이 발생한다고 판단한 원심판결에는 불법행위로 인한 위자료배상채무의 지연손해금 기산일에 관한 법리를 오해한 위법이 있고, 한편 이러한 경우에는 불법행위 시로부터 변론종결 시까지 배상이 지연된 사정을 참작하여 변론종결 시의 위자료 원금을 적절히 증액할 여지가 있을 수 있으므로 위자료 원금에 관한 부분을 함께 파기환송한 사례.

3. 손해의 유형

불법행위로 인한 손해는 적극적 손해·소극적 손해·정신적 충격에 따른 손해와 같이 3가지로 구분된디(손해 삼분설). 이 중 적극적 손해(積極的 損害)는 가해행위로 말미암아 적극적으로 지출한 손해를 말한다. 가해행위로 인해 지출한 치료비, 수술비, 수리비 등이 이에 해당한다. 그리고 소극적 손해(消極的

損害)는 가해행위로 인해 금전을 지불하거나 비용을 쓴 것은 아니지만 장래 취득하게 될 이익을 얻지 못해서 발생한 손해를 뜻하는 것으로서 일실이익(逸失利益)이라고도 한다. 직장휴직으로 인한 임금상실, 영업의 중단으로 인한 손실, 사망으로 인한 퇴직금의 손실 등이 이에 해당한다. 그리고 정신적 충격에 따른 손해는 가해행위로 인해 피해자가 입은 정신적 충격으로 금전으로 평가한 것을 말하는데, 위자료(慰藉料)라고도 한다. 불법행위의 피해자는 위와 같은 세 가지의 손해를 증명해서 배상을 받을 수 있고, 이 세 가지는 소송법상 각각 별개의 소송물로 취급된다.

손해를 인적인 손해와 물적인 손해로도 구분할 수 있다. 교통사고나 폭행사고로 인한 신체·생명의 침해가 인적인 손해에 해당하고, 재화의 훼손·멸실로 인한 것이 물적인 손해에 해당한다. 인적인 손해가 발생한 경우는 손해 발생 당시를 기준으로 손해를 평가하게 되고, 물적 손해의 경우도 물건의 멸실시점의 손해액이 그 기준이 된다(판례). 그리고 물건멸실로 인한 휴업손해나 대체물의 차임 등도 배상되며, 권원 없는 자의 소유물의 점유로 인한 불법행위의 경우 차임상당액이 손해액이 된다. 그리고 인적 손해에 있어서 위자료는 통상손해로서 배상되지만, 피해자가 물적 손해만 있는 경우 그의 위자료는 특별손해로서 가해자가 그에 대해 예견가능성이 있는 경우에만 배상된다.

[판례 181] 일실이익의 산정(대판 1997. 4. 25, 97다5367)
 [1] 불법행위로 인한 손해배상사건에서 피해자의 일실수입은 사고 당시 피해자의 실제소득을 기준으로 하여 산정할 수도 있고 통계소득을 포함한 추정소득에 의하여 평가할 수도 있는 것인바, 피해자가 일정한 수입을 얻고 있었던 경우 피해자가 실제로 수령한 금원을 확정하여 이를 기준으로 사고 이후 피해자의 일실수입을 산정하여야 할 것이고, 신빙성 있는 실제 수입에 대한 증거가 현출되지 아니하는 경우에는 피해자가 종사하였던 직종과 유사한 직종에 종사하는 자들에 대한 통계소득에 의하여 피해자의 일실수입을 산정하여야 한다.
[2] 갑종 근로소득세의 원천징수의무자가 피해자에게 근로소득금액을 지급하고 그에 대한 근로소득세를 원천징수한 후 세무당국에 제출한 지급조서, 혹은 원천징수영수증 부본에 기재한 소득이 있을 경우에는 그 신고소득액, 혹은 그 기재된 근로소득액을 사고 당시의 수입금액으로 보는 것이 원칙이다.
[3] 피해자가 근무하던 회사가 사고 후 부도로 폐업하였다면, 피해자의 사망 때문에 회사가 도산되었다는 등 특별한 사정이 없는 한, 피해자가 회사에 폐업 이후 정년시까지 계속 근무할 수 있는 것을 전제로 하여 그 기간 중의 일실수입을 산정할 수는 없고, 이러한 경우에는 피해자의 연령, 교육정도, 종전 직업의 성질, 직업경력, 기능 숙련정도 및 유사직종이나 다른 직종에의

전업 가능성과 확률, 그 밖의 사회적, 경제적 조건과 경험칙에 비추어 장차 피해자가 종사 가능하다고 보여지는 직업과 그 소득을 조사 심리하여야 할 것이며, 장차 피해자가 종사 가능하다고 보여지는 직업에서 얻는 수입이 일반노동임금보다 소액이라는 등의 특별한 사정이 없는 한 일반노동에 종사하여 얻을 수 있는 수입을 기준으로 피해자의 회사 폐업 이후의 일실수입을 산정할 수는 없다.

[판례 182] 노동상실률과 피해자의 직종(대판 1991. 6. 11, 91다7385)
[1] 불법행위의 피해자가 입은 소극적 손해를 산정함에 있어 노동능력상실율을 적용하는 방법에 의할 경우에도 그 노동능력상실율은 단순한 신체적 장애율이 아니라 피해자의 연령, 교육정도, 종전직업의 성질과 직업경력 및 기술숙련 정도, 신체장애의 부위 및 정도, 유사 직종이나 타 직종에의 전업가능성과 그 확율 기타 사회적, 경제적 조건을 모두 참작하여 경험법칙에 따라 도출하는 합리적이고 객관성 있는 노동능력상실율을 도출해야 하는 것이다.
[2] 원심이 들고 있는 부산 백병원의 신경정신과 전문의 박태수의 신체감정촉탁서에 대한 회신에 의하면 위 원고는 지속적인 하부요통을 호소하고, 간헐적인 두통과 만성적인 불면증,불안 및 신체증상에의 집착, 사고 당시 상황에 대한 회상 및 동반되는 불안반응을 보이며, 흥미 및 의욕저하, 자신감의 결여, 우울 및 건강염려증상이 우세한 만성적 불안상태를 보여, 일반도시 일용 노동자로서의 노동능력상실정도는 12%의 장애에 해당되고, 프로야구 투수로서는 산술화된 노동능력상실정도를 평가할 수 없다는 것이고, 한국야구위원회 총재의 사실조회에 관한 회신에 의하면 프로야구는 고교, 대학, 실업 등에서 최고의 기량을 가진 선수만이 입단이 가능하며, 입단 후에도 냉혹한 경쟁속에서 끊임없이 노력하는 선수만이 프로세계에 존재할 수 있고, 정신적, 신체적으로 결함이 있는 선수는 프로야구에 활약이 불가능하며, 감독, 코치 등 야구에 관련된 일에 종사할 수 없다는 것이고, 원심증인 김용희의 증언에 의하면 프로야구선수, 그 중 특히 투수는 정신적, 신체적으로 결함이 있는 경우는 활약이 불가능하고, 감독 코치 등 야구에 관련된 일에도 종사할 수 없고, 아마 규정에 감독이나 코치로 전입되는 것이 금지되어 있어 아마추어팀에서도 야구에 관련된 일체의 일에 종사하는 것도 불가능하다는 것인바, 이와 같은 위 원고의 연령, 학력과 교육정도, 직업경력과 프로야구선수라는 직업의 성질, 신체장애의 정도, 소속구단과 재계약을 하지 못하였고 아마추어팀에서도 야구에 관련된 일에 종사할 수 없다는 사정 등에 비추어 보면 위 원고는 프로야구선수로서 일반도시일용노동자로서의 노동능력상실율과 같은 12%만의 노동능력을 상실한 것이라고 할 수는 없을 것이고, 한국야구위원회 총재의 사실조회 회신과 원심증인 김용희의 증언은 위 원고가 향후 프로야구단 투수나 그에 유사한 직종 등 일용노동임금보다 소득이 많은 직업에 종사할 수 없다고 인정할 일응의 증거는 된다고 보아야 할 것이다.

4. 금전배상주의

제394조 (손해배상의 방법) 다른 의사표시가 없으면 손해는 금전으로 배상한다.
제764조 (명예훼손의 경우의 특칙) 타인의 명예를 훼손한 자에 대하여는 법원은 피해자의

청구에 의하여 손해배상에 갈음하거나 손해배상과 함께 명예회복에 적당한 처분을 명할 수 있다.

손해배상의 원칙적으로 금전으로 배상한다(제763조·제394조: 금전배상주의). 다만 예외적으로 명예훼손의 경우 피해자의 청구가 있는 경우 손해배상에 갈음하여 또는 손해배상과 함께 명예회복에 적합한 처분도 가능하다(제764조).

[판례 183] 적당한 처분으로서 사죄광고의 허용여부(헌법재판소 1991. 4.1, 89헌마160 [전합])
[1] 민법 제764조가 사죄광고를 포함하는 취지라면 그에 의한 기본권제한에 있어서 그 선택된 수단이 목적에 적합하지 않을 뿐만 아니라 그 정도 또한 과잉하여 비례의 원칙이 정한 한계를 벗어난 것으로 헌법 제37조 제2항에 의하여 정당화될 수 없는 것으로서 헌법 제19조에 위반되는 동시에 헌법상 보장되는 인격권의 침해에 이르게 된다.
[2] 민법 제764조 "명예회복에 적당한 처분"에 사죄광고를 포함시키는 것은 헌법에 위반된다는 것은 의미는, 동조 소정의 처분에 사죄광고가 포함되지 않는다고 하여야 헌법에 위반되지 아니한다는 것으로서, 이는 동조와 같이 불확정개념으로 되어 있거나 다의적인 해석가능성이 있는 조문에 대하여 한정축소해석을 통하여 얻어진 일정한 합의적 의미를 천명한 것이며, 그 의미를 넘어선 확대는 바로 헌법에 위반되어 채택할 수 없다는 뜻이다.
* 사죄광고 이외의 방법으로는 판결문(민·형사)의 신문·잡지에의 기재나 명예훼손기사의 취소 광고 등의 방법이 있음.

5. 배상액의 조정

제765조(배상액의 경감청구) ① 본장의 규정에 의한 배상의무자는 그 손해가 고의 또는 중대한 과실에 의한 것이 아니고 그 배상으로 인하여 배상자의 생계에 중대한 영향을 미치게 될 경우에는 법원에 그 배상액의 경감을 청구할 수 있다.
② 법원은 전항의 청구가 있는 때에는 채권자 및 채무자의 경제상태와 손해의 원인 등을 참작하여 배상액을 경감할 수 있다.

고의·중과실에 의한 불법행위가 아니고, 피해자에 대한 손해배상으로 인해 생계에 중대한 영향을 미칠 우려가 있는 경우 배상자는 배상액의 경감을 청구할 수 있다(제764조 1항). 배상자의 청구에 대하여 법원은 채권자와 채무자의 경제상태, 손해의 원인 등을 고려하여 배상액을 경감할 수 있다(동조 2항).

저자약력

■ 김 봉 수

대구가톨릭대학교 사회과학대 법학과 교수
경북지방노동원위원회 공익위원
한국지방세연구원 자문위원(前)
공인중개사, 공인노무사, 경비지도사, 가맹거래사 등 출제위원

채권법 [민법강의 Ⅱ]

지은이 / 김 봉 수	인쇄 / 2020. 4. 20
펴낸이 / 조 형 근	발행 / 2020. 4. 20
펴낸곳 / 도서출판 동방문화사	

주 소 / 서울시 시초구 방배로 16길 13. 지층
전 화 / 02)3473-7294   팩 스 / (02)587-7294
메 일 / 34737294@hanmall.net   등 록 / 서울 제22 1433호

저자와의 합의 인지생략

파본은 바꿔 드립니다.   본서의 무단복제행위를 금합니다.
정 가 / 28,000원   ISBN 979-11-89979-21-8   93360